阪谷芳郎関係書簡集

専修大学 編

芙蓉書房出版

阪谷芳郎（大正13年専修大学卒業アルバム）

母　恭子（『阪谷芳郎伝』）

父　朗廬（『阪谷芳郎伝』）

明治41年12月25日、小石川原町邸内にて（『阪谷芳郎伝』）

家族と原町庭園にて（『阪谷芳郎伝』）

卒業式における阪谷総長の訓示（昭和15年専修大学卒業アルバム）

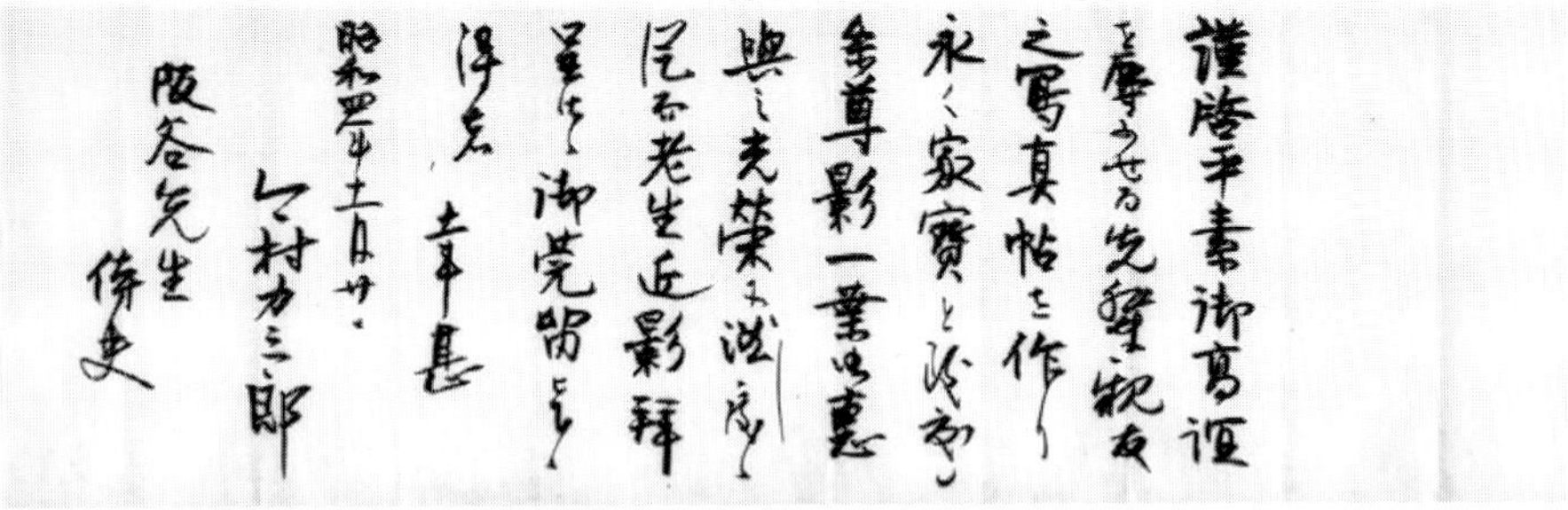

今村力三郎書簡

嘉納治五郎書簡

渋沢栄一書簡

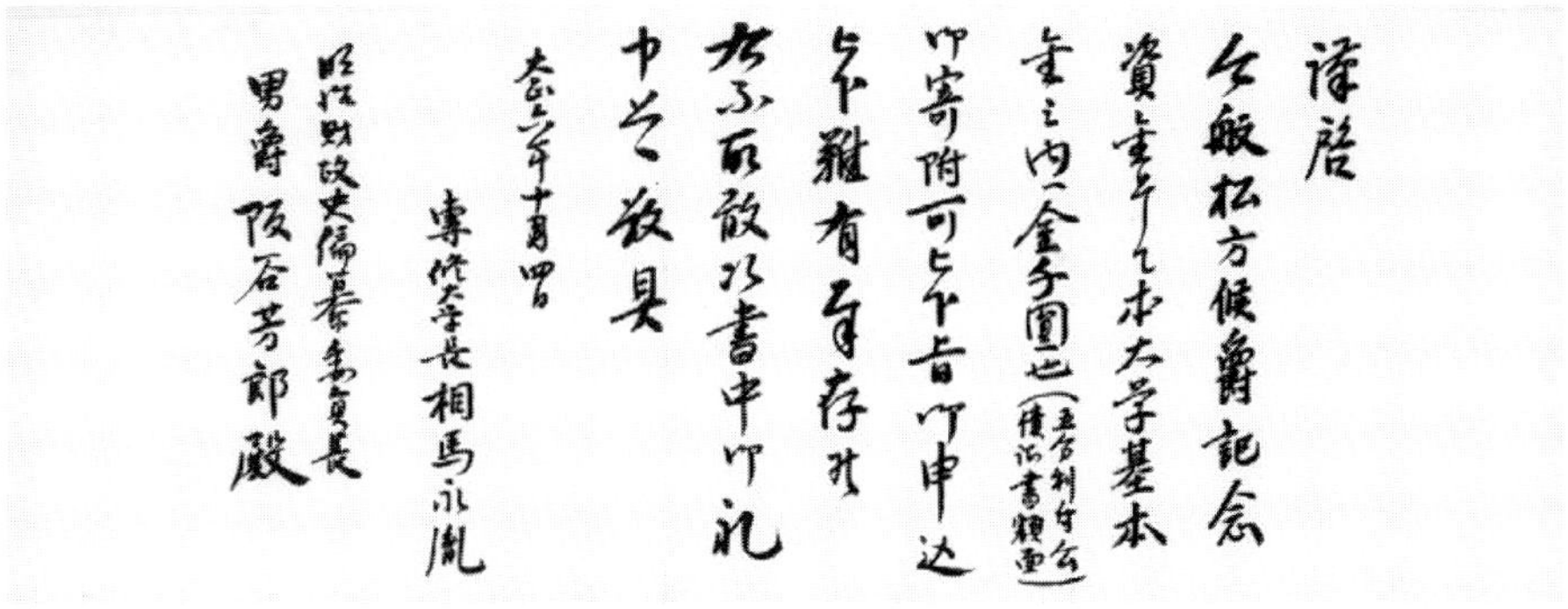

謹啓
今般松方侯爵記念
資金ヲ以テ本大学基本
金之内ヘ金千円也（五分利付公債証書額面）
御寄附可被下旨御申込
被下難有奉存候
右不取敢以書中御礼
申述候敬具
大正六年十月四日
専修大学長相馬永胤
旧藩財政史編纂委員長
男爵阪谷芳郎殿

相馬永胤書簡

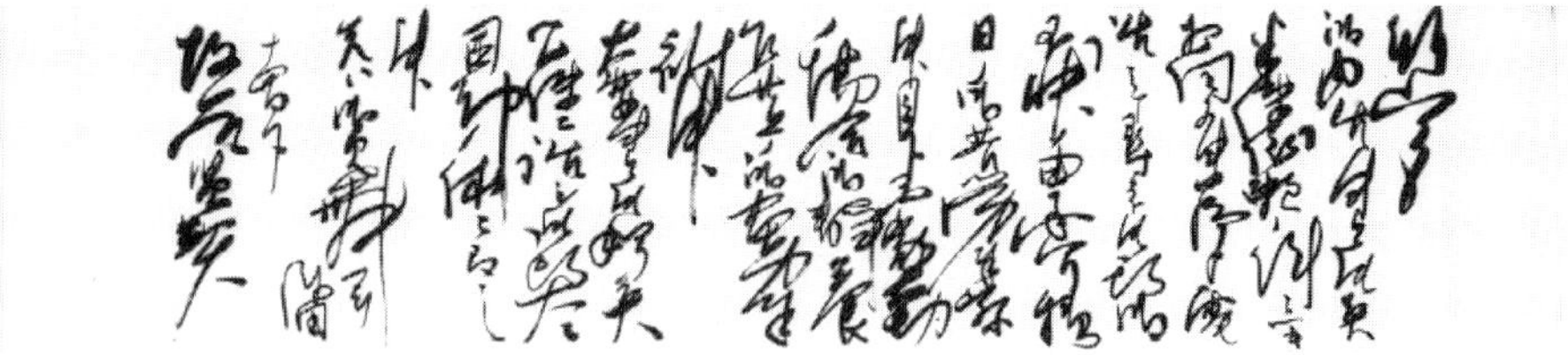

添田寿一書簡

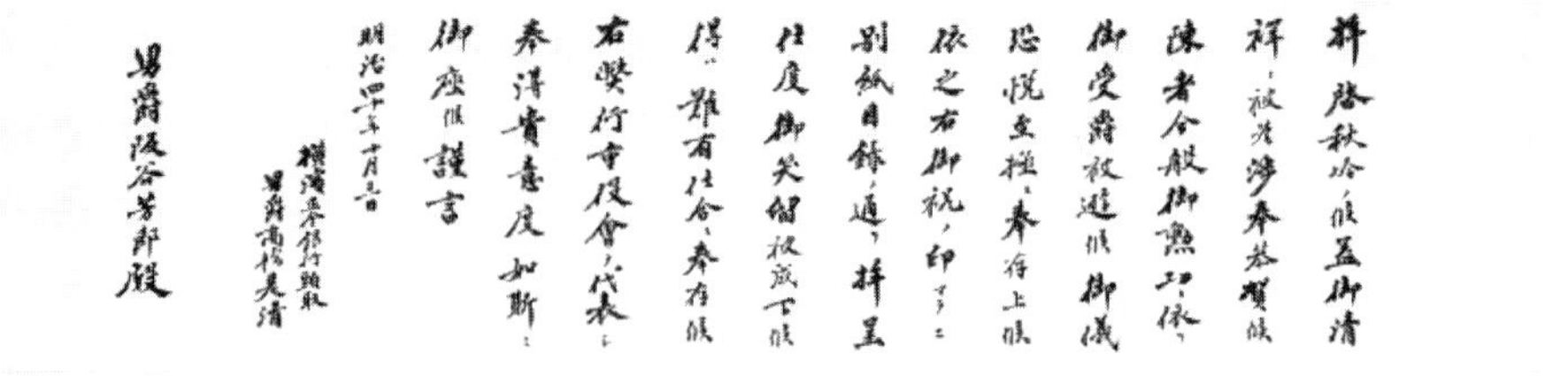

拝啓秋冷ノ候益御清
祥ニ被為渉奉恭賀候
陳者今般御勲功ニ依リ
御受爵被遊候御儀
恐悦至極ニ奉存上候
依之右御祝ノ印マテニ
別紙目録ノ通リ拝呈
仕度御笑留被成下候
得ハ難有仕合ニ奉存候
右銀行重役會ノ代表ト
奉得貴意度如斯ニ
御座候 謹言
明治四十年十月三日
横濱正金銀行頭取
男爵高橋是清
男爵阪谷芳郎殿

高橋是清書簡

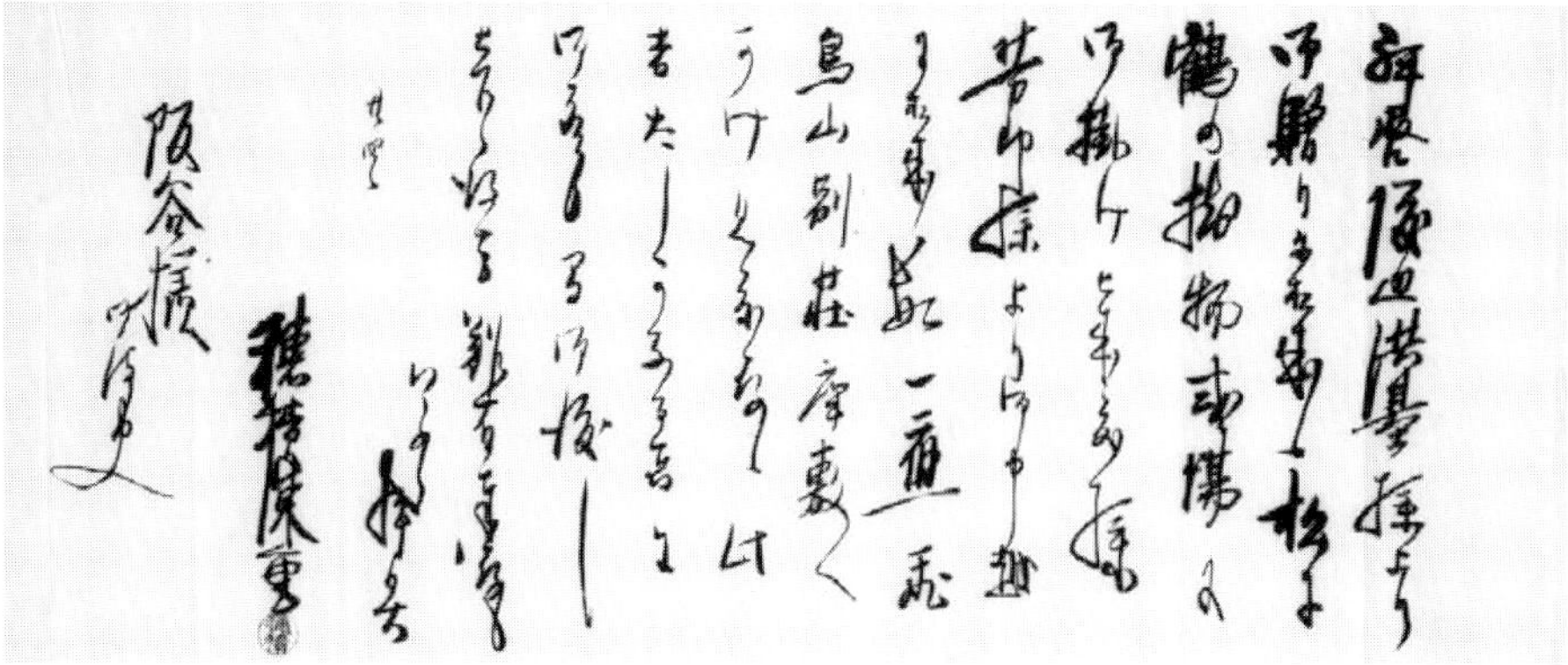

穂積陳重書簡

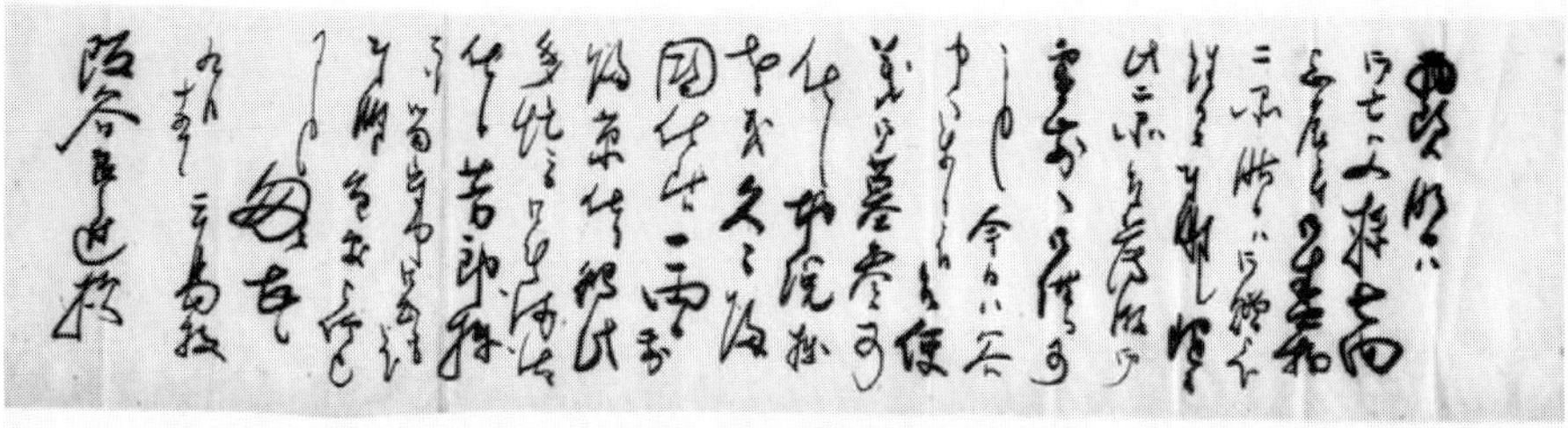

三島毅書簡

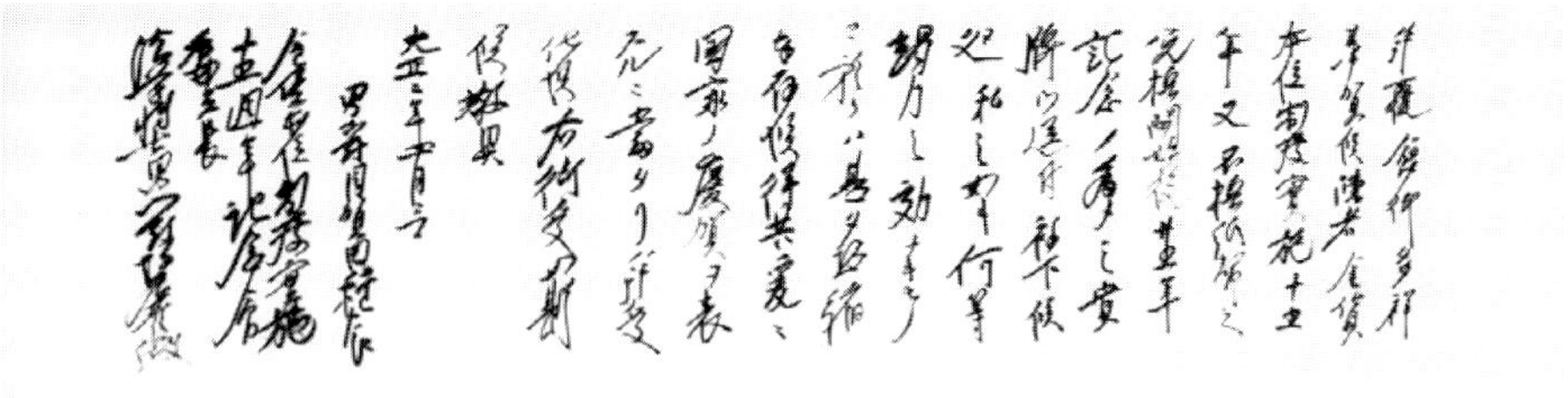

目賀田種田郎書簡

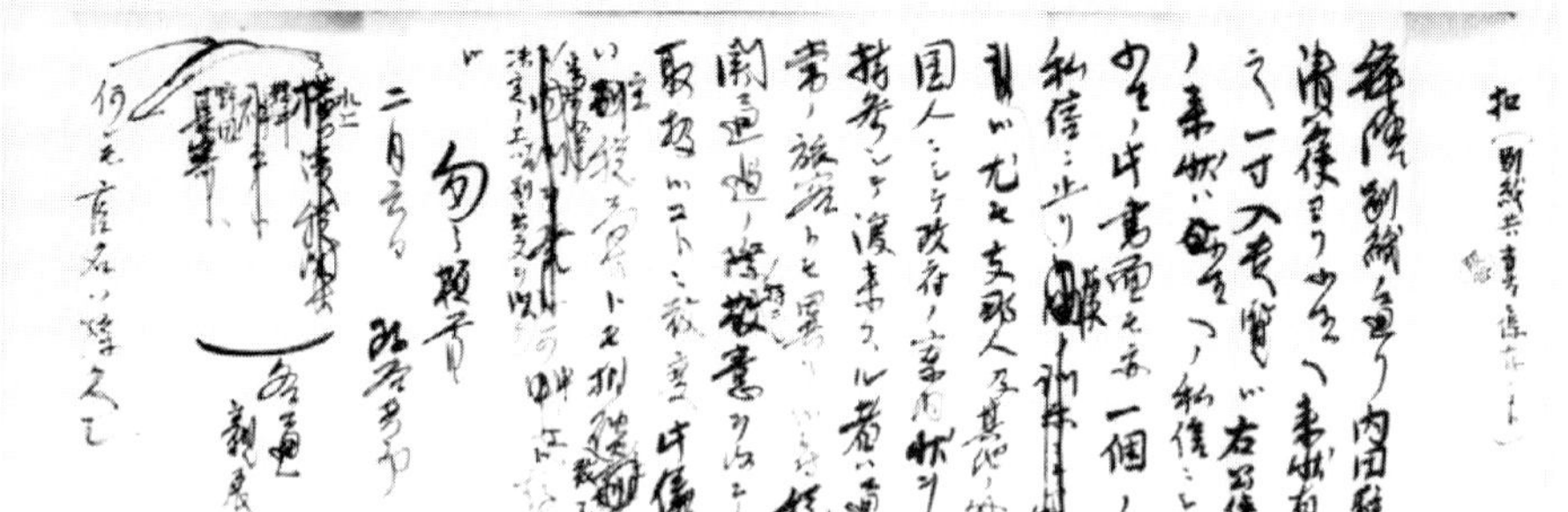

阪谷芳郎書簡

発刊の辞

専修大学理事長・学長　日髙　義博

専修大学は、平成二一年（二〇〇九）に創立一三〇年を迎えました。この間、創立一三〇年記念事業として諸々の事業が実施され、また関連事業も展開されてきました。本書『阪谷芳郎関係書簡集』の刊行は、その関連事業の一つとして計画されたものですが、今般、発刊する運びとなりました。先に、専修大学図書館が所蔵する阪谷芳郎関係書簡類一三六五点を整理し、『阪谷芳郎関係書簡目録』（専修大学図書館編集、平成二一年）を作成致しましたが、書簡等の内容に貴重なものが多々あり、書簡の翻刻・刊行が求められておりました。そこで、阪谷芳郎書簡刊行アドバイザー部会を設置し、本書の刊行作業に取り組んでいただきました。本書を世に出すことができましたことは、大学の持続的発展に努めている学校法人専修大学として、大いなる喜びであります。

専修大学の歴史は、幕末の動乱を生き抜き、太平洋を渡って米国に長年留学し近代の学問を修得して帰国した、相馬永胤、田尻稲次郎、駒井重格、目賀田種太郎の四人の創立者たちによって明治一三年に創立された「専修学校」に始まります。今年で一三三年の歴史を刻みますが、初代学長は相馬永胤先生であり、二代学長が阪谷芳郎先生でありました。

阪谷先生は、創立者の一人である田尻稲次郎先生が東京大学でも財政学を講じられていたことから、田尻先生の教えを受けた一人でした。余談ですが、『武士道』を著した新渡戸稲造も田尻先生の講義を聴いています。阪谷先生の琴子夫人は渋沢栄一の次女であり、田尻先生と渋沢栄一との接点も推測されます。現在、専修大学の理事長室に、田尻先生の揮毫「士魂商才」の額が掛けられています。この言葉は、渋沢栄一が官界から財界に身を投じる際に、述べた言葉だと言われていますが、田尻先生がこの揮毫を残していることに、深い人間関係を感じます。創立者たちが次世代に襷をつなぐに際して、創立者たちの生きざまと熱き思いを熟知していた阪谷先生に二代学長の白羽の矢を立てたのは、自然の流れであったように思います。

『阪谷芳郎伝』（昭和二六年）の中の一節に「子は『質実、剛健、真摯、力行』の校風を以て、常に学生を指導し、人格の陶冶と思想の善導に重点を置いて、虚を去り実に就き、実社会に役立つ実践的人材を養成するに務めた。」（六三六頁）と記されています。阪谷先生は、創立者たちの生きざまを体現した学長であったと言えましょう。人の絆に支えられ、かつ人を育ててきた「人の専修」としては、人と人との係わりを示す書簡等が語りかけるものの重要さを一入実感するところであります。本書簡集によって、阪谷と阪谷を取り巻く人々の生きざまや時代に果たしてきた役割などを読み取っていただき、さらにわが国の近現代史研究、財政史研究に資することになりますならば、望外の喜びであります。

編集ならびに解説等にご尽力いただいた編集委員の方々、そして翻刻等にご協力いただいた関係各位に対しましては、深甚なる感謝の意を表します。とくに、専修大学図書館長の大庭健教授並びに編集代表の青木美智男主幹には、多大なご尽力をいただいたことに、衷心よりお礼申し上げます。

（平成二四年一一月記）

阪谷芳郎関係書簡集●目次

刊行にあたって

専修大学史編集主幹　青木美智男

二〇〇九年（平成二一）、専修大学は創立一三〇年を迎えた。それに先立って大学は、一三〇年の歩みを振り返り、その歴史と伝統を踏まえて新たな出発とするため、専修大学の歴史の編さんに踏み切った。その時、学内全体に埋もれている関係資料の発掘を行い、さまざまな重要な資料が新たに見つかった。その一つに図書館の特別書庫内に、第二代学長の阪谷芳郎が生前に受け取った膨大な数の書簡類が保存されていることが確認された。

そして簡単な調査の結果、阪谷が東京大学文学部政治学理財科を卒業し大蔵省に入省した一八八四年（明治一七）から亡くなる一九四一年（昭和一六）までの五七年の間に受け取った書簡で、差出人は、明治・大正・昭和期に政治・経済・教育などの世界で活躍した錚々たる人物たちばかり、その数あわせて四二〇余名に及び、全部で一三〇〇余通に上ることが分かった。いづれもこれまでどこにも紹介されていない未発表の書簡ばかりであった。

周知のように阪谷芳郎は、大蔵省に入省後、大蔵官僚として実績をあげ、一九〇六年（明治三九）には官僚出身として最初の大蔵大臣に就任した。そしてその後は東京市長や貴族院議員を務めるとともに、数多くの協会・団体の会長を歴任するなど、日本近代国家の建設期に多大な功績を残した。この間、専修大学の創立者の一人で、日本における財政学の草分けである田尻稲次郎に学んだ関係から、専修学校で理財学の講義を担当し、大学昇格時には監事として大学経営にかかわり、初代学長相馬永胤の死去後は第二代学長として関東大震災後の復興に大きな力となった。

以上のような経歴から当然、国内外の政治家・文化人、そして専修学校の関係者、義父である渋沢栄一との間に頻繁な交流があり、そのことを証明する書簡類が、関係資料とともに多数残されることになった。こうした阪谷芳郎関係の文書類は、これまで国立国会図書館憲政資料室、東京大学社会科学研究所、学習院大学東洋文化研究所、渋沢記念館に分散されていることが確認されてきたが、専修大学図書館にも所蔵されていることは知られていなかった。

そのため専修大学は、創立一三〇年の記念事業の一環として、所蔵している阪谷芳郎が受け取った書簡すべての公開に踏み切り、その翻刻と刊行のための準備作業に入った。なぜなら本書簡は、専修大学史だけでなく、明治から昭和戦前期にかけての経済史・財政史・行政史、教育史、社会事業史などの研究の発展に大きく寄与するものと考えたからである。

そこで専修大学図書館内に阪谷芳郎関係書簡史料集刊行アドバイザー委員会を設置し、大学史資料課の青木と瀬戸口龍一、文学部教員の新井勝紘、大谷正、経済学部教員の永江雅和が参加し、学外から麗澤大学外国語学部の櫻井良樹教授に協力を求めた。そして翻刻には、西澤美穂子（専修大学非常勤講師）、小林風（町田市立自由民権資料館・専修大学非常勤講師）、中村芙美子（専修大学図書課）に当たっていただくことになった。

一人の人間が受け取った書簡は、差出人が多数にのぼれば、その書体も文体もみな個性的であり難解である。しかも阪谷のような高級官僚出身で、政治家・文化人であれば、相手の差出人も高い教養を持つ専門性豊かな知識人が多い。とくに幕末から明治期生まれの阪谷の関係者は、書道と漢学を学び、その素養をもって書を認める場合が圧倒的に多く、それに欧米での経験や知識が書面に表出する。現代に生きる私たちの知識では難解きわまりない。それを一文字一文字丹念に読み解きながら、ようやく刊行にまで漕ぎつけた。翻刻者には頭が下がる思いである。それゆえ、本書が多くの方々に活用され、日本近代史研究の発展に役立てていただけることを祈念する。

二〇一二年一〇月一七日

【解題】阪谷芳郎の遺した文書

櫻井 良樹

一、阪谷芳郎という人

阪谷芳郎（文久三年〈一八六三〉～昭和一六年〈一九四一〉）は、岡山に生まれ、東京帝国大学政治学理財学科卒業後に大蔵省に入省した官僚・財政家である。一部の事典などで「さかたに・よしお」と紹介されているが、「さかたに・よしろう」が正しい読み方である。明治一七（一八八四）年に大蔵省入省後、明治三〇年主計局長、明治三四年総務長官を経て、明治三六年には大蔵次官となり大蔵官僚のトップに上りつめ、日露戦後の明治三九年一月より第一次西園寺内閣の大蔵大臣になった。これは帝国大学出身の初の大蔵大臣であった。

阪谷を語る際に避けて通れないのは、その家系である。父の阪谷素（朗廬）は、岡山興譲館の督学として著名な儒学者であり、明治維新後には、森有礼、福沢諭吉、西村茂樹らと共に西洋文化・思想紹介につとめ文明開化の牽引車となった明六社創設に参加し、洋学者とも深いかかわりをもった開明的学者であった。ただ朗廬は明治一四年に没しており、その時に芳郎はまだ一八歳であったから、官僚としての成功は本人の才能によるものであろう。つまり近代日本のエリート官僚の誕生を象徴している秀才の代表的人物である。

そのような有能な大蔵官僚阪谷芳郎にとって、より重要であったのは、渋沢栄一とのつながりを得たことであろう。渋沢は、改めて説明するまでもなく、近代日本経済界の建設者の一人で、晩年は各種の名誉職に就任し財界の元老といわれた人物である。芳郎は、明治二一年二月に、渋沢栄一の娘である琴子と結婚した。後でも触れるが、渋沢が阪谷を見込んだようである。そして渋沢家とのつながりは、阪谷を取り巻く多彩な経営者や銀行家の人脈を用意することになった。また琴子の姉である歌子を通しての穂積陳重との関係も見逃すことはできない。穂積陳重は東京帝国大学教授で、近代法学界の重鎮であり、大正期には枢密院議長をつとめた。これらの親戚筋の華麗な姿と金融界との深いつながりは、阪谷芳直『三代の系譜』に記録されている（ちなみに息子の阪谷希一は満洲国国務院総務庁次長・中国聯合準備銀行顧問、孫の阪谷芳直はアジア開発銀行総裁をつとめた）。

阪谷芳郎は、大蔵官僚として近代日本経済制度、特に財政制度と金融制度の整備と発達に大きな貢献をした。日清戦争・日露戦争という二つの戦争は、日本の経済力を尽くしての戦いでもあり、阪谷も日清戦争中は広島の大本営に詰め（当時は主計局予算決算課長兼貨幣課長）、戦後の主計局長時代には日本の金本位制移行に貢献した。日露戦争中は大蔵次官として莫大な戦費調達（内債・外債発行と増税）を成功させた。これが戦後（明治四〇年）に男爵を授けられた理由となった。なおこの間、法学博士（明治三二年）となっている。

明治四一年一月の蔵相辞職後は、その経済知識を活かして、東京市長（明治四五年～大正四年）、貴族院議員（大正六年～昭和一六年）、専修大学総長（大正一三年～昭和一六年）をつとめた。大正五（一九一六）年には、連合国政府経済会議特派委員長、大正七年には中国政府（北京政府）より幣制改革顧問就任を前提として三ケ月間招聘されたりしている。

しかし大蔵省を離れた後の阪谷の活動の中心は、広い意味での社会貢献活動であった。この点では各種の名誉職に就任した渋沢栄一の活動を、阪谷が継承したと言える。阪谷には「百会長」という綽名があったように、たとえば以下のような肩書きを有した。東京統計協会会長、帝都復興院評議会会長、東京市政調査会会長、備中会会長、興譲館維持会長、斯文会副会長、湯島聖堂復興期成会理事長、国民禁酒同盟会名誉会長、日本倶楽部副会長、大日本平和協会会長、カーネギー平和基金日本経済調査会長、国際連盟協会副会長、世界日曜学校大会名誉会長、大正博覧会協賛会長、帝国飛行協会会長、帝国発明協会会長、活動写真展覧会協賛会長、国産振興会会長、帝国工芸会会長、明治神宮奉賛会理事長、明治神宮体育会長、大倉商業学校理事、日本女子大学評議員、社会教育協会会長、公民教育会長、学士会理事長、台湾銀行調査会長、中央朝鮮協会会長、日濠協会会長、日加協会会長、日新協会会長等々、まだまだたくさんある。これらの会長・副会長・役員としての活動についての一端は、本書簡集に収められた手紙に見ることができる。

阪谷に関する伝記は、没直後に『故阪谷子爵追悼録』が発行され、すぐに伝記編纂も始まったが、戦争の激化によって中断した。戦後になって再開された『阪谷芳郎伝』は、阪谷文書にもとづいた良い伝記である。また孫で晩年の阪谷芳郎を良く知る阪谷芳直氏による『三代の系譜』は、すでに触れたが、阪谷朗廬・芳郎・希一・三島通庸・渋沢家などの姻戚関係をふまえて近代金融史の一面を描いている。

二、阪谷資料の全体像

阪谷芳直氏は「巻末の記――祖父阪谷芳郎」（『阪谷芳郎東京市長日記』所収）において、芳郎の日常生活の一面について次のようなことを書き遺している。

芳郎には〔中略〕一方で、日常的な習慣となるまでに身につけた、その場その場での備忘録＝メモの作成と、一日として怠らぬ日記の記述とがあり、これが芳郎の練達の事務家たる側面を形成している基礎的な条件だと思わせられることがしばしばあった。〔中略〕一緒に食事している時などに、何かの用件で連絡が入ってくると、袂から太い輪ゴムで束にした四、五冊の手帳を取り出し、用件の性質によってどれかの手帳を引き出して書き込んでいた。非常に多くの分野に亙る仕事に関係していた芳郎は、メモの段階において分野別に整理して頭に入れて置く必要があったのであろうし、更に毎日の日記――これがまた「一般日記」と並行して、特別の項目ごとの日記、例えば「洋行日記」、「万国平和財団経済会議日記」、「東京市長日記」といったものが作られていた〔中略〕――に、それぞれ整理して記載していたようである。

これは芳郎の日記についてのことだが、同様に自然と集まってきた資料についても、非常にシステム的に文書整理をした上で保存していたらしい。続けて次のように記している。

芳郎は、日記類、元老以下各界の要人からの書簡は勿論のこと、膨大な量に上る多種多様な受領書簡、大蔵省を始めとして、自分の関係した多数の事業、団体、会社等から受領するペーパー類、或いは書籍をすべて保管し、それは「怪文書」といわれたものについてすら然りであった。そして、これらの一切は、小石川区原町にあった広壮な邸宅の洋館の二階の書斎と三階の五、六十畳はあったかと思われる資料保管室に、置かれていた。〔芳直氏が……筆者注〕昭和十三年春に旧制高校に入ってから、十六年十一月の祖父芳郎の死去に至る間、私は始終この家に出かけて祖母（十四年十月死去）や祖父に接することが多かったが、三階の資料保管室に行くと、祖父が資料整理のために来て貰っていた諸岡利雄という人が、余りに量が多くて整理が遅々として進まないことを嘆いていたのを思い出す。

以上の記述からは、いかに阪谷芳郎が資料を大切に扱い、とても広い保管庫に収めた上で、資料整理をする人をも雇っていたということがわかる。ちょっとした文書館であったということである。以下の記述も芳直氏の記述を基本として述べる。

幸いにも、これらの文書は戦禍に罹ることはなく遺されたのであったが、禍は戦後のGHQによる占領であった。この時点で、上記の邸宅は龍門社の所有となっており、財閥解体により渋沢「財閥」も解体され、資産凍結され、あまつさえこの邸宅が米軍に接収され、引き渡さねばならなかったからである。これは一九四七（昭和二二）年春のことで、この時に、資料全部を残すことは不可能なので、「どうしても残さねばならぬ貴重な資料」だけ選り分け、その他は屑屋を呼んで処分したのだという。この作業は芳直氏が、わずか三日間で行ったのだという。こうして阪谷芳郎の資料の分散が始まった。なお生前に芳直氏よりお聞きしたところによると、この時に整理されたものが古物商の手を経て、再び阪谷家へ戻ったものもあるという。

ただここで今一つ不明なのが、『阪谷芳郎伝』に載せられている史料との関係である。伝記が刊行されたのは一九五一（昭和二六）年のことで、そこには現在伝えられていない文書が使用されている。伝記の作成は、芳郎死後からなされていたものが戦争でいったん中断したという経緯があり、戦前にある程度まで執筆が進んでいたらしい。ところが執筆者が疎開先に資料を持ち出し、そこで亡くなってしまったため、失われてしまったものがあるという。それが何であったか、芳直氏は日記の一部分と記しているが、西尾林太郎氏は「貴族院日記」かもしれないことを記している（『倜儻不羈の人――追悼・阪谷芳直――』）。「貴族院日記」のほかにも、「帝国飛行協会日記」とか明治一六年の「旅行日記」なども見あたらないし、「開悟随録」の（二）はあるが（一）はない。反対に伝記の二二八頁に引用されている渋沢栄一書簡（明治三四年一二月一六日付）は憲政資料室に引き継がれている。伝記刊行以前に、利用した資料を廃棄することは前記の経緯があったとしても考えられないので、米軍接収に伴う文書処分以外にも、整理が行われた可能性はある。それは、たとえば東京大学社会科学研究所への資料の寄贈が、その後の阪谷家側からの申し出によってなされていることからも推測される。

なお芳郎の存命中から、文書の一部が大蔵省の求めで同省に渡っていたことは、芳直氏の文章にも記されている。後に述べる各所蔵機関に日露戦争以前の主に大蔵省在任中の書類が、まとまって含まれていないことから考えれば、大蔵省の五家文書（松方家文書、松尾家文書、勝田家文書、曽禰家文書、目賀田家文書）のように名前がつけられていないとしても、同省にかつて阪谷家から提供された資料が引き継がれているのではないかと推測される。

以上のようにして分散が始まった阪谷文書は、現在、次の六つの機関に主に所蔵されている。網羅的なものから紹介すると次のようになる。

①国会図書館憲政資料室　第一が、一九七〇年に阪谷家から国会図書館憲政資料室に寄託（一九八〇年に寄贈とな

る）された文書である。寄託の経緯は、一九七〇年に芳直氏がアジア開発銀行に移りマニラに赴任することになり、それをきっかけとして「一般の研究者、学者に最も利用し易い」ところに収める決心をしてなされたものであることは、故人よりお聞きしたことがある。この時、同時に阪谷朗廬文書も移管されている。総数は二八七一点、時期は全般にわたり、そのうち書簡は約一三五〇通である。その中には一般日記（明治一七〜昭和一六年）をはじめとする「洋行日記」・「東京市長日記」・「万国平和財団経済会議日記」・「日本産業協会日記」・「防空都市計画日記」などの多数の日記、「やたら覚書」などの手帳類二四冊などがある。これが、芳直氏の手によって「ギリギリのところまで減ら」された文書であり、それでも書架に並べると一〇・六メートルに及ぶ（この他に阪谷朗廬文書の四・四メートル分が加わる）。書類は、現在「大蔵省在官当時書類」・「満鉄関係書類」・「支那幣制改革関係書類」・「支那招聘旅行関係書類」・「聯合国経済会議書類」・「臨時法制審議会資料」・「金融制度調査会資料」・「預金部資金運用委員会資料」・「カーネギー財団」・「東京経済学協会」・「学生時代のノート」・「成器社関係」などに分類されている。この分類整理は国会図書館によるものであろう。

②専修大学図書館　第二が専修大学図書館蔵のもので、これは一九六三（昭和三八）年に専修大学によって購入され特別書庫に所蔵されていたものである。ところがこのことが明らかになったのは、つい最近二〇〇八（平成二〇）年のことであった。古書店（宗文館）から購入したことが記録に残されているから、一九四七（昭和二二）年に整理・処分され古書市場に流出したものの一部と考えられる。特徴は書簡のみという点であり、四二〇人余からの一三六五点の書簡よりなる。これが本書に収められたものである。また二〇一〇（平成二二）年に、新たに阪谷芳郎旧蔵資料の一部分が古書店（泰成堂）経由で購入された。すべて書類で、タイトルは「家族制度論材料」「国産奨励産業振興大連合会の件日記」「煙草専売記念会に関する記念書類」「エジソン翁七十五歳祝賀会資料」「東京市長日記索引」の五綴である。これらの書類が、いつ古書市場に流出したのかは、不明である（一九四七年の整理から六三年もたっているのは不自然である）。このうち、「東京市長日記索引」は、東京における諸問題を市長時代から分類整理して昭

和期に至るまで、後の経緯を含めて記したもので、たいへん史料的価値の高いものである（翻刻出版を望みたい）。

③東京大学社会科学研究所　第三が、東京大学社会科学研究所に所蔵されているものである。これは一九四七年の整理後に、阪谷家側からの申し出により同研究所に寄贈された書類・書簡・図書七六八点（筆者の算定、同研究所の紹介では二〇〇点）である。芳直氏が、同研究所の遠藤湘吉教授と親しい関係にあったところから実現したものである。書類（書簡を含む）は、「戦時体制および戦時財政調査（主として日清・日露戦争を中心に）」、「第一次大戦関係調査報告」・「中国関係調査報告」・「大蔵省預金部資金関係資料」、「日本経済調査会計記録」・「カーネギー平和財団依嘱調査に関する交換書翰」に分類されている。最後の書簡は、実務にあたっていた深野英二発簡・来簡が多い。

④学習院大学東洋文化研究所　第四が、学習院大学東洋文化研究所の友邦文庫（旧称は「友邦協会・中央日韓協会文庫」）中にある「朝鮮問題雑纂」である。この史料は、阪谷の長男である希一より一九五七（昭和三二）年に友邦協会に寄贈された資料で、阪谷芳郎が中央朝鮮協会の会長を務めていた縁による。それが一九八三（昭和五八）年に他の資料とともに友邦協会・中央日韓協会より学習院大学に寄託され、二〇〇〇年度に寄贈となった。もともと四冊の簿冊として編綴され目次がつけられていたもので、一九一九〜一九四一年までの三一事件・関東大震災における朝鮮人殺害事件、朝鮮人奨学機関自彊会などに関する各種パンフレット・ビラ・意見書・各種団体趣意書・書簡など約一八〇点（現在は再整理されて二八四点）で構成されている。

⑤渋沢史料館　第五が、二〇〇三（平成一五）年に古書店から売りに出されたものであり、これは渋沢史料館（東京都北区）に収められた。現在整理され「阪谷芳郎旧蔵資料」として仮目録が作成されている。資料数は全部で一六六点、一九三六（昭和一一）年の日中関係、八紘学院関係（一九二九〜一九四〇）、常磐炭鉱関係（一九二九）、尼崎埋立関係（一九二八）、沖電気協調問題（一九三二）、阪谷先生欧米漫遊談（一九〇七）、橘樹郡水道設立趣意書（一九三四）、台湾銀行救済関係（一九二七）のほか、専修学校関係、都市美協会関係書類、中央満蒙協会関係書類、台湾銀行関係資料、帝都復興院評議会速記録など多岐にわたる。

⑥明治神宮　第六が、明治神宮である。これは東京市長時代からかかわりを持った同神宮造営に関する「阪谷芳郎明治神宮関係資料」全九部である。これは故阪谷子爵記念事業会が整理したもので、同神社奉祀調査会・明治神宮造営局・明治神宮奉賛会に関する書類・書簡・印刷物など約二〇〇点であり、「明治神宮奉賛会日記」（全一冊、大正元年～昭和一六年）も含まれている。伝わった経路は不明なところがあるが、阪谷家から寄贈として扱われている。

以上を図示すると次のようになろう。

阪谷芳郎文書の分散経過推定

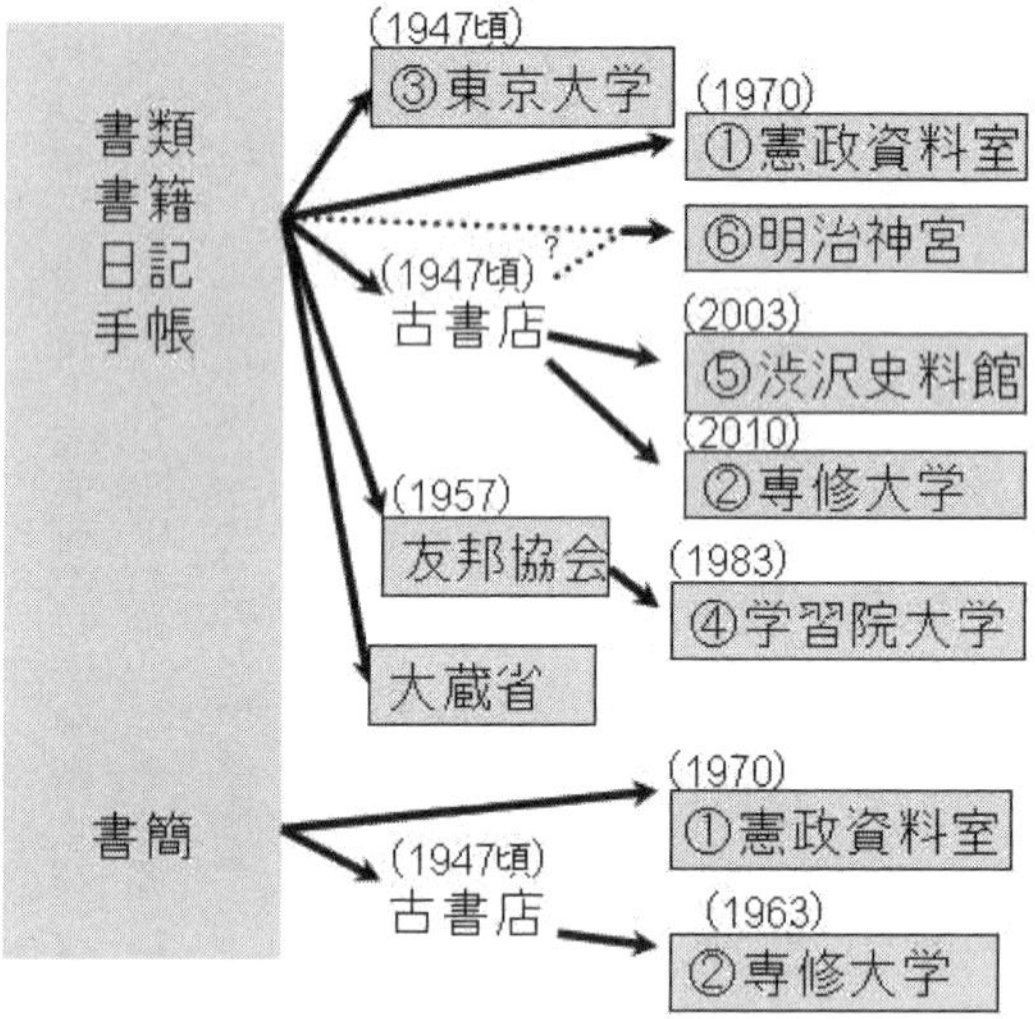

三、専修大学図書館所蔵の阪谷文書と憲政資料室蔵のものとの比較

さて本題に移ろう。本書簡集、つまり専修大学図書館所蔵の阪谷宛書簡の史料的位置づけについてである。上にあげた各所蔵機関のうち、③④⑤⑥は主題が定まっている書類が中心である。書簡がまったくないわけではないが、基本的にはそれぞれのテーマに付随するものである。したがって検討しなければならないのは、憲政資料室に収められた書簡類と、本書所収書簡類の関係となる。前記のように憲政資料室蔵の書類は、整理された後に阪谷家から移されたものである。これに対して専修大学蔵のものは古書店から購入したものである。

そこでまず差出人別に数の多い人物を、両所蔵機関で合わせて一〇通以上という基準で挙げてみよう。阪谷芳郎の発簡（草稿・控）は除く。憲政資料室蔵のものは仮目録に記載されている数である。それを憲政資料室の方が多いものと、専修大学図書館の方が多いものに分けて示した。（／）内の前の数字は憲政あるいは専修に収められている通数であり、後の数字は憲政と専修の両者を合わせた通数である（人名の五十音順）。井上馨（17／19）を例に言うと、両者合わせて一九通のうち、憲政資料室に収められている方が多く一七通あるということを意味する。

〔憲政資料室の方が多い者〕井上馨（17／19）、公森太郎（79／79）、西園寺公望（20／25）、阪谷希一（83／83）、渋沢篤二（21／24）、勝田主計（17／24）、杉村陽太郎（11／11）、徳川家達（9／14）、中村雄次郎（13／13）、松尾臣善（18／21）、松方正義（27／31）、目賀田種太郎（12／14）、渡辺国武（28／29）

〔専修大学図書館の方が多い者〕浅野総一郎（10／11）、姉崎正治（11／15）、石黒忠悳（12／22）、井上円了（11／11）、大隈重信（10／10）、大倉喜八郎（13／14）、小川郷太郎（20／20）、尾崎行雄（9／11）、清浦奎吾（7／12）、後藤新平（7／12）、渋沢栄一（61／92）、下条康麿（9／10）、添田寿一（107／129）、高橋是清（10／15）、田川大吉郎（15／16）、妻木頼黄（15／17）、田健治郎（7／13）、二条正麿（10／10）、服部宇之吉（8／11）、浜口雄幸（7／11）、早川千吉郎（24／26）、土方久元（8／11）、平沼淑郎（17／18）、平山成信（9／12）、広池千九郎（12／

12)、穂積陳重（48／52)、馬越恭平（12／13)、三島中洲（50／50)、美濃部俊吉（17／17)、柳生一義（12／13)、若槻礼次郎（15／17）

ここに挙がってくる人物を見ると、大蔵省および金融・財界関係者が多いことは、阪谷の経歴からして自然なものであろう。また渋沢栄一・篤二や穂積陳重は親戚・渋沢同族会関係者で、これも当然である。目につくのは、姉崎正治・井上円了・小川郷太郎・服部宇之吉・平沼淑郎・広池千九郎・三島中洲・美濃部達吉などの学校関係者・学界関係者が案外多いということである。それも専修大学図書館の方に偏って残されているということである。政治家としては西園寺公望・大隈重信・清浦奎吾は言うまでもなく首相級人物であり、その他、田川大吉郎と妻木頼黄は東京市長時代につながりが深かった。

阪谷芳直氏が、わずか三日間で行った整理作業は、どのようなものであったのだろうか。ざっと内容を見て選り分けたと阪谷芳直氏より聞いたことがあるが、同時に十分な検討をする暇もなかったこともおっしゃっていた。書類の選別は、タイトルからある程度可能であろうが、合わせて三〇〇〇通近くある手紙を一通ずつ読んで選り分けるのは、時間的にも作業的にもかなり困難であることは容易に想像できる。その基準が、世間的に著名な人物か否かでなかったことは、たとえば大隈重信（大隈は自筆の文書を残さなかったことは有名であるが)、清浦奎吾、高橋是清、浜口雄幸、若槻礼次郎のような首相をつとめた人物のものが専修大学図書館の方に多く残されていることからわかる。

まず阪谷自身の発簡（控・草稿）が、残されたことは理解できる。

日本人からの書簡に限って言うと、憲政資料室の方は目録によると三五五人、専修大学図書館は約四二〇人と専修大学図書館の方が多い。書簡の総数は憲政資料室蔵の方が少し多いのだが、阪谷の発信書簡が憲政資料室にたいへん多く残されており、宛書簡の数はほぼ同数である。そうすると一人当たりの残存通数は憲政資料室の方が少し多くなる。しかし上に掲げた人物からの書簡について言えばそうはなっていない。たとえば傍線を付した石黒忠悳（憲政10通／専修12通)、渋沢栄一（憲政31通／専修61通)、添田寿一（憲政22通／専修107通）は、両方に一〇通以上残されている人物であるが、憲政資料室に移管された部分（つまり阪谷家に残された部分）は、石黒は半々に近いが、渋沢・添田ともに、憲政資料室に収められたものの方がかなり少ない。つまりかなり整理されている。専修大学図書館の方に多く残されている他の人物を見ても、憲政資料室に移されたものが、ほんの一部の書簡であることがわかる。

反対に憲政資料室に収められた書簡の数の方が多いものは、人数的に少ない。その中でも、公森太郎、阪谷希一、杉村陽太郎、中村雄次郎はすべての書簡が憲政資料室に収められている。合計の書簡数は一〇通には満たないが、児玉源太郎書簡も九通すべてが憲政資料室に所蔵されている（内容的には日清戦争中の事務的な短いもの）。阪谷芳郎や阪谷希一の書簡が残されていることは、肉親のものであるということによろう。公森太郎も希一と密接な関係があり、整理された時点で残しておく必要性があったということであろう。しかし親戚筋だからといって残されているわけではない。渋沢篤二書簡は多く残されたが、穂積陳重の書簡はほとんど整理されてしまった。あとは井上馨、松尾臣善、松方正義、目賀田種太郎、渡辺国武など大蔵省関係が多いのだが、これも添田寿一、高橋是清、若槻礼次郎などは整理されていることから、大蔵省関係だから残したとは言えそうもない。ただ芳郎の上役が残されているような傾向はある。

では内容面ではどうであろうか。全体的に見て、憲政資料室のものに比較して専修大学図書館のものには、礼状・招待状・紹介状が多いように感じられ、また書簡の長さが短いような傾向はある。しかし、それも絶対とは言えない。比較的はっきりとしているのは勝田主計の書簡で、勝田の書簡は両方に多いが、長く内容のあるものが憲政に残されたようである。しかし憲政資料室にも礼状・招待状・紹介状が存在し、内容的にも同じ案件が両所に存在する。時期的な区別でないことも、明治二十年代から昭和年代のものがどちらにも存在し、阪谷の経歴による区分がなされているようにも思われない。気がついた限りで指摘すれば、専修大学図書館の書簡でもっとも時期の早いものは、穂積八束の明治（一七）年八月一八日付書簡（四四〇頁）であると思われる。阪谷の帝国大学卒業後の大蔵省入省と、穂積の留学の件が書かれている。またもっとも遅い時期のものは川崎克の昭和（一六）年八月二〇日付書簡（一八一～一八二頁）であろう。つまり内容面からの書簡の選別も、かなり曖昧であったということになる。

そこで両方にたくさん残されていて、かつ阪谷ともっとも関係が深かった渋沢栄一書簡で両者の比較をしてみよう。憲政資料室蔵のものは、すべて『渋沢栄一伝記資料　別巻第三　書簡一』に翻刻されており、比較的容易に読むことができる。

憲政資料室に引き継がれている渋沢書簡の最も早い時期のものは日清戦争終了直前の明治二八年三月二八日のもの（大蔵大臣が渡辺国武から松方正義に代わって忙しくなるだろうから、某人の婚儀に出られなくてもかまわないという内容）であるが、専修大学図書館蔵のものには、それ以前のものが少なくとも九通ある。これは筆者の推定を含むが早いものは明治（二〇）年一一月二〇日（二〇九〜二一〇頁）である。内容は渋沢が帝国大学の学士号を有する者を招いた招待状にすぎないのであるが、阪谷の後年と思われる、次のような書き込みがなされている。「此書ハ栄一氏ノ自筆ニアラサレトモ、此状ノ案内ニテ参リタルコトカ縁トナリ、後チ琴子ト結婚ス」。この時、阪谷は大蔵省主計官としてホープであった。この会合は世間では「婿選びの会合」（徳富蘇峰の表現、『阪谷芳郎伝』九七頁）と呼ばれており、この会合で渋沢に認められて娘と結婚することになったのである（ちなみに幕末から渋沢は阪谷朗廬と面識があり、さらに芳郎自身が大学で渋沢の銀行論の講義を受けているので旧知ではあった）。この書簡が明治二〇年と推定されるのは、『阪谷芳郎伝』（一〇五頁）の記事による。この書簡が阪谷の人生において最も重要な位置をしめる書簡の一つであったことは想像に難くない。だから、このような書き込みがなされているのである。

また専修大学図書館蔵の日清戦争以前の渋沢書簡に、明治二二年と推定されるまとまった内容のものがある（二一一〜二一二頁）。これは一連の書簡で、李鴻章にあてて「銀貨本位之事」について書き送った書簡（二一二頁）の漢文訳に関するやり取りである。先に触れた憲政資料室蔵渋沢書簡のもっとも早いものの手紙の終わり頃に、日清講和条約談判に清国全権大使として出席した李鴻章が狙撃され負傷したことについての驚きと、それが講和に及ぼす悪影響に対する心配が書かれている。両者を合わせると、渋沢の李への言及が単に狙撃されたことに対する驚きだけではなかったことを想像することができるのである。

明治三一年～三六年頃の渋沢書簡は、憲政資料室と専修大学図書館の両所にかなりの数が残されている。憲政資料室蔵のものには、韓国の京仁鉄道や京釜鉄道に関する件、鉄道国有に消極的な渋沢の姿勢が読みとれるものがある。いっぽう専修大学図書館所蔵のものにも京釜鉄道に関するもの（二一三～二一四頁）、鉄道国有化に関するもの（二一五頁）があり、両所のものを合わせて考察する必要があろう。

日露戦後から、阪谷が東京市長を退任する大正四年くらいの時期について、憲政資料室に引き継がれているものには、蔵相就任時に関する激励の書簡、大正三年渋沢の中国旅行に関する書簡、帰一協会に関する書簡などがある。専修大学側には、明治四一年の阪谷の訪欧米後に日本を訪れたフランス人カーン氏の招待に関するものがある。また次の書簡は特に興味深い。これは大正三年の東京市長時代のもの（二一九頁）で、東京市会議員選挙で市会の勢力図が変化したために電灯問題が紛糾し、結局は阪谷を辞任に追い込むことになった事件に関するものであり、その経過を示すものである。渋沢が、新たに東京市会議員となった中野武営（東京商業会議所会頭）・大橋新太郎（博文館社主）と面会して、その意向を窺った報告で、阪谷の「立憲的・文明式」に進むという考えに懸念を示し、市会の多数派の意向に反対するならば、あくまでも「進取戦闘之態度」に出るか、あるいは「謙譲退歩之行為」を取るかのどちらかしかないとした上で、渋沢は「是非とも後者」を採用することが良く、そうと決心したならば中野のような「中間之位置」にいる人の「感情を損する之挙動ハ余程考慮を要す」と忠告したものである。阪谷の「東京市長日記」からは、この頃すでに阪谷は市長辞任の決心で問題の解決にあたっていたことがわかり、一〇月七日に渋沢を訪れて相談していたことも書かれているが、渋沢がどのようなアドバイスをしたかは記されていなかった。渋沢も、この問題をめぐって電灯会社と東京市の仲介役を果たし失敗することになるのだが、この書簡により、もう少し辛抱して問題解決にあたるべきだというアドバイスの内容がわかったのである。

第一次世界大戦中（大正五年）の聯合国経済会議に関する書簡は、憲政資料室蔵の方が内容が豊かである。これには日米間の外交問題に関する重要な情報が記されているが、専修大学図書館蔵の方は送別会に関するもので特に摘記するものはない。また大戦以後のものについては、両所とも特に見るべき書簡はないように感じられる。これは重要なものが東京大学社会科学研究所や渋沢史料館などに収められた書類に含まれてしまったからかもしれない。

このように渋沢書簡において、憲政資料室側にも見るべきものもあり、専修大学図書館側にも重要なものがあるということが確認できた。このことは最も数多く残されている同窓で同僚の添田寿一書簡についても同様な傾向がある。

いっぽうで、かなりの程度選択が働いているように思われるものもある。たとえばそれは勝田主計である。勝田の書簡は、憲政資料室の方により多く残されている。憲政資料室蔵書簡の内容をアットランダムに記すと、①渡辺忠三郎少将休職（明治四〇年）、②登録国債云々（明治三九年）、③渡辺忠三郎休職（明治四〇年）、④水町次官復職・第一回国債償還関係（若槻宛水町書簡二通同封、明治四一年）、⑤内閣交代関係（明治四一年）、⑥内閣辞職・財政縮小意見・日銀副総裁（明治四一年）、⑦中国旅行・ドイツの開戦（大正三年）、⑧招待不参詫び状（大正三年）、⑨朝鮮銀行総裁就任決心を寺内へ伝えた件（大正四年）、⑩朝鮮銀行総裁就任関係（大正四年）、⑪出発延期（大正八年）、⑫尾崎敬義推薦（大正六年）、⑬礼状（大正九年）、⑭弔辞（大正一二年）、⑮退職謝辞（大正三年）、⑯入閣関係、⑰物品送り状である。いっぽう専修大学所蔵のものは、①叙位叙勲云々、②貴族院議員勅撰礼状（大正三年）、③招待に対する返事、④財政方針を大臣・次官へ供した報告、⑤御申し越しの件云々先方へ、⑥楠法学士の件、⑦序文依頼で、ほとんどが年代不明の短い書簡である。このように勝田については、内容による取捨選択がかなりなされているようである。

多くの書簡の内、憲政資料室の方に一通あるいは二通程度しか残されなかった人物についてはどうであろうか。重要な書簡が選び出されたのだろうか。大倉喜八郎の一通は中国美術品の輸入に関するもの、尾崎行雄の二通は紹介状と何かの調査補助依頼の書簡、妻木頼黄の二通は工事研究会の名誉会員推薦と港の桟橋・埠頭に関する報告、早川千吉郎の二通は大戦後の教訓云々と仲小路と目賀田との会見の様子、平沼淑郎の一通は島村孝三郎の紹介状、馬越恭平の一通は見舞いに対する礼状で特に重要とは思えない。下条康麿の一通は聯合国経済会議実施委員会の廃止に関する件、柳生一義の一通は明治四二年頃の清国情勢と韓国銀行に関する件、若槻礼次郎の二通は国債問題に関する細かな報告で、これらは内容的に重要と考えられるが、若槻以外は内容をしっかり読んでの選択とは思えない。

以上のようなところからは、何人かの人物については、選択が働いていたが、それは全体に及んでいたわけではなく、多くはゆるやかな選択で分けられたと言ってよかろう。したがって憲政資料室蔵の書簡と専修大学図書館蔵の書簡は相補うものであり、史料的価値においては、ほぼ同一とみなして良い。別の言い方をすると、たまたま分けられて所蔵されることになったが、利用するためには双方を見なければならないと言うことになる。

四、専修大学図書館所蔵の阪谷文書

次に専修大学図書館所蔵(つまり本書所収)の書簡の内、興味深いものをいくつか指摘しておこう。渋沢書簡については、すでに述べたので、それ以外のものについてである。招待状、依頼状、紹介状、講演依頼、都合伺い、献辞、挨拶、お悔やみ状、各種礼状、相談などが多いが、見過ごすことのできない書簡がけっこうある。

一つの文書群として見たとき、その特徴として一番にあげるべきことは、学術に関するものが多い史料群であるということである。それは通数の多いものに学術関係者が多いということからも言える。さらにこれに重なるところが多いのだが、さまざまな社会団体に関する書簡が多く、分析方法を工夫すれば、近代日本のエスタブリッシュメントたちのネットワークと活動を示す史料となりうるものである。たとえば数ある寄付金に関する書簡から、三井、岩崎、渋沢などが釣り合いをとりながら寄付金などを支出していることがわかる。以下断片的な指摘になるが、気づいた順に示しておこう。

まず学界関係から。阪谷は東京大学法科大学関係者によって創設された国家学会の創立に深くかかわった。その関係から、会の運営に関係する書簡が多く残されている。たとえば井上円了（一〇九頁）、長島隆二（三三七頁）、吉野作造（五四九頁）などがそれである。経済協会や『経済雑誌』の事務関係（島津巌・二三五頁、島田三郎・二三三～二三四頁）、「明治財政史」再版の件（河田烈・一八二～一八三頁）、「金融制度史」に関する記述の相談（萩野由之・三五九頁）などもある。日本百科大辞典の出版と三省堂の破綻事件（馬場鍈一・三六七～三七〇頁、姉崎正治・八四～八五頁）は、当時の学問界の情況を知る術となる。姉崎正治には帰一協会関係のもの（八五～八六、八七頁）があるが、同会については内ヶ崎作三郎（一二五頁）他複数の書簡が言及している。博士会関係（井上辰九郎・一一六～一一七頁、高田早苗・二八五頁）、帝国教育会関係（辻新次・三〇八～三〇九頁）、服部宇之吉の湯島聖堂関係のものは震災復興と関係するものであろう（三六一頁）。吉野作造の明治文化研究に関する書簡（五四九頁）や大倉集古館関係の書簡（田辺浩・三〇〇～三〇六頁）、飛鳥山の二本榎木の保存に関する三上参次書簡（四七三～四七五頁）もある。

専修大学に田尻文庫を作ることを提案した添田寿一・士子金四郎宛阪谷書簡（二五七～二五八頁）、これに努力した妻木頼黄書簡（三一三～三一六、三一八頁）、穂積八束書簡（四四一～四四二頁）は、専修大学史としては価値があろう。なおついでに、筆者が勤務する麗澤大学（の前身の私塾）の創設者広池千九郎の書簡（四〇六～四一〇頁）が多くあり、また沢柳政太郎（二〇五～二〇七頁）、井上円了（一〇九～一一二頁）や三島中洲（四七五～四九四頁）書簡は、それぞれ東京大学・東洋大学・二松学舎大学にとって重要と思われる。以上のような学問界に関係する貴重な史料が大学という教育研究機関に所蔵されるようになり、こうして読むことができるようになったことは、とても有意義である。

紹介状だからといって重要でないことはない。さまざまな団体や政策運営にとって重要な意味を持つ場合があるからである。たとえば平和協会幹事となった鈴木文治を紹介した堀切善次郎書簡（四四四頁）、植原悦次郎を紹介した八十島親徳書簡（五三一頁）、関屋貞三郎の身上に関する後藤新平の書簡（一九五頁）なども興味深い。人事関係で小林丑三郎をめぐる件（穂積八束・四四〇〜四四一頁）は、台湾統治に関係するものであろう。

大蔵省および財界関係としては早川千吉郎書簡（明治（三二）年・三七四〜三七五頁）は、英国における公債発行と早川とのかかわりを示している。井上準之助の「支那金券条例」に関する件（大正（七）年・一一六頁）、「私設鉄道抵当の法」に関する井上馨書簡（明治（三七）年・一一二〜一一三頁）、浜口雄幸書簡は専売事業関係である（三七〇〜三七一頁）。なお浜口の退官挨拶が残されている（大正（二）年・三七一〜三七二頁）が、官界を去ることを第三次桂内閣で逓信次官に登用された時から考えていたと述べていること（＝政治家への転身を導くことになった）は興味深い。米価を平準にする方案について阪谷に示したことがわかる田口卯吉書簡（明治（二五）年・二九三〜二九四頁）、日清戦後の長江（揚子江）航路就航（大阪商船）に関する中橋徳五郎書簡（三三八〜三三九頁）や航路補助請求に関する奈良原繁書簡（明治（三五）年・三四三〜三四四頁）、内閣統計局関係の花房直三郎書簡（三六四〜三六五頁）、国勢調査関係の書簡（大正七年・根本正・三五三〜三五四頁、粕谷義三・一六九〜一七〇頁）などは重要であろう。第九銀行建て直しに関する安田善次郎書簡（明治（四〇）年・五二八頁）、帝国商業銀行の内情と、公債と正貨準備に関する馬越恭平書簡（明治（三七）年・四五四〜四五五頁）、松尾臣善書簡（明治（三七）年・四六二〜四六三頁）などは、金融界に対する阪谷の影響力をうかがわせるものである。曽禰荒助の記念碑建立関係の書簡も多い。

政治向きとしては小川郷太郎の選挙応援依頼の手紙も多い（一五九〜一六〇頁など）。また同じく選挙関係には、田川大吉郎（二九〇頁など）や金杉英五郎（一七三頁）の応援演説を行ったことがわかる書簡がある。近衛文麿からの大政翼賛会入会勧誘（一九七頁）があるいっぽうで、川崎克より翼賛政治会に対する批判を訴えた書簡もある（一八一〜一八二頁）。

貴族院に関して、そこでの活躍を期待する寺家村和介書簡（大正一〇年・二〇七〜二〇八頁）は、政友会の党勢拡張政策と腐敗を嘆き、貴族院しか頼むところはないと阪谷に訴えている。井上清純書簡（一一四頁）は、予算案の上程に関する公正会内の議論を伝えたものである。田健治郎（三二二～三二三頁）や東郷安（三二四頁）、二條正麿書簡（三四九、三五〇頁）、鷲尾光遍書簡（五五九～五六〇頁）などにも貴族院の会派関係・選挙関係の事柄が多く含まれている。

国際関係について、日露戦争終了直前に日本に来たことのあるハリマン関連のもの（五六五頁）や、高平・ルート協定関係者の書簡がある（高平小五郎・二八八頁、小野英二郎・一六五頁、ルート・五六八～五六九頁）。辛亥革命時の中国金融状況と円銀流通策を献じた台湾銀行の柳生一義書簡（五二四～五二七頁）は、辛亥革命と台湾とのかかわりという点で重要である。台湾銀行に関しては山成喬六書簡もある（明治（三五）年・五三八～五三九頁）。山成和四夫の上海の騒乱と金融情勢を伝える書簡は第二革命時のものだろう（五四〇頁）。ワシントン会議後の支那関税会議の委員選任に関する指田義雄書簡（大正（一四）年・二〇三～二〇四頁）もかなりの内容を含んでいる。

その他として、満洲移民政策を推進するために前進座が「大日向村」を上演することになったので観覧を乞うとの大蔵公望書簡（昭和一四年・一四〇～一四一頁）、大阪で開催される博覧会に招かれた清国人について手荷物検査でアヘンが見つかっても寛大な処置を執って欲しいという内田康哉の依頼（明治（三六）年・一二六～一二七頁）もある。芦田均にロシアの第一次世界大戦時経済調査を依頼したことに関する大内兵衛書簡（一三一頁）および下條康麿書簡（二三六～二三七頁）、小川郷太郎書簡（一五四、一五五～一五六頁）も、第一次大戦中の聯合国経済調査に関係するものであろう。なお林空水という円覚寺の僧侶からのとても長い手紙がけっこうある（ほとんどが明治（四三）年・三八二～三九一頁）が、関係は不明。横浜港の設備に関する妻木頼黄書簡（明治（四二）年・三一三頁）は、阪谷の都市経営への関与を示すものである。

東京市政関係では、阪谷は、東京市長時代に内務省の高等文官試験に合格した官僚の登用を開始したのだが、これに関して下岡忠治との間で川崎卓吉を出してくれるよう依頼したことがわかる書簡がある（二三五～二三六頁）。これはすでに知られていたことだが、史料的に裏付けられたのは初めてである。市債発行に関係すると思われる早川千吉郎書簡（三八一〜三八二頁）、電灯事業について電気局長であった松木幹一郎へ指示した内訓案（四六八〜四六九頁）、上水事業に関する山崎四男六書簡（五三六頁）がある。田川大吉郎は、東京市の助役を以前つとめていたが、渋沢と同じように混迷を呈し始めていた電灯問題に対する市会の情況を伝えている（二八九〜二九〇頁）。東京市長辞任をねぎらう書簡も多い。親族であるということも関係するが穂積陳重は、初めて品格高尚な市長を得て外国に体面を保つことができたのに遺憾であると伝えている（四三四〜四三五頁）。阪谷の時に移管が決まった井の頭公園の完成を祝う田川大吉郎書簡（二九〇〜二九一頁）には、阪谷が辞職の原因となった電灯問題に対する後の解決案に関する同意が記されている。さらに東京関係では、本多静六の震災復興に関する意見書（四四六〜四四八頁）がある。

これは個人的な関心だが、小川平吉・尾崎行雄・阪本金弥の連名による秋山定輔の欧米旅行の送別会案内がある（明治（四一）年・一六一〜一六二頁）。阪谷が、これらの人物とあまり関係が深いとは思えないのだが、断りもなく発起人に加えたという事後通知であるという点と、秋山と尾崎がやはり親しかったということがわかり面白く感じた（第一次憲政擁護運動の際に秋山は桂太郎の政党組織の黒幕となり、尾崎は桂の弾劾演説を行ったという関係）。

社会団体については、米騒動への対応として東京商業会議所メンバーで設立された東京臨時救済会の内容を知ることのできる案内もある（渋沢栄一・大正七年・二二〇〜二二一頁）。戦前開催が決まっていた日本万国博覧会に関する大山斐嵯麿の書簡（一四四〜一四六頁）や牛塚虎太郎書簡（一二四頁）、国際連盟協会に関する添田寿一書簡（二六九〜二七〇、二七二、二七五頁）や田川大吉郎書簡（二九二〜二九三頁）も、それぞれの歴史にとっては重要であろう。嘉納治五郎書簡は、もちろん講道館関係（一七七、一七八頁）、山室軍平は救世軍関係（五四一〜五四二頁）である。朝日新聞社の訪欧飛行に関する下村宏の書簡（大正（一四）年・二三九〜二四〇頁）や、読売新聞経営に関する本野一郎書簡（明治四三年・五一八頁）がある。岡山関係も多いが、仙石良平書簡の一通では大原孫三郎のことが相談されている（明治（三二）年・二四八頁）。

阪谷の身上については、さきに渋沢書簡に結婚のきっかけを示すものがあることは記したが、穂積陳重書簡（明治

（二〇）年・四二三頁）は、結納の打ち合わせに関する書簡である。穂積との間では、阪谷が渋沢篤二に襟巻を着けるようなことはしない方が良いと話し、篤二も、今後は決してそのような女々しきことはしないと誓った手紙を穂積が阪谷に届けたことがわかるような珍しいやり取りを示す書簡（二三一～二三二頁）や、電話を譲られたことに対する礼状（明治（三〇）年・四二七～四二八頁）もある。このように親族関係として渋沢篤二に関係するプライベートな事情が推測されるものが散見される。さらに家族関係の避暑の情況を知らせる穂積陳重書簡（四二八～四二九、四三六頁）などは微笑ましい。渋沢栄一の喜寿の祝いに関する穂積歌子書簡もある（四一七～四一九頁）。

おわりに

阪谷希一は、芳郎がなくなった直後に発行された『教育パンフレット』の「故阪谷子爵追悼録」の中で、芳郎の性格が極めて几帳面であり、その一例として「各方面から戴きました御手紙等はその件名別に長く保管して資料の確保を期して」いたことを記している。また水野錬太郎も、この発言を受けて次のような証言をしている。

私が或委員会に於て席を同じうしたことがあります。さうすると博士〔芳郎のこと……筆者註〕はちやんと帳面を持つて来て、誰がどういふことを言つたといふのでありませう、それを一一筆記されてゐるのであります。さうしてその日は何時に会議が始まり何時に終つたといふことをちやんと記してをられた。〔中略〕それから手紙を差上げると必ず御返事がある。こんなことは返事を出さぬでも宜からうといふやうなことについても御返事を下さるのであります。

本書に収められたような膨大な書簡（だけではないが）が残されたのは、単に阪谷が書簡や文書を保存しておく几帳面さを持っていたからではない。阪谷が、誰に対しても礼儀を欠かさず丁寧に応対していたことが相手にも伝わり、それが手紙を書かせる一因になり、このような膨大な書簡群として伝わることになったと言えよう。これらの手紙によって、われわれは当時の状況をかいま見ることができる。憲政資料室に残されている書簡や日記にも、ほんとうに役立つ事柄が多く記されていることも想像される。願わくは、次にこれらのものが、さらに復刻されていくことを期待したい。

最後に阪谷と阪谷文書に関して出版されているものを、まとめて掲げておく。

【参考文献】

・『故阪谷子爵追悼録』(『教育パンフレット』四二九号、社会教育協会、一九四一年)
・故阪谷子爵記念事業会編『阪谷芳郎伝』(同会、一九五一年)
・阪谷芳直『三代の系譜』(みすず書房、一九七九年、洋泉社文庫、二〇〇七年)
・阪谷綾子編『倜儻不羈の人―追悼・阪谷芳直―』(阪谷直人、二〇〇三年)
・原田三喜雄編『第一次大戦期通商・産業政策資料集』第一巻(柏書房、一九八七年)
「聯合国経済会議書類」(「聯合国経済会議御用日記」・「阪谷芳郎宛仲小路廉農商務大臣発信書翰」・「巴里経済会議承認後ノ措置ニ付テ」・「臨時産業調査会ノ施設スヘキ要項」)(憲政資料室蔵のもの)
・尚友倶楽部・櫻井良樹編『阪谷芳郎東京市長日記』(芙蓉書房出版、二〇〇〇年)
「東京市長日記一～六」(憲政資料室蔵のもの)
・渋沢青淵記念財団竜門社編『渋沢栄一伝記資料　別巻第三　書簡一』(同社、一九六七年)
渋沢栄一書簡三〇通(憲政資料室蔵のもの)
・杉原四郎「フェノロサの東京大学講義」(『季刊社会思想』二巻四号、一九七三年)
フェノロサ講義録(憲政資料室蔵のもの)
・近藤釼一編『万歳騒擾事件(三・一運動)』(1)～(3)〈朝鮮近代史料　朝鮮総督府関係重要文書選集(9)～

（11）〉（友邦協会、一九六四年）（学習院大学蔵のもの）

・明治神宮編『明治神宮叢書　第十七巻　資料編（1）』（明治神宮社務所、二〇〇六年）

「明治神宮奉賛会日記」（全一冊、大正元年〜昭和十六年）（明治神宮所蔵のもの）

・明治神宮社務所編『明治神宮創建を支えた心と叡智』（同所、二〇一一年）

・専修大学図書館編『専修大学図書館所蔵阪谷芳郎関係書簡目録』（専修大学図書館、二〇〇九年）

・東京大学社会科学研究所資料室編『（東京大学社会科学研究所所蔵）阪谷文書総目録』（東京大学社会科学研究所資料室編、一九七〇年）（これは所内閲覧者用）

・近藤釼一編『財団法人友邦協会　社団法人中央日韓協会保管　朝鮮関係文献・資料総目録』（朝鮮史研究会、一九六一年）

・今泉宜子『明治神宮』（新潮選書、二〇一三年）

・国立国会図書館憲政資料室

http://rnavi.ndl.go.jp/kensei/entry/sakataniyoshirou.php

・東京大学社会科学研究所

http://library.iss.u-tokyo.ac.jp/collection/sakatani.html

・学習院大学東洋文化研究所

http://www.gakushuin.ac.jp/univ/rioc/yuhou.html

【解題】阪谷芳郎を巡る人的ネットワーク

永江　雅和

ここでは専修大学図書館所蔵阪谷文書史料を有効活用する手がかりとして、史料に登場する人物関係を中心に述べることとしたい。国会図書館所蔵の阪谷芳郎関係文書を含む阪谷家文書の全体像とそのなかにおける同史料の性格および位置づけについては、前掲の櫻井良樹氏の詳細な解題を参照されたい。

父阪谷朗廬と岡山県

阪谷芳郎は一八六三年、現在の岡山県に父阪谷朗廬（名は素、一八二二〜八一）・母恭の四男として生まれた。朗廬は幕末から明治初期の漢学者であり、大塩平八郎の洗心洞、古賀侗庵の久敬舎等で学び、故郷岡山県の桜溪塾、興譲館（現興譲館高等学校）等で教鞭をとった教育者でもあった。地域で知られた学者・教育者を父に持ったことが一因となり、幼少期から学問の道に通ずることとなった芳郎は、東京大学予備門を経て同大文学部に入学。同学部政治学理財学科を卒業し、一八八四年、大蔵省に入省することになった。後に岳父となる渋沢栄一と阪谷朗廬は幕末期に面識があり、攘夷開国論を巡って意気投合した仲であった。渋沢栄一の次女、琴子と結婚し渋沢同族の一員となってゆく阪谷の経歴の背景に、朗廬と渋沢との交流が存在することは確実であろう。朗廬の形成した文人人脈からなる交際を史料のなかにもみることができる。

本史料集中に数多く確認できるのは、朗廬の事蹟をまとめた著作集、詩文集の献本に対する礼状である。芳郎が編纂した朗廬の遺稿としては『朗廬全集』（明治二六年）、『阪谷朗廬先生五十回忌記念』（昭和四年）を確認することができるが、その他にも数冊の発刊があったようである。礼状に名前があがる人物としては、阿部正桓（第一〇代福山藩主）、有松英義（三重県知事、枢密院顧問官）、有賀光豊（大蔵官僚、貴族院議員）、石橋重朝（大蔵官僚）、犬養毅（政治家、首相）、井上辰九郎（経済学者）、井上哲次郎（哲学者、東京帝国大学教授）、遠藤謹助（大蔵官僚）、岡田良平（文部官僚、京都帝国大学総長）、奥田義人（農林官僚、文部大臣、東京市長）、金子堅太郎（司法大臣、二松学舎大学舎長）、菊池大麓（数学者、文部大臣）、信夫粲（号は恕軒、医師、漢学者）、添田寿一（大蔵官僚）、高橋是清（日銀総裁、大蔵大臣、首相）、田中不二麿（司法卿、枢密院顧問官）、辻新次（洋学者、文部官僚、実業家）、角田真平（弁護士、政治家、俳人）、徳富猪一郎（号は蘇峰、歴史家、思想家）、長坂雲在（画家）、浜尾新（文部大臣、東京帝国大学総長）、浜口雄幸（大蔵官僚、首相）、土方久元（官僚、国学院学長）、平沼淑郎（経済学者、早稲田大学学長）、福沢諭吉（啓蒙思想家、教育者）、福羽美静（国学者、歌人）、藤山雷太（実業家）、藤原銀次郎（実業家）、古市公威（工学者、東京法学校（現法政大）初代校長）、穂積八束（法学者）、三上参次（東京帝大教授、日本史学者）、三島毅（号は中洲、後述）、箕作元八（東京帝大教授、西洋史学者）、柳原前光（公家）、山尾庸三（工部卿）、若槻礼次郎（大蔵官僚、首相）等の名を確認することができる。

なかでも岡山県に関連するものとしては、二松学舎大学（漢学塾二松学舎）の創設者である三島毅の書簡が多数収録（四七五〜四九四頁、以下（）の頁数は本史料集のもの）されている。三島は東京帝国大学教授、大審院判事、宮中顧問官等を歴任した漢学者であるが、備中松山藩出身であり、同じ備中出身の阪谷朗廬との親交も深く、朗廬の死後は墓碑銘を贈っている。書簡では芳郎本人との交際の様子が綴られており、地元人材の紹介状から季節の贈答、親族の婚姻に至るまで、親密な交際の様子を知ることができる。また碑文の作成を巡って、書家日下部東作（鳴鶴）の名も登場している。加えて朗廬が創設した桜渓塾については、現在の岡山県井原市に桜渓塾跡公園が現存しているが、その記念碑の建設を巡り、興譲館の卒業生である実業家、池田寅治郎（宝田石油専務、衆議院議員）と書簡を交換している（九二頁）。

教育関係における同郷・同世代の人物としては平沼淑郎を挙げることができる。平沼淑郎は岡山県津山市出身。芳郎と同じ明治一七年に東京大学文学部政治学理財学科を卒業した同窓生であり、早稲田大学第三代学長である。書簡からは病気見舞や親族婚姻の祝い、学術活動、岡山青年会の活動等、同窓生としての幅広い交友を垣間見ることができる（三九七～四〇三頁）。

岡山県出身の財界人としては馬越恭平（四五四～四五八頁）、仙石良平の書簡（二四八～二五〇頁）等も注目される。馬越は岡山県後月郡木之子村（現井原市）の出身で、興譲館で学んだ朗廬の門下生であった。その後、三井物産、帝国商業銀行を経て大日本麦酒社長となり、「ビール王」と呼ばれた人物である。馬越の書簡からは興譲館や二松学舎、馬越外遊中における歓待などの交友を見ることができる。仙石は吉備郡山田村（現総社市）の出身で東京帝国大学卒業後、日銀、帝国商業銀行を経て日本麦酒に務めた。仙石の書簡からは岡山県出身学生を支援する学生宿舎（おそらく備中館（現存）のことと思われる）の建設を巡る活動（二四九～二五〇頁）や、岡山県出身の財界人、大原孫三郎（二四八頁）、後に首相となる犬養毅（二五〇頁）の名も挙がっている。ちなみに犬養毅は二松学舎における三島毅の教え子でもあった。

政治家では、岡山出身で大蔵省から京都帝国大学教授となった小川郷太郎との衆議院選挙出馬応援に関する書簡の交換が存在する。一三歳年下ながら、同郷で帝大、研究者肌で大蔵省出身と経歴が近しい小川に対して積極的な応援をしていたことが伺われる内容である（一五三～一六一頁）。その他にも、岡山出身の有松英義や花房太郎（海軍少将）とは岡山青年会の会長人事を巡る書簡交換がみられる（八八～八九、三六四頁）。

渋沢同族としての阪谷芳郎

阪谷芳郎は二六歳の明治二一年、渋沢栄一の次女である琴子と結婚し、本郷駒込に新居を構えた。渋沢と父朗廬の間に面識があったことは前述した通りであるが、渋沢は郎臚と親しかった教育者、三島毅とも親交が深かったほか、東京大学法学部長であり阪谷の恩師でもあった穂積陳重の仲介もあったという。穂積は栄一の長女、歌子を妻にしており、以後阪谷は渋沢一族の一員としての人脈を獲得してゆくことになる。本史料中においては、岳父となる渋沢栄一、前述の穂積陳重、その息子穂積重遠、陳重の弟八束の書簡が多数収録されている。渋沢栄一は一八四〇年生まれ。幕臣から大蔵省に入省するも政策上の対立から下野。以後は第一国立銀行の頭取を中心に多数の企業設立に関与し、「日本財界の父」と呼ばれた人物である。渋沢書簡は本史料集の中核をなすものであるが、前掲櫻井氏の解題において詳細に紹介されているのでここでは略したい。

穂積陳重は一八五五年、宇和島出身。開成学校を経て留学し、ロンドン大学、ベルリン大学で法律学を学び、明治二一年、田尻稲次郎らと共に日本で最初の法学博士となった。英吉利法律学校（中央大学）設立者の一人でもある。**【691】**（四二三頁）は陳重が、渋沢家と阪谷の婚姻の仲介で動いていることを明らかにするものである。また書簡は渋沢一族内輪の交際に関するものが中心であり、後に廃嫡される栄一の長男篤二（二三一、四二四、四二六、四三二、四三六〜四三九頁等）や、陳重の息子達の動向に関わる手紙（四二九、四三〇〜四三一頁等）が含まれている点は、いわゆる渋沢三代の歴史を知るうえで興味深いものと言えよう。その他、帝大法科の優秀な教え子に関する紹介状（四三六頁）、や阪谷が穂積の著書の出版を支援している事（四三三〜四三四頁）など、大学、学術に関連するやり取りも収録されている。なお、陳重の長男、穂積重遠（一八八三年生、法学者。最高裁判事を務め、日本家族法の権威）、及び陳重の妻、歌子（栄一の長女、芳郎の妻琴子の姉）からの私信も数通収録されている。

穂積八束は陳重の弟であり、ハイデルベルク大学などドイツ留学から帰国して、国内民法の権威となった。民法典論争における『民法出デテ忠孝亡ブ』の発表者としても著名である。一八六〇年生まれと、阪谷と比較的年齢が近かった。帝国大学法科教授を長く勤め、一方で日本法律学校（日本大学）の創設にも関わった。**【733】**（四四〇〜四四一頁）は専修大学でも教鞭を取った理財学者、小林丑三郎の人事を巡り、八束が阪谷に相談している内容のものである。桂太郎首相、平田東助内相の名があることから、一九〇八〜一九一一年の間のものであることがわかる。【735・740】（四四一〜四四二頁）では、帝大内部において「田尻博士に関する件」、おそらくは田尻文庫の設立について取りまとめを行ったことを阪谷に報じている。また八束の妻は浅野総一郎の長女まつである。史料中にもあるように、阪谷が浅野財閥と関わりをもった一因に、この八束を通じての縁があったことがわかる（四四二頁）。

大蔵官僚とのネットワーク

阪谷芳郎の経歴の中核となるのが、明治一七年から同三九年までの大蔵官僚としての経歴（その後明治四一年まで大蔵大臣を務める）であることは言うまでもないだろう。同省における阪谷は主計官、主計局調査課長、同予算決算課長等を経て、主計局長、大蔵総務長官と経歴を重ね、明治三六年に大蔵次官となった。長年主計局という予算編成の中枢に属し、予算編成の根拠法となる会計法の立案に携わった阪谷は、近代日本財政の骨子を形作った人物の一人と言うことができる。本史料集にも、大蔵省における同僚との交際を知ることのできる書簡が多数収録されている。

阪谷が大蔵省に入省したのは明治一七年（一八八四年）、いわゆる明治一四年政変後のことであり、大蔵省をはじめとする官僚の構成が、従来の藩閥官僚から、近代大学教育を受けた年代層に入れ替わってゆく時期に相当していた。たとえば歴代大蔵次官を見ると郷純造（幕臣）、渡辺国武（高島藩、藩校）、田尻稲次郎（薩摩、留学）と、旧幕藩時代に教育を受けた人物であるか、田尻のように海外留学によって西洋財政学を学んで日本に持ち帰った人物が次官を務めていた。しかし米国イェール大学において財政学を学んだ田尻が国内で教鞭をとるようになり、国内の大学においても財政学の専門家養成が可能になっていった。その第一号と言えるのが、明治一七年卒で同年に入省した添田寿一と阪谷芳郎（加えておそらく土子金四郎）であり、ともに田尻の理財学を受講した教え子である。次官となったのは同期の添田が一歩先であったが、両者が東京大学卒（明治一〇年〜一八年までは東京大学、明治一九年から東京帝国大学）、第一世代の大蔵官僚であったと言ってよいだろう。

以後大蔵省には東京帝大法科の卒業生が多数入省するようになり、本史料集でも次のような大蔵省関係者との書簡を確認することができる（田尻稲次郎については後述）。添田寿一（二五二～二八二頁）、早川千吉郎（三七四～三八二頁）、水町袈裟六（四九八～五〇〇頁）、柳生一義（五二一～五二七頁）、若槻礼次郎（五五一～五五九頁）、勝田主計（二四一～二四三頁）、浜口雄幸（三七〇～三七三頁）。

なかでも最も多数の書簡が確認されるのは、同期生でもある添田寿一である。添田は福岡県出身。阪谷が主計畑を歩んだのに対して彼は主税畑を歩んだが、金本位制の確立を巡って貨幣法を制定する際には、政府委員として互いに机を並べることもあった。同じ田尻門下生の縁もあり、専修学校のほかに東京商業学校や学習院等でも教鞭を取り、日本法律学校の設立に関与するなど、阪谷と経歴上も近しい関係にあった。しかし入省後に英ケンブリッジ大や独ハイデルベルク大で学ぶなど、海外経験が豊富であり、その分開明的なエコノミストとして、工場法の制定に積極的であるなど、阪谷と意見が異なる点もあった。本史料集には大学の同窓生としての挨拶状から、国際情勢に関する情報交換、工場法に関する情報提供など、豊富な内容の書簡が残されており、本史料集のなかで最も充実した史料群のひとつであるといえる。阪谷、添田と同じ明治一七年の理財科卒で大蔵省に入省し、後に東京高等商業学校教授、横浜火災海上運送、横浜生命保険の重役となった土子金四郎については残念ながら書簡が少ないが（三一〇～三一一頁）、後述する田尻文庫の設立については協力していることがわかる（二五七～二五八頁）。

早川千吉郎は石川県出身。阪谷と同年であるが大学院進学等のため入省は遅れ、阪谷の六年後の一八九〇年であった。一八九三年には大蔵省参事官として貨幣制度調査会の幹事となっている。その後日本銀行の監理官を経て民間へ転じ、三井銀行取締役等を経て南満州鉄道株式会社社長となった。収録された書簡は主として三井時代のものであり、海外国債市場の動向、阪谷市長時代の都市計画に関するもの、曽祢子爵（曾禰荒助）記念碑設立に関する書簡が収録されている。

水町袈裟六は一八六四年生、佐賀県出身。九一年入省で、後に横浜正金銀行頭取、枢密院顧問官、法政大学総長を

務めた。明治四〇年、日露戦後不況により愛知県の小栗銀行破綻と整理に関する報告と意見具申（当時阪谷は蔵相、水町は次官）を行っており、本史料集のなかでも大蔵省時代の実務的な内容に関するものとして、明治金融史研究上、貴重な書簡であると思われる。

柳生一義は一八六五年生まれ、愛知県出身。後に台湾銀行頭取を務めた。書簡は頭取時代の台湾・中国情勢についてのもの。さらに中国における「円銀流布」について述べたものが多い。中国の幣制問題に関心を深めていた阪谷にとって貴重な情報であった可能性が高い。

若槻礼次郎は一八六六年生まれ、島根県出身。九二年に入省し、次官、大蔵大臣を歴任した後、政界に転じ、憲政会、民政党で二度首相を務めた。収録書簡には礼状・紹介状の類が多いが、金本位制に関わる書簡も見られる。首相時において金本位制復帰・維持を目指した政権の首班を務めただけに、興味深い。

勝田主計は一八六九年生まれ、愛媛県出身。大蔵次官、朝鮮銀行総裁、大蔵大臣を務め、西原借款の実施者としても知られている。書簡は貴族院議員選出の礼状や、著書への序文依頼等、事務的なものが中心である。

浜口雄幸は一八七〇年生まれ、高知県出身。大蔵次官を務めた後、政界に転じ民政党内閣の首相となり、ロンドン海軍軍縮条約、金本位制復帰に尽力した。書簡は専売局時代の煙草販売についての報告書等が収録されている。

これら一八六〇年代生まれの大蔵官僚たちは勝田主計が司馬遼太郎の作品『坂の上の雲』の主人公である正岡子規や秋山真之と松山時代の友人であったように、その働き盛りの時期を日清・日露戦争を支えることに尽くした世代であった。戦時財政運営と外資調達に苦心した分、日本通貨である「円」の信用に対する関心が強く、金本位制設立にも強い執念を燃やしたグループであったものと思われる。

専修大学創設者との関わり

阪谷は大正一三年から昭和一六年にかけて専修大学総長（初代）・学長（二代目）を務めている。専修大学の創設者は相馬永胤・目賀田種太郎・田尻稲次郎・駒井重格の四名とされているが、このうち、田尻・相馬・目賀田からの書簡が掲載されている。阪谷は既に述べたように、東京大学時代に田尻の理財学講義を受講して大蔵省に入省した経緯がある。田尻は一八五〇年生まれ、鹿児島県出身。一八七一年に渡米し、イェール大学に入学、理財学を学んで帰国した。薩摩藩のいわゆる藩閥系官僚ではあったが、留学の影響もあってか学究・実務家肌の人物であり、東京大学の教え子である阪谷、添田をはじめ、若槻礼次郎など東京帝大の優秀な学生を積極的に大蔵省に登用する一面を見せた。日清戦争戦費調達や会計法立案、貨幣制度調査会等で苦楽を共にし、田尻の二代後に阪谷が次官になるという関係であった。また東京市長としては阪谷が務めた（第四代、明治四五～大正四年）後に、田尻が市長を務める（第六代、大正七年～九年）という縁もあった。田尻からの直接の書簡は、田尻の東京市長時代の市区改正事業への協力に対する礼状（二九六頁）のみであるが、他の書簡において数多く田尻の名をみることができる。気づいた範囲で挙げてみると以下のようになる。

後藤新平からの書簡では阪谷の上司として田尻が登場。後藤は民生長官、阪谷は主計局長時代（一八九八～一九〇一年、一九四頁）。民法学者梅謙次郎の書簡では一九〇〇年、大蔵省会計課長人事に関する内容で梅と田尻（当時大蔵総務長官）が会談したことが記されている（一二七～一二八頁）。

渋沢栄一から林公使（林権助）の帰任送別会への招待。田尻と松尾（臣善か？）を招待したいが、田尻に招待状を出して断られても困るから、婿の阪谷に直接職場から誘って来て欲しい。服装は平服で構わないという内容。社交を好まなかった田尻の朴訥とした人柄を偲ばせる、興味深い書簡である。一九〇一年一月二〇日（二一四～二一五頁）。

田尻の還暦及び在職三〇年記念に田尻文庫の設立を土子金四郎、添田寿一と相談する阪谷の文面。「何カ同博士ノ性格ニ適シタル相当ノ方法ヲ以テ」との文面にも田尻の派手な社交を好まぬ人柄を知ることができる（一九一〇年、二五八頁）。田尻文庫については取りまとめに建築家、妻木頼黄が奔走している（三一三～三一六、三一八頁）。妻木は当時大蔵省臨時建築部長を務めていることから（一九〇五～一九一三年）、協力したものと考えられる。穂積八束からの書簡（四四一～四四二頁）も田尻文庫設立への東京帝国大学内部での調整に関するものではないかと考えられる。また田尻が一九二三年に没した後の追悼会においても阪谷が尽力したことが、会計検査院の清原徳次郎よりの礼状から判明する（一九〇～一九一頁）。

専修大学設立者の中心的存在であった相馬永胤は一八五〇年生まれ、彦根藩出身。渡米してコロンビア法律学校、イェール大学等で学んだ。司法省付代言人として活躍したほか、外国為替業務を専門に行う横浜正金銀行の取締役、頭取を歴任した（一八八二～一九二四年）。書簡は金本位制度実施十五周年記念品授与に対する礼状（二五〇頁）、阪谷の娘の婚姻に対する祝状（横浜正金銀行の中村貫之に嫁いだ三女八重子か？）（二五一頁）のほか、一九一七年、阪谷が専修大学に対して松方侯爵記念資金として専修大学基本金に千円の寄付を実施したことに対する礼状が収録されており、この時期から専修大学との関係が生じ始めていたことがわかる（二五〇～二五一頁）。

目賀田種太郎は一八五三年に幕臣の家に生まれた。若くして渡米し、ハーバード法律学校を卒業。帰国後、代言人、判事を経て一八八三年に大蔵省に書記官として入省。横浜税関長、主税局長、韓国財政顧問等を歴任した。大蔵省入省こそ阪谷のわずか一年先輩に過ぎなかったが、豊富な経歴を持つ、万能型の官僚であった。収録されている書簡（五一七頁）はいずれも礼状であり、うち一通【862】は、一九一三年、阪谷が金本位制度実施十五周年記念会委員長を務めた際、配布された記念品に対する礼状である。

専修大学出身の代表的弁護士として足尾銅山鉱毒事件、大逆事件、虎ノ門事件等の社会的難事件の弁護で名を馳せた今村力三郎は、戦後総長として専修大学の復興に尽くした人物である。書簡は一九二九年、「先輩親友之写真帳」作成のため、阪谷の写真を請うものと、その礼状等である（一二〇～一二一頁）。今村は阪谷の三歳下であり、ほぼ同世代であるが、母校の恩師に対して最大級の礼を尽くしている。

専修大学以外でも、阪谷は大倉商業学校（現東京経済大学）理事、日本女子大評議員を務めるなど、学校設立にも関与している。大倉商業学校は一九一九年に大倉喜八郎、石黒忠悳、渡辺洪基らによって設立された。岳父の渋沢栄一も設立に参加していることから、阪谷との関係が強かったことがわかる。本史料集には大倉喜八郎（一三六～一四〇頁）、石黒忠悳（九四～九七頁）からの書簡も数多く含まれている。また日本女子大の設立者である成瀬仁蔵からの書簡は確認できないが、同大学は設立発起人に西園寺公望や渋沢栄一が名を連ねている。阪谷は第一次西園寺内閣で蔵相を務めていることから、渋沢だけでなく、西園寺との縁を通じて同大学経営に参画したものとも思われる。西園寺書簡（二〇〇～二〇一頁）のなかにそれを直接示すものは含まれていないが、両者の交際の事実を知ることができる。

以上当史料は、書簡を通じて阪谷芳郎を巡る明治財政史についての理解を深めることができると同時に、戦前日本における代表的非藩閥系官僚のネットワークの形を知る上でも貴重な史料ということができるだろう。

凡　例

一、本書は、専修大学図書館所蔵『阪谷芳郎関係書簡目録』の編集の際に整理された、史料番号一～一一二五番までを収録した。これらは、同所において写真帳、マイクロフィルム、DVD-ROMとしても所蔵されている。
一、史料番号は、【　】を用いて付した。
一、書簡の配列は、差出人別の五十音順とした。ただし、同封文書は、［付属］として本文の後に続けて掲載した。
一、同差出人内の配列は、差出年月日順とした。書簡本文に年月日の記載がない場合は、消印や書簡の内容等から推定し、（　）をもって明記した。また推定できない場合は（　）内を空白とした。
一、パンフレットや新聞の切り抜き等の活字史料は、本文および同封文書とも原則的には翻刻せず、史料名を明記するに止め、本文においては(略)と注記した。ただし、必要に応じて翻刻した部分もある。
一、変体仮名は普通仮名に、略字は本字に統一した。ただし、助詞の江（へ）、而（て）、之（の）、者（は）はそのままとした。
一、旧字・異体字は、固有名詞以外は通例の字体に、合字はひらがなに直した。
一、明らかな誤字・脱字等に関しては、傍注にて（　）内に案を示すか、（ママ）を付した。
一、虫損、破損等のため判読不可能な箇所は［　］で、字数がわかる場合は、字数分を□で示した。
一、空欄箇所は、二字分のスペースを空けた。
一、史料中の字句の訂正は、削除箇所の右側に見せ消ち（ヒ）を表示し、訂正後の字句がある場合は〔　〕内に明記した。
一、適宜句読点を付し、闕字、平出は詰めた。
一、書き込みや形態に応じて、〈欄外〉〈端書〉〈端裏書〉〈付箋〉と記した。

一、差出人以外の筆記に関しては、その筆記者が確定できる場合は〈阪谷筆〉〈添田筆〉等のように記し、確定できない場合は〈別筆〉とした。
一、必要に応じ、[編者註]を付した。
一、差出人の略歴を巻末に掲げた。ただし、略歴不明の場合は省略した。
一、不適切な表現、あるいはプライバシーに関わる内容についても、原文のままとした。
一、没後五〇年以内の差出人に関しては、著作権継承者にできる範囲で連絡をとり、史料収録への了承を得た。

書簡詳細目次

書簡詳細目次

1 伊東祐忠 大正二年三月三十一日 …………… 101

1 伊東祐毅 (大正四)年二月二十八日 …………… 104
2 （大正十）年三月二十九日
3 （大正十二）年四月十一月六日
4 大正十三年四月二十二日
5 大正十三年四月二十九日
6 大正十三年四月二十三日
7 大正十四年十二月十三日

1 伊東巳代治 （大正二）年七月一日 …………… 105

1 稲葉正縄 （明治二十六）年五月十三日 …………… 105

1 [付属]星碁会々計 明治四十三年四月（ ）日
（明治四十三）年四月三十日 …………… 107

1 犬飼修三郎 （十一）年五月十四日 …………… 108

1 犬飼寿太郎 （ ）年五月二十二日 …………… 108

1 犬養毅 （二）年（七）月（二十三）日 …………… 108
2 （明治二十六）年七月二十九日

1 井上円了 （ ）年十月一日 …………… 109

1 井上馨 （大正四）月（十二）日 …………… 112
2 （明治）年七月十二日
3 明治二十九年五月三十日
4 明治三十八年四月二十六日
5 明治三十八年一月十八日
6 （明治）年六月十二日
7 （明治）年七月十二日
8 （大正四）月（十二）日

1 井上勝之助 （明治三十七）年三月十五日 …………… 113
2 （ ）年四月十一日

1 井上清純 大正四年十月二十三日 …………… 114
2 大正四年十月二十日
3 大正四年十月二十三日

1 井上公二 （ ）年（ ）月（ ）日 …………… 114

1 井上毅 明治四十年九月二十三日 …………… 115

1 井上準之助 （明治二十六）年五月三日 …………… 115
2 （明治四十四）年（十一）月十六日
3 （大正七）年八月四日
4 （大正七）年九月六日

43

書簡詳細目次

1　木内重四郎
　　（明治四十三）年一月十三日 ………… 184

1　菊池大麓
　　（大正二）年三月三十一日 ……………… 185

1　岸本辰雄
　　（明治四十四）年十一月十七日 ………… 186
2　（明治四十四）年四月一日 ……………… 187
3　（明治四十三）年八月十七日 …………… 187
4　（明治四十三）年十月二十四日 ………… 187

1　木村清四郎
　　（　）年二月一日 ………………………… 188

1　肝付兼行
　　（大正二）年二月八日 …………………… 187

1　京極高徳
　　（六）年十一月十一日 …………………… 187

1　清浦奎吾
　　（明治四十二）年五月十日 ……………… 188
2　（明治四十五）年七月五日
3　（大正四）年二月八日
4　（三）年九月三十日
5　［付属］招待客名簿
6　（　）年十一月二十九日 ………………… 190

1　清野長太郎

1　清原徳次郎
　　（明治四十四）年一月十一日 …………… 190
1　（大正十三）年八月二日（清原徳次郎・河野秀男書簡） ………… 190

1　黒板勝美
　　大正十五年四月二十一日（黒板勝美・後藤新平書簡） ………… 191

1　黒川真頼
　　（明治二十六）年五月十日 ……………… 191

1　黒田綱彦
　　（　）年七月二十日［付属］阪谷芳郎控 … 192

1　河野広中
　　（大正四）年十月九日 …………………… 192

1　河野通久郎
　　（明治四十二）年一月一日 ……………… 193

1　鴻池善右衛門
　　大正二年四月三日 ………………………… 193

1　児玉信一
　　（十四）年十月八日 ……………………… 193

1　小藤文次郎
　　（　）年（　）月（　）日 ……………… 194

1　後藤新平
2　（明治三十六）年八月二十八日 ………… 194

49

書簡詳細目次

勝田主計
1 （明治四十三）年六月十七日 ……………… 241
2 （明治）年二月二十五日 ………………
3 （大正三）年四月五日 ………………
4 （大正）年四月七日 ………………
5 （）年四月二十一日 ………………
6 （二）五月四日 ………………
7 （三）三月二十三日 ……………… 243

末松謙澄
1 （）年九月十二日 ……………… 244

菅原通敬
1 （明治二十六）年（五）月三日 ……………… 244
2 （明治二十六）年一月六日 ………………

杉浦重剛
1 （明治二十六）年五月二十五日 ……………… 245

杉江輔人
1 （明治三十五）年五月（二）日 ……………… 245

鈴木梅四郎
1 （大正二）年六月二十七日 ……………… 245

鈴木喜三郎
1 （大正四）年三月一日 ……………… 246

鈴木穆
1 （明治四十一）年十月三十日 ……………… 246

住友吉左衛門
1 （明治四十五）年三月二日 ……………… 246

関 新吾
1 （明治二十六）年（八）月（六）日 ……………… 247
2 大正二年四月五日 ……………… 247

関 宗喜
1 （）年七月九日 ……………… 247

仙石良平
1 （）年四月二十二日 ……………… 248

相馬永胤
1 （明治三十一）年十二月十七日 ………………
2 （明治三十八）年十二月十三日 ………………
3 （四）年八月二十八日 ………………
4 （）年八月三日 ………………
5 （）年十一月十五日 ………………
（大正二）年四月二日 ……………… 250
［付属］仮受領証　大正六年十一月十七日

副島道正
1 （）年四月（）日（相馬永胤・美都子書簡） ………………
（六）年四月二十日 ……………… 251

添田寿一
1 （明治二十五）年（）月十五日 ………………
2 （明治二十六）年（五）月七日 ………………
3 （明治三十二）年十月二十七日 ………………
4 （明治三十二）年十二月九日 ………………
5 （明治三十三）年二月二十日 ……………… 252

6 (明治三十五)年(二)月十四日
[付属]添田寿一書簡　明治三十五年二月十六日
7 (明治三十七)年(十二)月十四日
8 (明治三十九)年(十)月十日
[付属]領収書　明治三十九年十月十日
9 (明治四十)年九月二十三日
10 (明治四十)年(　)月二十三日
11 (明治四十一)年(一)月二十二日
12 (明治四十一)年三月三十一日
13 (明治四十一)年(四)月四日
[付属]Koch 書簡　明治四十一年三月十四日
14 (明治四十一)年(　)月十三日
[付属]添田寿一書簡　(明治四十一)年(　)月十三日
15 (明治四十二)年三月一日
16 (明治四十二)年(三)月二日
17 (明治四十三)年(一)月六日
18 (明治四十三)年(一)月二十一日
[付属]阪谷芳郎書簡　(土子金四郎・添田寿一宛)明治四十三年一月十九日
19 明治四十三年二月二十二日
20 (明治四十三)年五月三日
21 (明治四十三)年(五)月六日
22 (明治四十三)年(十)月十日
23 (明治四十四)年(十一)月三日
24 (明治四十五)年(四)月二日
25 (明治四十五)年(四)月九日
[付属]第七回缶詰業聯大会議案
26 (明治四十五)年(四)月二十日
27 (明治　)年(一)月十日
28 (明治　)年(　)月三十日
29 (明治　)年(　)月(　)日
30 (大正二)年(三)月十五日
31 (大正二)年三月二十一日
32 (大正二)年(五)月四日
33 (大正三)年(四)月二日
34 (大正三)年(五)月三十日
35 (大正三)年(六)月四日
36 大正三年十二月十一日
37 (大正四)年(二)月五日
38 (大正四)年(五)月二十一日
39 (大正四)年(八)月十九日
40 (大正五)年(一)月二十五日
41 (大正五)年(二)月六日　(岸弥内宛)
42 (大正五)年(三)月二十四日
43 (大正五)年(三)月二十七日
44 (大正六)年(八)月(一)日
45 (大正六)年(十二)月十五日
46 (大正七)年(一)月二十八日
47 (大正七)年(二)月九日

阪谷芳郎関係書簡

青木節一 書簡

1 （大正十二）年六月二十六日 【1124-5】

拝啓　同封書翰渋沢子爵に御送付申上候処、閣下に転送可申上旨の御命により、茲に御送付申上候、先ハ得貴意度、如斯御座候、敬具

六月二十六日　　　　　　　　　　　　青木節一

男爵阪谷芳郎閣下

追而来る七月二十三日（月）夏期大学にハ当日午前八時より九時まで、開会の辞に代へて「国際知識の必要」の題下に御講演被成下度奉懇願候、

〈便箋〉国際連盟協会　東京市麹町区内山下町一丁目一番地
振替口座東京五五一八三番　電話銀座三五三五番

［封筒表］小石川区林町《（ママ）》一二六　男爵阪谷芳郎殿　〈阪谷筆〉
結了報告　十二年六月十六日受

［封筒裏］東京市麹町区内山下町一丁目一番地国際連盟協会内
アルメニヤ難民救済委員会　委員長子爵澁澤榮一
大正十二年　月　日

［編者註］封筒の差出人は渋沢栄一であり、日付も符合しないが、書簡の内容から阪谷芳郎に宛てた青木節一書簡と判断した。

［付属①］渋沢栄一書簡　大正十二年五月（　）日 【1124-1】

拝啓　愈々御清適奉賀候、陳者昨年二月本委員会設置せられ、大方の御同情に訴へて、近東難民の為め寄附金の募集に従事致候処、今日まで約金二万余円を醵集し、之を二回に分ちて、在米国近東難民救済本部へ送金致す事を得申たるは、遍《（ママ）》に貴下の御後援の結果に有之、委員会として深く感銘を覚ゆるものに御座候、たゞ我国経済界の現況に鑑み、之れ以上の寄附を募るは蓋し難事と云ふべく、且又近東の形勢も幾分緩和之趣に付、茲に一先募金運動を打切り、四月三十日を以て委員会を解散仕候、依て本委員長はアルメニヤ難民救済委員会を代表し、貴下が与へられたる最大の御援助に対し、衷心感謝の意を表明仕候、

先は得貴意度、如斯御座候、敬具

大正十二年五月
　　　　　　　　アルメニヤ難民救済委員会
　　　　　　　　　　委員長　子爵澁澤榮一

男爵阪谷芳郎殿

［付属②］渋沢栄一書簡　大正十二年五月二十九日 【1124-2】

拝啓　陳者去る四月廿日付を以て御申出相成候件に関し、国際連盟協会理事会ハ去る五月廿三日の会議に於て、国際救済事業の為めに活動するは本協会の趣旨に反するものには非ず候へ共、本協会に斯る目的の為めの常設委員会を設置する迄の必要は無かるべく、本協会は斯る問題に手を触るゝ事を得る了解の下に、問題の生じたる場合に応じて救済委員会を設くれば足るとの事に意見一致候間、右御申出ニ対し御回答申上候、敬具

五月廿九日

国際連盟協会会長
子爵渋澤栄一

アルメニア難民救済委員会会長
子爵渋澤栄一閣下

〈端裏書・阪谷筆〉連盟協会ヨリ通知　十二年六月

[付属③] 川上勇書簡　大正十二年六月二十日　【1124-4】

拝啓　同封にてアルメニア委員会英文報告書御送附申上候、右は日本文報告書印刷上の都合にて遅れ、先週青木氏より受取り、紙数の都合も有之、且つは多忙なりし為め、右日本報告書より抜粋致し候、
別に一部を青木氏方へも送附致し、印刷に附する事と相成り候へども、猶御校正の点も御坐候はゞ青木氏方へ御伝へ被下度御願申上候、敬具

大正十二年六月廿日

川上勇

男爵阪谷芳郎閣下

〈便箋〉国際奉仕機関　インターナショナル・サーヴイス・ビユーロー　東京神田区表猿楽町十番地　電話神田三八〇〇・三八〇一　委員長男爵阪谷芳郎　主事川上勇

[付属] Report of Armenian Relief Committee in Japan.
【1124-3】　〈阪谷筆〉十二年六月廿日受　川上勇ヨリ

浅田信興　書簡

1　（大正四）年二月二十八日　【167】

拝復　陳者貴爵御義、今般東京市長御退職之旨、其報ニ接し無余義御事情とハ拝察候へ共、当市之為誠ニ遺憾之至奉存候、尚将来仍（ママ）旧御芳情之程奉懇祷候、右為御挨拶如此御座候、匆々拝具

二月廿八日

浅田男爵

坂谷男爵殿へ

[封筒表] 小石川原町一二六　男爵坂谷芳郎殿

［封筒裏］牛込富久町　男爵浅田信興

浅野総一郎　書簡

1　明治四十一年十二月二十三日　【80】

拝啓　時下益御清祥奉賀上候、陳は貴台先般御無事御帰朝被遊候ニ付而ハ、其内緩々拝晤之栄を得度存居候得共、遂ニ不得其意居候、就而来一月四日芝田町拙宅ニ於テ御高話拝聴旁々晩餐差上度候間、御多忙中御迷惑之義と奉存候得共、御繰合当日午後六時御賁臨之栄を賜ハリ度、此段御案内申上候、敬具

明治四十一年十二月廿三日

淺野總一郎

男爵坂谷芳郎殿

追而当日ハ今回来朝之仏国金融家カーン氏を御招待致度候ニ付、御含迄ニ申上候、

御服装ハ日本料理ニ付御随意ニ願ヒ候、

乍御手数御来否御一報奉煩候、

［封筒表］小石川区原町　男爵坂谷芳郎殿侍史　〈阪谷筆〉一月四日六時

［封筒裏］東京市芝区田町五丁目十六番地　淺野總一郎

2　大正四年六月十一日（浅野総一郎・サク書簡）【82】

梅雨之候益々御清穆奉慶賀候、扨而先般千鶴子結婚之儀ニ就てハ、一方ならぬ御配慮を蒙り候段奉拝謝候、其節ハ病気之為め、転地療養中之事とて式場にも列席するを得す失礼仕候処、諸事御高配難有御厚礼申上候、就てハ来る十三日粗飯差上度候間、同日午後六時拙宅迄御賁臨被下度、先ハ右御案内迄、得貴意候、早々敬白

大正四年六月十一日

淺野總一郎
淺野サク

男爵阪谷芳郎殿
同　令夫人殿

［封筒表］小石川区原町一二六　男爵阪谷芳郎殿・同令夫人殿　〈阪谷筆〉十三日六時

［封筒裏］芝区田町五ノ一六　淺野總一郎・淺野サク　大正四年六月十一日

3　大正八年十二月三十日　【81】

拝啓　益々御清穆奉賀候、偖而今般米国上院議員チャールス、ビー、ビルス殿御来朝に付、来る一月五日午後六時より、芝田町拙宅に於て御高話拝聴旁々粗餐差上度候

間、御差繰御貴臨の栄を賜り度、此段御案内迄、如此ニ御坐候、敬具

大正八年十二月三十日

浅野總一郎

男爵阪谷芳郎閣下

追て乍恐縮御出席の有無、来る一月三日迄に拙宅へ御回示相煩度候、

［封筒表］ 小石川区原町一二六　男爵阪谷芳郎閣下　〈阪谷筆〉五日六時　〈別筆〉900

［封筒裏］ 浅野總一郎

4　大正十年十一月八日　【83-1-1】

拝啓　益々御清適奉慶賀候、偖而先般添田博士御渡米ノ際、新米国新海運法ニ関シ、別紙ノ意見書及ビ参考書類ヲ御手交ノ上、本件ノ御調査ヲ依頼致置、其後、添付電報写ノ通リ更ニ打合ハセヲ遂ゲタル次第ニ御座候、今後事件展開ノ如何ニ依リ、日米両国間当事者ノ協調ヲ要ス可キモノト存候ニ付テハ、何卒御賢慮相煩度、何レ明九日夜拝芝ノ上、縷述可致候得共、予メ得貴意候、

尚本件ニ付テハ藤山氏ヘモ書類差上置候得共、特ニ閣下ノ御配慮ヲ相獲度御願申上候、敬具

大正十年十一月八日

浅野總一郎

法学博士男爵　阪谷芳郎閣下

［封筒表］ 男爵阪谷芳郎殿御直披　〈阪谷筆〉米船

［封筒裏］ 浅野総一郎　十一月八日

［付属①］ 米国海運法に付意見書【83-1-2】【83-2-1】〈【83-2-1】欄外註・阪谷筆〉十年十月十三日受

［付属②］ 米国新海運法【83-1-3】【83-2-2】

［付属③］ EXTRACTS FROM JONES' ACT【83-1-4】【83-2-3】

［付属④］ 米国船舶院新造客船太平洋配航に就て【83-1-5】【83-2-4】

［付属⑤］ 浅野総一郎電報訳文（（大正十）年十月二十六日、添田寿一宛）【83-1-6】

［付属⑥］ 東洋汽船会社桑港出張所長電報（（大正十）年十一月四日、浅野総一郎宛）【83-1-7】

［編者註］ 【83-2-1】の阪谷のメモより、【83-2】番台は、大正十年十月十三日に阪谷に受領された文書である。【83-1】番台は、同年十一月八日に浅野が発送したものであることから、【83-1】番台は【83-2】番台を修正及び追加した文書ということになる。

5　（　）年（　）月（　）日　【84】

拝啓　昨夜御願上候八幡之件、別紙封入差上候間、車中ニテ御一見願上候、拝具

浅の拝

坂谷大老閣下

［封筒表］阪谷男爵閣下 〈阪谷筆〉製鉄
［封筒裏］淺野総一郎

安達憲忠 書簡

1 （大正四）年九月二十七日 【169】

謹啓 尊著最近之東京御恵贈被為下難有拝受拝見可仕候、先は御礼申上度、如斯御座候、敬具

九月廿七日 安達憲忠

坂谷男爵閣下

［封筒表］小石川原町 坂谷男爵閣下侍史
［封筒裏］大塚辻町一九 安達憲忠

足立栗園 書簡

1 （大正六）年十一月二十六日 【1109-1】

謹啓 向寒之候弥御清栄之段奉大賀候、陳ハ小生義乍微力聊か社会教化ニ資せんと存し、今春通俗徳育会を設立致候、右機関誌として大正道話を刊行致し、且時々通俗論話を試み居候、就而来年度より右小誌を拡張致し、一層実業道徳之鼓吹と子女訓育之資料ニて供し度ニ付而ハ、此際特別会員ニ尊台を御依頼申上度、一応以書中御願申置候、既ニ徳川侯、同伯、松平伯、渋澤男等之御賛助を得居申候次第、何卒御賛同被下度御願申上候、何れ不日参堂方々面謝可仕候、先ハ右御依頼迄、如此ニ御坐候、敬具

十一月廿六日 足立栗園

男爵阪谷芳郎様御侍史

［封筒表］小石川区原町一二六 男爵阪谷芳郎様御親展〈阪谷筆〉承知ス
［封筒裏］東京市神田区雉子町三十四番地 通俗徳育会 電話本局三三八七番 足立栗園 大正六年十一月廿六日
［付属］通俗徳育会規則【1109-2】

2 （大正七）年（二）月（二十六）日 【1107-1】

大日本風教叢書案内（略）

［封筒表］小石川区原町一二六 男爵阪谷芳郎様
［封筒裏］東京市神田区猿楽町三丁目一番地 大日本風教叢書刊行会事務所 振替口座東京弐五五壱六番 足立栗

園　大正七年二月廿六日

［付属①］入会申込書【1107-2】

［付属②］大日本風教叢書第四輯要目【1107-3】

3　大正七年九月十日　【1123-1】

拝啓　尊堂愈御清祥之段奉大賀候、陳ば小生共深く時勢の変遷と国民思想の動揺に就き憂慮不能措所有之、此際国家徳教の維持と社会人文の進歩とに貢献致度、従来個々に尽し来候微力を合せ、大方諸君子御賛助の下に教育道徳、実業等、あらゆる方面に意義ある著作を出版発行致し、聊か以て国民奉公の一端に供し度存居候、就而は別紙趣意書目論見書並に定款御送付申上候間、御一読の上御賛助御後援を賜り度切望仕候、何れ参堂御高見可承候へ共、不取敢以寸楮御依頼迄、如此に御座候、敬具

大正七年九月十日

明治出版株式会社創立発起人

足立栗園

外七名

男爵阪谷芳郎殿

二伸　尚右趣意御賛成の上、幾分にても株式御引請被下候御思召も有之候はゞ、其段御申聞被下度、喜んで御請可仕候、

［封筒表］市内小石川区原町一二六　男爵阪谷芳郎殿

［封筒裏］東京市京橋区入舟町五丁目三番地　明治出版株式会社創立事務所　電話京橋二三八番　足立栗園　大正七年九月十日

［付属］明治出版株式会社趣意書・目論見書・定款【1123-2】

姉崎正治　書簡

1　大正二年一月二十九日　【68-1】

拝啓　甚突然なから貴意を得候、御聞及にも候か、三省堂破綻事件につきて整理困難の模様にて、その為め同発行の百科大辞典残部三冊の発行も覚束なき場合に立入候につき、小生等にて出来るだけの援助を与へ、三省堂財産とは全く別途にて、右完成を促成仕度く存し候、就ては右別途経営につきて財政の方に御出資者有之、大抵見込相立候につき、小生等は他方面より援助仕度存し、別紙の如き会合相催し度計画仕り、その発起人に御尊名御加へ被下候様相願候次第に候、尚発起人はその他にて大隈伯、青山博士、桜井博士、富井博士、上田博士、井上博士、市島謙吉氏に有之、井上博士には明日相話すべく、その他は承諾を得候、別紙文案御覧被下御賛助被下候ハ

ヾ大幸に候、尚右内容につきて御話し可申上ば、参上可仕候につき、時日・場処御指定被下度候、小生は明卅日午後三時―四時、卅一日全日、一日午前、文科大学に居候につき、その方へ御電話被下度候、右貴意を得たく、如此御座候、再拝

大正二年一月廿九日

姉崎正治

坂谷男爵侍史

［封筒表］小石川原町　坂谷男爵侍史　〈阪谷筆〉百科大辞典ノ件　〈別筆〉**K.8**

［封筒裏］小石川指ヶ谷七八　姉崎正治

［名刺①］あねさき　まさはる　〈別筆〉**16/5/1913**

［名刺②］齋藤精輔　牛込区東五軒町二番地　電話番町一四九一〔四一六二二〕番　〈別筆〉**16/5/1913**

［付属］会合通知文案　**【68-2】**

会合通知文案

粛啓冱寒の候、愈御清適奉賀候、然は三省堂発行の日本百科大辞典は聖代文化の一大産物として、その速に完成せん事は、我等の熱望したる所に御座候、然る所御聞及にも候へきか、同店財政破綻のため同書完成に一頓挫を来さん虞有之、現代文化のため、又社会公益のため甚た遺憾と存し候、三省堂主人亀井家の財産一件に関しては、我等の全然関係せさる事に有之候へとも、同大辞典の事に関しては社会的事業として、同店債務の問題を離れ、独立の方法にて完成を期せしめたき存念に有之候、依って右独立完成につきては方法大抵相立候見込には有之候へとも、尚編輯并に社会の信用上、各位の御助言并に御助力を仰き度点も有之候、右の　　に関して御協議を煩はし度存候、御多用中恐入候へとも、右事態につき御考も有之候はば、御来会奉希望候、尚来　　日午　　時より　　にて相会し申候間、御来否御一報被下候はゝ大幸と奉存候、敬具

発起人

〈裏書・阪谷筆〉大正二年一月三十一日、姉崎来宅、斎藤精輔ノ発議、契約ヲ堅クスヘシト忠告ス、同二月一日朝吹氏ニ談ス、

2　大正二年八月十三日　【67】

御手紙は軽井沢より帰京の後拝見仕候、小生は今夕出発、駿州三保に参り、十五日夜半出発、帰京の途に着き候、三省堂の件につきては、小生もその後の事情を存せず、又御意見の点は先日に種々弁解も有之候へども、小生は十分理会（ママ）不仕、高見御尤と存し候、その件につきては、

特に御話し申上候要も無之存候へども、帰一協会と平和協会との事につきては御話しも申上度存候、御都合に応しては帰途参趨仕度と考候、小生列車は三時すぎ国府津着に有之、それより歩行致候ても、又は次列車を待候ても、五時半頃御宿に歩（ママ）る事に相成候、依て考へ候に、一応箱根に渋澤男爵を御訪問申上、それより午後下山、御宿を伺ふべきかと考へ候、何れにしても御都合御一報被下候ハヾ大幸に存候、一旦帰京仕候ては出直し候事到底出来難く候につき、十六日帰途に相伺ひ度存候次第に候、又右御都合御報は左の処に願ひ、同時に箱根なる渋澤男御宿をも御報被下候ハヾ大幸に候、

　東海道清水港　三保最勝閣

東京は今日驟雨有之、暑気少々相和き候、御地も御同様かと存し候、尚残暑の折柄御自愛奉祈候、若し又御都合にて今回拝眉を得ずば、此侭にて出発仕候、一年の後には何か御報告申上べき事を齎し度存候、再拝

大正二年八月十三日　姉崎正治

阪谷男爵侍史

最勝閣には電話あるかと存し候、

［封筒表］神奈川県大磯招仙閣にて　阪谷男爵侍史〈阪谷筆〉
八月十六日午后又八午前五時

［封筒裏］姉崎正治

3　大正二年八月十七日　【65】

御手紙三保に参り拝見仕候、帰途大磯にて御訪問申上けんと存候処、何分中夜の事に有之都合悪く、そのまゝ昨日帰京仕候、十九日頃御帰宅の節、御時間の隙有之候はゞ拝趨可仕候、此段御断りまで、如此御座候、再拝

大正二年八月十七日　姉崎正治

阪谷男爵侍史

［封筒表］相模大磯招仙閣　阪谷男爵侍史
［封筒裏］姉崎正治

4　大正三年九月二十四日　【64】

只今は御書状を賜はり拝見仕候、来訪者有之候為、御返事不申上失礼仕候、小生此より参上、多少愚見をも申述たき考に有之候、御差支の有無御知らせ被下候はゞ大幸に御座候、又モンゴリア満員、終に乗船を得ざる場合には、多少の時日有之候へども、若し廿六日出発に候はゞ、今日又は明日の中にて時間御指定被下度願上候（明朝早朝は小生差支へ候）、再拝

大正三年九月廿四日

姉崎正治
阪谷男爵侍史

[封筒表] 阪谷男爵侍史　姉崎正治

5　（大正三）年九月二十五日　**【70】**

御状拝見仕候、小生乗船モンゴリアに船室相出来候や否やも不明にて、その上同船は廿八日夕出帆と相成候、依て今明日の中にて時間相伺ひ参上仕度存し候、電話にて相伺ふべく候、再拝

九月廿五日

姉崎正治
阪谷男爵侍史

[封筒表] 阪谷男爵侍史　御使に托して

6　大正六年五月二十四日　**【66】**

御書状拝見仕候、御注意の件に関しては、小生少しも聞知する所無之候、依て成瀬君にも相談仕候処、同君も一向存せさる由に候、その点は如何様に有之候とも、第一、その為に明日の予定を変する事は困難に有之、第二、例会は要するに会内の事、且研究的性質の者に有之、森村氏の懸念は重要なる障害ならずと考へられ候、依て予定の如く進行仕候様に致し候、何れ拝眉の上、万相伺ふへく候へとも、明日の会合は右の次第に致候間、此段御含奉願候、再拝

大正六年五月廿四日

姉崎正治
阪谷男爵座下

[封筒表] 小石川原町　阪谷芳郎様
[封筒裏] 文科大学　姉崎正治

7　大正八年一月十六日　**【69】**

拝復　昨夕の御手紙に対して早速御返事可申上の処、今日終日用事有之遅延仕候、添田博士御決定の事祝着に存候、小生の事は先方より電報参り候て後ならでは、教授会にかけ難く、先週金曜発電の後、先づ二週間はかゝるべくと存候、依て其後教授会にて決定の後ならでは発表致しかね候、即ち其前に他より発表ありては妨害加はり候虞有之候間、其までは秘密に願ひ度候、右の次第につき御申聞の送別、或は講演は海名(ママ)老名氏出発以前には到着間に合ひかぬる事と存し候、添田博士御出発は二月十日頃との事に有之、小生は決定の上は二月下旬と相成るべく候、
尚本月例会の件未定に有之候、小生の出張決定の後にて添田博士と小生と二人の為の会と相成候はゞ好都合と存

し候、尚其他追て申上べく候、再拝

大正八年一月十六日夜

姉崎正治

阪谷男爵座下

［封筒表］阪谷男爵侍史　姉崎正治

8　大正九年四月二十二日　【63】

拝啓　今回M. Emile Hovelaque, Président de la Société Autour du Monde（Fondation Kahn）来朝につき、カーン財団関係者相会して茶話会相開き度く候間、来廿七日（火曜）午后三時半より築地精養軒へ御来会奉相待候、同氏滞京日数切迫の為め、便宜上小生幹事に代りて、右手続き仕り候（御出否御通下され候ば幸甚に存じ候）、敬具

大正九年四月廿二日

小石川区白山御殿町一一七
（電、小、二〇二六番）

姉崎正治

追白　同氏は目下帝国ホテルに滞在中に御座候、

［封筒表］小石川区原町一二六　阪谷芳郎様　〈阪谷筆〉二十七日三時半

［封筒裏］小石川区白山御殿町百十七　姉崎正治　四月廿二日

阿部正桓　書簡

1　（明治二十六）年六月十日　【135】

拝啓　陳者本年一月十五日御亡父朗廬先生十三回忌御相当ニ付、為紀念詩文遺稿御印刷相成、壱部御贈り被下、御芳志忝存候、依テ此品甚軽微之至ニ御坐候得共、右御礼之験迄ニ入貴覧候条御受納被下度、此段得貴意候、頓首

六月十日

阿部正桓

阪谷芳郎殿

［封筒表］麹町区平河町六丁目廿一番地　□(阪カ)谷芳郎殿　葡萄酒壱函添

［封筒裏］本郷区駒込西片町十番地　阿部正桓

有松英義　書簡

1　（明治四十三）年十一月三日　【5-1】

拝啓　愈御清適奉賀候、陳は青年会委員長予選ニ付、昨日委員会開会候処、一同閣下ノ御就任ヲ希望致候得共、御意見之次第モ亦御尤ニ候様被存候条、木村清四郎氏其他何人ニテモ適当ト御認定相成候人御指示願上、且ツ閣下ヨリ其当人ヘ一応御申入願上、然ル上ニテ小生ヨリ依頼致度、其人ハ今回ハ備中人ヲ挙クルコトニ協議相纏候間、乍御迷惑御配慮被下度奉願候、秋期総会ハ本月廿七日午後一時半上野東華亭ト相定候、小生近日出発岡山県ヘ出張致度候間、可相成ハ出発前何分之御回示ヲ被り度、此段得貴意候、敬具

十一月三日　　有松英義

阪谷男爵閣下

［封筒表］小石川区原町　男爵阪谷芳郎殿親展
［封筒裏］麹町区道三町一番地　有松英義　〈阪谷筆〉青年会用、十一月五日木村・有松二氏ヘ発信、十一月十五日木村ニ面談ス、同十九日（十八日付ニテ）有松ヘ、

［付属］木村清四郎書簡

（明治四十三）年（十一）月十三日　**【5-2】**

時下益々御清昌奉賀候、小生義昨日帰京、芳簡拝見仕候、陳は岡山青年会委員長の義ニ付き縷々御来示の次第も有之候処、同郷人中尚他ニ適当の方可有之と存候間、甚た御手数恐縮の至ニ奉存候得共、他の候補者御選定のほど御依頼申上候、右は拝芝之上御断可申上と存居候得共、帰京後匆忙延引致候ては不相済事と奉存、不取敢以書中右奉得貴意候間、宜敷御酌取可被下候、先ハ乍延引御返事まて、敬具

十三日　　清四郎

阪谷尊台侍史

［封筒表］小石川区原町　男爵阪谷芳郎殿親展　〈阪谷筆〉十一月十四日付、再応承諾ヲ求ム、
［封筒裏］十三日　㊞「東京芝区南佐久間町弐丁目七番地　木村清四郎」

2（大正五）年一月二十三日　【6】

拝啓　愈御清適奉賀候、陳は朗盧先生事歴御送被下難有奉存候、篤と拝見可仕候、敬具

一月廿三日　　有松英義

阪谷男爵殿

［封筒表］小石川区原町　男爵阪谷芳郎殿
［封筒裏］有松英義

有賀長文　書簡

1　（大正五）年四月二十七日　**【142】**

謹言　日夜御多端御精励奉察候、扨封中印刷物ハ当社ニ於て執行社員并重役共の（外、小子も読ミ得ざる）参考書ニ有之、若し万一御多端の余り自ら御渉猟之暇無之、御便宜ニも御座候ハヽ、此ハ最近のものニ候得は、前後御参考ニ為りたる分共御供覧仕候てもよろしく、若しやと存し御伺申上候、用のミ、拝具

四月廿七日　長文

坂谷男閣下

［封筒表］□（小カ）石川区原町一二六　男爵阪谷芳郎閣下〈阪谷筆〉
謝状ヲ出スコト、済
［封筒裏］三井合名会社　有賀長文

有賀光豊　書簡

1　（　）年十一月十九日　**【175-1】**

拝啓　時下晩秋之候愈々御清祥奉賀上候、陳者朝鮮産咸従栗、乍些少御届申上候間、御笑味被成下度、右御案内申上候、敬具

十一月十九日　有賀光豊

阪谷芳郎様

［封筒表］小石川区原町一二六　阪谷芳郎様
［封筒裏］有賀光豊
［荷札］阪谷芳郎様　㊞「朝鮮殖産銀行事務所」

安藤彪雄　書簡

1　（九）年七月二十日　**【161】**

拝啓　炎暑之候に御坐候処、愈御清穆之段為邦家奉慶賀候、尚時下大暑日に〳〵相募り候折柄、倍々御加餐御健勝之程奉希上候、右謹而暑中之御見舞申述候、次に私事閣下の厚き御高眷に依り、今日迄東京市役所に奉職罷在り、殊に私の不敏を以て十年、内記課に勤務するを得候次第、全く御同情の賜に有之、感刻拝謝之至に奉存候、従て市に勤続前後二十二年と相成り候間、此際新進の為に路を開き、大過なき所にて退職致度存念に有之、来月

早々辞表提出、当分静養の決心仕候間、此段言上致候、何卒右微意宜敷御高諒蒙り度奉願上候、先ハ御左右伺上旁、段々の御庇護に対し感激の至誠を表し度得芳慮候、敬具

第七月二十日　　安藤彪雄

阪谷男爵閣下御侍史

二伯　拝芝言上可申上之処、議会其他国務御繁多之時期と存じ、御遠慮致候次第、御賢察奉仰候、

［封筒表］市内小石川区原町百二十六　阪谷男爵閣下御侍史

［封筒裏］赤坂区青山南町四丁目二十一番地　安藤彪雄　〈阪谷筆〉九年七月二十日　不日辞任云々

池田有親　書簡

1（大正十三ヵ十四）年七月八日　【151】

粛啓　陳者酷暑之候増御清穆奉抃賀候、偖爾来誠ニ御無沙汰申上多罪至奉存候、嘗テ加奈太アルバタ州産出ノピツミュスサンド、道路修繕使用品ニ付、復興局直木長官ニ御紹介ヲ辱し、直木氏ニ御面会、同氏ヨリ東京市道路局長丹羽氏ヘ御紹介ヲ頂キ、目下東京市之方ニ御試験中ニ候、幸ニ験査好果ヲ得バ、塵埃満テル帝都ヲ清浄ナラシムルニ寸効可有之、万望之至ニ候、小生明後日田舎ヘ出掛候ニ由り、右御礼旁得拝謁度参上候得共、当時議会御多忙ヲ恐縮し、玆ニ拙書ヲ以テ右申上候、何レ渡加前、得御面会度奉願上候、恐惶謹言

七月八日　　池田有親拝上

阪谷男爵殿閣下奉煩

［封筒表］阪谷男爵殿閣下

［封筒裏］池田有親

池田成彬書簡

1（大正二）年四月四日　【52】

拝啓　益御清祥奉賀候、陳ハ我国金貨本位制度実施十五周年記念として御調製相成候紀念牌壱個御寄贈被下難有奉存候、右御礼申上度、如此御坐候、敬具

四月四日　　池田成彬

金貨本位制度実施十五周年紀念会委員長
男爵阪谷芳郎殿

［封筒表］小石川区原町一二六　男爵阪谷芳郎殿侍史
［封筒裏］池田成彬

池田寅治郎　書簡

１（大正元）年十二月十三日【177-1】

謹呈仕候、寒気の折柄に候処、御全家様益々御清福之段奉慶賀候、叉手願主御賛成を辱ふし、建設中の櫻渓紀念碑に関し、国政より別紙の通り申来候間、御高見御指示被下度候、若し出来得ることなれバ、委員諸氏の意見の如く、精々名家の撰文にいたし度ものに御座候、草々頓首

十二月十三日　寅治郎

坂谷大人閣下

［封筒表］東京小石川原町　□(阪カ)谷芳郎様御親展
［封筒裏］新潟県長岡市小頭町　池田寅治郎　十二月十三日

［付属①］阪谷芳郎書簡控（池田寅治郎宛）
（大正元）年十二月十五日【177-2】

貴書拝誦仕候、櫻渓碑陰記ハ、現在ノ興譲館長何之某撰文トスルカ最モ適当ト存候、是レ自ラ歴史的ニ関係ヲアラワスヲ以テナリ、其次ハ三島翁、之ハ友人ノ関係、其次ハ拙者、之ハ父子ノ関係ニ候、其次ハ知事郡長ノ内、之ハ行政関係、小生ハ第一ノ館長撰文ヲ賛成仕候、

十二月十五日　芳郎

池田寅治郎殿

［付属②］碑陰記　明治四十五年五月（　）日【177-3】

碑陰記

朗廬阪谷先生当代巨儒也嘉永四年秋八月訪外舅山成葛翁始垂帷于櫻渓教授子弟諄諄乎不倦焉越六年春一橋領邑吏角田米三郎與部民謀日郷有巨儒如此盍興一黌弘其道乃卜地寺戸建興譲館請先生為之館長故日櫻渓者興譲館前身也爾来幾六十有二年今而不講之保存則至巨儒垂帷遺躅或終埋没豈人情之所忍哉於是有志相醵建碑修廬俾人私淑於其高風此之謂不言教敢非溢美也先生名素字子絢称希八郎朗廬其号備中川上郡九名村人考諱良哉妣山成氏前大蔵大臣法学博士男爵阪谷芳郎君即先生四男也可知以阪氏世有人矣右記梗概於碑陰以貽後云

明治四十五年壬子夏五月建之

伊沢修二 書簡

1 明治三十三年五月（ ）日 【214】

故外山博士奨学資金募集に付敬告（略）

［封筒表］小石川原町百二六 坂谷芳郎殿
［封筒裏］東京帝国大学ニテ 菊池大麓・山川健次郎・清水彦五郎

石井菊次郎 書簡

1 （明治四十四）年一月三日 【53】

謹賀新年 陳者御尋越ノ前大宰相ノ甥ビューロー氏ハ珍田大使より小生へも添書有之、但小生昨晩帰京いたし候ため面会ヲ得ス、其残し去りたる名刺ノ肩書ハ御書面中ノモノト小々異ル所有之、貴方ノ分ハ、
法学士、裁判官試補、予備中尉（露州ノ名誉ノタメ独逸ニ設ケラレタル軍隊ノ）、
小生ノ分ノハ、法学、判事試補ノ外ニ、普魯西第二ドラゴン予備中尉ト有之候、小生も早速面会致度ト存、此ノ際、御手紙ニ依り、彼カ旅図ノ大略ヲ承知スルヲ得テ難有奉存候、先ハ不取敢右申上度、草々拝具

一月三日

菊次郎

阪谷男爵閣下

［封筒表］小石川区原町一二六 阪谷男爵殿親展
［封筒裏］裏霞ヶ関八 石井菊次郎 ㊞「外務省用」

石黒五十二 書簡

1 明治四十年九月二十五日 【148】

謹テ御授爵之御歓申上候、敬具

明治四十年九月廿五日

石黒五十二

阪谷芳郎殿

［封筒表］東京麹町区永田町壱丁目 男爵阪谷芳郎殿親展
〈別筆〉御喜
［封筒裏］石黒五十二

石黒忠篤　書簡

1　（大正九）年十月三十日　【90】

前略　過日は参上御多忙中拝眉を得本懐之に不過候、扨其際高覧に入候千葉君書簡中ニ有之候排日干《(関カ)》係印刷物、昨日延着致候条、不取敢別封御送申上候、或は既に御入手之御事かと存候へ共、為念御覧に入候次第ニ有之、同氏書面中言及候箇処ハ便宜頁の端を折り、鉛筆にて印しを付置申候、先ハ右取急申上度、早々敬具

十月卅日

石黒忠篤

阪谷男爵閣下

［封筒表］小石川区原町　男爵阪谷芳郎殿御直披

［封筒裏］農商務省にて　石黒忠篤

石黒忠悳　書簡

1　明治三十八年一月四日　【85】

益御栄昌奉賀候、然は所管学校資金を以て、公債買入ニ付、頃日奉願置候件、早速理財局国庫課長勝田君江御直話被下置有之候由、特ニ御示被下御芳情奉敬謝候、早速主務者を相置可申候、右不取敢御礼申上候、謹具

三八、一月四日

石黒忠悳

阪谷大蔵次官殿閣下

［封筒表］市中小石川区原町一丁目二十六　阪谷次官殿閣下御直披

［封筒裏］石黒忠悳　㊞「東京市牛込区揚場町十七番地　石黒」

2　明治四十二年四月二十四日　【89】

本日は御盛餐相陪、種々之御催親子とも終日相楽帰宅、老妻へもいさゐ相話、供々厚く御礼申上候、いつれ不日参堂御礼申上も、不取敢書中申上候、謹具

四二、四月廿四日

石黒忠悳

坂谷男爵様

同令夫人様

御母堂様御始皆様へ宜敷御伝を願上候、御席上拙家御縁末ニ相加候事御祝被下候事を老妻へ申聞候処、格別相悦、呉々も御礼申上呉候様申出候、

［封筒表］市中小石川区原町百廿六　阪谷男爵殿閣下

［封筒裏］石黒忠悳　㊞「東京市牛込区揚場町十七番地　石黒」

3　明治四十二年十二月二十八日　【93】
（石黒忠悳・久野書簡）

寒冷之節被為揃御栄昌奉賀候、先頃孫出生已来ハ種々被為懸御心、御尋、御歌并御贈品被下難有御礼申上候、御庇にて母子とも健康ニ肥立候間、御省意相願候、右御礼申上度、此品いかゝ敷候得共庇下ニ呈候、いつれ参堂可申上候、時かふ被為厭候様奉専念候、敬具

四二、十二月廿八日

石黒忠悳
同妻久野

阪谷男爵様
同令夫人様

［封筒表］阪谷男爵様・同令夫人様閣下侍史
［封筒裏］石黒忠悳・同妻久野　㊞「東京市牛込区揚場町十七番地　石黒」

4　明治四十三年十二月二十六日　【92】

寒気強候処高堂被為揃御安全恭賀仕候、御母堂様御病後無御別条、別て賀上候、さて昨日は国勢調査準備委員会手当として金弐百円贈貽相成受領仕候、何之所為もなく、唯々席末ニ列候さへ光栄と存候ニ、前には委員長閣下盛餐、今又如此厚貽何とも不堪恐悚候、厚御礼申上候、年内無余日候間、折角御自重目出度御越年を専念申候、謹具

四三、十二月廿六日

石黒忠悳

副委員長阪谷男爵閣下

［封筒表］市中小石川区原町百廿六　阪谷男爵殿閣下直披
［封筒裏］石黒忠悳　㊞「東京市牛込区揚場町十七番地　石黒」

5　大正十年一月二十九日　【86-1】

益御多祥奉賀候、近日議会ニテ候へは、御多忙可被為在、且又種々御配意奉多謝候、さて突然御願甚恐入候得共、老生年来致懇意候浅草区吉野町通称八百善事栗山善四郎儀、今般都市計画ニ付、新聞致一覧候処、同人近年購求候以広け候居屋敷番地へも致関係居候由ニて、地内ニ新築致し、尚又新築いたすへき心算之処、弥右地所一部右道路ニ被取上候事ニ決定候ハヽ、新築計画も不得不止、旁心配之余、貴閣下ニハ右委員ニも被為在候事故へ、右ノ実否相伺置候ハヽ、此後計画仕度候事〔ニ対、頗る有益之事故〕ニて、ぜひ一回拝芝を得伺度とて、唯々紹介被相頼、同人義頗る高尚之者ニて、且同地ニ於てハ資産も有之、古筆賞玩仲間ニも有之、旁不得辞、定めて御叱

とは存候へ共差出候、幸に御為聞下置候ハヽ、小生之面目ニ御座候、右願上度、敬具

大正十年一月廿九日

石黒忠悳

阪谷貴爵閣下

［封筒表］阪谷貴爵殿閣下　石黒忠悳

［封筒裏］㊞「東京市牛込区揚場町十七番地　石黒」〈阪谷筆〉

十年一月三十日受

［名刺］八百善　栗山善四郎

6　大正十年一月三十一日【87】

昨日は栗山善四郎江致添書差出候間、御用繁之処御逢被下置候とて、当人大悦ニ候、小生よりも御礼申上呉候様申来候、老生之面目難有御礼申上候、謹言

大正十年一月三十一日

石黒忠悳

阪谷貴爵閣下

［封筒表］市中麹町区〔小石川区〕原町　阪谷男爵閣下御直

［封筒裏］石黒忠悳　㊞「東京牛込揚場町十七番地　石黒忠悳」

7　大正十年二月四日【88】

拝啓　昨日は御多用中栗山御引見御懇諭被下候上、尊書まで被下難有御礼申上候、同人儀御懇諭ニて大安心仕候由ニて呉々も御礼申上呉候様、再三申出候、いつれ拝芝万々可申上も、不取敢此段得尊意候、敬具

大正十、二月四日

忠悳

阪谷貴爵閣下

議会も御多忙拝察仕候、当年ハ難関多く、昨日ハ衆議院ニても陰雲たなひき居候やニ承候、

［封筒表］市中小石川区原町百二十六　阪谷男爵閣下御直

［封筒裏］謹　㊞「東京牛込揚場町十七番地　石黒忠悳」

8　大正十二年九月二十三日【91】

粛啓　先般大震之際ニは令嬢高嶺博士令夫人御儀、於御転地先逝去之由、御愁傷拝察仕候、乍去令夫人も御次嬢御同居之処、災を御免れ被成候由、御不幸中之幸と奉存候、御悼迄ニ参堂可仕処、御取込之際、却て御邪魔と差控、以書中申述候、令夫人閣下江もよろしく被仰通度候、謹具

大正十二年九月二十三日

石黒忠悳

阪谷男爵閣下

時節柄御返事御断申上候、

［封筒表］市中小石川区原町　阪谷男爵殿閣下
［封筒裏］石黒忠悳　㊞「東京市牛込区揚場町十七番地　石黒」

9　大正十二年十二月二十日（石黒忠悳・久野書簡）　**【94】**

尊書拝見、冬間に成候も益御健昌、又頃日は總子様御儀伊藤熊三様と御結婚首尾能被為整、御式相催候段、幾久敷大賀仕候、不取敢右御祝申述候、謹具

大正十二年十二月二十日

子爵石黒忠悳
妻　久野

男爵阪谷芳郎
令夫人　琴子　両閣下

［封筒表］市中小石川区原町　阪谷男爵殿閣下
［封筒裏］石黒忠悳　㊞「東京市牛込区揚場町十七番地　石黒」

10　大正十三年四月十七日　**【95】**

昨日は御両所之尊訪、又結構之御品御見舞被下難有御礼申上候、幸ニ両病人とも本日ハ不悪候間、御省慮被下度、いつれ参堂御礼可申上も、不取敢書中申上候、拝具

大正十三、四月十七日

石黒忠悳

阪谷貴爵
令夫人　両閣下

［封筒表］市中小石川区原町　阪谷男爵殿閣下
［封筒裏］石黒忠悳　㊞「東京市牛込区揚場町十七番地　石黒」

石津三次郎　書簡

1　（昭和　）年十一月二十七日　**【153】**

謹啓　益々御清適奉賀候、陳は兼々御配慮相煩候トキーの発明者東條政生氏、今般工場担保として興業銀行より借金する事に相成候処、右鈴木総裁に御紹介を願度旨ニテ、先生に御引合を申来り候ニ付、甚た乍恐縮御後援の趣旨にて御紹介被下度奉願上候、

小生同行可仕処、都合悪しく書面ニテ失礼申上候段、平ニ御海容被下度候、

十一月廿七日

石津三次郎

阪谷博士殿侍史

［封筒表］阪谷芳郎様侍史
［封筒裏］石津三次郎　十一月廿七日

石橋重朝　書簡

1　(明治二十六)年五月十五日　【147】

拝読仕候、陳者尊大人亡朗廬先生之御遺稿今般御刊行ニ付、野生ニも壱部御恵贈ニ預り御厚意之段難有奉存候、右御礼為可申述、先以早々如斯ニ御座候、頓首

五月十五日　重朝拝

阪谷賢台侍史

［封筒表］阪谷芳郎殿親展
［封筒裏］石橋重朝

石光真臣　書簡

1　(大正十二)年九月二十八日　【149】

拝啓仕り候、益々御健勝奉賀候、陳者今回の大震火災に就而は何かと御配慮被下候段奉万謝候、

扨予而穏健なる思想を有し、皇化普及会を組織し、且雑誌皇化を発行し、世道人心の善導に尽力致居候林卯吉郎氏は、小生の知友に有之候処、閣下へ御照介方申出候ニ付而は御多用中恐縮ニ候へ共、御引見被成下度候、右御願申上候、不宣

九月二十八日　第一師団長石光眞臣

男爵坂谷芳郎閣下研北

［封筒表］男爵坂谷芳郎閣下平剪
［封筒裏］第一師団長石光眞臣　九月二十八日

伊集院彦吉　書簡

1　(　九)年十一月十七日　【163】

拝啓　救世軍伝道ニ対スル迫害ノ件ニ付キ、御来翰ノ趣拝承致候、早速内務省及警視庁ニ対シ、夫々注意ヲ喚起セシメ候処、右両当局ニ於テモ充分諒得致、今後取締ニ一層ノ注意ヲ相加フル筈ニ付、右御諒承相成度、先ハ御返事迄如斯御座候、敬具

十一月十七日　伊集院彦吉

男爵阪谷芳郎殿

［封筒表］小石川区原町一二六　男爵阪谷芳郎殿

［封筒裏］伊集院彦吉〈別筆〉35　30

磯部鉄吉　書簡

1　（大正十三）年六月十八日　**【140】**

謹啓　貴堂益々御清勝奉賀候、陳れは昨日銀行集会所にて「ドワジー」大尉の招待会に御招待を受け奉謝候、同席上「ドワジー」大尉も申し候如く、日本よりも巴里を訪問する企てをなし度候、切に希望致し候ものから、乍失礼予め書中御願申し上候、

日本の民間飛行家も機械と金さへあれは巴里行も決して困難ならすと確信致し居り候、機械も三菱か中島に注文すれは出来ると存し候、

閣下若し御熟慮の上、小生等の希望を御考慮被下候なれは、御面談更に具体的に申上度候、乍失礼御都合よき日時場所御一報願上候、敬具

六月十八日

磯部鉄吉

阪谷男爵殿

［封筒表］小石川区原町　男爵阪谷芳郎殿親展

［封筒裏］㊞「東京市麹町区平河町四丁目十三番地　磯部鉄吉」

市来乙彦　書簡

1　（大正二）年三月二十一日　**【172】**

拝啓　愈御清適奉大賀候、偖金貨本位制度実施記念章御送付被成下候段、感謝の至りに御座候、不取敢此段御礼申上候、敬具

三月廿一日

市来乙彦

阪谷様

［封筒表］小石川区原町　阪谷男爵閣下御礼

［封筒裏］神田駿河台鈴木町十六　市来乙彦

一木喜徳郎　書簡

1　（　）年九月二十日　**【51】**

秋冷相催ふし候処老台益々御清健御座被遊奉大賀候、扨て先日御意見相伺候米国新聞紙之件ニ付、山脇氏の内意を帯ひ帰朝中之三田尾氏、再渡米前一度拝顔御高見相伺ひ度趣ニ付、御紹介申上候、御多用中恐縮ニ候へ共、以

御寸暇御引見被下度奉希望候、先ハ右得貴意度、如此御
座候、敬具

九月廿日　　喜徳郎

阪谷男爵侍曹

［封筒表］小石川区原町　男爵阪谷芳郎殿親展
［封筒裏］内山下町官舎　一木喜徳郎

一条実孝　書簡

1　大正五年三月六日（一条実孝・経子書簡）【181】

拝復　愈御清穆慶賀之至ニ候、陳者今般令息希一殿ト三
嶋子爵令嬢壽子殿ト御結婚、御祝宴ニ御招待之栄を蒙り
難有深謝候、当日御指定之時刻拝趨可仕、此段拝答迄、
如斯ニ御座候、敬具

大正五年三月六日　　一條實孝
同　經子

男爵阪谷芳郎殿
令夫人　殿

［封筒表］小石川区原町一二六　男爵阪谷芳郎殿
［封筒裏］牛込区鷹匠町一　一條實孝

一条実輝　書簡

1　大正五年三月六日【180】

拝復　愈御清祥恭賀之至ニ存候、然ハ来ル三月十三日、
令息希一殿ト三島子爵令嬢壽子殿ト御結婚当日、帝国ホ
テルニ於ケル御祝宴ニ御招待ヲ蒙リ光栄之至ニ存候、同
日御指示之時刻ニ拝趨可仕、此段拝答迄、如斯ニ候、敬
具

大正五年三月六日　　一條實輝

男爵阪谷芳郎殿
令夫人殿

追而荊妻ハ差支有之不参候、

［封筒表］小石川区原町一二六　男爵阪谷芳郎殿
［封筒裏］赤坂福吉町弐　一條實輝

一条実基　書簡

1　大正五年三月六日（一条実基・朝子書簡）【182】

拝復　愈御清祥南賀候、陳者今般令息希一殿ト三嶋子爵令嬢壽子殿ト御結婚式御挙行、当日御祝宴ニ御招待之栄を蒙り難有拝謝仕候、然ルニ同日ハ無余儀事故有之、乍遺憾両人共不参致候、不悪御諒承相成度、此段御礼旁御断迄、如斯ニ御座候、敬具

大正五年三月六日

一條實基

一條朝子

男爵阪谷芳郎殿

令夫人　殿

［封筒表］小石川区原町一二六　男爵阪谷芳郎殿

［封筒裏］赤坂区福吉町弐　一條實基

伊藤次郎左衛門　書簡

1　大正二年三月三十一日【157】

謹啓　時下春陽の佳季ニ相成候処、愈御清健ニ被為在候と奉敬賀候、陳は金貨本位制度ノ実施十五周年ニ相当り候趣きにて、今般記念牌壱箇御分与被成下、正ニ拝受仕候、誠に好箇之記念と存候、御礼旁御受け申上度、如斯ニ御坐候、敬具

大正二年三月三十一日

伊藤次郎左衛門

金貨本位制度実施十五周年記念会委員長

法学博士　男爵阪谷芳郎殿侍史

［封筒表］東京市小石川区原町　男爵阪谷芳郎殿侍史

［封筒裏］大正二年三月三十一日　名古屋　伊藤次郎左衛門

伊東祐忠　書簡

1　大正四年二月二十八日【44】

拝読仕候、春寒難去候処、愈御清康被為渉奉慶賀候、陳は此度東京市長御退職被成候趣、誠以遺憾之至奉存候、御在職中ハ公私蒙御眷顧候段、奉深謝候と共に、将来不相渝御高情奉冀候、是よりこそ、右可申上筈ニ御坐候処、却而辱尊諭候段、甚恐入候次第ニ御坐候、御海涵奉仰候、敬具

大正四年二月廿八日

伊東祐忠

坂谷男爵閣下

［封筒表］市内小石川区原町　男爵坂谷芳郎様
［封筒裏］市外大久保百人町　伊東祐忠

2　（大正十）年三月二十九日　【49】

謹啓　春寒未全去候処、愈御清昌御坐被遊奉恐賀候、陳は過般帝国議会開会中ハ不容易御心労為邦家御尽くし被下、不堪感佩之至奉存候、近来上下共ニ誠意を欠く言行愈多きを加へ候ハ前途奈何可相成哉と痛心ニ堪えす候、尊台此際ニ於て御奮身、事毎に至誠御発露御尽瘁ニテ候段ハ、啻ニ議政の上のミならす、一般人心の警醒提撕上所益甚多かりしこと別而難有奉存候、爾後格別御健康上御障りも無御坐候哉伺上候、尚折角御自玉奉切望候、小生義、先般来臥病まらりやニ次て黄疸を発し、一時難渋候処、何とも都合克脱離、逐日復旧態候、為其日々の出勤も相欠くの已を得さりしは甚心外之至ニ御座候得共、重要事項ニ付てハ始終病牀より指図仕社務上差して支障を来さす経過候心得ニ御座候間、其儀ハ聊か御省慮奉仰候、余り御無沙汰ニ相成候ニ付、一書右迄拝陳如此御坐候、敬具

三月廿九日　　　伊東祐忠

阪谷男爵閣下侍曹

［封筒表］東京市小石川原町　阪谷男爵閣下
［封筒裏］神奈川県国府津山荘ニテ　伊東祐忠

3　（大正十二）年十一月六日　【45】

拝啓　工業倶楽部ニ於ル特別委員之意見が、電話機、電信器等ニ付テ、関税免除ヲ継続スヘシトノコトニ帰着スヘキ模様アリタルニ付、御配慮相掛候処、昨朝来右委員中ヘ運動陳情之末、昨日之委員会ニ於テ、右ハ前説ヲ翻シテ免除ヲ期限内ニ打切ルコトニ改定議決相成候間、御休神被下度、不取敢右迄申上候、敬具

十一月六日　　　伊東祐忠

阪谷芳郎様

［封筒表］小石川区原町一二六　阪谷芳郎様御直披
［封筒裏］芝区田町四丁目二　沖電気株式会社　伊東祐忠

4　大正十三年四月二十二日　【47】

拝啓　一路御平安不日御帰京可被成と祝し上候、御出発前承候浅野翁への御伝言相伝へ申候、別途御案内申上候通り、来廿六日（土）前九時、同族会社へ御出願候て御協議申上度とのことニ御坐候間、御帰京早々御用多の中恐縮候得共、御繰合セ奉願候、

浅野翁ハ「小生退任後ハ自ラ代りテ社務指揮可致、小瀬勤務現在の通りニテ、社長の指図ヲ受ケシムルコト、セハ差支ナカラム」トノ意中ニ御坐候、後任者ニ適当ノ人物ヲ得ラレサルヨリ生シタルコト、存候得共、是ニテハ事業上甚懸念セラレ申候、御集会の場合ニハ、右ノ意中ニテ御相談可相願コト、被存候、過日モ翁ノ意中如何哉との御懸念御重問モ御坐候ニ付、御参攷迄ニ右内報仕候、敬具

大正十三年四月廿二日

伊東祐忠

坂谷男爵閣下

小生、旅行ハ見合ハセ、過日来引続キ在京罷在候、

［封筒表］市内小石川区原町　男坂谷芳郎様　要急御親剪

［封筒裏］㊞「東京市外大久保百人町廿八　伊東祐忠」　四月廿二日

5　大正十三年四月二十九日　【46】

謹啓　今日ハ縷々高話拝聴難有奉存候、其節承候浅野翁への御伝言ハ、拝別后、東洋汽船会社ニて同翁へ相伝へ申候、翁ハ来月五六日頃大阪へ参リ、大岩氏を訪問可仕様被申居候間、右御承知被成度、尚此上共何分御高配奉仰候、敬具

大正十三年四月廿九夜

伊東祐忠

坂谷閣下

二申　小生義、来月初旬発程郷里其他旅行暫く転地加養仕度存居候間、御含置奉冀候、

［封筒表］市内小石川区原町　男坂谷芳郎様御親披

［封筒裏］㊞「東京市外大久保百人町廿八　伊東祐忠」

6　大正十三年七月三日　【48】

拝啓　暑気相加候処、愈御清福奉慶賀候、先日ハ御用多之中被為懸尊慮、御答翰を賜り御懇示を垂れさ《(せ脱カ)》られ、深甚不堪恐謝之至奉存候、沖電気会社常務去月末日を以て無滞終了、同日限出社不仕、昨日ハ逓信省其他重なる関系《(ママ)》の向へ挨拶ニ回り居候、御都合宜敷折御指図ニ従ひ拝参、万申上度と存候、右大要ハ同夜御不在中御執事まて御取次依頼仕置候次第ニ御坐候、

此頃議院御用務御繁多御尽瘁容易ならす入らセられ候折柄、別て御自玉願上候、敬具

大正十三年七月三日

伊東祐忠

阪谷男爵閣下

〔封筒表〕市内小石川原町　阪谷芳郎様
〔封筒裏〕㊞「東京市外大久保百人町廿八　伊東祐忠」

7　大正十四年十二月十三日　【50】

坂谷尊台御内覧　　　　　　　　　　　　伊東祐忠

粛啓　寒気日加候処愈御清康御坐被成慶賀之至奉存候、野生永ク病中ニ生涯ヲ送り居、公私何レノ会合ニモ出席差控ヘ候ノミナラス、何分発語難渋ニ御坐候ニ就テハ、不明瞭不徹底ナル言語ヲ以テ清聴ヲ煩シ候ヲ虞レ、参堂ダモ遠慮罷在、夫レ故段々ノ御無沙汰相重候段、誠以心外之至ニ御坐候、何卒御憐恕奉仰候、目下ノ処単ニ発語機能ノ障害ニ止リ其他何等ノ異状無御坐、黙シテ相対シ居候ハヽ、対手ハ其病者タルニ気付カサル位ニ御坐候、引続キ発語ノ回復ニ療養相尽シ居候得共、言ハント欲スル所ヲ道破シ得サルハ、随分苦痛ニ有之為、其焦慮スル所少カラス候、各方面ニ亘リ不相変御尽瘁、維レ日モ足ラサル底ノ御多繁ニ在ラセラレ候尊台ニ対シ、如是事申上候モ御恥敷、且ハ無申訳心地不少奉存候、沖社重役会ヘモ欠席勝ニ相成居遺憾ニ奉存候、乍去兼テ御申聞ノ通リ、同社ノ事ニ対シテハ乍不及微衷ヲ傾ケ居、専務及常務ヘハ受働的又ハ加働的ニ意見又ハ助言ヲ送リ居候、沖社ノ近状ニ付テハ彼是案シラレ候言議モ承リ居候、何卒浮華ニ流レス、質実ニ事業ノ挙ランコトヲ祈リ候、当期決算モ何卒無理スルコトナク適当ナル配当率ヲ按出決定セラレ候様希望ニ堪ヘス候、伝フル者アリ、尊台ニハ沖社重役御脱退ノ御底意被為在候トカ、野生ハ此事ノ誤伝ナランコトヲ祈ル者ニ候、仮ニ其御意向被為在候トモ、其実現セラルヽコトナキヲ祈ル者ニ候、尤各方面御多用ノ御事ニモ有之、且ハ同社ノ近事御思召ニ叶ハサルコト有之候テノ義ニ可有之哉モ不被測候得共、野生ハ同社取締役中ノ重鎮タル尊台ヲ同社ニ失フ様ノコト出来候ハヽ、野生モ聊カ考フルノ要アリト存候、何卒恐縮ナカラ此上共引続キ同社ノ為メ御援助ヲ御与ヘ被下度候、
右御無沙汰御詫旁申上候、敬具
　　大正十四年十二月十三日
〔封筒表〕市内小石川原町　坂谷芳郎様御親展
〔封筒裏〕㊞「東京市外大久保百人町廿八　伊東祐忠」〈阪谷筆〉
　　14／十二月十三日付

伊東祐穀　書簡

1　（大正二）年七月一日　【143】

粛啓　時下益々御清祥奉恭賀候、陳は今回金貨本位制実施十五周年に当り、記念牌一個御恵贈に預り、深く感佩仕り候、右ハ長へに保存いたし、当日を記念可仕候、先ハ右不取敢御礼申上度、如此御座候、敬具

七月一日　　伊東祐穀

金貨本位制度実施十五周年記念会委員長
法学博士男爵阪谷芳郎殿

［封筒表］ □(小カ)石川区原町一二六　金貨本位制度実施十五周年記念会委員長　男爵阪谷芳郎殿
［封筒裏］ 麹町区永田町二ノ七五　伊東祐穀　七月一日

伊東巳代治　書簡

1　（明治二十六）年五月十三日　【174】

拝復　扨先大人御年回ニ被為当候趣を以て御遺稿御刷行相成、乃ち一部恵贈ニ与り御芳情不堪感銘候、尚寛々敬誦可仕と相楽居候、不取敢御礼迄、如此ニ御座候、早々頓首

五月十三日　　伊東巳代治

坂谷芳郎様侍史

［封筒表］ 坂谷芳郎殿拝復親展　伊東巳代治

稲葉正縄　書簡

1　（明治四十三）年四月三十日　【158-1】

拝啓　四十二年十月ヨリ四十三年三月ニ至ル半期星碁会々計収支、別紙之通りニ候間、此段及御報告候者也、

四月三十日　　幹事稲葉正縄

男爵阪谷芳郎殿

［封筒表］ 男爵阪谷芳郎殿〈別筆〉□(小カ)石川原町一二六
［封筒裏］ 子爵稲葉正縄

［付属］ 星碁会々計　明治四十三年四月（　）日　【158-2】

自四十二年十月至四十三年三月星碁会々計

一回収入ノ部

収入
一、金四拾六円也
内訳

金参拾円也　会費五名分
金拾六円也　食費四名分

一回支払ノ部

一、金弐拾弐円五銭也　支払
内訳
金参円也　先生謝儀
他ハ略ス
差引残金弐拾参円九拾五銭也

二回収入ノ部

一、金四拾九円九拾五銭也　収入
内訳
金弐拾参円九拾五銭也　一回残金
金六円也　会費一名分
金弐拾円也　食費五名分

二回支払ノ部

一、金弐拾四円参拾五銭也　支払
内訳
金参円也　先生謝儀
他ハ略ス
差引残金弐拾五円六拾銭也

三回収入ノ部

一、金拾参円六拾銭也　収入
内訳
金弐拾五円六拾銭也　二回残金
金弐拾円也　会費五名分（四ヶ月分）
金弐拾八円也　食費七名分

三回支払ノ部

一、金参拾四円九拾壱銭五厘　支払
内訳
金参円也　先生謝儀
金五円也　先生ヘ歳暮品物代
他ハ略ス
差引残金参拾八円六拾八銭五厘

四回収入ノ部

一、金五拾円六拾八銭五厘　収入
内訳
金参拾八円六拾八銭五厘　三回残金
金拾弐円也　食費三名分

四回支払ノ部

一、金拾九円九拾参銭也　支払
内訳
金五円也　先生謝儀
他ハ略ス
差引残金参拾円七拾五銭五厘

五回収入ノ部
一、金五拾四円七拾五銭五厘　収入
内訳
金参拾円七拾五銭五厘　四回残金
金弐拾四円也　食費六名分
五回支払ノ部
一、金弐拾八円五拾五銭也　支払
内訳
金五円也　先生謝儀
他ハ略ス
差引残金弐拾六円弐拾銭五厘
右之通ニ候也、
明治四十三年四月　幹事稲葉正縄

犬飼修三郎　書簡

1（十二）年五月十四日【24】

拝啓　不肖儀身上に就て種々御面倒申出で誠に恐縮に存居候処、其後色々勘考仕候に、私として先生に御配慮相備へ候前ニ為すべき最善の努力の未だ残され居候事を発見仕候、就ては何れは先生に御配慮相構へ可くと存じ候へ共、今少し考慮の余祐《ママ》を御与へ被下度、然らば今後壱週日を経過仕候得ば、右の結果により何分の申出可仕、夫迄兎も角私願意の処、其侭御保留成置被下候はゞ、誠に幸甚の至ニ奉存候、先生御旅行より御帰京の後、拝眉の栄を得たく、執事の御方へも別して御依頼申置候次第に御座候へ共、私改めて御挨拶申上げ候迄御猶予被成下度、恐々懇願奉候、敬具

五月十四日　犬飼修三郎

阪谷先生侍史

[封筒表] 小石川区原町一二六　男爵阪谷芳郎先生希御直
[封筒裏] 府下大井町五、四一〇　犬飼修三郎　五月十四日

2（　）年五月二十二日【23】

拝啓　愈々御多祥にて被為渉候段慶賀の至ニ奉存候、扨てかねて御配慮相備へ居候儀に就き、其要領相認め候もの、別冊執事殿御手許迄差出し置候ニ就ては、誠に御用繁多の処恐縮の至存候へ共、一応御披見被下候て、何分の御指教相仰度、伏而懇願奉候、敬具

五月廿二日　犬飼修三郎

阪谷先生侍史

［封筒表］小石川区原町一二六　男爵阪谷芳郎殿希御直
［封筒裏］府下大井町五、四一〇　犬飼修三郎　五月二十六日

犬飼寿太郎　書簡

1 （二）年（七）月（二十三）日　【144】

拝啓　酷暑之砌愈々御清適大賀之至りニ奉存候、迂生備中館在館中ハ色々之御指導を忝し奉感謝候、其後無事勤務仕り、只今ハ高梁川改修工事ニ従事仕居候、先日ハ備中館之件ニ関してハ色々御斡旋致され、愈々基礎強固と相成候由、我々後輩之為ニ誠ニ好都合之事ニ御坐候、今後とも相不変御鞭撻之程奉願上候、時下炎暑之節益々御自愛専一ニ奉存候、右暑中御見舞申上候、早々頓首

犬飼寿太郎

阪谷芳郎殿

［封筒表］東京小石川区原町一二六　阪谷芳郎殿
［封筒裏］岡山市富田町一七〇ノ二　犬飼寿太郎　七月二十四〔三〕日

犬養　毅　書簡

1 （明治二十六）年七月二十九日　【27】

拝啓　朗廬先生全集御恵贈被下難有拝受日々敬読致候、書余拝容御礼可申上候得共、不取敢表謝迄、如此御坐候、匆々不宣

七月念九日

犬養毅

坂谷芳郎様

［封筒表］麹町区平河町六丁目　坂谷芳郎様
［封筒裏］㊞「東京市牛込区佐土原町一丁目三番地　犬養毅」

2 （　）年十月一日　【28-1】

拝啓　残炎甚敷候処益御清福奉賀候、此ニ御紹介致候書生ハ専門学校得業生作州津山のものにて竹内殖と申頗ル篤志ノ人物、其志ス所ハ専ら英語英文ニ習熟の上、領事試験ヲ受け度ノ事、右ニ付其修業の間、大原氏ノ貸費ヲ受ルコト相成不申候哉、御配慮被下候ハヽ本懐之至御坐候、草々不一

拾月一日

犬養毅

坂谷芳郎様梧下

［封筒表］□(小カ)石川原町　□(阪カ)谷芳郎殿　紹介竹内殖氏
［封筒裏］㊞「東京市牛込区馬場下町卅五番地　犬養毅」
［名刺］竹内殖〈別筆〉小石川区小日向第六天町四一　稲明舘

井上円了　書簡

1　（明治二十六）年七月二日　【62】

日ニ増、暑気相加ハリ候処、愈御勇健奉賀上候、一昨朝国家学会書記来宅、濵田氏大阪転任ニ付、小生ニ編輯人ヘ名義相掲ケ候様申越ニ相成候、然ル処、小生先年ヨリ種々之雑誌ニ関係致居候故、或ハ発行人或ハ編輯人ヘ名義相掲ケ来り候義、両三年来少々都合アリテ一切謝絶し、日本人、天則、哲学雑誌等皆姓名相除申候、依而今国家学会ニ名義相載ルハ他之雑誌ニ対シテ遠慮スル所有之、且ツ一旦相掲ケ候上ハ、他ヨリ依頼有之節謝絶之口実無之、旁不都合相生候次第ナレハ、可成御断申度候、尤モ他ニ相当之人可有之候ニ付、追而十一日学士会之節、御面会之上御相談可申上候、右様御承知可被下候也、早々敬具

七月二日　　井上円了

阪谷大兄

［封筒表］麹町区平河町六丁目　阪谷芳郎様　㊞「東京市本郷区駒込蓬莱町二十八番地（哲学館構内）井上圓了」

2　（明治二十六）年七月十七日　【60】

拝啓　国家学会発行者之儀ニ付、会員外ノ者ニテモ差支ナカルヘキ様御申越ニ相成、小生も至極御同意ニ候、発行者之身分ハ格別雑誌之声価ニ関係無之ト存候ニ付、哲学書院阪田篤敬之名義ニ致候てハ如何、御一考可被下候、若シ右ニ而御差支無之様ナレハ、当人ヘハ小生ヨリ可申入候也、早々頓首

七月十七日　　井上

阪谷老兄

［封筒表］麹町区平河町六丁目　阪谷芳郎殿
［封筒裏］㊞「東京市本郷区駒込蓬莱町二十八番地（哲学館構内）井上圓了」

3　（明治二十九）年五月三十日　【59】

拝啓　尊大人遺稿御恵贈被下難有頂戴仕候、右ハ哲学館貯書室ヘ永ク秘蔵可仕候、昨夜鳥渡一覧仕候処、

書西洋窮理書後

之一篇中ニ、耶蘇教ニ関スル御意見相見申候、然ルニ目下羅山、徂徠、白石、大橋、安井等之古人先輩之耶蘇教ニ関スル論文彙集編纂ニ取掛居申候ニ付、是非右之一文も転載仕度御許容被下候はゝ大幸、右御礼旁御伺申候也、早々頓首

五月三十日　　　　井上圓了

阪谷芳郎大兄侍生

［封筒表］麹町区平河町六丁目　阪谷芳郎様親展　　駒込蓬莱町哲学館　井上圓了

4　明治三十八年一月十八日　【55-1】

拝啓　平素御疎遠ニ打過多罪〳〵、御海容奉祈候、昨今時局殊ニ国会開期中御繁忙ノ事万々御察申上候処、御配意ヲ煩ハスハ恐縮ト存候へ共、拙者も此時局ニ際シ、分相応ノ事柄ニテ国家ノ為ニ尽シ度存シ、種々熟考ノ末、区内ニテ幼稚園欠乏ノ由ニ承り、右設立ヲ以テ奉公ノ一分ヲ竭シ度存シ、其事ヲ区長ニ相談致候処大賛成ヲ得、愈設立ノ事ニ決心仕候、右ニ付区内有力ノ諸士ニ御協賛願上度候モ、所謂区内ノ公民ノ御方ニ知人少ナク、為ニ苦心罷在候処、幸ニ老兄トハ旧同窓、殊ニ御近傍ノ事ナレハ、第一ニ御相談願上、色々御指示ニ預り度、渇望ノ余り過日来推参仕度、就テハ若シ御寸暇被為在候ハヽ、朝ナリ夜分ナリ御通知次第拝趨可仕候間、御都合よき時刻御漏シ可被下候、

拙宅ノ電話ハ

番町　四百四十四番

右ノ通りニ御坐候也、敬具

卅八年一月十八日　　　　井上円了拝

坂谷老兄御侍史

［封筒表］小石川原町二十六　阪谷芳郎殿御親展　　小石川原町十八　井上円了

［付属］私立幼稚園設立旨趣（明治三十八年一月（　）日）【55-2】

5　明治三十八年四月二十六日　【58-1】

拝啓　唯今ハ態々以御使幼稚園ノ方へ沢山御寄附被成下万謝ノ至ニ御座候、以御蔭工事落成、来ル三日午後開園式挙行、御閑暇ニ被為在候ハヽ御賁臨被下度奉待上候、寄附金ハ唯今ノ処凡ソ壱千八百円近ク集り候ニ付、新築校舎弐千三百円丈ハ寄附金ニテ支弁致度、其上ハ

校舎丈ハ区役所ニテ保管ヲ願置見込ニテ其事区長迄申入置候、

時局経費多端ノ折柄、多分ノ御寄附被下一層難有奉謝上候、尚近日中ニ昇堂御礼可申述候也、

明治卅八年四月廿六日　　井上円了拝

阪谷老兄侍史

［封筒表］阪谷芳郎様　㊞「東京市小石川区原町哲学館構内　井上圓了」

［付属］寄付金領収書（阪谷芳郎宛）【58-2】

6 （明治　）年六月十二日 【56-1】

過日ハ冨士見軒ニ於而草々之際ニ而失礼申述候、兼而御承知之通り哲学館ニ於而、学術普及ノ為メ、毎日曜通俗講談会相開、当月二十九日ニ而閉会可仕候、就而ハ御多端之儀ハ万々承知仕居候へ共、経済学上之件ニ付一席御講話御願申上度、右講義題目中ニハ政治経済相加候へ共、未タ右ニ関スル講談無之候ニ付、何卒御繰合之上、一日御臨席被下度、当日ハ日曜日ナレハ王子辺御運動之御序に御立寄被下、哲学館新築も御一覧被下度、別紙地形図面相添、御願申上候、時日ハ

六月二十二日午前

同　二十九日午前

右両日中ニ御願申上度、時間ハ九時ヨリ十二時迄ニ候間、其中可然御都合宜キ時間御択被下度候、右ハ推参之上御願可申上候処、御在宅之時日存知不致候ニ付、乍失礼書中御願申上候、草々拝具

六月十二日　　井上円了

阪谷老兄玉案下

［封筒表］□□（麹町カ）区平河町六丁目廿一　□（阪）谷芳郎様御願　本郷駒込蓬莱町　井上円了

［付属］哲学館近辺地図及び哲学館ヨリ諸方里程【56-2】

7 （明治　）年七月十二日 【61】

昨日之件、今朝早速士子氏相尋依頼致候処、同氏モ何か少々差支有之趣ニ付、棚橋か長崎ニ頼入度様同氏之意見ニ候、愚考ニハ、可成政治科之学士適当ト存候、就而長崎氏ハ横浜出勤ニ候へ共、東京寄寓ナレハ、同氏ニ頼入候方至当ニ存候、何卒御一考可被下候、若シ棚橋之方御都合之御考ナラハ、小生より同氏ニ相談可仕候、先ツハ其事迄ニ、早々頓首

七月十二日　　井上

阪谷大兄

二白　士子氏結婚云云ハ全ク無根ニ候、右様御承知可被

下候、

［封筒表］麹町区平河町六丁目　阪谷芳郎様　㊞「東京市本郷区駒込蓬莱町二十八番地（哲学館構内）井上圓了」

［封筒裏］〈別筆〉長奇（崎カ）七月十二日

8（大正四）年（四）月（十二）日　【57】

謹啓　久ク御無沙汰申上欠礼ノ段御海恕被下度候、先般ハ新聞上ニテ東京市長御栄退被遊候趣承知仕候、拙者ハ連年地方遊寓、各町村ニ於テ演説講義ノ依頼ニ応シ居候、本年ハ二月以来岡山県下巡講、前月ハ御郷里後月郡内ニ一週間滞在、六七ヶ所ニ於テ講演仕候、其節興譲館ノ余徳ヲ賦シタル駄作一首有之候ニ付、此ニ清覧ヲ瀆シ申候、

　小田川上有書堂
　七十年来訓義方
　興譲余風今尚遍
　村々落々俗淳良

先ツハ平素ノ御疎遠ニ打過キタルヲ謝スル迄ニ候也、

井上圓了拝

坂谷男爵殿御侍史

〈欄外〉岡山県下　都窪郡客中

［封筒表］東京市小石川区白山御殿町　男爵坂谷芳郎殿御親展　㊞「東京本郷区駒込冨士前町五三　井上圓了」

［封筒裏］岡山県遊寓中　〈阪谷筆〉四月十四日受

井上　馨　書簡

1（明治三十七）年三月十五日　【78】

謹読　大蔵省ニ於テ立案被成候私設鉄道抵当之法、早速御送附被成下奉謝候、一読可仕候、右ニ付都合ニ依リテハ塚田氏ニ面語を要シ候義モ有之候ハヽ、来邸可願出候、偖又追テ申上置候様、今日午後両政党会話之節、大蔵大臣は第一ニ三十七年度ニ対スル節約之廉、并其以外ニ於時局ニ対シ千三百万円余節約之点を、第一ニ説明候事尤必要と奉存候、次予算談ニ到り増税等ニ順序を逐ひ候事、深ク御注意を大臣江御忠告被成置候様有之度候、追々集合之議員等、第一ニ口術トスルは、行政整理ニ因リ節約を政府は如何処置スル哉ヲ第一質問ニ懸ル等之説多ク候故、彼等質問を発ス前ニ其事実ヲ明言スルは、政略上注意を要シ可申候間、能々大臣江御注意被成下度候、尚又昨日荒井江弁明之廉々注意を与へ置候間、充分御聞取置被下度候、其説明上之廉々ニ付、草按書を求メ置候間、出来次第一部送附仕呉候様、荒井江御伝言置被成下度候、

先は御請迄、匆々拝復

三月十五日　　馨

阪谷賢台下

［封筒表］阪谷大蔵次官殿親展拝復　馨

2　（　）年四月十一日　【77】

拝啓　益御清福被為渉候段奉賀候、陳は渋澤男爵洋行を被企候ニ付、来ル十八日送別之為メ、午後五時日本食差上度候間、御繰合ヲ以テ御来駕被成下度、此段御案内まて、如斯ニ御座候、敬具

四月十一日　　伯爵井上馨

坂谷芳郎殿

二伸　当日御来駕御諾否御報知奉願候也、

［封筒表］小石川区小石川原町百弐拾六番地　坂谷芳郎殿

［封筒裏］伯爵井上馨

井上勝之助　書簡

1　大正四年十月十日　【3】

拝啓　秋冷之候益々御清康奉賀候、陳ハ来廿二日世外院尽七日忌相当候ニ付、法要相営候間、当日午後二時より四時迄の中に、随時内田山本邸に於て御焼香被成下候ハヽ光栄之至に御座候、敬具

大正四年十月十日　　井上勝之助

男爵阪谷芳郎殿

［封筒表］小石川区原町一二六　男爵阪谷芳郎殿　〈阪谷筆〉

二十二日二時

［封筒裏］侯爵井上勝之助

2　大正四年十月二十日　【4】

拝啓　亡父馨葬儀之際は種々御尽力ニ預り奉深謝候、聊か謝意の印呈上仕度、別封粗品差出候間、御受納被成下候はゝ幸甚に奉存候、右得貴意候、敬具

大正四年十月二十日　　井上勝之助

男爵阪谷芳郎殿

［封筒表］小石川区原町一二六　男爵阪谷芳郎殿

［封筒裏］侯爵井上勝之助

3　大正四年十月二十三日　【2】

拝啓　秋冷之候益々御清康奉賀候、陳者先般亡父馨薨去之際は、甚深なる御同情を以て、早速御弔慰を忝うし、御芳志厚く奉謝候、茲に忌明ニ際し、不取敢以書中御礼申上度、如此御坐候、敬具

大正四年十月廿三日　　井上勝之助

男爵坂谷芳郎殿

[封筒表] 小石川区原町一二六　男爵阪谷芳郎殿
[封筒裏] 侯爵井上勝之助

井上清純　書簡

1　（　）年（　）月（　）日　【162】

予算案上程期に就て　井上清純

予算案審査期限を定められた精神から見れは、予算は法律案と切離して議定すへきものかとも思はれますが、本法は予算委員の審査期限を定めたもので、貴族院の審査期限を定めたものではない、夫れ故委員長より予算案可決の報告を受けても、直に之を上程しなければならぬと云ふ事はない筈であります、議長はよろしく先例に従ひ、関係法案の目度《メド》がつく迄、暫く上程を差控へる事が議場の紛糾を防ぎ、併て将来の好先例を残さるゝ事になろうか存じます、

右の主旨を議長に御注意あつてはいかゞであらうとの論議、公正会内に起つて居ります、御勘考を願ふ、

菅原氏等は予算案未了だと、その為譲税案審査の進行を督促せらるゝ事を恐れ、予算は早く可決してしまつて、全力を挙げてその方に進みたいと云ふのでありますが、予算も又、之れ有力なる貴族院の攻道具でありまして、之を政府に与へてしまつては、重大法案否決の影も意味も弱まり、且つ四月以降適宜会期も延長か出来る為、握りつぶしと云ふ事が出来なくなると思ひます、四五日位議長のお手元に御留置き相成様致度、

因みに公正会員中譲税案反対を声明せられた者四十名に上り居ります

[封筒表] 坂谷男爵閣下親展
[封筒裏] 井上（花押）　貴族院

井上公二　書簡

1　明治四十年九月二十三日　【168】

粛啓　閣下今般最モ光栄アル授爵ノ恩命ヲ拝セラル、洵

ニ慶賀ノ至ニ堪エス、
茲ニ謹而満幅ノ祝意ヲ表シ候、敬具

明治四十年九月二十三日　　井上公二

阪谷男爵閣下

［封筒表］東京市小石川区原町　男爵阪谷芳郎殿
［封筒裏］足尾銅山　井上公二　明治四十年九月二十三日

井上　毅　書簡

1　（明治二十六）年五月三日　【74】

拝啓　先大人之御遺稿御恵贈被下辱奉存候、右御礼申述候、草々頓首

五月三日　　毅

阪谷君

［封筒表］阪谷芳郎殿　井上毅

井上準之助　書簡

1　（明治四十四）年（十一）月十六日　【41】

拝啓　過日ハ貴書ニ接シ奉謝上候、直様返事差上可申ノ処、過日申上候通、貴書ニ接シ候当日、豊川君迄予定ノ金額出金方承諾ノ返事致置キ候為メ、本日迄相後申訳無之候、尚又碑文ノ写等御封入内示被下拝見仕候、至極結構ノ出来而（ニ脱カ）一読故人ノ面目ヲ歴然タラシムル感有之候、先乍遅延右申上度候、頓首

十六日　　井上準之助

坂谷男爵殿

〈端書・別筆〉明治四十四年十一月十六日付　井上準之助氏
故曽弥子爵建碑寄附金及碑文ノ件

［封筒表］東京市小石川区原町　男爵阪谷芳郎殿直披
［封筒裏］横浜正金銀行　井上準之助　〈別筆〉明治四十四年十一月十六日

2　（大正七）年八月四日　【43】

拝啓　別便ヲ以テ「東洋ニ於ケル日本ノ経済上及ヒ金融上ノ位地」ナル小生演説筆記差送リ申候間、御清閑ノ節ニ御一読ノ栄ヲ玉ハリ候ハヽ、幸甚ノ至ニ御座候、今春ノ議会ニ於テ男爵ヨリ大蔵大臣ニ対シ、右ニ関スル如キ御

質問有之シ様ニ記臆《ママ》致シ居り候事ニテ、小生ノ演説ニ付キ御注意被下候儀モ有之候ハヽ、直ニ参上仕度ク候間、御含ミ置キ被下度候、先ハ其為メ如此御座候、草々頓首

八月四日　井上準之助

坂谷男爵梧下

［封筒表］小石川区原町　男爵阪谷芳郎殿親展

［封筒裏］㊞「東京市麻布区三河台町三十一番地　井上準之助」

3（大正七）年九月六日　**【42】**

貴書拝読御清健慶賀之至リニ奉存候、偖テ小田切事、賓比利賓、南洋視察之為メニ先月中旬出発仕リ候、大様二ヶ月半位ノ予定ヲ以テ出懸ケ候次第ニ御座候間、十一月初旬頃之帰邦ト可相成ト存申候、支那金券条例之成行ハ、其内御都合ヲ見計ラヒ参趨御内話申上度存候、先ツ貴答旁如此ニ御座候、頓首

九月六日　井上準之助

阪谷男爵侍史

［封筒表］小石川区原町　男爵阪谷芳郎殿貴答

［封筒裏］㊞「東京市麻布区三河台町三十一番地　井上準之助」

九月六日

井上辰九郎　書簡

1（明治四十二）年四月十五日　**【19】**

拝啓　春暖之候、益々御清栄奉賀候、陳ハ過日添田氏より博士会之儀ニ付、尊台御配慮之旨委曲拝承、早速和田垣氏に面談致し、和田垣氏、高田氏に面会之席有之趣ニ付、高田氏へ相談方相託し、其結果和田垣氏来訪、同学之士会合之事ニ付てハ、先つ法律側之候補者等の模様を確め候方可然しと之同氏等之意見承り候、昨日高田氏より電話ニて法律家二三名と高田氏、小生等ニて廿一日に内相談致度旨申来り候、然ルニ当日ハ小生先約之為出席致兼候間、法律家之意向探知方高田氏引受け、小生に報知相成る様打合せ置候、右之結果に就き、何分之儀可申上心得ニ御坐候、延引相成り候段、以書中御含まて申上置度、如斯ニ御坐候、敬具

四月十五日　辰九郎

坂谷男爵殿侍史

［封筒表］□《小カ》石川区原町百二十六番地　阪谷男爵殿親展

［封筒裏］小石川区関口水道町三十　井上辰九郎

2（明治四十二）年四月二十六日　【18】

拝啓　益々御清栄奉賀候、陳ハ過日ハ参堂御邪魔仕候、其節御内話仕候経済学者之件ニ付、昨夕天野・高田・和田垣及小生会合致し、兎に角塩澤昌貞・田中穂積の二人ハ是非推選（ママ）致し度旨定まり申候、就てハ開会当日ニハ尊台之御出席を是非とも相願上度、又御賛成を仰き度旨、小生より懇願可申上仕宜（儀カ）と相成り候伬、不取敢以書中右御依頼申上候、宜敷御高配奉祈候、草々敬具

四月廿六日　辰九郎

阪谷男爵侍史

［封筒表］小石川区原町百二十六番地　阪谷男爵殿親展
［封筒裏］小石川区関口水道町三十　井上辰九郎

3（大正五）年一月二十四日　【20】

拝啓　益々御清栄奉賀候、陳ハ朗盧先生事歴特ニ御恵贈被下難有拝受仕候、謹て拝読可仕候、不取敢御礼申述度、如此ニ御坐候、敬具

一月廿四日　井上辰九郎

阪谷男爵殿侍史

［封筒表］小石川区原町百二十六番地　男爵阪谷芳郎様侍史
［封筒裏］小石川区関口水道町三十　井上辰九郎

井上哲次郎　書簡

1（明治二十六）年六月六日　【1063】

拝啓　朗盧全集一部御贈与相成難有奉存候、其中緩々捧読可仕候、草々頓首

六月六日　小石川表町百九番地
井上哲次郎

［葉書表］麹町区平河町六丁目二十一番地　阪谷芳郎様

井上　勝　書簡

1　明治四十二年五月十日　【173-1】

拝啓　時下新緑之候、益御清穆被為渉奉慶賀候、陳ハ本月廿三日、金沢市ニ於テ本会定時総会開催致、右了テ会

員園遊会相催候ニ付テハ、御繁用中、殊ニ遠路之処甚タ恐縮之至奉存候得共、北陸地方御巡覧旁御賁臨被下候ハヽ、本会之光栄洵ニ不過之奉存候、右御案内旁奉得貴意候、謹具

明治四十二年五月十日

帝国鉄道協会
会長子爵井上勝

男爵阪谷芳郎殿

［封筒表］□（小カ）石川区原町一二六　男爵阪谷芳郎殿
［封筒裏］帝国鉄道協会会長子爵井上勝
［付属］日割大略【173-3】

［付属］阪谷芳郎書簡（井上勝宛）

（明治四十二）年五月十二日　【173-2】

拝啓　益々御清祥奉賀候、陳者来五月廿三日金沢市ニ於テ総会御開催ニ付、御案内被下奉感謝候、右ハ先日平井鉄道院副総裁ヨリモ御話有之、可成出席ノ心得ニ候処、何分無拠用向有之、今回ハ参会仕兼候間、不悪御諒察願上候、右得貴意度、匆々敬具

五月十二日

阪谷芳郎

帝国鉄道協会々長
子爵井上勝殿

今泉雄作　書簡

1　（大正九）年九月十四日　【139-1】

拝啓　段々参上、御多忙中恐縮ニ奉存候、今朝之一條如命、大倉男爵へ相話し候処、唯田辺ハ病気ニて、迚も勤るましく候故、松岡鋏吉と申、大倉土木ニ旧来居候ものととり替候積ニ候故、集古館も田辺同様兼務之積との話ニ御坐候故、別段何も不申、いつれニても何等集古会計上ニ影響無之候ハヽ子細無之と奉存候、松岡ニも面会、至極沈着篤実の様子ニ御坐候、いつれ相極候ハヽ、参趨拝謁可為致候、又満鉄よりハ四拾万の受取参り居候趣ニ御坐候、左様御承知被下度候、又関野宴会ハ別紙の人名之通認候て見せ候処、是にて宜敷由被申候間、入御覧候、画工多く候と存候へとも、願書之通諸会の関係上無拠右之通ニ候、乍然参り候人ハ五六名と奉存候、先ハ右のミ、草々頓首再拝

九月十四日

今泉雄作

阪谷老台閣下

尚々参館可申上と存候へとも、明朝少々早行仕候事有之、乍略儀書中を以て申上候也、

［封筒表］小石川原町百廿六番　阪谷男爵殿親展
［封筒裏］㊞「東京市下谷区中根岸町八番今泉雄作拝啓」

【139-2】

［付属］宴会招待客名簿

関野貞
伊東忠太
塚本靖
正木直彦
三上参次
黒板勝美
平山成信
瀧精一
高村光雲
文展　川合玉堂
同　荒木十畝
同　結城素明
同　松岡映丘
協会　小室翠雲
美術院　横山大観
同　下村観山
金鈴社　平福百穂
同　鏑木清方
　幸田露伴
以下、集古館
大倉男爵
坂谷男爵
渋澤子爵
石黒子爵
末松子爵
穂積男爵
股野琢
村井吉兵衛
馬越恭平
門野重九郎
高島小金次
大倉粂馬
大倉喜七郎
今泉雄作

計　三十弐人

［編者註］幸田露伴の記述は後から書き足されているため、合計人数と一致しない。

今西兼二　書簡

1　明治四十二年一月一日　【1081】

改暦之御慶目出度申納候、先以高堂御一同様愈御清福御超歳被遊欣賀此事ニ奉存候、旧歳中ハ一方ならず御厚配を辱シ、御懇情ニ預り候段、難有深く奉感銘候、尚本年も依旧御眷顧之程奉希上候、右謹而新玉の御祝詞申述度、如此ニ御座候、謹言

明治四十二年一月一日　今西兼二

阪谷男爵閣下

［封筒表］ Baron Y. Sakatani, Tokyo, Japan. 東京小石川区原町　阪谷男爵殿〈別筆〉今西

今村力三郎　書簡

1　昭和四年十一月二十日　【73】

謹啓　平素御高誼を辱ふせる先輩親友之写真帖を作り、永く家宝と致度候条、尊影一葉御恵与之光栄に浴し度候、従而老生近影拝呈仕候、御莞留被下候得者幸甚、

昭和四年十一月廿日　今村力三郎

阪谷先生侍史

［封筒表］ 小石川区原町一二六　阪谷芳郎殿
［封筒裏］ 市外杉並町成宗五十　今村力三郎

2　昭和四年十一月二十八日　【71】

拝啓　御尊影早速御恵与被成下光栄の至りニ御座候、玉之如き温容に接し、一室に相対するの感有之候、謹而表謝意候、敬具

昭和四年十一月廿八日　今村力三郎

阪谷先生玉按下

［封筒表］ 東京市小石川区原町　阪谷芳郎閣下侍史
［封筒裏］ ㊞「東京府杉並町成宗五十　今村力三郎」

3　（　）年二月十三日　【72】

拝啓　自園栽培之独活、乍不出来少々供御笑覧候、御風味可被下候、

二月十三日　今村力三郎

阪谷男爵閣下

［封筒表］小石川区原一二六　坂谷男爵家執事御中
［封筒裏］㊞「東京府杉並町成宗五十　今村力三郎」

岩倉具定　書簡

1　明治四十三年一月十四日　【179-1】

一、誠忠録　四冊

右、天皇・皇后両陛下、皇太子同妃両殿下へ献納被致候ニ付、御前へ差上候、此段申入候也、

明治四十三年一月十四日

宮内大臣公爵岩倉具定

誠忠録編纂委員長男爵阪谷芳郎殿

［封筒表］誠忠録編纂委員長　男爵阪谷芳郎殿
［封筒裏］宮内大臣公爵岩倉具定

［付属］花房義質書簡　（明治四十三）年一月十七日　【179-2】

拝啓　精（誠カ）忠録献本ニ付、宮内大臣より閣下へ書翰小生手元迄参り候処、四冊悉皆ニ対スルもの歟否歟無覚束被存候付、為念披封候処、四冊悉皆ニ対するものニ候間、其侭閣下ニ封送仕候、御名宛之封書披閲候段御断相兼、右献本相済候御歓ひ申上、併て御精配奉謝置候迄、如此御坐候、返す〳〵も披封御容赦奉願候、敬具

一月十七日夕

義質再拝

阪谷男爵閣下

追て小生近県旅行不在中到来候付、遅延相成候段、別て御断り申上候也、

岩崎奇一　書簡

1　（明治四十一）年四月十一日　【138】

奉拝啓候、天候不順ニ候へとも益々御清穆在らせらるへく恐悦の至奉存候、新聞紙の報する処ニよれハ、関東ハ大風雪の害ありし由、高館別段の御障りもあらせられさりしか奉伺候、又伝聞する処ニ拠れハ、閣下ハ海外の御漫遊を思し立せられ、不日御乗船遊はさるゝよし、先舟ニ覊さるゝ為ニ拝趨拝送するを得す、失礼の至ニ候へ共、悪詩を以微意を表し度、一箋贈呈仕候、海陸万里恙なく御観光遊はされ候て、目出度御帰朝あらせられ、我富国

策ニ多大の資益を御与へ遊はさるゝ日を今より奉待候、奇一窃ニ思ふ、税務を整頓せむと欲せハ、監督の事務を他の全般の財務ニ及ほさゝるへからす、而して始めて税務を整理するを得へし、全般の財務とハ国家ニ関するものハ勿論、地方公共自治団体等惣ての事ニ有之、早晩税務監督局をして財務監督局とせさるへからさる日あるハ信して疑ハさる処ニ有之、時勢ニ後るゝ事啻ニ十年ならさる者の卑見にして、尚且其必要を感するものあり、已ニ高見の定まるものあるハ敢て拝察するニ難からす、欧米ニ此の如き制度あるか、短識未た聞くを得さるも、幸ニ御視察の一事ニ御さし加へ被下度、為税務奉懇願候、此ニ謹むて御発程を拝祝し御健康を奉祈候、敬具

四月十一日

岩崎奇一

男爵阪谷芳郎殿閣下

［封筒表］東京小石川原町　男爵阪谷芳郎殿煩親展
［封筒裏］京都市吉田町中大路　岩崎奇一

岩崎小弥太　書簡

1　（大正二）年八月二十三日　【137】

拝復　陳者貴会ニ於テ印刷局技師大山助一氏ニ翻刻方御依頼相成候井上侯爵御肖像御恵贈被成下、誠ニ難有拝受、精巧之技感賞ニ不堪候、永ク座右ニ保存可仕候、右御礼迄申述度、如此御坐候、敬具

八月廿三日

岩崎小弥太

明治財政史編纂会委員長
男爵阪谷芳郎殿

［封筒表］明治財政史編纂会委員長　男爵阪谷芳郎殿
［封筒裏］岩崎小弥太

岩崎久弥　書簡

1　（明治四十二）年九月二十八日　【481】

拝啓　時下秋冷之候、益々御清勝奉恭賀候、陳者当春来小生病中不一方御配慮ヲ忝シ、屢々御見舞被下御厚意誠ニ難有奉深謝候、去ル七月下旬入院手術後、漸次快方ニ向ヒ候得共、尚専ラ自宅静養ヲ要候為、不取敢同姓小弥太ヲ以テ、一応御挨拶申上置候次第ニ御座候処、御蔭ヲ以テ爾後益軽快ニ赴、今般医師之勧告ニ依り、当分大磯別邸ニ転地静養致候事ニ相成候間、乍憚御省慮被成下度

奉願候、就テハ拝趨親敷御礼可申上筈ニ御坐候得共、右之仕合ニ御坐候へハ、乍略儀以愚札茲ニ御礼申上度、如此御坐候、匆々敬具

九月廿八日　岩崎久彌

男爵阪谷芳郎殿

［封筒表］小石川区原町一二六　男爵阪谷芳郎殿
［封筒裏］岩崎久弥

2　（大正二）年八月二十三日　【479】

拝復　陳者貴会ニ於テ印刷局技師大山助一氏ニ翻刻方御依頼相成候井上侯爵御肖像御恵贈被成下、誠ニ難有拝受、精巧之技不堪感賞候、永ク座右ニ保存可仕候、右御礼迄申述度、如此御坐候、敬具

八月廿三日　岩崎久弥

明治財政史編纂会委員長
男爵阪谷芳郎殿

［封筒表］明治財政史編纂会委員長　男爵阪谷芳郎殿
［封筒裏］岩崎久弥

3　大正十二年十月三日　【480】

拝啓　益御清適被為入奉慶賀候、陳者先般の大震災に際しては、早速御懇篤なる御尋を賜はり、御厚意千万難有奉存候、幸に一同無事、頃日大磯より帰京仕候間、乍憚御省慮奉願候、延引且略儀乍ら寸楮右御礼申上度、如此御坐候、敬具

大正十二年十月三日　岩崎久彌

男爵阪谷芳郎殿侍史

［封筒表］小石川区原町一二六　男爵阪谷芳郎殿
［封筒裏］東京市本郷区湯島切通町一番地　岩崎久彌

巌谷　修　書簡

1　（明治二十六）年五月三日　【156】

尊翰拝読致候、昨日者故朗廬先生遺稿一部御恵贈被下辱奉謝候、記念珍蔵永保可致候也、頓首

五月三日　巌谷修

阪谷芳郎殿

［封筒表］阪谷芳郎様
［封筒裏］巌谷修

牛塚虎太郎　書簡

1　昭和十一年二月（六）日

（牛塚虎太郎ほか十団体書簡）　【150-1】

拝啓　愈々御隆昌之段奉賀候、
陳者本協会主催紀元二千六百年記念日本万国大博覧会に関し、客年来屡々御賛助方懇請仕候処、以御蔭各方面より多大の御高配を賜り、現在醵金総額四拾七万余円に相達し候段、欣快の至に存候、
惟ふに、本博覧会の如き挙国的一大記念事業にありては、官民一致の協賛に依り初めて克く其の成果を収め可得、幸に政府に於かれては、曩に紀元二千六百年祝典準備委員会を設け、鋭意審議中に有之、遠からず其の具体案を見ること〻確信致居候、本協会に於ても、既に諸般の準備着々進捗仕り、近く土木建築等の会場諸施設、其他本博覧会開設事務遂行の為、日本万国大博覧会事務局設置の運びに相成居候次第に有之、此際速かに予定基金の募集を完了致度希望に御座候、就ては洵に乍恐縮、予て御依頼申上候御入会の儀、何卒至急御決定賜る様、特別の御詮議相煩度、此段重ねて懇願仕候、敬具

昭和十一年二月

日本万国博覧会協会
会長牛塚虎太郎
発起団体
東京府
東京市
東京商工会議所
東京実業組合連合会
日本産業協会
日本博覧会倶楽部
神奈川県
横浜市
横浜商工会議所
横浜実業組合連合会

男爵阪谷芳郎殿

〔封筒表〕小石川区原町一二六　男爵阪谷芳郎殿
〔封筒裏〕日本万国博覧会協会会長牛塚虎太郎　事務所　東京市芝区田村町四ノ一ノ一　電話芝（43）三四二二番・三四二三番
〔付属〕入会申込書【150-2】

内ヶ崎作三郎　書簡

1　（大正九）年七月二十八日　【170】

謹啓　時下御清適奉大賀候、炎暑中連日の議会に於ける御努力、偏に敬明仕り候、さて先夜は長時間御邪魔仕り、御高見を承はる機会をえ候ひし事奉鳴謝候、さて御好意によりて澁澤・森村両男爵より各金五百金宛の御餞別をたまはり候事、厚く御礼申上げ候、猶両男爵には参堂の上ゆる〳〵御話し仕り候、

今回不肖の身を顧みず、ボストンの自由宗教世界大会に於て、帰一協会の代表をも兼ぬる光栄を与へられ候事は、閣下・姉崎博士の御推挽の結果に外ならず、永く感銘仕り可申候、猶大会に於ては最善の努力を致し、御後援に酬ゆる決心に御座候、又加州には五六日滞在の余裕有之べければ、日米問題についても微力をさゝぐる機会あることゝ存じ居り候、

排日問題及びボストン大会の模様は、その都度帰一協会宛に御報告申上ぐることゝ致すべく候、暑中御自愛を祈り上げ候、敬具

七月二十八日

内ヶ崎作三郎

男爵阪谷芳郎閣下

［封筒表］小石川区原町　男爵阪谷芳郎閣下

［封筒裏］東京府巣鴨町巣鴨千四百七十番地　内ヶ崎作三郎

九年七月二十八日

内田信也　書簡

1　昭和十年七月三日　【152-1】

観委第一五号

昭和十年七月三日

国際観光委員会々長

鉄道大臣　内田信也㊞

男爵　阪谷委員殿

拝啓　初夏之候愈々御清穆の段奉賀候、陳者近来来遊外客数も逐次増加し、観光事業も次第に活気を呈し参り候こと、邦家之為御同慶の至に有之候、就てはこの趨勢に応じ、益々本事業の進展を計るべく、国際観光委員会委員並幹事各位の御参集を得、特に座談的に懇談仕度存じ、便宜上その懇談事項と委員並幹事各位の御担当を別紙之通、宣伝・ホテル・観光地・接遇の

四部に分ち、各部毎に今後屡々座談会を催すことに相定め候間、御諒承被下度、尚部会開催の節は其の都度御通知可申上候得共、右御含置相成度、此段得貴意候、敬具

［封筒表］小石川区原町一二六　㊞「国際観光委員会委員」男爵阪谷芳郎殿　観委第壱五号　〈阪谷筆〉四部座談会十年七月六日受付

［封筒裏］㊞「国際観光委員会会長」内田信也　㊞「鉄道省用紙」

［付属］座談会担当者名簿【152-2】

内田康哉　書簡

1　（明治三十六）年一月二十六日　【160-1】

内信

拝啓　時下益御清栄奉賀候、陳者来ル三月ヨリ大阪ニ於テ博覧会開会ニツキ、我農商務大臣ヨリハ清国朝野ノ人士ニ招待状ヲ発シ、来観ヲ勧メタルニ、其希望者ハ少カラザルことニ候へば、茲ニ貴官ノ御注意ヲ煩はし度ハ、我税関ニ於ケル清人手荷物ノ検査ニ臨機之処置ヲ執ラレタキ義ニ有之候、如御承知、清人ニハ悉ク多少トモ阿片ヲ喫スルノ習癖有之候へば、仮令海外ニ赴クニモ之ヲ携帯スル次第ニ有之候、然ルニ阿片ヲ喫スルハ我国法ナリトテ、彼等ニ之ヲ許サヾレバ、恐ラクハ来観者ニ少カラザル人数ヲ減少スルことト存候間、税関ニ於テ彼等ノ手荷物中ニ該品ヲ認メ候モ、博覧会来観者ニ限リ寛大之処置ヲ執ラレ度候、且ツ清国ノ旅行者ハ我邦人ト大ニ其趣ヲ異ニシ、携帯行李ニハ飲食被服ヨリシテ寝具ニ至ルマデ有之候ヘバ、其手荷物ト称スルモノモ中々ノ大量ト相成候コトニ有之候ヘバ、是又承知之上、適宜之取扱有之度候、之ヲ要スルニ今回博覧会来観清人ノ手荷物検査ニハ手心ヲ加ヘテ臨機ノ処置ヲ執ル様、税関ニ対シ御訓諭有之度候、尤モ大阪府ニ於テモ、警察上清人ニ対シテハ、特別ナル注意ヲ与フルことト相成候由ニ御座候、前陳之次第ハ面晤之節、御依頼申置候べき之処、不得其意候ヘバ、茲ニ書札ヲ以テ右申上候モ、全ク本官ノ善隣ヲ顧念スルノ微衷ニ出ツルモノニ有之候、敬具

一月二十六日

大阪ニテ
内田康哉

東京
阪谷大蔵省総務長官殿

〈端書・阪谷筆〉（別紙）

［封筒表］東京大蔵省　大蔵省総務長官阪谷芳郎殿親展　往第

二八六号

［封筒裏］大阪　内田康哉　〈阪谷筆〉一月廿六日　一月卅一日安廣氏ニ談ス　二月六日回答

［付属］阪谷芳郎書簡控（水上横浜税関長ほか宛）
（明治三十六）年二月六日【160-2】

扣（別紙共当方ニ保存ノコト）㊞「阪谷」

拝啓　別紙ノ通り内田駐清公使ヨリ小生へ来状有之、一寸入貴覧候、右公使ノ来状ハ全小生ヘノ私信ニシテ、小生ノ此書面モ亦一個ノ私信ニ止リ候間ノ訓示ニテヤ無之候、尤モ支那人及其他ノ外国人ニシテ、政府ノ案内状ヲ持参シテ渡来スル者ハ通常ノ旅客トモ異リ候ニ付、税関通過ノ際、特ニ敬意ヲ以テ取扱候コトニ致度、此儀ハ副〔主〕税局長トモ相談ノ上別ニ公文ヲ以テ内訓ヲ発シ〔致シ、決定ノ上ハ別ニ公文ヲ以テ〕可申上ト存候、匆々頓首

二月六日　　阪谷芳郎

横浜税関長〔水上〕
神戸〃〔桜井〕
長崎〃〔野田〕
各通親展

何レモ官名ハ除クヘシ

梅謙次郎　書簡

1　（明治二十六）年五月二十八日【76】

爾来御無音益御多祥奉慶賀候、扨本日ハ故大人御遺書御恵贈被成下、殊ニ態々為御持被下候段奉恭謝候、孰れ拝顔可奉拝謝候へ共、先不取敢以粗書御礼申置度、早々如此ニ御坐候、頓首

五月廿八日　　梅謙次郎

坂谷賢台

［封筒表］平河町六丁目廿一番地　坂谷芳郎殿
［封筒裏］一番町五番地　梅謙次郎　五月廿八日午後□□

2　（明治三十三）年十二月三十日【75】

拝誦　会計課長之件ニ付、種々煩御高配奉感謝候、村木氏は小生も一通り承知罷在、且昨日偶然田尻氏と致同車、車中談、同氏之事に及ひ候処、田尻氏も或ハヨカランと被申居候間、旁帰京後一二相談して、同氏ニ依頼するやも難計、兎も角御配慮被下候段は御厚礼申上候、貴書拝読之際は出発前ニて取込居、拝答及延引候段、御海容被

下度候、早々敬具

十二月卅日

梅謙次郎

坂谷賢契

尚々例之予算は此地滞在中、田尻総務長官とも御熟議申候積ニ御坐候間、何分宜敷願上候也、

又会計課長更迭之議は、何れニしても議会閉会後ニ於て執計候積ニ御坐候也、

［封筒表］東京小石川原町百廿六番地　坂谷芳郎殿親展

［封筒裏］相州酒匂四百四十六番地　梅謙次郎　十二月卅日

梅里好文　書簡

1　（昭和十二）年十月十一日　**【1113】**

拝啓　秋冷相覚え申候処、益々御清祥奉賀候、陳ハ日夜邦家の為め御奮励敬服仕り居り申候、

当町にても百数十名の出征者を送り、藤房卿の霊前に祈願忘らず、亦遠近よりのお百度詣りあとをたゝず候処、多くハ石黒部隊ニ属し、保定占領石家荘戦勝に赫々たる武勲を現し而も、一人の戦傷死者も出さず候、上海戦には当町出身田口兵曹は空軍第一線に立ち、神威艦長より武勲の公報有之候而も、僅に微傷を負たるのみの由に候、されば十月十日ハ第五百七十五回忌慰霊祭を挙行し、次で国威宣揚武運長久祈願祭を執行、出征家族全部出席、涙を流して欣喜致し居り申候、終日非常の賑にて心から精神総動員の具体化を表現仕り候、

香花料有り難く拝受、霊前に供へ閣下の御徳をたゝへ、閣下の御肖顔を飾り、一同心より感謝仕り候、

先ハ不取敢御報告旁御礼万々申述候、草々頓首

十月十一日

岩間町長梅里好文

阪谷芳郎男爵閣下

［封筒表］東京市小石川区原町一二六番地　男爵阪谷芳郎閣下親展

［封筒裏］西茨城郡岩間町長　梅里好文拝　十月十一日　〈阪谷筆〉昭和（十二年）（十三日着ス）

榎本武揚　書簡

1　明治三十八年四月一日　**【21】**

拝啓　国家無前の時局に際し別して御多端の事と奉恐察候、拙者儀老齢にハ候へとも、今日の場合国家の為め一

分の力を致さるゞ(ママ)るを得さることと存候に付、今回軍人遺族救護義会に加担し、遺家族に対し一臂の力を尽し度存候、就てハ何角御助勢を被り度深く希望仕候、申迄も之れなく候へ共、這般事業の成功ハ一に熱誠有力なる朝野諸士の一致協力にこれ依るものと信じ候間、偏に御援助奉願候、何れ追々事実に就き願出べく候得共、不取敢就任御披露旁予しめ右懇願仕置候、敬具

明治三十八年四月一日

軍人遺族救護義会会長子爵榎本武揚

㊞「軍人遺族救護義会会長之章」

大蔵次官阪谷芳郎殿

［封筒表］大蔵次官阪谷芳郎殿親展　〈別筆〉受第一五五三号

［封筒裏］軍人遺族救護義会　会長子爵榎本武揚　東京市京橋区築地三丁目十五番地　電話新橋二千八百六番

2　明治三十八年四月八日　【022-1】

軍人遺族紀念日大会案内（略）

［封筒表］大蔵次官阪谷芳郎殿　〈別筆〉受第一八一七号

［封筒裏］軍人遺族救護義会　会長子爵榎本武揚　東京市京橋区築地三丁目十五番地　電話新橋二千八百六番

［付属］軍人遺族救護義会現況（明治三十八年三月三十一日）

【22-2】

江原素六　書簡

1　（明治四十五）年六月二十三日　【171】

益御機嫌克奉賀候、然は来る廿八日早稲田邸午餐会并に同夕演説会にハ、是非出席仕度義に御坐候得共、実ハ数月前より約束にて、同日は遠州へ出張仕候間、不得止欠席仕候条、可然御海恕可被下候、右申上度、匆々頓首

六月廿三日

江原素六

阪谷男爵閣下

［封筒表］□□□(小石川カ)区原町一二六　男爵阪谷芳郎殿親展

［封筒裏］㊞「東京市麻布区本村町五十一番地　江原素六　電話□二一五六番」

遠藤謹助　書簡

1　（明治二十六）年五月二十五日　【155】

爾後御無音打過候処、益々御清栄奉敬賀候、陳ハ本年一月御先人朗廬先生御十三回忌ニ付、為御紀念御遺稿之詩

文御印刷ニ相成、小生へ其一部御恵寄被下御厚情之段感荷不啻、乃一昨夕到着、正ニ拝受仕候、忙手開封拝見仕候処、製冊美麗印刷鮮明、一見眼ヲ驚申候、永久珍玩経笥中之至宝ト可仕相楽罷在申候、前年も已ニ御文集御上木ニ相成頂戴仕候処、今般尚又全集御印行ニ相成、所謂父母之名ヲ顕ス御孝道之至感佩之事ニ奉存候、御先人地下之御満足サゾカシト奉拝察候、先生御生前兼而尊名ヲ欽仰罷在候処、不幸終ニ一回も眉宇ニ不奉接、亡日御開巻第一之御遺影を奉拝、別而難有仕合ニ奉存候、尚内部之尊詩文ハ公務之余暇明窓浄几之底、粛坐焚香、謹而捧読可仕候ハゞ〔心得ニ〕御坐候、必私淑之裨益多々有之候事ト奉存候、不取敢右御礼迄、草々頓首

五月廿五日

きんすけ拝手

再上　廿五年度之年報書も脱稿仕、本省上呈之為浄写中ニ御坐候、然ル処兼而御注意相願置候大試験挙行一件、此程谷秘書官迄相尋候処、中々急ニ決行も相成兼候勢ニ有之候、就而ハ年報中試験之結果掲載を不得、甚残念之至ニ候得共、奈何とも致方無之事ト断念仕候、○大改革一件如何候、追々捗取候義ニ密ニ相伺候、何歟御聞込之事も候ハヽ、乍御手数御叙之節御内示奉煩候、再拝

阪谷賢台侍史内上

〔封筒表〕東京麹町区平河町六丁目二十一番地　阪谷芳郎殿親展

〔封筒裏〕㊞「大坂造幣局構内官舎　遠藤謹助」　廿五(六カ)年五月廿五日午後

遠藤知足　書簡

1　大正二年三月三十一日　【146】

拝復　益々御多祥奉賀候、然者本邦金貨本位制度実施十五周年記念として御調製相成候銅牌一個御恵送被成下難有頂戴致候、永く子孫ニ伝ヘテ秘蔵可致候、先ハ謝意申上度、如斯御座候、敬具

大正二年三月三十一日

京都府紀伊郡深草村

遠藤知足

金貨本位制度実施十五周年記念会委員長

法学博士男爵阪谷芳郎殿

〔封筒表〕東京市小(石脱カ)川区原町一二六　金貨本位制度実施十五周年紀念会委員長　法学博士男爵阪谷芳郎殿

〔封筒裏〕京都府紀伊郡深草村　遠藤知足

大内兵衛　書簡

1　（大正七）年一月十八日　【486】

拝啓　寒威料峭之砌、閣下益御清祥奉賀候、陳は在露蘆田外交官補調査にかゝる「露国戦時財政概況」及同続編「経済上ノ影響」ニ関スル調査、閣下より内閣へ御提出相成候分、回覧之栄を得て幸慶ニ存候、就而は飯塚君申出之主旨も有之、両者同時ニ印刷ニ附し、政府部内等配付致度考ニ存居候処、右は既ニ外務省政務局第二課に於て一部の印刷を了し、夫々配附済之趣承知致候上、続編近々上梓之由ニ付、大蔵省に於ては単ニ原稿部内回覧ニ止め候事ニ致度、何卒この節御了承被下度候、

尚、右外務省印刷之もの一部貰受拝呈致候間、御査収被下度願上候、

先ハ不取敢要用而已、如斯ニ御座候、恐々敬具

一月十八日

於大蔵省理財局

大内兵衛

男爵阪谷芳郎閣下

［封筒表］男爵阪谷芳郎閣下

［封筒裏］大蔵省理財局　大内兵衛

大川平三郎　書簡

1　（明治三十一）年二月二十日　【32】

謹啓仕候、照子義去ル九日より発熱致シ、持病之劇敷嘔気等頻繁ニ有之候得共、持病ノことト心得、深ク心配も不致候処、十三日頃より熱度も大ニ高まり、三十八九度ヲ越へ候屡々に有之、依テ佐藤佐先生ノ診察ヲ受ケ候処、同君ハ脳膜炎ノ兆アリノ診断ニ御座候、結核性脳膜炎ト相定まり候テハ不治ノ症ニ有之趣ニテ、大ニ痛心致居候、併唯今ハ其症状疑フベキ廉有之、決診致難キ趣ニ御座候、右ノ次第ニ付、ベルツ先生ノ診断ヲ乞ヒ、少しも早く適当ナル処置相施し申度、佐藤先生ニも相談致候処、同氏も早キ方効多シトノことニ有之、就而は甚恐縮之至ニ候得共、貴台ニハベルツ先生トハ御知己ニ被為入候由ニ付、明日ニテも成丈早く来診致呉候様、特ニ御依頼相願度候、本日は朝来穂積令夫人御見舞被下、丁度右ノ相談ニも御立会相願候処、右ハ阪谷様ニ御頼ミ可致トノ御話ニ有之、相願之次第ニ御座候、但明日ハ佐藤先生ハ前田侯《ママ》ノ為メニ鎌倉行ニテ不戻ニテ、阿久津賢生氏ベルツ先生ト立会呉候筈ニ有之、然ルニ同氏ハ朝ナレバ九時まで、午後ハ

二時ヨリナラデハ都合難出来趣ニ候間、右御含ニテ、ベルツ氏来診ノ時刻御取極相願度、尚詳細ハ根川氏より口頭御聞取被下度奉願候、右御依頼まで、如此御座候、匆々頓首

二月二十日　　大川平三郎

阪谷芳郎様台下

[封筒表] 阪谷芳郎様至急願用　大川平三郎

[封筒裏] 東京府下北豊島郡王子村　王子製紙株式会社　電話番号本局二百〇四番　明治卅一年二月二十日

2　大正四年五月二十七日（大川平三郎ほか書簡）【30】

拝啓　大川花井儀、郷里埼玉県入間郡横沼に於て永々病気療養罷在候処、養生不相叶、本日午後二時死去致候、不取敢此段御報申上候、匆々頓首

追て葬儀は、来る二十九日午後二時横沼村自宅に於て執行致候、遠路恐縮に付御会葬の儀は御辞退申上候、

大正四年五月二十七日

田中榮八郎
大川平三郎
大川英太郎

阪谷芳郎様

[封筒表] 小石川区原町百二十六番地　男爵阪谷芳郎殿

[封筒裏] 大川平三郎

3　（　）年二月三日【31】

謹啓　益御多祥奉賀候、陳は此度試に肥後表より菊地（池カ）郡御調村白米取寄候ニ付、不取敢壱俵入御覧候、是は日本一ノ称アル品ニ候得とも、果シテ評判ノ如クナルヤ、余り当ニハ相成申さず、兎ニ角御鑑味被下候ハヽ本懐之至ニ御座候、乍欠礼右書中得貴意度、如此ニ御座候、匆々頓首

二月三日　　大川平三郎

坂谷男爵閣下

[封筒表] 坂谷男爵閣下　大川平三郎

[封筒裏] 二月三日

4　（　）年三月七日【29】

謹啓仕候、過日中照子義病気差重り候節ハ、一ト方ナラズ御心配被成下、遠路之処御見舞被下、其後被掛貴意、毎度御尋被下難有奉存候、同人病気も案外ニ良好ナル経過ニて、此節ハ時々室内歩行位ハ出来候様相成候ニ付、

何卒御懸念被下間敷候、小生義御礼旁早速罷出可申筈之処、流行感冒ニて丁度一週日平臥致居候、漸ク一両日前より起出候処、遠州より来電ニ接し、明朝出発致候ニ付、乍不本意以書中御礼申上候次第、不悪御了承被成下度候、右得貴意度、匆々頓首

三月七日　　大川平三郎

阪谷芳郎様侍史

［封筒表］阪谷芳郎様台下
［封筒裏］三月七日　　大川平三郎

大木遠吉　書簡

1　（大正三）年十月二十一日　**【154-1】**

拝啓　時下愈御清安奉賀候、同郷人北原種忠なるものより無余義懇請ニ付、去七月下旬皇道会々長承諾、尓後其内容精査候処、小生の考にハ頗る相違之点有之、去十八日幹事会開き候席上、小生ハ断然会長辞退、今後該会には些の関係も無之候、然ニ拙子の名義に而従来該会に御尽力を乞候書状等相発候哉に聞及候間、此上の始末御含置被下度、一筆如斯御座候、草々頓首

十月廿一日夜　　大木遠吉

坂谷男爵殿梧右

［封筒表］麹町区丸之内東京市役所　坂谷男爵殿親展
［封筒裏］芝区葺手町　大木遠吉　十月廿一日夜

［付属］阪谷芳郎書簡控（大木遠吉宛）

（大正三）年（十）月二十一日　**【154-2】**

拝復　愈御清穆賀上候、陳者皇道会ノ件ニ付、御懇示之趣拝承致候、先ハ不取敢御請迄、如此ニ御坐候、敬具

第廿一日　　阪谷芳郎

大木伯爵閣下

〈欄外〉十月廿一日発送スミ　㊞「阪谷」

大隈重信　書簡

1　（大正二）年四月七日　**【11-1】**

拝啓　時下益々御健勝奉大賀候、陳者目下我国に来遊被致居候米国実業界に有名なるハインツ氏、来る七日瑞西に開かるべき万国日曜学校大会に臨み、次回の大会を大

正五年に日本に於て開催すべき発議を為さんとの希望を抱き居られ候、付ては開催地たるべき日本に於て、先つ其計画なかるべからず、右に付き色々御協議申上度候間、御多用の処甚だ恐縮に候へ共、御高見御伺仕度、明後九日午後二時半、拙邸へ御貴臨を得度奉切望候、尚御諾否御一報願上候、敬具

四月七日　大隈重信

坂谷芳朗殿

［封筒表］□（小カ）石川区原町一二六　坂谷芳朗殿　〈阪谷筆〉九日午后二時半　ハインツ

［封筒裏］牛込区早稲田　大隈重信　四月七日

［名刺①］Mr. Henry J. Heinz　Greenlawn Pittsburgh. U.S.A

［名刺②］Frank L. Brown, Secretary, Commission on the Orient World's Sunday School Association, 1416 Mallers Building Chicago, Ills.

［名刺③］小崎弘道　東京市赤坂区霊南坂町十四番地　電話芝四九三番

［名刺④］熊野雄七　芝区白金今里町明治学院

2　大正三年十二月十五日　【8】

拝啓　益御多祥之段奉賀候、陳者貴下本会之事業を賛成せられ、今般平和論集出版費として金弐拾円御寄付相成、感謝之至ニ奉存候、右御寄付金之使用方ニ就而は、周到之注意を加へ、御芳志ニ戻らさる様可仕候、茲ニ厚く御礼申上度、如斯御座候、敬具

大正三年十二月十五日

大日本平和協会
会長伯爵大隈重信

男爵阪谷芳郎殿

［封筒表］小石川区原町百廿六番地　男爵阪谷芳郎殿

［封筒裏］東京市京橋区山城町六番地　大日本平和協会会長伯爵大隈重信

3　大正五年四月十七日　【7】

拝啓　時下益御清適奉賀候、陳者今回仏都巴里ニ於テ連合国経済会議開催セラルヽニ付、貴爵閣下帝国特派委員長トシテ不日御渡欧被為遊候ニ就テハ、来ル二十五日午後五時永田町官邸ニ於テ、聊カ送別ノ意ヲ表シ候迄ニ晩餐差進度候間、御差繰御光来被下度、右御案内申上候、敬具

大正五年四月十七日

伯爵大隈重信

男爵阪谷芳郎殿

［封筒表］小石川原町　男爵阪谷芳郎殿　〈阪谷筆〉二十五日
五時
［封筒裏］伯爵大隈重信　〈阪谷筆〉十九日

4　（　）年二月十四日　【10】

拝啓　時下愈御清穆奉賀候、陳は本書持参之青柳篤恒氏ハ、早稲田大学講師にして、支那語を能する人ニ御座候、是非閣下ニ拝芝之上、高教を仰き度申出られ候ニ付、御多忙中御迷惑にハ候得共、御引見被成下候ハヽ、幸甚、右御依頼迄得貴意候、拝具

二月十四日　　大隈重信

坂谷男爵殿

［封筒表］阪谷男爵閣下
［封筒裏］大隈重信　青柳篤恒氏持参

5　（　）年三月十六日　【9-1】

拝啓　春寒料峭之候益御多祥奉賀候、陳は本書持参之新井榮太郎君ハ入谷警察署長にて、彼の管割区域内ハ俗ニ貧民窟と称する場所たるニ、小生先年万年町特殊小学校参観以来懇意ニ致居候ものなるが、本人ハ曽て済民問題ニ関し希望を有し居られ候に付、御多忙中御迷惑にハ候得共、御聞取被下、且御高見御漏らし被下候ハヽ、幸甚之至りニ奉存候、右御依頼旁御紹介申上候、拝具

三月拾六日　　大隈重信

坂谷男爵殿

［封筒表］坂谷男爵閣下
［封筒裏］大隈重信　新井榮太郎氏持参
［名刺］新井榮太郎　下谷区入谷町四十四番地

大隈信常　書簡

1　大正九年一月十日　【164】

拝啓　奮闘勉励之画家楠田仙巌君御照会申上候、突然甚た失礼乍御恐縮御面会之上、何卒御引見被下度、此義懇請仕り候、先ハ右人御照会迄、敬白

大正九年一月十日　　大隈信常

法学博士阪谷芳郎様侍史

［封筒表］小石川区原町一二六　阪谷芳郎先生机下　〈阪谷筆〉
仙巌君添
［封筒裏］早稲田　大隈信常　〈阪谷筆〉十一年十一月二十一

日受

大倉喜七郎　書簡

1　（明治四十四）年四月十九日　【119】
（大倉喜七郎・組子書簡）

拝復　益々御清栄之段奉賀候、扨て御令嬢様御結婚御披露之席に御寵招を蒙り奉万謝候、同日拝趨申上度存候得とも、拠なき用事有之、乍遺憾参上申上兼候間、不悪御了承被成下度、右御返事申上候、恐惶謹言

四月十九日　大倉喜七
同　くみ子

男爵阪谷殿
同令夫人

［封筒表］小石川区原町一二六　男爵阪谷芳郎殿・同令夫人
［封筒裏］大倉喜七・同組子　四月十九日

大倉喜八郎　書簡

1　（明治三十）年十二月二十三日　【130】

寸楮拝啓、歳末如何様御多用奉拝察候、扨此程神戸江出張中湊川改築会社ニ関係有之金融依頼を受申候、其云所ニよれバ、税関地面埋築出来ニ付、大蔵省より弐拾五万円程下附金可有之候処、税関長交代等之ため遅延ニ相成、明年一月末ニナレバ、交附可相成候間、夫迄之所融通ヲ求め候旨申居候、将して右之件々事実ニ御坐候哉、内々奉伺候、本省之御都合は如何御坐候哉、乍御面倒御しらせ被下候ハヽ難有奉存候、此段得芳意度、如此御坐候、書外拝光ニ譲、草々敬具

十二月廿三日　大倉喜八郎

坂谷芳郎様梧右

［封筒表］□（麹カ）町区平川町六、二一、坂谷芳郎様御親展
［封筒裏］□（葵カ）町三番地　大倉喜八郎

2　（明治三十六）年十一月二十一日　【121】

口上

昨日御話いたし候一条ニ付、日銀敷興銀敷ノ内へ急ニ御相談御試相願度候、右御返事被下候ハヽ、小生より其御示し行へ相談を遂け、溝口へ返事差出度候間、御用多拝

察候得共、取急御配神相願度候、此段得貴意度相願候、草々敬具

十一月廿一日　喜八郎

坂谷君侍史

［封筒表］□《（小カ）》石川区原町百二十六　坂谷芳郎殿侍曹御親展

［封筒裏］大倉喜八郎

3　（明治四十）年五月二十二日　【123】

口上

兼而御話申上置候新築もやゝ出来候間、御曳杖相願度候、来ル廿五日より三十日迄の間（但し廿八日ヲ除）、御差支無御座日取御示被下候ハヽ、難有奉存候、令夫人令嬢御同行相願候次第ニ御座候、不取敢御都合拝承旁得芳意度、如此御座候、早々敬具

五月廿二日　鶴彦

坂谷様閣下

［封筒表］□□小石川区原町　阪谷芳郎様閣下御親展　〈阪谷筆〉五月廿六日

［封筒裏］大倉喜八郎

4　（明治四十一）年四月六日　【129】
（大倉喜八郎・とく子書簡）

口上

今朝相願候来ル八日正午迄ニ葵町弊屋へ御光臨被下度、欣然御待受仕候、為念此段御案内迄、如此御坐候、早々敬具

四月六日　喜八郎
とく子

坂谷様
同令御夫人
閣下

［封筒表］市内小石川区原町百廿六番地　坂谷男爵殿閣下御親展

［封筒裏］大倉喜八郎

5　（明治四十一）年十二月二十一日　【127】

歳末御繁忙奉拝察候、陳は今般来朝之仏人カーン氏を招待仕候に付、何之風情も無之候へ共、来る廿五日午後六時より、葵町弊屋へ御光来被下度相願候、幸ニ御繰合被下候へバ、欣然御待申上候、此段御案内、如此ニ御座候、早々敬具

十二月廿一日

大倉喜八郎

坂谷男爵殿閣下

追而乍御手数御諾否御一報奉煩度候、

尚々日本料理に付、御軽装御随意ニ願上候、

［封筒表］小石川区原町一二六番地　坂谷男爵殿閣下

［封筒裏］赤坂区葵町三番地　大倉喜八郎　十二月廿一日

6 （明治四十一）年十二月二十三日 【122】

拝啓　時下愈御清祥之段奉賀候、陳ハ来ル廿五日カーン氏を招待致候ニ付、御光臨相仰置候処、生憎当日ハ同氏に於而無拠支障差起り候為、来ル二十八日午後六時ニ繰延候間、歳末御繁用之折柄恐入候へ共、御繰合被下、同日御枉駕の栄を給り度、此段更ニ御案内迄、如斯ニ候、敬具

十二月廿三日

大倉喜八郎

男爵阪谷芳郎殿閣下

［封筒表］小石川区原町百弐十六番地　男爵阪谷芳郎殿閣下

〈阪谷筆〉十二月廿八日六時

［封筒裏］赤坂区葵町三番地　大倉喜八郎　十二月廿三日

7 （明治四十四）年四月十八日 【125】

口上

今般御令嬢と高嶺君との御結婚御披露宴に御案内を蒙り難有奉存候、然ル処未タ病臥中ニ付、乍遺憾欠席仕候、御祝詞申述御印迄帯地壱箱拝呈仕候、御祝納被下候ハヽ大幸ニ奉存候、右得芳意度、如此ニ御座候、匆々敬具

四月十八日

鶴彦

坂谷大兄閣下

［封筒表］阪谷男爵殿・同令夫人　閣下拝答

［封筒裏］大倉喜八郎・同とく子

8 （明治　）年（　）月二十一日 【131】

寸楮拝啓、過日参趨之節御話いたし候鉄管製造技師スコットランド人ベヤード氏来朝仕候、若槻前次官より貴台へ宛候書状持参致居候ニ付、同人同行参堂仕度候、幾日頃罷出候而御支ひ無御坐候哉、甚タ恐縮ニ候へ共、御一報被下度奉願候、委細ハ拝趨之節可申上候、右得芳意度、如此御坐候、書外拝光ニ譲、草々敬具

廿一日

喜八郎

坂谷賢台閣下

尚々朝鮮より鶴到来候間、備貴覧候、御笑味被下候ハヽ大幸ニ奉存候、

[封筒表] 牛込原町　坂谷男爵殿御親展　〈阪谷筆〉製管技師
面会ヲ求ム

[封筒裏] 大倉喜八郎

9 （大正六）年四月二十五日 【128】

粛啓　益御多祥奉賀候、陳者兼而得貴意候美術館を寄附行為財団法人と致候義ニ付、其進行上、急ニ御相談申上度候事御坐候間、御多用中御迷惑拝察仕候得共、御繰合、来二十九日正午帝国ホテルへ御尊来被成下度願上候、此段御案内申上度、如此ニ御坐候、草々敬具

四月二十五日　大倉喜八郎

男爵阪谷芳郎殿侍史

追而乍御手数御諾否御一報煩度願上候、

[封筒表] 小石川原町　男爵阪谷芳郎殿　〈阪谷筆〉出　二十九日正午、ホテル

[封筒裏] 大倉喜八郎

10 大正十三年七月十七日 【132】

拝啓　酷暑之砌愈々御清祥之段奉大賀候、偖而財団法人大倉商業学校協議員補欠として法学博士佐野善作殿に御委嘱致度、右取計方閣下ニ御依頼仕候処、御多用中にも不拘、親しく御足労之上御依頼被下、同博士には強て御辞退之処、御尽力を以て漸く御引受を得候由、御厚配之段奉深謝候、何れ拝芝御礼可申上候へ共、乍略儀以書中右御挨拶申上度、如此御座候、尚穂積男爵閣下ニ御挨拶状並に佐野博士殿ニ御委嘱状ハ既に差出申候間、左様御承知置き被下度願上候、敬具

大正拾三年七月拾七日　大倉喜八郎

男爵阪谷芳郎閣下御侍曹

[封筒表] 東京小石川区原町一二六　男爵阪谷芳郎閣下御侍曹

[封筒裏] 男爵大倉喜八郎

11 （　二）年（四）月十六日 【126】

口上

メーヒー博士招請ハ十九日と極り申候ニ付、乍御迷惑同日六字《ママ》半より向しま別荘へ御来車相願候、略服日本料理ニ御座候、御案内迄、如此ニ御座候、敬具

十六日　鶴彦

坂谷大兄研北

［封筒表］市内小石川区原町　男爵坂谷芳郎殿御親展　〈阪谷筆〉十九日六時不参
［封筒裏］大倉喜八郎

12 （　）年三月五日 【120】

寸楮拝呈、過日中ハ御多忙中、早速御配意被成下候段、難有鳴謝申上候、扨銀行発起人とも内談相試候処、前垂掛之連中ニ而種々之希望も有之、相纏りかね申候、委細は参を以御話可申述候得とも、此頃御選定之御人は、一ト先ツ御取消置被成下候様相願度候、折角御手数奉煩候処、如何ニも恐縮ニ候得とも、事情ハ拝光之上可申述候、此段得貴意度、如此御座候、草々頓首

三月五日　喜八郎

阪谷先醒研北

［封筒表］小石川原町　阪谷芳郎殿御親展
［封筒裏］大倉喜八郎

13 （　）年（　）月二十四日 【124】

口上

昨日相窺候神戸湊川下ヶ金一条は如何御座候哉、此ものへ御示シ被下候ハヽ、難有奉存候、草々不尽

廿四日　喜八郎

坂谷先生研北

［封筒表］坂谷芳郎様御親展　乞御回答
［封筒裏］大倉喜八郎

大蔵公望　書簡

1 昭和十四年十一月二十二日 【141】

拝啓　初冬ノ候益々御清栄奉賀マス、

偖而満州移民ガ我国ノ大陸政策ノ将来ニトリ極メテ重要ナルハ、已ニ万御承知ノ事ニ有之、朝野ノ有識者ノ多クガ之ガ為メニ常ニ奔走致シ居ル処、今般劇団ノ雄タル前進座ノ一党ガ、新橋演舞場ニ於テ「大日向村」ヲ上演致スコトニナリ、劇上ニ於テ能ク満州ヘノ分村計画ノ実状ヲ明示致スニ就テハ、是非一度該上演御覧願度、茲ニ右切符一枚御送附申上マス、敬具

追而当日小生或ハ参会致シ兼ネルヤモ不料、又食事ノ用意ハ別ニ致シテ有マセンノデ、右御含ミ置願ヒマス、

昭和十四年十一月廿二日　大蔵公望

阪谷芳郎殿

当日御支障有之候場合ハ、十二月十日、十一日、十二日ノ何レニカ、御変更モ可能ノ見込ニ候へバ、一応其旨御通知被下度願上候、

〈欄外〉財団法人満州移住協会

［封筒表］小石川区原町一二六　阪谷芳郎殿　〈阪谷筆〉要答

［封筒裏］渋谷区代々木富ヶ谷町一五〇四　大蔵公望

大島健一　書簡

1（大正四）年三月三日　**【176】**

拝啓　今般東京市長御勇退被遊候趣、遺憾千万ニ存候、御在任中ハ公私共格別御懇情ヲ蒙り感謝之至りニ存候、尚将来不相変御高誼賜り度願上候、右御挨拶迄、如此御座候、敬具

三月三日　大島健一

男爵阪谷芳郎閣下

［封筒表］牛込区原町　男爵阪谷芳郎閣下

［封筒裏］陸軍省　大島健一

太田保一郎　書簡

1　大正七年九月六日　**【166】**

拝復　益御清穆奉賀候、陳ハ先般御送付ニ預り候写真帖代為替券正ニ落手仕候、先般米騒動之為め、新聞紙ハ皆々内閣辞職説を流布仕居候、果して実現可仕ものニ御座候や、支那も大総統ニ徐世昌当選仕候、林公使ハ御帰国之趣、近来内外之事情一層復雑ニ相覚へ候、先は右御受迄申上候、早々

大正七年九月六日　太田保一郎

坂谷男爵閣下

［封筒表］東京市小石川原町　男爵阪谷芳郎殿閣下

［封筒裏］青嶋　太田保一郎　九月六日

大谷嘉兵衛　書簡

1　明治四十四年四月二十二日　**【472】**

謹啓　春暖之候、益御清穆敬賀此事ニ御座候、然ラハ今回御令嬢様ニハ御良縁ヲ以テ御結婚遊セラレ候段、茲ニ

謹テ御祝賀申上候、
就テハ些少ナカラ、松魚節壱箱御祝賀之印マテ拝呈仕候、
幾久敷御受納下サレ候ヘハ本懐之至りニ堪ヘス候、敬具

明治四十四年四月廿二日

大谷嘉兵衛

男爵阪谷芳郎殿

［封筒表］男爵阪谷芳郎殿
［封筒裏］大谷嘉兵衛

2　（明治四十四）年十一月二十日 【470】
（大谷嘉兵衛・左右田金作書簡）

拝啓　益御健勝奉敬賀候、陳は過日御申聞られ候故曽根居士建碑之件に付、早速可申上之処、彼是不在之諸君も有之候、旁々以て甚々延引致し候段御海容可被成下候、就ては別紙の通に相定め申候間、宜しく御了承を奉希上候、然るに何れも小額にして申訳無之、此段不悪様御願申上候、右申上度、如此に御座候、敬具

十一月廿日

左右田金作
大谷嘉兵衛

男阪谷閣下

〈端書・別筆〉明治四十四年十一月廿日付　左右田金作・大谷嘉兵衛両氏連名　故曽弥子爵建碑寄附金ノ件

［封筒表］東京市小石川区原町一二六　男爵阪谷芳郎殿親展
［封筒裏］大谷嘉兵衛　十一月廿日　〈別筆〉明治四十四年

3　（明治四十五）年五月二十八日 【39】

拝啓　益御清穆之段奉恭賀候、陳は一昨廿六日本会総会挙行之節は御繁忙ニ被為在候にも不拘、特に御繰合御光臨之栄を得、殊に本市教育者に最も有益なる御講演を忝し、以御蔭多数会員深く感動、本懐不過之奉鳴謝候、就ては不日拝趨御厚礼可申述候得共、不取敢右御挨拶迄申上度、如此御座候、敬具

五月廿八日

横浜市教育会長大谷嘉兵衛

男爵阪谷芳郎閣下

［封筒表］東京市小石川区原町　男爵阪谷芳郎閣下
［封筒裏］横浜市教育会長　大谷嘉兵衛　事務所｜横浜市北仲通六丁目本町小学校内　電話千四百五十三番（仮用）

4　大正二年四月一日 【471】

謹啓　時下春和之候、益御健勝奉慶賀候、陳は本年は我国金貨本位制度実施拾五年に相当致し候に付、大記念会を御催し可被為遊候処、御大喪中に付延期致され、記念

品を態々御贈与被成下、正ニ拝受致し候、不取敢御挨拶申上度、如此に御座候、敬具

大正二年四月一日　　大谷嘉兵衛

金貨本位制度実施拾五年記念会委員長

男爵阪谷芳郎殿

［封筒表］東京市小石川区原町一二六　金貨本位制度実施十五周年記念会委員長　法学博士男爵阪谷芳郎殿

［封筒裏］横浜市　大谷嘉兵衛　大正二年四月一日

大槻龍治　書簡

1　大正五年一月三十一日　【134】

拝啓　陳は閣下益御清穆奉大賀候、降而野生無事消光罷在候間、乍他事御休神被下度候、扨て過日ハ御先考之御事歴印刷物頂戴仕り精読、大なる利益を得候、厚く御礼申上候、

当社之整理も都合よく相運ひ候、以後不況時ニも拘らす、相当之収益を得居り、諸事好都合ニ相運ひ居候間、御休神被下度願上候、昨今ハ追々事務上の余暇も相生し、重而気楽と相成候、官公吏ニ比せハ民吏の方面白き様ニも被存候、呵々、先ハ御礼申述度、如此ニ御座候、早々拝具

大正五年一月三十一日　　大槻

阪谷男爵閣下侍史

［封筒表］東京小石川原町　男爵阪谷芳郎殿閣下

［封筒裏］大阪東区空掘通二、六八　大槻龍治　五年一月三十一日

大橋新太郎　書簡

1　大正二年四月一日　【483】

謹啓　時下陽春之砌、益々御清適奉恭慶候、陳者今回は本邦金貨本位制之実施并ニ不換紙幣之兌換開始有之候以来、発達之跡相偲び候為め、特ニ御配慮に依り結構なる記念牌御調製被遊、小生へも御配与ニ預り奉謝候、右永く珍重仕り、回顧之料ニ充て可申難有拝収致申候、不取敢以書中御礼詞迄、如此御坐候、敬具

大正二年四月一日　　大橋新太郎

男爵阪谷芳郎殿侍史

［封筒表］小石川区原町一二六　金貨本位制度実施十五周年記念会委員長　男爵阪谷芳郎殿侍史
［封筒裏］東京市麹町区上六番町四十三番地　大橋新太郎　電話番町四百二十二番　大正二年四月一日

2　（大正十二）年十二月二十一日　【482】
（大橋新太郎・須磨子書簡）

拝復　高堂皆様益御機嫌麗敷入らせられ大賀之至りニ存じ奉り候、陳は此度は御良縁ニより、御令嬢総子様伊藤家之御令嗣熊三様へ御婚嫁遊バされ候趣、御両家之為洵ニ御目出度、幾久敷御いはひ申上候、右ニつき今回御叮重様之御挨拶ニ預り恐入申候、就ては何なり御喜び之おしるしなりと差上申すべき筈ニ候処、時節柄ニ鑑み差控申候、何卒御新郎様并ニ御新婦様ニ今後御厚誼願上度、憚さまながら御序様ニよろしく御伝声願ひ奉り候、

先は御祝詞旁々斯之如くニ御座候、敬具

十二月二十一日

大橋新太郎
同　須磨子

男爵阪谷芳郎様
同　令夫人

［封筒表］小石川区原町一二六　男爵阪谷芳郎閣下・同令夫人侍史
［封筒裏］東京市本郷区弓町一丁目十六番地　大橋新太郎　大正十二年十二月廿一日

大山斐瑳麿　書簡

1　（昭和十一）年三月十六日　【474】

粛啓　春暖漸く相催し申候処、益々御健勝ニ被為入為国家慶祝之至ニ奉存候、陳は本日ハ卒然参邸甚だ御無礼申上候、実ハ電話にても申上候通り、用件ハ兼て一方ならず御高配を蒙り居候万国博の件ニ付、迂生義、衆議院議員選挙の為め帰国（落選）罷在、去二月十三日の紀念事業特別委員会御決定後之経過をも、去二十三日帰京の上ニて拝承仕りたる次第、然るニ帝都騒擾事件の突発、并ニこれニ伴ふ政変等に妨げられ、其侭ニ相成居候のみならず、前売券制度ニ関する意見留保者たる津島・赤木両次官を始め原案者側に相当多数の異動有之候様ニ被存候折柄、主催団体を東京市とすべきや、将た東京市を中心とする十団体協同の協会事業とすべきやの根本問題すら

も未決の侭ニ相成居候為め、私共協会常務委員に於ても、年度末ニ相成居、新年度開始ニ際しホト〳〵当惑罷在、両三日前の委員会に於ても種々議論相出候為め、是等の事情の下ニ右促進方ニ就て、閣下の御指教を仰ぎ度との存念より拝趨致候次第ニ御座候、
幸ニ電話にて御申聞被下候処ニより、切々御督責被下居候趣拝承、大ニ安神罷在候得共、尚幾分懸念ニ堪ざるハ、由来此種の事業ハ一般ニ不急視せらるゝ虞多分ニ有之候、事実ハ時日切迫致居候ニ拘ハらず、刻下の政情に於てハ、或ハ等閑ニ附せらるゝが如きことなきを保し難く、杞憂罷在候次第ニ御坐候、
仰ぎ願くは前述の事情御賢察の上、適当の機会に於て促進方ニ付、何分の御指教を蒙り度、不顧御無礼以書中悃願仕候、
尚日本万国博覧会協会に於てハ、当月より毎週一回金曜日ニ常務理事会を開き居候間、御含置被下度候、
右御多用中長文御判読を煩はし、恐縮之段深く御詫申上候、敬具
三月十六日午後五時
大山斐瑳磨
阪谷男爵閣下侍史

［封筒表］小石川区原町　阪谷芳郎殿侍史　〈別筆〉万博　㊞「戒厳　司令部　査閲済」
［封筒裏］下谷区上野桜木町二三　大山斐瑳磨　三月十六日
㊞「戒厳令ニ依リ開披」

2　（昭和十二）年二月十六日　【475】

謹啓　陳者昨日の議会ニ於ける男爵閣下の御質問を新聞紙上にて拝聴、誠ニ結構ニ奉存候、乍失礼悉く私共の同憂同感を禁じ得ざる迄ニ御座候、為国家一層之御自重奉冀上候、
扨過日御休養中ニ推参御指教を仰ぎ候件ニ付、早速両名手分の上、市長及豊田監理課長とも内談を遂げ候上、去十三日（土曜日）迂生及山脇君同道、伍堂商相を官邸ニ訪問、引続き昨日更らニ村地君と同道、市長及横山警視総監（新内相と爾汝の間といふ）村瀬商工次官（商務局長及管理課長立会）等を歴訪し、
一、此際商工大臣と内務大臣との対談（事務当局間の接衝ニ委ぬることなく）ニより、前売問題を一決せられ度、
二、前売券の程度及其懸賞金の程度をも、同時同様ニ御決定相願度、
三、右ニ対してハ、相当重大なる問題ニ付、特別立法の手続を採られたく、且其場合ハ是非当議会ニ法三章的

主法丈けにても提案（他ハ命令ニ委任）せられ度事、等を陳情致置候、尚一両日中ニ今一応市長同道、改めて商工大臣ニ懇談致度、目下手配中ニ御坐候、

（漏れ承るニ、懸賞金附前売入場券ニ就てハ、商工大臣と内務大臣との間ニ或る低き程度（懸賞金最高壱千円位？）のものを認めては位の内談ありたるものゝ如くニ有之、これでは寧ろ全然見合を可とする意見多数ニ有之、其故右様東奔西走罷在候次第ニ御座候、即、或方面ニ特別立法を要せざるべしとの意見出でたるも偶然ニあらずと肯かれ申候、）

右中間の状況一応御内聞ニ達し置度迄、乍略儀以書中如此ニ御座候、書余他日拝芝、万縷具陳可仕候、敬具

二月十六日　大山斐瑳拝

阪谷男爵閣下侍曹

［封筒表］小石川区原町　阪谷芳郎殿恵展　〈別筆〉万博一件
［封筒裏］牛込区矢来町四四　大山斐瑳麿　二月十六日

3　（十四）年八月四日　【473】

拝復　朝鮮水害義捐金募集方ニ就てハ、如仰兎角一般ニ気乗薄きやの憾有之、日鮮同和之上ニも遺憾不尠奉存候、就てハ明後六日役員会相開き、先以て会議所の出捐并ニ各議員の応募方等を協議致、旁ハら幾分の注意を促かし度、尚続て翌七日、特別議員・常任委員の御来集を願ひ度、夫々通知状発送の筈ニ御座候間、恐入候得共、右七日ハ御繰合御枉駕之上、何分之御賛助仰度、特ニ御願申上候、敬具

八月四日　大山斐瑳麿

阪谷閣下侍史

［封筒表］小石川区原町一二六　阪谷芳郎殿親展
［封筒裏］浅草区松葉町　大山斐瑳麿　八月四日

岡　実　書簡

1　大正四年三月一日　【79】

復啓　愈々御清安奉慶賀候、今回東京市長御退職之趣ヲ以テ、懇篤ナル芳書ニ預り奉深謝候、御在職中之遠大ナル各種之御計画ハ東京市民ノ将来ニ大ナル幸福ヲ与ヘラレタルモノニシテ、市民ノ一員トシテ感謝措ク能ハサル次第ニ御座候、而シテ今ヤ御退職之報ニ接シ候ハ、当市ノ為遺憾千万ニ御座候、終ニ臨ミ将来公私共倍旧ノ御懇情ヲ賜り度切望仕候、先ハ不取敢貴酬迄、如此御座候、

敬具

大正四年三月一日

商工局ニテ

岡實

阪谷男爵閣下

［封筒表］小石川区原町　男爵阪谷芳郎殿

［封筒裏］農商務省　岡實　㊞「農商務省用」

小笠原長生　書簡

1　大正四年三月五日　**【33】**

尊翰拝読仕候、東京市長御在職中ハ不一方御懇情を蒙り不堪感銘候、今後も不相変御厚誼ニ預り度候、実は早速御返事可申上筈之処、沼津御用邸に伺候仕居り延引致候段、御海容被下度、先は不取敢右ま而如此候、敬具

大正四年三月五日

小笠原長生

男爵阪谷芳郎閣下

［封筒表］□《小カ》石川区原町百二十六番地　男爵阪谷芳郎殿

［封筒裏］海軍々令部　小笠原長生　三月五日

2　（大正十四）年九月十六日　**【34】**

拝復　残暑尚酷しき折節愈御清適奉賀候、陳は拙著三笠物語に関し種々御高配を辱うし感銘に不堪、昨日高松中佐と打合せ申候、右不取敢御礼申上度、如此御座候、敬具

九月十六日

長生

阪谷男爵閣下侍史

［封筒表］小石川区原町百廿六番地　男爵阪谷芳郎閣下親展

［封筒裏］東京市外代々幡町字幡ヶ谷九番地　小笠原長生　九月十六日

3　（十五）年十二月十一日　**【35】**

粛啓　昨日元帥を訪ひ、御手紙之件をそれとなく訊ね候も、鋼鉄之弾力依然旺盛、花田君之希望ハ到底物にならさるへく、断念之外なかるへし、不取敢右御参考ま而に、如此御座候、敬具

十二月十一日

小笠原長生

阪谷男爵閣下

［封筒表］小石川区原町百廿六番地　男爵阪谷芳郎閣下親展
〈阪谷筆〉十五、十二月十二日受、花田伴之助ノ件

［封筒裏］東京市外代々幡町字幡ヶ谷九番地　小笠原長生　十二月十一日

岡田忠彦　書簡

1　（十四）年（八）月十八日　【25】

謹啓　昨夜一書拝呈、廿二日夜御枉駕相願置候処、尊邸執事に就き相伺候処、廿一日には日本倶楽部に御出向の御予定有之候趣、就ては此大暑中再び廿二日御出京相願候は、却而御迷惑を重ぬる義と相心得、一同協議の上、廿一日の御出京を機会に是非御来臨を得て一会相催度切望仕候、大暑中恐縮の至に御坐候へ共、枉て御光臨被成下度、右懇願仕候、敬具

十八日　忠彦

坂谷男爵閣下

場所　銀行集会所
時日　廿一日午後六時

［封筒表］相州大磯町神明町阪谷別邸　男爵阪谷芳郎様侍曹
［封筒裏］麹町永田町二ノ三一　岡田忠彦

2　（　）年（六）月十八日　【26】

謹啓　梅雨の候、愈々御清栄大慶仕候、扨て今回の選挙に際しては、特に芳名を以て郷党の間に御推挙被成下、余光により幸に無事当選仕り候こと千万難有奉存候、早速拝趨御礼申上べきの処、段々延引と相成、不取敢ここに書中御礼申上候、其内拝襟万縷可申上候、匆々頓首

十八日　忠彦

坂谷男爵閣下

［封筒表］小石川原町一二六　男爵坂谷芳郎閣下親展
［封筒裏］東京市麹町区永田町二丁目三十一番地　岡田忠彦

岡田良一郎　書簡

1　（明治二十六）年六月二十九日　【136】

謹啓　時下向暑之節ニ御坐候処、高台皆様弥御静逸被成御坐奉欣賀候、陳は今回は御先考朗廬先生御遺稿御編輯御印刷相成候ニ付、壱部御恵与被成下忝拝受仕候、実ニ浩瀚大作該博之鴻儒タルヲ知ルは勿論、御編輯之御尽力御孝志千載不聞一事と深感佩仕候、追々拝読玩味可仕相楽罷在候、右は早速御礼可申上筈之処、今回上京之上拝

見仕候ニ付、乍憚御礼延引候段御海容可被成下候、他日拝顔之節、篤と御礼可申上候、右可得貴意、如此御坐候、頓首

六月廿九日　岡田良一郎

阪谷芳郎様

［封筒表］麹町区平川町　阪谷芳郎様貴下
［封筒裏］駒込曙町十六番地岡田良平方　岡田良一郎

岡田良平　書簡

1　（明治三十七）年十月二日　【478】

拝啓　秋冷相加り候所、益々御多祥奉賀候、扨小生過日用向きニ付、一寸上京仕候所、中山成太郎氏来訪有之、同氏身上ニ就きてハ種々御配慮被下候趣、殊ニ此程ハ賞与をも下賜相成り候ニ付、小生より厚く御礼申上け候様依頼有之、依て昨朝参堂仕候所、既ニ御出勤後にて拝顔を得す、帰倉仕候ニ付、乍略書中を以て右御礼申陳へ候、同氏も浪人以来既ニ約一年ならんとし、少しく心細く相成り候模様ニ有之、尚将来之事宜敷く御配慮被下度奉願候、先ハ右申上度、如此御座候、頓首

十月二日　良平

阪谷老台

［封筒表］東京小石川区原町　阪谷芳郎殿
［封筒裏］相州鎌倉長谷　岡田良平

2　（明治四十一）年一月十五日　【477】

拝啓　今回蔵相御辞職之趣、今朝の新聞にて承知仕候、種々御事情ハ可有之存候へとも、財政之前途尚多事なるの今日ニ於て此事ある、為国家誠ニ遺憾之至奉存候、併御在職中戦時並ニ戦後之財政をして破綻なからしめたる御功績ハ千載ニ伝ふへく、誠ニ欽仰之至奉存候、尚此上為邦家御自愛御奮励奉祈候、草々頓首

一月十五日　良平

阪谷老台侍史

［封筒表］東京小石川原町一二六　阪谷芳郎殿親展　〈阪谷筆〉
済
［封筒裏］京都大学　岡田良平　㊞「京都帝国大学用」

3　（　）年十二月十一日　【476-1】

拝啓　寒気急ニ相加り候所、愈々御清勝奉賀候、扨甚た

恐縮之御願ニ御坐候へとも、拙宅には従来下水溝之設無之所謂吸込なるものを設け、下水を吸入せしめ居候所、追々吸入方不充分に相成、衛生上にも面白からす困却致居候、就てハ幸ニ新渡戸氏の例ニ依り、貴邸前の溝ニ流出せしむる事の御承諾を得バ、誠ニ仕合と奉存候間、御考慮被下度奉願候、実ハ道路の北側へも溝を設け候様、数々区役所へ交渉せしめ候所、何分進渉(捗カ)不致候ニ付、右御迷惑相願候次第ニ有之、尤小生方地内ニ枡形を設け、排水口には金網を張り、汚物の流出せざる様精々注意可致候、先ハ右御依頼まて、如此御坐候、頓首

十二月十一日　良平

阪谷老台

尚、隣家狩野氏ニ於ても小生方ニて御許諾を得候上ハ、同一の排水溝内ニ少量の下水を流出せしめ度由ニ付、併て御承諾被下候ハヽ大幸と奉存候、

[封筒表] 阪谷芳郎殿　〈阪谷筆〉十二月十二日答

[封筒裏] 岡田良平

[付属] 岡田良平書簡　（　）年（十二）月十二日　【476-2】

尊書拝読、御来諭之趣、誠ニ御尤の次第ニ有之、聊か遺憾存候へとも、尚区役所之方督促可仕候、拝答、草々

十二日　良平

阪谷老台

緒方正規　書簡

1　（明治二十三）年九月五日　【485-1】

奉拝呈候、陳者先頃御依頼仕候人物ニ付而は、不一方御配慮被下難有奉謝候、貴諭之通り、本人江申越候処、別紙履歴書相添来り可相成御採用被下度旨申来り候間、万一未夕他ヨリ御採用無之候ハヾ右ノ人物御採用被下度、偏ニ奉希上候、頓首

九月五日　緒方正規

阪谷芳郎殿玉机下

[封筒表] 東京麹町区平河町六丁目二十一番地　阪谷芳郎殿乞親展

[封筒裏] 緒方正規

[付属] 喜多川正二履歴書　【485-2】

履歴書

熊本県八代郡吉野村大字大野字北川弐百八拾八番地士族喜多川武志弟

喜多川正二 ㊞「喜多川」

安政五年五月出生

年月日	叙任免職及賞罰事故	官庁名
明治十六年五月二十八日	巡査申付候事 但区部編入	京都府
同上	月俸六円支給候事	同上
同上	下京警察署詰申付候事	警察本署
同年五月廿九日	塩小路分署編入候事	下京警察署
同年八月十一日	上京警察署詰申付候事	警察本署
同年八月十五日	河原町分署詰申付候事	上京警察署
同年八月廿四日	今出川分署詰申付候事	同上
同年十月廿三日	自今四等月俸支給候事	京都府
明治十七年十月廿七日	自今三等月俸支給候事	京都府
同十八年二月十日	客年中事務勉励候ニ付為慰労金三円弐拾銭下賜候事	同上
同年七月三十一日	依願職務差免候事	同上
同上	満弐ヶ年勤続ニ付金八円下賜候事	同上
同年九月十五日	傭申付候事 但日給金弐拾五銭支給候事	山形県収税課
同年十二月九日	傭申付候事	山形県
	但月俸八円給与候事	
同上	収税課分掌申付候事	同上
同十九年一月九日	御用掛申付候事 但准判任月俸八円給与候事	同上
同上	収税課分掌申付候事	同上
同年七月十二日	地方官々制公布	
同年七月廿二日	地方官々制公布ニ付追テ何分ノ達有之迄、従前之通可心得旨達	
同年八月十八日	任山形県収税属	山形県
同上	叙判任官十等給下級俸	同上
同年八月廿六日	検税課分掌ヲ命ス	同上
同廿年十二月廿三日	土地調査事務勉励ニ付為其賞金三円下賜	同上
同廿一年九月六日	土地調査事務格別勉励ニ付為慰労金六円下賜	同上
同廿二年六月廿九日	収税部寒河江出張所在勤ヲ命ス	同上
同年八月一日	給中給俸	同上
同廿三年一月廿一日	収税部藤島出張所在勤ヲ命ス	同上

2 （明治二十四）年六月二十七日 【484】

拝復　陳者名古屋ニ於ケル学士会講談会ニテ丹波敬造君之演題ハ「薬学効用」ニテ御座候、迂生之分ハ演題未定

ニ御座候間、左様御承知奉願候也、

六月廿七日　　緒方正規

阪谷芳郎殿

追伸　丹波君之演舌ハ可相成三日目ニ相成度様、同氏ヨリ被申越候間、左様御承知奉願候也、

［封筒表］□（麹カ）町区平河町二十一番地　阪谷芳郎殿貴酬

［封筒裏］緒方正規

3　（明治　）年二月二十二日　【487-1】

拝啓　陳者毎度貴兄ニ御依頼仕候迂生知識ノモノ喜多川正二、今回上京致シ、転任致度旨申出、就而は自然同人ニ適当ノ位置モ有之、御採用被下候ハヾ無此上仕合セニ御座候間、乍失敬同人ニ此書状持参為致申候ニ付、御間（閑カ）暇も被為在候ハヾ御面会被下度、此段奉願候也、

二月廿二日　　緒方正規拝

阪谷芳郎殿玉机下

［封筒表］大蔵省　阪谷芳郎殿乞親展　挖喜多川

［封筒裏］緒方正規

［名刺］喜多川正二

岡部長職　書簡

1　（明治三十四）年三月十一日　【37】

貴書拝誦、御手数奉謝候、本人面会之上、当日之正賓ニ相当ノ挨拶可仕候、敬具

三月十一日　　長職

阪谷老兄玉机下

［封筒表］小石川原町　阪谷芳郎殿親展

［封筒裏］北豊嶋郡高田村　岡部長職

2　大正五年四月十五日　【38】

拝啓　時下益御清勝奉賀候、陳は近々御渡欧ニ付聊カ送別之意ヲ表スル為粗餐差上度、来ル廿二日土曜正午十二時倶楽部午餐会相催候間、何卒御賁臨之栄ヲ得度、此段御案内申上候、敬具

大正五年四月十五日

日本倶楽部

会長子爵岡部長職

男爵阪谷芳郎殿閣下

［封筒表］小石川区原町一二四　男爵阪谷芳郎殿閣下　㊞「親展」

〈阪谷筆〉二十二日十二時

［封筒裏］日本倶楽部　会長子爵岡部長職

3（大正十）年四月六日　【36-1】

拝啓　過刻申上候二條家古物調査書封入供貴閲候、委細ノ説明ハ柴田氏ヨリ御聴取奉願候、敬具

四月六日　長職

坂谷男爵様

［封筒表］小石川区原町一二六　男爵坂谷芳郎閣下親展

［封筒裏］本郷区金助町　岡部長職　〈阪谷筆〉十年四月十五日回答断ル

［名刺①］中村修永　東京市小石川区宮下町二十番地　電話小石川一二六〇番　〈別筆〉二條公爵家

［名刺②］野中完一　牛込区若松町七十三番地二條公爵家邸内　〈別筆〉二条家陳列館主幹

［名刺③］柴田常惠　小石川高田村元巣鴨三五七五

［名刺④］内務省史籍調査会　柴田常恵

［付属］阪谷芳郎控　【36-2】

二条公　発掘物ノ件

右四月六日、岡部子、大倉男ニ談ス、

四月八日、中村、野中、柴田来宅ス

四月九日、田部ニ岡部ノ手紙ヲ渡ス、

四月十四日、大倉男ヨリ断ル旨話アリ、

岡本監輔　書簡

1（明治二十六）年五月十一日　【183】

謹啓候、陳ハ本年尊大人朗廬先生十三回忌ニ際シ、為紀念詩文遺稿御印刷被成候ニ付、態々御恵贈被成下候段、重畳難有仕合奉存候、先年先生奉伺候間ハ、屢尊稿も拝読候へ共、今日御印刷之如き大部之御作とハ更ニ承知不仕候、御蔭ニ而緩々拝読し、昔日之情況ヲ想像仕候事も出来可申、大慶至極ニ奉存候、其内拝候御礼可申上候へ共、右奉伝大略、失敬ナガラ以書中陳述仕候也、頓首拝

五月十一日　岡本監輔

阪谷芳郎様侍者

［封筒表］麹町区平河町六丁目廿一番地　阪谷芳郎殿

［封筒裏］小石川区小日向台町壱丁目十番地　岡本監輔　五月十一日投函

小川郷太郎　書簡

1　（大正元）年十月十三日　【111】

秋冷之候愈々御清祥奉賀候、其後ハ意外疎濶に打過き候、御海容下されたく候、陳は小生兼て上京之上御相談申上度奉存居候処、帰朝以来学務俗務蝟集いたし、今日迄其意を果すを得ず、残念之至ニ奉存候、何れ本月末頃か来月初頃に上京いたし度奉存居候間、其際縷々申述へ度奉存候、尤も急用有之候ハヽ、大学之方を休みても不苦候間、御申越下されたく奉願候、右ハ一寸御挨拶申上度、如斯ニ御座候、匆々頓首

十月十三日　　小川郷太郎拝

阪谷男爵殿閣下

［封筒表］東京市小石川区原町　男爵阪谷芳郎殿閣下
［封筒裏］京都東三本木銀水楼内　小川郷太郎拝　十月十三日

2　（大正元）年十一月十八日　【113】

拝啓　其後は御無沙汰いたし居候、愈々御清適之段奉賀候、渡辺氏よりの書翰落手、其後早速上京致度心算ニ有之候処、痔疾を患ひ、汽車に乗ることを得ず、為ニ其侭ニ打過来候、過日来軽快を覚候ニ付き、近日中ニ上京可仕候、左様御承知下されたく候、経済調査会之事に関してハ、拝眉之上委細ヲ承り度奉存居候、小生も微力ながら共に働き度奉存候、就てハ、ベルンの会議等の事、同僚等にも相話し、助手をも求め候、幸ひ大学院在学の文学士高田保馬（社会学専攻）、法学士瀧正雄（経済学専攻）、ベルン会議のプログラム中ニ記載せられたる問題に嗜好〔趣味〕を有するとかにて、研究致度旨申出候ニ付、事ニよれば助手として採用するか、若くは其好める問題を研究せしめ、論文を書かしめてハ如何哉と奉存居候、両人ハ在学中成績優等なりしのみならず、語学ニも堪能なる趣、同僚教官などもこれを保証いたし居候、若し助手として傭入ることゝせば、経済会の事業の一部分は京都の方にて引受けいたしてもよろしく候、小生屡々上京いたす積ニ御座候へとも、当地ニも助手を置きて仕事をなさしむるも亦一策かと奉存居候、尚其辺の所ハ、拝眉之上篤と御協議申上候、只用向の要点を、前以て御報致置候、御熟考を煩ハし度奉存候、右ハ要用のみ、如斯ニ御座候、匆々頓首

十一月十八日　　小川郷太郎拝

阪谷男爵殿閣下

［封筒表］東京市小石川区原町　男爵阪谷芳郎殿閣下
［封筒裏］京都東三本木銀水楼　小川郷太郎拝　十一月十八日

3 （大正二）年九月二十三日 【109-1】

拝啓　愈々御清祥奉賀候、陳は先月の例会にて一寸申上置候通り、今回ハ文学士高田保馬氏を小生代理として出席せしめ候間、左様御承知下され度候、又同氏は陸軍省内務省などにて調へ度もの有之候趣ニ付き、当該官庁などへ可然御紹介被成下度御依頼いたし候、
右ハ紹介旁御依頼迄、如斯ニ御座候、匆々頓首

九月二十三日　　小川郷太郎拝

経済調査会々長阪谷男爵閣下

［封筒表］男爵阪谷芳郎様閣下　〈阪谷筆〉25/9
［封筒裏］京都　小川郷太郎
［名刺］高田保馬

4 （大正二）年九月二十五日 【112】

拝復　愈々御壮栄奉賀候、今回の経済調査会例会ニは高田文学士を代理として出席いたさせ候、既に御面会下され候事と奉存候、原稿料に就き御来諭之趣拝承仕候、別ニ異存ハ無之候、賛成いたすべく候、過日山本弥内氏より Clark 氏宛の書翰写し送附を受け候節、小生の意見を申上候ひしは、原稿料の額に不同意を表したる訳ニ無之候、唯欧米の原稿料を尋合せたる後、申出てゝハ如何哉と存したる迄に御座候、併しそれも強て主張する訳にも無之候、よろしき様御取計下されたく候、
原稿のみニ従事する書記にハ、書記給料を支給せさるよし拝承致候、京都支部の大山氏ハ如何様ニ可相成候哉、勿論櫛田氏と同様に見るべきかと奉察候、原稿料ハ前払ニ可致候哉、然らざれは、原稿のみに従事する人ハ、他に職業なきときは、生活を維持すること能ハさるに之無かと奉存候、
書記給料と原稿料との関係に就てハ、少々疑問を抱き居候、委細ハ高田文学士に御話し被成下度候、後日同氏帰洛之上、伝承いたし度奉存居候、
右ハ御返事申上度、如斯ニ御座候、匆々頓首

九月二十五日　　小川郷太郎拝

阪谷男爵閣下

［封筒表］東京市小石川区原町百二十六番地　男爵阪谷芳郎殿
［封筒裏］京都寺町今出川上ル筋違橋西入　小川郷太郎

5 （大正三）年十月二十三日 【105】

拝啓　秋冷之候愈々御清祥奉賀候、過般御令息ニ面会いたし候、御健勝御勉学之様子ニ候、御安神被成度候、本

月之経済調査会例会にハ出席いたし度奉存居候処、御地日本部会の方々、当地の調査委員大山寿氏と打合いたし度事有之候趣ニ付き、同氏を代理として上京せしむる事、却て好都合かと奉存候、来月例会にハ小生是非共出席いたすべく候間、左様御承知下され度候、尚高田氏・大山氏などは、小生の代理として上京せしむることなれば、小生の方より旅費其他の費用を弁し可申、調査会に迷惑をかけざる心組ニ御座候間、是れわ御承知被成下度候、原稿料と書記の給料と弐つながら給することの不当なるに就て兼て御申越有之、小生も調査員之生活問題ニ就き苦心せさるべからさる羽目ニ陥り、大ニ閉口致候、併し東京ニ於て櫛田氏に書記給料を給せさる方針をとらるゝ以上ハ、当地に於ても二人ニ書記給料を給するは不当と奉存候故、高田氏に原稿料を給し、大山氏に書記給料を与ふる事と致度、従て書記の事務ハ爾後大山氏をして執らしめ度奉存候、併し本月ハ間に合ハさりし故、来月より之を実行いたし度候間、左様御承知被成下度候、

右ハ要用のみ、如斯ニ御座候、匆々頓首

十月二十三日

小川郷太郎

阪谷男爵閣下

［封筒表］東京市小石川区原町　男爵阪谷芳郎殿親展

［封筒裏］京都市河原町今出川下ル西入　小川郷太郎

6　（大正五）年二月二十三日　【101】

謹啓　愈々御清祥奉賀候、陳ハマルサス記念会ニハ東京統計協会より鄭重なる祝辞を戴き恐縮至極ニ奉存候、同祝辞は講演会にて読み上けられ、大ニ記念会の光彩を添へ申候、京都法学会よりハ早速謝電并に礼状差出させ置候、小生よりも速ニ御挨拶可申上候処、跡片付やら、雑誌の編輯やらに忙殺せられ、終ニ今日ニ及候、御海容下され度候、

右ハ乍延引御礼申上度、如斯ニ御座候、匆々頓首

二月二十三日

小川郷太郎拝

阪谷男爵閣下

［封筒表］東京市小石川区原町　男爵阪谷芳郎殿

［封筒裏］京都市吉田町東近衛十三番地　小川郷太郎

7　（大正五）年四月十六日　【104】

拝啓　愈々御清祥奉賀候、陳は仏国ニ催せらるべき経済同盟会議に我国を代表して御列席相成候趣、愈々官報を以て公表せられ候、謹て御祝申上候、十分の御成効を祈り上候、御出立ハ何時頃ニ御座候哉伺上候、

経済調査会ハ、御留守中小生も可成上京いたし、進行ニ手伝可申候、

高田氏の論文翻訳送附遅延致候、申訳無之候、実ハ訳語の不適当なるもの少々発見致し、それを訂正致居候為めニ御座候、小生の序文も目下翻訳させつゝあり候、

右ハ御祝詞旁申上度、如斯ニ御座候、匆々頓首

四月十六日

小川郷太郎拝

阪谷男爵閣下

［封筒表］東京市小石川区原町　男爵阪谷芳郎殿

［封筒裏］㊞「京都市吉田町東近衛十三番地　小川郷太郎」〈阪谷筆〉四月十六日付　同十八日回答

8　**（大正六）年三月十九日**　**【108】**

拝啓　益々御清穆奉賀上候、陳は先般ハ参上失礼仕候、小生郷里岡山県ニ於て立候補をなすべき心算ニ御座候へしが、其後形勢一変いたし、当《（尚カ）》市ニ於て旗挙けすること相成候間、左様御承知被下度候、当相当之御応援被成下度、今より御願申上候、草々拝具

三月十九日

小川郷太郎

阪谷男爵殿侍史

［封筒表］東京市小石川原町一二六　男爵阪谷芳郎殿侍史

［封筒裏］㊞「京都市吉田町東近衛十三番地　小川郷太郎」三月十九日

9　**（大正六）年（四）月（五）日**　**【103】**

拝啓　春暖相催候処愈々御清祥奉賀候、陳は新紙にて承候処、来ル十日頃大坂商業会議所にて御講演の趣、もし御来坂ニ相成候ハヽ、途次当地ニ御立寄之上、小生の為ニ一席の応援演説をなし下され度、偏ニ奉願候、尚御都合之程御一報下され度候、日ハ九日にても十日にても十一日にても宜敷候、右ハ御依頼迄、如斯ニ御座候、匆々頓首

小川郷太郎

阪谷男爵閣下

［封筒表］東京市小石川区原町　男爵阪谷芳郎様親展〈阪谷筆〉不用

［封筒裏］京都吉田町東近衛十三　小川郷太郎

10　**（大正九）年四月十八日**　**【107】**

謹啓　愈々御清穆奉賀候、陳は小生今回岡山市に於て立候補を宣し候、相手方は有森新吉氏にて、其勢力当るべからず、此侭にして進まば、小生の失敗に帰すこと火を

見るよりも明に御座候、甚た恐入候へとも、岡山市に御知人も有之候ハヽせめて御推薦を願度候、或は市民一般に配付すべき推薦状に推薦者として御名を拝借すること出来不申候哉伺上候、
右ハ御依頼迄、如斯ニ御座候、敬具

四月十八日　小川郷太郎

阪谷男爵殿閣下

[封筒表] 東京市小石川区原町　男爵阪谷芳郎殿親展
[封筒裏] 岡山市西中山下三ノ十五　小川郷太郎　〈阪谷筆〉
四月廿日付断ル

11 （大正十二）年七月三十日 【96】

拝啓　酷暑之候愈々御清穆奉賀候、陳ハ拙著税制整理論別便を以て送附被（ママ）致置候、御高覧を賜はらば幸之に過きず候、
右ハ暑中御見舞旁御案内迄、如此ニ御座候、敬具

七月三十日　小川生

阪谷男爵閣下

[封筒表] 東京市小石川区原町一二六　阪谷芳郎殿
[封筒裏] 旅行先より　小川郷太郎

12 （大正十二）年十月三十日 【106】

拝啓　秋冷之候愈々御清穆奉賀候、陳者今回貴地ニ於ける大震災ハ未曾有之大惨事ニ有之、嘸々御難渋被遊候事と奉恐察候、御一同様無事御避難被遊候哉、又尊宅ニハ別ニ御損害無之候哉伺上候、実ハ早速御見舞可申上候処、初め郵便電信不通なりしのみならす、御取込の最中ニ、却て御迷惑とならすやと存し旁々差控居り、今日ニ及候次第ニ御座候、御海容被下度候、
右ハ乍延引御見舞迄、如此御座候、敬具

十月三十日　小川郷太郎

阪谷男爵閣下

[封筒表] 東京市小石川区原町一二六　阪谷芳郎殿
[封筒裏] 京都市一条室町　小川郷太郎

13 （大正十二）年十一月九日 【110】

拝復　愈々御清穆奉賀候、陳ハ今回の震災ニ際し、御令嬢高嶺和子様御逝去被遊候趣、嘸々御愁傷之事と奉察候、謹て哀悼の意を表し度、如此ニ御座候、敬具

十一月九日　小川郷太郎

阪谷男爵閣下

［封筒表］東京市小石川区原町一二六　男爵阪谷芳郎殿
［封筒裏］京都市一条室町　小川郷太郎

14　（大正十二）年十二月二十四日　【97】

拝復　愈々御清穆奉賀候、承候へば御令嬢様ニハ御良縁有之、御結婚被遊候趣、芽出度御祝申上候、婿君ハ当大学出身の伊藤熊三氏のよし、小生も平生能く相識り居候、新家庭の為に喜ふの情ハ一層切なるを感し申候、右ハ御祝詞申上度、如此ニ御座候、敬具

十二月廿四日　小川郷太郎

阪谷男爵
同御令夫人
閣下

［封筒表］東京市小石川区原町　男爵阪谷芳郎殿
［封筒裏］京都市一条室町　小川郷太郎

15　（大正十三）年三月二十九日　【102】

謹啓　春寒尚難去候処、益御清祥之段奉賀候、却説過日ハ突然参堂致し、種々御面倒相願候処、御快諾被下感銘の至ニ堪へ不申候、就てハ早速推薦状御送被下難有正ニ拝受仕候、早々石版ニ附し、有権者ニ配付可致候条、御了承被下度候、先ハ右乍略儀以書中御厚礼申述度、如斯に御坐候、拝白

三月廿九日　小川郷太郎

阪谷男爵殿

［封筒表］東京市小石川原町　阪谷男爵殿親展
［封筒裏］岡山県笠岡町仲利内　小川郷太郎

16　（大正十三）年四月十五日　【100-1】

拝啓　愈々御清穆之段奉賀候、陳ハ小生今回の総選挙ニ際し立候補致候に就てハ、一方ならざる御配慮を辱ふし千万奉謝候、却説過日は御鄭重なる御推薦状を御認め被下難有拝受仕候、其当時御依頼致候趣旨ニ基き、早速石版刷に付し申候、別紙之如き体裁にて愈々四月十五日付を以て投函し、選挙区に配布する事に致候、石版刷の出来栄へ宜しからず申訳御座無候、何分田舎之事とて精巧なる技術者に乏しく、已を得ざる次第、悪しからず御寛恕被下度候、有権者之住所姓名に誤記無しとも不計候ニ付き、附箋付にて右御推薦状が御尊宅に送還せらるゝ様之事有之候節にハ、甚だ御手数には候へども御取纏の上御預り被下度、後日使を以て頂戴ニ罷出づ可く候、

猶新聞紙にて承り候へバ、実業同志会之為めに関西地方ニ御遊説被遊候趣、若し其報導ニ誤り無之候へハ、御多忙中誠ニ恐縮之至ニ御座候へども、小生の選挙区にも一寸御立寄被下、小生の為めニ応援演説を相煩ハし度懇願ニ不堪候、御都合如何あらせられ候や、御聞せ被下度奉願上候、実ハ小生過日之経済会議総会ニ出席し、旁々拝趨親しく御願申上度存居候ひしも、病気之為め遂ニ其意を得ず、乍失礼以書中御挨拶を兼ね御願申上度、如斯ニ御座候、敬具

四月十五日

小川郷太郎

阪谷芳郎閣下侍史

[封筒表] 東京市小石川区原町　阪谷芳郎閣下侍史　〈阪谷筆〉
推選状御礼

[封筒裏] 岡山県小田郡笠岡町中利内　小川郷太郎　四月十五日

[付属] 阪谷芳郎推薦状　大正十三年四月十五日　【100-2】

拝啓　益御清祥奉賀候、陳者今般衆議院議員総選挙ニ当リ、岡山県第五区ヨリ候補ニ立タレタル法学博士小川郷太郎君ハ、多年京都帝国大学ニ於テ財政経済学ヲ教授セラレ、前後二回欧米ニ漫遊シ、前年嘗テ衆議院議員タリ、人格学問共ニ申分ナキ適当ノ候補者ト存候間、何卒同君当選セラレ候様御援助被下度、切ニ御願申上候、敬具

大正十三年四月十五日

阪谷芳郎

[封筒裏] 東京　阪谷芳郎

17 （大正十三）年五月十七日 【99】

拝啓　愈々御清穆奉賀候、陳ハ今回の選挙戦ニ就てハ、小生の為に一方ならぬ御配慮を忝ふし、殊ニ後月郡の有力者ニ推薦状を賜ハリ、一般有権者ニ対しても御推薦被成下御厚情謝する所を知らず候、小生が最高点を以て当選の栄を得たるハ、全く御援助の賜ニ外ならずと感銘致居候次第ニ御座候、早速拝趨御礼可申上之処、戦後の後始末ニ追ハれ、またその意を果すニ至らず、何れ近日上京御伺可致候へとも、不取敢以書中御礼申上度、如此ニ御座候、敬具

五月十七日

小川郷太郎

阪谷男爵閣下

[封筒表] 東京市小石川区原町　男爵阪谷芳郎殿

[封筒裏] 京都市一条室町西入　小川郷太郎

18（　　三）年十月十九日　【98】

拝啓　愈々御清穆奉賀候、
神島記念碑の件ニ就て御迷惑を相かけ申訳無之候、碑の
大さに紙を切りて差出したる次第ニ有之、一枚ハ予備ニ
候、一枚に左の如く御染筆被成下度奉願候、

御大典記念碑 男爵阪谷芳郎謹書

右ハ御願迄、如此ニ御座候、敬具
十月十九日
小川郷太郎
阪谷男爵閣下

［封筒表］東京市小石川区原町　男爵阪谷芳郎殿〈阪谷筆〉
十月廿日坂上ニ託ス　林へ
［封筒裏］東京市外東中野一七八五　小川郷太郎　電話四谷三〇三

19（　）年八月十二日　【114】

拝啓　酷暑難凌御座候処、愈々御清穆奉賀候、陳ハ小生
今回政局の現状に鑑み、政党ニ立脚するの必要を痛感し、
従来の関係を考慮し、同志と共ニ政友本党ニ入党致候、
御諒承被下度奉願候、実ハ此手続を践む前拝趨、御諒解
を得度電話致候処、大磯へ御避暑中と承り差控へ申候、
不悪御海容被下度候、
右ハ以書中御挨拶申上度、如此ニ御座候、敬具
八月十二日
小川郷太郎
阪谷男爵閣下

［封筒表］東京市小石川区原町　男爵阪谷芳郎様親展〈阪谷筆〉
八月十三日受　政党ニ入ル云々
［封筒裏］芝区高輪南町五三　小川郷太郎

小川平吉　書簡

1（明治四十一）年二月十日　【133】

春寒料峭之候益々御多祥奉賀候、却説友人秋山定輔君、
近日欧米並清韓漫遊之途に上られ候に就ては、聊か其行
色を壮にする為め、一夕別宴相催度、甚た差付ケ間敷候
得共、発起人中に御尊名相加へ置候間、幸に御承諾の栄
を賜り度、懇願の至りに御座候、若又御差支も有之候は
ゞ、乍御手数折返し小川平吉宛其旨御一報相煩度奉願上

候、敬具

二月十日

尾﨑行雄
阪本金彌
小川平吉

阪谷芳郎殿

［封筒表］小石川区原町　阪谷芳郎殿
［封筒裏］麹町区内幸町一ノ五　小川平吉

大給　恒　書簡

1　（明治三十九）年二月三日　【12】

拝啓候、厳寒ノ候御多祥御起居奉賀候、扨伝承候処、戦後行賞費予算ニ付キ、議会ニテ説有之候趣、右予算ノ目安ハ陸海軍省ト交渉致、可被賞有功者ノ同省見込ノ概数ヲ拠トシテ、文官ノ同事件ニテ可被賞概数等ヲモ見込候テ、調出候義ニテ、右ハ既ニ御承知ノ事ト存候、抑モ議會ニ説アルハ他ニ意見アルモノト存候、其事ハ昨年耳ニ入リ候義モ有之、右ハ一応御聞ニ達し申置度、明日ハ日曜ニテ御休息ヲ妨ケルモ憚リ候得共、即今御参考之必用存候故、明早朝参上致拝晤ヲ願度、兼テ此段申上候、若し明朝御差支ニ候へハ、午後何時ニテモ御指定ノ時刻参上致度、此段御承知可被下候、頓首

二月三日

恒

大蔵大臣阪谷芳郎殿

［封筒表］大蔵大臣阪谷芳郎殿必親展　急　賞勲局総裁大給恒
［封筒裏］二月三日夕

2　（明治三十九）年二月三日　【13】

拝読　御多用中煩御配意候処、早速御返事被下難有候、予算ノ義御高配ニ依り事結了候趣、大ニ安心仕候、何レ参上御挨拶可申上候得共、不取敢御答礼、如斯御坐候、頓首

二月三日夜

恒

阪谷蔵相閣下

［封筒表］阪谷大蔵大臣殿親展　大給恒即復拝

奥田義人　書簡

1　（明治二十六）年五月十七日　【159】

拝啓　愈々御多祥大慶之至ニ奉存候、然は本年は御先考朗廬先生御年忌ニ付テハ、御遺稿御編纂之赴（ママ）キニテ、一部御恵与ニ預り、御厚意之段不堪感謝候、永ク保存シテ子孫之教訓ト致度奉存候、先は御礼旁、如件候、

五月十七日　　よし人

阪谷老兄

［封筒表］麹町区平河町　阪谷芳郎殿親展
［封筒裏］官報局ニテ　奥田義人　㊞「官報局」

2　大正四年六月十六日　【1114】

拝啓　向暑之候愈御清穆奉慶賀候、陳者不肖今般御裁可ヲ得、東京市長ニ就任致候、就テハ将来公私共格別ノ御懇情ヲ蒙リ度、希望之至リニ不堪候、先ハ御披露旁御挨拶申述度、如斯ニ御座候、敬具

大正四年六月十六日

東京市長法学博士奥田義人

法学博士男爵阪谷芳郎殿

［封筒表］小石川区原町　法学博士男爵阪谷芳郎殿
［封筒裏］東京市長法学博士奥田義人

尾崎行雄　書簡

1　大正元年十一月七日　【17】

拝啓　時下益々御清穆奉賀候、陳者今般閣下を本会名誉会員に推薦致候に付、御承諾被成下度候、敬具

大正元年十一月七日

東京市教育会長尾崎行雄

法学博士男爵阪谷芳郎殿

［封筒表］法学博士男爵阪谷芳郎殿〈別筆〉B.88　〈阪谷筆〉
東京市教育会　十万円募集　（市教育会）
［封筒裏］東京市教育会長尾崎行雄

2　（大正二）年七月六日　【15-1】

拝啓　本書持参の中村氏ハ小生多年の親友なるが、聖留《と》〔路〕加病院長トイスラー氏と共に、外人向の病院設置の事に尽力致居候、右ハ小生在職時代よりの宿題にて、市の為にハ有益の事業と存候間、御面会の上出来得る限りの便宜御与へ被下度、希望の至に御座候、先ハ右御紹介旁御依頼まで、草々不尽

七月六日　　行雄

坂谷殿

[封筒表] 坂谷市長殿添書　〈別筆〉G40　〈阪谷筆〉二年九月十日
[封筒裏] 東京府荏原郡品川町二百二十五番地　尾﨑行雄
[名刺] 中村茂文　〈阪谷筆〉聖公会聖留(路カ)加病院トイスラー

3 (大正二)年九月十八日 【14-1】

拝啓　本書持参の野井氏ハ小生の旧知なるが、拝顔を請ひたき旨申出候間、御閑暇を以て御引見被下度候、

九ノ一八　行雄

阪谷殿

[封筒表] 阪谷男爵殿添書　〈阪谷筆〉千代田民報ノ発刊ヲ祝ス
[封筒裏] 東京府荏原郡品川町二百二拾五番地　尾﨑行雄　軽井沢にて
[名刺表] 法学士　野井槇太郎　〈別筆〉小石川区丸山町一二
[名刺裏] 〈別筆〉祝千代田民報之発刊　大正二年秋九月　男爵阪谷芳郎　〈阪谷筆〉九月廿二日発送スミ

4 (大正三)年六月二十九日 【16-1】

拝啓　爾后御疎遠に打過候段、御容赦被下度候、近々区長更迭の御内議あるやに承り及候所、別紙履歴の人ハ、小生多年の親友にて篤厚誠実の人物に付、幸に御試用被下候ハヾ、寄托に背かさるへしと存候、先ハ右申上度、草々不尽

六月廿九日　行雄

阪谷市長殿

[封筒表] 阪谷市長殿親展　㊞「受取／大正三年六月廿九日　西川」
[封筒裏] 東京荏原品川町二二五　尾﨑行雄　〈阪谷筆〉七月三日返答スミ　〈別筆〉六ノ二九受　㊞「斉藤」

[付属] 阪谷芳郎書簡控(尾﨑行雄宛)

(大正三)年七月三日 【16-2-1】

拝復　時下愈御清穆奉賀候、陳ハ区長候補者として中村茂文氏を御推挙ニ相成候処、今回の更迭ニ際して採用の運ニ至り兼候間、此儀可然御了承可被下候、尚御送付尚同氏履歴書ハ一応御返却申上候間、御領掌被下度候、先ハ右得貴意度、草々敬具

七月三日　阪谷芳郎

尾﨑行雄殿

〈欄外〉市長　㊞「阪谷」　七月三日発送スミ　㊞「斉藤」
[付箋] 啓上　此返書ハ原田助役起草相成候、則チ七月三日発

送致置候間、御覧ニ供ヒ申候、【16-2-2】

5 （大正三）年七月二十四日 【1-1】

拝啓　本書持参の長井氏ハ、小生多年の親友にて日本新聞記者なるが、拝顔の上、時々御指教を乞ひたき由に付御紹介仕候、願くは御寸暇の節御引見被下度候、

七月廿四日

行雄

阪谷殿

［封筒表］阪谷市長殿添書　〈阪谷筆〉三、七、廿七日面会ス

［封筒裏］東京荏原品川町二三二五　尾崎行雄

［名刺］長井實　〈阪谷筆〉27/7　日本新聞

小野英二郎　書簡

1 明治四十一年十二月十六日 【1080】

拝啓　時下愈々御清穆之段大慶ニ奉存候、陳は先般当地御滞在中ハ久々振りニ拝顔之栄を得候、御接待上何ニ歟と存候得共、諸事不行届勝にて恐縮ニ奉存候、其ノ後各地御漫遊の上、海陸無御滞御帰朝ニ相成候趣、御丁重なる御挨拶を辱し深謝之至りニ奉存候、

過日日米協約成立ニ就き、高平大使ニ閣下之御祝詞を伝ふ可き旨本店より電報有之候、右ニ就き早速御転電申上候処、大使ニ於ては大ニ御厚意を感謝致され、別紙之如き御書面有之候ニ付、御一覧為被下度御願申上候、

小生も今回倫敦へ転勤を命せられ、又々種々御配慮ニ可相成諸事可然御願申上候、後任者井上準之助当地へ到着するを待ち、一先ツ御地へ帰り、明春彼地へ赴任之予定ニ有之候間、不日拝眉之機を得度相楽居り候次第ニ御座候、

当地経済界も大統領選挙以後ハ、愈々回復之時機ニ入り、商工業も明春迄ニハ常態ニ復するならんと一般ニ待期ヲ致居候、金融市場ハ不相変緩漫ニ有之、本月ニ入リ已ニ五百五拾万弗程の金塊、仏国へ向ケ輸出致シ候、今後尚ホ増加す可き予想にて、長期の資金ハ之れか為メ幾分引締リの気味使有之候、

右ハ御礼迄、得貴意度候、敬白

四十一年十二月十六日

在紐育市

小野英二郎

坂谷男爵殿閣下

［封筒表］阪谷男爵殿親展　在紐育市　小野英二郎

小原重哉　書簡

1　（明治二十六）年五月三日　**【165】**

拝読　陳は本日被煩貴价、御先考朗廬先生御著作全集壱部、御恵贈被下拝受仕、猶揮清輝候上、御礼可申上候へ共、不取敢感謝之意を表し度、以寸箋得貴意候、頓首

五月三日　　重哉

坂谷賢台侍史

［封筒表］麹町区平河町六、二壱　坂谷芳郎殿御直披

［封筒裏］神田区駿河台袋町七　小原重哉

筧　克彦　書簡

1　（明治四十四）年六月二十五日　**【224】**

拝啓　梅雨之候ニ候処、益々御健勝ニ被為入奉賀上候、然は此度仏教哲理と題し候書物を著述仕候間、極めて未熟之ものに有之候へ共、一部進呈仕候間、御笑覧被成下候ハヽ大幸之至りニ奉存候、乍略義以書面得貴意候、敬具

六月廿五日　　筧克彦

坂谷様

［封筒表］□石川区原町二（一脱カ）六　坂谷芳郎様

［封筒裏］牛込区北町七番地　筧克彦

2　（昭和四）年九月十九日　**【225】**

拝復　御深切なる御紹介給はり有り難く存じ奉り候、近藤定と申す人は私も未だ会ひたる事無き人にて、此の頃「神ながらの道研究」を著はし　皇太后職蔵版神ながらの道の大部分を其のまゝ取り用ひ居候ものにて、右は御蔵版元の御許しを得たるものにも非ず、降つて私の承諾仕候ものにもこれ無く、目下其の善後策を講じ居候所に御坐候、つきては先生の御題字は何卒御許し下されざる様願奉候、

右御返事申上度、なほ御懇なる御注意給はり候段は呉ぐれも御厚礼申上奉候、かしこ

紀元二五八九年十月十九日　　克彦拝

阪谷先生御下

［封筒表］小石川区原町百二十六　阪谷芳郎先生御親披

［封筒裏］牛込区北町七　筧克彦拝

柏木秀茂 書簡

1 （明治四十一）年十二月九日 【1092】

謹啓 厳寒之候閣下益々御清穆ニ被居候段奉大賀候、陳者過般来の御漫遊も無事御終了、去る十一月廿四日御機嫌美しく御帰朝被遊候赴大慶至極ニ奉存候、当地御滞留中ハ何の御役ニも立ち不申、却而種々御高配を辱ふし候ニ関らず、今回御鄭重なる御挨拶ニ預り、誠ニ恐縮ニ奉存候、米欧を経て満韓ニ亘る大旅行中、閣下御観察之結果ハ着々吾が邦家御経綸之上ニ表はれ候事と為国家欣賀ニ不堪候、

当国市場も「タフト」当選後一時人気引立ち、且つ二三鉄材の大注文表はれ候為め銅の騰貴を来たし、諸株暴騰、新聞紙ハ盛ニ「タフトブーム」を喧伝シ、今にも大繁盛の時期到来するが如く申伝へ候も、事実の真想ハ未だ在る程度迄ハ達し不申、愚見にては昨秋恐慌の大創痍ハ、今秋農作の豊饒を以て一段落を告げ、整理も大体ニ於て行ハれ、徐ニ回復の途ニ向ひつゝありしものが、「タフト」当選ニより心中ニ一大安心を得、其の進歩が多少其の歩を早めたる迄の事と存候、当国市場の「バロメーター」とも申すべき鉄材の注文が今正月に三万噸、六月に四万噸なりしものが、十一月に至り十一万噸ニ躍進し、鉄道会社の収益大ニ増加し致候より見て、其の回復の程度も推察し可申、更ニ従来農夫の農具支払にハ、現金 1/3、約束手形 2/3 ノ割合を以てするが例ニ候ニ、今年ハ現金 2/3、約束手形 1/3 を以てしたりとの事実ハ、確かニ米国の実力が疲弊し居らざる事を明示するものと存候、故ニ米国従来の恐慌歴史の常として、其の完全の回復ニハ三年乃至四年を要する様聞及居候も、今度のハ此の例外として其の速度の頗る目覚しきものあるべしと存候、

去りとて新聞の伝ふる如く、非常なる回復をなさざる事ハ、金利の低廉ニ於て充分証明し得る事と信じ候、十一月初旬以来市債社債の売出相蹱《(踵カ)》で起り、紐育市債壱千弐百五拾万弗、「ヰリー」鉄道会社々債参千万弗、「ロックアイランド」鉄道社債九百万弗、更ニ最近に米国政府の二歩利付「パナマ」公債三千万弗等、大小合して二億ニも昇り候ニ、日貸利息ハ相変らず一歩半より二歩を上下し、六ヶ月貸三歩半、商業手形割引四歩を維持し、紐育市同盟銀行の前週報告ハ其の準備剰余金三千万弗を示し居候、今歳ハかの融通手形を振出して、倫敦より金繰ヲ

得ることなく、米国秋期の農作始末ハ一ニ紐育市場ニて引受け候て、尚この余裕を存し候もの、一ハ昨秋以来通貨の膨張壱億壱千四百万弗に達し候故ならんも、又一ハ一般企業界が世間想像程ニ進渉(捗カ)せざるが故ト存候、然し年末決算の時期も差し迫り、且来春早々にハ利子及配当の支払額約壱億八千万弗ニ昇り候筈故、多少金利の引締を見る事と存候も、之とて千九百〔八百九十〕四年の例ニ照してさしたる事もなかるべく、先づ来春迄ハ低利を維持するものと見るが、一般銀行家の意見らしく存候、

千九百〔八百九十〕四年の例、十二月　第一週5％、第二週3／1/4、第三週3／1/1、第四週5、

然れば選挙以来、倫敦勘定ニて米国諸株の売出多額ニ止りしと、市場回復ニ伴ふ輸入品の増加ニ加へて、農作物為替の減少の為、倫敦向為替相場送調と相成り、之に仏英間為替相場の作用伴ひ、遂ニ前週先づ壱百五拾万弗の金塊仏国へ輸出され、相次で壱千万弗迄ヲ流出する様申伝へ候も、銀行家ハ一向ニ驚き不申、寧ろ一千万弗位ハ有利放資の方法として外国ニ流出するを歓迎する有様ニ御座候、

米国の経済界ハ回復の程度如何の問題よりハ、尚一層重大なる関税改革問題ニ接着し、朝野とも必死研究の状態ニ有之、米国市場回復の遅速ハ、一ニかゝつてこの問題の解決如何ニありと信じ申候、

以上、長々と申述候、御閑暇之節御笑覧被下候はゞ、光栄之ニ過ぎず候、

尚当国ニて御用も有之候はゞ、何なりとも御仰付相成度奉願候、先ハ右御機嫌御伺旁御挨拶迄、如此ニ御座候、恐惶謹言

十二月九日　紐育

柏木秀茂

阪谷男爵閣下

［封筒表］Baron Y. Sakatani, Tokio,Japan. SS Boverie 東京市小石川区原町廿六　男爵阪谷芳郎殿〈別筆〉柏木秀茂

2　明治四十二年一月一日　【1083】

新年の御慶目出度申納候、先以高堂御一同様御揃御機嫌美しく御超歳被遊欣賀此事ニ奉存候、

昨年中ハ殊の外御高配を辱ふし候段難有深く感銘仕候、尚本年も依旧御高庇之程奉希上候、

当地相応之御用も有之候はゞ、何なりとも御仰付相成度奉願候、

右謹而新春之御祝詞申述度、如此ニ御座候、謹言

明治四十二年正月一日

紐育 柏木秀茂

阪谷男爵閣下

［封筒表］Baron Y. Sakatani, Tokio, Japan. 東京市小石川区原町廿六 阪谷男爵閣下 〈別筆〉柏木

春日秀朗 書簡

1 （ ）年五月十二日 【189-1】

拝啓 然ハ李家君香典尊兄始メ九名分金参拾四円御送付相成り、正ニ御預り申上候、右ノ外御気付キノ人々へハ、来ル十五日迄ニ回金ノ事ニ申送置候ニ付、一先ツ十五日迄ノ分ヲ先方へ送ル考ニ御座候、右返事候、拝具

五月十二日

春日秀朗 ㊞「春日」

阪谷様

［封筒表］阪谷芳郎様 春日秀朗

［封筒裏］□(五カ)月十二日 ㊞「鉄道作業局用紙」

2 （ ）年五月十五日 【189-2】

拝啓 然ハ浜田君より送付ノ分更ニ本日御届ケ相成、金五円也、正ニ領収仕候、右拝答迄、早々拝具

五月十五日

春日秀朗 ㊞「春日」

阪谷芳郎様

粕谷義三 書簡

1 （大正七）年二月十四日 【980】

拝復 国勢調査予算之儀衆議院に於てハ聊御行悩申候処、幸に可決を見るに至り、為国家実に御同慶に奉存候、右に関し御懇篤なる御挨拶を賜り、誠に恐縮之外無事ニ候、貴族院之方ハ閣下并柳澤伯等之御尽力により、通過疑も無之事と被存候故、先以て多年之懸案も茲に解決を告け候次第に有之、実に欣賀之至に不堪候、是れ畢竟、閣下之御指導之下に於て、統計協会員諸君之不屈不撓之御尽力之結果に外ならすして、茲に御成功を祝すると同時に、謹んて感謝之意を表し上候、先ハ右御挨拶迄、得尊意度如此候、草々敬具

二月十四日

阪谷男爵閣下

粕谷義三

［封筒表］小石川原町一二六　男爵阪谷芳郎閣下
［封筒裏］麹町区三番町五十三　粕谷義三

片岡直温　書簡

【234】

1　（大正二）年八月十四日

拝啓　陳は明治財政史御編纂ニ際、大隈・松方・井上ノ三功労者肖像彫刻方、大山技師へ御依頼相成候趣ノ処、内井上侯ノ分出来候由ヲ以テ、一枚御分配被下、御厚意奉謝候、永ク記念トシテ保存可仕候、不取敢御礼申上度、如此ニ御坐候、敬具

八月十四日

片岡直温

男爵阪谷芳郎様

［封筒表］東京市役所　明治財政史編纂会委員長　男爵阪谷芳郎殿親展
［封筒裏］京都伏見桃山　片岡直温　八月十四日

片山広斗　書簡

【228】

1　明治三十九年四月二十五日

拝啓仕候、小生事愈々家族ノ始末相付ケ、準備ノ為め上京仕候処、必ス拝芝ノ栄を得て、一応御高庇相願度相考へ申処、御差支ナキ時間御指示被下度、此段奉得貴意候、草々拝具

三十九年四月廿五日

片山広斗

坂谷芳郎殿閣下

二申　小生ハ敢テ国家ノ保護を受ケンとスルモノニハ無之、只一時有力者ノ補助を受ケ度、旁々勿論無之とも必ズやり遂クル考ニ候へ共、妻子一同渡航致ニ付、可成十分準備丈致度、詳細ハ拝顔ノ上可申述候、

〈端裏書・阪谷筆〉ミツチユル　片山　外務　大蔵　理髪　手形

［封筒表］東京小石川原町　坂谷芳郎殿閣下
［封筒裏］片山広斗　㊞「東京市京橋区鍛冶橋前　特電話（本局一四三八）中央旅館」

桂　太郎　書簡

1　（明治四十）年七月三十一日　【193-1】

拝啓　昨夜ハ失敬致候、其節御内談仕候小栗一条、其後馬越恭平へ面会、巨細閣下より承り呉候様申聞置候間、此分ハ兎角閣下之御尽力を仰キ度候、又今朝須藤諒罷越候而、名古屋・大坂地方へ出張之由申候間、第一同人、次而名古屋ニ於ケル奥田・神邊之両氏へ伝言いたし度、須藤よりも懇々示談を遂け、是非此際一肩入レテ整理ニ従事いたし候方、第一財界ノ為メ、第二名古屋地方之為メなる事等悉敷申聞、何分之返答老生迄申越候様申付置候間、御含置被下候、而して老生ハ明日午前より暫時葉山ニ罷越候間、是又御承知置被下候、于時充分此儀ハ閣下ニ於れ候而も、万御配意ニ候半、高橋是清氏叙勲一条、過る日曜松尾総裁来訪、事情相述へ、是非々々高橋氏来月頃満清地方巡視之頃迄ニ相運候様尽力致呉候様ノ事ニ候、右ハ昨夜御内話仕、首相へ愚見トシテ御伝言迄ニ相願度相考へ、取紛失念、帰宅仕候、右ハ至極尤之義ニ候間、可成特別之扱を以て相運候様仕度旨、首相へ御伝言相願候、尤モ此分ニ限ラズ、総而実業者一同へ之分をも最早被運候而も宜敷候半ト、是又御伝言可被下候、首相ニ置れ而も精々尽力相成居候事トハ相考候へ共、終ニ主任者等手元ニ於而手間取、時機を失し遺憾以不少候間、其辺御含を以て閣下よりも御督促被成下度不堪希望候、先は要事のみ、余ハ長嶋書記官へ口頭申聞置候間、御聞取可被下候、匆々頓首

七月卅一日　　　　太郎

坂谷蔵相閣下

［封筒表］坂谷大蔵大臣閣下必親展

［封筒裏］桂太郎

［付属］阪谷芳郎書簡控（桂太郎宛）

（明治四十）年八月一日　【193-2】

扣

拝啓　長島へ御托ノ尊書拝見仕候、高橋氏叙勲云々ノ件ハ小生モ左様相考へ居り申候、同氏満州出発前ニ相運ヒ候様折角尽力可仕候、扨今日午后馬越恭平氏ヲ拙宅ニ招キ、小栗整理委員ノ件ニ付詳細事情申談候処、同氏ハ多忙トテフ理由ニテ頻りニ御免願度旨ヲ申サレ候ニ付、尚篤ト閣下ノ意ノアル所ヲ申述、充分ニ説キ候処、一両日

相考へ、尚閣下ニモ御相談申上クルト申スコトニテ相別レ候、右ニ付同氏参上候節ハ閣下ヨリモ懇ニ御申談相成候様致度、此段申上候、匆々不一

八月一日

阪谷芳郎

桂伯閣下

加藤彰廉 書簡

1 （明治二十六）年八月廿二日 【1056】

拝啓　通運ニ而御送り被下候書物今日相達、慥に受取申候、当時彰廉義旅行ニ而不在ニ付、乍略儀以端書、右受取迄申上候、以上

八月廿二日

山口県山口

加藤彰廉留守居

［葉書表］東京麹町平河町六丁目廿一番地　阪谷芳郎様

加藤高明 書簡

1 （明治四十五）年四月十八日 【249】

御懇書得と拝読候、益御清穆奉存候、過日来御暇乞之為メ参邸致度存居候処、毎日多忙不果其意内、出発期日相迫り候ニ付、乍不本意御無沙汰可仕、随分御自愛肝要ト奉存候、乍末令夫人へ宜敷御伝声願上候、早々頓首

四月十八日夜

加藤高明

阪谷老閣侍史

［封筒表］小石川区原町一二六番地　男爵阪谷芳郎殿親展

［封筒裏］下二番町三十三　加藤高明

加藤弘之書簡

1 （明治　）年四月九日 【248】

拝啓　小倉松夫、此人米国留学より帰来候処、目下日本貧民社会ノ形勢タル頗ル心配ニ付、傭工教育会ナルモノヲ設度ニ付、小生へも相談参り候処、随分面白キ様ニ御坐候ニ付、猶貴君等へも一応御相談致し度ト申居候間、近日可罷出候間、何卒御逢被下候様ニ御依頼申上候、匆

々頓首

四月九日　　加藤弘之

阪谷学士殿

［封筒表］麹町区平川町六丁目弐拾壱番　阪谷芳郎殿　〈阪谷筆〉小倉松夫添書

［封筒裏］加藤弘之

河東田経清　書簡

1　大正二年六月二十九日　【223】

拝啓仕候、陳ハ明治十九年不換紙幣の兌換開始後二十五年之記念及我邦金貨本位制度実施十五周年相当するニ方りて、財政経済の発達を中外ニ発表せらるゝの経画（計カ）ハ、不幸ニして御大喪ニ遭遇したるを以て延期せられ候故を、之れか当日記念の為め御調製ニ相成候牌壹個御恵贈之栄を辱ふし恭受領仕候、茲ニ謹而右申上度、如此御座候、時下梅雨之季、為国家御自愛奉祷候、頓首

大正二年六月廿九日　　河東田経清

男爵阪谷芳郎殿閣下

［封筒表］小石川区原町一二六　男爵阪谷芳郎殿閣下

［封筒裏］青山原宿　河東田経清

金杉英五郎　書簡

1　（大正六）年四月九日　【241】

粛啓　益御安泰恐賀至極奉存候、陳は小生立候補に付ては、定めて御配慮煩し居候事と存候、不日唯一回丈け演説会開催致度旨選挙委員より申出候に就ては、穏健にして社会の信用最も敦き閣下の御出演（五分乃至十分間）相煩候事相叶間敷哉、小生は真の厳正中立にして、政党政派に何等の関係なきものに御坐候間、何卒御許容相願度、平素の御厚志に甘へ伺試候、何れ其内小生、若くは委員参上万可申上候、草陳拝具

四月九日朝　　英五郎

阪谷仁兄大人閣下

［封筒表］□（小カ）石川区原町　男爵阪谷芳郎閣下

［封筒裏］金杉英五郎

2　大正六年（十二）月（八）日　【240-1】

平素御無音打過怠慢之罪御免可被成下候、益御安康被為渉慶賀之至存候、陳は小生此頃故人今人を問はす、明治の功労者を択びて、其書簡を集め一帖を作り、「便是中興第一人」と名付け、常に坐右に置きて高風を慕ふの計画をたて申候に付ては、左の諸先生の分必す多数御手許に有之候事と存じ、御恵与相願度伺試候（朗盧先生、松方侯、澁澤男爵の御書簡は直接頂戴いたし候事も有之候得共見当り不申候）

朗盧先生　　澁澤男爵
松方侯爵　　川田剛先生
穂積男爵　　中村正直先生

閣下も亦我日本帝国財政上に致せし功績不少、左の蕪詩御受納の大権利を有せらるゝものに御坐候、敬具

呈明治功労者
阪谷男爵閣下

赫々功勲罕匹倫
夙披心腹賛維新
如今文化因高識
便是中興第一人
大正六丁巳冬

令夫人様へ宜敷願上候也、

後輩金杉英五郎

［封筒表］小石川区原町　男爵阪谷芳郎閣下〈阪谷筆〉六、十二月九日良之進へ聞合ス、朗、川、中三氏ノ分「澁沢、「穂積、「川田、「朗盧、「松方、「中村

［封筒裏］金杉英五郎〈阪谷筆〉松方、澁沢、穂積ノ分十二月十七日送ル　六年十二月九日取調ヲクヘキ旨ヲ回答ス

［付属］金杉英五郎書簡（大正六）年十二月十八日　【240-2】

拝啓　昨日は恐縮千万に存候、何れ拝芝万謝可申上候、頓首再行

十二月十八日　　英五郎

［葉書表］小石川区原町　男爵阪谷芳郎閣下

3　（大正十二）年十二月二十四日　【238】

粛啓　益御健勝被為渉奉賀候、陳者今般總子殿御婚儀被為整候趣、千亀万鶴目出度奉存候、不取敢御祝辞申上度、如此御坐候、敬具

十二月廿四日

金杉英五郎
同　多喜子

男爵阪谷芳郎殿
同　令夫人

［封筒表］小石川区原町　男爵阪谷芳郎殿・同令夫人
［封筒裏］駿河台　金杉英五郎

4（二）年十月十七日　**【237】**

御無音打過申候処、益御多祥奉賀候、陳は東京歯科専門学校長血脇氏より御願申置候明後日同校卒業式へ御臨場之件、是非共御叶被成下候様相願度、小生よりも御願申上候、委細拝芝之節万可申上候、頓首再行

十月十七日　金杉生

阪谷男爵閣下

御奥様へも宜敷願上候也、

［封筒表］□(小カ)石川区原町　男爵阪谷芳郎閣下　〈阪谷筆〉不参
［封筒裏］金杉英五郎

5（　）年二月十四日　**【236】**

爾後御無沙汰ニ打過申候処、益御安康被為入候事ト欣賀至極奉存候、陳ハ御承知之通、此程歯科医学校保護案議会ニ提出相成候ニ付テハ、第一ニ御賛成相願度ハ貴兄ニシテ、新事業却下ノ今日御願申上候モ如何ト存候得共、右ハ甚必要ナル事柄ニ有之、且ツ補助モ少々ノ事故御差支無之候ハヽ、御許容御賛助相願度、昨今歯科学校主任者東奔西走、小生方へも屡々押寄セ来、是非共貴兄へ願呉トノ事故、右参堂御願可申上之処、御繁忙中御迷惑ト存候侭、態ト以書中御願申上候次第、不悪御承引宜敷様御取計可被下候、先ハ右要用迄、余ハ拝芝之節万可申上候、乍末御隠居様・御奥様へ宜敷御鶴声可被下候、頓首再行

二月十四日夕　英五郎

阪谷芳郎様侍史

［封筒表］市内小石川区植物園ノ後　阪谷芳郎様親展
［封筒裏］駿河台　金杉英五郎

6（　）年四月二十六日　**【239-1】**

爾後御無音打過申候処、益御安康奉賀候、陳ハ小生親戚岩谷右衛ナル者ヨリ煙草専売局へ出願ノ件御差支無之限ハ御許可被成下候様願度、右ハ小生ヨリ貴下へ御願候事ノ無用ナルことハ詳知致居候得共、親戚共ヨリ切ナル依頼有之候為メ御願試候次第、不悪御承了可被下候、先ハ

右願用迄、余ハ不日参堂万可申上候、草々頓首

四月廿六日　　英五郎

阪谷老台侍史

［封筒表］□(小カ)石川区表(原カ)町　阪谷芳郎様親展

［封筒裏］駿河台　金杉英五郎

［付属］臨時煙草製造準備局回答　【239-2】

青山ニアル紙巻工場ニシテ岩谷松平ノ煙草ヲ製造シツツアル分ハ、岩谷右衛ナルモノノ所有ニ付、右ハ徴収ヲ受ケスシテ従来通り政府ノ賃巻ヲ命セラレ度シト云フ願書ナリ、

此事ニ付テハ既ニ小生ヨリ建築部ニ打合ヲ為し、果タしテ岩谷松平ノ所有建物ニアラサレバ、法律上徴収スヘキモノニアラサルヲ以テ、其事ヲ調査し決定ヲ為スヘキ事ト相成り居り候、

次ニ賃巻ヲ請負スカ否ヤ、今日ニ於テハ之ヲ決定スルコトヲ得スト雖モ、十中八九迄ハ請負ハしタルコトヽナルヘしト信ス、

〈欄外〉㊞「橋本」　〈罫紙〉臨時煙草製造準備局

金子堅太郎　書簡

1　（明治二十六）年五月十二日　【227】

拝啓　御亡父朗廬先生の詩文遺稿御恵贈被下難有奉存候、何レ緩々拝読可致ト相楽ミ居申候、右不取敢御礼迄、如此ニ御座候、草々敬具

五月十二日　　金子堅太郎

阪谷芳郎殿侍史

［封筒表］麹町区平川町　阪谷芳郎殿侍史

［封筒裏］貴族院［　］　金子堅太郎

2　（十二）年（五）月（二十四）日　【226】

（金子堅太郎書簡封筒）

［封筒表］東京市小石川区原町一二六　男爵阪谷芳郎殿至急親展

［封筒裏］相州葉山村　㊞「東京市麹町区一番町廿番地　子爵金子堅太郎」

嘉納治五郎　書簡

1　明治四十二年十月九日　**【246】**

拝啓　昨日ハ特ニ御来校御講演被下、一同多大ノ裨益ヲ得候儀、感謝ノ至ニ奉存候、茲ニ以書中御礼申述度、如斯御座候、敬具

明治四十二年十月九日

東京高等師範学校長嘉納治五郎

法学博士男爵阪谷芳郎殿

［封筒表］小石川区原町二（一脱カ）六　法学博士男爵阪谷芳郎殿

［封筒裏］東京高等師範学校長嘉納治五郎　㊞「電話一一二九九番町七一六　東京高等師範学校用」

2　明治四十四年九月二十三日　**【245-1】**

拝啓　去ル六月廿四日及九月十八日ノ両度評議員会ヲ開キ、別紙之通予算更正追加并ニ理事ノ辞任就任ノ件ヲ決議相成候間、此段御報告申上候也、

明治四十四年九月二十三日

講道館長嘉納治五郎

男爵坂谷芳郎殿

［封筒表］小石川区原町　男爵坂谷芳郎殿

［封筒裏］㊞「東京市小石川区大塚坂下町百十四番地　講道館長嘉納治五郎　電話番町三三九〇番」

［付属］評議員会決議書　**【245-2】**

評議員会決議書

六月二十四日於嘉納館長宅開会

左ノ事項ヲ決議ス、

第一、明治四十四年度経常支出予算ノ中、備品費外六項ヲ、左ノ如ク更正ス、

費目	原予算額	更正予算額	摘要
備品費	四四〇円〇〇〇	四九〇円〇〇〇	五〇円増加
借地代	七六七、五弐〇	八七一、弐六〇	下富坂道場地代引上ケ・結果増額
通信印刷費	通信費 弐五〇、〇〇〇 印刷費 弐〇〇、〇〇〇	弐五〇、〇〇〇	通信印刷二費ヲ併セテ弐〇〇円削減
雑費及臨時費	雑費 一五〇、〇〇〇 臨時費 一五〇、〇〇〇	五六八、〇〇〇	雑費臨時費ヲ合シ、尚ホ二六八円ヲ増加シ電話ヲ架設ス
旅費	一〇〇、〇〇〇	五〇、〇〇〇	五〇円削減
税金及保険料	保険 一五〇、〇〇〇	弐七八、弐六〇	保険料ノ増加ト家屋税ノ為増額

建物減価償却積立金	五〇〇、〇〇〇	弐〇〇、〇〇〇	三〇〇円削減
計	弐、七〇七、五弐〇	弐、七〇七、五弐〇	

第二、明治四十四年度経常予算ニ、左ノ如ク追加ス、

収入

金五百円也　用途指定寄附金

但嘉納治五郎氏寄附

計　金五百円也

支出

金参百六拾円也　講道館本部地代家賃半年分

金百四拾円也　教員養成部教師報酬補足金

計　金五百円也

第三、明治四十二年六月（法人成立ノ後）ヨリ四十四年上半季ニ至ル下富坂道場、同附属及開運坂道場ノ建物家屋税立替金弐百拾参円五拾八銭（嘉納治五郎氏立替仕払）ニ対シ、本年度経常予算ニ剰余金ヲ生シタルトキハ、之カ弁済ニ充ツ、若シ剰余不足（ママ）ヲノ場合ニハ、其不足額ヲ翌年度予算ニ編入シテ支出処弁スルモノトス、

第四、寄附金予算設備費中予備費金五百円ヲ以テ、建物権利移転登記費用ニ充ツ、

第五、予算金額ヲ超過セサル限リハ、理事ハ予算ヲ流用スルコトヲ得、但乱用ニ流レサル様注意ヲ要ス、

第六、理事若槻禮次郎氏ノ辞任ヲ承認ス、

第七、嘉納徳三郎氏ヲ理事ニ選任ス、

九月十八日於学士会事務所開会

左ノ件ヲ決議ス、

一、矢作理事欧州ニ赴キ、辞任申出テラレタルニ付、之ヲ承認ス、

一、若槻禮次郎氏ヲ後任理事ニ選挙シ、同氏ノ承認ヲ得タリ、

3（大正二）年七月二日　【243-1】

拝啓　時下益御清穆奉賀候、陳ハ当館寄附行為の規定ニ基き、評議員半数改選の時期ニ到着致候ニ付、先般評議員会及維持員会相開、抽籤ニ依り退任者を定め、改選執行致候処、別紙之通貴下評議員ニ再選相成候間、何卒就任御承諾被成下度、此段特ニ御依頼申上候、匆々敬具

七月二日　講道館長嘉納治五郎

男爵阪谷芳郎殿

［封筒表］□（小カ）石川区原町　男爵阪谷芳郎殿

［封筒裏］㊞「東京市小石川区大塚坂下町百十四番地　講道館長嘉納治五郎」

［付属］嘉納治五郎書簡　大正二年七月二日【243-2】

拝啓　兼て御通知申上置候通り、去月廿一日本館下富坂道場事務所ニ於て評議員会及維持員会相開候処、左記ノ通り衆議決定相成候間、此段御通知申上候也、

一、評議員会ニ於て満場一致を以て、先つ監事改選を先きにすることゝなり、男爵渋澤栄一君・柿沼谷蔵君再選せられ、就任を承諾せられたり、

一、次て寄附行為第十条ニ依り、評議員半数（十名内一名死亡ニ付、九名退任）改選に付、留任者と退任者を定むる為、抽籤を行ひたるに結果左の如し、

留任者

柿沼谷蔵君　本田存君　財部彪君　南郷次郎君

潮田方蔵君　内田良平君　山下義韶君　山之内一次君

小林源蔵君　佐藤達次郎君

退任者

男爵渋澤栄一君　飯塚国三郎君　床次竹二郎君

竹内平吉君　田中銀之助君　長嶋隆二君　有働良夫君

男爵阪谷芳郎君　子爵樋口誠康君　横山作次郎君（死亡）

留任評議員柿沼谷蔵君ハ、監事として尽力すへきを以て、評議員の方ハ辞任を申出てられたるに付、満場之を容れ拾壱名の評議員を選挙することゝ為れり、

一、維持員会に於て寄付行為第十一条に拠り、補欠選挙を行ひたるに関順一郎君を指名補欠することゝ為りたり、次て評議員十一名の選挙を行ふに際し、満場の冀望を以て議長に指名選挙を委托し、議長ハ彼是参酌在京維持員の中より選択して、左の通り指名し、出席の各員ハ直ちに承諾されたり、

再任

飯塚國三郎君　床次竹二郎君　竹内平吉君　田中銀之助君　長嶋隆二君　有働良夫君　男爵阪谷芳郎君

新任

八代六郎君　宗像逸郎君　志立鉄次郎君　永岡秀一君

一、寄附金募集趣意書を書き改むる必要あるときハ、起草の上、各員に閲覧を求め、意見あらハ更に会議を開くへきも、意見無きときハ、直ちに成案として進行すへき事、

一、寄附行為第一条の目的を実行する為、出版・講演等の実施方法を宿題として講究する事、

以上

大正二年七月二日

講道館長嘉納治五郎

男爵阪谷芳郎殿

4　大正八年四月二十八日　【244】

拝啓　益々御清穆奉賀候、陳ハ今般本会ニ於テ先哲遺墨展覧会開催之節ハ、御秘蔵之品御出陳被下、御蔭ヲ以テ会員一同多大ノ裨益ヲ得候段難有奉深謝候、右御挨拶申上度、如此ニ御座候、敬具

大正八年四月二十八日

孔子祭典会委員長嘉納治五郎㊞

男爵阪谷芳郎殿

［封筒表］小石川区原町二六(一脱カ)　男爵阪谷芳郎殿

［封筒裏］㊞「孔子祭典会委員長　嘉納治五郎」

5　（　）年四月二十二日　【247】

昨日は御案内を辱うし奉謝候、尊書の趣、俄に文部の協議、叙勲の事は目下手続中に可有之、拝謁の事は此際故或ハ六ヶ敷との話有候、尚他にも精々手数を尽す考に御坐候、拝復

四月二十二日

治五郎

阪谷芳郎様

［封筒表］阪谷芳郎様拝復

［封筒裏］㊞「東京市小石川区大塚坂下町百拾四番地開運坂上　嘉納治五郎」

亀井忠一　書簡

1　（　）年三月二十日　【242-1】

謹啓　山家様御話ニ相成候商業語ノ原稿御持セ申上候間、御落手被降度候、尤モ後ヨリ増補ニ相成候語少々有之候へ共、未ダ下訳相済不居候ニ付、不日御持セ可申上候、匆々

三月二十日

三省堂

亀井忠一拝

坂谷芳郎様侍史

追而今回ノ辞書見本二葉供御尊覧候、是ハ未ダ諸先生ノ校正も相済不申、又活字ノ都合ニヨリ、仮ニ別ノ文字ヲまス入有之、且木版未ダ彫り不相成候為、図モ間ニ合セノ物ヲ入有之候等、頗ル不完全ニ御座候へ共、不日悉皆校正ノ上、完全ノ物可供御清覧、不取敢別葉入御覧置候、

［封筒表］坂谷様　三省堂亀井忠一

［封筒裏］三月二十日

［付属］新編英和大辞典見本【242-2】

河井弥八 書簡

1（ ）年五月二十三日 【230】

貴翰難有拝誦仕候、
来廿五日汎太平洋午餐会へ御欠席之趣、特に御通知を蒙り難有奉存候、尚又同一之御通知沢山御送申上け、御注意を賜り、洵に深謝之至ニ御坐候、目下名簿整理中ニ付、次回よりハ一般に過失無之事と相成可申候、
汎太平洋協会も以御蔭堅実に相成候見込有之候ニ付、乍恐縮一層御高庇被下度奉希上候、先ハ御挨拶旁如此御坐候、匆々頓首

五月二十三日　河井彌八

阪谷男爵閣下侍史

［封筒表］小石川区原町百二十六　男爵阪谷芳郎閣下侍史
［封筒裏］㊞「東京市麹町区内幸町二ノ一官舎　河井彌八　電話銀座三〇六〇番」

川崎 克 書簡

1（昭和十六）年八月二十日 【1108-1】

拝啓　酷暑之砌愈々御清穆奉賀候、
陳者今回新聞紙上に発表致され候衆議院新交渉団体に関する卑見、別紙申述候ニ付、御高覧に供し候、敬具

八月二十日　川崎克

［封筒表］小石川区原町一二六　阪谷芳郎様　〈阪谷筆〉②思想一書　八月二十日付　八月二十二日受付
［封筒裏］㊞「東京市品川区下大崎一丁目九十四番地　川崎克」

［付属］新交渉団体に就て 【1108-2】

新交渉団体に就て

宣言及び指標なるものを通覧して、此新交渉団体なるものの内容を窮知する事が出来るが、此新団体の底を流れて居る一貫の思想なるものは、大政翼賛会の御用党を作らむとする一語に尽きる、而して之を如何なる表現に依りて糊塗せむかにありて、其全文に流れて居る思想を把握する事に難しとしない。仍ち政府に協力して不動の国策遂行に邁進し、大政翼賛会を育成して、国力の集結昂

揚を図り云々と称し、之を受けた指標の内に、一、大政翼賛運動を推進し、国力体制を整備し、国民の総力を集結すと称して居る事に依りて、爰に称する大政翼賛は、大政翼賛会を指して居る事は、宣言の集結昂揚の字句を反覆せる事に依りて明瞭である。

殊に尤も奇怪至極なるは、敢て憲法の条章を遵奉せむ事を衒はむが為に、一、憲法の条章に恪循して、議会翼賛体制を確立し云々と云ひ、憲法の命ずる所、大政翼賛は議会の権能にして、議会翼賛体制なるものは現在の憲法条章の外に出づべからず、然るに、殊更に議会翼賛体制を確立すると称し、大政翼賛に至りては、大政翼賛会を育成して、国力の集結昂揚を図ると称せるが如き、議会として当然行ふべき大政翼賛の権限を抛擲して大政翼賛が何等権限なき翼賛会に存するが如き曖昧なる表現を用ふるが如きは、議員の重大なる権限を無視するに等しく、是等当初より世間に伝へられたる大政翼賛会の与党を作り、名を時局の重大に籍りて、議員当然の職能を抛ち、政府に対して無条件協力を売込まんとする極めて陋劣なる心事に依拠するものなる事は掩はむとして掩ふべからずくもない。

吾人同士の如き殉忠愛国の精神に燃え、護憲の大義を顕頌せむが為に奮闘したる歴史ある者の断じて与する能はざる所である。吾等は、最後の一人となるも、真に憲法の義人として活きむ事を期するものである。希くは高教を吝むなからむ事を。

河田　烈　書簡

1（大正十四）年六月十九日　【54】

拝復　時下益々御清勝奉賀候、先日ハ態々御枉駕恐入候、其節御話有之候明治財政史出版の件、其後親く拝顔申上度次第も有之、尚御指図相仰度存居候処、兎角多用ニ取紛れ、荏苒今日ニ及ひ御催促を蒙り、恐縮千万ニ奉存候、就てハ近々拝芝の栄を得度、御都合好き時日場所御指定被下間敷哉、尤も二十日（土）午後、二十一日（日）終日、二十二日（月）午後三時後ハ外ニ先約有之、当方差支居候間、乍恐縮其他の時日ニ御指定希度存候、先ハ右御返事迄、如此候、匆々敬具

六月十九日　河田烈

阪谷男爵閣下

［封筒表］小石川区原町百廿六　男爵阪谷芳郎閣下親展　〈阪

谷筆〉二十三日三時半

［封筒裏］大蔵省主計局　河田烈

河津　暹　書簡

1（明治四十二）年十一月十二日　【232】

（河津暹・川名兼四郎書簡）

華墨拝読、初冬之砌益々御多福奉大賀候、御手紙之趣委細承知仕候、明後日御指定之時刻両人にて参堂可致候、先は御返事迄、楮余拝顔之節可申述候、敬具

十一月十二日　川名兼四郎

河津暹

阪谷老台侍史

［封筒表］市内小石川区原町　男爵阪谷芳朗《ママ》様侍史

［封筒裏］川名兼四郎・河津暹

2（　）年（　）月（　）日　【233-1】

謹啓　余寒難去候処、益々御清穆奉大賀候、兼て御聞及ニも候半乎、経済統計学研究ニ関係致居候政治科・経済学科学生を中心と致居候経済統計茶話会ニ於て、毎学季壱回開催、一面先進の諸先生ニ接するの機会相得ると共、一面ニは学生相互の親誼を厚ふし来候、就ては先生ニ是非御繁時の一閑を削きて一夕の御講演被下候ば、会員一同の喜ぶ所ニ御座候、枉て御臨場の栄を得度奉悃願候、実は小生参堂御願可申上候処、両三日前より感冒の為就蓐罷在候次第、以書中御願申上候ハ海恕被下度候、同会の成立ニつきては御聞取被下度奉願上候、乱文乱筆平ニ〳〵御海容被下度候、敬具

暹

阪谷男爵殿侍史

［封筒表］阪谷男爵殿　河津暹

［名刺①］澤田源一

［名刺②］森順治郎

河原賀市　書簡

1（　）年十二月四日　【235】

兼々御高名承り居候へども、未だ拝顔を得ず、恢仰此事に御座候、時下向寒之砌、閣下愈御壮栄之程奉大賀候、

扨々先日仙石・大原二君より承り居候写字之件に就、御依頼仕度、昨日参上仕候へども、御留守中不得御意帰宅仕候、就ては以折拝眉御願致度候間、失礼なから御在宅之日時御聞け被下度、尤も来る十八日より廿四日迄は学期試験に候間、此段御承知被下度、右以寸書御依頼申上候、早々謹言

十二月四日　　河原賀市

坂谷様卓下

［封筒表］小石川区原町　坂谷芳郎殿机下
［封筒裏］糀町区糀町八丁目三番荻生田定方　河原賀市　二月四日

上林敬次郎　書簡

1　（明治四十三）年一月十三日　【229】

隆熙四年一月十三日

度支部蔘政課長上林敬次郎㊞

男爵阪谷芳郎閣下

謹啓　蔘精壱瓶御送付申上候処、態々御礼被下、且ツ事業改良ノ祝詞ヲ辱ウシ奉謝候、就テハ御照会ノ件、従来世間ニ使用セラルヽ方法ヲ摘記シ、左ニ御回答申上候間、御承知願上候、

一、蔘精ノ効能

蔘精ハ切傷、疝気、リウマチス、腫物一切、肩ノコリ、痔疾、子宮病、胃腸ノ痛ミ、其他万病ニ効能アリト云フ、

二、用法

外用ノ場合ハ、蔘精ニ少シク微温湯ヲ注ギテ軟性トシ、患部ニ塗抹シ、「ガーゼ」又ハ紙ニテ覆ヒ置クこと、

内用ノ場用〔合〕ハ、湯水五勺ニ約一「グラム」ノ蔘精ヲ入レ能ク攪拌シテ、朝夕食前二回ニ服用スルこと、

又風邪、気欝症ニ罹リタルとき、適宜風呂湯ニ溶解シテ入浴スルハ、大ニ効能アリト云フ、

［封筒表］東京小石川区原町　男爵阪谷芳郎閣下
［封筒裏］韓国開城　蔘政課長上林敬次郎

木内重四郎　書簡

1　（大正二）年三月三十一日　【209】

拝啓　春暖之候益御清穆奉賀候、陳ハ本邦金貨本位制度実施十五週年ノ紀念品壱個御恵贈ヲ辱フシ難有受領仕候、右不取敢御礼迄、如此ニ御座候、頓首

三月三十一日　　木内重四郎

男爵阪谷芳郎殿

［封筒表］小石川区原町一二六　男爵阪谷芳郎殿
［封筒裏］木内重四郎

菊池大麓　書簡

1　（明治二十六）年五月七日　【215】

拝啓仕候、然は過日は故朗廬先生詩文集御紀念の為め御印刷に相成り、小生へも一部御恵投被下候段奉拝謝候、先は取敢ず御礼まて、如此御坐候也、敬具

五月七日　　菊池大麓

阪谷芳郎様

［封筒表］麹町区平川町六丁目廿一番地　阪谷芳郎様　㊞「東京本郷区弓町壱丁目拾四番地　菊池大麓」

2　（明治三十三）年八月十七日　【213】

拝啓　炎暑甚敷候処、益御清康奉賀候、扨昨日一寸申上候通り、永楽病院に付てハ、長谷川局長過日来茅、頻に大学にて引受けることハ断念致呉との事にて、理由ハ内務省之都合上と申ことに有之、小生ハ別ニ今之を大学へ引受ねハ、大学に於て差当り困ると申訳にハ無之候へ共、如何に考候ても、国家財政上より考へ、新築費数十万、経常費数万と申ことハ唯試験者の為のミとしてハ、如何にも惜しきものと考られ候より考付たる次第に有之候、大学ならは費用も少くして利用多かる可しと存られ候、長谷川氏ハ唯内務省の都合と被申候のミ、遂に小生に於て別ニ此件ニ付運動などハ致さぬと申ことにて別れ申候、右面談の次第、或ハ御報知申置必要も有之哉と存し、如此御坐候也、敬具

八月十七日　　大麓

阪谷芳郎殿

二白　過日申上候大学予算増加之理由ハ充分御勘考、何卒御承諾被下候様熱望仕候、

［封筒表］東京小石川区原町　阪谷芳郎殿親展
［封筒裏］茅ヶ崎　菊池大麓

3　明治四十四年四月一日　【211】

拝啓　時下益御清適奉賀候、陳は米国ピックボルク市オークレー氏未亡人、兼て小生知己の者よりの添書持参し、今般本邦へ渡来致し候処、同人ハ兼て公共事業ニ従事し、煤煙減少ニ関シ研究ヲ為し居候者にて、特ニ本邦ニ於ける煤煙之増加するニ就て、之れか減少の方法を講じ度なと申居候、右ニ付貴台へ御面会之上、御高教を得度、且ツ本人よりも御話申度希望の旨申出候ニ付、御差支無之候ハヽ、本人御面会被下度、添書旁御依頼申上候、敬具

明治四十四年四月一日　　菊池大麓

男爵阪谷芳郎殿

［封筒表］東京市小石川区原町一二六　法学博士男爵阪谷芳郎殿　〈阪谷筆〉オークレー夫人紹介

［封筒裏］菊池大麓

4　（明治四十四）年十一月十七日　【212】

拝啓　益御清適奉賀候、陳は過日御話有之シントアンドリュース大学五百年祭招待之件取調候処、京都大学へは招待状参り居らざる様に御坐候、尚ほ取調之上、同総長へ問合状差出度と存候間、同姓名及官名（Rector? Provost? Chancellor?）共御通知被下度、御手数なから此段御依頼申上候、敬具

十一月十七日　　大麓

阪谷老兄案下

［封筒表］東京市小石川原町　男爵阪谷芳郎殿親展

［封筒裏］京都　菊池大麓　㊞「京都帝国大学用」

岸本辰雄　書簡

1　（明治四十三）年十月二十四日　【206】

拝啓　時下秋冷の候益御清栄奉慶賀候、陳は今回本学雄弁会開催の節ハ御多忙中に不被為拘、御来臨被成下、有益なる御講話を辱ふし、御芳意感謝仕候、先ハ一同に代り御礼申上度、如此御座候、敬具

十月廿四日　　明治大学校長

法学博士岸本辰雄

法学博士男爵阪谷芳郎殿

［封筒表］小石川区原町　男爵阪谷芳郎殿侍史

［封筒裏］明治大学校長　岸本辰雄

木村清四郎　書簡

1　（　）年二月一日　【205】

貴簡拝展仕候、御来示之趣敬承、小生も精々注意、他の方面ニて相求め可申候、尚心当りの事も有之候節ハ、直ニ御相談可申上候、先は不取敢右申上度、委細拝芝の節可申上候、早々拝復

二月一日　　清四郎

阪谷様侍史

［封筒表］阪谷芳郎様親展拝復
［封筒裏］木村清四郎

肝付兼行　書簡

1　（大正二）年二月八日　【207】

拝啓　愈御清安奉欣賀候、偖出発の刻は種々厚キ奉煩芳志感謝之至りニ御座候、然ルニ却テ尚芳信ヲ辱シ、汗顔啻ナラズ、多罪々々、茲ニ不取敢将来ノ御厚誼ヲ希望シテ奉多謝、貴復如此ニ御座候、不一

二月八日　　兼行拝

阪谷男爵閣下

［封筒表］東京市東京市役所　男爵阪谷芳郎殿奉煩親展
［封筒裏］大阪市中ノ島自由亭ニテ　肝付兼行

京極高徳　書簡

1　（大正六）年十一月十一日　【210】

拝啓　時下益御清祥奉敬賀候、陳は来十七日（土曜）午後早々より華族会館ニ於て囲碁大会相催候間、何卒御繰合せ御出席被成下候様希望仕候、先ハ右御案内迄、如是御座候、敬具

十一月十一日　　高徳

阪谷男爵侍史

二白　本会は会館催の同族一般ノ棋会ニ御座候、御参否来十四日迄ニ小生方迄御電話ニて御一報奉願候、（電話下谷百拾番）

［封筒表］小石川区原町一二六　男爵阪谷芳郎殿親展　十七日
［封筒裏］下谷区入谷町　子爵京極高徳　〈阪谷筆〉高徳殿

清浦奎吾　書簡

1　明治四十二年五月十日　【221】

粛啓　愈々御清勝之段抃賀之至ニ存候、陳者去八日第四回全国特許大会開催ニ際シ御多用ニモ不拘御来会被成下、有益ナル講演ヲ与ヘラレ候事、来会者一同之満足ハ勿論、本会之光栄之ニ過キス、深謝此事ニ御坐候、先ハ右御挨拶旁、如斯ニ御坐候、敬具

明治四十二年五月拾日

工業所有権保護協会会長
従二位勲一等子爵清浦奎吾

男爵阪谷芳郎殿

［封筒表］男爵阪谷芳郎殿　㊞「親展」
［封筒裏］工業所有権保護協会会長　従二位勲一等子爵清浦奎吾

2　（明治四十五）年七月五日　【219】

謹啓　時下益御多祥慶賀之至候、陳者今回東京市会一致ノ推薦希望ニ因り、市長就職御決心之由、中央都市タル東京ノ為メ欣栄此事候、随分御煩労ト想察致候へ共、折角御整理所希ニ候、
発明協会ノ事ニ付キテハ、不相替御助力相願度、書外其中期拝話、敬具

七月五日　奎吾

坂谷賢台

［封筒表］小石川区原町一二六　男爵坂谷芳郎殿
［封筒裏］大森八景坂上　清浦奎吾

3　（大正四）年二月八日　【216】

謹啓　頃伝承スル所ニ依レハ、弥市長御辞任之由進退ノ公明ナル敬服々（ママ）、併シ市ノ為メニハ深ク哀惜之至候、自治機関ノ工合悪シキハ独リ東京市ノミナラサレトモ、殊ニ東京市ハ其甚シキモノニテ、此侭ニ放任セムカ実ニ将来思ヒヤラレ候、其中会見得貴意度存候、早々敬具

二月八日　奎（花押）

阪谷賢台

［封筒表］□（小カ）石川区原町　男爵阪谷芳郎殿

［封筒裏］大森八景坂　清浦奎吾

4（三）年九月三十日　【217-1】

一書啓上仕候、秋冷之刻益御清逸奉賀候、陳は今回大島帝室博物館総長監修の下に、正倉院御物錦綾羅纐纈染等の復製を龍村平蔵氏に命せられ、併て更に其復製頒布を同氏に許可相成候、然るに右研究裂出来仕候に就て、特に少数の方々に御披露の為、来る八日午前十一時丸の内東京会館に於て清鑑に供し度存候間、御多忙中乍恐縮御光来相蒙度、以書中得貴意候、敬具

九月三十日

推奨者総代
子爵清浦奎吾

男爵坂谷芳郎閣下

［封筒表］小石川区原町一二六　男爵坂谷芳郎閣下　〈阪谷筆〉
三年十月八日十一時　東京会館ニテ　正倉院　龍村
平蔵織物　〈別筆〉920

［封筒裏］子爵清浦奎吾　九月三十日

［付属］招待客名簿　【217-2】

追伸
当日は正午粗末なる午餐用意致居候、尚左之方々を御招き申上候間、予め御含置被下度候、
（イロハ順）

井上準之助氏　服部金太郎氏
侯爵細川護立閣下　西脇濟三郎氏
伯爵保科正昭閣下　伯爵徳川達孝閣下
公爵徳川家達閣下　男爵大倉喜七郎閣下
伯爵小笠原長幹閣下　大橋新太郎氏
大島義脩氏　団　琢磨氏
瀧　精一氏　根津嘉一郎氏
村山龍平氏　安田善次郎氏
伯爵牧野伸顕閣下　正木直彦氏
藤原銀次郎氏　福井菊三郎氏
侯爵近衛文麿閣下　男爵郷　誠之助閣下
男爵阪谷芳郎閣下　木村久壽彌太氏
三井源右衛門氏　下郷傳平氏
男爵森村市左衛門閣下　鹽原又策氏
関屋貞三郎氏
外　数氏

5（十二）年十二月十日　【218】

敬啓　時下愈御安祥奉賀候、陳者帝国発明協会ニ於テ、小生カ本会創立以来十有二年会長トシテ尽力セントノ廉

ヲ以テ謝恩会ヲ開催セラレ、鄭重ナル記念寄贈ニ預り候ハ、全ク諸君各位ノ深厚ナル芳志ノ流露シタル結晶ニテ、光栄之至感激ニ堪ヘス、謹ミテ御礼申上候、先ハ御挨拶迄、敬具

十二月十日

清浦奎吾（花押）

男爵阪谷芳郎殿

［封筒表］小石川区原町一二六　阪谷芳郎殿　〈阪谷筆〉十二年一月廿一日受

［封筒裏］子爵清浦奎吾

6（　）年十一月二十九日【220】

謹啓　愈御清適慶賀之至候、陳者来月六日、即木曜日九段坂上偕行社ニ於テ小集ヲ催シ間(閑カ)話致度、御多忙トハ存候得共、午後五時御来臨被下候ハヽ、幸甚、早々敬具

十一月二十九日

奎吾

阪谷芳郎殿

追而御諾否御一報相願候、

［封筒表］小石川区原町一二六　坂谷芳郎殿　〈阪谷筆〉欠
六日五時　偕行社

［封筒裏］大森八景坂上　清浦奎吾

清野長太郎　書簡

1（明治四十四）年一月十一日【188】

拝啓　昨日は珍ラシキ外賓御饗応之御相伴被仰付、種々御馳走ニ与り難有奉存候、殊ニ先輩大人之間ニ列席之光栄ニ浴シ、千万難有仕合セニ奉存候、何レ拝眉御礼可申上存居候得共、不取敢書中御礼申上候、匆々不一

一月十一日

清野長太郎

阪谷男爵殿侍曹

［封筒表］□(小カ)石川区原町　男爵阪谷芳郎殿

［封筒裏］麹町区富士見町　清野長次郎　一月十一日

清原徳次郎　書簡

1（大正十三）年八月二日【222】
（清原徳次郎・河野秀男書簡）

謹啓　昨日田尻先生追悼会ニハ酷暑之折柄一方ナラサル御尽力ニ預り、以御蔭式万端滞りナク相済之、一同奉感

謝候、故先生之英霊ハ固より遺族ノ御方モ嘸カシ満足相成候事ト奉存候、実ハ早速拝趨御礼申上ヘキノ処、不取敢以書中右御挨拶旁御礼申述度、如斯御坐候、敬具

八月二日

会計検査院ニテ
清原徳次郎
河野秀男

阪谷男爵閣下侍史

［封筒表］市内小石川区原町一二六　男爵阪谷芳郎閣下侍史
［封筒裏］会計検査院ニテ　清原徳次郎

黒板勝美　書簡

1　大正十五年四月二十一日（黒板勝美・後藤新平書簡）　【191】

拝啓　益御清栄奉賀候、陳ハ京都松木善右衛門と申すもの〆四十余年来集め候浮世絵ハ、実ニ世界的価値を有するものと存せられ候、仍て来る廿五日午後一時より四時まで、小石川区中冨坂町神田鐳蔵別邸観樹庵（故三浦梧楼氏別邸裏）ニこれを陳列して、御清鑑ニ供し度候、御案内ハ極めて少数ニ限り候、何卒御来車被下度、御待申上候、敬具

大正十五年四月廿一日

後藤新平
黒板勝美

阪谷芳郎殿

［封筒表］小石川区原町一二六　阪谷芳郎殿　〈別筆〉25　1-4
［封筒裏］後藤新平　黒板勝美

黒川真頼　書簡

1　（明治二十六）年五月十日　【1059】

謹啓　陳は今度為御紀念御印刷相成候朗廬全集壱部御恵与被下、誠ニ難有深く奉鳴謝候、先ハ不取敢御礼まて、如斯ニ御座候、早々不具

五月十日

浅草区小島町二十八番地
黒川真頼

［葉書表］麹町区平河町六丁目二十一番地　阪谷芳郎殿

黒田綱彦　書簡

1　（　）年七月二十日　**【208-1】**

拝啓　其後打絶而御無音仕候処、愈御清穆御座被成大慶奉存候、扨此頃杉市郎平氏図書館之義ニ付毎々参上、種々御尽力被下候趣、感佩之至ニ候、該館成立致候へば、第一貧書生之便宜を得候のみならず、教育の一助とも相成、多少文明ニ貢献仕候事と存候間、何卒御配慮被下度、多用ニ取込居候へは、乍失礼書中得貴意候、匆々不尽

七月廿日　　黒田綱彦

坂谷芳郎様侍史

［封筒表］□(阪カ)谷芳郎殿親展　〈阪谷筆〉七月二十日受

［封筒裏］黒田綱彦

［付属］阪谷芳郎控　　**【208-3】**

同族会提出　カヾリ

龍門社寄付　燈ロ

第一銀行払込　石組右二ツ

モチノ木　砂利

早川　東家

平沢　椎樫

杉市郎平　カヾリ

トーロ（鉄 木）

当用

河野広中　書簡

1　（大正四）年十月九日　**【231】**

粛啓　時下益々御清祥奉賀候、陳者此度ハ貴著最近之東京市壱部御贈与ヲ忝フシ難有拝受仕候、右不取敢御礼迄申上候、敬具

十月九日　　河野廣中

阪谷芳郎殿侍史

［封筒表］小石川区原町　阪谷芳郎殿侍史

［封筒裏］㊞「河野廣中」　十月九日

河野通久郎　書簡

1　明治四十二年一月一日　**【1098】**

恭賀新年

明治四十二年一月元旦　　莫斯科

河野通久郎九拝

坂谷男爵閣下

〈便箋〉MITSIKOURO KONO.
Bôite postale 410. MOSCOU.
Reprèsentant de HARA GOMEI KAISHA,
Yokohama.
Tèlèphone 89-93
Adresse Telegraphigue: HARA, Moscou.

［封筒表］въ японію, Tokyo, Japan
東京　坂谷男爵閣下侍史　〈別筆〉河野
МИЦИКУРО КОНО. МОСКВА.
MITSIKOURO KONO. MOSCOU.

鴻池善右衛門　書簡

1　大正二年四月三日　**【201】**

拝復　益御清泰奉恭賀候、陳ハ我邦金貨本位制度実施十五周年ニ付、一大記念会御開催之御計画被為在候処、御大喪之為御延引ニ相成候趣、就テハ当日記念之為御調整之記念牌一個御贈与被成下御厚情難有、正ニ拝受奉感謝候、不取敢右御答礼申上度、如此御座候、敬具

大正二年四月三日　　鴻池善右衛門

金貨本位制度実施十五週（ママ）年記念会委員長
法学博士男爵阪谷芳郎殿

［封筒表］東京市小石川区原町一二六　金貨本位制度実施十五週（ママ）年記念会委員長　法学博士男爵阪谷芳郎殿
［封筒裏］大阪市東区今橋二丁目　男爵鴻池善右衛門

児玉信一　書簡

1　（十四）年十月八日　**【203】**

拝復　秋冷之候閣下倍御清祥奉慶賀候、
陳ハ過般御揮毫御願申出候処、今回絹地御返却と共に御

揮毫御下贈被下御芳情深銘謝之至に不堪候、長く子孫に伝へて家宝と可仕候、何れ他日拝眉之砌篤と御礼申述度存念ニ有之候得共、不取敢右御厚礼申陳度、如斯ニ御坐候、敬具

十月八日　児玉信一拝

男爵阪谷芳郎閣下

［封筒表］東京市小石川区原町一二六　男爵阪谷芳郎閣下
［封筒裏］千葉県木更津町　児玉信一

小藤文次郎　書簡

1　（　）年（　）月（　）日　【190】

倍御清穆奉賀候、別包ハ朝鮮簾ニテ、勿論精品ニ無之候得共、ユーニクか物トシテ差上候間、御笑納被下度候、草々拝具

小藤文次郎

坂谷大兄机下

二回ノ朝鮮行、種々御配慮奉謝候、

［封筒表］小石川区原町廿（百脱カ）六　阪谷芳郎殿　一包添　〈阪谷筆〉
山口大造
［封筒裏］小藤文次郎

後藤新平　書簡

1　（明治三十三）年九月十五日　【192】

拝啓　過日大蔵省へ御尋申上候処、御出勤前ニて不得拝芝遺憾々々、大體田尻・松尾両君より御聞取被成下候事と拝察致候、成行上不得止仕合と相成、一木難支慨歎ノ至、本日愈帰台之事と相成候、此始末も先無事ニ決し可申歟、委細は大蔵大臣御承知と存候、当分総理大臣より機密と申事ゆへ、追而は明了可致候へとも、別ニ不申上候、此上よろしく御助力十分所希ニ御座候、書外異日拝芝へゆつり候、草々不尽

九月十五日　新平

阪谷賢台侍史

追而田尻・松尾両君へも此よしよろしく奉願上候、以上

［封筒表］麹町区平河町　阪谷主計局長殿必御親展
［封筒裏］後藤民政長官

2 （明治三十六）年八月二十八日 【186】

拝読　関屋参事官身上ニ付、態々御通信を煩し恐縮千万ニ御坐候、実は小生在京中内務大臣より内話有之候へとも、未定の中ニ有之、且出発前取紛御暇乞も届兼旁御噂も致し候機会を得す、其後愈々決行と相成候ニ付、関屋よりも身上の件申来、前便ニ貴省之方辞任不致而は不相済と申来、本人へは電報ニて辞任可然と申入置候、此度御直書を辱し、重々恐縮之至ニ奉存候、近時両政整理一層御多事と奉拝察候、久々不在中ニ百事不如意ニて遺憾不少候へとも、先地方豊作之為民心安堵之方ニ御坐候、土地調査予定之通相進み居候、此点は御安神被成下度候、銀貨相場変調ニは程々困し果て候、先は御回答旁近状御報申上候、草々敬具

八月廿八日

後藤新平

阪谷賢台侍史

［封筒表］東京大蔵省にて　阪谷芳郎殿必御親展　㊞「卅六年九月六日至急文書」

［封筒裏］台北　後藤新平

3 大正十二年五月五日 【185】

拝啓　益々御清穆奉賀候、陳ハ本会事業も各位之御配慮ニ依り着々進捗致、其段不堪感謝候、扨貴下を本会顧問として御配意相煩度、本会規則第十二条ニ基キ、四月二十八日第五回総会之議定を経て茲ニ御推薦致候間、公私御多用之際御迷惑とハ存候得共、特ニ御承諾相成度、此段以書中得貴意候、敬具

大正十二年五月五日

都市研究会

会長子爵後藤新平

男爵阪谷芳郎殿

［封筒表］男爵阪谷芳郎殿　㊞「親展」　〈阪谷筆〉顧問

［封筒裏］都市研究会　会長子爵後藤新平

4 昭和三年十月（　）日 【184-1】

謹啓　高堂愈々御清栄之段、為邦家大慶至極の事と奉賀候、陳は今回故原敬君親炙近縁の者共相集り老生之ガ監修に当り、故人一代の述作演説筆跡及評伝等を網羅仕候『原敬全集』上下二巻を刊行仕る事と相成申候、是れ実に原君を記念する為に最適の事業と被存候のみならず、右は同君の生涯を通じて発露されし熾烈なる国家観念鞏固なる意思信念敦厚なる人情美等表示致し居り、左道人心に稗益する所不尠もの有之と被存候、就而一般有志者

ハ勿論、青年子女をして君国奉公の本務を修身斉家の道を味得するの亀鑑とも致し度希望に御座候間、其辺老生の微衷御諒承被下可然御高配相願度、如斯御座候、敬白

昭和三年十月

原敬全集刊行会
会長子爵後藤新平

坂谷芳郎殿

［封筒表］阪谷芳郎殿　坂永君持参

［封筒裏］伯爵後藤新平　〈阪谷筆〉一月十七日坂永面会　原全集一部三十円予約

［名刺］坂永清之　（事務所）麹町内幸町一ノ六島ビル九号
電話銀座（57）四八六番　（自宅）府下荏原中延三九五

5　（　）年一月十二日　【1062】

拝啓　時下御清栄奉賀上候、陳者官僚政治出版仕候ニ付贈呈仕候、御一読被下候ハヽ幸甚之至ニ不堪候、敬具

一月十二日

［葉書表］小石川区原町一二六　坂谷芳郎殿　後藤新平

小中村清矩　書簡

1　明治二十六年五月十日　【202】

拝読仕候、本年一月尊大人君十三回忌相当に付、詩文全集御印刷相成、壱部御贈恵被成下忝拝受仕候、永く紀念として愛誦可仕候、此旨尊答申上候、敬具

明治二十六年五月十日

小中村清矩

阪谷芳郎殿

［封筒表］麹丁区平河丁六丁目弐十壱番地　阪谷芳郎殿

［封筒裏］駒込西片丁十番地　小中村清矩

近衛文麿　書簡

1　昭和五年四月九日　【200】

拝啓　来十六日午後三時半於華族会館茶菓差上度候間、御光来の栄得度、此段御案内申上候、敬具

昭和五年四月九日

近衛文麿

男爵阪谷芳郎殿

［封筒表］小石川区原町一二六　男爵阪谷芳郎殿　〈阪谷筆〉

十六日三時半　華族会館　茶菓

［封筒裏］㊞「東京市麹町区永田町二丁目廿五番地　近衛文麿」

昭和五年四月九日

2　昭和十五年十二月四日　**【1106】**

拝啓　向寒之候愈々御清穆之段奉慶賀候、今陳者大政翼賛会議会局貴族院関係の組織構成につき、今般成案を得候につき、貴下に於かれては大政翼賛会に御入会の上御協力を得度く、此段御依頼申上候、敬具

昭和十五年十二月四日

公爵近衛文麿

男爵阪谷芳郎殿

［封筒表］小石川区原町一二六　男爵阪谷芳郎殿　〈別筆〉十二月六日受付　入会ヲ勧誘　十二月四日付

［封筒裏］公爵近衛文麿

［編者註］古書店の付札あり。「金二万円／阪谷芳郎宛書簡一括近衛文麿、澁沢栄一、山室軍平、藤原銀次郎等二十通／中野書店　東京都三鷹市下連雀3の16の12（桜通）　電話(0422)43-9337)」

小橋一太 書簡

1　（大正四）年三月二日　**【199】**

拝復　益々御清康奉賀候、陳は今回御退職相成候趣ヲ以テ、態々御懇書ヲ辱フシ奉敬謝候、御在職中ハ種々御懇誼ヲ給ハリ、感謝ニ不堪候、尚将来不相変御高誼希上度、右不取敢御挨拶迄、如斯御坐候、敬具

三月二日

小橋一太

男爵阪谷芳郎閣下

［封筒表］男爵阪谷芳郎閣下

［封筒裏］小橋一太

2　昭和十三年二月二十四日　**【198-1】**

謹啓　時下余寒厳しき折柄尊堂益々御清栄之段奉慶賀候、陳者予て御諒知の如く、本年は市制発布五十周年に相当致候に付、本市に於ては「市政五十年史」を編纂し、全国自治関係者に頒布し、有識諸侯の御参考に供し度所存に有之、近く之が刊行の運びに相成居候、就ては同書に歴代東京市長の市政五十周年に際しての御感想を登載致し度存候、

刻下公私多端の折柄、誠に恐縮に存候得共、右件に関し
御高話拝聴仕り度、近く東市職員を参上致さす可く候条、
可然御配慮賜り度懇願仕候
右乍略儀至急貴意を得度如斯御座候、敬具
昭和十三年二月二十四日
東京市長小橋一太
阪谷芳郎殿
追伸　甚だ御手数恐れ入り申候得共、同封の端書に御面会の日時及場所御一報被為下度、尚都合に依りては御感想を一筆賜らバ、幸甚の至りに御座候、
［封筒表］小石川区原町一二六　阪谷芳郎殿　〈阪谷筆〉（市制五十周年）　三月二日二時　市ノ職員来宅ノコト、電ワス
［封筒裏］東京市長小橋一太
［名刺①］結城惣七郎　東京市文書課　電話丸ノ内（23）自五一一至五二一・内線三一二　〈阪谷筆〉十三年三月二日
［名刺②］東京市文書課長　磯村英一　〈阪谷筆〉十三年三月二日　根本氏紹介（今日差支不参）
［名刺③］文書課公報掛長　根本巌　電話丸ノ内（23）自五一一至五二一・内線三七二　〈阪谷筆〉十三年三月二日

小林丑三郎　書簡

1　（　）年七月十七日　【194】

謹啓　酷暑中御公辺御多端に不拘無御障御清勝に為渡候段大慶奉存候、陳は御下問之大貫氏及大日本経学協会に関しては、市来日銀総裁之紹介書を有せる島津某来宅し、閣下顧問御承認済之由承り候為め、老生会長之名義を受諾候次第に有之、尓来拙家より遠からざる地点に於て通俗的経済通信様之雑誌を発行し居り、尚ほ損失中に候も漸次良好之景況に向ひ候由にて、能く継続致し居り候、之を主宰せる大貫氏は老政客神藤才一郎氏之縁戚にて、南洋に資産を得、帰りて茨城県鹿島附近に於ける土地大計画に投資し、既に多数之土地分譲を行ひ、目下避暑住宅設定等に活動し居り、言動も真面目之様に看取致し候間安心致し居り候、若し不正義の事共聞及候ハヾ、早速言上可仕候も、只今之所別に聞込候事無之、真面目之事業家と信じ居り申候、右御報告旁々御機嫌御伺申上候、早々敬具
七月十七日
小林丑三郎

阪谷男爵様
［封筒表］□（小カ）石川区原町一二六　男爵阪谷芳郎様親展
［封筒裏］本郷区曙町十三　小林丑三郎　七月十七日

近藤達児　書簡

1　（大正四）年十月六日　【187】

謹啓　時下秋冷相催候処、愈御清栄奉賀候、陳ハ今般貴著最近の東京市御贈与被下拝受仕候、いつれ拝芝御礼可申上候へ共、不取敢以書中御礼申上候、拝具

十月六日　近藤達児

阪谷博士閣下

［封筒表］小石川区原町　阪谷芳郎殿
［封筒裏］弁護士 法学士　近藤達児　東京市日本橋区蠣売町弐丁目壱番地（水天宮筋向）　電話浪花一三二七番　大正四年拾月六日

近藤廉平　書簡

1　（大正二）年四月三日　【197】

粛啓　陳ハ被懸尊慮金貨制度実施紀念牌御贈り被下有難其拝受、右御礼申上度、如此ニ御坐候、草々謹言

四月三日　廉平

阪谷男爵閣下

［封筒表］小石川区原町　男爵阪谷芳郎殿
［封筒裏］近藤廉平

2　（大正五）年十二月二十日　【196】

拝呈　愈御清寧奉賀候、陳ハ明後二十二日御来臨被下候段有難、就而ハ御旅行談拝聴仕度、過日日本銀行倶楽部ニ御携帯之地図及書翰等御持タセ被遣候へハ、来賓亦御高意ヲ拝謝候事と奉存候、右願旁此段得御意候、敬具

十二月廿日　廉平

坂谷男爵閣下

［封筒表］小石川区原町　男爵坂谷芳郎殿侍曹
［封筒裏］近藤廉平

3　（　）年十二月三日　【195】

粛啓　益御清穆奉賀候、陳は先般御帰朝後緩々御高話も承り不申相過候ニ付而は、何卒御繰合ヲ以、来十六日午後五時築地瓢屋へ御賁臨被成下度、此段御案内申上候、敬具

十二月三日　　近藤廉平

男爵阪谷芳郎様侍史

〔封筒表〕男爵阪谷芳郎様　〈阪谷筆〉十六日五時

〔封筒裏〕近藤廉平

西園寺公望　書簡

1　（明治四十一）年四月九日　【315】

拝啓　益御清穆奉賀候、然者来ル十三日聊か御送別之意を表する為め、永田町官邸ニ於而粗餐差上度候間、同日午後六時御来臨被下候ハヽ、大幸之至ニ奉存候、右御案内申上候、敬具

四月九日　　侯爵西園寺公望

男爵坂谷芳郎閣下

追而本文ニ対しては、昨日電話を以て高諾を得候ニ付、別ニ御回答を煩さす候、

〔封筒表〕□(小カ)石川原町一一六　男爵坂谷芳郎閣下

〔封筒裏〕侯爵西園寺公望

2　（　）年一月五日　【312】

謹啓　倍御清穆之段奉賀候、陳ハ来十六日築地瓢屋に於て御高話拝聴旁々粗餐差進度候間、同日午後五時半御光臨被下度御按内迄、如此に御座候、敬具

一月五日　　侯爵西園寺公望

男爵坂谷芳郎殿

追て乍御手数御諾否之程、御通報願上候、

〔封筒表〕男爵坂谷芳郎殿　〈別筆〉十六日后五時半

〔封筒裏〕侯爵西園寺公望

3　（　）年一月九日　【314】

謹啓　来十六日瓢屋へ御招待申上置候処、小生病気ニ付、甚勝手ヶ間敷恐入候へ共、右ヲ変更シ、来ル廿一日午後五時三十分同所へ御来駕相願度、此段得貴意候、敬具

一月九日　　侯爵西園寺公望

男爵阪谷芳郎閣下

［封筒表］男爵阪谷芳郎閣下　〈阪谷筆〉二十一日五時三十分
［封筒裏］侯爵西園寺公望

4　（　）年一月十九日　【311】

拝啓　予テ来廿一日築地瓢屋へ御案内申上置候処、頃日来之病気今尚軽快ニ不赴候ニ付テハ、毎度甚勝手ヶ間敷ハ候へ共、右ハ病気全快後更メテ御招請申上候事ニ致度候間、不悪御承引被下度、此段得貴意候、敬具

一月十九日

侯爵西園寺公望

男爵坂谷芳郎殿

［封筒表］男爵阪谷芳郎殿
［封筒裏］侯爵西園寺公望

5　（　）年三月二十六日　【313】

拝啓　益御清適奉賀候、陳は来四月四日永田町官邸ニ於而粗餐差進度候間、万障御繰合、同日午後六時御来駕被成下度、此段御案内申上候、敬具

三月廿六日

侯爵西園寺公望

男爵阪谷芳郎殿

貴答ヲ乞フ
御著服フロックコート

［封筒表］男爵阪谷芳郎閣下　〈阪谷筆〉四月四日
［封筒裏］侯爵西園寺公望

斉藤知三　書簡

1　（明治　）年（　）月（　）日　【308】

拝復　御尊書之趣敬承仕候、被仰越候武蔵野氏之義ハ、過日林殿迄申上置候如く、就職相致候上ハ、乍不及精々御誘導可仕心底ニ御座候へ共、或ハ不行届事も有之候節ハ、御宥恕被為下度奉願上候、将採用相成候事ニ取極り候節ハ、別ニ数日間見習等ノ事ハ無之候間、左様思召被下度奉存候、余ハ拝姿之節、るゝ可申上候、草々敬具

十三日

斎藤知三拝

阪谷閣下御侍史

［封筒表］大蔵省　阪谷次官殿拝復
［封筒裏］斎藤知三拝

阪井重季　書簡

1　（明治四十五）年三月十五日　【299】

拝啓　陳ハ市営電灯拡張ノ計画ニ付頗ル憂慮致シ、過日意見書発表致シ候処、右ニ対シ市役所ヨリ弁解書ヲ発シ候モ、矢張杜撰ノ主張ニ不外候間、別紙之通り反駁致候、為御参考御一覧被下度相願候、敬具

三月十五日

市政講究会副会長
男爵阪井重季

男爵阪谷芳郎殿侍史

［封筒表］小石川区原町　男爵阪谷芳郎殿侍史
［封筒裏］男爵阪井重季

榊原芳樹　書簡

1　（昭和七）年一月二十五日　【327】

謹啓　時下酷寒之候、益々御清康に被為入、大慶之至りに奉存候、扨而此度は重大なる御任務を負せられ、支那財政顧問として御赴任被遊候趣、邦家の為め慶賀の至りと奉存候、何日頃御出発被遊候哉、御赴任の際は当地御通過被遊候事と存候得ば、其節は拝眉の栄を得らるべくと只今より楽しみ居候、別冊西比利亜黒竜州、後貝加留州及支那黒竜江省金鉱業及地金集散事情、別便を以て御送付申上置候間、御高覧を賜り度、御参考の一端とも相成候ば、本懐の至りに御坐候、日支親善も愈々各方面に実現せられ、支那に対する邦人の智識を拡げざるべからざる時機と相成、殊に我等支那満州に特殊の関係を有する者は、一層の研究奮励を要し候事と存申候、先は不取敢御不沙汰御詫旁当用迄、如斯に御坐候、敬具

一月廿五日

榊原芳樹

阪谷芳郎殿閣下

［封筒表］東京市小石川区原町百二十六　阪谷芳郎殿御親展
［封筒裏］朝鮮京城朝鮮銀行　榊原芳樹　一月廿五日

桜井錠二　書簡

1　（明治二十六）年三月十九日　【324】

拝啓　山成氏之義ニ付、早速御書面御遣シ被下難有、御申越之趣ニテハ、到抵相談相纏り申間敷トアキラメ申候、

先ハ御手数御礼旁、如斯ニ御坐候、敬具

三月十九日

桜井錠二

阪谷芳郎様

［封筒表］麹町区平河町六丁目　阪谷芳郎様

［封筒裏］㊞「東京本郷春木町三丁目廿四番地　櫻井錠二」

指田義雄　書簡

1　大正十四年四月（三十）日　【273】

拝啓　春暄之候、益御清祥奉賀候、陳者野生義今回図らすも東京商業会議所会頭の重責を荷ふに立至り候処、微力菲才公私共貴台の深厚なる御同情に竢つ所多大なりと奉存上候、何卒将来一層の御指導を給ハり度、此義特に御願ひ申上候、何れ拝鳳万縷可申尽候得共、不取敢右御挨拶旁得貴意度、如斯ニ御座候、敬具

大正十四年四月吉

指田義雄

男爵阪谷芳郎殿侍曹

［封筒表］小石川区原町一二六　男爵阪谷芳郎殿　〈阪谷筆〉東京会議所問題　新会頭告白　十四年四月三十日受

［封筒裏］東京市外青山原宿百四十三番地　指田義雄　電話青山三七七番

2　（大正十四）年九月三日　【272】

拝啓　残炎難凌相覚へ候砌益御清祥奉賀候、陳者目下差迫り候様伝へられ候労働立法の問題、支那関税会議問題、輸出組合金融ニ関する施行規則の問題等は会議所として、相当の行動を必要と相考候得共、対政局の関係等大ニ機微に触るゝもの可有之、其取扱方ニ付ては、四囲の事情を考慮して、適当の進行方針相定め申度、此際軽挙を避け度心組ニ御座候得共、御考慮之程如何可有之哉御指導給ハリ度願上候、唯茲ニ急速御配慮願上度義は、支那関税会議ニ商工業者の代表を、委員又ハ顧問等の形式ニ依り参与セしめられ度希望ニ御坐候、実は先日来此義ニ関し、小生親友望月小太郎氏・永井柳太郎氏ニ電報又ハ書面を以て意見相仰き候処、望月氏は別紙書状之如く返信有之、永井氏よりは使を以て同様賛意相表し来り候次第ニ有之、政党方面の諒解ニ見込有之候なれは、是非実現為致度切望罷在候、右ニ就ては乍御迷惑、閣下の御援助ニ待上度、実ハ参趨御願可申上と存し、自働車仕度相命し候処、一昨日震災紀念日ニ上野自治会館にて、暫時講演相試み候処、容体疲労を覚、数日間外出難差許旨、病

院長より戒告を受け、甚た遺憾之到御坐候得共、外出差控へ申候、然るに右の件は時機を失する虞有之、甚た欠礼之到ニ御坐候得共、義弟山崎覚太郎代理として参上為致候、御差支無之候ハヽ、寸時御引見御高見御下命被成下候ハヽ、幸甚之到奉存候、尤も右大体の方針を政府ニ於て諒解被致候ハヽ、小生共希望としてハ全国会議所連合会会長として東京一人、副会長として最も利害関係深き大阪会議所一人、外に財界又は貴族院方面、若くは経済連盟等の方面より適当の詮衡を遂けられ候様相成候ハヽ、政府も対内的に取纏め方に便宜可有之、而して吾曹は全然政府外交の方針に順応し、其邪魔ニナラヌ範囲に於て行動し、寧ろ政府ガ吾曹商工業者を利用するの便利に供され候方、折衝上多少の貢献も出来得へき哉と相考へ候外、他意無之次第ニ御座候、其辺深く御賢察被成下、会議所としては東京・大阪各一人を希望仕候次第ニ御座候、此事ニ就ては、可能的ならさる内、外間に相洩れ候ては不本意ニ付、会議所方面ハ勿論、何れへも発露不仕、唯今申上候望月・永井両氏と大阪稲畑氏丈けに口外致候次第御含置被下度候、病床乱筆欠礼御寛恕被成下度候、先右御願迄得貴意度、早々如此御座候、頓首

九月三日　　指田義雄

阪谷男爵殿貴下

［封筒表］男爵阪谷芳郎様御直　義弟山崎覚太郎持参　〈阪谷筆〉連合会長東京・副大阪・連盟会長、1〇九月四日付答　東京・大阪各一人ノ外、経済連盟会長ヲ加フル如何、貴衆ハ不適任、実業家必要候、会議長引トキハ、コマル人モアラン、調達ノ中心ハ内地ニヲク必要アリ、2〇九月五日、外務省ニ出淵ヲ訪フ

［封筒裏］東京市外青山原宿　指田義雄　電話青山三七七　14、九月三日　〈阪谷筆〉支那関税会議顧問一件

鮫島武之助　書簡

1　（明治三十三）年一月二十日　【309】

拝啓　陳者昨日御相談之趣、例之清棲伯へ通知致候処、先方ニ於テ、相談之結果、明二十一日（日曜）午前十時研究会事務所へ御来車被下候様相願呉候旨申越候間、何卒同時刻同所へ御出張被下度相願候、将又参考書類ハ十四、五部御持参被下候様相願呉との事ニ承候、右御含置被下度候、右用事迄如此候、敬具

一月二十日　　武之助

坂谷学兄梧下

［封筒表］小石川原町百二十一　阪谷主計局長殿親展
［封筒裏］㊞「内閣書記官長鮫島武之助」

沢柳政太郎　書簡

1（明治二十四）年七月四日　【304】

拝啓　第二回学士会学術講談会之事、万事御周施《ママ》難有奉存候、頃日新聞紙ニ掲載有之候所ニヨレハ名古屋出張正員十二名ハ既ニ確定有之様ニ候処、内々文学士三上氏ノ名前不相見、右ハ是非御加被下候様御取計有之度願上度存候、又演題ハ両三日前申上置候処、尚御都合ニヨリ「徳川時代ノ社会」ト改メ度旨、更ニ申越有之候、尤御取運上前演題ニテモ差支ハ無之候、
又講談之節ハ随分多数ノ学士相集マルヘク候ヘ共、尚可相成ハ予メ牒シ合セ、二十二三四日頃学士親睦会ヲ開キ候ハ甚タ愉快ノ事ト存候、若シ然ラハ其近県ノ学士ヘハ予メ在名古屋ノ発起者ヨリ通知いたし置候様相成候ヘバ、一層盛大ニ可相成ト存候、又右前ヨリ確定候ヘバ、月報モ十五日ニ発兌スルコトナレハ月報ニ於テ広告スルコト尠《ママ》ト存居候、右御賛成ニ候ヘバ早速名古屋ヘ御照会相成度、心付候侭申上置候、草々不一

七月四日

澤柳政太郎

阪谷芳郎様

［封筒表］麹町区平河町六丁め二十一番地　阪谷芳郎様
［封筒裏］飯田町二丁目五十一　澤柳政太郎　〈阪谷筆〉
1816―1497=319

2（明治二十四）年（七）月（十七）日　【305】

拝啓　第二回学術講談会之件、出張者之中ニハ、或ハ繁劇之為メ、其講談日ノミ該地ヘ出張候モノモ有之ト存候間、予メ御演説日割御通知相成候テハ如何哉、一寸申上置候、
又外山・菊地氏等彼地ヘ出張ニ相成候ヘハ、開会ノ口上ハ右等ノ先生ニ於テ担任ノ事ト存候得共、若シ左モ無之トキハ如何ナサルヘクヤ、其辺御考ハ有之候哉、是所一寸心付キ候侭申上候、草々頓首

澤柳政太郎

阪谷芳郎様

［封筒表］麹町区平河町六丁め　阪谷芳郎様
［封筒裏］麹町区飯田町二丁目　澤柳政太郎

３ （明治三十九）年（三）月（九）日　【1076】

拝啓　時下益御清祥奉賀候、前議会ハ空前ノ大問題御提出ノ処、何レモ好都合ニ相運候段、御苦心ノ結果ト存候、尚為邦家御自愛専一ニ奉存候、

サテ前大学教師ラードゲン氏、我国ニ多大ノ同情ヲ寄セ、戦前ヨリ屢々我国ノ為ニ筆ニ口ニ弁セラレ候由、特ニ独乙人ノ我財政ニ関スル謬見疑念ヲ排セラレタル如キ間接ノ功労ハ、頗ル大ナルコトト存候、右ニ付キ詳細濱尾総長迄申送置候、何卒御相談ノ上相当御取扱相成度候、小子丁度ローマにて同氏ニ邂逅仕候、同氏ハ尊台ノ大蔵大臣ニナラレタルコトヲ非常ニ喜ハレ居候、又鉄道国有案ヲ以テ、財政上ノ大英断ト称讃致居候、先ハ右迄、草々頓首

澤柳政太郎

阪谷大蔵大臣閣下

小子モ急ニ帰朝ノ事ニ相成、七月初ニハ拝顔ヲ可得ト存候、

［封筒表］His Excellency Y. Sakatani, Tokio, Japan.〈別筆〉沢柳氏ヨリラトゲン　小石川原町阪谷芳郎閣下

４ （明治　）年（　）月十二日　【306】

拝啓　仙台学術講談会記事可相成ハ今日中ニ相願度、今日中ナレハ小子迄、若シ明日ニ相成候様之義ニ候ヘハ、学士会事務所三石書記ヘ御送付被下度候、草々頓首

十二日

澤柳政太郎

阪谷芳郎様

［封筒表］平河町　阪谷芳郎様

［封筒裏］澤柳政太郎

５ （　）年八月十六日　【307】

拝啓　陳ハ枢密院屢々欠員有之趣ニテ、院中之者ヨリ親切ニモ山成氏ヘ注意有之由ニテ、同人自身ニモ直接議長ヘ倚頼有之由、尚小生ヨリモ一昨日依頼候処、大木伯之内話ニ、充分心配ハ可致ナレとも、経費之点ニ於テ如何アルヘキヤ、殊ニ本人之希望スル所モ低額ニアラス、或ハ六ヶ敷哉トノ事ニ有之、依テ昨朝其旨山成氏ヘ通知、尚平山氏書記官長タラハ阪谷氏ヨリ推薦方依頼アルベシト申送置候処、平山氏愈長ニ拝命ニ付テハ、早速ナガラ貴兄ヨリ充分御推薦相成、大木伯トノコトモ御話被下候ヘハ好都合ト存候、何分山成氏ハ人物ニ於テ愛スヘキ稀ニ見ル所ナレハ固ヨリ充分御推薦之値有之事ト確信仕候、大木伯モ生平之無頓着ニ不拘、山成氏之事ハ常ニ掛念相成次第、書記官長ニ於テ尽力有之候ヘハ大概成就可致存

候、又減俸之事ハ同氏目下之状勢随分困却ト存候得共、他ニ稍確然タル見込有之ナレハ格別、さモ無之ハ少々ノ事ハ一時忍ハレ候方可然歟ト存候、先ハ右迄、草々頓首

八月十六日

澤柳政太郎

阪谷芳郎様侍史

［封筒表］阪谷芳郎様親展差上置

［封筒裏］澤柳政太郎

寺家村和介 書簡

1 大正十年三月十一日 【582】

男爵閣下、小生は今日之東京朝日新聞之夕刊を取る手遅しと披閲しましたが、問責案に対する閣下之御奮闘は国民之一員として誠に感謝に堪へません、御承知でもありましやうか、小生は性質として阿諛追従なとは大嫌ひです、否なむしろ不可能です、でございますから、其考て御一読を願ひます、此の一書は飛行協会には全然縁を持つて居るのてはありません、唯縁を有つて居るのは用紙丈です、是も悪いかも知れませんが、其辺は便宜上之事故、御許しを請ひます、

惟ふに政友会を率ふる現政府は果して国家国民を対象として我国の政治をして居るのでしやうか、小生には不幸にして斯く信しられません、政友会出身之大臣、殊に首相か政権を掌握してから二年有余になりますか、隠れたる内容を洞察しますに、党勢拡張之ため成し得る限り之不正手段を敢てして憚らない事は、明鏡に照せは決して疑ふへからさる事実であります、現に東京市之疑獄事件、満鉄事件、其他大小幾多之忌むへき事件は、現政府之擁護者たる政友会之腐敗から胚胎するのは断して疑はないのであります、識者は概して対支政策之誤れりとか、若くは西比里亜出兵之無意味とか、或は対外政策之軟柔とかを論して得々として居るやうですか、小生も議論としては不賛成ではありませんか、要するに国家国民を本としての意見に帰するのであります、でありますから国民か水母の如く、皮もなく、骨もないやうでありますならは、対外政策之硬軟とか対支政策かどうだとかいつても一向動力かない訳です、諺に申す通り、燕雀何そ大鵬の志を知らんやと同様に、実力ある国民と国家とであつて、始めて毅然として対外政策を行ふことか出来るのでありますことは言ふまでもない事です、而して真に実力ある国民を養成するには何事を問はす、信義を重し、正道を蹈むべき観念を強めるのが第一義と考へます、若し此の

観念か薄らきますれは、国家は結局ある時機に於て土崩瓦解して滅亡するに至るのでありますことは、古今東西之歴史に徴して明瞭なる事実であります、現に露西亜若くは支那之現状を見ましても思ひ半に過るのであります、凡そ国家の潰敗は外敵に依るのではなくしては、殆と多くは内部の腐敗に依るのでありまして、外敵なるものは、単にその腐敗を証拠立てるに過きないのであります、実に恐るへきは正義之観念か消磨するのとオネスチを無視するのであります、閣下が問責案に関して特に力を此点に注かれたるは、国家之為め大に意を強ふするのであります、小生は憲法政治を以て中庸を得たる適当之方法と今尚信しますか、我邦之如き制限選挙であつて、殊に多数党か横暴を極めて居ては、政治の腐敗は終には収拾すべからさるようになりはしまいかと心痛して居るのです、唯頼む所は貴族院でありますか、是も研究会の如き多数の会員を有する者か、政府之薬籠中のものとなつては前途寒心に堪へぬ次第であります、要するに吾等国民か物質的の幸福のみを欲して、人間に特殊なる正義之観念を無視するやうになつては、猶太の轍を覆むものと覚悟するより仕方かないのでありましやう、小生之考としては現政府が尚二三年も生命を持続するやうでは、日本の国家も愈滅亡に向て歩々進みつゝあるものたと思はれます、兎に角閣下之御演説は天下之人心をして帰嚮する所を知らしめたに違ひありません、と信するのでありますから、聊か国民の一員として御同感を表し、且つ感謝する所であります、

以上は晩餐後、直に筆を走らせたる故、可然御推読を請ふ、草々頓首

大正十年三月十一日夕　　寺家村和介

阪谷男爵閣下

［封筒表］小石川区原町一二六　男爵阪谷芳郎殿親展
［封筒裏］牛込区二十騎町十四　寺家村和介

四条隆英　書簡

1　（　）年三月七日　**【287】**

復啓　愈御清栄奉賀候、然者来十三日御寵招ニ預り有難奉存候、拙者及孝子両人定刻参上可仕、右御答旁、此段得貴意候、敬具

三月七日　　男爵四條隆英

男爵阪谷芳郎殿

［封筒表］小石川区原町一二六　男爵阪谷芳郎殿
［封筒裏］男爵四條隆英

信夫粲　書簡

1　（明治二十六）年五月十三日　【1065】

過日は朗廬全集被掛貴意御恵投奉謝候、今日迄ニ不残拝見感服之外無御座候、尤貴君之孝道の厚きニ感入候、恕軒漫筆敢桃李之報ニハ無之候得共、進上仕候也、頓首

［葉書表］麹町区平川町六丁目二十一番地　阪谷芳郎様　五月十三日　㊞「東京本所区亀沢町一丁目五十一番地　信夫粲」

柴田家門　書簡

1　（明治　）年七月十六日　【283】

拝呈　行政台案第一号ヨリ第三十六号迄差出候、老台御読了ノ後、小生も一覧仕度候間、御済ノ上ハ小生迄御廻シ被下度、他案ハ首相ヨリ下付ニ従ヒ順次差上可申候、頓首

七月十六日　家門

阪谷老台侍史

［封筒表］阪谷芳郎殿親展　別封三封相添　柴田家門
［封筒裏］柴田家門

2　（明治　）年七月十九日　【282】

拝呈　第三十七号ヨリ第七十一号迄差出候間、御査収奉願候、初会ハ多分水曜頃ヨリニ相成可申歟と想像仕候、先つ所用ノミ、草々如此御坐候、

七月十九日　家門

阪谷賢台侍史

［封筒表］阪谷総務長官殿必親展　別封弐包相添フ
［封筒裏］柴田家門　〈別筆〉37-71

渋沢栄一　書簡

1　（明治二十）年十一月二十日　【370-2】

御清穆奉賀候、陳は時下染楓之季節ニも有之候間、来ル廿三日飛鳥山別荘江、経済学士諸君ヲ招待シ御懇親相結

ひ、且御高論ニ接シ度、遠方恐縮ニ候得共、午前十一時頃より同所江御光臨被下候得は、幸栄之到ニ御坐候、右御案内申上度、早々拝具

十一月廿日　　澁澤栄一

坂谷芳郎様

追而御諾否来ル廿一日中ニ御報知被下候得ハ難有存候、

〈端裏書・阪谷筆〉此書ハ榮一氏ノ自筆ニアラサレとも、此状ノ案内ニテ参リタルコトカ縁トナリ、後チ琴子ト結婚ス、

2 （明治二十一）年一月七日 【333-2】

拝啓　陳は御打合申上候御家屋之義は、島田三郎よりハ別紙之通り回答有之、当分買取候事ハ出来兼候様相見申候、就而ハ尚別ニ番町辺ニ於て相応之売物無之哉、御聞合之上、見当り次第御申越被下度候、小生も外ニ相托し、頻ニ取調居申候、此段書中申上候、匆々不宣

一月七日　　渋澤栄一

坂谷芳郎様

尚々穂積及篤二ハ明日帰京之筈ニ御坐候、乍序申上候也、

［封筒表］坂谷芳郎様御直展　　渋澤栄一

［付属］島田三郎書簡（渋沢栄一宛）　【333-1】

（明治）二十一年一月四日

改年之御慶万福恭賀倍々御幸栄之御儀祈祝仕候、旧年中ハ何廉御厚蔭相被り候儀難有、爾後不相替御光顧之程奉仰候、此に陳謝申上候ハ、昨暮三十一日附之御書被下候処、折節小生横浜へ罷越し、引続き彼地に罷在、昨三日夕帰京仕候、之れが為め御書捧読之期相後れ、随て拝答遅延今日に至り候事、怠慢之姿に相成候へ共、実ハ前述之次第に付御諒恕願上候、将又弊屋之儀被為懸御心、御世話被下候事難有奉存候、然るに他に都合有之、出立朝前に処置を定めんと、他に貸与之約、略ほ取極め候に付、御申示之儀ハ小生於て至極之好都合ニハ御座候へ共、前述之行がゝり相成居候ニ付、今日相変じ候も信義上如何と奉存候ニ付、矢張前段之方ニ取極め可申と奉存候、因て御厚誼に対シ、且謝し旁事情包まず詳述仕候、拝答申上度、匆々謹言

二十一年一月四日午前　　三郎

渋澤老閣侍曹

3 （明治二十一）年五月二十一日 【350】

御細書拝見仕候、仲田と申人ハ、其中銀行へ御遣し被成候ハヽ、一応面会の上、其人物と心掛等とを承及、何か使用之途有之次第、相談可仕と存候、就而ハ両三日中ニ被参候様御申示可被下候、
塩見と申人ハ、小生も能承知いたし居候得共、其才ハ随分有之候得共、中々油断ならぬ人と申様子ニ相見候間、尚其中拝眉ニて、委細可申上候、右不取敢拝答仕候、不宣

五月廿一日　　渋澤栄一

阪谷芳郎様

［封筒表］□区駒込西片町十番地　阪谷芳郎様拝復直展　渋澤栄一

4　（明治二十二）年一月二十六日　【365】

拝啓　然は一昨日御持参之草稿ハ、昨日外務省へ罷越、井上ニ漢文反訳之事相托し候処、来ル月曜日ニハ出来候由ニ付、其上御廻し可申上候、又右之一条、青木次官と大隈大臣とニ申述候処、青木ハ是迄少々関係も有之ニ付、在北京米人へ一書遣し度候ニ付、右之書面一応英文ニ反し相廻し候様致度と被申聞候、就而ハ田口抔と御打合之上、早々英文ニ訳し、其一本御遣し被下度候、
伊藤伯ニハ、井上之訳書出来之上持参可仕候、築港委員会同之時日ハ何日頃ニ被成候哉、是又田口抔打合御申越可被下候、右用事申進候、匆々不一

一月念六　　栄一

坂谷芳郎殿

［封筒表］糀町区平河町六丁目廿一番地　坂谷芳郎殿御直展　渋澤栄一

5　（明治二十二）年二月二日　【346】

拝啓　明夕之集会ハ小生差支候ニ付、益田氏と打合、同人ハ必ス出席之筈ニ御座候、且愚見も今日益田と打合置、明夕同人より申述候筈ニ付、御聞取可被下候、
李中堂へ之手紙ハ、大澤正造ニ一応修正為致、尚御相談可仕候、且本書浄写之手順ハ、小生御引受可申候、又英文之方も出来次第青木次官へ之書状案を添、御廻し可被下候、小生より青木へ相廻し可申候、清国公使へ之書状も御都合次第小生持参可仕候、右文も今日益田へ打合置候、御聞取可被下候、
右御返事如此御座候、匆々

二月二日　　栄一

阪谷芳郎殿

［封筒表］阪谷芳郎殿御答　渋澤栄一

6 （明治二十二）年二月七日 【328】

拝啓　然は過日来再三御打合申候例之銀貨本位之事ニ付、李鴻章へ寄送すへき書翰之訳文、一応弊行大澤正道ニ申付起草為致候処、別紙之通取調申候、小生一覧之処ニて、井上氏之作文よりハ、稍原文之趣旨相貫候様被存候、乍去井上へ託し候を、更ニ他人之手ニ草案為致候も如何と存候間、先日御申越之如く日本文之原書を元とし、井上之訳文を附添し、清書之上、伊藤伯へ持参可致哉、又ハ井上氏へ再応申談修正を乞うへき哉、田口氏と御打合之上、早々御申越可被下候、

英文之方、穂積よりハ何等申越無之、出来次第ニ青木次官へさし出候様可仕候間、訳書小生迄相廻候様御取計可被下候、

公使と青木氏へ相渡候書状案ハ落手仕候、

築港云々ハ、尚益田ニ承合候様可仕候、

右至急貴意相伺度、匆々不一

二月七日夜　栄一

阪谷芳郎殿

［封筒表］阪谷芳郎様直展　渋澤栄一

7 （明治二十二）年二月十九日 【329】

拝読　李氏へ差出候書翰ハ、支那公使へハ、先日面会之上、丁寧ニ申談、書類も相渡申候、又青木次官へ相托し候分も、去ル十三日ニ差出申候、併伊藤議長之分ハ、両度罷出候得共、面会を得事延引仕候、今日又参上之積ニ候、

書類ハ当方之扣ニ綴込置候間、其中写壱通り申付、貴方へさし上可申候、右拝答如此御坐候、不一

二月十九日　栄一

芳郎殿

［封筒表］麹町区平川町六丁目　阪谷芳郎殿御直展　渋澤栄一

8 明治二十六年八月十一日 【339】

拝啓　時下益御清栄奉敬賀候、陳ハ今般東京商業会議所ニ於テ委員ヲ設ケ、銀価変動ノ景況調査中ニ御座候処、右ニ就キ貴下ノ御高説ヲ拝聴相願度、此義御承諾被下候ハヽ、来十四日午後四時、阪本町東京銀行集会所ニ於テ、右委員会議ヲ相開候間、何卒当日右刻限ニ御来臨被下度、

此段御案内申上候也、

明治二十六年八月十一日　渋澤栄一

阪谷芳郎殿

[封筒表] 大蔵省　阪谷芳郎殿親展

[封筒裏] 渋澤榮一　㊞「東京市日本橋区兜町二番地　東京商業会議所仮事務所」

9 （明治二十七）年（六）月（十）日 【364】

追悼義子平九郎

力尽虞淵徒倒戈
雄思果見忽蹉跎
無情最是黒山月
長使乃翁歎逝波
逝波流水令人嗟
徃事算来歳月賒
愁殺当年風雨悪
一宵吹落未開花

題平九郎遺刀

烏兎何時能雪冤
九原無復慰幽魂
遺刀今夜挑磑光
猶剰当年旧血痕

青渕未定稿

[封筒表] 〈阪谷筆〉澁澤翁詩稿　明治二十七年六月十日午後三時平河町宅ニ来訪、書シ示サル　芳郎記

10 （明治三十二）年八月二十五日 【353】

拝見いたし候、来示京釜鉄道ニ関する韓国政府より発起人総代へ相与候特許条約ハ、別冊ニ記載有之候間、御一覧可被下候、此布設方案ニ付而ハ、過日山縣総理へ罷出、愚見一応申上置候、尚其中松方大蔵大臣へも陳上之積ニ候、

老生も昨日帰京仕候、先達而浦賀へ参り候際、同所へ転居云々歌子等より被相勧候得共、昨日ハ帰京候為、浦賀之方ハ終ニ罷出不申候、

明後日ハ御来会と存候ニ付、委細ハ其節申上候様可致候、右御答、匆々不一

八月念五　渋澤栄一

阪谷芳郎様

阪田翁死去之事ハ案外之義ニて驚入申候、重々之不幸察申上候次第ニ御坐候、

[封筒表] 阪谷芳郎様御直展　別冊添　渋澤栄一

11 （明治三十三）年三月十七日　【356】

拝啓　過日御申越被下候京釜鉄道之件ニ付而ハ、其後松方伯ニ御面会致し、愚見ハ充分ニ申上、尚総理とも御熟議被下候筈ニて、御分れ申上候、
又興業銀行設立ニ付、委員任命之内示ハ、此度ハ老生ハ御免相願可申と存候、是ハ前以御断申候方可然歟、又ハ其際ニ御免可相願歟、兎ニ角老生ハ余り相好不申義ニ御坐候、
京城分拆所之義ニ付而ハ、種々佐々木へ御懇諭之由奉存候、夫々手配可仕と存候、右拝答旁申上候、匆々不一

三月十七日　　渋澤栄一

阪谷芳郎様

［封筒表］小石川区原町百廿六　阪谷芳郎様御直展　兜町
渋澤栄一

12 （明治三十三）年五月八日　【336】

拝見仕候、来示米国人口調査之現況実験之為ニハ、終ニ政府より一名御派出相成候筈決定之由、今日老生も農商務省ニて呉氏ニ面会之上承及申候、右ニ付而ハ、兼而伊東祐毅氏ニ托せし統計上ニ関する取調要項を、前書呉氏へも相渡し、渡米之上、共々調査相成候様致度と存し、其中も今日会話中ニ托し置候事ニ候、右之段御答旁可得御意、如此御座候、不一

五月八日　　渋澤栄一

阪谷芳郎殿

［封筒表］□《小カ》石川区原町百弐十四番地　阪谷芳郎様御答　渋澤
栄一

13 （明治三十四）年一月二十日　【369】

拝啓　然は林公使ニハ、近々帰任之由ニ付、送別旁明後廿二日正午ニ兜町ニて小宴相開候筈ニ御座候、昨年来御心配被下候事共ニ付而も、尚将来ニ関し御話置も相願度ニ付、可成ハ田尻・松尾両君と貴兄とハ、同日一寸なりとも御繰合御臨席相願度候、但田尻君ニハ特ニ案内状さし立候而も御断ニ相成候而ハ、却而如何と相考へ、松尾君丈ケハ書状さし出申候、幸ニ貴兄より田尻君も御誘行被下候様相成候ハヽ、重畳之事ニ候、正午之食事ニ付、可成時間も早く相済候様可仕と存候間、御服装等も平生之侭ニて御越被下候様仕度と存候、右之段取急き書中拝願仕候、匆々不一

一月廿日

阪谷芳郎様　　　渋澤栄一

［封筒表］小石川区原町百廿六　阪谷芳郎様御直展　　渋澤栄一

14 （明治三十四）年十一月十九日 【352】

昨日ハ一寸御新居を訪問致候得共、御老人ニ拝眉せしまてニ御坐候、過日一覧せし時より、室内ハ整頓致候も、庭中捗取不申候間、尾高へも督促致置候、別紙ハ昨日国有鉄道ニ付意見有之候とて、名前之人持参、色々申聞有之候、老生ハ此問題ハ余り同意ニ無之ニ付、其旨答置候得共、折角申出候まゝ、御一覧までニさし上候、来ル廿五日ニハ、銀行集会て会同ニ付、大蔵大臣ニも御臨席相願候、尚老生罷出申上候積ニ候得共、明日ニも御逢ニ候ハヽ、よろしく御伝声被下度候、当日ハ食卓上之御演説も被成下度と存候間御承引之程相願候、

又例之京釜鉄道之事も、両三日前、委員一同より書面ニて総理大臣へ申立候、依而老生ハ直ニ大蔵大臣をも訪問し、同様事情申上候積之処、御不在ニて、いまた拝光不仕候ニ付、両三日中ニ罷出、篤と行掛之次第申上度と存候、是又前以貴兄より御申上置被下度候、

今日ハ一寸大磯へ参り、明後廿一日午後ニ帰京之筈ニ候、依而書中右に要件申上候、匆々不一

十一月十九日　　　栄一

阪谷芳郎殿

［封筒表］阪谷芳郎様御直展　　渋澤栄一

15 明治三十五年二月一日 【334】

去月二十九日付御手翰辱拝見仕候、陳は過日会計法及会計規則改正ノ義ニ付、東京商業会議所委員より陳情ノ件ハ、其後御省ニ於テ御審議ノ上、閣議へ御提出被成下候趣敬承仕候、猶今後委員陳情ノ趣旨貫徹候様、精々御配神ノ程奉願上候、先ハ此段拝謝旁如此ニ御坐候、敬具

明治三十五年二月一日　　　渋澤栄一

阪谷芳郎殿侍史

［封筒表］□《（小カ）》石川原町百二十六番地　阪谷芳郎殿　㊞「親展」

［封筒裏］澁澤栄一

16 明治四十一年三月二十日 【340】

拝啓　時下益御清栄之段奉賀候、然は貴台近々御出発、欧米諸国漫遊之途ニ被就候に付而は、聊か御送別之意を表し小宴相催ふし候間、来二十九日午前十一時、飛鳥山

拙宅へ御光来被成下候ハヽ、幸甚ニ存候、猶当日は御母堂様及令夫人・令嬢・令息御一同御同伴被成下度候、此段御案内申上候、敬具

明治四十一年三月廿日

渋澤栄一

男爵阪谷芳郎殿

［封筒表］小石川区原町　男爵阪谷芳郎殿

［封筒裏］東京市日本橋区兜町二番地　澁澤栄一

17（明治四十一）年十月三十一日　**【355】**

拝啓　時下向寒之候、益々御清穆奉賀候、陳は今般御無事御帰朝ニ付、聊カ祝意ヲ表スル為メ粗餐差上度、来ル十一月十一日水曜日午後六時、倶楽部晩餐会相催候間、何卒御繰合ハセ被下、御賁臨之栄ヲ得度、此段御案内申上候、敬具

十月三十一日

日本倶楽部会長代理
副会長男爵渋澤栄一

男爵阪谷芳郎殿

［封筒表］小石川区原町　男爵阪谷芳郎殿　㊞「親展」

［封筒裏］日本倶楽部　副会長男爵渋澤榮一

18（明治四十一）年十二月二十三日　**【374】**

拝啓　益御清安奉賀候、陳は今般仏国人カン氏来遊ニ付、来二十七日午後四時半飛鳥山弊邸へ、同氏相招き小宴相催し候間、時下年末御多忙之折柄、別して恐縮ニ候へ共、御繰り合せ御賁臨被下候ハヽ、難有奉存候、此段御案内申上候、敬具

十二月廿三日

澁澤栄一

阪谷男爵殿

二伸　当日は日本料理差上度と存候間、御随意の服装にて御入来被下度候、尚御諾否ハ兜町二番地拙宅宛御一報願上候、

［封筒表］小石川区原町　阪谷男爵殿　〈阪谷筆〉十二月廿七日四時半

［封筒裏］東京市日本橋区兜町二番地　澁澤榮一

19（明治四十四）年十一月二日　**【372】**

拝啓　時下益御清適御坐可被成奉敬賀候、然ハ来十一月九日午後一時より飛鳥山拙宅ニ於て、徳川老公を御案内致し、第十三回昔夢会開催致し候間、御繰合せ御来臨被成下度候、此段御案内申上候、敬具

十一月二日

男爵阪谷芳郎殿　　　　　　　　　　　　渋澤栄一

追て当日ハ乍粗末晩餐之用意致置候、尚乍憚御諾否御一報願上候、

［封筒表］　小石川区原町　男爵阪谷芳郎殿〈阪谷筆〉九日一時

［封筒裏］　澁澤榮一　㊞「東京市日本橋区兜町二番地」

20　**（明治　）年一月十日**　**【371】**

益御清適奉賀候、然は東京商業会議所ニ於て、現行之会計法及会計規則ニ修正相加へ度と申企望ハ、数年前より論し来候問題ニて、昨年末其方法決議いたし、大蔵省へも建議候義は既ニ御承知と存候、右ニ付旧臘も会議所之委員等ハ桂総理へ申立、一月ニ相成候ハヽ、一日大蔵省之当局諸君と右法案ニ付而之御会話相願度と存候間、御都合相叶候ハヽ、其時日前以御指示被下度候、

桂総理ニハ一昨日拝眉之処、自分よりも曽根大臣へ可申通候得共、老生より直ニ御打合可致との事ニ付、茲ニ書記長萩原を以て御打合申上候義ニ御坐候、委細ハ萩原より御聞取之上、何分之御回示被下度候、右一書拝願如此御坐候、匆々不一

一月十日　　　　　　　　　　　　　　　渋澤栄一

阪谷芳郎様梧下

［封筒表］　阪谷芳郎様御直展　　渋澤栄一

21　**（明治　）年八月二十九日**　**【366】**

先日ハ御厄介ニ相成候、御病気ハ其後順快ニ候哉、炎暑之際、別而御摂養専一ニ存候、偖日本郵船会社株式之義は、昨日同社ニて副社長とも内話候処、右ハ先般より可成御売出無之様被成下度と御願申上候義ニて、其売出を厭候ニハ要旨二点有之、其一ハ大高之売出有之候間、世間之景気ニ影響可有之との懸念と、他之一方ハ、余り多数之株主増加候も、自然面倒相増可申と存候次第ニ有之、依而今日之義も同様可相成ハ市場へ御売出ハ御見合被下度と申候事ニ候、就而右様只売却を厭候のミにて、他之工夫無之而ハ、御省之差支も有之筈ニ候間、願くハ右之株高を、帝室之御所有ニ移し候御工夫ハ有之間敷哉、何卒大臣ニ於て其辺御心配被下度と存候義ニ候、右ハ其中拙者も新大臣へ御面会之序、申上候積ニ候得共、此程之御話合も有之候ニ付、一応書中申進候、

松方伯退任、渡辺子再任之由ハ既ニ承知ニ而、御引続き御勉励有之度と存候、匆々

八月廿九日　　　　　　　　　　　　　　渋澤栄一

阪谷芳郎殿

［封筒表］阪谷芳郎様御直展　澁澤栄一

22　大正元年十一月（　）日　【331-1】

拝啓　時下益御清適奉賀候、然は日下義雄・若宮正音両氏等之経営ニ係る東邦火災保険会社之義は、設立後日数浅きも、勤勉力行専ら堅実を主として業務の拡張に努力罷在、小生ニ於ても過般来当局者之勧誘ニ応し株主ニ相成、爾来社業之発展ニ付、微力相添居候次第ニ御坐候、就而ハ右等之事情御了承被下、同会社ニ対し何分之御愛顧被成下候様仕度、懇願之至ニ候、尚委曲ハ右両氏又ハ特ニ指定之社員より申上候筈ニ候得共、御紹介旁一書得貴意度、如此御坐候、匆々敬具

大正元年十一月日　澁澤榮一

男爵阪谷芳郎殿

［封筒表］男爵阪谷芳郎殿　〈阪谷筆〉東邦火災保険

［封筒裏］澁澤榮一　㊞「東京市日本橋区兜町弐番地　澁澤事務所　電話浪花（長）一五八番・一〇一三番」

［名刺］東方火災保険株式会社　主事　鈴木為吉、本店　東京市京橋区銀座三丁目二十番地　電話京橋二八一〇番・二八一一番　自宅電話下谷四九二六番

［付属］東方火災保険株式会社営業案内【331-2】

23　大正二年四月四日　【363】

拝啓　益御清適奉敬賀候、然ハ大正元年十月一日ハ、我カ邦金貨本位制度実施十五周年ニ相当リ候由ニテ、当日御調製之記念牌壱個御寄送被成下、難有拝受仕候、右乍延引御受迄申上度、如此御坐候、敬具

大正二年四月四日　渋澤栄一

金貨本位制度実施十五周年記念会

委員長男爵阪谷芳郎殿

［封筒表］□（小カ）石川区原町　金貨本位制度実施記念会　委員長男爵阪谷芳郎殿

［封筒裏］渋澤栄一　㊞「東京市日本橋区兜町弐番地　澁澤事務所　電話浪花（長）一五八番・一〇一三番」

24　大正二年八月二十七日　【330】

拝啓　然ハ今般明治財政史編纂記念として、井上侯爵肖像画壱葉御寄送被成下、難有拝受仕候、特ニ右ハ有名なる印刷局技師大山助一氏特得之長技を揮ハれたるものニ有之候由、誠ニ難得珍品と存候、早速扁額ニ仕立、永く御芳意を記憶可仕と存候義ニ御坐候、

先ハ御礼申上候、敬具

大正弐年八月廿七日　澁澤栄一

明治財政史編纂委員長

男爵阪谷芳郎殿

[封筒表] 東京市役所ニテ　明治財政史編纂会委員長　男爵阪谷芳郎殿

[封筒裏] 澁澤栄一　㊞「東京市日本橋区兜町弐番地　澁澤事務所　電話浪花（長）一五八番・一〇一三番」

25 （大正三）年十月八日 【342】

拝読　昨朝御面話之一条ニ付、更ニ中野氏と御会談之趣、来示了承仕候、先刻老生も中野・大橋両氏とも会見之上、尚其意向承合候得共、貴案之如く立憲的文明式と申候ハ、論理上一応御尤ニ候得共、其結果ニ於て頗る懸念之点有之、要するニ、市会多数之意向と反対之位地ニ相立候場合ニ於てハ、飽迄も進取戦闘之態度ニ出候歟、又ハ謙譲退歩之行為を取候之二方法ニ帰し候義ニて、老生ハ是非とも後者ニ御出被成候様、勧告仕候、既ニ後者ニ出候と決心之上ハ、中野氏等中間之位地ニ居候人ニまても、幾分感情を損する之挙動ハ余程考慮を要すへき事と存候、右ニ付而ハ、尚御面話にても相尽し度候も、不取敢一書を以て婆心申し進候、呉々も冷静ニ御熟案之程、企望之至ニ候、匆々不備

十月八日　渋澤栄一

阪谷芳郎様梧下

[封筒表] □（小カ）石川区原町　阪谷芳郎様親展　日本橋区兜町　渋澤栄一　〈阪谷筆〉十月九日朝受

[封筒裏] 十月八日

26 （大正五）年四月十五日 【361】

拝啓　時下春和之候、益御清祥奉賀候、陳は今般御用命を以而経済会議へ御列席之為め、近々御渡欧相成候趣に付き、御送別旁小宴相催し候間、御出発前御迷惑之事と奉存候得共、来ル十九日（水曜日）午後六時、帝国ホテルへ御賁臨被成下候へハ、光栄之至に奉存候、此段御案内申上候、敬具

四月十五日　渋澤栄一

男爵坂谷芳郎殿

[封筒表] 男爵坂谷芳郎殿　〈阪谷筆〉十九日六時ホテル

[封筒裏] 渋澤栄一

27 （大正六）年十一月二十九日 【367】

拝啓　益御清適奉賀候、然ハ梁士詒氏之御来朝を機とし、御緩話相願度と存し候に付てハ、来十二月五日午前十一時、飛鳥山拙宅へ御光来被下候ハヽ、本懐之至ニ御座候、右御案内申上度、如此御坐候、敬具

十一月廿九日

澁澤栄一

男爵阪谷芳郎殿

追て当日ハ粗末なる午餐用意致置候、尚乍御手数御諾否同封端書にて御一報被下度候、

［封筒表］小石川区原町一二六　男爵阪谷芳郎殿　〈阪谷筆〉五日十一時出

［封筒裏］㊞「東京市日本橋区兜町二番地　澁澤栄一」

28 大正七年八月十五日（渋沢栄一ほか書簡） 【1119-1】

拝啓　東京臨時救済会ノ義、御蔭ヲ以テ本日創立ヲ告ケ申候処、貴下ニ本会委員ヲ御嘱託申候間、御承諾被成下、明日ヨリ当分ノ内毎朝午前九時当事務所ニ御臨席被下候様願上度、此段得貴意申候、敬具

大正七年八月十五日

東京臨時救済会

会長　男爵澁澤榮一

副会長　中野武營

同　藤山雷太

男爵阪谷芳郎殿

［封筒表］小石川区原町百二十六　男爵阪谷芳郎殿　〈阪谷筆〉米価問題

［封筒裏］東京臨時救済会　東京商業会議所　電話本局三六番・六六番・一七四〇番

［付属①］東京臨時救済会設立趣意書 【1119-2】

東京臨時救済会設立趣意書

今ヤ米価ヲ始メ一般物価騰貴ニ基ク生活ノ困難ハ、終ニ重大ナル問題ヲ惹起スルニ至ル、之ニ於テ乎当面ノ急ヲ救済スルニハ応急策ニヨルノ外ナシ、而シテ応急策ハ米ヲ廉売シ、其他一般救済ノ方策ヲ講スルニアリ、　陛下畏クモ内努参百万円御下賜ノ優渥ナル御諚ヲ下サレ、政府又壱千万円ノ支出ヲ決セリ、吾等又刻下ノ状態ヲ憂慮シ、有志相謀リ、東京臨時救済会ヲ設立シ、広ク世ノ同情ヲ求メ、遍ク同志ヲ募リ、進ンテ当局者ト協力シ、大ニ之カ救済資金ヲ蒐集セントス、冀クハ本会ノ目的ヲ賛シ、之カ遂行ヲ援助セラレンコトヲ、

大正七年八月

発起人総代
男爵　澁澤榮一
中野武營
藤山雷太
顧問
井上友一
子爵　田尻稲次郎

〔付属②〕東京臨時救済会規約　【1119-3】

東京臨時救済会規約

第一条　本会ハ東京臨時救済会ト称ス、
第二条　本会ノ事務所ヲ東京商業会議所内ニ置ク、
第三条　本会ハ東京府下ニ於ケル米ノ廉売並ニ其他臨時救済ノタメ必要ナル施設ヲナスヲ目的トス、
第四条　本会ハ有志者ノ寄附ヲ受ク、
第五条　本会ニ左ノ役員ヲ置ク、
会長一名
副会長二名
常務委員若干名
委員若干名
評議員若干名
第六条　本会ノ役員ハ創立委員ニ於テ之ヲ推挙ス、
第七条　会長ハ本会一切ノ事務ヲ統轄シ、常務委員及評議員会ノ議長トナリ、本会ヲ代表ス、
副会長ハ会長ヲ補佐シ、会長ノ代理ヲナス、
常務委員及委員ハ本会ノ常務ヲ処理ス、
委員及評議員ハ会長ノ諮問ニ応シ、重要事項ノ協議ニ参与ス、
第八条　本会ノ経費ハ寄附金及雑収入ヲ以テ之ニ充ツ、
第九条　会務ノ経過及収支決算ハ新聞紙上ヲ以テ報告ス、
第十条　本会ハ所期ノ目的ヲ達シタル後、之ヲ解散ス、
第十一条　本規約施行ニ関シ必要ナル事項ハ常務委員会ノ議決ヲ経テ、会長之ヲ定ム、

29　大正九年九月二十二日　【341】

拝啓　益御清適奉賀候、然ハ今般図らすも陸爵之御恩命に接し候ハ望外之光栄にて、唯々聖恩之渥きに感泣之外無之次第に御坐候、右に付てハ、早速尊来御祝詞を賜り、御芳志拝謝之至ニ御坐候、将来とも邦家之為め益微力相尽し、聖旨ニ奉副度期念罷在候、右不取敢御礼申上度、如此御坐候、敬具

大正九年九月二十二日　澁澤栄一

男爵阪谷芳郎殿

［封筒表］小石川区原町一二六　男爵阪谷芳郎殿

［封筒裏］東京市日本橋区兜町二番地　澁澤栄一

30　大正十一年九月五日　【362-1】

拝啓　時下益御清適奉賀候、然ハ埴原外務次官ヨリ在シヤトル牧師井上織夫氏の行動に関し、別紙之通注意有之候間、為念御通知申上候、

該書翰ニハ、帰国中なる牧師井上云々と有之候処、当方ニて相調候処にてハ、未た東京ニハ来り居らさる様子ニ候間、併て申上候、匆々

大正十一年九月五日

澁澤栄一

阪谷男爵殿

［封筒表］小石川区原町一二六　男爵阪谷芳郎殿　㊞「親展」

〈阪谷筆〉十二（一カ）年九月六日受　井上織夫ノ件

［封筒裏］㊞「東京市日本橋区兜町二番地　澁澤栄一」

［付属①］埴原正直書簡写（渋沢栄一宛）

大正十一年八月十五日　【362-2】

拝啓　時下愈々御清祥奉賀候、陳者目下「シヤトル」ヨリ帰国中ナル牧師井上織夫カ、北米在留邦人ノ米化運動ニ藉口シテ、在京知名ノ人士ヲ歴訪シ、資金ノ蒐集ニ奔走シ居ル由聞込メル趣ヲ以テ、今般在「シヤトル」齋藤領事ヨリ別紙写ノ通リ申越ノ次第有之候条、右内密御含ミノ上、本人ノ行動ニ関シ、関係方面ニ誤解ナキ様注意方可然御配慮相煩度、此段得貴意候、敬具

大正十一年八月十五日

埴原外務次官

澁澤日米関係委員会常務委員殿

［付属②］斉藤博書簡写（内田康哉宛）

大正十一年七月二十四日　【362-3】

機密公第二九号

大正十一年七月二十四日

在シヤトル

領事　齋藤博

外務大臣伯爵　内田康哉殿

牧師井上織夫米化資金蒐集運動ニ関スル件

シヤトル日本人第一長老教会牧師井上織夫ハ、過般来私用ヲ以テ帰朝中ナルカ、仄聞スル処ニ依レハ、同人ハ当地方在留日本人ノ米化運動ニ籍口シテ、在京知名ノ人士ヲ歴訪シテ資金ノ蒐集ニ奔走シ居レル趣ナル処、右ハ当地米国西北部連絡日本人会ノ幹部ヲ以テ組織セラルル米

化委員会カ企画シ居レル米化運動トハ全然没交渉ニシテ、同人ハ曩ニ華府会議開催中モ、華府及紐育等ヲ往復シテ、右類似ノ名目ノ下ニ同人管理ノ教会新設ニ要スル資金ヲ蒐集ニ努メタルモ、遂ニ予期ノ結果ヲ斉ラササリシモノノ如ク、今回同人カ日本ニ於テ試ミ居レル運動モ此種ノモノニ非ルヤニ思考セラレ候ニ付、日米関係委員会其他米国関係各種団体名士等ニモ適宜御内報ヲ仰キ、同人行動ニ付、諸方面ニ誤解ナキ様充分注意方御取計相成度、為念右及稟申候、敬具

31 （大正十二）年十一月五日　【344】

拝啓　然は此程岩崎小二郎氏被参依頼之趣ハ、同人所持之人造肥料会社株払込金額千六百円程之分、此度諸方之借財取片付之為、売却致度之処、未夕利益配当も無之持合ニて望人も無之、困却ニ付、折入而拙生へ買取呉候様との事ニ候、右ハ通常之売買ニハ無之、詰り救助性質ニ類し候得共、従来之間柄、相断候も如何と被存候間、不得巳望之通払込金額ニて引受申度と存候、

尚一事ハ、此度之震災ニ諸方義捐金有之ニ付、幾分之出金致候方可然と存候ニ付、金百円位ハ醵出いたし度候、

右両条ハ差向候義ニ付、本月之親族会ニ先ち取究申度ニ付、書中相談いたし候、至急御回答有之度候、

又本月之親族会ハ来ル十五日と相定め、此度ハ阪谷方ニて相催し而ハ如何哉、此段も御申合、各方之都合御申陳可被下候、

右当用御打合申度、如此御座候、不備

十一月五日　栄一

陳重殿

芳郎殿

尚々歌子・琴子へも御相談之上、御返事可被下候、

［封筒表］穂積陳重殿・阪谷芳郎殿親拆　栄一

［封筒裏］十一月五日

32 （　）年一月二十三日　【343】

拝啓　然は親族会時日之事ハ、此程一寸御伝言致候如く、月末より京坂へ之旅行有之候ニ付、明後廿五日午後一時兜町宅ニて相開度候間、必ス御繰合可被下候、

篤二徴兵一条も其際ニ取究申度、又同人改心之上ハ、謹慎を免し候義も御打合申度と存候、先是御勘考ニて御来議被下度候、

右書中申上候、匆々不一

一月廿三日　渋澤栄一

穂積陳重殿
阪谷芳郎殿

〔封筒表〕穂積陳重様・阪谷芳郎様要件　渋澤栄一

33　（　）年二月二日（伴直之介宛）　【359】

拝啓　来示築港云々ニ付而ハ、未タ別段取調候書類無之候、尤明夕小生ハ出席仕兼候ニ付、益田ニハ是非罷出候様申談置候間、同人出席之上、小生之意見も共々陳述可仕候、其上商工会ニて取調可申件ニハ速ニ着手いたし候様可仕候、右為答、如此御坐候、奉復

二月二日　渋澤栄一

伴直之介様

〔封筒表〕伴直之助様拝答　渋澤栄一

34　（　）年二月二十七日　【368】

拝啓　時下益御清適奉賀候、陳ハ当鉄道建設時代以来ノ写真相集メ、製本致候ニ付、一部坐右へ奉呈致候、御受納ノ上御一覧被成下候ハヽ、本懐之至ニ御坐候、此段得貴意度、如此御坐候、敬具

二月廿七日

京仁鉄道合資会社

渋澤榮一

阪谷芳郎殿侍史

〔封筒表〕阪谷芳郎殿侍史
〔封筒裏〕渋澤榮一

35　（　）年三月三日　【370-6】

過日御噂有之候池田富三郎今朝来訪ニ付、来ル七日午後四時より兜町宅ニて一会を約し候、就而ハ坂田丈平先生も相招度ニ付、貴兄より御申通被下度候、外ニ先年備中ニ一橋家之代官たりし田口清助と申人案内いたし候、貴兄・琴子とも御来会可被下候、琴子ニハ茶器持参候様御申付可被下候、是ハ池田へ之御馳走と存候、此段書中申上候、匆々

三月三日　栄一

阪谷芳郎殿

36　（　）年三月十一日　【354】

拝啓　然は過刻御内話申上候韓国在勤取締役之義は、銀行ニ於て更ニ佐々木とも申談候得共、山崎氏と申ハ同しく大学之出身ニて、清水より一年前之卒業生と存候、然る時ハ年齢に少々権衡を得候とも難申ニ付、矢張其折合

も如何と懸念仕候、就而ハもし其人ニ候ハヽ、今一段御再考被成下度候、いつれ明後日ハ御会話を得可申候得共、御含まて、此段一書申上置候、匆々不一

三月十一日　　渋澤栄一

阪谷芳郎様梧下

［封筒表］阪谷芳郎様親展　　渋澤栄一
［封筒裏］三月十一日

37（　）年三月二十五日　【349】

過日ハ緩々歓待を蒙り万謝之至ニ候、其節相願候貨幣論序文之事ハ、別冊草稿取寄さし上候間、御一覧之上、至急御代筆被下度候、詰り愚案ハ、此両本位を是とする意見ニ付、本書ニ同意を表し度と存候、乍去、此複雑之大事件ニ候間、勉而講究調査を要する之趣旨と、又もし與論之を是とし、真理も茲ニ在りとするも、英国ニ於て之ニ同意せされハ、世界協同之実行ハ無覚束次第なるニ、幸ニ英国人ニして此議論あるハ、所謂真理ハ遂ニ一般ニ拡充する之端緒とも可申歟抔之意味をも記載仕度奉存候、可然御立案可被下候、又漢文之方ハ、尾高・大沢両案ともさし上候、趣旨ハ小生注文之通なるも、行文流暢を欠き候様被存候間、何卒三島先生ニ御削正相願度候、是又取急候義ニ付、よろしく御伝声可被下候、右ハ両三日風邪引籠候而延引なから申上候、不一

三月廿五日　　渋澤栄一

阪谷芳郎様

［封筒表］阪谷芳郎様要件　　渋澤栄一
［封筒裏］別冊添

38（　）年四月二十三日　【357】

拝啓　然は別紙同族会臨時評議を要し候件ニ、至急御相談いたし候、御同意被下度候、右両件とも先頃来、夫々引合掛ニ候得共確定ニ至らす候ニ付、過日之会議ニも失念仕候、乍去麦酒会社々債之方ハ、既ニ器械増設之積ニて、即今も相応之利益を生じ居、此上右増設之上ハ、尚利益も相増可申筈ニ有之、又門司地所売却之件ハ、壱坪拾壱円余ニ相当し、先ハ適当之価格と存候ニ付、直ニ売却致度と存候、依而概略之理由相添、此段御評議致候、匆々

四月廿三日　　渋澤栄一

穂積陳重殿
同　歌子殿

阪谷芳郎殿
同　琴子殿
［封筒表］穂積陳重殿・阪谷芳郎殿要件　渋澤栄一

39（　）年六月七日　【351】

其後引続き御快方ニ候哉、折角御摂養専一ニ候、然は此著書ハ、旧桑名藩士江間某と申者編纂セしものニて、楽翁公之遺書ニ候、右ニ付而も、楽翁公之賢明思ひやられ候、余り其人を追慕いたし候まゝ遺書数部取入申候ニ付、一本御見ニ掛申候、尚外ニ退閑雑記を草集と申著書も有之候よし、其中相廻り候ハヽさし上可申候、今日ハ差支之為、同族会延会仕候、来ル廿四日ニ相開可申と存候、乍序申上置候、匆々

六月七日　栄一

芳郎殿
［封筒表］阪谷芳郎様　書籍相添　渋澤栄一

40（　）年六月二十四日　【332】

只今御打合申上候、渡辺公使送別会之時日ハ十五日又ハ廿日と公使へも話し置候得共、帰居後ニ至り、十九日之約束延引ニ相成候旨来報を得候ニ付、十九日ニても拙者之都合出来申候、公使ハ十九日なれハ差支無之旨、今日被申聞候ニ付、穂積と御相談之上、十九日ニても同氏之都合宜敷候ハヽ、御取極可被下候（但十五日とても、先刻申述候如く、遅刻せハ罷出可申候得共）、場処及饗応之振合も両人之相談ニて決定いたし、其段至急ニ申越可被下候、右再応申進候、匆々

七月十一日　栄一

阪谷芳郎殿
［封筒表］阪谷芳郎様梧下　渋澤栄一
［封筒裏］〈別筆〉中田清兵衛氏持参
［中封筒表］阪谷芳郎様至急　渋沢栄一

41（　）年六月二十四日　【370-4】

拝読　種々御高配奉謝候、今日小生より大浦へ直ニ一書申遣し、速ニ辞表差出候様勧告仕候、半季相済候上と申ハ、賞与配当ニ懸念せし事と存候得共、右如ハ今日辞職するも、七月末ニ相成候も同様之事ニ付、寧ロ決心之上ハ早々取計候方と存候、
又小生へ融通依頼之事ハ、他日米国行之為メなれハ不得已、此上少小之額丈でも可仕候得共、負債解償之為ニハ何分差支候ニ付、其辺も書中申遣候間、尚貴兄より其意

味ニて御説得可被下、拝復旁此段申上候、匆々

六月廿四日　渋澤栄一

阪谷芳郎様

42 （　）年七月十九日 【348】

拝読　国立銀行処分之義ニ付、此程日本新聞ニ不都合之記載有之、添田局長ニも種々心配被致、拙方へも一書被申越候間、今日委細回答いたし置候、尤も近日商業会議所ニ於て調査委員会相開候間、其節ハ愚案申述、早々寄合之愚見新聞へ出し候運ニも相成候様可致と存候ニ付、其事も添田君へ申通候義ニ候、尚御逢之際、宜敷御伝声可被下候、右拝答まて、如此御座候、匆々不一

七月十九日　渋澤栄一

阪谷芳郎様

［封筒表］阪谷芳郎様拝復　渋澤栄一

43 （　）年八月十九日 【345】

拝啓　然は此一書を以て御紹介いたし候者ハ宇《(宮カ)》津賢次郎と申人ニて、大坂第五十八銀行頭取之由ニ得共、老生ハ是迄別ニ面識ハ無之ものニ御座候、然処今日大磯迄訪問せられ、兵庫運河会社之事ニ付、大蔵省葉煙草専売局に有之土地と交換之義願出有之候ニ付、其事情貴兄へ委敷陳上仕度ニ付、老生之添書相願度と申出候、右出願之事ハ、其得失如何ニ候哉、是迄聞知もせさる次第ニ候得共、本人之申処ニてハ、土地之交換行届候ハヽ、運河之規模を一層拡張し、三千頓位之船入渠相成候様計画罷在候由ニ申居候、兎ニ角一応御接見可被下候、右添書まて、如此御座候、匆々不一

八月十九日　渋澤栄一

阪谷芳郎様

［封筒表］□《(小カ)》石川原町　阪谷芳郎様梧下　渋澤栄一

［封筒裏］宮津賢次郎氏持参

44 （　）年八月十九日 【347】

拝啓　別紙同族会議案ハ、来ル廿六日之会議ニても差支無之と存候得共、献金之事ハ、願くハ其前ニ申込度とも相考候ニ付、別紙ニて申上候、同族一同ニて小額を差出候も、名聞を好む之嫌有之候様なれとも、一方ニハ国民多数之感情を表発する訳ニも相成候間、実家と支家と半額と仮定し、見込相立候義ニ候、但穂積・阪谷ハ官途ニ奉職之身ニ付、もし同僚中之比例等斟酌有之候ハヽ、又

修正も可仕候、併詰り此金ハ各家之分担ニせす、基本財産之積立金より支出方と存候ニ付、一家之財政ニハ、眼前強く関係ハ不致候、右篤と御評議之上、早々御回答可被下候、匆々

八月十九日　栄一

穂積陳重殿
阪谷芳郎殿

［封筒表］穂積陳重殿・阪谷芳郎殿急要安件
［封筒裏］渋澤栄一　八月十九日

45（　）年八月二十四日　【370-3】

別紙評議書一覧之上、異見無之ニ付、書印返却仕候、併穂積も留守中ニ付、至急を要し候ハヽ、来月之同族会ニ於て、実施之後一覧廻しニ被成候而可然と存候、穂積・篤二安着之由ハ、当方へも通知有之承知仕候、先日借用之東方策ハ尚両三日留置申度候、乍序申上候、匆々

八月廿四日　渋澤栄一

阪谷芳郎様

46（　）年九月九日　【370-1】

拝啓　然は先頃陸奥氏より依頼有之候浅田之令嬢と穂積八東と引合之義ハ、来ル十二日午後六時兜町宅ニ会同之筈取極候間、同日ハ琴子同伴六時頃より御来会可被下候、衣服等ハ平常之積ニ打合申候、其思召ニ可被成候、御不快如何、御摂養専一ニ存候、右申上度、匆々不一

九月九日　渋澤栄一

阪谷芳郎様

［封筒表］澁澤榮一氏来状

47（　）年九月二十日　【358】

拝啓　陳は至急ニ御相談いたし度義有之候ニ付、今廿日午後三四時頃より、第一銀行又ハ兜町宅へ光来被下度候、尤も穂積へも申通候義ニ御坐候、右可得御意、如此御坐候、不一

九月廿日　渋澤栄一

阪谷芳郎様

［封筒表］阪谷芳郎様至急　渋澤栄一

48（　）年十月三十日　【337】

御手紙之趣承知仕候、両三日中ニ、尚カン氏と面会いたし、今一応詳細ニ引合可申候間、其上ニて御遣之書面ニ基き手続相立、伺出候都合ニ致度と存候、右御返事まで、如此御坐候、匆々

十月三十日　　渋澤栄一

阪谷芳郎様

［封筒表］阪谷芳郎様拜答　　渋澤栄一

49 （ ）年十月三十日 【373】

拜啓　一昨夜御話いたし候銀行会社発達之歴史下調之書類ハ、別紙一袋封入之侭差上申候、右は銀行集会所員西内青巒と申人之起草にして、相応之材料より調査せしものニ付、敢而用立兼候と申程ニも無之候得共、維新之際商工業界之大革命を記述候にハ、今一段之生気ある文章ニ致度と相考へ、其上事実上も或ハ遺漏有之候哉とも被存候、旁何とか御工夫被下、適当之編者御撰定被下度候、大隈伯より之注文にハ老生之名ニて編述候様致度趣ニ付、即老生之意見として筆立ニも相成候義ニ候得共、冒頭之立論抔も今少しく時勢を看破せし趣旨記載いたし度事と存候、夫是御一考被下、尚其中御面話も可相願と存候、右御依頼まで、匆々如此御座候、不宣

十月三十日　　栄一

阪谷芳郎様梧下

［封筒表］阪谷芳郎様別封添　　渋澤栄一

50 （ ）年十一月十五日 【360】

其後大磯ニ療養罷在候得共、今以全快と難申、偖々退屈千万ニ御坐候、

然は過日大臣官邸ニて御相談有之候台湾鉄道之事も、右様之始末ニて、十一日之創立委員会も大倉氏へ托し申通し候次第ニて、爾後如何相談せし哉も詳知不仕候、右之次第ニ付、老生を委員長ニ推し候事も願くハ相止メ候様と、大倉と真中とへ申遣候、就而ハ、大臣次官へも、其辺貴処より御申上被下、委員長之虚名ハ御容赦被下度候、右之段一書申上候、匆々不一

十一月十五日　　渋澤栄一

阪谷芳郎様

［封筒表］阪谷芳郎様御直展　　渋澤栄一

51 （ ）年十一月三十日 【370-7】

粛啓　過日ハ遠方光臨之処、何之風情も無之、却而失敬

之至ニ候、然は此程穂積拝話之節、尚一日小生と御懇話被下度との旨御申聞之由拝承仕候、依而来月二日午後五時頃より深川拙宅迄光来被下度と穂積ニ相托し、其段申上候筈ニ御座候、何卒御繰合御枉駕被下候ハヽ、夜間御歓談申上度奉存候、右拝請、如此御座候、不宣

十一月三十日　　　　渋澤栄一

阪谷学兄坐右

［封筒表］阪谷芳郎様拝願　　渋澤栄一
［封筒裏］〈穂積筆〉本書は渋沢氏より小生迄送り参候者にて、重複に属し候得共御届申候、穂積陳重　　阪谷様

52 （ ）年十二月一日 【370-5】

過日ハ坂田英兵衛之義ニ付、御細書被遣拝見仕候、当方ニも差向適当之場処も無之ニ付、御申越之如く、新聞種取之様なる仕事ニても為致候方、可然と存候、先日一会いたし候処ニてハ、中々活溌之性質ニ相見へ、能く成長せハ、用立候人物ニも相成可申と被存候、其中ニ実業之場処心掛可申と存候、別紙ハ渡辺洪基氏より昨日到着いたし候書中、エツケル氏編輯之日本土地改正法之義ニ付、申来候意味御一覧之為さし上申候、右和訳ハ出来候都合ニ相成居候哉、御伺申候、渡辺氏之来書ハ御覧済御返却可被下候、右当用如此御坐候、不一

十二月一日　　　　渋澤栄一

阪谷芳郎様

53 （ ）年十二月二日 【335】

太政官札発行高及其貸付之割合等、早速御取調御申越被下承知仕候、記臆と大差無之安心仕候、琴子牛込へ参り候模様ニ付、明後日穂積ハ観劇見合之積申居候、依而小生より通知候様との内意承知仕候、今朝丁寧ニ申遣し候間、必らす来会と存候、右御答まで、如此御座候、不一

十二月二日　　　　栄一

阪谷芳郎様

尚々風邪も今日ハ殆ント全快と存候、御降意可被下候

［封筒表］阪谷芳郎様拝復　　渋澤栄一

渋沢篤二　書簡

1 （明治三十）年六月十日（渋沢篤二ほか書簡）

【338】

倍御清穆奉賀候、陳は貴下今般主計局長ニ御勅任被為在候義、御光栄奉恭賀候、是れ全く貴下の高才深識と多年御精励の結果にして、固より当然之義とは存候得共、台鼎の長途一躍階級を進められ候は、小生等ニ於ても、欣喜不能措所ニ御座候、就ては御祝意を表する為め小宴を設け度と存候得共、却て御究屈と存候間、兼て相願置候通り、来る十三日、歌舞伎座ニ於て観劇の歓を共にし度、同日十時迄に茶屋中村屋迄、御夫婦様御同車ニて御光来被下候得は難有奉存候、右御案内の為め、草々呈一翰候、敬具

六月十日

渋沢篤二
同　敦子
穂積陳重
同　歌子

阪谷芳郎様
同　琴子様
侍史

［封筒表］□《麹カ》町区平河町六丁目二十一　阪谷芳郎殿・同令夫人
［封筒裏］穂積陳重・渋澤篤二

2　（　）年十月十七日　【698-1】

拝啓仕候、昨日は御蔭を以て終日愉快ニ相暮し、殊ニ身体も何となく壮快ニ相成、実ニ難有御供と御礼申上候、又御暇之節、小生襟巻之義、左様な習慣を付るは尤も悪しき旨御教諭被下候段、之レ又一段難有存申上候、右は固く相守り、左様なる習わしを相成さる様可致、殊ニ当寒中ニは決して右様女々しき挙不致候間、只今之義御勘弁之上、今後能く〳〵拙者挙動ニ御注意被下度候、之れ等之義は、通常ノ人ニは左のみ大事ニは不候相考へ候へとも、小生之如き柔弱なる性心ニは尤も大切ニして、之レ等より又先般之如き間違引起候やも相不分、実ニ壮者は男子らしき事無之候ては相成不申、増して小生之如きは益々注意仕、事物活発ニ致様うとの誠心ニ候間、右聊か御休神之上、一層御監督被下度候、匆々不一

十月十七日夜

篤二頓首

芳郎大兄
琴子姉上様
両閣下

追白　ねむけ及疲労等ニて、消字及乱筆等御免被下度候、別紙は御伝之旨当兄上之申上候処、右御返書ニ候、又姉上様御伝之向は、正ニ当姉上様へ申上、委細御承知

被遊候、

［封筒表］〈阪谷筆〉穂積陳重氏来書

［編者註］本史料は穂積陳重書簡に同封されていたと推測される。

嶋　芳蔵　書簡

1　明治四十二年一月一日　【1079】

改暦之御慶芽出度申納候、先以高堂御一同様愈御清福御超歳被遊候段欣賀此事ニ奉存候、旧年ハ種々御厚配ヲ辱シ難有奉深謝候、尚本年も不相変御愛顧之程奉願上候、先ハ年甫之御祝詞申上度、如此ニ御座候、謹言

明治四十二年一月一日　　東米国紐育

嶋芳蔵

阪谷男爵閣下

［封筒表］Baron Y. Sakatani, Tokio, Japan,　東京小石川区原町　男爵阪谷芳郎殿侍史

［封筒裏］From The Yokohama Specie Bank, LTD. 63-65 Wall Street, New York.

島田三郎　書簡

1　（明治三十七）年四月十九日　【294】

拝啓　時下御清栄奉賀候、事唐突に属候へ共、他より内聞を受候により深切なる答を与へ申度候処、其手掛り無之、遂ニ御手数を煩シ申上候、そは他事にも無之、原鶴次郎と申候人理財局に出仕被居候よし、定めて御熟知之方なるべし、御鑑識之程相伺度、模様ニより御指定ノ場所へ罷出、詳細御内話可相願心組ニ御座候、右ハ他之理由にも無之、縁談ニ関することに御座候、御差閊ナキ限り御内示被下度願上候、敬具

四月十九日　　島田三郎

坂谷老台侍史

［封筒表］□（小カ）石川区原町百二十六　阪谷芳郎様親展

［封筒裏］麹町区中六番町三十一　島田三郎

2　（明治三十七）年四月二十日　【295】

拝啓　御面倒なる件相願候処、早速御内示被下御厚意御礼申上候、御繁用中別して難有、不取敢書中拝謝仕候、頓首

四月二十日

坂谷老台侍史　　島田三郎

[封筒表]　□《(小カ)》石川区原町一二六　阪谷芳郎様親展
[封筒裏]　麹町区中六番町三一　島田三郎

3　（明治三十八）年八月一日　【296】

拝啓　時下御清栄奉賀候、経済雑誌社善後維持之計に付、段々ノ御厚配、過日ハ乗竹氏進退ノ状に付消息御洩シ被下難有奉存候、其後乗竹氏ノ意見を徴シ組織ノ基礎相定マリ候ハヾ、嘗て渋澤男と御打合セ申候旨趣実行ノ為め、河田烋氏と共に益田・園田・添田ノ三氏に参り助勢を求め候積りにて、乗竹氏に対する交渉ハ、専ら峯岸氏之を担当シ、河田氏并小生ハ其結果ノ報告を相待居候処、其後峯岸と乗竹氏との間に両回程協議を尽したる由にて、昨日に至り峯岸氏被参、左ノ通り被相語候、乗竹氏ハ非常なる決心にて田口家より経済雑誌社に用達居る抵当の一部を解除シ、其全部を解除せざるも可なりとセバ、渋澤男・佐々氏より出資セラルヽ六千円にて経営十分に見込あり、乗竹氏ハ故田口氏の志と友義とに対シ、既に正金銀行を辞シ、其遺業を引受くるに決したる以上ハ、故人の志と渋澤男等の知遇に酬る心得にて、自ら田口家ノ徳義上の後見をも兼ぬる迄ノ考なれバ、田口家（後見人河田氏）に於て前述ノ組織を是認シ、渋澤男に於て之に御同意被下ナラバ、此組織を採用セられたしと被申候由ニ候、小生ハ深く乗竹氏ノ決心に感じ候へ共、難を氏一人に帰シ候こと如何ニも気ノ毒にて、銀行を辞シ社を引受けらるゝ一事、既に容易の儀ならぬことと心配し居る際、更ニ此の如く被申候こと、余りノ事ならずやと、峯岸氏ノ意見をも推シ問ひ候処、雑誌社の事情を十分に取調べて立たる意見にして、氏も亦乗竹氏と同案也と被申候、社ノ経営と田口家ノ安全とに於て見込立ち、且又中心として事に当たる乗竹氏の冀望、此の如くなりとセバ、小生ハ固より異論を挿む余地あること無シ、唯乗竹氏に余り多くの義務を負ハしむるを気ノ毒に感ずるが故に、何事に限らず働キ得る所に働かんと欲するに外ならず、就てハ其事情を渋澤男へ申述られ度旨、相答置申候処、峯岸氏ハ更に乗竹氏に面会、別紙之通り申来り候間、渋澤男ノ御都合問合セ候上、峯岸氏・河田氏同行申述、男の意見により最後の決定に至り可申候、乍略儀書中是迄ノ経過御報告申上候、敬具

八月一日　　鎌倉に於て
　　島田三郎

阪谷老台侍史

小生昨年以来相悩み候皮膚病療養ノ為め、去月下旬より
当地ニ罷越居候、

［封筒表］東京市小石川原町　阪谷芳郎様親展
［封筒裏］鎌倉長谷五十九　島田三郎

4 （明治四十二）年七月十四日 【297】

拝啓　時下益々御清祥奉賀候、陳は故乗竹孝太郎氏家事整理ニ付、親戚協議ノ上相続人も定マリ申候、但シ其人尚ほ在学中ニ付、未亡人ハ従来ノ居を移シ候ことに相成候、然る処孝太郎氏自ら読マンとて集め置タル書籍、新タニ移る可キ家屋ニ置キ候にハ、余り場所を取り過ギ困り入候、折角故人が集めたる書、嗣子に用ゐさセ度も、目下其場合ニ至らず、さり迚遺散セしむるハ故人の志を空くする次第ニ付、嗣子卒業、相当ノ家を持候迄、友人の方に保存を依頼シタキ旨被申候、乍御面倒御家ノ隅ニても御預り置被成下間敷ヤ、書筺ニ都合よく入れ強めて、御迷惑を省キ可申候間、此儀御承諾被下候様、小生よりも切に願上候、余ハ未亡人より直接可申上候、敬具

七月十四日　島田三郎

阪谷賢台侍曹

［封筒表］□（男カ）爵阪谷芳郎殿　願用乗竹ゐく子参上　島田三郎

〈阪谷筆〉七月十六日面会ス

5 （大正三）年十二月十一日 【298】

拝啓　カーネギー財団ノ資金を以て、戦争ノ経済ニ及ほす影響を調査スル挙あり、賢台を其長とし、大学教授諸氏其委員となり、山崎覚次郎氏も亦其一人となり候よし、右ニ付高野岩三郎氏、法学士永雄策郎氏を書記として山崎氏ニ推薦シタル由、然る処永雄氏ハ嘗て経済雑誌社員たり、其節塩島氏と異論ノ為め終ニ退社セシ関係あるを以て、塩島氏故障ノ言ある様にてハ永雄氏推薦ノ妨となるべきが故に、其次第を内聞シ度と小生ニ対シ協議有之候、小生ハ塩島・永雄両氏ノ間ノ事を詳知仕居候、右ハ双方ニ五分々ノ主張ありて、永雄氏ノ人格ノ上ニ何ノ故障なきを、此ノ如キ事を以て出身ノ妨となすか如きハ、後進者を推輓する所以の道ニあらす、小生ハ寧ろ此際永雄氏をして其所を得セしむるを切望する旨を答へ候処、高野氏も大ニ歓び同意せられ候、山崎氏も親く永雄氏を教へたる人ニて、高野氏ノ推薦ニ同意ある由ニ承り候、右ノ事情ニ候間、永雄氏を御採用ある様、小生よりも願上候、余ハ山崎・高野ノ両氏より御聴取ノ程願上候、敬具

十二月十一日

阪谷賢台侍史

島田三郎

［封筒表］東京市役所　男爵坂谷芳郎殿親展　〈阪谷筆〉（永雄策郎ノ件）
［封筒裏］麹町区中六番町　島田三郎

島津　巌　書簡

1　（　）年（　）月（二十五）日　【281】

粛啓　閣下の御多忙中失礼をも不顧、度々御邪魔申上候、詳細は先般報告申上げ置きし通り、閣下方の御助力に仍り、経済協会の会長としては小林博士に御願致し、市来先生方の御意見通り総裁を置かざる事に改候、就而は明後二十七日午後六時より帝国ホテル（指名大日本経済協会）に於て、顧問・会長・賛助員二十名斗り御案内申上げ、発会式の意味にて晩餐を差上度存候に付ては、公私御多端の折柄恐縮千万に候へ共、何卒寸時御繰合せの上御来監被下度、伏シて御願申上候、
当日御来車下さる方は、大略貴族院及衆議院一部の方々と学者方の予定にて候、先般閣下より御話の田口氏経済雑誌の跡は閣下方の御尽力に仍り、別に小生に於て相続致度、此件は小林博士とも親しく打合せ置きたる次第に付ては、何れ閣下御閑の際、参上御相談申上度存居候間、何卒宜しく願上候、拝具

島津巖

阪谷閣下侍史

［封筒表］阪谷男爵閣下侍史　〈阪谷筆〉二十七日六時　ホテル欠
［封筒裏］牛込若松町五二　島津巖

下岡忠治　書簡

1　（大正三）年九月二十二日　【284】

拝啓　昨日御依頼有之候助役一条に付、早速川崎氏を呼寄せ種々懇談致候処、到底応諾見込無之、此上は内務大臣より御諭示を願ふも如何と被存、本人を窮地ニ容るゝ虞有之候間、断然御放棄之上、第二の候補者ニ就き御銓衡相成可然存候、過日御噂有之候沼田の如きは適任者なりと思考致候、不取敢右御内報申出度、草々敬具

九月廿二日

下岡忠治

阪谷市長閣下

尚々中野武営氏ニハ別ニ同様之意味之書面差出置候、為
念、
〔封筒表〕阪谷男爵閣下必親展
〔封筒裏〕下岡忠治　九月廿二日

下条正雄　書簡

1　（明治四十四）年六月十八日　【293】

拝啓　益御清康奉大賀候、陳者故曽禰子爵伝記御廻し被
下、謹而拝見仕候処、公之性格至レリ尽セリ、此上之意
見更ニ無御座、何卒可然御取計被下度奉希候、扨若（ママ）選延
之段奉謝候、敬具

　六月十八日　　下條正雄

　阪谷男閣下侍曹

追而　日露交戦中高橋是清男既ニ英渡中カト思出申候、
岩手県金山発見ノ件ニ付而ハ、農商務省当局者ナトモ愈
八釜敷、其他世間健鴬（喧囂カ）相極候得共、先生一向頓着セスシ
テ、特ニ大蔵省所轄ニ被致候事ナト事実ノ有無ニ関セス、
当時ノ場合、外国ノ金融上等ニ於テハ一種ノ深意モ無之
哉ト、竊ニ当時考居候義ニ御座候、併其深意ニ於而ハ、
小生等ノ知ル処ニモ無之候得ハ、閣下ニハ十分御推知ノ
事ト存候ニ付、気付丈一寸申上置候也、
〈端書〉明治四十四年六月十八日付　下條正雄氏　故曽祢子爵
伝記資料拝読及同子爵ト岩手県金山発見ノ件
〔封筒表〕小石川原町一二六　男爵阪谷芳郎殿親展
〔封筒裏〕麹町元園町一ノ四〇　下條正雄　〈別筆〉明治四十
四年六月十八日

2　（大正五）年一月廿九日　【292】

拝啓　益御清康奉大賀候、然者尊大人先生御事歴御本御
贈与被下御厚情奉拝謝候、何れ其中拝趨御礼可申上候得
共、不取敢以書中御厚礼申上候、敬具

　一月廿九日　　正雄

　阪谷男閣下

〔封筒表〕小石川原町一二六　男爵阪谷芳郎殿
〔封筒裏〕麹町元園町　下條正雄

下条康麿　書簡

1　（大正六）年十二月十八日　【291】

拝啓　時下寒気甚た敷、愈々御健勝奉賀候、陳は毎々芦

田外交官補の報告御送付被下、誠ニ御手数難有奉存候、本日も飯塚氏の手を経て第四章正ニ受取申候、御伝言相成候芦田氏ニ対する手当の件ハ既に翰長と相談の上、内閣の雑給雑費中より約二百円支給のことニ内決致、不日手続致す筈ニ有之候間、左様御了承相成度、先ハ右申上度、如此御座候、敬具

十二月十八日　　下條康麿

阪谷男爵閣下

［封筒表］小石川区原町一二六　阪谷男爵閣下親展
［封筒裏］内閣　下條康麿　㊞「内閣用」

2（大正六）年十二月廿日【290】

拝啓　時下寒気甚た敷、愈々御健勝奉賀候、陳は過日御報申上置候通り、在露芦田外交官補ニ対し、昨日御話申願ニ対する手当として金弐百円内閣より給与相成、外務省を経て本人ニ伝達致させ候間、不悪御了承相成度、右申上度、如此ニ御座候、匆々敬具

十二月廿日　　下條拝

阪谷男爵閣下

［封筒表］阪谷男爵閣下親展
［封筒裏］内閣書記官室　下條康麿　㊞「内閣用」

3（大正十四）年五月十六日【289】

拝啓　時下愈御健勝奉賀候、陳ハ来る二十三日之内閣統計講演会ニ御講演之儀御承諾被下、洵ニ難有奉謝候、偖て当日の次第ハ左記之通りに致度、先ハ御報まで、草々敬具

五月十六日　　下條康麿

阪谷男爵殿

記

一、日時　五月廿三日午後六時半開始
一、講演者演題及其ノ割当時間
一、開会ノ辞、午後六時半ヨリ七時マデ
　　江木内閣書記官長
二、統計思想涵養ノ急務、午後七時ヨリ八時マデ
三、経済一般、午後八時ヨリ九時マデ
四、演題未定、午後九時ヨリ
　　阪谷男爵

［封筒表］小石川区原町一二六　男爵阪谷芳郎殿　〈阪谷筆〉
全国経済調査機関連合会　二十三日九時　センサス

（平和・戦時）
［封筒裏］内閣統計局　下條康麿〈阪谷筆〉人間ノ経済（教育・職業）適才適所　統計学終局ノ目的

4　（大正十四）年九月十九日　【285-1】

謹啓仕候、陳者兼て御内議申上候東京市に於ける国調並失業調査の趣旨、宣伝講演会は別紙の通決定致度候条、御多用中乍御迷惑、何卒御出演の儀御承諾相願度、此段得貴意候、敬具

　九月十九日　　　　下條康麿

男爵阪谷芳郎殿

［封筒表］市内小石川区原町一二六　男爵阪谷芳郎殿　〈阪谷筆〉二十四日六時日比谷、雨天ナレハ翌二十五日六時、
［封筒裏］内閣統計局　下條康麿
［名刺］内閣統計局書記官　高田太一　〈阪谷筆〉九月廿四日六時講演
［付属①］下條康麿書簡（大正十四年九月二十二日、阪谷芳郎宛）【285-3-1】
［付属②］講師御出場時間割【285-3-2】
［付属③］国勢調査・失業統計調査宣伝講演会日程表

国勢調査
失業統計調査宣伝講演会　【285-2】

会場　日比谷公園新音楽堂
日時　九月二十四日（木）午後六時
　　雨天ノトキハ二十五日ニ延期
講演
　開会の辞　　東京府知事　　平塚廣義
　今回の二大調査に就て
　　　内閣統計局長　下條康麿
　官民の協力　　　　　　　矢野恒太
　生活改善と統計　法学博士　添田壽一
　帝都と統計　法学博士男爵　阪谷芳郎
　閉会の辞　　東京市長　　中村是公
　　此ノ間、左記余興ヲ行フ予定
　余興
一、琵琶　　川中島　　宗家　高峰筑風
一、浪花節　義士外伝 俵星玄蕃　松風軒　栄楽
一、同　　乃木将軍と 孝子辻占売　東家　楽燕
一、大魔奇術　　　松旭斉　天洋一行

5　（大正　）年一月十五日　**【288】**

拝復　新春愈々御健勝奉賀候、陳者過日御手紙を賜り候件ニ就き、早速ニ委員長より原首相へ御伺申上候処、目下議会間近にて、非常ニ多忙ニ候上、最早余日も無之事とて、議会前開会の事ハ到底困難ニ有之、若し閑あらは議会中開きても宜敷との事ニ有之候間、委員会開会の事ハ他日ニ譲りては如何かと存候、先ハ右御返事まで、如此ニ御座候、匆々敬具

一月十五日

下條康麿拝

阪谷男爵閣下

［封筒表］□《（小カ）》石川原町一二六　阪谷男爵閣下親展

［封筒裏］内閣書記官室　下條康麿　㊞「内閣用」

下村　宏　書簡

1　（大正十四）年四月二十五日　**【302】**

拝啓　訪欧飛行の件につきては御高配を蒙り奉万謝候、御承知の如く、露国政府より快諾に接せず、しかも航空局陸海軍外務何れも熱心に根強よく素志貫徹につき尽力せられ、目下主としてモスコー政府と新来のコップ大使に対し外務当局に於ても極力配意をつくし居り申候、頃日コップ大使も事情を周知するに伴ひ、疎通諒解の歩を進め候様被存候、此上とも何かと御配意相煩はし度、又自然コップ大使御会見の機も候はゞ、御助言相願度、実は諸事御報告をかね参上仕るべき筈のところ、本日俄かに帰坂仕候まゝ、乍略筆紙にゆづり申候、書余は来月上旬上京の節親しく拝眉の上申上べく、草々

四月二十五日

下村宏

坂谷男爵閣下

［封筒表］小石川原町　阪谷男爵閣下　下村宏　〈阪谷筆〉
四月廿六日受　訪欧飛行ノ件

2　大正（十四）年五月五日　**【300】**

前略　訪欧飛行の件、目下コップ大使より許可方本国政府に稟請中に有之、委曲は御多用中、却って恐縮と存じ候まゝ、九月国際連盟総会出席を機とし親しく御報申上度、先は右処用のみ、草々

大正　年五月五日

下邨宏

阪谷男爵閣下

［封筒表］小石川原町　坂谷男爵閣下

［封筒裏］下村宏　東京市京橋区瀧山町一番地　東京朝日新聞社　電話番号銀座八・一一・一二・一三・一四・一五・一六・一七・二〇・二一・二二・四八・一〇八二・四四〇五・四五六〇・四五六一　振替東京一七三〇　大正　年　五月五日

3　大正（十四）年七月二十七日　【303】

拝啓　今回訪欧飛行の計画につきては、引きつゞき諸事不一方御厚配に与り、御芳情鳴謝仕り候、此上とも何分の御指導相煩はし度、乍略右御礼申上度、寸楮如此に御坐候、草々

大正　年七月二七日　　下村宏

坂谷男爵閣下

［封筒表］小石川林（原カ）町　男爵坂谷芳郎様

［封筒裏］下村宏　東京市京橋区瀧山町一番地　東京朝日新聞社　電話番号銀座八・一一・一二・一三・一四・一五・一六・一七・二〇・二一・二二・四八・一〇八二・四四〇五・四五六〇・四五六一　振替東京一七三〇　大正　年七月二七日

4　大正（十四）年八月二十三日　【301】

拝啓　今回訪欧飛行に付ては、終始不一方御高声に与り御芳情不堪感謝候、

幸に大過なく目的地に相達し候ようにて欣喜此事に候、全く上下挙げての御後援の賜と感激の外なく、日々一路の平安をいのり居り申上候、

大磯よりの御懇書恐縮の外無之、御礼をかね、右御挨拶まで、

軽井沢夏季大学場にて

大正　年八月二三日　　下村宏

坂谷男爵閣下

［封筒表］東京小石川区原町　男爵阪谷芳郎殿

［封筒裏］於軽井沢客館　下村宏　大阪市北区中之島三丁目株式会社朝日新聞社　大阪中央局私書函五〇番　電話番号（社内交換室接続）長本局三五〇〇番・長本局三五〇一番・長本局三五〇二番・長本局三五〇三番・長本局三五〇四番・長本局三五〇五番（通信専用）特長本局三五〇六番・特長本局三五〇七番・特長本局三五〇八番・長本局三五〇九番・長本局三五一〇番・長本局三五一一番（振替貯金口座　大阪五五〇番）　大正　年八月二三日

十文字大元　書簡

1　大正八年四月六日　【286】

拝啓　過日ハ御多忙中御引見を忝し奉多謝候、其節ハ見龍院奉当会ニ付御協賛を賜り、是亦厚く御礼申上候、扨只今朗盧先生御遺墨態々御送付ニ預り、正ニ拝受仕候、尚先般御願申上候御揮毫之儀、何卒宜敷御願申上候、此外拝趨万謝可申述候、敬具

大正八年四月六日　十文字大元

阪谷男爵閣下

［封筒表］阪谷男爵閣下
［封筒裏］巣鴨　十文字大元

宿利英治　書簡

1　（　）十年七月一日　【1032】

謹啓　梅天とは申しなから毎日鬱陶敷事に候、閣下弥御清勝奉賀候、次ニ小生微恙漸次快方に向ひ、此処四五日中には退院の事と相成可申、相楽居申候、意外長引会務に支障を及し候段申訳無之候、可然御海恕被成下度候、陳は主事立花定氏就龍（ママ）後最早殆と一年に垂と致し、会務頗る整理致候段、同人の尽力不尠と存申候、就ては此際別案之通辞令相成度と存申候、加之同人近頃縁談申込れ居候趣も有之、同人之内情も聊斟酌し遣し度存申候、右御伺旁如此候、敬具

十年七月一日　英治

阪谷会長閣下

［封筒表］阪谷会長閣下
［封筒裏］宿利英治

勝田主計　書簡

1　（明治四十三）六月十七日　【279】

拝啓　益御清安奉賀候、扨過日元山・相原両法学士ヨリ、小生ノ漫遊筆記印刷発行致度旨懇請有之、小生ハ一切無関係ニテ、発行ノことノミ承諾致候処、閣下ニ序文等ヲ御依頼致候趣ニテ、小生ヨリ一応挨拶致呉レトノことニ有之、茲ニ御厚情ノ段深ク拝謝仕候、敬具

六月十七日　主計

阪谷男爵閣下

［封筒表］阪谷男爵閣下
［封筒裏］勝田主計

2 （明治　） 年二月二十五日 **【277】**

拝啓　益御清康奉賀候、扨別紙大臣及次官ノ高覧ニ供し置申候書中ノ件ニ付テハ、兼而御承知ノ通ノ財政方針ニ付、目下ノ処、同書ニ付格別ノ注意ヲ払ハレサルモノヽ如クニ御坐候、是如貴諭銘々其遣り口ヲ異ニスルこと故致方無之儀ニ存候、何レ委細ハ拝光ノ際可申上候得共、別紙御返却旁大要如斯ニ御坐候、匆々敬具

二月廿五日　　主計

阪谷男爵閣下

［封筒表］□（小カ）石川区原町　阪谷男爵閣下親展
［封筒裏］大蔵省　勝田主計

3 （大正三） 年四月五日 **【278】**

拝啓　益御清適奉賀候、扨小生今般貴族院議員ニ勅選被致候処、是畢竟閣下御在省ノ節、種々御指導被下候結果ニ外ナラスト存候、乍略右御礼申上度、如斯ニ御坐候、敬具

四月五日　　主計

阪谷男爵殿

［封筒表］小石川区原町　男爵阪谷芳郎殿侍史
［封筒裏］中渋谷五六五　勝田主計

4 （大正　） 年四月七日 **【276】**

貴書拝読仕候、小生ノ所ノ楠法学士ノ件ハ相当含置可申モ、如貴諭権衡上本人之希望通ニ困難ナルヘキカト奉存候、来十七日ハ御寵招奉謝候、可成参席仕度存居候、先ハ貴答迄、草々不一

四月七日　　主計

阪谷男爵閣下

［封筒表］東京市庁　男爵阪谷芳郎殿親展
［封筒裏］大蔵省　勝田主計　㊞「大蔵省用」

5 （　二） 年四月二十一日 **【275】**

拝復　御申越之事件ハ筆紙ニ尽サレズ候間、其内拝光之際可申上候、普通ノ叙位叙勲ノ外、特段之待遇ヲ致サヽルことニ、一般的之閣議決定致候様子、同君ノ為御気ノ毒ニ奉存候、出来得ル丈尽力ハ可致考ニ御坐候、草々

四月廿一日

阪谷男爵殿侍史

主計

［封筒表］小石川区原町　男爵阪谷芳郎殿貴答
［封筒裏］中渋谷　勝田主計

6　（三）年五月四日　**【280】**

拝啓　陳者来四日御寵招被下難有奉存候、同日ハ必ス参邸可仕候へ共、多少遅刻可仕、不悪御諒承置被下度奉願上候、何レ其内拝光万縷可仕候、敬具

五月四日

主計

阪谷男爵閣下

［封筒表］□《小カ》石川区原町　男爵阪谷芳郎殿貴答
［封筒裏］勝田主計

7　（　）年三月二十三日　**【274】**

拝啓　陳者過日御申越相成候一件書類は、当局ニ於テ相纒置候間、何時ニテモ先方ノ閲覧ニ供スヘク候間、右御含置被下、可然御取計被下度候、敬具

三月廿三日

主計

阪谷男爵殿閣下

［封筒表］小石川区原町　男爵阪谷芳郎殿親展
［封筒裏］大蔵省　勝田主計　㊞「大蔵（省用）」

末松謙澄　書簡

1　（明治二十五）年一月六日　**【265-1】**

乍唐突本書持参人紹介仕候、右ハ作州作楽神社保存一条ニ付、有志総代として出京仕候事ニ御坐候、御承知之院庄児嶌徳公之事迹も実に荒残可悲之至、小生も目撃慨歎致候（別冊中愚作御一覧被下度候）、然るに地方人も大分憤発保存方計画中ニ御坐候、右ハ何とか多少ノ方法為相付候処、貴下ニハ岡山御出身ニも有之、何卒此仁ニ御一面被下、方法御示被下度、万事御配意被下度、願くハ御同僚中抔ヨリ少々ノ義捐等御勧誘相願度、其際ハ小生名前も御用之筋ニ相立候ハヽ、御用ヒ成候て無差支事ニ御座候、為其、草々

一月六日

末松謙澄

阪谷芳郎殿

［封筒表］坂谷芳郎殿　〈阪谷筆〉二十五年一月二十四日午前十一時来訪ス、他出前ニ付面会セス

［封筒裏］　末松謙澄
［名刺①］　岡山県美作国西北條郡津山町大字南新座　矢吹正則
［名刺②］　鈴木寛介　東京市下谷区金杉村三百五拾番地齋藤内

2　（明治二十六）年（五）月三日　【264】

拝啓　御先考ノ御遺稿御印刷相成候由を以て、壱部御寄贈ニ預り、難有拝受仕候、先ハ右御礼まて、如斯ニ御坐候、草々頓首

三日　　末松謙澄

阪谷芳郎殿

［封筒表］　麹町区平河町　阪谷芳郎殿
［封筒裏］　芝公園　末松謙澄

菅原通敬　書簡

1　（　）年九月十二日　【271】

拝啓仕候、時下益御清適ニ被為入大慶ノ至奉存候、陳ハ曽テ拝借仕候紐育市税務委員報告及地図、長々淹留罷在候処、茲ニ御返戻申上候間、御査収被成下度奉願候、尚右抄訳印刷ニ付シタレ（ママ）モノ一部贈呈仕候間、御参考ノ資ニ供スルコトヲ得ハ幸甚ニ御座候、

九月十二日　　菅原通敬

阪谷男爵閣下

［封筒表］　阪谷男爵閣下
［封筒裏］　菅原通敬　㊞「大蔵省用」

杉浦重剛　書簡

1　（明治二十六）年五月二十五日　【949】

拝復　時下鬱陶敷気候ニハ候得共、愈御清適奉粛賀候、扨今般御出板ニ相成候尊大人御遺稿壱部御恵投被下、難有拝受仕、日々拝読いたし候、何れ拝眉之上、御礼可申上候得共、右御挨拶まて、呈一書置候、草々頓首

五月念五夜　　杉浦重剛

坂谷賢台大人坐下

［封筒表］　麹町区平河町六町目廿七番地　坂谷芳郎殿親拆
［封筒裏］　小石川久堅町二十一番地　〈別筆〉杉浦

杉江輔人　書簡

1　（明治三十五）年五月（二）日　**【325】**

拝啓　李家裕二義、予テ病気中ノ由承知致居候処、去月末死去被致候趣、実ニ気之毒之至ニ奉存候、就テハ甚ダ些少ナガラ本ノ寸志ヲ表スル迄ニ、金弐円香典トシテ贈呈致度、且ツ御言葉ニ甘ヘ、別紙金弐円ノ小為替券御郵送申上候間、宜敷御取計被下度願上候、毎度御手数相願恐入候得共、右御依頼申上候、先ハ要願如斯ニ御坐候、匆々不具

五月〇日　杉江輔人

阪谷大兄梧右

［封筒表］市内□(小カ)石川区原町(百脱カ)二十六番地　阪谷芳郎様親展
［封筒裏］小石川区仲町百　杉江輔人　五月二日

鈴木梅四郎　書簡

1　（大正二）年六月二十七日　**【269】**

拝復　愈御高安奉賀候、陳ハ金貨本位制度実施十五年祝賀として記念牌御恵贈ニ預り、難有光栄ニ奉存候、不取敢拝受御礼まで申上度、如此ニ御座候、匆々敬具

六月廿七日　鈴木梅四郎

阪谷芳郎様

［封筒表］小石川区原町百二十六番地　阪谷芳郎様
［封筒裏］東京市麹町区四番町三番地　鈴木梅四郎　六月廿七日

鈴木喜三郎　書簡

1　（大正四）年三月一日　**【268】**

拝啓　益御清康慶賀之至ニ奉存候、扨今回東京市長御退職被成候趣ニテ、御懇篤ナル御挨拶ニ預り敬謝仕候、何卒今後トモ不相渝御厚誼ヲ辱フシ度、万望仕候、右拝謝迄、如斯ニ御座候、敬具

三月一日　鈴木喜三郎

男爵阪谷芳郎殿

［封筒表］小石川区原町　男爵阪谷芳郎殿
［封筒裏］司法省内　法学博士鈴木喜三郎

鈴木　穆　書簡

1 （明治四十一）年十月三十日 【270】

拝啓　此度ハ久敷御旅行ノ処、御機嫌能ク御帰朝相成、大慶之至ニ奉存候、又先日御立寄ノ節ハ、財務ニ関シ精細ニ御視察被成下、感激仕候、其為メ将来韓国施設上裨益スル所甚タ多ク被察、邦家ノ為メ欣喜仕候ことニ御坐候、尚御滞韓中、甚タ不行届ニシテ御無礼仕候段ハ、幾重ニモ御仁恕被下度祈候、先右御無事御帰朝ノ御悦申陳度、如斯ニ御坐候、敬具

十月三十日　鈴木穆

阪谷男爵閣下

［封筒表］日本東京小石川原町　男爵阪谷芳郎閣下親展
［封筒裏］韓国京城旭町一丁目　鈴木穆

住友吉左衛門　書簡

1 （明治四十五）年三月二日 【266】

拝復　時下益御清適奉賀候、陳ハ故曽禰子爵建碑之件ニ付御申越之趣拝承、小生ヲ賛成者中ニ御加ヘ之儀ハ異存無御座候、又寄付金ハ充分御纏り之趣ニ候、旁乍些少金弐百円也差出可申候間、可然御執成被下度候、尚曩ニ尊書拝受候節、早速御返事可申上筈之処、何分当初御相談ニ与ラサリシことトテ、御事情等相分り兼ネ甚タ延引仕候次第、不悪御了承可被下、右拝酬旁如此ニ御坐候、敬具

三月二日　住友吉左衛門

男爵阪谷芳郎殿

追而右金額ハ御申越之通、北海道拓殖銀行東京支店美濃部俊吉氏へ払込置候間、御承知被下度候也、

〈端書・別筆〉明治四十五年三月二日　住友吉左衛門氏　故曽祢子爵建碑賛成及寄付金ノ件
［封筒表］東京市小石川区原町一二六　男爵阪谷芳郎殿
［封筒裏］大阪市南区鰻谷東之町　住友吉左衛門〈別筆〉明治四十五年三月二日

2 大正二年四月五日 【267】

拝復　益御清穆奉賀候、扨此程本邦金貨本位制度実施十五週年記念として、御調製相成候記念牌御送付被下、忝奉拝受候、御心入之品永く保存可仕候、此御請かたく

如此御坐候、敬具

大正二年四月五日

住友吉左衛門

金貨本位制度実施十五週年記念会委員長

男爵阪谷芳郎殿

［封筒表］東京小石川区原町一二六　金貨本位制度実施十五週年記念会委員長　男爵阪谷芳郎殿

［封筒裏］大阪市南区鰻谷東之町　住友吉左衛門

関　新吾　書簡

1　（明治二十六）年（八）月（六）日　【1064】

酷暑之候ニ御座候処、愈御清適職務御鞅掌之義ト奉察候、小生義も瓦全消光致居候、御休神可被下候、陳者今般ハ御先考御遺稿御恵投被下、擎手拝読仕候、御芳志之段、不知所謝候、先般転住之際ハ、一寸御地ニ立寄候へ共、家族引連レ彼是取込居候ニ付、拝趨之礼を相欠し候段、御海恕可被下候、何レ不遠内上京之含ニ付、其節拝顔万御礼可申上候、右乍略早々拝

［葉書表］東京麹町区平河町　坂谷芳郎殿　新潟市営所通り

関新吾

2　（　）年七月九日　【262】

拝啓　暑気日増加重候処、益御清栄之段奉大賀候、陳者今般小生入魂家ナル岡山市中出石町之岡上為左衛門氏、御地へ岡山県物産之販売所ヲ設置し、広ク需用ニ応スル計画相立上京候ニ付、一書相添御紹介申上候、外ナラヌ県下之産業特別ニ御引立被成遣度、氏ハ備中惣社付近之産ニテ前記岡上家之養子トナリ、気性鋭敏ニシテ、近ク実業界ニ成効致モノニ有之、小生モ其前途之為メ可及丈尽力致度候義ニ付、呉々も御了承被下、御知辺へ御紹介其他万事便宜御与へ被下度候、先ハ右御紹介旁々御起居相伺候、余ハ追々可申進候、早々不尽

七月九日夕認

新吾

阪谷男閣下

尚々渋沢男へモ御無沙汰打過候、乍末宜しく御伝声可被下候、

［封筒表］東京市小石川原町　阪谷芳郎様親展

［封筒裏］岡山市内山下　関新吾　添書岡上氏

関　宗喜　書簡

1　（　）年四月二十二日　【263】

拝啓　御令嬢様此度御良縁を得、来る二十三日華燭の大典を挙げられ候趣大慶ニ奉存候、就ては早速御祝ニ拝趨可致の処、目下湯ヶ原ニ旅行中ニ付、帰京次第参館御祝可申上、不取敢書中を以て御祝詞申上候、
尚聊か御祝の印迄ニ粗布進呈致候間、何卒御受納願上候、先は御祝詞申上度、如此ニ御座候、謹言

四月二十二日　関宗喜

坂谷芳郎殿侍史

［封筒表］男爵阪谷芳郎殿侍史
［封筒裏］関宗喜　四月二十二日

仙石良平　書簡

1　（明治三十二）年十二月十七日　【261】

拝啓　大原孫三郎氏出京徴兵猶予の為め、東京専門学校入学の件に付、一昨日より役所を欠勤いたし、尚ほ両三日欠勤いたさねバならぬ次第に御座候、誠に已むを得さる次第にハ候得共、病気以来欠勤克ちの所、又候欠勤いたし候てハ局長の手前如何と存候得共、是等の事表向きにハ申難き事情も有之、貴所へ申上置き候間、左様御含み被下度願上候、
馬越氏にハ未た面会いたさす、島村氏にハ今朝面会いたし候処、何分目下未た坂府へ参らさる位なれは、何《と》堅き約束ハ出来不申、併し何れ改革を致せバ、自然、人も入用なれば、相当の事有之候得は、世話するとの事に御座候、尚ほ島村氏と馬越氏とも懇意なる間柄に御座候故、小生の事を島村氏より馬越氏へ話し置くとの次第に御座候、
何れにいたせ茲一二月間加養いたし候得共《と》は、病気も全癒可致と存候に付、その上で徐に去就進退を決し度と存じ候間、何分よろしく御配慮願上候、早々頓首

十二月十七日　良平拝

坂谷先生侍史

［封筒表］小石川区原町　坂谷芳郎殿親展
［封筒裏］麹町区上六番町十五　仙石良平　十二月十七日

2　（明治三十八）年十二月十三日　【257-1】

拝啓　其後者久敷御無音ニ打過キ欠礼仕候、時下益々御清祥ノ段奉賀上候、陳者貴下先年国家学会席上ニ於テ為

サレシ御演説筆記ヲ読ミ、対清政策トシテ日清貿易ノ大ニ振起セサルヘカラサル所以ヲ自覚シ、本年二月頃ヨリ当市貿易業者ヲ糾合シ、日清協和会ナルモノヲ組織シ、博覧会開設ノ際、事務所ヲ清韓協会内ニ設ケ、渡来ノ清人ヲ優待シ、或ハ商品陳列場ヲ設ケ、或ハ清語ニテ日本商業案内ヲ出版シ、多少活動致候、然ルニ当時別ニ日清貿易協会ナルモノアリ、因テ博覧会ノ閉会ト共ニ、二者合併ノ交渉ヲ開キ、先月末ニ至り、愈々合併ノ交渉纏リ候ニ付、別紙之通リ仮会則ヲ定メ、来春早々総会ヲ開キ、是ヨリ大ニ活動スル筈ニ御座候、

前陳ノ如ク、本会創立ノ遠因ハ全ク貴下ノ御演説ニ有之候得者、将来本会ノ発達上ニ付テハ、精々御賛助被成下度、此段御通知旁予メ御依頼申上候、

国事多端ノ際、精々御自愛ノ程万々奉祈上候、早々拝具

十二月十三日　　仙石良平

阪谷先生侍史

［封筒表］東京小石川区原町　阪谷芳郎殿侍史
［封筒裏］大阪東区石町一ノ三十一　仙石良平　〈阪谷筆〉Stead Sengoku
［付属］日清協会創立之趣旨【257-2】

3　（四）年七月二十八日　【259-1】

拝啓　時下炎暑之候ニ候処益御清祥奉賀上候、平素ハ無申訳御無音ニ打過キ失礼仕り候、却説此度原柵太氏時弊ヲ匡救セントシ、政府之認可ノ下ニ財団法人勅教普及会ヲ創立スルニ付、閣下ヲ該会長ニ推選致度希望ニテ紹介ヲ依頼セラレ候間、同人相伺候節ハ御多忙中恐入候得共、何卒御引見被下度、

逐而該会費用ハ安田保善社ヨリ出ツル由ニ御座候、早々頓首

七月廿八日　　仙石良平

阪谷男爵閣下

［封筒表］阪谷男爵閣下　〈阪谷筆〉四年七月三十日受
［封筒裏］仙石良平　原柵太氏持参　〈阪谷筆〉回答五一一四
［名刺］勅教普及会創立員　唐津文化女学校長　原柵太　唐津町一番地　電話七〇八番

4　（　）年八月三日　【260】

酷暑之候に御座候処、益御清祥奉賀上候、

偖而備中学生寄宿舎之義に付てハ、早速御答可申上之処、橋本より返事参らす、旁延引仕り候段御容赦願上候、

清水之設計にてハ七千円位を要し候由に御座候（清水の

見積書に四千円と有之候得共、之ハ一部分之見積費ニ御座候）、
斯くてハ出《と》到底建築之見込無之、随而中止之外方法無之候得共、更に三千円位にて出来る工事の新設計を委嘱いたし候、
此の新設計出来上りし上、更に御相談申上御意見相伺度と存じ居り候間、左様御含み被下度願上候、早々

八月三日　良平拝

坂谷先生侍史

［封筒表］□（小カ）石川区原町　坂谷芳郎殿
［封筒裏］麹町区一番町四十四　仙石良平

5　（　）年十一月十五日　【258】

拝啓　大原氏より備中寄宿舎建築費不足之分ハ引受け候旨申来り候に付、その由橋本氏にも通じ、至急右図面作製方督促に及ひ置候、
付てハ犬養・三島両氏宛の受取御印紙貼用記名御調印之上、御廻ハし被下度、同外仮受領証頂戴いたし候得共、仮受領証でハ不便も有之候ニ付、右二葉の本受領証御送り被下度願上候、早々頓首

十一月十五日　良平拝

坂谷老台侍史

［封筒表］□（小カ）石川区原町　坂谷芳郎殿侍史
［封筒裏］麹町区下二番町二　仙石良平

相馬永胤　書簡

1　（大正二）年四月二日　【251】

拝啓　時下春暖之候愈御清穆奉恭賀候、陳者本邦金貨本位制度実施十五周年記念品御分与被下難有拝受仕候、右御請旁御礼迄、如此ニ御坐候、敬具

四月二日　相馬永胤拝

委員長男爵阪谷芳郎殿

［封筒表］小石川区原町一二六　男爵阪谷芳郎殿親展
［封筒裏］府下豊島郡下戸塚三七六　相馬永胤　四月二日

2　大正六年十月四日　【1112-1】

謹啓　今般松方候（ママ）爵記念資金として本大学基本金之内へ、金千円也（五分利付公債証書額面）御寄附可被下旨御申込被下、難有奉存候、

右不取敢以書中御礼申上候、敬具

大正六年十月四日

専修大学長相馬永胤

明治財政史編纂委員長

男爵阪谷芳郎殿

〔封筒表〕小石川区原町百二十六番地　男爵阪谷芳郎殿　〈阪谷筆〉財政史寄付金

〔封筒裏〕神田区今川小路二丁目　専修大学長相馬永胤

〔付属〕仮受領証　大正六年十一月十七日　【1112-2】

仮受領証

一、金壱千円（五分利付公債証書額面并ニ十二月分利札付）

右者本学基本金ノ内へ御寄附被成下、正ニ拝受仕り候也、

大正六年十一月十七日

専修大学長相馬永胤　㊞「専修大学長印」

明治財政史編纂会委員長

男爵阪谷芳郎殿

3　（　）年四月（　）日（相馬永胤・美都子書簡）【322】

拝啓　時下春暖之候ニ御座候処、益々御清祥之段奉大賀候、然ば御令嬢様には此度御婚儀御整ひ被遊候趣き大慶至極に奉存候、就ては聊か乍御祝儀の御印迄ニ粗品進呈仕り候に付、御受納被下度奉願上候、先は御祝詞申上度、此段如斯ニ御座候、敬具

四月吉日

相馬永胤

同　美都子

男爵阪谷芳郎殿

同　令夫人

〔封筒表〕男爵阪谷芳郎殿

〔封筒裏〕相馬永胤

副島道正　書簡

1　（六）年四月二十日　【250】

拝呈　昨日ハ参上御邪魔ニ相成申奉万謝候、さて亡父全集貴覧ニ供し度、其節持参可致積ニ御坐候処、頓と失念致候ニ付、只今別封を以て差出申候間、何卒御莞納被成下度奉願候也、匆々敬具

四月二十日

副島道正

阪谷男爵殿閣下

[封筒表] 小石川区原町一二六　男爵阪谷芳郎殿閣下
[封筒裏] 麻布区笄町七九　副島道正　四月二十日

添田寿一　書簡

1　（明治二十五）年（　）月十五日　【423】

前略　別冊卑著御高覧ニ奉供候、御忠告被下候点も有之候ハヽ、仕合ニ奉存候、下篇ハ近日出来ノ上、差出可申候、

十五日

添田寿

坂谷様

[封筒表] 平河町六丁目廿一番地　坂谷芳郎様　別冊添
[封筒裏] 添田寿

2　（明治二十六）年（五）月七日　【402】

拝啓　昨日ハ結構ナル御書物頂戴深ク奉謝候、実ハ本日御礼旁参上仕候心得ナリシモ、他事ニ妨ケラレ候、其為御礼遅延御免可被下、先ハ乍略儀此状ヲ以テ、御礼申上候也、

七日

添田寿

坂谷様

[封筒表] 市内麹町平河町六丁目　坂谷芳郎様
[封筒裏] 添田寿

3　（明治三十二）年十月二十七日　【400】

謹啓　益々御多祥奉賀候、
当行モ無事ニ進行仕居、別ニ之ト申ス事ハ無之候得共、漸次御経(ママ)画通りニ相運ハセ度ト存居申候間、御休神可被下、尚ホ此上トモ御援助奉祈候、又意外ニモ貨幣法ノ関係上、叙勲ノ御恩命ヲ拝シ候由、宅ヨリ電報ニテ申来り、精シキ事ハ存シ不申候モ、実ニ思ヒ掛ケナキ恩典ニ有之、該法ニ関シテハ貴台ノ御尽力少ナカラス、小生ノ如キハ其一部分ニ干与候ニ過キ不申、却テ愧悔ノ至ニ候、貴台ヘハ特別ノ御恩賞相下り候事ト確信仕り、予メ慶賀ノ意ヲ奉表、併セテ小生ノ叙勲ニ関シ、御高配ノ御礼申上候、

十月二十七日

添田

坂谷学兄

[封筒表] 東京市丸の内大蔵省　坂谷主計局長殿親展　第八六号
[封筒裏] 添田寿

4 （明治三十二）年十二月十日 **【375】**

謹啓　御繁用中奉煩候テ恐縮ニ候ガ、当行ノ将来ニツキ種々出願候点有之、土岐理事上京ノ事ニ仕候間、願意御聞取被下、御尽力ニヨリ目的ヲ達シ候様祈念ニ不堪候、精シクハ同氏ヨリ御聴奉願、先ハ大略、

十二月十日　添田

坂谷殿

二白　私事ナガラ新築ニ御移転ノ慶賀謹奉上申候也、

［封筒表］阪谷主計局長殿親展　〈阪谷筆〉上六番町八番地

［封筒裏］株式会社台湾銀行　添田寿　土岐理事ニ託ス

5 （明治三十三）年二月二十日 **【419】**

謹啓　御多祥大賀々々、土岐上京ノ節ハ、一方ナラズ御心配被下候由承ハリ、乍毎度ノ御好意奉謝候、尚ホ此上トモ宜敷奉願候、余ハ何レ来月中旬頃上京ノ節可申上、先ハ謹テ御礼申上候、

二月二十日　添田

坂谷殿

［封筒表］東京市小石川原町　坂谷芳郎殿

［封筒裏］添田寿

6 （明治三十五）年（二）月十四日 **【393-1】**

謹啓　既ニ斎藤君ヲ以テ御都合奉伺候如ク、明十五日午後五時ヨリ事務所ニテ、株式申込ニ対スル抽籤執行仕候マヽ、御繁用中恐縮ニ候得共、世間注目ノ事柄故、何卒御繰合セ御列席奉願候、

十四日　添田

阪谷長官閣下

［封筒表］□(小カ)石川区原町百廿六番地　坂谷総務長官殿親展

［封筒裏］添田寿

［付属］添田壽一書簡　明治三十五年二月十六日　**【393-2】**

拝啓　抽籤之儀、昨夜完結ニ不到候マヽ、明十七日午前九時ヨリ大蔵省内事務所ニテ、尚ホ引続キ抽籤執行候間、御繁用中恐縮ニ候モ、御立会奉願候、

明治三十五年二月十六日　添田壽一

日本興行銀行設立委員長

総務長官坂谷芳郎殿

7　（明治三十七）年（十二）月十四日　【383】

拝啓　御内話申上候英米使依頼ノ件ニツキ相伺可申為メ、電話ニテ尋ネ候所、御不快ノ由承ハリ、積日ノ御苦労奉察候、目下国家大切ノ場合、御静養乍此上ノ御尽力奉祈候、
大要申上候如ク、英公使ニ話シ候所、大ニ困却ノ体ニ有之候、
先ハ御見舞マテ、
十四日夕　　添田
坂谷賢契

［封筒表］市内小石川原町百二十六　坂谷芳郎殿親展
［封筒裏］㊞「東京市小石川区小日向水道端二丁目五十三番地
電話番号三六六　添田壽一」

8　（明治三十九）年（十）月十日　【452-1】

拝啓　今朝御交付ノ小切手ニ対スル請取書已ニ差出、併セテ御礼申上候、
十日　　添田
坂谷様

［封筒表］市内小石川原町百二十六番地　坂谷芳郎殿親展
［封筒裏］添田寿

［付属］領収書　明治三十九年十月十日　【452-2】

第五五号
証
金百円
松鶴帖寄附金
右正ニ受取候也、
明治卅九年十月十日
谷謹一郎㊞「謹」
坂谷芳郎殿

9　（明治四十）年九月二十三日　【408】

謹啓　時下益御清栄御座被為遊奉慶賀候、然者此度御叙爵之御恩賞ヲ被為亨（享カ）候趣、御光栄之段大慶之至ニ奉存上候、右謹テ御祝詞申述度如此ニ御座候、敬具
九月二十三日　　添田壽一
阪谷男爵閣下
追テ御祝トシテ鹿酒御勝手迄差出置候、御笑納被下度候、
［封筒表］阪谷男爵閣下

［封筒裏］添田壽一

10 （明治四十）年（　）月二十三日 【463】

謹啓　御多祥奉賀候、此度御受爵慶賀此事ニ候、
小生不在中一方ナラズ御高配ヲ頂キ千万奉謝候、
着京ノ翌日、水町次官マテ経過ノ大要内申仕リ置キ候ガ、
尚ホ御寸暇ノ節見計ヒ、親シク言上仕リ度ト存候モ、御
帰京後御繁用ニ可被為入、何レ其内御都合相伺ヒ参上可
仕候、

二十三日　添田

坂谷男爵閣下

二白　明日ノ休ミヲ利用シ、江の浦（未ダ一見不仕候
故）碑見分ニ参リ可申候、御陰ニテ評判宜敷仕合セ申候、

［封筒表］小石川原町一二五（六カ）　阪谷蔵相閣下親展
［封筒裏］添田寿

11 （明治四十一）年（一）月二十二日 【418】

謹啓　久々ノ御休養何ヨリノ事ニ奉存候、本日森氏ヨリ
秘密ニ調モノ御依頼有之、乍不及愚見相加ヘ、何レ同氏
ヲ経テ言上可仕、至極ノ美挙ト奉同意候ノミナラズ、御
勧メ申上候、何レニモセヨ、充分ニ御保養、他日ノ為メニ切望ニ不堪
候、

二十二日夕　添田

阪谷男閣下

二白　御寸暇ニ江の浦ノ碑御一覧被下テハ如何、

［封筒表］相州大磯招仙閣　男爵阪谷芳郎閣下親展
［封筒裏］㊞「東京市麹町区富士見町壱丁目壱番地　添田壽一」

12 （明治四十一）年三月三十一日 【460】

謹啓　春暖之候益御多祥ニ御座被為入奉慶賀候、陳者今
般海外御渡航被遊候ニ付テハ、聊カ御送別ノ微意ヲ奉表
度為メ、来ル四月二日正午十二時丸ノ内常盤橋内日本興
業銀行楼上ニ於テ、午餐呈上仕度候間、乍御迷惑御貴臨
ノ光栄ヲ蒙リ度、謹テ右御案内申上候、敬具

三月三十一日　添田壽一

男爵阪谷芳郎閣下

［封筒表］男爵阪谷芳郎閣下
［封筒裏］添田壽一

13 （明治四十一）年（四）月四日 【467-1】

謹啓　昨日江の浦ハ中々盛況ニ有之、御繁用ニテ閣下御出テ出来サル旨、世話人ヘ伝ヘ候所、大ニ残念ガリ居申候、
又別紙コホ氏来状中ヨリ抜取リ御覧ニ奉供置キ候、

四日　　　　添田

坂谷男閣下

［封筒表］小石川区原町百二十五（六カ）番地　坂谷男爵閣下親展
［封筒裏］添田寿

［付属］Koch 書簡　明治四十一年三月十四日【467-2】

Letter from Mr. Koch:-

Dated London, March 14th, 1908.

We shall be very happy to see Baron Sakatani when he is over here, <u>and will place ourselves quite at his disposal.</u>

→

〈添田筆〉之ハ中々重キ意ヲ含ミ候カト存候、

14　（明治四十一）年（　）月十三日　【385-1】

謹啓　二十三日御招キ有難ク奉存候、同日ハ梅沢氏マデ申上候如ク先約有之、就テハ同日ハ早ク退出候儀、御許容願候事御含ミ願ヒノ上参上可仕、先ハ右御請マテ、

十三日　　　　添田

男爵阪谷閣下

［封筒表］市内小石川区原町　阪谷男爵閣下
［封筒裏］㊞「東京市麹町区富士見町壱丁目壱番地　添田壽一」

［付属］添田壽一書簡
（明治四十一）年（　）月十三日【385-2】

謹啓　御繁用ノ事ト奉存候、
御申越ニ従ヒ、来ル二十九日午後五時ヨリ、拙宅ニテ水不入会相開キ候事ニ仕候マヽ、御来臨ノ栄ヲ賜ハリ度奉願候、

十三日　　　　添田

阪谷学兄

15　（明治四十二）年三月一日　【411】

謹啓　御多祥奉賀候、貴状拝読、欠員ニ関シテハ弊行内部ニ種々事情有之候故、春日氏ヨリ御話有之候も、不得止御断ハリ申上置キ候、就テハ同氏ノ為メ、尚ホ他ニ御工風乍此上奉願候、小生モ心掛ケ居可申候、

三月一日

坂谷男爵閣下　　添田

［封筒表］市内小石川原町　坂谷男爵閣下親展
［封筒裏］添田寿

16　（明治四十二）年（三）月二日　【404】

謹啓　再度ノ御状有難ク拝読、補欠一条ハ既ニ申上候如キ内情ニテ、奈何トモ仕リ難ク、遺憾ニ不堪候、久米氏一条ハ、小生モ貴示ニ従ヒ心掛ケ可申モ、貴台ニ被為置テモ、乍此上御注目奉祈候、

二日　　添田

阪谷男爵閣下

［封筒表］市内小石川原町　阪谷男爵閣下親展
［封筒裏］㊞「東京市麹町区富士見町壱丁目壱番地　添田壽一」

17　（明治四十三）年（一）月六日　【394】

拝啓　御回示ノ御書面、久米〔土子〕氏ノ所へ送付仕リ置キ候、小生ノ分担額ハ五円ニ願候、即チ封入候、又小生方老母永ク臥床（老病ニテ）ノ所、四日永眠仕リ、本日（午後六時半発ニテ）郷里へ護送出発、郷里ニテ遺言ノ旨ニヨリ葬儀相営ミ候筈ニ候、年頭ト申シ郷里ニ埋葬候事トテ、何レヘモ様ヘ御知セ遠慮申上候モ、特ニ御内聞ニ奉供候、

右ニツキ御慶事ニ干与ノ儀ハ相控ヘ可申ヤ、奉伺候マヽ、林様ヲ経テ御高見御垂示奉煩候、

何レ本月央ニハ帰京可仕モ、右併セテ上申候也、

六日　　添田

阪谷様

［封筒表］小石川原町　坂谷男爵閣下
［封筒裏］添田

18　（明治四十三）年（一）月二十一日　【382-1】

拝啓　忌中ノ為メ欠礼罷有候、御高免奉願候、不在中御尊来奉謝候、先ハ別紙御納メ願マデ、

二十一日　　添田

坂谷様

［封筒表］市内小石川原町　阪谷男爵閣下
［封筒裏］㊞「東京市麹町区富士見町壱丁目壱番地　添田壽一」

［付属］阪谷芳郎書簡（土子金四郎・添田寿一宛）

明治四十三年一月十九日　【382-2】

拝啓　昨年嘗テ士子君ヨリ御話有之候田尻博士還暦及在職三十年ニ付、何カ同博士ノ性格ニ適シタル相当ノ方法ヲ以テ祝意ヲ表スルノ件、小生ニ於テモ専修学校并大蔵省、其他松尾・早川等諸氏ヘ寄々相談ヲ試ミ候処、何レモ賛成ニテ、専修学校ニ田尻文庫ヲ作リテハ如何ナド話有之候、右御含置キ可被下候、今少シ話熟シ候ハヽ、一応寄合御相談相願候様相成可申ト存候、匆々不一

四十三年一月十九日　芳郎

士子金四郎様
添田寿一様

19 明治四十三年二月二十二日 【396】

謹啓　益々御機嫌宜敷被為入奉恭賀候、陳者母死去ノ節ハ鄭重ナル御供物賜ハリ難有奉深謝候、就テハ一々御返礼可申上筈ノ処、乍略儀左記ノ通り、

在東京福岡県
遠賀郡学生寄宿舎　五百円
遺跡保存費　五百円
福岡県東筑中学奨学金　壱百円
本山京都智恩院　壱百円
福岡県博多龍華孤児院　壱百円
居村老良小学校　壱百円
福岡育唖学校　壱百円

寄附仕リ、以テ御答礼ニ相代ヘ候事ニ仕リ候間、此段伏テ御諒承願上、併セテ御礼申上候、敬具

明治四十三年二月二十二日　添田壽一

男爵坂谷芳郎殿

［封筒表］小石川区原町　男爵坂谷芳郎殿
［封筒裏］添田壽一

20 （明治四十三）年五月三日 【392】

謹啓　御多祥奉賀候、昨日ハ御尊来、且存シ寄ラサル佳品御交付、何トモ御礼ノ申上様モ無之、実ハ辞退可申上筈ニ候モ、折角ノ御思召有難ク拝受仕リ候、先ハ乍略儀書中御礼申上、余ハ拝眉ニ相譲申候、

五月三日　添田

阪谷男爵閣下

二白　乍恐令夫人ニモ宜敷御伝声奉煩候、

［封筒表］市内小石川原町　阪谷男爵閣下
［封筒裏］添田

21 （明治四十三）年（五）月六日 【410】

拝啓 御状ニヨリ新規ノ問題ニ無之事発見仕リ候、且ツ貴諭モ有之候マヽ、貴命ニ従ヒ可申候、先ハ右拝答ノミ、

六日 添田

男爵阪谷会長殿

［封筒表］市内小石川原町 阪谷男爵閣下
［封筒裏］㊞「東京市麹町区富士見町壱丁目壱番地 添田壽一」

22 （明治四十三）年（十）月十日 【443】

拝啓 貴命ノ如ク各位ヘ通知仕り置キ候、御諾否当方ニテ取マトメノ上、分り次第御知セ可申上候、

十日 添田

阪谷博士殿

［封筒表］市内小石川原町 男爵阪谷芳郎閣下
［封筒裏］添田寿

23 （明治四十四）年（十一）月三日 【398】

拝啓 故曽禰子爵碑文御回示御手数奉謝候、何等容喙スヘキ所無之ノミナラス、結構ト奉存候、今後トモ諸事宜敷願上候、

三日夕 添田

坂谷男爵閣下

二白 今ヨリ六日ノ御尊来、御高見拝聴ヲ相楽ミ居申候、

〈端書・別筆〉明治四十四年十一月三日 添田寿一氏 故曽祢子爵碑文ニ関スル件

［封筒表］市内小石川原町 阪谷男爵閣下
［封筒裏］㊞「東京市麹町区富士見町壱丁目壱番地 添田壽一」
〈別筆〉明治四十四年十一月三日

24 （明治四十五）年（四）月二日 【469】

謹啓 御懇書奉謝候、御賛辞敢テ当リ不申、其今日アル、全ク学兄示導ノ賜ニ有之、深謝此事ニ候、十一日御光臨ノ栄ヲ不得候段遺憾千万ニ候モ、不得止儀ニ候、先ハ拝答ニ御礼ヲ兼ネ、

二日 添田

阪谷男爵閣下

［封筒表］市内小石川原町 阪谷男爵閣下
［封筒裏］添田寿

25 （明治四十五）年（四）月九日 【431-1】

謹啓　実ハ今朝御伺申度ト電話ニテ御尋ネ申上候所、御出立後ニテ遺憾ニ奉存候、
愈々日仏一条進行、右契約調印ノ為メ、且ツ将来打合セノ為メ、小生渡仏ノ事ニ相成リ候、就テハ御垂示ノ点モ被為有、然ト御考置奉願候、
先ハ右極内密御聴ニ達シ置キ候、
九日　　添田
阪谷男爵閣下
二白　先日ハ子供御馳走頂キ、千万奉謝候、乍此上宜敷奉願候、
［封筒表］大坂市中の島銀水楼　男爵阪谷芳郎閣下親展　㊞
「書留」　㊞「配達証明」
［封筒裏］㊞「東京市麹町区富士見町壱丁目壱番地　添田壽一」

［付属］第七回缶詰業聯大会議案　【431-2】

第七回缶詰業聯大会議案

一、欧米及清国ニ於テ多数製造及販売スル缶詰一種半打ツヽヲ購入シ、本支部ニ一個ツヽヲ陳列シ、他ヲ来春ノ大会ニテ開缶ノ上、品評及研究ノ資ニ供スルコト。
一、聯合会本支部所在地ニ於テハ、缶詰責任上ノ証明ヲ幹事立会ノ上ナスベキコト、而テ之レヲ以テ最モ有効ナル判決ト見倣スヘキコト。
一、荷造改良ノ件。
一、不良品証明ニ関スルコト。
一、当会員中不正ノ行為アリ、他人ニ迷惑ヲ掛ケタルカ、又ハ不払ノ人出来タル節ハ、組合ヨリ会員ニ通知ヲ発シ、或ル期間一般会員ハ其人ト取引ヲナスヲ得ズ、万一違約シタシ時ハ、本会ハ之レヲ除名スル事。
一、民業奨励ノ為メ陸軍糧抹缶詰製造廃止ノ件。
一、量目制定ニ対スル適当ナル方法。
一、飲食用器具取締規則中一部改正ノ件。
一、食品条例発布ノ噂アリ、之レニ対スル缶詰業者ノ利害。
一、缶詰検査ノ可否。
一、缶詰輸出発展方法ヲ商務官及領事ニ依頼スルコト。
一、輸出缶詰法試製ノ励行ヲ当局ニ向ツテ促スコト。

26　（明治四十五）年（四）月二十日　【401】

拝啓　昨日ノ御尊来深謝此事ニ候、不在ニ付欠礼御高免奉願候、此度ハ急場ノ事トテ御暇乞ニモ参上不仕御免奉願候、
男爵ヨリ御懇書頂キ候故、御帰京ノ節ハ宜敷御礼上申奉

煩候、
先ハ乍略儀書中御自愛奉祈候、
二十日　添田
阪谷令夫人
［封筒表］市内小石川原町　阪谷男爵令夫人
［封筒裏］㊞「東京市麹町区富士見町壱丁目壱番地　添田壽一」

27　（明治　）年（一）月十日　【456】

謹啓　昨夜ハ意外ノ御懇待謝スルニ辞ナク候、
実ハ御礼ニ参上可仕筈ナレとも、御承知ノ場合、乍略儀
書面ヲ以テ御礼申上候、
十日　添田
坂谷殿
［封筒表］市内小石川区原町［　］坂谷芳郎殿
［封筒裏］㊞「東京市小石川区小日向水道端二丁目五十三番地
電話番町三六六　添田壽一」

28　（明治　）年（　）月三十日　【395】

前略　本日ヨリ相州湯河原ヘ参り候マヽ、右一寸申上、
年始等欠礼ノ段奉謝候、
又会計検査院ノ批難ニ対スル日本鉄道補助ノ答弁ハ、昨
夜仕上ケノ上、訳員荒木正脩氏ヘ交付仕置候間、可然奉
願候、
先ハ要点ノミ、
三十日　添田
坂谷様
［封筒表］麹町区平河町六丁目　阪谷芳郎様
［封筒裏］添田寿

29　（明治　）年（　）月（　）日　【379】

謹啓　唯今ヨリ横ハマニ参リ候、又サスガニモ電話ニテ
申上兼候ヒシ故、書中申上候、
公債ノ上リシハ、払有価証券全体ノ上リニ達シタルモノ
ニ有之、右全体ノ上リハ、此頃世上新聞紙ナドニテ行政
セイリ思ハシカラズ、内閣交迭《(更カ)》アリ、他ノ内閣トナラバ、
取引所問題モ旧ニ復スルナラント唱ヘ出シ、アヲリヲ掛
ケ候輩有之候為メニ候、公債ノミニ無之候シヲ御心配被
下間敷候、
何レ帰京ノ上、何分ノ儀又申上候、
前四時半　添田

坂谷殿

［封筒表］坂谷芳郎殿親展
［封筒裏］㊞「東京市小石川区小日向水道端二丁目五十三番地
電話番町三六六　添田壽一」

30　（大正二）年（三）月十五日　【421】

謹啓　二十日御招キ奉謝候、有リ難ク参上仕リ候、先ハ右御請申上度、

十五日　添田

阪谷男爵閣下

［封筒表］市内小石川原町　阪谷男爵閣下
［封筒裏］㊞「東京市麹町区富士見町壱丁目壱番地　添田壽一」

31　（大正二）年三月二十一日　【420】

謹啓　昨夜ハ御蔭ニテ快ク一夕相過シ、深謝此事ニ候、乍略儀以書中御礼申上候、

三月二十一日　添田

阪谷男爵閣下

二白　其節御内話ノ件ハ、小生ノ考トシテ通シ可申候、

［封筒表］市内小石川原町　阪谷男爵閣下
［封筒裏］㊞「東京市麹町区富士見町壱丁目壱番地　添田壽一」

32　（大正二）年（五）月四日　【384】

拝啓　毎々御懇示感謝ノ外無候、到庭（底カ）微力ノ及フ所ニ無之、何卒々々乍此上御高援伏テ奉祈候、御指示ニヨリ入会可仕宜敷願上候、先ハ御礼ノミ、

四日　添田

阪谷男爵閣下

［封筒表］市内小石川区原町　阪谷男爵閣下
［封筒裏］㊞「東京市麹町区富士見町壱丁目壱番地　添田壽一」

33　（大正三）年（四）月二日　【459】

謹啓　過日ノ御返事ニ本日伺ヒ度ト御問合セ仕リ候所、御宅・市役所トモ御他出トノ事故、不得止大原氏ト市ノ秘書課ノ御方へ上申願置候ガ、侯爵ニハ総テ会長ノ相談相断ハリ居候含ナレバ、乍残念閣下ヘ可然御断ハリ願上可申由ニツキ、右不悪御聞済願上候、既ニ御聴ニ達シ居可申モ、念ノ為メ御詑ヲ兼ネ、右大要ノミ、

二日午後一時　添田

阪谷男爵閣下

［封筒表］市内小石川原町　阪谷男爵閣下
［封筒裏］㊞「東京市麹町区富士見町壱丁目壱番地　添田壽一」

34　（大正三）年（五）月三十日　**【448】**

謹啓　六月四日ノ御招キ深謝此事ニ候、有リ難ク参上可仕、先ハ御受マデ、

三十日　　添田

阪谷男爵閣下

［封筒表］市内小石川原町　阪谷男爵閣□《下カ》
［封筒裏］㊞「東京市麹町区富士見町壱丁目壱番地　添田壽一」

35　（大正三）年（六）月四日　**【449】**

謹啓　本日ハ非常ニ頂キ千万奉謝候、実ハ御礼ニ参上可仕筈ノ所、乍略儀以書中、謹テ御礼申上候、

四日　　添田

阪谷男爵閣下

［封筒表］市内小石川原町　阪谷男爵閣下
［封筒裏］㊞「東京市麹町区富士見町壱丁目壱番地　添田壽一」

36　大正三年十二月十一日　**【438】**

謹啓　兼テ御内申仕リ置候如ク、戦時経済調査ノ件、愈々銀行手形交換所ニテ進行ノ事ニ決シ候結果、九日会合有之候テ、井上辰九郎氏モ参会セラレ候由、就テハ小生臥床中ノ事故、小生ニ代リ、右上申方井上氏ニ御願ヒ置キ候マヽ、御序ノ節御聴取被下、経済協会へ正式御報告ノ材料トナシ被下候ハヾ仕合ニ奉存候、病中不得止、以書中右ニ関スル諸事何分宜敷願上候、

大正三年十二月十一日　　添田寿

阪谷男爵閣下

［封筒表］市内小石川原町　阪谷男爵閣下
［封筒裏］㊞「東京市麹町区富士見町壱丁目壱番地　添田壽一」

37　（大正四）年（二）月五日　**【441】**

謹啓　御多祥奉賀候、

愈々御退職被為有、実以テ遺憾千万ニ奉存候、然シ一般ノ同情ト痛惜トハ責メテモノ慰メト存候、局面一変、他日改メテ留任ノ輿望発生候ハヾ御奮発祈上候、実ハ唯今旅行ヨリ帰宅、略儀且ツ延引ナガラ、以書中大要上申候也、

五日　　添田

阪谷男爵閣下

［封筒表］市内小石川原町　阪谷男爵閣下
［封筒裏］㊞「東京市麹町区富士見町壱丁目壱番地　添田壽一」

38（大正四）年（五）月二十一日【397】

拝啓　御多祥奉賀候、
此度目伝度御婚約御成立ノ由、大慶至極ニ奉存候、殊ニ御内示被下、御厚情ニ対シ、秘密相守り可申上候、
先ハ謹テ御礼上申ト同時ニ、内々祝意奉表候、

二十一日　添田

阪谷学兄

［封筒表］市内小石川区原町　阪谷男爵閣下
［封筒裏］㊞「東京市麹町区富士見町壱丁目壱番地　添田壽一」

39（大正四）年（八）月十九日【455】

謹啓　御懇書頂キ千万奉謝候、
地位名称等ハ決シテ意ニ介セズ候モ、中外ニ入リテヨリ日浅ク、新聞界ノ為メ今少シク尽シ度ト存シ、可成御免ヲ蒙り度ト存居候所ニ有之候、然シ御忠告ハ有リ難ク拝受申上候、
先ハ御礼申上候、

十九日　添田

阪谷学兄机下

［封筒表］市内小石川原町一ノ二五　阪谷男爵閣下親展
［封筒裏］㊞「東京市麹町区富士見町壱丁目壱番地　添田壽一」

40（大正五）年（一）月二十五日【458】

拝啓　御多祥奉賀候、
朗廬先生事歴御送付頂キ千万奉謝候、乍略儀以書中御礼上申、併セテ乍遅延御陞位ノ祝意奉表候、

二十五日　添田

阪谷男爵閣下

［封筒表］市内小石川原町　阪谷男爵閣下
［封筒裏］㊞「東京市麹町区富士見町壱丁目壱番地　添田壽一」

41（大正五）年（二）月六日（岸弥内宛）【388-1】

拝啓　封入ノ経過御注目被下、其内濠州通信ノ一材料トナサレテハ如何、阪谷男トモ御打合セ御考え願上候、

六日　添田

岸殿

〔封筒表〕市内小石川区原町一二六　岸弥内殿　〈阪谷筆〉（五年二月七日　南洋濠洲航路）
〔封筒裏〕㊞「東京市麹町区富士見町壱丁目壱番地　添田壽一」
〔付属〕南太平洋航路開始ニ関スル建議案【388-2】

42　**（大正五）年（三）月二十四日**　【450】

謹啓　明日ハ博士会ニ出席ノ積ニ候所、実ハ全国鉄道監理局長ヲ召集、三日間ニ概算ノ決定会議開催仕り、休日モ廃止候位ノ場合、不得止不参候儀、不悪御思召奉願上候、併セテ諸事宜敷願上候、

二十四日　　添田

阪谷学兄

〔封筒表〕市内小石川原町　阪谷男爵閣下
〔封筒裏〕㊞「東京市麹町区富士見町壱丁目壱番地　添田壽一」

43　**（大正五）年（三）月二十七日**　【454-1】

謹啓　昨日ノ御祝宴ニ列スルノ光栄ヲ得、乍略儀以書中御厚礼申上候、経済同盟ハ内外ノ最大問題ニ有之、御出席ノ光栄ノ大ナルト同時ニ、充分ニ御自重祈上候、封入ニテ卑見ノ一端御叱正奉願上候、乍恐森賢吾君ノ経験ハ御利用可然ト奉存上候、

二十七日　　添田

阪谷学兄虎皮下

二白　小生二女ノ夫、法学士石塚瀧三ナル者、目下倫敦日本銀行ニ在勤中ニ有之、相当御用被為有候節ハ御下命奉願上候、

〔封筒表〕市内小石川原町　阪谷男爵閣下
〔封筒裏〕㊞「東京市麹町区富士見町壱丁目壱番地　添田壽一」
〔付属〕（新聞記事）経済同盟と日本【454-2】

44　**（大正六）年（八）月（一）日**　【445-1】

御高配ノ御礼ヲ兼ネ、念ノタメ入覧、御是正祈上候、

添田

〔封筒表〕市内小石川区原町　阪谷男爵閣下　〈阪谷筆〉友愛会八月二日受
〔封筒裏〕㊞「東京市麹町区富士見町壱丁目壱番地　添田壽一」
〔付属〕（『報知新聞』記事）労働問題の解決―友愛会の宣言・労働局の設置―
〔付属〕（新聞記事）友愛会の宣言【445-2】

45　**（大正六）年（十二）月十五日**　【380】

謹啓　本日ハ電話ニテ失礼仕リ候、御内意ニヨリ二十一日（金曜日）午後三時銀行クラブニテ、梁氏ト（食事ナ

シ）御会見ノ事ニ願上度、又乍恐銀行クラブヘハ貴台ヨリ御一声奉煩候、
先ハ右願用ノミ、
十五日　　　　　　　　　　　　　　　　　添田
阪谷男爵閣下
［封筒表］市内小石川原町　阪谷男爵閣下　〈阪谷筆〉二十一日三時
［封筒裏］添田寿一

46　（大正七）年（一）月二十八日　【453-1】

謹啓　昨日申上候如ク、御大任提灯持ノ社説、封入ノ如クニシテ明朝ノ社説ニ掲ケ候故、前以テ貴覧ニ奉供候、大阪ヘノ電報ハ夫々発送仕り置キ候、
二十八日夕　　　　　　　　　　　　　　　添田
阪谷学兄
二白　支那ノゴタ〳〵困タモノト心痛ニ堪ヘ不申候、
［封筒表］市内小石川原町　坂谷男爵閣下
［封筒裏］添田寿一
［付属］（新聞記事）支那幣制関税改正【453-2】　〈添田筆〉明二十九日ノ朝マデ秘

47　（大正七）年（二）月九日　【457】

謹啓　博士会ニツキ御申越ノ件、小生出来ル丈ケノ事ハ乍蔭可仕モ、御承知ノ如ク日夜現ニ従事ノ仕事ニ追ハレ居候故、何卒他ノ御方ニ御依頼被下候様、伏テ奉願上候、
九日　　　　　　　　　　　　　　　　　　添田
阪谷博士殿
［封筒表］市内小石川区原町一二六　阪谷男爵閣下
［封筒裏］㊞「東京市麹町区富士見町壱丁目壱番地　添田壽一」

48　（大正七）年（十）月二十五日　【435-1】

拝啓　毎度ノ御注意奉謝候、
二十五日ノ紙上ニ左ノ如ク上セ置キ候マヽ、御入覧ト倶ニ御礼申上候、
二十五日夜　　　　　　　　　　　　　　　添田
阪谷男爵閣下
［封筒表］市内小石川原町　阪谷男爵閣下
［封筒裏］添田
［付属］（新聞記事）白耳義首府奪還の日【435-2】

49 （大正八）年（二）月十一日 **【407-1】**

拝啓　此度ノ御高配ハ実ニ謝スルノ辞ナク候、出発ニ際シ明朝ノ紙上ニテ卑見公ケニ仕リ候マヽ、封入高覧ニ奉供、乍此上御指導祈上候、呉々モ御自愛祈上候、

十一日　添田

阪谷学兄虎皮下

［封筒表］市内小石川原町　阪谷男爵閣下
［封筒裏］添田寿一
［付属］（新聞記事）講和以後以上に注意すべきものあり
【407-2】

50 （大正八）年（十一）月二十日 **【436-1】**

拝啓　昨夜ハ失礼仕り候、貴兄ノ如ク坪野氏ヘハ手紙出シ置キ候、
別封返上御高配奉謝候、

二十日　添田

阪谷学兄机下

［封筒表］市内小石川原町　阪谷男爵閣下
［封筒裏］㊞「東京市麹町区富士見町壱丁目壱番地　添田壽一」
〈阪谷筆〉大正八年十一月　坪野平太郎氏　地蔵尊及稲荷ヲ建立セントスル計画

［付属］坪野平太郎書簡　（大正八）年十一月十七日　**【436-2】**

拝啓仕候、時下楓（霜カ）葉二月の花よりも紅なるの候、高堂益御清祥ニ被為渉奉賀上候、
さて鏡餅拝呈仕候所、拙書ニ先ち御丁寧なる御挨拶ニ預り恐入申候、
本年ハ条約批准の紀念として大切なる年柄ニ御座候へ故、心ばかりの祝ひ相催し申候、実ニ「四」十一年十一月十一日午前十一時ニ祈願し始め、大正七年ハ明治五十一年ニ相当し、添田寿一（十一）を合せて五十一とも可相成、日露戦（征）役ニ対し、尊台ニ、添田兄ニ、実ニ偉大なる勲功を奏せられ、僕等の嬉しさ、僕等の誇り、何卒御推量被下かしニ候、こゝに於てが浄名院妙運上人が我ニ大勝利のあれかし、あらは必らす勝軍地蔵尊を造りて御礼申さんと、朝夕不断の大祈願をなしたる甲斐ありて、こゝに図らすも大勝利を得たるこそ難有けれ、当時兵は強くとも金が続くまじとは一般の懸念したる所なるに、その金が続きたるは全く兄等の賜ものと云ハさるべからす、勝軍地蔵尊僕等の手ニ入る故なしとせすと確信罷在候、
さて彼の地蔵尊并ニ稲荷様を江の浦ニ安置すへき筈の処、

地蔵（仏）と稲荷（神）を併置する事、寺院ニ於て許さゝる所なるべし、又寺院ニウッカリ関係を付けると、将来随分迷惑することあらん、又維持上も覚束なしと、依て案するに、元来地蔵尊も稲荷様も、之を南方ニ置きて、北向ニ据えるものであると本ニ記しあることを発見せり、小生常ニ帝都を守護の念切なり、是以皇帝南面の位を鎮め参らせんが為め、此勝軍地蔵と稲荷様とを当房州なる南方の地ニ安置し、帝室の安泰・帝国の発展・恩人知友等の幸福、其御子孫の繁栄の為め、北向きにして某地をトし、私有とし建立致度決心仕候、私有とせハ神仏併置妨げなし、又死后とても十分此地のもの維持してくれる筈ニなつて居る、

就てハ右御承引被下度願上候、右ニ関する一切の費用（将来の維持費迄）小生ニ於て自弁し、決して御両方ニ御迷惑相懸け不申候間、右御含ミ被成下度候、我侭なる申分なから、此儀枉けて御許容可被下候、

先ハ右申上度迄、如此ニ候、草々頓首

十一月十七日　　平太九拝

阪谷男閣下

51（大正九）年（九）月十三日【414】

拝啓　御打合セノ結果、英国大使トノ御会合ハ、二十八日（火曜日）、午後六時、拙宅、ト決定仕り候、ナルべク打解ケタル小会ト仕リ度為メ、御平服ニ願上候、

十三日　　添田

阪谷男爵閣下

二白　渋沢子爵ニハ小畑氏御召連レ願上置キ候、

［封筒表］市内小石川原町　阪谷男爵閣下
［封筒裏］㊞「東京市麹町区富士見町一丁目一番地　添田壽一」

52（大正十）年（一）月七日【428】

謹啓　日米協会雑誌ニ付キ、尚ホ考ヘ可申旨御懇示モ有之、卑見阪井氏マデ申上置キ候故、何レ其内阪井氏ヨリ上申可有之候、実ハ御帰京相待可申ノ所、成ルヘク早キ方可然ト存シ、左様取計ヒ候段、御海容願上候、

七日朝　　添田

阪谷賢契

［封筒表］市内小石川原町　阪谷男爵閣下
［封筒裏］㊞「東京市麹町区富士見町一丁目一番地　添田壽一」
〈阪谷筆〉十年一月十三日、金子、伊東、阪井、キーン、阪谷、芝間相談、（スイフト一万円ヲ五ヶ月ニ

テ消、今日既ニ千二百円不足、斎藤マン氏其他ノコト、キーンヨリ、ライフスナイダー問合、尚二万円ニテコンミツチー式ニテ実行ノコト云々、）

53　（大正十）年三月二十日　【390-1】

拝啓　御繁用ノ所奉煩候ガ、ヴアンクーバーニテ拝眉ノ栄ヲ得ラレタル佐藤茂平君、寸時御引見願意御聴取奉願上候、

三月二十日　　添田

阪谷男爵閣下

［封筒表］阪谷男爵閣下

［封筒裏］㊞「東京市麹町区富士見町一丁目一番地　添田壽一」

〈阪谷筆〉十年三月廿日来訪　佐藤茂平、佐藤志郎一　蛎殻町一丁目四　バンクーバー生レ　日本人児童写真帖　右増田明六ニ紹介シ、渋沢子爵ノ命名ヲ乞

［名刺①］佐藤茂平　230 ALEXANDER ST. VANCOUVER. B. C.

［名刺②］佐藤志郎一　東京市日本橋区蛎殻町一ノ四　電話（長）浜町二千三百九十二番

54　（大正十）年（三）月二十二日　【389】

拝啓　御繁用中御執筆奉謝候、直ニ佐藤氏ニ転送可仕、同氏モ御厚意感謝セラレ候事ト奉存候、

二十二日　　添田

阪谷学兄

［封筒表］市内小石川原町一二六　阪谷男爵閣下

［封筒裏］㊞「東京市麹町区富士見町一丁目一番地　添田壽一」

55　（大正十）年（六）月二十四日　【425-1】

拝啓　封入念ノ為メ切キ《（ママ）》抜キ進呈仕リ候、又×印ノ各位ヨリハ貴台ニ対シ、小生ヨリ（御不幸御欠席ノ不得止旨申述ヘ候結果）、謹テ御悔ミ申上クレヨトノ事ニ有之候、先ハ右要事ノミ、

二十四日朝　　添田

阪谷学兄

追申　渋沢会長ノ御尽力ニヨリ、聯盟協会ヘ外務ヨリ年々二万円支出ノ儀内定候、又平和協会パブリシチーノ件モ、昨日ノ理事会ニテ月々二百円支出ノ儀決定候マヽ、乍序申添候、

［封筒表］市内小石川原町　阪谷男爵閣下親展　〈阪谷筆〉済

［封筒裏］㊞「東京市麹町区富士見町一丁目一番地　添田壽一」

［付属］添田寿一書簡　【425-2】

一同謹テ御悔ミ申上方ヲ小生ニ託サレタリ、

添田

×　二十三日夜集会セル日米協会編纂委員

Viscount Kaneko

Mr. Frazer

Mr. Kabayama

Mr.〔Dr.〕Wainwright

Mr. Geary

Mr. Sakai

Prof. Swift

Mr. Keane

Mr. Ito（米次郎）

Mr. Shibama

56　（大正十）年（九）月二十四日　【426】

拝啓　兼テ御内示ノ次第モ有之、小生丈ケノ心得トシテ（貴名ヲ出サス）、水島神戸高商校長ニ内々聞合セ候所、封入ノ如ク返事有之候故、不取敢進呈御内覧ニ奉供候、

二十四日夕

添田

阪谷学兄虎皮下

二白　峯岸氏ヨリ御厚情相伺ヒ奉謝候ト同時ニ、六日御開会ニ出席ノ事ニ承引申上置候、

［封筒表］市内小石川原町　坂谷男爵閣下秘親展

［封筒裏］㊞「東京市麹町区富士見町一丁目一番地　添田壽一」

〈阪谷筆〉十年九月廿四日付来状ナリ、同廿五日回答、礼ヲ述フ、同廿五日秋庭ヘ聞合方ヲ頼ム、九月二十六日付添田ヘ安川ノ来状ヲ戻シ、筑前永住ト異腹弟妹多キコトカ、本件進行上、今日マテノ処ニテ弱点ナリ、双方自由ヲ保留シ、合意ノ見込充分ナル場合ニ、問題トスル方可然云々、十年十月十二日、大人ヨリ一寸琴子ニ話アリ、琴子進マスト答フ、十月十三日、余ハ春洋丸ニテ松本父子及安川ニ面会ス、此日琴子電話ニテ穂積男夫人ト話シ、好マサル旨ヲ語ル、

57　（大正十）年（九）月二十六日　【427】

拝啓　先方ハ中々熱心ノ様ニ有之、本人ノ父、松本健次郎氏モ三十日頃上京、小生ニ会見ヲ求メラレ居リ候、貴方モ御取調ヘ、伏テ願上候、封入ノモノハ他ノ御方ナラバ相控ヘ度モ、貴台ニハ内々入覧候故、御一読ノ上御返付願上候、但シ御入用ニ候ハヾ、極秘トシテ御留メ置キ

願上候、
二十六日　添田
阪谷学兄虎被下
[封筒表] 市内小石川原町　阪谷男爵閣下
[封筒裏] ㊞「東京市麹町区富士見町一丁目一番地　添田壽一」

58　(大正十) 年 (十) 月八日　【429】

謹啓　御心入レノ御品頂キ、何トモ御礼ノ申上様無之候、先ハ乍略儀以書中謹テ御厚情奉謝候、乍恐令夫人ニモ宜敷上申奉煩候、
八日　添田
阪谷男爵閣下
[封筒表] 市内小石川区原町　阪谷男爵閣下
[封筒裏] ㊞「東京市麹町区富士見町一丁目一番地　添田壽一」

59　(大正十一) 年 (七) 月十五日　【409】

謹啓　封入ノモノ、渋沢子爵ヨリ御内示ニ相成リ候ト同時ニ、会長御免蒙りタキヤノ御内意故、小生ヨリハ唯々田川氏ノ考ヲ御聴置キ被下丈ケニ止メ、会長云々ノ如キハ、全然小生限リニ願上置キ候、尚ホ貴台ヨリも子爵御慰メ方可然願上候、
十五日　添田
阪谷副会長殿
二白　精敷ハ十八日午後六時御伺可申上候、
[封筒表] 市内小石川原町　阪谷男爵閣下親展　〈阪谷筆〉十八日一時
[封筒裏] ㊞「東京市麹町区富士見町一丁目一番地　添田壽一」
〈阪谷筆〉十一年七月十六日受 (田川氏十四日付渋沢子宛書状在中)

60　(大正十一) 年 (九) 月二十五日　【440】

謹啓　御多祥奉賀候、
ギユーリツク博士二十八日、支那へ向ケ出発有之、其前御懇親ノ各位ニ御目ニ掛り度、同博士ノ希望ニヨリ、二十七日 (水曜日)、午後七時、拙宅ニ小晩餐会相催度、就テハ速急ノ事ニテ恐縮千万ニハ候得共、御平服ノ侭ニテ御来遊奉願上候、
二十五日　添田
阪谷男爵閣下
[封筒表] 市内小石川原町　阪谷男爵閣下　〈阪谷筆〉二十七

日七時欠
［封筒裏］九段上　添田寿一

61（大正十二）年（五）月二十三日 【447】

拝啓　御繁用ノ所、早速御起草奉謝候、大体結構ト奉存候、折角ノ御下命ニ従ヒ、字句ニツキ少々加筆ヲ試ミ、末尾ニ愚見相加へ、別紙返上仕リ候間、然ルヘク御取捨祈上候、

二十三日朝　　添田

阪谷男爵閣下

［封筒表］市内小石川原町一二六　阪谷男爵閣下親展　速達
［封筒裏］㊞「東京市麹町区富士見町一丁目一番地　添田壽一」

62（大正十二）年十二月二十日（添田寿一・秀書簡）【442】

拝啓　御多祥奉賀候、
此度総子様御結婚ノ御報ニ接シ衷心奉祝候、
先ハ謹テ御喜ヒ申上御清福奉祈上候、

十二月二十日　　添田
　　　　　　　　秀

阪谷男爵
　　閣下
令夫人

［封筒表］市内小石川区原町　阪谷男爵閣下
［封筒裏］㊞「東京市麹町区富士見町一丁目一番地　添田壽一」

63（大正十三）年（二）月二十八日 【386】

謹啓　御多祥奉賀候、
小生数月前ヨリ約束ニ付、実業同志会ノ為メニ九州各地遊説ニ赴キ（本月末ヨリ来月中旬ニ掛ケ）候間、何卒国際聯盟協会ノ用向キ御引受、伏テ奉願上候、
先ハ右願用ノミ、

二十八日　　添田

阪谷男爵閣下

［封筒表］市内小石川原町　阪谷男爵閣下
［封筒裏］㊞「東京市麹町区富士見町一丁目一番地　添田壽一」

64（大正十三）年（三）月三十一日 【466】

謹啓　御多祥奉賀候、
小生武藤氏上京中ハ大阪ニ詰メ、其間関西北陸遊説候事ニ相成リ、明早朝西下候間、聯盟協会ノ方宜敷願上候、

三十一日

添田
阪谷男爵閣下

二白　四月一日ノ国家学会モ亦不参、宜敷願上候、

［封筒表］市内小石川原町　阪谷男爵閣下
［封筒裏］㊞「東京市麹町区富士見町一丁目一番地　添田壽一」

65　（大正十三）年（七）月二十一日　【406】

拝啓　昨日工業クラブニテ、十九日付ノ貴書ニ関シ上申仕リ度ト存シナガラ、其機ヲ失シ欠礼仕リ候、貴書ハ直ニ佐々木氏ニ転送仕リ置キ候、

二十一日　添田
阪谷学兄

［封筒表］市内小石川原町百二十六　阪谷男爵閣下
［封筒裏］㊞「東京市麹町区富士見町一丁目一番地　添田壽一」

66　（大正十三）年（七）月三十日　【464】

拝啓　暑中御健勝ニ被為入奉祝候、ポルトガル領ニ関シ御高示深謝此事ニ奉存候、旅行ヨリ唯今帰宅、先ハ右礼ノミ、早々

三十日　添田
阪谷男爵閣下

［封筒表］市内小石川原町一二七《六カ》　阪谷男爵閣下
［封筒裏］㊞「東京市麹町区富士見町一丁目一番地　添田壽一」

67　（大正十三）年八月十日　【444-1】

謹啓　アフリカノ件、昨日モ御懇示奉謝候、直ニ外務ノ方ト打合セヲ試ミ候所、目下アフリカ東部ヲ旅行中ナル今井領事ヨリ一般的報告有之候筈ナレハ、夫ヲ見タル上ニテ考ヘタクトノ事ニ有之候、
右内申ト共ニ御礼上申候也、

八月十日　添田
阪谷男爵閣下

［封筒表］市内小石川原町　阪谷男爵閣下　〈阪谷筆〉アフリカポルトガル領分植民一件
［封筒裏］㊞「東京市麹町区富士見町一丁目一番地　添田壽一」
〈阪谷筆〉十三年八月三日加藤壮太郎来訪ス（七月廿六日ポルトガル飛行家ブリート、パエス少佐ノ談ニ付テナリ、西国ローザ陸軍大佐同席ス）
［名刺］加藤壮太郎　小石川丸山町三十番地　〈阪谷筆〉Aug. 3, 1924

68　（大正十三）年（八）月十四日　【399】

拝啓　過日申上候所、唯今封入ノ如ク申来リ候、小生ノ考ニテハ至当ト存候（他日石段ハ道路確定ノ上、更ニ改築ヲ要シ可申モ）、就テハ御同意ニ候ハヾ、封入ノはがき御投函奉煩候、

十四日　　　　　　　　　　　　　　添田

阪谷学兄虎皮下

二白　坪野氏ヘ通知スルト否トハ貴兄ニ全任申上候、

〈端書・阪谷筆〉

神奈川県足柄下郡片浦村江ノ浦

江ノ浦委員来状（八月十日付）

江ノ浦

見積

総代青木林太郎

二百八円　　碑建柏木文吉

築立朝倉金蔵

［封筒表］市内小石川原町　阪谷男爵閣下

［封筒裏］㊞「東京市麹町区富士見町一丁目一番地　添田壽一」

〈阪谷筆〉十三年八月十五日受

69　**（大正十四）年一月十四日**　**【376-1】**

拝啓　御厚情ニヨリ、ドレーヂ氏ニ面会ノ機ヲ得千万奉謝候、先ハ乍略儀以書中謹テ御礼申上候、

一月十四日

阪谷男爵閣下　　　　　　　　　　　添田

［封筒表］市内小石川原町　阪谷男爵閣下

［封筒裏］㊞「東京市麹町区富士見町一丁目一番地　添田壽一」

［付属］添田寿一書簡（　）年（　）月十八日　**【376-2】**

謹啓　電話ニテ申上候モ念ノ為メ申上候、二十日、午後六時、拙宅、御平服ノマヽ、林・柳生両氏御入来、

先ハ御待受申上候、

十八日　　　　　　　　　　　　　　添田

阪谷閣下

70　**（大正十四）年一月十六日**　**【424】**

拝啓　徳川公ヨリ封入ノ来書示サレ候間、貴台ニ入覧仕リ候、御一覧ノ上ハ協会ニ保存方御下命願上候、又公爵ヨリ新聞切抜キヲ示サレ、貴台ト談合シクレヨトノ事ニ候、然ルニ本件ニ関シテハ、段々御相談ノ如ク、不問ニ付スル方得策ナラムト申合セ候旨、公爵ヘ小生ヨリ上申仕リ置キ候、

十六日

添田

阪谷男爵閣下

［封筒表］市内小石川原町　阪谷男爵閣下親展
［封筒裏］㊞「東京市麹町区富士見町一丁目一番地　添田壽一」

71　（大正十四）年（四）月十一日　【403】

拝啓　唯今帰宅尊書拝読、御手数奉謝候、村民モ定メテ喜ヒ候事ト存候、費用ハ先例ニヨリ是非共折半ノ事ニ奉願上候、先ハ御礼ヲ兼ネ、右奉願上候、

十一日夜

添田

阪谷学兄虎皮下

［封筒表］市内小石川原町　阪谷男爵閣下
［封筒裏］㊞「東京市麹町区富士見町一丁目一番地　添田壽一」

72　（大正十五）年八月十日　【468】

拝啓　御多祥奉賀候、実ハ加藤外松氏ヨリ奥山公使ノ支給額（三千円ニテ主事ニ願フ話ナリシ御方）ヲ月額五百円（年額六千円、即チ協会予算額）ニ願度旨、外務省側ノ希望ナル旨申越サレ候、右ノ点ヲ協会ニテ同意セハ、近日正式確定仕リ度トノ事ニ有之、御避暑中ト承ハリ、以書中御高見御垂示奉煩候、

八月十日

添田

阪谷男爵閣下

二白　渋沢会長ヘモ別ニ小生ヨリ同書差出置キ候、

［封筒表］相州大磯町別邸　阪谷男爵閣下親展
［封筒裏］㊞「東京市麹町区富士見町一丁目一番地　添田壽一」

73　（大正十五）年（八）月十七日　【434】

拝啓　御多祥奉賀候、奥山氏ヲ国際聯盟協会ノ主事ニ願フ一条ニ関シテハ、渋沢会長ヨリ篤ト詮議仕リ度、御帰京（本月末）マテ相待チ可申旨申越サレ候間、右様取計ヒノ儀、加藤主事ヘ申送リ置キ候、此段御含ミマテ申上候、

十七日

添田

阪谷副会長殿

二白　来月五日、又ハ六日ラヂヲニテ聯盟ニ就キ宣伝ノ一条、御差支ノ由ニツキ、小生相勤メ可申、何カ御心添ヘノ点モ有之候ハヾ御内示願上候、

［封筒表］ 相州大磯御別邸　阪谷男爵閣下親展
［封筒裏］ ㊞「東京市麹町区富士見町一丁目一番地　添田壽一」

74 （大正十五）年（八）月二十七日 【432-1】

拝啓　唯今渋沢子爵ヨリ電話ニテ、来月三日正午（場所ハ追テ決定）理事会相開キ、主事ノ件議決仕り候前、同日午前十一時半、会長ト貴台ト小生トニテ懇談仕リ可申旨、御来示有之候、右何卒御聴済願上候、万一御差支ニ候ハヾ、子爵ト御打合セノ上、御垂示願上候、

二十七日夕　　　　　　　　　　　　添田

阪谷副会長殿

［封筒表］ 市内小石川原町　阪谷男爵閣下至急　〈阪谷筆〉三日十二時　三日十一時半
［封筒裏］ ㊞「東京市麹町区富士見町一丁目一番地　添田壽一」

［付属①］ 加藤外松書簡
（大正十五）年（八）月二十二日 【432-2】

拝啓　御懇書辱く拝見奉深謝候、
帰京後出渕次官・奥山公使ニも会見仕り候結果、条件一切ハ悉く会長・副会長之御裁量ニ一任する意向なる旨を確かめ申候、就てハ本月末会長御帰京之上、理事会開催被下、万御決定被下候様願上度、只小生たけの御願として、出来得るならは、俸給は月額三百円とするも、別ニ賞与其他之名義ニて、月弐百円を御支出被下候様御詮義被下候ハヽ、御当人及関係者一同之最も欣幸とする所なる可しと存し、本問題を最も好く解決する所以なりとして衷心御願申上度候、御当人及外務省側ニてハ、前記之通り全然御意向通りニて宜しとの事ニ候へ共、小生之印象ニよれは、過般御申付之三百円丈け、又ハ三百円ニ加ふるニ四ヶ月の賞与ニてハ、相当苛酷なるやニ観せられ候、要ハ名義如何を問はず、月収五百円を保証して、奥山氏の全サービスを提供する様御取決め願上度、実ハ参上之上御願可申上筈ニ有之候へ共、廿五日出発前彼是雑用ニ取紛れ参館致兼候ニ付き、紙上甚た意を尽さず、遺憾至極ニ候へ共、此段御願申上度、一切ハ会長・副会長之御決定ニて結構ニ候へ共、折角之企てを充分ニ意義あらしむるため、奥山氏之勤労を遺憾無く提供せしむる意味ニ於て、名義を問はず、月収五百円を保証せられ候様御決定相願度、此段書上及御願候、敬具

八月廿二日　　　　　　　　　　　　加藤外松

阪谷男爵閣下

［付属②］ 渋沢栄一書簡　大正十五年八月二十八日　**【432-3】**

大正十五年八月二十八日

国際聯盟協会々長

子爵　澁澤榮一㊞

阪谷副長（ママ）長殿

拝啓　残暑の候愈御清適奉賀候、陳者来る九月三日（金）正午丸ノ内銀行倶楽部に於て、第六十三回理事会を開催、主事選任の件其他御協議を得度候に就ては、炎暑の折柄甚だ御迷惑の至りに存候得共、御繰合せ御臨席被成下、此段御案内申上候、敬具

尚ほ御打合申上度事有之候ニ付、同日理事会開催廿分前に御来駕願上候、

〈欄外・阪谷筆〉三日十一時半　銀行クラフ

75　（昭和三）年（七）月八日　【465】

拝啓　御多祥奉賀候、加藤彰廉君ノ御出京ヲ幸ニ、例ノ不入水会相催度存候間、何卒々々十三日（金曜日）、午後五時、九段上拙宅へ御来遊奉願上候、同日ニハ同役ノ各位御差支無之由ニ付、右御願申上候、

八日　添田

阪谷学兄虎皮下

二白　暑中ノ事故ニ、何卒御着流シノ侭ニ願上候、

［封筒表］市内小石川区原町一二六　阪谷芳郎様　〈阪谷筆〉

十三日五時出

［封筒裏］東京市麹町区富士見町一丁目一番地　添田壽一

76　（昭和三）年（十二）月十三日　【387】

拝啓　御厚情ニ充テル御懇書拝読、何トモ御礼ノ申上様モ無之候、昨日モ申上候如ク、意外ニ永引キ候モ最早快方ト存候、貴示ノ如ク段々老境ニ入リ、壮年ノ時トハ注意ヲ要シ候事ヲ痛感仕リ候、学兄ニモ御繁用ニ被為入候故、一層ノ御自愛切ニ奉祈上候、先ハ拝答ト倶ニ、重ネテ御懇情奉鳴謝候、

十三日　添田

阪谷学兄虎皮下

［封筒表］市内小石川原町一二六　阪谷男爵閣下

［封筒裏］㊞「東京市麹町区富士見町一丁目一番地　添田壽一」

77　（　）年（三）月二十九日　【378】

謹啓　御多祥大賀々々、此度堀切令夫人御安産慶賀此事ニ候、実ハ直ニ御喜ヒニ参上可仕と存ナガラ、目下例ノ

日仏問題進行ニ遅レ、意ニ任セ不申、乍略儀書中両人ノ
祝意奉表候、乍恐令夫人ニモ宜敷御上申願上候、

二十九日　　　　添田

阪谷様

［封筒表］市内小石川原町　阪谷男爵閣下
［封筒裏］㊞「東京市麹町区富士見町壱丁目壱番地　添田寿□（一カ）」

78　（　）年（七）月三十一日　**【377-1】**

昨夜ハ失礼仕リ候、陳者別紙ノ如ク申来候間、本日一時
半頃御宅へ御誘ヒニ参上可仕候也、

卅一日朝　　　　添田寿一

坂谷学兄

［封筒表］坂谷芳郎様
［封筒裏］添田

［付属］桜谷書簡（添田寿一宛）（　）年七月三十一日　**【377-2】**

本日午後二時頃、坂谷君同行御来訪之趣承知致候、此段
不取敢申進候也、

七月三十一日　　　　桜谷生

添田学兄

79　（　）年八月一日　**【422】**

前略　昨夜始メテ御凶事ノ有之候事、土子氏ヨリ承ハリ、
実ニ驚入リ、深ク御力落ト奉察候、
昨夜ハ久米、土子、春日ノ三君ト私ノミニテ至極静ニ相
済ミ候モ、少人数ナリシハ遺憾ニ候、
李家氏ヨリノはかきニモ有之候如ク、改メテ久米氏ヲ送
り候会ヲ催シ候テハ如何、同氏モ本月七日頃出立有之候
由、此辺ニツキ貴意承度候、

八月一日　　　　添田寿一

坂谷様

［封筒表］坂谷芳郎様
［封筒裏］添田寿一

80　（　）年十一月二日　**【381】**

謹啓　時下益御清祥御座被為入、慶賀此事ニ奉存候、陳
者来十一月七日正午十二時、常盤橋内日本興業銀行楼上
ニ於而、緩々御高話拝聴旁粗餐差上度候間、御繁用中御
迷惑ニ可被為入トハ奉存候へ共、何卒御繰合ノ上、御賁

臨被成下候ハヽ、光栄之至リニ奉存候、謹而右御案内申上度、如此ニ御座候、敬具

十一月二日　　添田寿一

男爵阪谷芳郎閣下

［封筒表］男爵阪谷芳郎閣下
［封筒裏］添田壽一

81　（　）年（　）月一日　【412】

拝啓　商業会議所ニテ御内命ノ計画表、粗大ナガラ簡明ナル分ハ別紙ノ如クニ有之、尚ホ御入用ノモノ有之候ハヾ御下命奉願上候、

一日　　添田

阪谷男爵閣下

二白　尚ホ十五ノ分ハ小生ニ実数相分リ兼ネ候故、唯々一日も速ニ開店ノ上、彼ノ五億円ノ特別融通法ニヨリ活路ヲ求メラレ候外無之ト存候、又休業銀行（開店ノ見込ナキ分）ハ昨日ノ首相邸ニ於ケル内示会ノ空気ニ依レハ、見込薄キ様被為存候、又五億ト金額ヲ限ラサル事モ、小生ヨリ蔵相ニ進言仕リ候得共、採納ノ望ミ無之候、此儀も内々申添候、

［封筒表］阪谷男爵閣下秘親展
［封筒裏］東京市麹町区富士見町一丁目一番地　添田壽一

82　（　）年（　）月八日　【439】

謹啓　本日ハ風邪ノ為メ小生欠席候故、諸事宜敷願上候、報告等ハ岸氏ニ依頼仕リ置キ候故、同氏ヨリ御聴取願上候、

又壕州事務関係者年末賞与ニ関シ、岸氏（其他ニモ有之候ハヾ同氏ニ御尋ネ被下）へ給与額可然御決定御決行願上候、総テ貴台并ニ岸氏ノ御取計ヒ通リニ願上候、

八日　　添田

阪谷男爵閣下

［封筒表］阪谷男爵閣下急親展
［封筒裏］㊞「東京市麹町区富士見町壱丁目壱番地　添田壽一」

83　（　）年（　）月十二日　【437】

謹啓　本日土子氏来ラレ不入水会相開キ候テ、貴台ノ御送別会相催候事ニ決定候マヽ、二十三日以後ニ於テ、貴台御都合宜敷日取御回示奉願候、又貴台・土子氏・久米氏・平沼氏以外ニ、何方ヲ招キ可然ヤ、御気付モ被為有候ハヾ併テ奉伺候、尤モ柳生氏丈ケハ別格トシテ御加へ

ノ儀御許容奉願候、

十二日　添田

阪谷学兄

［封筒表］阪谷男爵閣下親展　煩貴答
［封筒裏］添田寿一

84　（　）年（　）月十三日　【433】

謹啓　御繁用奉恐察候、小生今朝出立、大阪ニ於ル近親ノ婚礼式之為メ西下仕リ候、兼テ願上置キ候十七日帝大安田講堂ニ開催ノ国際聯盟協会大会ハ、新聞紙上ノ広告ニヨリ大人気ノ由ニ候、当日ハ呉々モ宜敷奉願上候、先ハ出立ニ際シ、右御願申上候、早々

十三日朝　添田

阪谷男爵閣下

二白　本月二十二、三日頃ニハ帰京ノ積リニ候、

［封筒表］小石川原町　阪谷男爵閣下親披　〈阪谷筆〉十六日
［封筒裏］㊞「東京市麹町区富士見町一丁目一番地　添田壽一」

85　（　）年（　）月十五日　【446】

謹啓　御懇示奉謝候、封入ノ案可急(火カ)御斧正ヲ願ヒ候上、渋沢男爵ノ御覧ニ奉供度ト存シ、内覧ニ奉供候、充分ニ御是正願上候、姉崎氏ハ二月末出立ノ由ニテ、此際名前ヲ出シ呉レナトノ事ニツキ、其積リニテ末尾ニ漠然ト加ヘ置キ候、先ハ御礼ヲ兼ネ、右御斧正奉煩候、

十五日　添田

阪谷男爵閣下

［封筒表］小石川　阪谷男爵閣下親展
［封筒裏］㊞「東京市麹町区富士見町壱丁目壱番地　添田壽一」

86　（　）年（　）月十八日　【405】

謹啓　昨日吉川氏ヲ以テ一同ニ代リ願出テノ件ハ、何卒（少々御返事手間取り候テモ）御許容被下、実業界各方面ノ人々ノ為メニ有益ナル御初演説（四十五年ノ）呉々モ祈上候、又別冊ハ外ノ人ノ手ニ成リ、誤謬モ多ク恥チ入リタル次第ニ候ガ、其六七二頁ノ所ニ、貴台ニ関スル事相見ヘ候マヽ、御一笑ニ奉供候、

十八日　添田

阪谷男爵閣下

［封筒表］阪谷男爵閣下

［封筒裏］添田寿一

87 （ ）年（ ）月十九日 【413】

謹啓　御出発前御多用ノ事ト奉恐察候、送別ノ意ヲ表スルニ、外ニ之ゾト申ス方法モ無之、此品御土産中ニ御加ヘ願度、差出申候間、御笑納奉願候、

十九日　添田

阪谷男閣下

［封筒表］阪谷男閣下親展

［封筒裏］添田寿一

88 （ ）年（ ）月十九日 【462】

謹啓　毎々佳品頂キ千万奉謝候、御返礼ノ印マデ、羽田ナル黒田侯猟場ニテ捕獲ノ鴨進呈候間、御笑納願上候、

十九日　添田

阪谷男爵閣下

［封筒表］阪谷男爵閣下

［封筒裏］㊞「東京市麹町区富士見町一丁目一番地　添田壽一」

89 （ ）年（ ）月二十三日 【391】

謹啓　御無事御帰朝慶賀此事ニ候、聊カ祝意奉表候為メ、来月六日（月曜日）午後六時、拙宅ニテ晩餐会相催シ度、且ツ重立タル銀行家各位ト共ニ、御外遊中ノ御話ヲモ拝承仕リ度、何卒々々御高臨ノ上、御高話拝聴ノ栄ヲ賜ハリ候様奉願候、

二十三日　添田

阪谷男爵閣下

［封筒表］□（小カ）石川区原町　阪谷男爵閣下

［封筒裏］添田寿一

90 （ ）年（ ）月三十一日 【461】

謹啓　過日ハ御尊来奉謝候、本日侯爵御帰京ノ筈ナリシ故、小生参邸御待申上候ヒシモ、御帰京期日判然セス、不得止、令扶ニ御帰京相成リ次第御考ヲ伺、被得意候様頼ミ、引取リ申候、其節ノ内話ニ依レハ、近来一切ノ会長談ハ御断退相成リ居候旨ニ有之、未タ何トモ申上難ク候モ、或ハ六ヶシキ方ナランモ不計、依テ時日乏シキ際ナレハ、他ニ御準備ノ御都合モ可被為有候半ト存シ、右取急キ内申仕リ候、尤モ小生ハ出来ル丈御承引有之様、卑見ヲ以テ上申可仕積リニ候、甚タ不判明ノ事ノミニテ恐縮ニ奉存候、右ノ次第不悪御思召奉願候、左右判然次

第直々更ニ可申上候モ、不取敢右ノミ内申候也、

三十一日　　添田

阪谷男爵閣下

［封筒表］市内小石川原町　阪谷男爵閣下　〈阪谷筆〉飛行

［封筒裏］㊞「東京市麹町区富士見町壱丁目壱番地　添田壽一」

91 （　）年（　）月（　）日　【451-1】

謹啓　宮岡氏ヨリ別紙ノ如ク申来リ候マヽ、転送申上候、
御高見ハ宮岡様へ直接御通シ願上候、又書籍ハ御覧後ボールス氏へ御返付願上候、

添田

阪谷男爵閣下

［封筒表］阪谷男爵閣下　〈阪谷筆〉川田正徴氏ノ欧米教育雑感、右三月廿四日ボールスへ戻ス、二十三日添田、宮岡ニ答フ、

［封筒裏］㊞「東京市麹町区富士見町壱丁目壱番地　添田壽一」

［付属］宮岡恒次郎書簡（添田寿一宛）

（　）年三月二十三日　【451-2】

〈前欠〉

東京府第一中学校長川田正徴氏ノ旅中報告書、茲ニ御回付申上候、第一三六頁ヨリ一六〇頁迄御熟読之上、阪谷男へ御相談相願度奉存候、此書ハボールス氏ヨリ借リタルモノニ付、老台ヨリ又ハ阪谷男ヨリ同氏へ返戻相成候様、御取計被下度奉願候、匆々

三月廿三日　　宮岡恒次郎

〈後欠〉

曽祢荒助　書簡

1 明治四十二年十月二十五日　【253】

拝啓　時下暮秋之砌、閣下益々御健祥慶賀此事ニ奉存候、陳ハ先般来小生病床中ハ、不一方御顧念相煩ハし候処、御蔭を以て健康日ニ常態ニ復し、今日ニ於てハ全く快癒之域ニ達し申候間、乍憚御省慮被成下度候、茲ニ不取敢御礼旁々御挨拶申上度、如此ニ御座候、敬具

明治四十二年十月廿五日　　子爵曽祢荒助

阪谷男爵閣下

［封筒表］東京小石川原町　男爵阪谷芳郎殿

［封筒裏］韓国京城　子爵曽祢荒助

2 （明治　）年五月二十日 【310】

拝啓　陳者来廿三日午後二時富士見町官邸於テ、茶菓差上度候間、御繰合セ、同日御来駕被下度、此段御案内申上候、敬具

五月廿日　　曽禰荒助

主計局長阪谷芳郎殿

〔封筒表〕阪谷芳郎殿　〈阪谷筆〉二十三日午后二時
〔封筒裏〕曽禰荒助　㊞「農商務省用」

曽根静夫　書簡

1 （明治二十六）年（五）月三日 【255】

粛呈啓　尊大人御遺稿壱部御恵与被下、難有児孫ニ至迄師事拝観可仕候、何レ拝眉之上、山海之御礼可申述候へ共、不取敢一応之御請迄、如此ニ御坐候、頓首拝復

三日　　静拝

坂谷尊台梧下

〔封筒表〕麹町区平河丁六丁め廿一番地　坂谷芳郎殿御執事
〔封筒裏〕牛込区市ヶ谷加賀町　曽根静夫

2 （明治　）年（　）月一日 【256】

拝呈　昨夕ハ雨天ニも不拘、枉而御賁臨被成下本懐之至ニ不堪、本日ハ早速拝趨御礼可奉申上筈之所、少々風邪ニ而引篭罷在候内、却而御懇書ヲ蒙、何とも恐縮之至ニ御坐候、不取敢右御請迄、早々拝復

一日　　静夫拝

阪谷長官閣下侍史

〔封筒表〕市内小石川区原町　阪谷芳郎殿侍史
〔封筒裏〕牛込加賀丁二ノ三　曽根静夫拝

曽祢昌孝　書簡

1 （昭和三）年六月八日 【254】

拝啓　益々御清勝奉賀候、陳は亡父死去之節は御丁寧に御弔問被下、且御供物迄賜はり、御芳志奉謝候、一々御礼可申の処、聊か慈善事業に寄附致し御礼に代へ候間、御承引被下度候、先は忌明に付き、右御礼申上候、敬具

六月八日　　曽祢昌孝

坂谷芳郎様

［封筒表］小石川区原町百二拾六番地　坂谷芳郎様

［封筒裏］本郷区西片町十番地　曽祢昌孝　昭和三年六月八日

〈阪谷筆〉何人の子なるや

曽祢安輔　書簡

1　（大正四）年六月三日　【252】

拝啓　時下益々御多祥奉賀候、陳者亡父荒助生前佐久間鐵園画伯へ依嘱致候五百羅漢図ハ、画伯数年之丹精を以而、此程無滞竣成を告け、是を弊家ニ寄贈せられ候、右画は過日画伯より御披露有之候通ニて、亡父在天之霊も嘸々喜悦之事と存候のみならず、弊家一同欣喜措く能はさる処ニ御坐候、就而者画伯ニ対し無量之厚誼を謝すると共ニ、弊家一同之祝意を表する為、来る八日午後六時浜町常磐家ニ於て画伯を主賓とし、過日披露会ニ御来会之方々にも御臨席を請ひ、粗餐差上度候間、御多忙中恐縮ニ候得共御賁臨被成下度、此旨奉得貴意候、敬具

六月三日　子爵曽祢安輔

男爵阪谷芳郎様侍史

［封筒表］小石川区原町百廿六番地　男爵阪谷芳郎様侍史

〈阪谷筆〉八日六時

［封筒裏］子爵曽祢安輔

高木兼寛　書簡

1　大正五年三月十日（高木兼寛・富書簡）【575】

拝啓　愈御多祥奉賀候、陳は今般御令息様御儀、三嶋壽子様と御婚約御整ひ被遊、目出度候（ママ）儀奉存候、就而は御披露之為、来る十三日御招待ニ預り光栄ニ奉存候、然るに兼寛儀ハ無拠差支有之参趨仕兼候得共、妻富事定刻拝趨御祝ひ可申上候間、此段御回報申述候、敬具

大正五年三月十日

男爵高木兼寛

同　富

男爵阪谷芳郎殿

同　令夫人

［封筒表］小石川区原町　男爵阪谷芳郎殿

［封筒裏］男爵高木兼寛

髙島嘉右衛門　書簡

1　（大正二）年三月三十日　【583】

拝復　益々御清適奉賀候、陳は金貨本位制度実施十五週年記念牌一個御贈附被成下難有受領仕候、敬白

三月三十日

髙島嘉右衛門

男爵阪谷芳郎様

［封筒表］東京市小石川区原町一二六　金貨本位記念会委員長男爵阪谷芳郎様

［封筒裏］横浜市神奈川台　髙島嘉右衛門

高田早苗　書簡

1　（明治四十三）年（十）月二十五日　【548】

拝啓　本日博士候補者の件ニつき早稲田連集会於て過日御相談致し置候通ニ投票の事ニ相談一決仕候間、御含願上候、右御内報のミ、早々

廿五日

高田早苗

坂谷男爵侍曹

［封筒表］小石川区原町一二六　坂谷芳郎様親展

［封筒裏］東京牛込早稲田　早稲田大学　高田早苗　電話番町千三百四十番・五百〇九番

2　（大正二）年十月二十五日　【547】

謹啓　秋冷之候倍御清穆奉慶賀候、陳者今回弊大学創立三十年紀念祝典挙行候ニ就而ハ、態々祝詞を辱ふし奉感謝候、弊大学之光栄不過之奉存候、弊大学之近況を録したる創業録及写真帖各壱部小价に附し、左右ニ呈上仕候、御笑覧を賜り度存申候、不取敢右申述度、如斯ニ御座候、敬具

十月二十五日

早稲田大学々長

高田早苗

男爵阪谷芳郎閣下左右

［封筒表］男爵阪谷芳郎閣下

［封筒裏］早稲田大学々長　高田早苗　十月二十六日　創業録写真帖添

高野岩三郎　書簡

1　（大正六）年二月二十五日　【579】

拝啓　今朝参邸仕候得共、御外出後ニ被為在候故、茲ニ以書中得御意候、過日木曜の委員会テ国家学会記念会三月二十四日午後一時開催と相定め、御講演者の御都合相窺候上確定、会員へ通知致し候事ニ仕候、其他詳細ハ拝眉万可申上候得共、右のみ尊耳ニ達し置候、拝白

二月二十五日

高野岩三郎

坂谷老台玉案下

［封筒表］小石川区原町一二六　坂谷芳郎様　〈阪谷筆〉三月廿四日一時

［封筒裏］㊞「東京市本郷区動坂町百番地　高野岩三郎」

高橋是清　書簡

1　（明治四十）年九月二十四日　【507】

拝啓仕候、秋冷之候益御清穆奉恭賀候、陳ハ弥今日無恙御帰京被遊候段、御目出度奉存候、先日は御叙爵之恩命を被為拝、慶賀之至ニ奉存候、右御祝之為め、本日罷出、且小生今般恩命を拝候御礼申述度と存候処、却テ御取込中御迷惑之儀ト存、乍略義以書中慶賀之意を表度、相添候品、軽少ながら御笑留被下度奉願候、敬具

九月廿四日

高橋是清

阪谷男爵閣下

［封筒表］男爵阪谷芳郎殿親展

［封筒裏］高橋是清

2　明治四十年十月三日　【513】

拝啓　秋冷ノ候益御清祥ニ被為渉奉恭賀候、陳者今般御勲功ニ依リ御受爵被遊候御儀、恐悦至極ニ奉存上候、依之右御祝ノ印マテニ、別紙目録ノ通リ拝呈仕度、御笑留被成下候得ハ難有仕合ニ奉存候、右弊行重役会ヲ代表シ奉得貴意度、如斯ニ御座候、謹言

明治四十年十月三日

横浜正金銀行頭取

男爵高橋是清

男爵阪谷芳郎殿

［封筒表］男爵阪谷芳郎殿

［封筒裏］横浜正金銀行頭取　男爵高橋是清

3　（明治四十一）年十一月十七日　【509】

拝啓　昨夜は御光臨之栄を忝うし奉深謝候、其節ハ失礼

仕候、偖テ御帰朝ニ際し御持返り之英国製服地御恵贈被成下、何共恐縮千万御厚意難有拝受仕候、其中拝芝御礼可申述候得共、不取敢以書中御厚意奉謝候、敬具

十一月十七日

高橋是清

阪谷男閣下

［封筒表］小石川区原町　男爵阪谷芳郎殿閣下
［封筒裏］赤坂表三丁目十番地　高橋是清

4（明治四十二）年（七）月（九）日【511】

頭取男爵高橋是清

男爵坂谷芳郎殿

拝啓　益御清康奉賀候、陳は閣下ヨリ予テ御紹介相成居候成瀬達氏儀、徴兵猶予中ニモ拘ハラス、採用致度方針ニテ、夫々調査相運ヒ居候処、最後ニ至り生命保険会社ニ於テ、弊行ノ規定ニ依ル保険契約出来ザル事ニ相成、夫レカ為ニ折角ノ御紹介ナルモ、今回ハ採用不相叶仕宜ニ立至り候間、此段御承知置相成度候、敬具

［封筒表］東京市小石川区原町一二六　男爵坂谷芳郎閣下
［封筒裏］横浜市南仲通五丁目　横浜正金銀行　高橋是清

5（大正五）年一月二十四日【508】

拝啓　益御清祥奉恭賀候、陳は朗盧先生之事歴一本御送付ニ預り、御芳情忝奉深謝候、一読現世ニ裨益少カラサルヲ覚へ申候、不取敢御礼申述度、早々敬具

一月廿四日

高橋是清

阪谷男爵閣下

［封筒表］小石川区原町　男爵阪谷芳郎殿親展
［封筒裏］赤坂表三ノ十　高橋是清

高橋梅窓　書簡

1（昭和四）年五月十一日【576】

拝啓　益々御安康奉賀候、さて誠ニ失礼なから御伺申候、目黒ハ古昔より筍の名処とて土人ハ自慢いたし、又実際美味にも有之候へ共、昨冬ハ降雨なかりし為、今年ハ季節にも遅れ、此節よふやく出盛りとわなり候、御身分を考ふれば申上候も恐惶の至ニ候へ共、昔の御友人たる御心持にて、所謂ゆる田舎の友達たるべき御考にて、拙宅へ御枉駕賜ハリ候へハ、当日田舎料理の筍飯及筍の品計り二三品料理して献し申度、御相伴として同国人の花井卓蔵博士を迎へ申度候、（花井氏ハ古き知人に

て、同国人ニ候へハ隔意無之人ニ候、尊台にも貴族院にて御知人と奉察候〕他にハ一人も加へ不申、私と三人にて粗末なる笥飯献し申度候、拙宅ハ申上候も小屋の様なる浪人住宅にて、目黒之古刹祐天寺前通高等女学校西隣ニ候、隣家も一二軒有之候へ共、誠静閑なる浪宅ニ候、願くハ御枉駕賜ハリ候へハ幸栄無限ニ候、御返事次第、花井博士へも通して日時を定め（二三日之内ニ）、更ニ申上度候間、何卒昔の友達たる軽き御考を以て御返事被下候様、伏して御返事御待申度候、恐惶謹言

五月十一日　　梅窓拝

阪谷芳水先生尊台

［封筒表］東京市小石川区原町百二十六番地　阪谷芳郎殿
［封筒裏］㊞「東京市外中目黒町千百十九番地　高橋梅窓」
〈阪谷筆〉五月十二日付　笥飯案内断ル

高平小五郎　書簡

1（明治四十一）年十二月六日（小野英次郎宛）　【1078】

過日は坂谷男よりの協約成立ニ関する祝電御転送被下、御手数之段万謝之至御座候、右は従来両政府間ニ存続セる意思を繰返して確認セるものニ過きさるも、将に内外公衆之好感を想起セるは幸福なる次第ニ而、当地州義社会にも好評之方ニ御座候、愚生は訓意を遵行セる迄なるも、遠方より特ニ祝電を寄セられ候は望外之光栄ニ有之候、此旨御序を以而、坂谷男江御申送相成、可然謝意御伝言被下候様御願申上候、匆々

十二月六日　　高平小五郎

小野英次郎様

［封筒表］Dr. Eijiro Ono, c/o the Yokohama Specie Bank, 63-65 Wall Street, New York City.

高峰譲吉　書簡

1（明治四十一）年十一月二十日　【584】

謹啓　一昨日ハ参邸御馳走に預り奉多謝候、其後御礼に罷出可申之処、出発時日切迫の為め百事蝟集、不本意なから欠礼仕候義、何卒御寛恕下され度候、又一昨夜は一同御来臨を御待受致居候処、終に其事なく、深く遺憾に奉存候、最早滞京中重ねて御壮容を拝するの機もこれな

かるべくと存し、茲に滞京中の御厚情を謝し候と同時に、閣下の御健康を奉祈候、草々

十一月二十日

高峰譲吉

阪谷男爵閣下

［封筒表］小石川区原町一二六　男爵阪谷芳郎殿
［封筒裏］麹町区平河町六ノ二十　塩原方　高峰譲吉　十一月二十日

田川大吉郎　書簡

1　（大正三）年十月十日　【503】

啓上　昨日貴意を得候件、小生は昨夜おそく帰京候ため、今朝、野々山氏へ電話にて通告候所、略ぼ同感の趣、心好き挨拶を受け候、因て、此段御報知申上候、尚、其際、十一日午後、日本橋倶楽部に於る貴下の御催しは、右之御考慮と関係あるべきやとの問を受け候へども、小生は相知らざる旨答へ置候間、左様、御諒知被下度候、其後、安藤兼吉氏より、電話にて、御集会の趣を承はり、其際、安藤氏は、御催しに不同意の様に申聞け候に、小生も、遺憾なから同意を表し置き候、小生若し、御側に在りたら、誓って此御計画を阻止したらんものをと返すく残念に存じ候、

然し、事既に此に至りたる以上は、詮方なし、小生は貴下之其の集会に折角の御成功を祈り候、尤も小生は、尚、貴下の御抱負に属する演説を此集会に望まず候、

御抱負を演説さるゝことは、一切、市会の席に於てせられ度希望仕り候、今回の市会にて、その時を得ずば、次の市会にても宜し、次の市会を特に、その為に御召集相成ても差支へなしと信じ候、

就ては、明日の御会合には、小生は貴下が寧ろ、市会の態度を戒められんことを希望仕り候、前回の如く、弥次馬を入れぬ様、議場の喧囂に亘らぬ様、特に、傍聴席より邪魔の入らぬ様、議長の指導の下に、各自の協力を希望す、

それらの打ち合せ、懇願の為に、此会を催したり、互に意見の相違に依り、敵味方の別を立つるとも、議場の神聖は、一致して保持するの必要あり、

今回の市会は、或は、余の最仇の市会と為るべきかとも思はるゝに依り、特に、慎重の議事、優良の成績を見たく、その為に、此会あるに至りし微衷を、御諒察置を請ふ、

と、述べられたら、理正しく、義順にして、会衆にも、

若干の感じを与へるべく、或は、良結果を得べきかと存じ候、
因て、失礼を顧みず、書き添へ申候、
若し夫れ、明日を此の如くにして済まし、而して次の市会を小生の希図の如く、進められ候はゞ、小生は成功疑ひなしと信じ申候、一つ小生に騙された積りにて、そのやうの気に為って頂き度願ひ上げ候、匆々

大正　年十月十日夜　　田川大吉郎

阪谷男爵閣下

[封筒表] □（小カ）石川区原町　男爵阪谷芳郎様急、親展
[封筒裏] 田川大吉郎

2 （大正六）年二月十三日 【498】

啓上　益御健祥の段敬祝申上ます、次に小生の演説会へ御応援下されます日割のこと、
十五日　浅草区公会　浅草雷門ノ近所　区役所の楼上
十六日　有馬小学校　水天宮ノ前
十九日　明正小学校　京橋区東湊町（俗ニ越前堀ト申シマス）
の三ヶ所、時間は七時以後何時でも、閣下の御都合のいゝ時間に従ひますが、八時ごろガ聴衆の一番多い、又一番静かな時間と思ひます故、その頃に願い上ゲたく存じます、
何卒御諒知なし下されたく、宜しくお願申上ます、推参いたさず書面にて勝手の段、御容赦下されたく御詫申上ます、匆々

二月十三日　　田川大吉郎

男爵阪谷先生閣下

尚十九日明正は、前に十六日京橋小学校と願ひ置たるを、奈良氏を経て、十九日に御取換を願ひたるものです、

[封筒表] 小石川区原町　男爵阪谷芳郎様侍史　〈阪谷筆〉十五日七時　十六日同　十九日同
[封筒裏] 田川大吉郎

3 （大正六）年五月二日 【496】

啓上　昨日は久し振に芳墨を拝し、然も井の頭公園完成の勝景に接し、御沙汰の如く去年を追想して多少の感に撲たれ申候、深く御厚情を奉謝候、殊に昨日は小生に取り更に一層の感慨を加へ候訳は、御端書と同時に、例の電灯整理案達し候、小生は一時にその両方に接し候、折柄来客中にて、電灯案の要領は之を窺ふ能はざりしも、感慨は其の書冊を一見したるのみにて彙集仕り、貴端書

と相対して蓋切なるものあるを覚え候、時下折角御健祥奉拝賀候、尚此上の御加餐を奉祈候、匆々

五月二日　　田川大吉郎

阪谷先生閣下

［封筒表］小石川区原町　男爵阪谷芳郎様侍曹
［封筒裏］田川大吉郎

4（三）年二月九日【504】

啓上　本日は御繁用の所お邪魔仕り恐縮の至り御詫申上ます、十二日御演説下さるべき場所、日本橋では箱崎町の予定で、あまり狭小ゆえ、御迷惑乍ら

浅草区（千束町二丁目）　富士小学校

若し日本橋区内に広い学校が見つかりますれば、そこに換へます、

に致し度、悪からず御承知の程、平にお願ひいたします、時間は七時頃よりももっとおそい方願はしく、これも御含み被下度、但、同刻以前より小生も友人も同校に出張いたし居ります、右の次第ゆえ、十八日は何卒御繰合せ、日本橋か京橋の面々へ御高説拝聴し得せしめらるゝ様、御繰合せ下され度、重ねて御願申上ます、匆々

二月九日　　田川大吉郎

男爵阪谷芳郎様梧右

［封筒表］小石川区原町　男爵阪谷芳郎様執事御中〈阪谷筆〉
十四日七時　千束町二丁目　富士見小学校
［封筒裏］田川大吉郎〈阪谷筆〉小石川小日向台町二丁目二五

5（三）年二月十日【500】

啓上　前書に十二日と認めたのは十四日の誤り、御注意に由り心づき、恥ぢ入りました、御礼申上ます、どうぞ、其の十四日に願ひます、場所は其の書中の通り浅草ですが、若し日本橋に広い適当の所を得れば、それに換へます、

それは、いづれにもせよ、十四日更に電話にて確定のおたより申上ます、匆々

二月十日　　田川大吉郎

阪谷先生閣下

［封筒表］小石川区原町　男爵阪谷芳郎様執事御中〈阪谷筆〉
十四日
［封筒裏］田川大吉郎

6 （ ）年六月二十九日 【501-1】

啓上　益御清安欣祝奉ります、然れば東京市役所にて現に「市報」の論輯に従事しつゝある人々数名、閣下に拝謁希望のため、紹介書を求められ、此の書を付しました、御多忙の際乍ら何卒御繰り合せ、御引見を願ひます、用向きは、彼等は自ら申出るでせうが、多分、閣下御在任中の御追懐の話を伺ひたいためだろうと存じます、何分、よろしく願ひます、右、御紹介のため、匆々

六月廿九日　　田川大吉郎

阪谷男爵閣下

［封筒表］男爵阪谷芳郎閣下　介書　〈阪谷筆〉十一日一時　日本クラフニテ
［封筒裏］田川大吉郎
［名刺①］東京市嘱託　坂上一雄
［名刺②］清野浩　東京市本郷区駒込動坂町三二七〔林町一四二〕
［名刺③］春山常蔵　東京市文書課調査掛
［名刺④］東京市主事　谷川昇
［名刺⑤］大國清

7 （ ）年七月十四日 【499】

拝啓　御丁寧に御遣はし被下候鰹節一箱難有拝領仕候、何れ追而御礼は申上げ申べく、不取敢御受取りの示しまで、草々敬具

七月十四日　　田川大吉郎拝

坂谷様

［封筒表］坂谷様
［封筒裏］田川大吉郎拝

8 （ ）年七月二十七日 【502】

啓上　連盟協会が、外務省の意向、方針を敬重し、それに協調すべきは、申すまでも無いことです。理事の中には、もっと、外務省の方を加へられても、いゝと、小生は、平生から思ひ居ります、

又、たとへ、理事は加へられないにしても、徳川総裁あり、渋沢会頭あり、貴下・添田両列会頭あり、外務省政府が、安心し、信頼さるべきことも、申すまでも無い筈です、

たゞ、主事は、たび〳〵、替らない永続の人を要します、成るべく、常に出勤し得る人を要します、青年学生支部のために、地方支部のために、時々、小生等の立ち寄り、協議し得るために、協会御計画に、連続的恒久性を有せしむるために、

小生は、かくの如き心持にて、前書の如く、民間の人をと希望する次第です、

あまり、しつこいと思はれては、小生も不本意です、これまで申し述べた口上は、もう申上げません、採否は、如何様にともなされたく、たゞ、連合の発展を祈ります、

七月廿七日　　田川大吉郎

阪谷先生梧右

［封筒表］小石川区原町　阪谷芳郎様侍史
［封筒裏］田川大吉郎

9　（　）年十月二十九日　【497-1】

拝啓　益御清栄奉敬賀候、然れば此度は卒然ながら救世軍士官矢吹氏を御紹介申上候、目的は申す迄も無之、御捐金を仰ぎ（金銭に限らず）其事業の経営を裨けたき志望に外ならず、幸に同氏より同軍委曲の情を御承知の上、御同情被下候者、小生の光栄不過之候、

先は同君の御紹介迄、如此に候、敬具

十月廿九日　　田川大吉郎

阪谷先生梧下

［封筒表］阪谷芳郎様　介書
［封筒裏］田川大吉郎
［名刺］救世軍参謀士官　少校　矢吹幸太郎
Ensign YABUKI. The Salvation Army

田口卯吉　書簡

1　（明治二十五）年八月三十一日　【495】

尊書拝見仕候、米価ヲ平準ニスル方案一書通読、卑見ニ合スルヲ思ヒ歓喜ニ不堪候、但し大阪・京都之米商会所モ果シテ東京ト同一の申合規則ナリシヤ否、嘗テ西京ニアリテ其然ラサル由ヲ聞及ヒしことアリ、故ニ疑団ナキヲ得ズ、

大臣招待ノ件ハ、銀行集会所ト連合ニテハ経済協会ハ迷惑ナルヤト存候、其訳ハ第一ハ貧人多キこと、第二ハ経済学者トシテ大臣ヲ敬セントノ主意ナルこと、故ニ小生ニ不同意ナキモ、他ノ会員ノ出席ナカランことヲ恐ル、故ニ経済協会主人トナリテ、銀行集会所及ビ商業会議所連モ参会シ、例ノ通リ一円出金ノ会ニテ、大臣ノ臨席セラル丶ナラバ好都合ト被存候、右尚ほ親シク御協議申上度候得共、不取敢卑見申上度、如此御坐候、匆々頓首

八月卅一日

阪谷学兄机北　　田口卯吉

［封筒表］麹町区平川町　阪谷芳郎様親展
［封筒裏］㊞「東京々橋区弥左ェ門町七番地　経済雑誌社」　田口卯吉　八月廿一日

2　（明治二十五）年九月一日　**【492】**

尊書拝見仕候、土曜日午後最モ好都合ニ候間、同日御同道相願度候、同日午後一時経済雑誌社ニテ御待申上候間、御光臨被下候ハヽ幸都合に御坐候（右ハ同日御出省ノ帰途、三田ヘノ順路ナリト信スル故也）、右願度、如此御坐候也、匆々頓首

九月一日　　田口卯吉

阪谷芳郎様侍史

［封筒表］麹町区平川町　阪谷芳郎様親展
［封筒裏］㊞「東京々橋区弥左ェ門町七番地　経済雑誌社」　田口卯吉　九月一日

3　（明治二十五）年十一月十六日　**【490】**

拝啓　然は来ル十九日演説会之儀、封入傍聴券記載之順序ニ依り登壇致し度候間、其御含みを以て、当日御出席被下候様仕度、此段予しめ申上置度、早々拝陳

十一月十六日　　田口卯吉

阪谷芳郎様侍史

［封筒表］□（麹カ）町区平河町六丁目廿一番地　阪谷芳郎様侍史
［封筒裏］㊞「東京々橋区弥左エ門町七番地　経済雑誌社」　田口卯吉　十一月十六日

4　（明治二十五）年十一月十八日　**【489】**

拝啓　演説会ノ準備大約相整ヒ申候、唯々天気ノミハ致方無之候得共、雨天ニテモ実行仕候心得ニ候間、何卒御出席希望仕候也、匆々頓首

十一月十八日　　田口卯吉

阪谷芳郎様侍史

二白　此回ノ準備ニ専断ノ件多シ、傍聴料十銭ノ事、広告料ヲ多ク費ヤセシこと、国会議員ニ唯々傍聴符ノミヲ送リ、宴会ニ誘カザリシこと是ナリ、御寛恕ヲ希望仕候、

［封筒表］麹町区平川町　阪谷芳郎様□□（破損）
［封筒裏］本郷西片町　田口卯吉　十一月十八日

5　（明治二十六）年五月十日　**【493】**

拝啓　此程ハ尊大人ノ御著書ヲ賜ハリ候段奉深謝候、従来和文ノミ拝読罷在候処、漢文ヲ拝読シ、且御履歴ヲ詳ニスルヲ得タルハ大幸ニ御坐候、学兄先日此編纂アリ、弟等ノ徒ニ世事ヲ喋々スルニ異ナリ、歎服ノ至ニ奉存候也、匆々頓首

五月十日　田口卯吉

坂谷学兄机北

［封筒表］麹町区平川町　阪谷芳郎様親展
［封筒裏］本郷区西片町　田口卯吉　五月十日

6（明治　）年二月十日　【488】

拝啓　銀価調査委員報告書、別冊之如く編製仕候間、十分御修正被下度、来る十四日迄ニ拙宅江御届被下候様希望仕候也、再拝

二月拾日　田口卯吉

阪谷学兄机北

［封筒表］阪谷芳郎様　添書稿一冊
［封筒裏］田口卯吉

7（明治　）年十二月七日　【491】

一筆拝呈、向寒之候愈々御清康奉恭賀候、陳は弊社出版事業ニ就ては、兼々御賛助を蒙り居り候処、今般大日本人名辞書再版出来仕候ニ付、聊祝意を表し、平素之御厚情を謝し候為め、来る十二日、即ち第二土曜日午後第四時より、柳橋亀清楼ニ於て小宴相催し、粗餐を呈し度候間、万障御繰合之上、何卒御賁臨被成下度、此段御案内申上候、敬具

十二月七日　経済雑誌社　田口卯吉

阪谷芳郎様侍史

追啓　乍憚御枉車之有無、当社迄御一報相煩し度奉願候也、

［封筒表］□（麹カ）町区平河町六丁目廿一番地　坂谷芳郎様侍史
［封筒裏］㊞「東京々橋区弥左エ門町七番地　経済雑誌社」　田口卯吉　十二月七日

8（明治　）年十二月十六日　【494】

尊書拝読、過両日ハ甚タ御匆々申上候段奉深謝候、金谷氏ノ為ニ御発言被下候儀、真事ニ難有全く同意仕候也、匆々拝復頓首

十二月十六日

阪谷芳郎様侍史

田口卯吉

［封筒表］阪谷芳郎様親展

［封筒裏］経済社　田口卯吉

竹越与三郎　書簡

1　（明治三十九）年二月二日　**【587】**

粛啓　爾来一向ニ拝光之機なく不禁渇仰、今回御入閣ニ就ては、早速賀辞可申上候処、疎懶ニ打過申訳も無之候、天下皆な新人之進退ニ着目致し居候、何卒為邦家御憤励願上候、新内閣の地位ニ付き、大陽《ママ》ニて一論相試候ニ付、呈左右候、暇余御一読被下候へば、面目ニ奉存候、稽首

二月二　與三郎

坂谷老閣侍曹

鬼谷先生と申す者

小生の匿名ニ候

［封筒表］糀町永田町方邸　坂谷大蔵大臣殿　㊞「東京豊多摩郡東大久保村十四番地　竹越與［三郎］」

［封筒裏］〈阪谷筆〉山成・花房・垣根　青山南町五丁目五四

田尻稲次郎　書簡

1　大正七年十月十七日　**【1110】**

拝啓　愈御清穆奉賀候、然者市区改正第二期速成事業ニ関シテハ、種々御尽力ニ預り感謝ノ至ニ存候、就テハ今回同事業完成ニ際シ、別紙目録ノ通贈呈致候間、御受納被成下度、御挨拶旁此段得貴意候、敬具

大正七年十月十七日

東京市長法学博士子爵田尻稲次郎

法学博士男爵阪谷芳郎殿

［封筒表］法学博士男爵阪谷芳郎殿

［封筒裏］東京市長法学博士子爵田尻稲次郎

伊達宗陳　書簡

1　大正四年五月（　）日　**【514】**

拝啓　陳者今般拙家就封三百年并鶴島神社創設紀念ノ為メ、別冊鶴鳴余韻編纂致候ニ付、一部進呈仕候、御一覧被下候ハヽ、本懐ノ至ニ奉存候、敬具

大正四年五月　日　　伊達宗陳

男爵阪谷芳郎殿

［封筒表］小石川区原町一二一(六カ)　男爵阪谷芳郎殿

［封筒裏］侯爵伊達宗陳

2　大正四年六月四日　【515】

拝啓　益々御清穆奉賀候、陳は先般郷里有志者ニ於テ鶴島神社創設ノ際ハ、多大ノ御厚情ヲ蒙リ、深謝之至ニ不堪候、就テハ御高話拝聴旁、右御挨拶ノ微意相表シ度候ニ付、乍御苦労来ル九日午後六時御光来相仰度、此段御案内申上候、敬具

大正四年六月四日　　伊達宗陳

阪谷芳郎殿

［封筒表］小石川区原町　男爵阪谷芳郎殿　〈阪谷筆〉九日六時

［封筒裏］白金三光町五二〇　伊達宗陳

田中義一　書簡

1　（大正四）年六月七日　【506】

謹啓　閣下益々御勇健に被為渡候段、恐悦不過之候、甚た唐突に候へ共、小生欧州各国、就中独逸国の社会的青年教育の実状を視て、近来我国青年体力気力、年と共に衰耗の徴あるに考へ、過般社会的国民教育なる小冊子を記述致し候ニ付、十部進呈仕り候間、閣下御閑隙も有之候へバ、一応御閲覧を賜り度、幸に御同感を得ば、余分の冊子は閣下より適当の御方に御分配被成下度候、万一御郷里地方へ御配与の御希望も御坐候へバ、幾部にても御手許に進呈可仕候、尤も地方の中学程度の諸学校へハ文部省より、県庁方面へハ中央報徳会等より分配致候へハ、其場合にハ却て小学校の方有効なる様に被存候、其内拝顔の栄を得ば、委曲可申述候、恐惶敬白

六月七日　　義一

坂谷男爵閣下

［封筒表］小石川原町一二六　男爵坂谷芳郎閣下直剪

［封筒裏］青山北町一ノ八　田中義一　〈阪谷筆〉四年六月七日付社会的国民教育十部　六月十日回答

2　（大正五）年一月二十八日　【505】

謹啓　益々御清穆之段奉慶賀候、扨而先般愚著壮丁読本御送付申上候処、御繁多之折ニモ不拘、早速御閲読被下、

且ツ御懇篤ナル御注意ヲ忝フシ感謝之至ニ不堪候、又其際ハ御記念之御尊父様御小伝迄御恵贈被下、御高志之段、厚ク御礼申上候、何レ拝姿之折、万々御礼申述ヘク候ヘ共、不取敢以書中謝意ヲ表シ度、如此御座候、敬具

一月廿八日

田中義一

男爵阪谷芳郎閣下

［封筒表］小石川区原町百二十六番地　男爵阪谷芳郎閣下
［封筒裏］田中義一

田中不二麿　書簡

1　（明治二十六）年五月三十一日　【586】

先大人朗盧先生遺稿這回御刷行相成候ニ付、壱部恵賜ヲ領シ、御厚情感荷之至ニ有之、公余薫閲ヲ了スヘク奉存候、先ハ敬謝申述度、艸々拝復

五月廿一日

田中不二麻呂

阪谷芳郎殿

［封筒表］麹町区平河町六町目二拾一番地　阪谷芳郎殿
［封筒裏］小石川区小日向水道端二丁目　田中不二麻呂

棚橋一郎　書簡

1　大正九年十二月三十日（棚橋一郎・久米金弥書簡）【585】

拝啓　益御清栄奉賀候、陳者先般旧友小川廣太郎氏病余の活計向に関し、御同情相願候処、幸に御賛成被成下、多大之御恵与を辱し、以御蔭同氏も適当なる生計之途を得、家族一同愁眉を開かれ候而已ならず、自強術の練習に病躯の漸次恢復に向ひ候は、偏に心の慰安を得られたる結果に外ならずと、小生共よりも厚く御礼申上候、乃昨十二月廿一日を以て一先募集を締切り、全部小川氏へ引継候条、茲に決算報告を兼ね、感謝之誠意を表し申候、匆々謹具

久米金弥
棚橋一郎

決算報告并ニ小川氏礼状

収　入

金弐拾円　石渡敏一殿　　金　拾　円　田上省三殿

金五拾円　早川千吉郎殿
金拾円　馬場愿次殿
金拾円　堀越之丞殿
金五円　土岐　僙殿
金拾円　吉武栄之進殿
金拾円　岡野敬次郎殿
金弐拾円　横河民輔殿
金参拾円　棚橋一郎殿
金拾円　山口鋭之助殿
金五円　松岡萬次郎殿
金五拾円　藤田四郎殿
金拾円　江木　衷殿
金拾円　青木磐雄殿
金五円　實吉益美殿
金参拾円　阪谷芳郎殿
金五円　宮岡恒次郎殿
金五円　三宅雄次郎殿
金拾円　塩谷恒太郎殿
金五円　高橋一知殿
金拾円　添田寿一殿
金壱百円　中橋徳五郎殿
金拾円　植村俊平殿
金拾円　野村宗十郎殿
金拾円　久米金弥殿
金壱円　隈本有尚殿
金五拾円　山田直矢殿
金拾円　志立鐵次郎殿
金参拾円　荘　清次郎殿
金拾円　平沼叔郎殿
金五円　廣田理太郎殿
金五拾円　杉本　恵殿

計六百弐拾壱円也

支出

一、金六百拾六円也　小川氏へ贈与
一、金五　　円也　雑費ノ内へ

計六百弐拾壱円也

一、金六百拾六円也

拝啓仕候、陳ハ今般小生不治ノ難病ニ罹り、進退谷リ候処、貴下両君ノ御厚誼ヲ以テ各位ノ御同情ヲ辱シ、前顕ノ金額御寄贈被成下、忝ク拝受仕候、御芳志ノ段感荷ノ至ニ不堪、深ク奉鳴謝候、実ハ一々拝趨御礼可申上筈ニ候へ共、不取敢御一統様へハ宜敷御伝声被成下度、右御受ケ旁御厚礼申述候、頓首謹言

大正九年十二月廿日　小川廣太郎

棚橋一郎様
久米金彌様

[封筒表]　小石川原町一二六　阪谷芳郎殿
[封筒裏]　㊞「本郷区丸山新町拾七番地　棚橋一郎」

田辺為三郎　書簡

1　（明治三十八）年四月三日　【574】

御手書拝読仕候、愈御春安奉恭賀候、先日中ハ度々拝襟御懇情承り難有奉感荷候、賤女縁辺之儀被為懸御念頭、

今回山成氏御話之趣御知らせ被下奉謝候、従仰直接同氏へ尋合可仕、尚御心添奉願上候、不取敢御礼申上候、頓首

四月三日　　　　　　　　田邊為三郎

阪谷兄台侍史

［封筒表］東京小石川区原町　阪谷芳郎様　拝復親展

［封筒裏］備前味野植崎方　田邊為三郎　四月三日午前

田辺　浩　書簡

1　大正七年五月十日　【1125-1】

大正七年五月十日　　　　　　大倉集古館

理事男爵阪谷芳郎閣下　　　　　　田邊浩

謹啓　新緑之候愈御清栄奉賀候、陳は御出発前御申聞之通リ、去月十六日帝国ホテルニ於テ第四回評議員会ヲ開キ、予算規則書共別紙ノ通修正相成候、尚開館式ニ関シ、御協議ノ結果五月一日ニ決シ、左記之通閣下御名義ヲ以テ、朝野紳士、各専門家、学者、新聞雑誌記者等、九百九十六名へ案内状ヲ発シ、出席ノ回答ヲ得タルモノ約七百名ニ有之候、

案内状写

粛啓　春暖之候愈御清栄奉恭賀候、陳者去年男爵大倉喜八郎君より寄附相成候財団法人大倉集古館、近日公衆之観覧ニ可供相運び候ニ付てハ、来五月一日、右御披露之為め御高覧に供し度候間、同日午後二時より御繰合御臨場之栄を賜はり度、右御案内迄、得貴意候、謹具

財団法人大倉集古館理事
男爵　阪谷芳郎

殿

追而準備之都合も有之候間、乍御手数、来二十六日迄ニ御一報煩度願上候、草々

準備トシテハ、予定ノ通リ守衛十四名ヲ雇入レ、目録ヲ印刷シ、又当日ノ設備ハ、玄関正面之庭ニ休憩所トシテ約二百坪ノテントヲ張リ、帝国ホテルニ命シ、茶菓・ビール・シトロン・日本酒・ウヰスキー・ポンチ・寿し・コールミート弐種・サンドウヰッチ等ヲ備ヘ、凡三百人程ノ椅子ヲ用意シタリ、

偖当日ハ夜来之強雨にて頗る痛心セシモ、幸ニ午後ヨリ霽レテ、主客共ニ非常ニ仕合ニ有之候、
来賓ハ二時ヨリ陸続来館、玄関ニハ澁澤男、大倉男爵、股野殿出迎ヘラレ、目録壱部宛ヲ呈シ、先館内ニ案内シ、三時半大部分休憩所ニ集リタルヲ待ッテ、澁澤男爵ハ閣下ニ代リ来賓ニ御挨拶アリ、次テ文部大臣ノ答辞アリテ、来賓ハ三々五々随意之テーブルニテ談笑セラレ、五時半頃無事散会致候、

重ナル来賓

文部大臣、逓信大臣、清浦子、末松子、加藤高明男、土方伯、横田男、徳川達孝伯、柳澤伯、前田侯、尾崎男等

愈四日ヨリ公開致候処、別表ノ如ク、今日迄ノ処ニテハ、毎日約百名位ニ御坐候、而ニテ来観人ハ多ク中流ノ人士ニテ、誠ニ静粛ニ観覧致シ、午前九時開館、午後三時入場ヲ止メ、五時頃ニハ全部出場シ、毎日都合好ク相運ビ、来観人モ満足ヲ表シ呉候間、此段ハ御休意願上候、

五月四日　九十五人
　内
邦人　男七十七人　女十人
外国人　男五人　女二人
優待　男一人

五日　百四十人
　内
邦人　男百二十四人　女十四人
外国人　男二人
　外小児七人

七日　九十九人
邦人　男八十五人　女十一人
外国人　男一人
優待　男二人
　外小児三人

八日　九十二人
邦人　男七十九人　女十八〔六〕人
外国人　男三人　女一人
優待　三人
外小児五人

九日　八十六人
邦人　男六十八人　女十八人
　外小児五人

以上

右御報告申上度、如此ニ御坐候、草々
目録弐部別途贈呈仕候、
別啓　風土之異なり候土地柄、邦家之為折角御自愛祈上

候、
［封筒表］支那北京日本公使館気付　男爵阪谷芳郎殿　〈別筆〉
　青島局気付　5/22
［封筒裏］東京赤坂葵町大倉集古館　田邊浩

［付属］大正六年自九月至十二月収支計算書ほか【1125-2】

大正六年自九月至十二月収支計算書　大倉集古館
収入ノ部

一、金四千五百拾参円五拾銭	大倉男爵ヨリ寄附金
	仮受金（諸経費支払用ノ為大倉男爵ヨリ一時借入分）
一、金壱円拾六銭	利息（当座預金利子）
合計金四千五百拾四円六拾六銭	

支出ノ部

一、金百五拾円拾四銭	書籍費
一、金千六百六拾参円参拾参銭	給料
一、金五拾六円五拾八銭	雑給
一、金拾壱円六拾銭	旅費
一、金五円五拾壱銭	文具費
一、金四拾円八銭	郵電費
一、金五円九拾五銭	陳列品保存費
一、金百参拾円七拾五銭	修繕費
一、金弐百四拾円七拾八銭	庭園費
一、金六拾八円弐銭	電灯費
一、金参拾四円参拾銭	薪炭費
一、金千百八拾五円五拾四銭	消防費
一、金拾九円弐拾壱銭	水道費
一、金四百参拾円六拾参銭五厘	臨時費
一、金参百拾参円五拾弐銭	準備費
一、金四拾四円四拾五銭	雑費
小計金四千四百円参拾九銭五厘	
一、金百拾四円弐拾六銭五厘	次年度へ繰越現金
合計金四千五百拾四円六拾六銭	

大正七年度予算

収入ノ部

金百拾四円弐拾六銭五厘	前年度ヨリ繰越金
金参万円	第一銀行定期預金利子
合計金参万百拾四円弐拾六銭五厘	

支出ノ部
（経常費）

金参百円	書籍費	
金百弐拾円	器具費	
金五千参百四拾円	館員俸給	百弐拾五円一人、百円弐人、五拾円一人、参拾円一人、弐十円弐人、一人増員ノ予定、
金弐千四百弐拾円	雑給	案内員及門衛
金四百九拾五円	案内人及門衛被服費	夏冬服共各一着ツヽ、現品渡
金百五拾円	臨時傭員費	日給壱円　百五十日分
金百四円五拾銭	案内員及門衛帽子及靴	一ヶ年各一個　現品渡
金四百九拾五円	小使及下足番給	人員三人
金弐拾四円	小使及下足番人被服費	現品渡
金弐百拾九円	館内掃除人	二人　一人一日参拾銭
金千弐百円	陳列品保存費	
金千弐百円	修繕費	
金百五円	観覧券	六月ヨリ十二月迄分、但五月迄分ハ臨時費ニ組入
金六拾円	印刷費	諸税印刷物
金百弐拾円	筆墨紙等	
金七拾弐円	雑誌・官報・切抜通信	
金百八拾円	通信費	電話、電信、郵便料等
金参百円	電灯費	現在一ヶ月拾七円、外街灯増設及電球取替、位置変更等
金百弐拾円	水道費	
金参百拾七円弐拾銭	薪炭費	事務所及案内員詰所用コークス、木炭

金百四拾円	靴カバー及草履	カバー百足（七円以後補足分）一足八十銭、草履三百足（同上）一足弐十銭
金九百六拾円	庭園費	一月平均植木師一人半、女掃除人二人、塵芥取捨其他
金六百円	雑費	
金弐千百六拾九円	消防手給料・被服等	六人分　消防署納付
金百八拾円	消防具費	水管ノ内毎年幾分ツヽ取替、外付属品買入、水管修繕、干場手入等
金弐百四円	消防手用薪炭費	
金弐拾四円	消防手用雑費	蝋燭・燐寸・茶・筆墨紙等
金千四百六拾七円	諸税	地税及同付加税
金七百円	利息	一ヶ年及諸払用費第一銀行ヨリ借越ニ対スル利子
金弐千円	予備費	

小計金弐万壱千七百八拾五円七拾銭

（開館準備臨時費）

金五百五拾円	装飾箱	
金百六拾円	卓子	会議室用四脚、館長及館員用五脚　計九脚
金六拾五円	椅子	会議室并ニ館員用拾脚
金参百六拾円	列品目録	弐千部
金参拾円	列品付札清書	書記一人、一日一円
金六拾円	観覧券	六月後分ハ経常費ニヨル
金百六拾円	靴カバー	弐百足　壱足八十銭、七月後補足分ハ経常費ニヨル
金六拾円	草履	参百足　壱足弐十銭、同上
金七拾五円	雑費	開館当日諸雑費
金七拾参円	消防手詰所修繕	

小計金壱千五百九拾参円

金六千七百参拾五円五拾六銭五厘次年度ヘ繰越金

合計金参万百拾四円弐拾六銭五厘

財団法人大倉集古館則

第一条　大倉集古館ニ左ノ職員ヲ置ク、

館長

主事

書記

第二条　館長ハ理事ノ指揮ヲ承ケ、館務ヲ統理シ、職員ヲ監督ス、

第三条　主事ハ館長ヲ補ケ、館務ヲ掌理ス、

第四条　書記ハ庶務ニ従事ス、

第五条　本館ノ経費予算ハ十二月中ニ評議員会ノ承認ヲ経ベク、又前年度ノ決算ハ翌年一月中ニ評議員会ノ承認ヲ経ベシ、

第六条　毎月一回理事会ヲ開クベシ、

第七条　本館ニ台帳ヲ備ヘ、所有物件ヲ明記シ、列品ハ一々其物質・形状・寸法・数量・価格・解説・摘要等ヲ記載スベシ、

第八条　列品ハ分類秩序ヲ正クシ、其鑑査解説ヲ精フスベシ、

第九条　本館ニ於テハ特別ノ展覧会ヲ開キ、又ハ学者技術家ヲ延キ、学術技芸ニ関スル講演会ヲ公開スルコトヲ得、

第十条　本館ノ執務時間ハ午前九時ヨリ午後四時迄トス、但自七月一日至九月十日ノ間ハ、午前八時ヨリ正午迄トス、

第十一条　左記期間及当日ハ休日トス、

自一月一日至一月五日

自十二月廿八日至十二月卅一日

大祭日　日曜日

第十二条　毎年男爵大倉喜八郎氏誕辰日十月廿三日、并ニ創立記念日五月一日ノ両日ハ、特ニ無料ヲ以テ公衆ニ観覧セシム、

第十三条　職員ノ内一人宛当直ヲ定メ、休日ト雖モ出勤シ、又毎日観覧人・案内人、其他ノ退出後、館内ヲ巡視シ、異状ナキトキハ当番ノ消防手ニ引継ヲ了シタル上、退出スベキモノトス、

第十四条　職員ニハ年二週間ノ特別休暇ヲ給ス、

第十五条　職員ノ俸給ハ毎月廿五日、之ヲ支給ス、俸給ハ新任増給トモ発令ノ日ヨリ計算ス、退職又ハ死亡ノトキハ当月分ノ全額ヲ給ス、

第十六条　病気欠勤三ヶ月、私事故障欠勤一ヶ月ヲ起（超カ）ユル者ハ俸給ノ半額ヲ減シ、尚四ヶ月ニ及ベバ全額ヲ給セズ、

第十七条　旅費ハ別表ニ従ヒ、出発前概算ヲ以テ受取ルコトヲ得、此場合ニハ帰着後五日以内ニ精算スベシ、

第十八条　五十哩未満ノ旅行ハ宿泊シタル場合ヲ除ク外、日当ヲ半額トシ、水路旅行ニハ宿泊料ヲ給セズ、

別表

等級	汽車賃	汽船賃	車馬賃 一里ニ付	宿泊料 一夜ニ付	日当 一日ニ付
弐百円以上	一等二割増	一等二割増	参拾五銭	四円五十銭	参円五十銭
百五十円以上	一等一割五分増	一等一割五分増	同	四円	参円

百円以上	一等一割増	一等一割増	同	参円五十銭	弐円五十銭
五十円以上	二等三割増	二等三割増	同	参円	弐円
弐拾五円以上	二等二割増	二等二割増	同	弐円五十銭	壱円五十銭
弐拾五円未満	三等三割増	三等三割増	同	弐円	壱円

館長ノ旅費手当ハ最高級ヲ給ス

観覧規則

一、本館ハ月曜日・紀元節・天長祝日ヲ除クノ外、毎年一月六日ヨリ十二月廿五日マテ、左ノ時刻ヲ以テ開閉ス、
但、臨時閉館ハ其時々掲示ス、
自一月五日至四月三十日
午前十時開　午後三時閉
自五月一日至八月三十一日
午前九時開　午後三時閉
自九月一日至十二月廿五日
午前十時開　午後三時閉

二、入場券ハ一枚一人ニ限ル、入場ノ節、札売場ニテ買求メラルベシ、此入場料ハ総テ慈善事業ニ寄附ス、
但、十才未満ハ父兄ノ同行アルモノニ限リ入場セシムルト雖トモ、入場券ヲ要セズ、

三、館内ハ吸煙ヲ厳禁ス、

四、館内ハ土足ヲ禁シ、傘杖其他携帯品ヲ許サズ、

五、館内ニテハ総テ案内人ノ指導ニ従フベシ、

六、酩酊者若クハ忌ムベキ病者、行装ヲ為シタル者ハ、入場ヲ謝絶ス、

七、列品ノ撮影模写ヲ望マルヽ向ハ、其旨本館事務所へ申出、許可ヲ乞ハルベシ、

以上

谷 干城 書簡

1 （明治二十六）年五月二十日【569】

拝啓　陳ハ今般御出版ニ相成候尊大人御遺著御投恵被成下、辱く拝受致候、漢文学ハ野夫従来好ム処ニ御座候ハヾ、暇ヲ得、緩々拝読候益ヲ得可申候、先ハ御礼書中ヲ以得貴意候、匆々不宣

五月廿日　谷干城

阪谷芳郎殿

［封筒表］麹町区平河町六丁目廿一番地　阪谷芳郎殿
［封筒裏］谷干城

田丸卓郎 書簡

1　（　）年四月二十日　【581】

拝啓　此手紙の持参人は、早稲田ローマ字会の世話人を致して居る同大学学生綾井忠夫君で御坐います。右ローマ字会のことについて御願があって出ると申すことで御坐います。御会ひ下さいますれは仕合に存します。匆々

四月二十日　田丸卓郎

阪谷男爵閣下

［封筒表］阪谷男爵閣下　綾井忠夫君持参
［封筒裏］田丸卓郎

団　琢磨　書簡

1　（　）年四月二日　【589】

拝啓　陳者過般御願申上置候件ニ付き、早速渋澤男爵ニ御相談被下候結果、同男ニ於ても多大の御同情を以て御快諾被下候由、至幸之ニ過きず、満悦の次第ニ御座候、就てハ右之趣を三井男爵にも吹聴致候処、同男には閣下並ニ渋沢男爵の御好意ニ対し深く感謝し、不取敢小生より御厚礼可申上様申され候間、左様御承知被下度奉願候、書余ハ何れ不日拝眉之上縷々拝述可仕候へ共、先ハ右御礼迄、如此御座候、敬具

四月二日　團琢磨

男爵阪谷芳郎閣下

［封筒表］男爵阪谷芳郎閣下
［封筒裏］團琢磨

津荷　輔　書簡

1　（大正十四）年四月十二日　【572】

謹啓　不順之候ニ御坐候処、閣下益御健勝、邦家之為日々御奔走被遊候段、欣喜之至ニ存候、

今般当連盟之無躾なる御願ニ対しても、寛容温雅之躰度を以て御同情を給はり候のみならず、御足労被下候事、真ニ御礼の言葉も無之、只々恐惶之至ニ不堪、感銘黙止し得べからざるもの有之候、市井之一牧師何之其意を表すべき道も無之候へ共、至誠を以て奉公之義を可致候、何之御用にも相立ち申間敷と存候へ共、出来得べき処ハ御遠慮なく御下命被下度候、只黙止し難きもの有之、一言御礼申置度、如斯ニ御坐候、

猶昨三時出渕次官ニ面会之結果は至極好都合之様被感候、二名之代表といふニ対し、一名にて宜敷からずやとの話有之候ニ付、一名分は平和財団ニ寄附（ママ）ニよるものニ有之候ニ付、実際日本よりハ一名を出し候事になる旨申入、額は三千五百円にて、日米関係委員之方より御話し被下候事と存候旨申入置候、右為念申上候、早々敬具

四月十二日　　津荷輔

阪谷男爵閣下

［封筒表］小石川区原町　阪谷芳郎様
［封筒裏］杉並町高円寺五五四　津荷輔　四月十二日

塚田達二郎　書簡

1　（　）年三月十四日【571】

謹啓　時下益々御清栄奉大賀候、陳は別紙ノ人物、米国ニ於テ三十七八年日本外国債募集ニ関シ、大ニ尽力致候由ニ御坐候得共、右ハ閣下ノ御記憶ニ存し居候や御教示被下度、直接参上親しく拝承可仕義ニ御坐候得者、多忙の折から乍恐縮以書面伺上候、匆々敬具

三月十四日　　塚田達二郎

阪谷男爵閣下

［封筒表］阪谷男爵殿親展　㊞「返事持帰」
［封筒裏］大蔵省　塚田達二郎　㊞「大蔵省用」

辻　新次　書簡

1　（明治二十六）年五月六日【565】

拝啓　陳ハ今般朗盧先生之御遺稿御上木被成候ニ付、御恵与ニ預り、光栄此事ニ御座候、右御礼申上度、早々頓首

五月六日　　辻新次

阪谷芳郎君侍史

［封筒表］麹町区平河町六丁目　坂谷芳郎殿
［封筒裏］本郷弓町　辻新次

2　（明治三十三）年二月十三日【563】

拝啓　今朝ハ御妨申上候、扨其節相願候件ハ、今度衆議院ニテ若松築港費五万円否決相成候、尤モ未タ両院通過ハ不致候ニ付、此上如何可相成哉難計候得共、自然両院

否決候上ハ、其内一万円帝国教育会補助之方へ御差向ケ被下候様、御高配被下度奉懇願候、右金之出処ヲ見候ニ付、不取敢願試候、早々頓首

二月十三日　新次

阪谷賢台侍史

［封筒表］□(小カ)石川原町　坂谷芳郎殿至急親展
［封筒裏］本郷弓町　辻新次

3　明治四十三年十一月（七）日　**【562】**

拝啓　過日本会ニ於テ勅語捧読式挙行致候際ハ、有益ナル御演説被成下、以御蔭式場一段ノ光彩ヲ相添候段、鳴謝ノ至ニ存候、先ハ右御礼申述度、如此御座候、敬具

明治四十三年十一月日

帝国教育会長
男爵辻新次

法学博士男爵阪谷芳郎殿

［封筒表］小石川区原町一二六　法学博士男爵阪谷芳郎殿
［封筒裏］㊞「帝国教育会長　男爵辻新次　東京市神田区一ツ橋通町廿一番地　（電話本局七百七十三番）」

4　（　）年三月二十七日　**【564】**

拝啓　然ハ帝国教育会雑誌へ御高見記載致シ度、御多用中恐縮之至りニ候得共、同会主事樋口勘次郎氏ヲ以テ為伺候間、何卒御示諭被下度奉願候、先ハ右願用マデ、匆々敬具

三月二十七日　辻新次

坂谷男爵殿侍史

［封筒表］男爵坂谷芳郎殿願用
［封筒裏］辻新次

津島寿一　書簡

1　大正九年四月十九日　**【570-1】**

拝啓　高堂益々御多祥奉慶賀候、陳者勝田主計氏及び小生等同人深き関係を以て、友人伊達源一郎氏を主幹とし、財政経済雑誌『時潮』を発行致候処、研究的態度を以て重きを新智識の伝播に置く事と致し候為め、売行は如何かと存候へ共、極めて真面目に編輯し、我が言論界に独特の地歩を占むる様、努力致す決心に有之候間、何卒御援助偏に願上候、時々御所感御寄稿被下度奉願候、
尚御購読の栄を得、且つ御知人間へ御吹聴被成下候はゞ

幸甚に御座候、先は御願まで如此候、草々敬具

大正九年四月十九日

津島寿一

男爵阪谷芳郎様

［封筒表］小石川区原町一二六　男爵阪谷芳郎様　〈阪谷筆〉

九年四月発刊　時潮

［封筒裏］津島寿一

［付属①］時潮社書簡（阪谷芳郎宛）大正九年四月（　）日

【570-2】

［付属②］時潮社書簡（大正九）年四月一日**【570-3】**

［付属③］購読申込はがき**【570-4】**

士子金四郎　書簡

1（明治二十六）年五月十六日　**【1066】**

拝啓　故朗廬先生全集壱部御恵投被下、毎々御志難有奉謝候、右御礼まで、乍略義如此御坐候、早々頓首

五月十六日

［葉書表］麹町平河町　阪谷芳郎様　本富士町　士子金四郎

2（明治四十四）年四月三十日　**【415-2】**

朶雲拝誦仕候、金三拾三円三拾四銭小切手正ニ入手仕候、今朝金壱百円也、郵便為替にて送付致置候間、右御承知被下度候、御受のミ、早々拝復

四月三十日

士子金四郎

坂谷男爵侍史

［封筒表］小石川原町　阪谷芳郎様拝復　〈阪谷筆〉濱田ノ件

30/4/1911

［封筒裏］四月三十日　士子金四郎

［付属］阪谷芳郎書簡（士子金四郎・添田寿一宛）

明治四十四年四月二十三日　**【415-1】**

拝啓　別紙濱田健次郎氏来状及御回付候条、御一覧有之度候、事情ハ御気毒ニハ存候得共、差当リ名享無之、困リタルモノニ候、匆々不一

四十四年四月廿三日

芳郎

士子金四郎様

添田寿一様

廿六日地方ヨリ帰リ候ニ付キ、転送延引相成申候、

［封筒表］〈添田筆〉市内小石川原町一二六　阪谷男爵閣下

〈阪谷筆〉四四年四月廿一日　濱田来状

［封筒裏］添田寿一
［編者注］この阪谷芳郎書簡は、添田寿一によって返送されたものと推測される。

土屋　弘　書簡

1 （明治二十六）年六月十一日 【178】

拝啓　過日ハ朶雲ニ接し候処、今般朗盧先生之御遺稿御上木之趣拝承仕、日々仰望罷在候処、今日到達、忙手不取敢拝読致候、大平君之跋文を一読し不覚涙を机上に落し申候、蓋小生も文久癸亥七月七日馬関之乱を脱し、帰途先生ニ初て拝謁致候、其節ハ段々御懇篤なる御厄介を蒙り候、今以て高誼ハ相忘れ不申、猶又今般ハかゝる結構之遺稿を賜り有り難く珍蔵、子孫ニ相伝へ可申候、従前被賜候御手簡計之御作等ハ平生珍貯致居候ニ付、御遺稿と参照致候ハヽ、一層興味可有之事と相楽罷在候、右不取敢御礼申上度、如此ニ御坐候也、

六月十一日　　　　土屋弘

阪谷芳郎様侍史

尚々御家族方御一同様へ宜敷御致意奉煩候

［封筒表］東京麹町区平河町　阪谷芳郎様拝答
［封筒裏］奈良町漢国第三番屋敷　土屋弘

角田真平　書簡

1 明治二十六年五月十五日 【545】

拝答　陳ハ本年一月十五日、朗盧先生十三回忌相当之由にて、遺稿ニかゝる詩文集御印刷ニ相成、壱部御恵贈被降難有拝領仕候、何れ机上拝覧可仕候、先ハ不取敢御礼迄、如斯ニ御座候、書外ハ拝顔之節万謝可仕候也、敬具

明治廿六年五月十五日　　　　角田真平

阪谷芳郎様

［封筒表］麹町区平河町六丁目廿一番地　阪谷芳郎様侍史
［封筒裏］神田区猿楽町廿番地　角田真平　明治廿六年五月十五日

2 大正二年八月八日 【546】

（私記）直取引問題に就て（略）

［封筒表］小石川区原町　男爵阪谷芳郎殿執事御中　〈別筆〉八月十日受

[封筒裏]　角田真平

坪谷善四郎　書簡

1　（明治四十三）年一月十八日　【549】

謹啓　然者前年土耳其コンスタンチノプルに於て御熟知に相成候趣之中村商店支配人中村栄一氏事、昨年十月以来全家腸チブスに罹り、夫人及長男道助トモニ死去シ、栄一氏自身ハ今尚ほ病院内に治療中之趣ニ候、右之事情、何卒貴下迄御報道申上呉候様、在維納大使館附武官森岡陸軍中佐より通知有之候ニ付、御報申上候、敬具

一月十八日　　博文館にて

坪谷善四郎

男爵阪谷芳郎様御侍史

[封筒表]　小石川区原町　男爵阪谷芳郎様御侍史

[封筒裏]　東京市日本橋区本町三丁目　博文館　電話本局（一六二五番管理部用、一〇一八番編輯部用、（長）二二〇三番・三二二九番営業部用、二六二〇番市内販売及小売係用、三三二三番出版課用）　振替貯金口座東京二四〇番　坪谷善四郎　明治四十三年一月十八日

2　（大正四）年三月一日　【550】

華翰忝奉拝誦候、時下春暖日々相加り候折柄、益御健勝之御義奉大賀候、然者今回東京市長御辞任相成候儀は如何にも遺憾之極に候へ共、現下之如き昂奮致候一部の人心を、冷静に復せしめ候為にハ、寧ろ今回之御挙に出で被成候事、最得策にして、随つて他日の為に更に堅固なる地歩を御築き被成候所以と信じ、小生ハ此際整（懇カ）に御留任運動等致候事ハ、所謂贔屓之引倒しと相成候事を慮り候て之を避け居り候処、果然断乎たる御勇退に依り、市民之同情ハ逐日熱烈に相加り、何人も今ハ御徳望を景仰致さゞる者無之候様に相成候ハ、近頃快心之至りに候、恰かも「惜まるゝ　日に散りてこそ　桜かな」の真意義を実現相成候次第にて奉欣賀候、御在職中ハ兎角我侭のミ申上候、欠礼之段ハ、偏ニ御寛恕被成下度希上候、書外拝芝之上万謝可申述候、敬具

三月一日

坪谷善四郎

法学博士男爵阪谷芳郎様御侍史

[封筒表]　小石川区原町　男爵阪谷芳郎様御侍史

[封筒裏]　牛込区北山伏町　坪谷善四郎

妻木頼黄　書簡

1 （明治四十二）年十二月二十一日 【537】

拝啓　過日ハ横浜ニ於テハ失礼仕候、地洋丸如キ大船、容易ニ着岸セラレシハ、小生ノ最モ悦ヒ、且ツ安神仕候処ニ御坐候、其際御目撃相成候状況ヨリ御気付ノ点ニ関シ、特ニ御注意ヲ賜リ拝謝之至リ奉存候、御書面ハ山崎税関長ヘ廻送致置候、尚同関長トモ篤ト協議ノ上、出来得ル限リノ設備ハ致置候心得ニ御坐候、右乍延引貴答迄申進候、草々拝具

十二月廿一日　　頼黄

阪谷閣下

再伸　新帰朝実業団体中ニハ、経済上及便利上、木桟橋ノ撃《(繋カ)》船壁ニ勝レルト、又各船舶ニハ「ウインチ」設備アルニ依リ、陸上ノ起重機ハ不必要ナリトノ説ヲナスモノアルヤニ聞及候処、是等ノ問題ニ関シテハ、税関に事計画之当時、已ニ起リタル問題ナリシモ、講究之後原設計ヲ相当ナリト認メタルモノナリ、右ハ閣下ニ於カセラレテモ、略々御承知ノ事柄ニハ御坐候得共、世間ニ於テハ応《(往カ)》々誤解シ安キ問題ニモ御坐候間、御含迄申添候、前述ニ《(ママ)》説御聞及ノ節ハ、可然御説明良解ナラシムル様奉懇願候、

［封筒表］阪谷男爵閣下必親展
［封筒裏］妻木頼黄　十二月廿一日

2 （明治四十三）年四月十六日 【534】

拝啓　春陽之候ニ御坐候処、益々御精康奉大賀候、陳者来ル十九日御令嬢御結婚御披露之為メ、帝国ホテルニ御招待ヲ蒙り、誠以テ有難奉拝謝候、同日ハ夫人同伴必ス参上奉仕候、

田尻文庫之儀ニ付テハ、添田・山口・早川ノ諸氏ニ再三面会交渉致置候、又昨朝ハ松尾総裁ヲ訪問、期日モ追々近ツキ候ニ付、銀行及実業家方面ニ対シテハ、可成好結果ヲ得ル様交渉相成度キ旨特ニ依頼仕置候、本月十二日迄ニ申込タル総金額ハ五百八十七円ニシテ、内払込済ノ分ハ四百拾四円七拾五銭ニ御坐候、右ニ対スル申込人員ハ九十弐人ニ有之候、

右不取敢御礼旁御報迄、余は拝顔候節、篤と奉申上候、草々拝具

四月十六日　　頼黄

阪谷男爵閣下

［封筒表］□《（小カ）》石川原町　阪谷男爵閣下必親展
［封筒裏］妻木頼黄　四月十六日

３（明治四十三）年六月十日　【539-1】

拝啓　田尻文庫一件ニ関シ、委員会開催ノ義別紙通、夫々（委員名上記通）発送致置候、尚右委員ノ外ニ出席ヲ要スル委員御座候ハヽ、乍御手数御一報願上候、先ハ右御含迄申上置候、早々

六月十日　　妻木幹事

阪谷委員長殿

［封筒表］小石川区原町　男爵阪谷芳郎殿親展　〈阪谷筆〉六月十六日四時
［封筒裏］妻木頼黄　〈阪谷筆〉六月十七日　浜尾面会

［付属①］田尻文庫寄付金募集要項　【539-2】

明治四十三年六月十日

時下益々御清祥奉賀候、陳は田尻文庫寄付金募集ノ件ニ付テハ、種々御配意奉謝候、扨同募集期限モ経過候ニ付キ、別記廉々等一応評議ヲ尽シ度ト存候間、御多用中恐縮之至ニ存候得共、来ル十六日午後四時日本興業銀行へ御光来被成下度、此段申進候、早々拝具

四十三年六月十日

田尻文庫創設委員長阪谷芳郎

要項

一、寄付金申込額及払込金額ノ報告
二、申込及払込未済ノ分ニ対シ督促
三、締切期限ヲ延長ノ方針（今年中？）
四、報告会開会ノ日限（今秋？）
五、名簿用名刺送付未済ノ分督促
六、同　上　表装ノ考案
七、図書購入選定委員設置方ニ付、大学并専修学校へ交渉ノ方針
八、学士会へ広告文案ノ更正及申込者并金額掲載ノ可否

〈欄外〉発送セシ分　委員　穂積八束、松崎蔵之助、中隈敬蔵、高橋捨六、高橋文之助、早川千吉郎、松尾臣善、山口宗義、添田寿一、若槻礼次郎、妻木頼黄、

20,000
16,799
―――
3,201
1,500
―――
1,700

〈阪谷筆・七項目の頭注〉丸善

［付属②］阪谷芳郎控　【539-3】

妻木氏へ先方の必要の時期迄ニ、当方の申込金額及人員を参考の為通知スルコト、

当方の締切ハ六月十五日迄トスルコト、

払込額を折半シ、先方へ送付スルコト、并ニ之レニ要シタル費用も折半スルコト、

寄付者の名簿を両先生に贈呈スルコト、

4　（明治四十三）年七月二日　【535-1】

拝復　田尻博士祝賀会之儀ハ御所労ニモ不拘、押テ御出席被下、誠以テ恐縮之至リ御坐候、御蔭ヲ以テ諸事好都合ニ相運ヒ、田尻博士ハ勿論、出席者一同ニ於テモ頗ル満足ハ致居候、是レ偏ニ閣下ノ御指揮宜カリシ結果ト奉感謝候、

文庫資金未払込者（本日ノ調）四十弐名有之由ニ候得共、何レモ銀行家、即チ第百銀行ノ池田、拓殖銀行及其重役一同、十五銀行及園田氏ホカ、主ナルモノニ有之候、夫々督促ヲ加ヘ候間、右様御承知置被下度候、

昨今ニ至リテモ、ポツポツ申込者有之候、已ニ一昨日ノ如キハ田尻文庫成立ノ記事ヲ新聞ニテ見、同子爵トハ旧知人ナリトテ、突然小生ヘ宛、第二銀行取締役増田喜兵衛氏ヨリ五拾円寄付セラレタリ、同氏ハ真ノ篤志家ト看做シ、喜ンテ右受領致置候、

早川氏も追々快癒ニ赴カレ候ニ付、不日面会ノ機ヲ得、篤ト協議可致心得ニ御坐候、又、川上直次郎氏ノ談ニハ、松方幸次郎氏も近日帰神可致ニ付、御申聞ケノ金額ハ寄付致サスヘクトノコトニ御坐候、

本日迄ニ申込タル金額ハ、壱万七千五百余円（内約弐千余円ハ、前述ノ銀行家其他と三名ノ未払金額）此金額ハ専修学校、早川及松方両氏并ニ目下交渉中之二三ノ小口ヲ除キタルモノナルヲ以テ、結局弐万円ニハ可相達ト存候、

御申越候田尻博士ヨリノ御礼状ニ、御廻しニ相成候閣下ノ御文言ヲ付し、印刷ノ上、発起人一同ヘ送付方、梅沢氏ヘ申付置候、報告書ノ材料御纏メ方モ、是又同氏ヘ申付置候、

文庫設立ニ関し尽力セシ梅沢氏外ノ人名ハ、別紙之通り御坐候、右諸氏ニ対スル謝礼等ハ終局迄ニハ余日モ可有之ニ付、何レ参邸御意見相伺候心得ニ御坐候、

添田氏名義ノ興業銀行ヘノ預金ハ其実貸越勘定ニ相成居候ニヤ、同行ヨリ一昨日即チ六月三十日ハ決算日ナルヲ以テ、寄付金ヨリ引去リタル旨申越候、右様御承知置被下度候、草々拝具

七月二日

阪谷閣下

頼黄

追而兼而御依頼相成候益頭画伯ノ花鳥ノ画出来候ニ付、一両日中ニ御届可仕、右申添候、

〔封筒表〕小石川原町　阪谷男爵閣下親展

〔封筒裏〕妻木頼黄　七月二日

〔付属〕田尻博士祝賀会及び文庫設立関係者名簿　【535-2】

当初ヨリ関係尽力セシ者

大蔵省

○林経明

○後藤嘉一

日本興業銀行

○吉川孝秀

○前田利夫

○後藤平一

東京帝国大学

東譲三郎

祝賀会（廿八日）当日ニ尽力セラレタル諸氏（各当日ノ会費ヲ出シタル者）

補助　林経明

奈良勇敢

為貝敬昌

吉川孝秀

補助トシテ雇入、会費ヲ出サヽル者

会費徴収係　前田利夫

後藤平一

受付　後藤嘉一

○会計監査院ハ無シ

5　（大正二）年六月二日　【529】

拝復　昨日ハ御子様方御同伴、江ノ島へ御遊ヒニ御出ニ相成、記念碑御実見被下候処、保存方も行届キ居候趣巨細御報知被下、誠以テ有難、大ニ安神仕候、又過日御申付ノ寄付者ヘノ工事報告之義ハ、関氏ヲ訪問、御下命之趣相伝置候間、同氏ヨリ委細御答申上候事ト存候、右不取敢貴答旁御報迄、草々拝具

六月二日

頼黄

阪谷男爵閣下

〔封筒表〕東京市小石川区原町百廿六番地　阪谷男爵閣下親展

〔封筒裏〕東京市赤坂区台町七拾七番地　妻木頼黄　六月二日

6 （大正二）年七月十六日 【533】

拝復　昨日御送附之回覧書、正ニ落手拝見仕候、早速美野部氏及関ノ両氏ヲ聞合候処、美濃部氏ニハ来ル二十日頃上京之由、又関氏ニワ箱根転地先ヨリ三四日内ニ帰京之由ニ付、捺印之上、同氏方へ相廻し置候、小生モ医士ノ勧告ニ依り二十日頃ヨリ相州湯ヶ原へ転地静養仕候、尤モ用事ノ都合モ有之候ニ付、本月七八日ノ頃ニハ鳥渡帰京可仕候、

過日御送り被下候良之進君ノ計画ニ掛シ記念塔ノ絵端書拝見仕候処、実ニ感服、将来大ニ発展被致候事ト喜悦罷在候、右不取敢貴答迄　草々拝具

七月十六日　　頼黄

阪谷閣下

［封筒表］小石川区原町一二六　阪谷男爵閣下親展
［封筒裏］赤坂区台町七拾七番地　妻木頼黄　七月十六日

7 （大正三）年六月一日 【541】

拝複　爾来御無音ニ打過居候処、益御清栄奉大賀候、就而ハ来る四日晩餐ニ御招待被下、難有御指示之時刻ニ参邸仕り候、右御礼迄、如此ニ御坐候、敬具

六月一日　　妻木頼黄

坂谷閣下侍史

［封筒表］小石川区原町　坂谷芳郎殿
［封筒裏］赤坂区台町　妻木頼黄

8 （ ）年一月十一日 【542】

粛啓仕候、陳者旧臘横浜新岸壁ニ初メテ繋船ノ際、撮影致候写真二枚進呈仕候間、御一覧ノ栄ヲ賜ハリ度、一艘繋留ノ分ハ、ゲイベン号ニシテ、三艘繋留ノ分ハ、向ツテ右地洋丸、中央ゲイベン号、左ヂキスモント号ニ御坐候、右申上度候迄、如斯ニ御坐候、敬具

一月十一日　　妻木頼黄

阪谷男爵閣下

［封筒表］小石川区原町一二六　阪谷男爵閣下
［封筒裏］大蔵省臨時建築部長工学博士　妻木頼黄

9 （ ）年三月二十日 【538】

拝啓　梅花満開ノ候ニ御座候処、益々御壮栄奉敬賀候、陳者一昨日ハ不存寄御招ヲ辱シ、近頃稀ナル愉快ヲ極メ、御厚意千万拝謝之至り、篤ク御礼申上候、参堂御挨拶可申述ノ処、公務多忙之為メ不得果其意候間、乍略儀以書

中謹テ御礼申上候、敬具

三月二十日

頼黄

阪谷男爵閣下

［封筒表］阪谷男爵閣下
［封筒裏］妻木頼黄　三月廿日

10（　）年四月十八日　**【536】**

拝啓　春和之候ニ候処、益々御清福奉大賀候、陳者阪神地方御出張ノ日限御変更ニ相成候ニ付テハ、其旨早速斎藤支部長及奥村事務官へ申遣し、大阪停車場ニ於テ御出迎被致候様取計置候間、何ナリ共御用有之候ヘバ、無御遠慮御申付被下度奉願上候、右不取敢要件ノミ、草々敬具

四月十八日

頼黄

阪谷男爵閣下

［封筒表］阪谷男爵閣下必親展急
［封筒裏］大蔵省　妻木頼黄　四月十八日

11（　）年四月二十九日　**【530】**

拝啓　春風駘蕩之候ニ候処、益々御清栄奉敬賀候、陳は本部開始以来一年有半ノ事業成蹟ヲ記述セル年報第一、今回事務参考ノ為メ印刷致候ニ付、壱部呈上仕候、御高覧ノ栄ヲ得候ハヽ大幸不過之候、右得貴意候、敬具

四月廿九日

妻木大蔵省臨時建築部長

阪谷男爵閣下

［封筒表］阪谷男爵閣下　㊞「親展」
［封筒裏］妻木大蔵省臨時建築部長

12（　）年五月二十五日　**【531】**

舌代

田尻文庫寄附金ハ本日迄ノ分、総計壱万五千四百円ニ達シ申候、此分ニテハ必ス好結果得ラレ候事ト存候、右不取敢御内報迄申進候、

五月二十七日

頼黄

阪谷男閣下

再伸　本日迄ニ申込ナキ者、凡六七百モ有之候得共、是等モ追々申込ヘキコトヽ存候、右申添候、

［封筒表］小石川区原町　阪谷男爵閣下親展
［封筒裏］妻木頼黄　五月廿七日

13 （　）年六月四日　【532-1】

舌代

過刻電話ニテ申上候益頭氏画及同氏ヨリノ書面差上候間、御一覧被下度奉願上候、

六月四日　頼黄

阪谷男閣下

［封筒表］小石川原町　阪谷男爵閣下
［封筒裏］妻木頼黄　六月四日
［付属］益頭尚志書簡封筒【532-2】［表］妻木頼黄殿　拙画添
［裏］益頭尚志

14 （　）年十一月二十六日　【540】

拝啓　時下益御清穆ニ被為渉敬賀ノ至ニ奉存候、陳者過般御挙行ニ相成候観艦式ヘ臨御ノ為メ、天皇陛下神戸ヘ行幸被為在候節、同港設備ノ竣成後ニ於ケル模型ヲ便殿ニ陳列致候処、幸ニ天覧ノ栄ヲ得候ノミナラス、其翌日北条侍従ヲ勅使トシテ神戸支部ヘ御差遣ノ上、諸事御聴取相成候様ノ光栄ヲ荷ヒ申候、右工事ハ当初閣下御指導ノ下ニ計画着手致候モノニ有之、此栄誉ハ独リ建築部ノミノ浴スヘキモノニ非スト奉存候、仍テ右模型撮影ノ上、不取敢奉供貴覧度、一葉呈上仕候、幸ニ御高覧ヲ賜リ候ハヽ、本懐ノ至ニ御坐候、敬具

十一月廿六日　妻木頼黄

阪谷男爵閣下

［封筒表］阪谷男爵閣下
［封筒裏］妻木頼黄

鶴見左吉雄　書簡

1 （大正二）年六月二十九日　【561】

拝復　益御清栄慶賀至極ニ奉存候、扨金貨本位制度御採用の記念牌御恵送被下難有拝受候、右御礼迄ニ御座候、書外万々期拝光候、敬具

六月二十九日　鶴見左吉雄

坂谷男爵閣下

［封筒表］小石川区原町　男爵阪谷芳郎殿
［封筒裏］青山高樹町十二　鶴見左吉雄

2 （　）年五月三日　【560】

拝複　其後ハ慮外之疎情ニ打過居候段、万々御海容被下

度奉願上候、小生之病気ニ付御配意被下、態々御見舞を辱ふし、御厚情奉深謝候、幸ニ全快致、四五日前ニ帰京出庁致居候間、乍憚御放慮被下度奉願候、御示し候貿易発展之為、自今研究措置すへき事項ハ、御尤千万難有拝誦致候、右等ニ対し多少考へ居候点も有之候へハ、不日参邸万々御教示相仰度と存し居候、已ニ本年ハ三月迄ニ七億円之貿易減退ニ相成寒心ノ至ニ奉存候、御礼旁貴答迄ニ、匆々拝具

五月三日　左吉雄

阪谷男爵閣下

〔封筒表〕小石川区原町一二六　男爵阪谷芳郎殿親展
〔封筒裏〕商務局ニテ　鶴見左吉雄　㊞「農商務省用」

3　（　）年（　）月十五日　【559】

拝復　益御清祥奉欣賀候、偖而田付・杉村両君御帰朝ニ付、来二十九日巴里行紀念会御開催被下候由ニて、予め同日留保方御内示之趣、拝承難有御請致候、右不取敢貴答旁御礼申上候、敬具

十五日　左吉雄

阪谷男爵閣下

〔封筒表〕小石川区原町一二六　男爵阪谷芳郎殿侍史
〔封筒裏〕青山高樹町一二　鶴見左吉雄

鶴見祐輔　書簡

1　（昭和十三）年四月十七日　【552】

拝啓　時局重大の節、益々御清栄為邦家奉慶賀候、扨て出発前ハ種々御高配を辱ふし難有奉存候、帰朝後早速参上、米国の近況御報告可申上処、病魔に侵かされ、只今ハ顔面全部繃帯致し、外出不可能の有様にて、遂に参上の機を失し居候段、不悪御宥恕被下度候、全快の上は早速参上御報告申上度存居候、先ハ右不取敢御挨拶申上度、乍失礼病中以代筆貴意を奉得候、敬具

四月十七日　鶴見祐輔

阪谷芳郎閣下

〔封筒表〕小石川区原町一二六　阪谷芳郎様
〔封筒裏〕麻布桜田町　鶴見祐輔

2　（三）年九月三十日　【551】

一書奉拝呈候、時下初秋之候ニ御座候処、益々御清穆被

為渉大慶至極ニ奉存候、陳者今回は八月廿一日発行のインタナショナルクリーニングス、態々御恵送ニ預り、御芳志之段、誠ニ忝く奉感謝候、主人事去二十日米国へ向け出発仕候ニ付、早速書留便を以て彼地へ郵送仕置候、何卒右御承引賜り度、先ハ不取敢以書中右御厚礼申上度、如此御座候、謹具

九月三十日　　鶴見祐輔留守宅

阪谷芳郎閣下

［封筒表］小石川区原町一二六　阪谷芳郎殿御執事中
［封筒裏］麹町区元園町一ノ十二　鶴見祐輔　九月廿日

寺内正毅　書簡

1　明治四十二年十二月二十八日　【544】

拝啓　益御清祥之段慶賀之至リニ御座候、偖今般明治三十七八年戦役ニテ、邦家ノ為、陣没セラレタル岡山県出身将校・下士卒二千百九十八名ノ伝記ヲ御編纂相成候趣ヲ以テ、該書一部御恵贈被下、御厚志之段感佩ニ不堪、永ク記念トシテ保存可仕候、先ハ右不取敢御礼申述度、此ノ如クニ御座候、敬具

明治四十二年十二月廿八日　　子爵寺内正毅

男爵阪谷芳郎殿

［封筒表］小石川区原町　男爵阪谷芳郎殿
［封筒裏］子爵寺内正毅

2　（　）年（　）月二十九日　【543】

拝複　御懇切之御贈り物難有頂戴仕候、不取敢御答旁御礼迄、草々拝具

廿九日　　正毅

阪谷様侍史

［封筒表］阪谷様拝復　寺内

田健治郎　書簡

1　（大正六）年二月十五日　【521】

拝啓　来ル廿二日午後六時、築地香雪軒ニ於ケル次官会へ出席可致候間、右御返事迄申上度、如此ニ御座候、敬具

二月十五日

田健治郎

男爵阪谷芳郎閣下

［封筒表］ 小石川区原町一二六　男爵阪谷芳郎閣下

［封筒裏］ 田健治郎

2　大正九年二月十四日（田健治郎・斉藤実書簡）【520】

拝啓　益御清穆奉賀候、陳者来ル二月十九日午後六時築地香雪軒ニ於テ御高話拝聴旁粗餐差上度候間、御多用中乍恐縮御光臨ノ栄ヲ得度、此段御案内申上候、敬具

大正九年二月十四日

男爵田健治郎

男爵齋藤實

男爵阪谷芳郎閣下

［封筒表］ 小石川区原町一二六　男爵阪谷芳郎閣下　〈阪谷筆〉

遅刻　二月十九日六時

［封筒裏］ 内幸町　台湾総督府出張所　田健治郎

3　（大正十三）年四月十二日【519】

貴翰拝披益御清穆大慶之至ニ候、陳者男爵互選議員補欠推挙ニ関シ、協同会評議員会御相談之結果、松岡均平男ヲ推挙之事ニ一致御評決之趣御報知被下拝承仕候、人選其当ヲ得タルヲ満足ニ存候、拝復

四月十二日

健

阪谷老台研北

［封筒表］ 小石川区原町廿六（ママ）　男爵阪谷芳郎殿親展

［封筒裏］ 東京市外玉川村　田健治郎　四月十二日夜

4　（大正十四）年六月五日【518】

粛啓　益御清祥奉欣賀候、陳者有爵議員詮衡ニ関シテハ、一方ナラス御高配相成候事ト深ク御推察申上候、夫ニ就キ御一考相煩ハシ度、腹蔵ナク左ニ申上候、

平野長祥男ハ所謂親和会組之一人故、或ハ多少之議論有之ヲ免レサルヨリ推測罷在候得共、同男ハ小生多年之鑑別ニテハ相当ニ役立ツ材幹ヲ有シ、性行亦欠点無之様存候、殊ニ大正三年頃山本内閣弾劾シーメンス事件ニ当リテハ、院議取纏メ之為メ多少力ヲ致しタル様記憶致居候次第ニ付、角段之理由モナク候ハヽ、再選之部中ヘ御加ヘ方御高慮願上度候、右御一考相煩ハシ度候、敬具

六月五日

田健治郎

阪谷男爵閣下侍史

御同様之儀船越男爵ヘモ申進置候間、可然御協議被下候

ハヽ、幸甚ニ候、

[封筒表] 小石川区原町一二六　男爵阪谷芳郎殿親展
[封筒裏] 市外玉川　田健治郎

5 （大正十四）年十月二十四日　**【516】**

貴翰拝披益御清福大慶ニ奉存候、陳者今回協同会評議員会ニ於テ、故加藤男爵之補欠候補者トシテ男爵佐藤達次郎君ヲ御選定相成候趣、御通知拝承仕候、不取敢御返事耳、匆々不悉

十月廿四日　田健治郎

阪谷男爵閣下

[封筒表] 小石川区原町　男爵阪谷芳郎殿親展
[封筒裏] 市外玉川　田健治郎

6 （　）年十月三日　**【517-1】**

粛啓　秋涼相催候処益御清祥奉欣賀候、陳者突然之儀ニ候得共、知人河手長平、貴邸隣地之事ニ関シ拝晤ヲ得度旨申出候ニ付、御紹介申上候、一応御引見被成下候ハヽ、幸甚ニ奉存候、敬具

十月三日　田健治郎

阪谷男爵閣下侍史

[封筒表] 阪谷男爵殿
[封筒裏] 田健治郎　河手長平氏紹介
[名刺] 拍手社　河手長平　京橋区八官町二十二番地　電話新橋九十一番

東郷平八郎　書簡

1 明治四十二年五月二十七日　**【580】**
（東郷平八郎・斉藤実書簡）

拝啓　別冊、明治三十七八年海戦史第一巻、今般刷成ニ付一部贈呈候也、

明治四十二年五月廿七日

男爵斎藤實
伯爵東郷平八郎

阪谷芳郎殿

[封筒表] 小石川区原町一二六　阪谷芳郎殿

東郷　安　書簡

1　大正十年三月二十九日　【573】

拝啓　第四十四議会も無事閉会を告げ候段、為邦家御同慶至極ニ奉存候、扨今期議会開会前より閉会ニ至る迄、実ニ百日ニ余る長時日間、公正会幹事として終始一貫日夜ニ亘る御奮闘ニ依り、以御蔭小生等迄幸ニ大過なく任務を果し得候のみならず、一面又能々少数党たる公正会の体面を維持し、上院議員たる真面目を発揮し得られ候段、偏に厚き御配慮と甚大なる御努力とによるものと信じ、我等会員一同の感謝措く能はざる処ニ御坐候、尚会期中心気亢奮の余り、往々にして先輩長者に対する礼を失するの挙動尠からさりし段、今更慙悔ニ堪へざるもの有之候へ共、何卒事情御諒察の上、不悪御宥恕奉願上候、先ハ右第四十四議会を送るに際し、謹而御礼旁御挨拶申上候、敬具

大正十年三月二十九日　　東郷安

阪谷男爵閣下御侍曹

［封筒表］小石川区原町一二六　男爵阪谷芳郎閣下御侍曹

［封筒裏］赤阪区青山南町二ノ六六　東郷安　大正十年三月二十九日

戸川安宅　書簡

1　（大正六）年十二月二十八日　【590】

謹啓　かねて御尽力被下候さくら会、愈々報告書刊行と決定仕候、恐縮ニ候へ共、年内中に玉稿を頂戴仕度候（先般の様な御話）、編集主任井下君よりの相談ニより、近藤春夫氏罷出候故、暫時にも拝眉御高話偏ニ奉願候、右は林愛作君も同様奉願候也、御承知の如く渋沢男にも会長御快諾被下、万事好都合に候、右迄、頓首

十二月廿八日　　安宅拝

阪谷男爵閣下侍史

［封筒表］小石川区白山御殿町　男爵阪谷芳郎殿親披

［封筒裏］小石川区第六天町四八　戸川安宅

徳川家達　書簡

1　（大正二）年四月八日　【527】

拝誦　陳は金貨本位制度実施十五周年并ニ不換紙幣ノ兌換開始二十五年ノ記念牌御贈被下忝存上候、右御礼迄申

上度、如此ニ御坐候、敬具

四月八日

公爵徳川家達

男爵阪谷芳郎殿

［封筒表］東京市小石川原町□《一カ》二六　男爵阪谷芳郎殿

［封筒裏］東京府豊多摩郡千駄ヶ谷町　公爵徳川家達

2　大正六年二月一日　**【525-3】**

連合国傷病兵罹災者慰問寄附金募集（略）

［封筒表］小石川区原町一二六　男爵阪谷芳郎殿　㊞「市内特別郵便」〈阪谷筆〉三月三十一日限　連合国慰問

［封筒裏］華族会館長　公爵徳川家達

［付属①］趣意書**【525-1】**

［付属②］寄附金申込書**【525-2】**

3　昭和三年二月十六日　**【526】**

拝啓　陳は過日来小生病気入院中は態々御見舞ヲ蒙り、御芳情感謝之至ニ堪へス候、此度全治退院致候ニ付、乍略儀寸楮御挨拶申上度、如此ニ御座候、敬具

昭和三年二月十六日

徳川家達

男爵阪谷芳郎殿

［封筒表］小石川区原町一二六　男爵阪谷芳郎殿

［封筒裏］東京府豊多摩郡千駄ヶ谷町五六二　徳川家達

徳川義親　書簡

1　昭和四年一月二十九日　**【524-1】**

拝啓　益御清祥奉賀候、陳ハ今回日本聾口話普及会々長就任致候、就テハ御高話拝聴旁粗餐差上度存候間、御繁務中恐入候得共、来ル二月八日午後六時拙宅へ御光来被下度、此段御案内申上候、敬具

昭和四年一月廿九日

侯爵徳川義親

男爵阪谷芳郎殿

追テ御諾否乍御手数御回示被下度候、

［封筒表］小石川区原町一二六　男爵阪谷芳郎殿　〈阪谷筆〉八日六時出

［封筒裏］㊞「東京市麻布区富士見町卅三番地　侯爵徳川義親」

［名刺表］文部省嘱託　小川健吉　〈阪谷筆〉日本聾口話普及会長　一月廿八日来訪　百万人（盲ノ三倍）　発音記号発明　一年一万五千円（全国）　東京ハ三四千円ヲ要ス

［名刺裏］東京市小石川区水道橋四六　電話小石川(85)六二一五

三番〈阪谷筆〉会長徳川公、副会長武部、相談役阪谷、田所、門野　小川(発音)、西川　既設名古屋、大坂、滋賀、福岡？　振手ヲ止メ発音式ニ改ムルコト

徳川慶光　書簡

1　昭和五年四月十日　【528】

拝啓　益御清祥奉賀候、陳者先般慶事之節ハ御鄭重なる御祝品を賜り難有奉存候、右御挨拶之印迄ニ左記之品進呈仕候間、御受納被下度、乍略儀右御礼申上度、如此ニ御座候、敬具

昭和五年四月十日　公爵　徳川慶光

男爵阪谷芳郎殿
同　琴子殿

一、鳥之子餅　壱折
一、鰹節　壱折

［封筒表］小石川区原町一二六　男爵阪谷芳郎殿
［封筒裏］小石川区第六天町　公爵徳川慶光

徳川頼倫　書簡

1　大正三年六月九日　【522-1】

拝啓　陳は来ル十一日午後四時御都合宜敷候旨被仰越候処、同日ハ当方生憎差支有之候付、甚だ乍勝手来ル十六日以後之日取更ニ伺出候間、可然御了知願上候、不取敢貴答旁得貴意候、敬具

大正三年六月九日　徳川頼倫

阪谷芳郎殿

尚々徳川伯爵ヘ之御伝言委細申伝置申候、

［封筒表］小石川区原町一二六　男爵阪谷芳郎殿貴酬　〈阪谷筆〉封中回答アリタシ　内記課長ヘ　市長
［封筒裏］大正参年六月九日　東京市麻布区飯倉町六ノ拾四　侯爵徳川頼倫　〈阪谷筆〉六月十日発送スミ

［付属］阪谷芳郎書簡控　（大正三）年六月十日　【522-2】

文案

華墨拝誦仕候、来ル十一日御差支ニ付、十六日以後ノ日取リヲ可申上旨、御来示ノ趣キ承知仕候、小生儀桃山参

拝ノ為メ一寸関西ニ参リ候ニ付、十八日頃帰京ノ上ニテ更ニ可申上候、但閣下御都合ニヨリ御決定、右得貴意候、敬具

六月十日

阪谷芳郎

侯爵徳川頼倫殿

2 大正十二年四月十一日 【523-1】

拝啓　総裁久邇宮殿下より本会に対する貴下之功労を聞召され、法隆寺松古材御紋章付香盒一具、御下賜相成候条伝達致候、敬具

大正十二年四月十一日

聖徳太子一千三百年御忌奉賛会

会長侯爵徳川頼倫

評議員男爵阪谷芳郎殿

追而右香盒之銘鵃の文字ハ法隆寺貫主佐伯大僧正筆ニ候、

〔封筒表〕評議員男爵阪谷芳郎殿

〔封筒裏〕聖徳太子一千三百年御忌奉賛会　会長侯爵徳川頼倫

〔付属〕聖徳太子一千三百年御忌奉賛会書簡【523-2】

徳富猪一郎 書簡

1 大正五年一月二十五日 【568】

近来不奉面拝候処、朗盧先生御事歴興譲館沿革御寵贈被成下難有拝受申候、先生有没在天霊御満悦と奉存候、匆々不一

大正五　一月念五

猪一郎

芳郎様玉几下

〔封筒表〕市内小石川原町　阪谷男爵閣下親展

〔封筒裏〕㊞「東京市青山南町六之三十　徳富猪一郎」

2 （ ）年八月十日 【566】

炎熱難凌処倍御清健奉大悦候、陳れは国民新聞社員山川瑞三氏拝顔の上、御垂示伺度推参仕候間、御繁務中恐れ入り候得共、可然御教示奉煩候、匆々不一

八月十日

猪一郎

坂谷大兄貴下

〔封筒表〕阪谷芳郎様貴下

〔封筒裏〕東京々橋区日吉町四番地　民友社　徳富猪一郎　山川瑞三氏持参

3　（　）年十一月四日　【567-1】

粛啓　御繁務中恐縮ニ候得共、此書持参の人伊藤鏢三郎氏ヲ紹介仕候間、御接見の上御垂示奉煩候、当人は『銀貨の過去・現在・未来』の一冊ヲ著述候たる人ニ御座候、匆々不一

十一月四日　　猪一郎

坂谷老兄貴下

［封筒表］坂谷芳郎殿
［封筒裏］徳富猪一郎
［名刺］伊藤鏢三郎

得能通昌　書簡

1　（明治二十六）年五月三日　【578】

拝啓　御安康奉大賀候、陳は予テ尊大人公御芳名は拝承致居候処、今般御遺稿御印刷ニ付、美本御送与被下難有奉謝候、早速参趨御礼可仕候へ共、不取敢書面ヲ以テ御礼申上候、敬具

五月三日

得能通昌

阪谷芳郎殿

床次竹二郎　書簡

1　（明治二十六）年六月三十日　【558】

拝啓　向暑之候相成候へ共、愈御清康被為渡候段奉大賀候、小弟赴任之際には、出立前御伺ひ可申上之処、彼是取紛れ、失礼仕候段、平ニ御海容奉祈候、当地昨今ノ暑気随分強ク御座候へは、今より土用中之事思やられ申候、当地同学之友は勿論、先輩之諸士無御座候、且見物可致場所も無之土地柄、如何にも都恋しく退屈罷在候、時々恵書御教訓被下候ハは幸甚、元来浅狭之もの日々益々浅狭なるより外無御座候、扨て別紙郵便為替券金壱円五十銭、内三浦氏分壱円、西山氏分五十銭御送付申上候間、甚た恐縮之次第に御座候へ共、学士会御取扱、右両氏義捐金募集の中ニ御払込之手数被成下度奉願上候、先は右申上度迄、如此ニ御座候、頓首

六月卅日

床次竹二郎

阪谷先生玉机下

猶、別紙当地振出人宿所ハ愛媛県庁ニテ、小生よりニ御座候、

[封筒表] 東京麹町区平河町六丁目廿一番地　阪谷芳郎殿乞親展
[封筒裏] 愛媛県庁　床次竹二郎　六月廿日

2　（明治四十）年九月二十九日　【557】

奉祝授爵之御栄候、

九月二十九日

床次竹二郎

[封筒表] 小石川原町　坂谷男爵家　御家扶中
[封筒裏] 牛込薬王寺前四十五　床次竹二郎

3　大正十年三月（二十六）日（床次竹二郎ほか書簡）　【556】

拝啓　益々御清適奉賀候、陳は国民文芸会ハ成立以来、理事諸君に於て着々予期の事業ニ尽力され、尚将来の企図ニ就ても種々研究を重ね居られ候処、時運之急激なる推移ハ、益々本会の努力と進展とに俟つ所大なるへしと被存、従て相当資金の要可有之被存候ニ就てハ、此際会員有志者より御醵金を相仰候事ニ致度、何卒特別之御高配相煩ハし候様奉願上候、何れ理事諸君より御依頼可申候得共、不取敢右奉得貴意度、如此御座候、敬具

大正十年三月

龍居頼三
鎌田栄吉
大倉喜八郎
柳原義光
床次竹二郎

男爵坂谷芳郎様

[封筒表] 小石川区原町一二六　男爵坂谷芳郎様　〈阪谷筆〉
三月廿六〔七〕日受
[封筒裏] 床次竹二郎

登阪栄一　書簡

1　明治四十一年十一月二十五日　【1101-1】

謹啓　当地ヘノ御来遊ハ昨今ノ様心得居リ候処、イツカ天長地久ノ佳晨モ過キ、初冬空寒キ季節ト相成申候折柄、如何御起居被遊候哉、御帰朝早々公私共激忙ニ被為亘候御事ト奉遥察候、私儀ハ不相変頑健ニテ仕事向キ出精罷在申候ニ付、乍憚御放念奉願候、

過日御来遊ノ好紀念迄拝領仕候高貴ノ珍宝ハ、当時早速襟止メニ拵ハセ、使用ノ都度閣下ノ御来遊ヲ紀念シ、且ツ御芳志ニ奉対感銘罷在候、
粗品然カモ些少誠ニ汗顔ノ至リニハ有之申候得共、波斯産ノ形付ケ二枚手ニ入レ候ニ偲《(ママ)》セ、去ル本月十八日米国経由ノ小包便ニテ、虎皮下ニ奉呈申上置候ニ付、乍失礼唯々私ノ微衷ヲ御笑納被下候はバ、幸甚之レニ過キ不申候、先ハ時候御見舞ヲ併セテ、右御案内迄申上度、粗翰如此ニ御座候、
尚向寒ノ候、切ニ御自愛専一ニ奉祈上候、謹言

明治四拾壱年十一月廿五日

在君士担丁堡　登阪榮一

坂谷男爵閣下

［封筒表］東京　男爵坂谷芳郎閣下、
Via Siberia, Tokio. Japan.
SUCCURSALE K. NAKAMURA & Cie, D'OSAKA-JAPON à CONSTANTINOPLE.
〈阪谷筆〉四十二年一月五日答　〈別筆〉登坂

2　明治四十二年一月一日　【1101-2】

謹賀新禧

明治四十二年元旦

在君子担丁堡

［封筒表］東京　男爵坂谷芳郎閣下
Via America, Tokio, Japan

登阪榮一

戸田氏秀　書簡

1　（　）年十月二十四日　【577】

前略　昨今ハ態々御参殿を辱ふし恐縮ニ存候、偖其節廿七日（月曜日）午前十一時三十分と申上候哉も不計候処、右ハ全く小生の思違にて、廿九日（月曜日）同刻の誤ニ有之候、御諒承相願度、此段申進候、匆々

十月廿四日

東宮事務官戸田氏秀

阪谷男爵閣下

［封筒表］阪谷男爵閣下親展　〈阪谷筆〉二十九日十一時三十分
［封筒裏］赤坂離宮　戸田東宮事務官　十月廿四日　㊞「宮内省」

外山篤太郎　書簡

1　明治二十一年十月十日　【553】

御尊書ヲ得、御全家御不事之事ヲ知リ奉大賀候、拙宅は同不事、乞フ御休意アランことヲ、拙家工事ハ未ダ落セズ、之レハ田舎之風ニテ、一寸中以上之木工ハ必ズ一年、或ハ二年ヲ要スルナリ、之レヲ要スルモノハ、壁等モザット塗リ、半年或ハ一年ヲ越ユレバ、礎石等モ夫々地下エ入リ込ム所ハ入リ込ミ（之レハ地堅メ之悪シキト構造之堅牢構造ノ堅牢トハ大木ヲ用ヒ、且瓦等念入レルナリトニヨリ、上ヨリ十分之重力圧シ、多少必ズ障子之立テ合セ等クルエリ）荒マシ居リ合付キテ、本造作ヲナセバ至極工合宜敷故ナリ、拙家ニモ日々大工・左官四五人ハ居レとも、未ダ障子之立テル所ハ出来ズ、タント寒サ之来ヌ内ニ、一間や二間ハ障子ヲ立テ風ヲフセグ都合ニ致シ度ト気ゼリ候、此度ノ工事ニハ予算外之費用多ク、甚ダ閉口仕リ候、扨テ、備後地ノことニ付、平川氏より不平之書、御元エ参リタル由シ、実ニ昨年末ヨリ以来、右地之ことニ付テハ、度々御案外之事アリ、不相済次第、之レト云フモ、実ハ其之取引ノ際、彼是レ入リ込ミタル出来言モアリタリ致シテナリ、其言逐一申シ上ケレバ宜敷ケレとも、書面ニテハ十分申サレズ、当夏卜部貞三君ニ一寸伝言、相方へとも之レモ十分御得心之参ル様ハ話シナキモノト存ジ候、扨テ平川氏不平之点ヲ申セバ（以下小子之想象ナリ、信ニ然ルヤ否ヤハ保証出来ズ）彼之兼テ御持之地ハ（即チ下加茂村所有地二十一年二月迄良之進君御名義之地）本山成ヨリ御買ナサレ、本山成ハ之レヲ数十年前、同氏（平川・松井両氏）之困窮ニテ買求メ、爾来同氏之レガ世話ヲナセリ、凡テ地所之世話ハ其地ノ小作ニ接シ甚ダ権力アリ、小作モ亦、此ノ世話人ヲ尊敬スルナリ、平川氏モ今ヨリ五六年前迄ハ、相応之家産モアリタルガ、其当時御作得米ヲ同氏ニ売渡シ候処、如何ナル都合ニヤ、之レガ負積之種トナリ、止ムナク拙宅ノ金ヲ取替候所、遂ニ其弁償ヲ得ズシテ、我祖先ヨリ持伝エ之田地、尽ク拙宅へ抵当流レトナセリ（拙宅ニモ大ヒニ損ナリ）、然レとも矢張リ之レモ同氏世話ヲナシ、爾来御持之地ト共ニ、其世話出来ルヲ以テ、大ヒニ破産スルモ、村内ニテ相応従前之家格ヲ維持（財産ナクシテ以前財ヲ所有スル時ト、同等ノ家格同等ノ家格ナレバ外歳出多ク、内歳入少ナク、家計甚ダ困難、最大ノ費用ヲ以テ最小ノ講菓ヲ得ルモノヲ持ツハ之レ迄田舎人ノ流弊ナリ）セリ（平川氏ハ故ノ庄屋ナリ）、然ルヲ、一朝尽ク右世話地阪谷分外山分ヲ他人ニ売却スレバ、同氏故ノ如ク世話スル能ハズ、権力俄カニ堕チ、人尊敬スル者ナク、壱小民ト伍セザルヲ得ズ、之レ同氏不平ニ耐エザル第一ナラン、次ニ右地売却同氏ニ告ゲズシテ、他人エ売却定約ヲ結ブこと第二ナリ、抑々同氏ニ告ゲズ、他人エ売却スル者、之レハ同氏ハ当時窮迫、同氏ニ告グルモ同氏之レヲイカンともスル能ハズ、且ツ同氏ニ告ケ、而シテ売却セントスレバ（蓋シ同氏ハ永々地所ノ世話ヲナシ丈ケハ前陳ノ如シ故ニ）、其間ニ居リ、大ヒニ売却ノ邪間ヲナシ、反テ売却ノ出来ザルヤモ知レズ、殊ニ色々難渋ヲ申シ来リテ大ヒニ（難渋ヲ申ス理ナシトイへとも、右地ハ御所有地ノミナラズ、同氏ヨリ受取リタル拙家所有地アルヲ以テ、必ズ拙家エ何ントカ申シ来リテ、）大ヒニ邪間ニナル故、断然他へ定約ヲ結ビ、然ル後、同氏ニ実ヲ告ゲ、若シ同氏地ヲ欲スレバ、拙家ノ分丈ケハ同氏ニデモ売却スル様、他人へ定約之細書ヲ致シ、斯クスレバ、事神速ナラントト本山成・小角・協圏等ト共議シ、拙家ニモ此度金入用ノこと至急ニ生ジ、此状着次第、下加茂ノ地売却致シ呉レトノ書、阪谷より参リタルヲリカラ、井原倉光ノ親類（下加茂ノ小川弥一トテ御所有地買主ナリ）小川氏、井原ニ来合セ、同氏懇望スルニ付、直チニ定約ヲ結ブト事ヲ設ケテ、定約後、平川氏ニ告グルナリ、之レ同氏案外ニ永年ノ世話地ヲ不沙汰ニ売ラレタノガ、不平ノ第二点ナラン、次ニ御所有地定米ハ数年来何石何斗ト地所毎ニ定メアルモ、其実定メノ米ヨリ少々宛ツ（或ハ一石二斗ノモノハ、一石三斗トカ三斗五升トカ）高クシ、之レヲ私利トナシ居ル由シ（之レ尤モ明言且ツ確言シガタキ説ナレとも、或ハ信ナランカト想象候）、然ルニ此度一切他人エ売却シタルニ付、他人ハ拙家ヨリ定メノ米何石何斗ト申シ売リタルニ付、之レヲ夫々小作人エ話スト、則チ前ニ納メル定米ト差違判然トシ、地主ニ納マラザル多分ノ定米ヲ世話人利ストテ、貧家ナル小作人等大ヒニ同氏ヲ悪シク申ス由シ、左ニナキダニ同氏地所ノ世話スル権滅ンジ、他人ノベッ視スル所タルニ、右ノ悪評アリ、同氏実ニ耐エザルナラン、之レ同氏モ右地ノ売却ナケレバ、斯ク如キことアラズトテ、大ヒニ最モ不平ニ耐エザル、第三点ナラン（此ノ第三点ハ申シ難キことナレとも、只ダ小子ノ想象ノミ、実ニ然ルヤ虚ナルヤ、保証セズ）、以上、平川氏不平ノ三要点ナラント存ジ、愚考ノミ申上候、然レとも之レ他人ヲウラミズシテ、自ラ之レヲ我不経済ニ反求スルニ若カズト存ジ候、右ノことハ、小子之愚考ノミニ候間、決シテ同氏エ右等ノ意御話シ被下間敷、一寸御心得迄ニ申候、

大頭地ハ未ダ検見ニハ参ラザルモ上作ノ由シ、何レ近々ニ検見ニ参ル都合、此節ハ日々検見ニ諸方へ出デ多忙中、乱書御推読被下度、

乍憚御旧母様ヲ始メ、皆様并ニ喬六氏ヘモ宜敷御通声被下度、

十月十日夜認メ　篤太郎

阪谷芳郎様

過日ハ国家会雑誌第十九号御恵与被下、毎々難有拝誦仕候、

［封筒表］東京麹町区平川町六丁目弐拾壱番地　阪谷芳郎様机下　急用答書

［封筒裏］備中国後月郡与井村　外山篤太郎　二十一年十月十日

2　（明治二十四）年二月十二日　【555】

過日ハ御書面被下拝見、先以テ御皆様御壮栄之段奉慶賀候、一月草々ニハ京洛御遊歴之事、定メシ御愉快之其段ウラヤマシク存じ候、

次ニ大頭地買入ニ付、小子ト入組ミタル取引、先月協圏大人より之御書面モアリテ、ドウか此度同家より払入レ金ト廿三年度定米代ニテ決算ニ致シ呉レト之御文意、実ハ小子モ之レヲ可然ト存ジ、同大人エモ相話シ候ナリ、依テ御命モ有之ニ付、其都合ニ取計ヒ可申候、元来畑地ハ定米取立、少シ田地ニ比スレバ六ヶ敷候モ（但シ元来之目的ハ大頭地畑之分ハ売却致ス考エナリシ）、利子ハ可ナリ公債証位ニハ参り候モノニ付、御元ニテモ両途テニナルモ、強ヒテ御不勝手ハナキト存ジ、右之通リ貴家之御所有トナルモ可然ト存ジ候也、然シ未ダ米ハ売却致シ居不申、何レ近之内ニ少シニテモ騰貴之様子ニテ買手モアラバ売却可仕愚考ニ御座候、買《ママ》却済之上ハ直チニ総計勘定差上可申上候、

扨テ御地ニハ、否日本全国之者如何ナルヤト片唾《ママ》ヲ呑ンデ待居御国会之最モ大切ナル予算案ニナリ、何レ近日之内、何ントか落着スルコト存ジ候、何卒政府ナリ人民ナリ都合能運ベハ宜敷ト祈候、付テハ田舎人之最モ希望スル所ハ地租修正且ツ軽減ナリ、然ル処田口氏之如キハ（之レハ議員外ナレとも）小民之為メニハ差程之関係ハナキモノナリトノ御論、及バ《ズ脱カ》ナガラ小子ニモ此論出テザル内より、聊カ其思想アリ（但シ拙家直接之利害ハサテヲキ）、但シ小子之考エハ、地租軽減ヲナシ、其代リニ累進税法ニヨリ所得税ヲ今一層高度ニ進メバ（但シ大地主ニ非ラザル豪商華族ニハ最モ負担増スとも、小民即チ小作人之処ニ比スレバ更ラニ差支エナシ）、大地主之地租軽減ハ所得税ヲ以テ之レヲ入レ合セ、差引小農が喜ブ様ニ相成リ可申ト存ジ候、方今地方之景況ハ、小作人殆ンド饑餓ニセマリ、作物ハ植付ケノミニシテ、肥料ヲ施ス事能ハズ為メニ十分之収穫更ラニ出来ズ、若シ聊カニテモ資金之都合付ケバ、一円之肥料ニテ二円或ハ三円之

収穫ヲ得ルハ安き事ナレとも、之レヲ為ス能バズ《(ママ)》、貧益貧トナリ行候、然ルニ中地主より大地主ニ至リテハ米価之高きニ連レ、余程囊裡濡ヒ候、何ントカ小地主小作人之囊裡ヲ濡フシ度モノナリ、然シ囊裡濡エバヲゴリニ移ルハ、小民之常ニ候故、傍ラ蓄積心ト兼ね、其智識ヲ進メ度モノナリ、

右ハ下ラヌ理屈ナレとも筆之次第、幸ヒ旧暦正月来人ナク家務モ廿三年度殆ンド製理致シ、閑人甚ダ無聊ニ付、愚見ヲ申上候、

万端御旧母様へ宜敷御伝へ被下度奉願候、

今市築瀬屋婚礼不事ニ相済ミ候、小角ニハ今春今市之今戸屋之座敷（八六）ヲ買ヒ、之レヲ今之便所ト内倉ヲ取り除き其跡へ立ル都合、

ヤナセ酒屋ニモ、今之店ヲ毀チ、之レエ本宅ヲ築ク積り、木コシラへ出来タリ、

桂園モ業務ハ甚ダ閑ナルモ、ドウカコウカ家命ハ続ケリ、只ダ祈ルハ七人之子供夫レ〳〵所置之付迄、家之命アラバ十分ナリ、マダ本家より分与之財産モ少々有之候間、ソレ迄ハ可ナリ楽ト存ジ候、御安心被下度、此上ハ我本宗タル協和堂之盛衰如何ヲ憂フルノミ、余談之レニテ相格シ置候、頓首

二月十二日

外山篤太郎

阪谷芳郎様

誠ニ乱筆御推読被下度、

［封筒表］東京麹町区平河丁六丁目廿一番邸　阪谷芳郎様座右

［封筒裏］備中国後月郡芳水村　外山篤太郎

3　明治三十五年四月二日　【554】

近来誠ニ御不沙汰仕リ居候、御旧母様ヲ始メ御皆々様御壮栄可被遊奉大賀候、此元モ老少一同不事、御休心被下度候、

扨テ今回築瀬井本伊吹先生建碑之事、門人等発起仕り、即チ発起人ハ小生并ニ山成遠《エン》太郎・渡辺省吾・多賀定市四名ニテ、何分時節柄ニ付、経費之都合モ有之候間、別紙之如き物ニ致シ候ニ付テハ、篆額御揮毫ヲ尊台ニ御依頼申呉レトノ発起者より之依頼ニ付申上候、選文ハ多賀定市（本郡御視学ヲ勤メ居レリ）ト定メ居候、右ハ誠ニ申兼ね候モ、御承諾被下候ハヾ、一同大悦仕リ候、若シ公私御多用之御身分ニ付、其暇モ無之候ハヾ、貴地ニテ誰レか御代筆ヲ願ヒ上度候えども、吾人之満足スル処ハ御直筆ニ候、小生モ諸子より之嘱托ニ付難黙止候条、不遠慮申上候、宜敷御配慮被下度奉依頼候、

右要用迄、草々拝具

四月二日

外山篤太郎

阪谷芳郎様

［封筒表］東京市小石川原町百廿六番地　阪谷芳郎様

［封筒裏］卅五年四月十二日　㊞「岡山県備中国後月郡芳水村
外山篤太郎」

内藤鋠策　書簡

1　（十）年八月十四日　【595】

御本邸の方ニ委細御手紙を差上げましたところ、御旅行中との事で、尊方ニ手紙をおまはし下さるやうな御話で御座いましたので、色紙は御避暑中と伺つてそちらに御とゝけ申したわけですが、また追ひかけ御本邸の方から、月末までには御帰京といふ御葉書をいたゞきました。何はともかく御おくり申上げました色紙に、御避暑中の御作なり、至急御揮毫願ひとうございます、国語整理会機関誌「かながき」の為ニお願のみ、早々頓首

八月十四日

内藤鋠策

阪谷先生

［封筒表］相州大磯阪谷男爵別荘　阪谷芳郎様　〈阪谷筆〉十年八月十六日受

［封筒裏］㊞「東京市小石川区白山御殿町三一　国語整理会」
㊞「内藤鋠策」　内藤鋠策　八月十四日　〈阪谷筆〉
一、金五円也、右差上候、

長岡護美　書簡

1　（明治二十六）年五月十日　【622】

拝啓仕候、益御清康奉賀候、然ハ此程ハ尊大人御遺稿御送附被下御厚志難有、幾久愛玩可仕候、孰レ拝鳳御礼可申上候へとも、不取敢以愚札、如此ニ御坐候、頓首

五月十日

長岡護美

阪谷芳郎殿侍史

［封筒表］大蔵省　阪谷芳郎殿親展

［封筒裏］濱町弐丁目十二　長岡護美

長坂雲在　書簡

1　（明治二十六）年六月十一日　【1060】

拝啓　愈御清壮候条大慶奉賀候、今般朗盧先生遺稿全集一部御恵贈被下、難有奉拝謝候、昨日通運ニテ到着、正ニ落掌仕候、右不取敢御礼迄、如此ニ候、草々頓首

六月十一日

〔葉書表〕東京麹町区平河町六丁目廿壱番地　坂谷芳郎様　大坂北浜三丁目　長坂雲在

長崎竹十郎　書簡

1　（明治三十五）年五月九日　【593】

拝復　先日は御書面ニ預り難有奉謝候、偖別紙為換券五円也、封入致候間、御査収何分宜敷御取計ひ被下度、乍失礼以書面御願ひ申上候、先ハ御願用迄、

五月九日

長崎剛十郎留守宅
長崎竹十郎

坂谷芳郎殿

再伯　尤も右之金員ニテ少き様ニ御座候得は、如何様ニも御取計被下度、早速不足之分ハ御送付可申上候間、此儀又呉々も奉願候、不二

〔封筒表〕麹町区大手町　大蔵省総務長官阪谷芳郎殿　往第一三七七号

〔封筒裏〕麹町区中六番町十五番地　長崎竹十郎

中島知久平　書簡

1　昭和十三年十月（　）日　【1069】【626】

拝啓　愈御清穆之段奉慶賀候、陳は国際観光委員会委員として平素観光事業之為種々御配慮を忝うし、深謝之至りに奉存候、然る処、貴殿任期十月十九日を以て満了と相成候得共、引続き委員として御推薦申上度候ニ就ては、御繁用中御迷惑とは存候へ共、特に御尽瘁被成下候様御内諾を得度、此段得貴意候、敬具

昭和十三年十月

鉄道大臣中島知久平

男爵阪谷芳郎殿

〔封筒表〕小石川区原町一二六　男爵阪谷芳郎殿　〈阪谷筆〉
②　昭和十三年十一月五日受付　（要）　観光委員
十月十九日満了

〔封筒裏〕鉄道大臣　中島知久平

〔編者註〕書簡【1069】と封筒【629】は、別々の史料番号が付されているが、記述が一致するため、同一史料と

してまとめて掲載する。

長島隆二　書簡

1　（明治　）年四月三十日　【621】

拝啓　益々御清穆被為在大慶此事ニ奉存上候、陳者三月分国家学会収支計算証拠書類ニ対照、其精確ナルヲ認メ提出候間、御査閲ヲ奉仰候、尤モ三月一日収入国庫債券利子ハ興業銀行ニ於テ記帳相違シ候ニ付、預入ハ三月一日トシテ整理致サセ、尚計算ニ於テハ四月分ニ記入ニ致候間、右御含置奉願候、頓首

四月三十日　　長島隆二

阪谷男爵閣下

［封筒表］□（小）石川区原町　坂谷男爵閣下親展　㊞「午後・自転車使・0.15」〈阪谷筆〉五、二四回答　一四一二

［封筒裏］大蔵省　長島隆二　㊞「大蔵省用」

2　（明治　）年十二月十三日　【620】

謹啓　益々御清穆被為在大賀ノ至ニ奉存上候、陳者国家学会十一月分収支計算、別紙ノ通リニテ、諸証憑ニ対査シ、其精確ナルヲ認メ候条、御高覧ヲ仰キ候、尚過日御下命有之候故伊藤公霊前ニ石燈献納ノ儀ハ、三百円迄ニ候ハヾ、支出方差支無之哉ニ被存候得共、右実行ノ手続時期等ニ関シテハ、詳細御指図ヲ仰キ度候、尚又過日山崎教授ヨリ美濃部編纂主任ノ補助員ヲ定メ度旨、協議有之候得共、右ハ従来其例ナキ所ニ有之、且又学会ノ会計上ニ大切ナル関係ヲ有スル儀ト被存候間、其内出頭御高示ヲ奉仰度、右申添候、敬具

十二月十三日　　長島隆二

阪谷男爵閣下

［封筒表］小石川区原町　阪谷男爵閣下親展

［封筒裏］大蔵省　長島隆二

中野武営　書簡

1　明治四十一年四月七日　【617】

拝啓　益御清穆奉慶賀候、陳ハ近日海外御渡航ノ途ニ就カセラレ候趣拝承仕候ニ就テハ、聊カ御送別ノ意ヲ表シ度、当所議員申合セ、来ル十日正午、日本橋倶楽部ニ於テ午餐ヲ差上度候間、御出発前御多用トハ存候得共、御

差繰御臨席被成下候ハヾ幸栄ノ至ニ御座候、先ハ右御案
内申上候、敬具

明治四十一年四月七日

東京商業会議所
会頭中野武営

男爵阪谷芳郎殿閣下

［封筒表］□（小）石川区原町一二六　男爵阪谷芳郎殿閣下
［封筒裏］中野武営

2　大正五年四月二十八日（中野武営・渋沢栄一書簡）【616】

拝啓　時下益御清適奉賀候、然ハ予て御賛同被下候日米関係委員会之義ハ、渋沢義転地療養罷在候等により開会延引致居候処、此程全快、帰京致候ニ付てハ、此際一会相催し、爾来之経過を御報告致し、且将来之維持方等ニ付き、御高見承り度候間、御多忙ニ可有之候へ共、御繰合セ、来る五月五日午後五時帝国ホテルへ御来会被成下度候、右得貴意度如此御坐候、敬具

大正五年四月廿八日

澁澤栄一
中野武営

男爵阪谷芳郎殿

追伸
一、当日ハ晩餐の用意致置候、
一、御諾否封中端書ニて御回示願上候、

［封筒表］小石川区原町一二六　男爵阪谷芳郎殿　済　〈阪谷筆〉欠席仕候
［封筒裏］渋澤栄一・中野武営

中橋徳五郎　書簡

1　（明治三十カ三十一）年二月三日【624】

拝啓仕候、又々御無音ニ打過申候、扨別紙参考書類机前ニ呈し候間、御一覧被下候ハヽ、幸不過之候、又弊社ニ於てハ、今回増資之上、兼而御願申上、昨春揚子江ニ二千三四百噸二隻増船之事と相成、当時長崎・神戸ニ於て、新造中ニ有之、来八月出来、十月初迂生乗船揚子江ニ遡る予定ニ御座候、是ニ而揚子江ニも日章旗之大舶を視る事を可得と存候、然ニ計画尚山なし居り、今二隻大船新造之見込ニ而、揚子江ニ前後三百万円之資本を投入する見込ニ而、現今沿岸各地ニ於て、土地購入、倉庫新築中ニ御座候、依而ハ昨春同様、今一度老台之雄腕を借り、日清貿易之発達を計り度存念ニ御座候、実ハ上京御願可

申上之処、総督府之命ニ依り、来十日渡台兼而香港ニ直行、ダグス会社処分致度見込ミ候、上京致兼居残念ニ御座候、依而以蕪紙懇願、如此ニ御座候、頓首

二月三日　　　　　　　中橋徳五郎

阪谷老台侍史

［封筒表］阪谷芳郎様必親展
［封筒裏］中橋徳五郎

2　（大正二）年四月一日　　　　　　**【625】**

拝復　春暖之候益御清穆奉賀候、陳者本邦金貨本位制実施十五周年記念牌御恵贈ヲ蒙り、正ニ拝受奉深謝候、光栄アル記念トシテ、永ク珍襲可仕候、右御挨拶申上度、如此ニ御座候、敬具

四月一日　　　　　　　中橋徳五郎

阪谷男爵閣下

［封筒表］小石川区原町百二十六番地　金貨本位制実施十五周年記念会長　男爵阪谷芳郎閣下
［封筒裏］大阪市南区天王寺悲田院町　中橋徳五郎

3　（大正十二）年十二月二十五日　　　　　　**【623】**

謹啓　今般田中栄八郎殿御夫妻之御媒酌ニより、御愛嬢総子様ニハ伊藤長次郎殿の御長男熊三様と御結婚御整ひ候趣、御両家之為め此上なき御良縁、芽出度御祝ひ申上候、尚新御家庭之御幸福と幾久敷御繁栄奉祈上候、先ハ以書中右御祝詞申上度、如此御坐候、敬具

十二月廿五日　　　　　　　中橋徳五郎

阪谷芳郎様

［封筒表］小石川区原町　阪谷芳郎様親展
［封筒裏］麹町中六番町　中橋徳五郎　十二月廿五日

永浜盛三　書簡

1　（明治四十一）年十一月十五日　　　　　　**【594-1】**

拝復　倍々御清祥奉大賀候、然る処過般当地御来遊の節は、諸種の事情に依り、不本意ながら格別の御歓待も得申上げざりしに拘らず、御丁重なる御挨拶に預かり、却って恐縮至極に奉存候、其後御途中御無事御帰朝被遊候段、大慶の至に有之、各地とも精逸なる御観察の結果、日本国を利するもの測るべからさることにて有之と恐察

仕候、不取敢右貴酬旁御安着の御祝迄、如此に御坐候、
頓首

十一月十五日　盛三

阪谷男爵閣下

追而過日税関長会議を開きたる席上演述したるもの、別紙幾分の御参考にも相成候はゞ仕合と存じ、乍失礼封入致置候、

[封筒表] 東京小石川区原町　阪谷男爵閣下親展
[封筒裏] 韓国京城関税局　永濱盛三　十一月十五日　㊞「総税務司庁用」

[付属] 税関長会議ニ於ケル永浜関税総長ノ演説

【594-2】

税関長会議ニ於ケル永浜関税総長ノ演説

諸君本務多端ノ折柄遠来ノ労ヲ謝ス、
由来当国ニ於テハ諸君カ遵拠セラルヘキ関税法規ノ不完全ナルニ拘ハラス、克ク過渡時代ノ事情ニ適応シ、相当機宜ノ処置ニ依リテ、次第ニ其職務ヲ挙ケ、穏健ナル貿易ノ発展ト同時ニ、関税ノ収入モ亦予期以上ノ好成蹟ヲ見ムトスルハ、本官ノ深ク満足スル所ナリ、
本年ノ外国貿易ハ、去月末ニ於テ商品ノ輸出入額四千四百万円、金銀ノ流出入額六百九十五万円ニシテ、之ヲ前年同期ニ比較スルニ、金銀ニ於テ百三十九万五千余円ヲ増加シタルモ、商品貿易ニ於テ二百十九万円ヲ減少シタレハ、外国貿易ノ状況ハ昨年ニ比シ、一見頗ル不振ナルカ如シト雖モ、之ヲ仔細ニ観察スルニ、本年度貨物ノ輸出入額中ニハ、統計制度改正ニ依リ軍需品ノ輸入ヲ控除シタルノミナラス、本邦ノ特産物タル人参ハ本年度ニ於テハ未タ輸出セラルヽニ至ラザルヲ以テ、是等輸出入ヲ計算スルトキハ、外国貿易ノ趨勢ハ決シテ統計ニ顕ハレタル如ク減退シタルモノト云フヘカラス、況ンヤ当国諸種ノ事情ニ本ツク一般経済界ノ不況、并ニ外国貿易上最モ関係深キ日本国ニ於ケル商況不振等ノ事情ヲモ参酌スルトキハ、当国現下ノ外国貿易ハ漸次穏健ナル発達ヲ為シツヽアルハ、疑フヘカラサル所ナリ、殊ニ当国ニ於ケル貴金属ノ輸出入ハ、日本其他多クノ国ニ於ケル場合ノ如ク、必スシモ貨物ノ輸出入ニ伴フ代金仕払ノ決済ニ本ツクモノニ非スシテ、貿易上寧ロ一般貨物ノ輸出入ト異ナラサル事情ヲ有スルカ故ニ、当国外国貿易ノ消長ヲ論センニハ、宜シク是等ヲ併算対照スルヲ以テ至当トスヘク、果シテ然ラハ本年度ニ於ケル外国貿易ノ状況ハ、益々其悲観スルニ足ラサルヲ見ルナリ、唯此ニ注意ヲ要スルハ、今後米ノ輸出如何ニアリ、日本ニ於ケル米ノ豊作、

従テ米価ノ下落ハ当国米ノ輸出ヲ減少セシムルノ傾アリ、諸君ハ宜シク之ニ処スルノ途ヲ講セラレンコトヲ望ム、当国貿易カ近年特ニ甚タシキ輸入超過ノ趨勢ヲ継続スル点ニ於テ、或ハ危惧ノ念ヲ挟ムモノナキニアラスト雖モ、是レ日本国カ当国ヲ保護スルニ至リタル結果、或ハ行政官庁ヲ置キ、或ハ軍隊ヲ駐屯セシメ、或ハ鉄道ヲ敷設スル等、其他諸種ノ事業ヲ施設スルカ為メ、貿易関係以外当国ニ投資スルモノ夥シキヲ以テ、諸般ノ材料ヲ初メトシ、之ニ伴フ物資ノ輸入膨大シタル等ニ職由スルモノニシテ、全ク当国々情ノ然ラシムル所、寧ロ当然ト云フヘク、毫モ怪ムヘキコトニアラス、然レとも前陳ノ如キ著シキ日本国ノ投資ハ、果シテ何レノ時迄継続スヘキヤ、又当国ニ於ケル事業ノ完成ハ、之ヲ外国債ニ俟ツニアラサレハ期シ難キモノアルべキカ故ニ、日本国ノ投資減退スルトキハ、他ノ外国債ニ依リテ之ヲ補フことヲ得ヘキ事情ナキニシモアラサルヘシトスルモ、是亦何レノ時迄継続スヘキヤ、是等ノ事情ヲ顧ミルトキハ、当国ニ於ケル輸入超過ハ当然ノ状況ナリトシテ、徒ニ楽観ニノミ耽リ得ヘカラサルヤ言ヲ俟タス、関税収入ノ増加ハ外国貿易ノ発達ニ俟ツヘク、而シテ外国貿易ノ健全ナル発達ハ、内国産業ノ隆興テウ鞏固ナル基礎ノ上ニ築カレサルヘカラス、若シ夫レ如何ニシテ其目的ヲ達スヘキカニ就テハ、特ニ諸君ノ注意ヲ望ム所ニシテ、貿易経済ニ関スル調査ニ関シテハ偏ニ諸君ノ尽力ヲ煩ハサヽルヘカラス、

以上ハ外国貿易発達ノ根本問題ナルカ、尚ホ外国貿易ノ発達ヲ計ル上ニ於テハ、関税行政ノ改善・開港設備ノ完備等、諸般ノ之ニ関連スル問題ヲモ包含セルヤ勿論ナリ、其内ニ税率ノ適用カ従来各関税ノ間ニ区々ニ亘リ統一ヲ欠キタルことニ付キテハ、今春之カ統一ヲ図リ、諸君カ熱心其任ニ膺ラレタル為メ、今ヤ全ク其弊ヲ除クヲ得ルニ至リタルハ、本官ノ深ク満足スル所ナリ、然レトモ課税価格ニ付キテハ、未タ全ク苦情ノ声ヲ絶ツニ至ラス、課税価格ノ如何カ貿易業者等ニ及ホス利害関係モ、亦殆ント税率ノ適用如何ニ本ツクモノニ譲ラサルモノアリ、其統一整理ニ関シテハ、税率適用ノ統一ニ次キテ調査セシメツヽアリ、之カ実行ニ関シテハ、更ニ諸君ノ尽力ヲ煩ハサヽルヘカラス、船舶及貨物ノ取扱振等ニ於テ寛厳其度ヲ異ニスルカ如キ弊モ、亦諸君ノ尽力ニ依リテ漸次除去セラレツヽアリト雖モ、益々諸君ノ注意ヲ要スヘク、其他関税警察ノ普及并ニ港務ノ完備等、尚ホ諸君ノ尽力ニ俟ツヘキモノ多シ、

税関及港湾ノ設備ニ関シテハ、殆ント総テヲ新設スヘキ当国ニ在リテハ、今日尚ホ未タ大ニ見ルヘキモノナキハ、甚ダ遺憾トスル所ナリ、然レトモ仁川税関敷地ノ埋築成

リテ、之ガ設備ニ着手ノ時期已ニ迫リ、釜山ノ築港亦大ニ進捗シツヽアルアリ、釜山検疫所ハ新築既ニ成リ、其開始ヲ見ル亦間モナカルヘク、其他群山、鎮南浦港ノ設備等数ヘ来レハ、目賀田前総税務司ノ企画、又ハ諸君ノ尽力等ニ依リテ、頗ル旧来ノ面目ヲ改メツヽアルモノ少カラス、更ニ最近ニ至リテハ鎮南浦築港ノ議、既ニ決定シタルアリ、其他既ニ計画中ニ係ルモノモナキニアラス、是等ノ設備ハ外国貿易ノ発達上、重且大ナル関係ヲ有スルヲ以テ、今後益々改善ヲ謀ルノ必要アリ、財政ノ許ス範囲ニ於テ機ヲ視、時ニ応シテ大ニ力ヲ用ヒント欲ス、諸君幸ニ助力アランことヲ希望ス、

尚ホ会計ノ事務ハ官制ノ改革ニ伴ヒ、最モ急劇ナル変化ヲ視タレハ、之ニ処スル亦頗ル困難ナリシコトヽ信ス、幸ニ漸次改善ヲ見タリト雖モ、尚ホ過渡ノ時代ニ属スルカ故ニ、将来益々改善ニ努メラレムコトヲ望ム、

諮問事項及注意事項等詳細ハ別ニ書面ヲ以テ陳フヘケレハ、慎重審議アリタク、諸君ニ於テモ問題等アラハ提出アランコトヲ望ム、

中村進午 書簡

1 （大正五）年三月五日（中村進午・繁書簡）【618】

尊翰難有奉拝見候、御令息様御婚儀御整被遊、幾久しく御目出度奉存上候、私共まて御盛宴に御寵招を辱ふし、千万難有奉拝謝候、然る処当日無拠差支の為拝趨の礼を相欠候段、幾重にも御海容被遊度奉願上候、恐惶謹言

三月五日

中村進午

同　繁

阪谷男爵

令夫人

閣下

［封筒表］小石川区原町　阪谷男爵閣下

［封筒裏］牛込区高田町一四　中村進午

中山成太郎 書簡

1 （大正七）年（二）月八日【614】

拝啓　好雨知時節当春乃発生ノとき、尊台愈御隆昌奉大

賀候、迂生御蔭ヲ以テ無事帰京仕候、今回ハ全ク自己ノ修養旅行ニ有之、偶々東坡一千年ノ古蹟ヲ訪ヒタルニ止マリ、何等御報導スヘキモノ無之候、唯外遊スルモノカ直感スルトコロハ、帝国ノ国威重ヲ加ヘタル、実ニ未曾有ノモノアルハ、洵ニ為国欣躍ニタヘサルトコロニ有之候、殊ニ支那問題解決カ焦眉ノ急ニ迫マリ、此ノ戦役中ニ帝国カ大英断ヲ用スルコトハ、殆ント帝国ノ死活問題ト云フヘキモノアルノ感ヲ一層深フセシメ申候、迂生ハ此行別ニ何等得んトコロモ無之候ヘ共、幸ニ一層身体ノ頑健ヲ致し候ニ付、何卒本年ハ潜心苦慮馬骨ヲ御奉公ニ供ヘ度ト焦慮罷在候、何レ御機嫌拝伺旁参邸可仕候ニ付、何卒御示教是祈候、先ハ取アエス右迄、拝具

八日　　　　成太郎

阪谷男爵尊台閣下

帰来実ニ左ノ古絶ト同感ニ有之候、御憐笑仰申候、

二月黄鸝飛上林
春城紫禁暁陰々
長楽鐘声花外尽
龍池柳色雨中深
陽和不散究途恨
霄漢常懸捧日心
献賦十年猶未遇
差将白髪封華簪

［封筒表］小石川区原町　男爵阪谷芳郎様閣下台展
［封筒裏］小石川区第六番町二五　中山成太郎

奈良原繁　書簡

1　（明治三十五）年二月五日　【628-1】

益御安康御奉務珍重奉存候、然は過日は御繁務之所ニ参省御煩シ仕候、亦今日も御妨奉存候得共、属官差上候間、一寸御面会被成下度、右は兼而奉懇願候南清航路補助費請求之件ニ有之、過日致持参候書面之通、内務省ニ而も逓信省之請申ニ御応シ被下候以上は、何卒於御省ニも速ニ御同意被下候事ニ奉願度、議会江御提出被下候上之成否は致方無之候得共、本年議会江御提出之運ニ到り兼候ハヽ、繁は二度沖縄江帰県之面皮も無之次第故、何卒右等之事情御察シ被下可然御心添被成下候事ニ奉願度、此段一筆奉得尊意を候、以上

二月五日　　　　奈良原繁

坂谷芳郎殿

［封筒表］坂谷芳郎殿要詞
［封筒裏］奈良原繁
［名刺］沖縄県参事官　岸本賀昌　〈別筆〉阪谷総務長官

2（明治三十五）年二月五日　**【627】**

歎願書

今朝属官差上候処、御申示之趣伝承仕、実ニ落担之至、兼而申上候通、昨年開港場維持之為人民ニ諭シ四千円之金を募り、三井会社之船を借入、香港より壱万石之米を致購求候事等、全く本年は航海補助費出来候心算ニ候処、今議会江御提出御出来兼と之事ニ付而は、誠ニ礑惑之次第ニ而、帰県人民江申訳も無之候間、何卒老官之心事御憐察被成下、議会江御提出之事ニは御運ひ被下度、此段重而奉歎願候、以上

二月五日　奈良原繁

阪谷芳郎様

猶々本人之出願相後れ候為御取扱上御困り之由、御尤ニ奉存候得共、実は当請願は三四年前より之出願事件ニ而、昨年之請願書も、尓今御省江御重置ニ相成居候事と奉存候付、旁御推量被成下、可然御心添之程奉相願候、

［封筒表］小石川区原町百二十六番地　坂谷芳郎殿貴下　書留
㊞「書留」
［封筒裏］奈良原繁　㊞「奈良原」

成瀬正恭　書簡

1（大正四）年三月二日　**【615】**

拝復　時下益御清栄奉賀候、陳ハ東京市長御在職中ハ、不一方御懇情を蒙り居候処、今般御退職ニ付、御鄭重なる御挨拶を忝し奉拝謝候、今後不相変、尚一層の御厚誼願上度、先ハ御礼旁御挨拶迄、如此ニ御坐候、敬具

三月二日　成瀬正恭

男爵阪谷芳郎殿

［封筒表］小石川区原町一二六　男爵阪谷芳郎殿
［封筒裏］成瀬正恭

南部甕男　書簡

1　大正五年四月六日　**【619-1】**

（名簿ハ別便ニ仕立之ヲ添フ）

一、貴族院男爵議員補欠選挙人確定名簿　壱冊
一、投票用紙　壱枚
右貴族院男爵議員補欠選挙ノ為メ、貴族院伯子男爵議員選挙規程第二條同第十五條依リ交付致候、
一、貴族院男爵議員補欠選挙
来五月六日　（華族会館ニ於テ）
投票　午前九時ニ始メ同十時三十分ニ終ル
開票　午前十時四十分
右及御通知候也、
大正五年四月六日
男爵選挙管理者
南部甕男
男爵　殿
追テ貴族院伯子男爵議員選挙規則第十條及第十一條并同選挙規程委託証状書式等御了承相成度候也、
貴族院伯子男爵議員選挙規則（略）
［封筒表］小石川区原町一二六　男爵阪谷芳郎殿
［封筒裏］㊞「男爵選挙管理者　男爵南部甕男」
［付属］小沢武雄ほか書簡（大正五年三月十七日、阪谷芳郎宛）
【619-2】

南摩綱紀　書簡

1　（明治三十七）年十一月（八）日　【596-1】

拝啓　寒冷日増候得とも、益御安康御勤務可為入奉賀候、陳ハ過日紀麿より申上候シャム行出願ノ義ニ付、御懇切縷々被仰下候、其節水産長并山脇書記官へ委曲申出置候処、山脇氏より今日別紙写ノ通申来候間、不取敢入尊覧候、何分不得已次第ニ候間、時節ヲ相待候外有之間敷、毎度御配慮奉懸候段、拝謝ニ無詞厚御礼申上候、猶拝晤縷陳可仕候得とも、不取敢右之次第、乍略義以郵書申上候、謹具
十一月初八夜
綱紀
芳郎様
［封筒表］東京小石川区原町百二十六番地　阪谷芳郎殿　㊞「親展」　㊞「至急」
［封筒裏］㊞「東京麹町区富士見町一丁目三十七番地　南摩綱紀」
［付属］山脇春樹書簡写（南摩綱紀宛）
（明治三十七）年十一月八日　【596-2】
山脇氏書簡写
拝啓　益御清穆奉慶賀候、過日ハ御来車欠礼仕候、其節

御談之件、水産局長とも種々協議仕候処、暹羅転地ハ結局御本人ノ為メ不利益ニ有之、寧ロ那威ニ御留学ある方宜敷との事ニ有之、其故御本人より御出願の次第も有之候得とも、当分其侭ニ仕置候事ト可致候条、左様御承知相成度、此段通知旁得貴意候、敬具

十一月八日

山脇春樹

南摩先生侍史

南摩紀麻呂　書簡

1　（大正十四）年（七）月（十九）日　【326】

阪谷芳郎殿

報告

今春結ぶ庵ノ資ヲ得可ク、活用柔術教儒ノ行脚ヲ試候処、行先々ニテ差障多ク、関西ニ於テ四回ノ実演ヲナシタルノミ、北九州ニ於テハ時期悪カリシ為メ一回モ講セズ、不結果ニテ候ヒキ、然レトモ旅中面語セル旧知ノ人々中一人ヲ除ク外、皆ナ結庵ニ賛成ノ意ヲ多少共物質ニテ表シ下サレ候故、行脚ヲ中止シ急キ帰京、趣旨ヲ印刷ニ付シ、五月上旬五百余通ヲ各地ニ発セル次第ニ御座候、然ルニ五月中ニ回答ヲ得タル数ハ十七通ニ過ギズ、本日迄ニ受信総数三十一通内、断状七通、旅中回答延期ノ報三通、約束ノ取消二通ニ候、

斯ク受信セル回答ノ少ナカリシハ、回答ノ全部ガ小生ノ手ニ入ラザリシ事ト信シ居ル次第ニ御座候、兎ニ角右ノ次第ニテ、適当ナル家ヲ借リ開教致ス資ニモ足ラズ候故、近ク既設ノ教団ニ入リ、徐ロニ初念ヲ達スル事ト致シ候、教書ノ儀ハ第一回ノ分トシテ一小冊子ヲ送呈致シ候ニ付、御一覧被下度、余ハ定所ニ落着ケ候上順次発表シ、生存中ハ初念ヲ忘却致サヾル事ヲ誓言、起企今日迄ノ経過ヲ御報申上候、

大正十四年七月十日

南摩紀麻呂

今の世を桶にたとへて眺むれば
たがの弛みし如きものかな

収支大様

御賛助被下候諸賢ノ芳名並ニ金額（順序不選）

村越駒五郎殿拾円也　嘉納清蔵殿拾円也
嘉納雅治郎殿拾円也　石田鉄郎殿二拾円也
木間瀬策三郎殿拾円　大石栄三郎殿五円也
金近義之助殿六円也　松尾秀夫殿四円也

新妻駒五郎殿拾円也　　小石李一殿二円也
田口長次郎殿一円也　　森谷茂殿一円也
天野荘助殿一円也　　兼本盛光殿一円也
五十嵐熙殿一円也　　三船久蔵殿拾円也
藤田政勝殿拾円也　　染谷吉次殿拾円也
川端重五郎殿拾円也　　落合直成殿五円也
竹内松治殿五円也　　安増宝太郎殿拾五円也
前記セル諸賢ハ、本年二月末方ヨリ四月下旬ニ亘リ、活用柔術教伝講演ヲ催シ教庵設置ノ資ヲ得ベク、関西ヨリ北九州路ヘ赴キ候節、小生ノ趣意ヲ賛シ巡回旅費等ニ援助被下候方々ニ候（以上ノ金額ハ旅費雑費ニ支出）
以下帰京後賛助ヲ得シ方々ニ候、
金五円宛　阪谷芳郎殿　馬渡俊雄殿　小瀬次郎殿　平野友安殿　竹内松治殿　橋本修三殿　佐渡亮造殿　山川絢殿　本田存殿　阪谷良之進殿　田内森三郎殿　徳三宝殿　黒住宗武殿　吉田釧太郎殿　永岡秀一殿　滝澤菊太郎殿
（小計八拾円也）
金三円宛　岡村金太郎殿　田中鶴次郎殿　羽鳥光四郎殿　青山孝信殿　秋月胤逸殿　（小計拾五円）
金二円宛　塩谷仁之助殿　津田光津彦殿　小浜泰殿　妹尾秀実殿　星野三郎殿　小田勝太郎殿　喜多山昇来殿　樋口邦彦殿　（小計十八円）

金一円宛　葛城忠男殿　田中耕之助殿　岩崎甚左エ門　伊集院英二殿　萩山熊吉殿　朝日田昇平殿　丸田秀夫殿　深山義直殿　三浦覚之助殿　長棟暉友殿　日比義三殿　前原重秋殿　東道太郎殿　鎌田武造殿　山本静一殿　野元俊一殿　篠山武次郎殿　（小計十七円）
金拾円宛　佐分利貞男殿　金井四郎殿　野口弥三殿　平田仲次郎殿　永船熙載殿　（小計五拾円）
金二拾円宛　南郷三郎殿　山田三次郎殿　（小計四拾円）
金四拾円也　三船久蔵殿　（計四拾円）
合計金弐百六拾五円也

○支出総計弐百七拾五円也
金四拾円也　　発表諸費用
金参拾五円也　　買入諸品代
金百八拾円也　　帰京後報告時迄ノ諸費用
金拾五円也　　第壱回教書製作費
金五円也　　報告諸費
備考　帰京後報告時迄ノ諸費用ノ内容ハ、場所調査費、借室料、旅費、通信費、食費、慰安雑費等也、
第一回の分として記せし分は政と教の大方針のみにて具体案に無之候故御送り申上げず、然し国立の国教院を急

き設くるにあらざれば、帝国としての日本の寿命も先きが見へすき居り申候、社会は大分革命的色菜を帯ひ来り居り候、世の政者知乎不知乎、嗚呼

［封筒表］小石川区原町　阪谷芳郎殿　〈阪谷筆〉七月二十日

［封筒裏］七月十九日　南摩紀麻呂

西村捨三　書簡

1　（明治二十六）年五月二十二日　【599】

粛啓　益御安泰奉欣賀候、叉手不存寄御厳父様御文稿蒙御下附難有仕合、実ハ過日井上文相之卓子上ニ而拝見、近日是非請願一本頂戴之覚悟、誠以難有、当夏いづれカ之滴翠幽処ニて拝読、何分楽居候、不取敢御礼迄、匆々拝具

五月二十二日　西邨捨三

坂谷老台

［封筒表］麹町区□□□（平河町）　阪谷芳郎様親展

［封筒裏］築地二丁め十一番　西村捨三

二条厚基　書簡

1　昭和二年一月二十四日　【611-1】

拝啓　時下益々御清勝奉慶賀候、陳者昨年来種々御高配相煩候麹町分院移転ニ伴ヒ、官有ニ属スル部分ノ移転ニ付、経費負担方ニ関シ、曩ニ特ニ陸軍大臣ヲ御訪問被下、御懇談被成下候結果、陸軍大臣ニ於テハ大ニ本会ニ好意ヲ寄セラレ、当局ニ命シ、関係ノ向ヘ交渉セシメラレ候上、当初希望通リ、官有ニ属スル部分ノ移転ハ、陸軍省ニ於テ費用負担セラルヽことニ相成候旨、今般回答ニ接シ候ニ付、不日理事会開催ノ上、本会負担ニ属スルモノニ付、御決定ヲ願度存居候次第ニ御座候、不取敢右御報告旁御礼申上度、如此御座候、敬具

昭和二年一月二十四日

恩賜済生会

財団理事長公爵二條厚基

理事男爵阪谷芳郎殿

二条正麿　書簡

1　（大正二）年四月四日　【604】

尊書謹誦　陽春の好時節益御清勝被為成恐悦至極ニ奉存上候、平素は格別の御懇情を忝うし誠ニ難有、尚此上とも宜敷御指導仰度奉万祷候、陳は御内示蒙候来る九日公正総会の節に於ける幹事投票ノ件敬承、至極適当の御人選、小生意中のものと略一致仕候、唯一点愚考にてハ公正協同両会幹事は可成重複せさる方如何かと存居候、就てハ千秋男は今回協同会の方に御関係相成候事にて候得は、寧ろ此際は北大路男ハ如何かと被存候、何れにしても此際は吾人の側に於ては、結束的の態度を示さす、大体は一致し、ある部分に於て散票せしむるも一策ならすやと存居候、御参考までに申上候、何卒御一考被成下、適当の機会に御高教仰き度願居候、先は不取敢拝答のみ、匆々敬具

四月四日　　二條正麿拝

阪谷男爵閣下

［封筒表］小石川区原町一二六　男爵阪谷芳郎閣下拝酬

［封筒裏］市外戸塚町　二條正麿

2　（大正六）年二月十日　【608】

謹啓　時下益御清祥奉大賀候、陳は一昨夕ハ御懇招ヲ戴キ是非参上可致存居候処、折悪微恙ノ間、遂ニ御無礼申上候処、昨日ハ不存寄御叮重ナル御料理御恵投被成下、何トモ恐縮、御厚志ノ程厚ク御礼奉申上候、何レ拝鳳万々御礼可申上ハ候得共、不取敢書中御受御礼申上度、寸楮如斯御座候、敬具

二月十日　　二条正麿

阪谷男爵閣下御侍史

［封筒表］小石川区原町一二六　男爵阪谷芳郎殿

［封筒裏］二条正麿

3　（大正十二）年七月四日　【605】

貴翰謹誦仕候、兎角不順に有之候処、益御機嫌能被為成恐悦至極に奉存上候、陳は先達は本年初漁の若鮎、不順気の為、発育極て不良貧弱なる形態にハ候ひしも、御話申上置候関係上、御笑草にまて御覧に供候にも不拘、却て尊慮を煩はし、今日は不存寄御心入りの御品御授与被成下、何とも恐縮、殆と拝謝に辞無之候、折角の御思召難有拝納可仕、何れ近日拝鳳万御礼可申上ハ候得共、不取敢書中謹而御礼申上度、如斯御座候、敬具

七月四日　　二條正麿

阪谷男爵閣下御侍史

尚、御名吟之れ又難有拝誦仕候、不風流者とて御返歌申上得さるを深く遺憾と存候、其代り天候回復し、他日尤物を得次第、更に御覧に可奉供候、又拝

［封筒表］小石川区原町一二六　男爵阪谷芳郎閣下拝酬

［封筒裏］市外戸塚町　二條正麿

4　（大正十五）年十月三日　【611-2】

謹啓　過日は御懇篤なる御見舞書を忝うし誠ニ難有、御厚志の程深く感佩、茲に謹て御礼申上度候、時近秋冷の好時節と相成り、驥尾に付して応分の微力を致さねはならさるの際、遂に失脚何とも恐入候、然し御蔭にて昨今大に回復、日ならす出席致度と存居候間、何卒此上とも宜敷御指導奉万祷候、先は御礼旁御願申上置度、如斯御座候、敬具

大正　年十月三日

二條正麿

阪谷男爵閣下御前

［封筒表］小石川区原町一二六　男爵阪谷芳郎閣下敬展

［封筒裏］㊞「東京市外戸塚町五四　二條正麿」

5　（　）年五月七日　【607】

貴札謹誦　益御機嫌能被為成奉恐悦候、陳は御高示ノ有吉男入会手続書ノ件敬承、幸今日ハ倶楽部へ可参用事モ有之候ニ付、其節直ニ関係書類御送為致置へク候間、左様御承知被遊度候、

昨朝ハ電話ニテ種々御無礼申上候段奉謝候、其節御打合申上置候通り、九日午後二時、御集会ノ手続致置候間、此機会ニ併テ申上置候、不取敢御受迄ニ如斯御座候、敬具

五月七日

正麿拝

阪谷男爵閣下御侍史

［封筒表］小石川区原町一二六　男爵阪谷芳郎閣下玉展

［封筒裏］市外戸塚町　二條正麿

6　（　）年六月八日　【606】

謹啓　兎角不順に有之候処、益御機嫌能被為成奉恐悦候、先達は御取込中をも不顧、突然罷出、甚長座御邪魔申上候段奉謹謝候、其節御約束申上置候鮎、本年は気候不順降雨勝の為、食餌の関係上発育甚不良、極て貧弱の姿にハ有之候得共、何れ生育のものは他日を期し、解禁匆々の漁獲に任せ、少々斗御覧に入れ候、御試味願はれ候得は誠に望外の仕合に存候、先は御案内にのみ、匆々敬具

六月八日

阪谷男爵閣下御侍史　　二條正麿拝

［封筒表］阪谷男爵閣下御侍史
［封筒裏］二條正麿

7　（　）年六月十三日　**【610】**

謹啓　時下益御清勝ニ被為渉奉大賀候、陳は此若鮎乍些少、久振りニて、昨日玉水垂糸の漁獲ニ任せ、御笑覧に供し度、乍略使にて差上候、御試味願はれ候得は望外の仕合に奉存候、敬具

六月十三日　　二条正麿拝

阪谷男爵閣下御侍史

［封筒表］阪谷男爵閣下御侍史
［封筒裏］二條正麿〈阪谷筆〉木島十四

8　（　）年八月十四日　**【609】**

秋暑激甚の際、謹て御機嫌奉伺候、此度は不存も寄御尊翰戴き、誠ニ難有、乍毎度の御厚志深く御礼奉申上候、去る八日以来大磯御別邸へ御転地被遊候趣、残暑殊の外厳敷候折柄、何卒此際精々御休養可被遊、此上とも宜敷御指導奉万祷候、不取敢御受御礼迄に、匆々敬酬

八月十四日　　二條正麿拝

阪谷男爵閣下梧下

［封筒表］相州大磯神明町　男爵阪谷芳郎閣下敬酬
［封筒裏］㊞「東京市外戸塚町五四　二條正麿」

9　（　）年十月十二日　**【613】**

謹啓　秋冷の候益御清勝奉大賀候、陳は昨日は不存寄誠に結構なる御菓子御恵投戴き、何とも恐縮千万、御厚志の程誠に難有奉感謝候、何れ拝鳳親く御礼可申上ハ候得共、不取敢書中謹て御礼申上度、如斯御座候、敬具

十月十二日

二條正麿

阪谷男爵閣下

兼て御高慮仰居候難問題も、多大の御配慮の結果、円満の解決に至り、誠に御同慶至極、深く奉感激候、今後は折角の御心労に反せさるへく期し居候得共、此上とも宜敷御指導奉希候、併て御礼申上度候、又拝

［封筒表］小石川区原町一二六　男爵阪谷芳郎閣下
［封筒裏］市外戸塚町　二條正麿

10　（　）年十二月十四日　【612】

謹啓　寒冷の候益御清勝奉慶賀候、平素ハ種々御高庇を忝うし、誠ニ難有厚く御礼申上候、尚此上とも宜敷御指導奉希候、陳は此鮎並ニはや乍少々、昨日玉川在案内者より持参致候、季節外の事とて風味如何かと被存候得共、御覧に供度、乍略使にて差上候（密漁ニテハ無之、鮎ノ猟季ハ御承知ノ事カトハ存上候得共、十月十五日ヨリ一ヶ月禁漁期トナリ、十一月十五日ヨリ十二月末日マテ再ヒ解禁（此季節知ラヌ人多シ）翌年一月一日ヨリ五月末日マテ更ニ禁漁セラル）御試味願はれ候得は、望外の仕合ニ奉存候、先ハ御案内にのみ、匆々敬具

十二月十四日　二条正麿

阪谷男爵閣下御侍史

［封筒表］阪谷男爵閣下
［封筒裏］十二月十四日　二条正麿

新渡戸稲造　書簡

1　昭和四年二月四日　【603-1】

拝啓　去る十九日早朝盗難に遭遇致候節は、御懇篤なる御見舞状を賜はり厚く御礼申上候、当時の新聞紙に掲載せる記事中、大分事実に違ふ所有之候へは、最近東京朝日新聞に載せたる小生自身の談話を切抜き、御笑覧に供し候、以上

昭和四年二月四日　新渡戸稲造

殿

［封筒表］小石川区原町一二五　男爵阪谷芳郎殿
［封筒裏］㊞「東京小石川区小日向台町一ノ七五　新渡戸」
［付属］（新聞記事）強盗被害者座談会（五）【603-2】
［付属］（新聞記事）強盗被害者座談会（六）【603-3】

2　（　）年一月三十日　【601】

拝啓　甚々突然なる事ながら、伝聞ニよれは、平和協会雑誌編輯之為め人を要する義、其の人選ハ大兄之御思召ニある由ニ御座候処、瀧浦氏候補者なりしも、同氏より更ニ文学士佐藤繁彦氏を推薦致ニ付、何分佐藤氏ニ一寸なりとも御引見被下度願上候、同氏ハ頗る真面目なる者ニ而、既ニ相当なる著述も有之候、先ツハ御紹介まで、草々

一月三十日　新渡戸稲造

阪谷男爵閣下

［封筒表］阪谷男爵　〈別筆〉文学士佐藤繁彦氏紹介
［封筒裏］㊞「東京市小石川区小日向台町壱丁目七拾五番地〈服部坂上〉　新渡戸稲造　電話番町一〇七五」

3　（　）年六月十九日　**【602】**

拝啓　兼而より後藤男と協力致候て学俗融和之計画致居候処、今回愈々一歩を進め候都合ニ相成候ニ付、大兄の御助力も迎《(仰カ)》き度存候間、此義ニ就き文学士龍居松之助氏御訪致候節ハ御引見被下度願上候、

六月十九日　　新渡戸稲造

阪谷男爵閣下

［封筒表］阪谷男爵閣下　文学士龍居松之助氏持参　〈阪谷筆〉十四年六月二十九日日本クラフニテ龍居ニ面会ス　十行三十字詰　百五〇乃至二百枚　助手十五円　一冊三十銭　千部　一割印税　二版より一割五分
［封筒裏］㊞「東京市小石川区小日向台町壱丁目七拾五番地〈服部坂上〉　新渡戸稲造　電話番町一〇七五」　〈阪谷筆〉市外　下戸塚　五九五　龍居松之助　〇四年七月一日市川ニ談ス

仁保亀松　書簡

1　大正元年十二月十七日　**【600】**

左記ノ図書本学へ御寄贈相成、正ニ領収、御厚意深謝之至ニ候、即貴名ヲ該書ニ録シテ、永ク本学研窮室ニ保存シ、学術研鑽ノ資料ニ供スヘク候、敬具

大正元年十二月十七日

京都帝国大学法科大学長法学博士

仁保龜松㊞

法学博士男爵阪谷芳郎殿

一、日本経済論　　壱部

［封筒表］東京市小石川区原町一二六　阪谷芳郎殿
［封筒裏］京都帝国大学法科大学長法学博士仁保龜松

根本　正　書簡

1　（大正七）年二月七日　**【979】**

謹啓　愈御清健奉大賀候、国勢調査予算ニ付御心配被下、国力発展の為め奉深謝候、御書ニ基き、爾来一層政友会本部等、夫々尽力仕居候、幹事中ニも二派ニわかれ、少

壮の方ハ賛成ニ候得共、老人の方ハ彼是彼地方税の増加すべきなど申述、決定不致候得共、今夜の最高幹部会ニおゐて是非通過候様、床次・岡崎両君へも注意、原総裁其内小川委員長等へも十分赤誠を申込、且ツ会長閣下御熱心の儀も加へ置候間、通過すべき見込ニ御坐候得共、実際困難を重ね居候儀ハ事実ニ御坐候、此事ありの侭申上置候、敬具

二月七日　　根本正

阪谷会長閣下

［封筒表］小石川区原町一二六　阪谷芳郎様御直披
［封筒裏］衆議院ニて　根本正

2　（大正七）年二月七日　【976】

急啓　先刻申上候通り、国勢一件実際困難の場合に立至り候得共、本日午後更ニ、国家の大事ニあやまらさる様切言、幸ニ原君も強て反対セさる事ニ返辞相成、尤も一際の方針決定の事故、最高幹部自ら賛成ハ面目上出来兼候故、多数の賛成ニ候ハヽ、強て反対セズ位のわけニて通過致候筈、少壮幹部の人々一致為致、殊ニ指田幹事位の如きドレ迄も賛成説を申立、又大蔵主査吉植君も同意いたし呉、要路の政友、何れも小生の意見を容れ呉候、殊ニ昨年建議の主旨を貫候ニハ当然の事ニ有之候旨、十分説明、先以て何れも賛成相成、今日午ゴ六時二十分議会散会の時の模様、甚た好況ニ御座候間、聊カ御安神奉願上候也、敬具

二月七日夕　　根本正

阪谷男爵閣下

小壮幹部何れも賛成候

［封筒表］小石川区原町　阪谷男爵閣下御直披
［封筒裏］衆院ニて　根本正　七日夕六時廿分　㊞「衆議院用」

野沢竹朝　書簡

1　（　）年五月二十日　【591】

謹啓　未た拝顔を得ず候得共、尊下愈御清穆の由慶賀の至に御座候、陳ば過日は小生の披露会に御祝儀給り、御厚誼の段深謝の至に御座候、早速御礼状差出可筈の処、今日の延引と相成候義、何とも申訳無之、平に御海容被下度候、先は御礼旁御詫迄、如此候、頓首

五月二十日

野澤竹朝拝

阪谷尊台机下

[封筒表]　小石川区原町百二十六　阪谷芳郎殿御礼状
[封筒裏]　四谷区伝馬町一ノ三七　野澤竹朝拝　五月二十日

野依秀一　書簡

1　（明治四十二）年（三）月（四）日　【598】

実業ノ世界ヲ評ス

我物と思へば軽し傘の雪

井上侯

夕立や昨日は東、今日は西

一種の涙と眼光

楽屋の人、舞台の人にあらす、

其境遇に居りたる人にあらされは之を知らす、

団十郎死シテ後チモ歌舞伎座ハ歌舞伎座ナリ、

但物足ラス、

元老の由来并歴史的必要経験ハヨキナリ、

[封筒表]　小石川区原町一二六　阪谷芳郎様　㊞「親展」
[封筒裏]　東京市芝区三島町二番地　日本一の実業雑誌『実業之世界』発行所　三田商業研究会　主幹野依秀一
明治四十二年三月四日

2　（明治四十五）年四月二十八日　【597】

拝啓　益々御多祥奉賀候、陳ば昨夜電話にて御面会の御都合伺上候処、五月一日の午後ならば宜しとの由拝承仕候、就ては同日今一応電話にて御都合御伺ひ之上にて参上可仕候間、何卒宜しく願候、時に甚だ御多用中恐縮なから、同日特に、「日本の財政経済を如何にするか」と申す題目のもとに閣下の御高説を承り度き懇望に有之候、今何故閣下に此の問題について御面倒を煩はさんと欲するかの理由の儀は、何卒御送附申候五月一日の「実業之世界」の第壱頁と弐頁、及び第二十二頁の下段、ゼヒ御読み下され度願候、雑誌の儀は既に御届け申上置キ候、私事急用出来の為め、只今名古屋へ参候間、乍失礼此地より御手紙差上け候次第、不悪御承知願候、昨〔明〕後日の朝は帰京可仕心組に御坐候、不一

四月廿八日午後十一時半認置　秀一

坂谷男爵閣下

[封筒表]　東京小石川区原町　男爵坂谷芳郎殿侍史　㊞「書留」
[封筒裏]　名古屋市　㊫旅館にて　野依秀一　廿八日

野呂邦之助　書簡

1　（明治四十一）年十一月二十日　【592】

謹啓　先般御帰朝之途次当市へ御立寄之義と期待罷在候処、御都合上御通過ニ相成遺憾此事ニ御坐候、爾来長途之御旅行御疲労も無之、益御健全ニ被履候段奉敬賀候、陳は御旅行先迄御賢慮を仰き候小生身上之件、相叶候儀ニ御坐候ハヽ、賢台之御威力を以て小生之為め御尽力奉願度、毎々具陳仕候通り、目下之収入ニ付ては更ニ不足とする処無之も、何分職務上殆と厭気を生し、日々不愉快に経過致居候次第ニ付、特ニ温き御旧情を以て社会立勝之位地ニ御心配相願度、偏ニ御依頼申上候、其内上京致候ハヽ、拝顔之上、更ニ御懇請可申上候得とも、乍略義右御含之上、只管御尽力相願度迄、如此ニ御坐候、恐々頓首

十一月二十日　　野呂邦之助

坂谷賢台

［封筒表］東京市小石川原町　坂谷芳郎殿御親展
［封筒裏］神戸市下山手七　野呂邦之助拝

芳賀矢一　書簡

1　大正八年一月（十六）日　【629】

拝啓　益御清栄大慶の至に存じます。さて今日の教育上最も大切なのは国民道徳の指導如何にあることと存じまして、昨夏来、中学生に課する教科書として、別封国民道徳教科書を編述致しました。尚一般青年の課外読本として使用しても宜しい考であります。已に文部省の検定も経、訂正再版を致しましたから、一部編纂趣意書とともに御座右へ呈します。何卒御閑暇を以て、御一読下さいますやう謹んで御願ひ申上げます。不一

大正八年一月　　芳賀矢一

阪谷芳郎殿

［封筒表］小石川区原町一二六　阪谷芳郎殿
［封筒裏］㊞「東京市小石川区竹早町三十二番地」　芳賀矢一

萩野由之　書簡

1　明治四十二年九月（二十五）日　【117-1】

故小林文学士遺子教育資金募集の件（略）

［封筒表］小石川区原町　男爵阪谷芳郎殿　〈阪谷筆〉十円？
　同族会

［封筒裏］本郷区駒込蓬莱町　萩野由之

［付属］仮証（明治四十二年十月六日、澁澤篤二差出、阪谷芳郎宛）

2　大正元年八月二十三日　【116-1】

拝啓　来廿五日ニ御相談願上度議案の大要相記しさし上候間、御覧置可被下候、説明不備ニ候へ共、これは会の時申述度奉存候、拝具

萩野由之

坂谷男爵様

〈欄外〉大正元年八月廿三日　於東京兜町、澁澤編纂所

［封筒表］小石川原町　男爵坂谷芳郎様親展　〈阪谷筆〉八月二十五日　四時半　〈別筆〉（興山公伝記）

［封筒裏］兜町渋沢事務所ニテ　萩野由之

［付属①］徳川慶喜公伝議案　【116-2】

議案

一、老公ノ御談話ノ事

二、引用書目ヲ附記スベキカ

　イ、巻首ニカ　巻尾ニカ

　ロ、挿註カ

　ハ、一切省略カ

三、書名改定ノ件

　イ、関水史料（朝比奈閑水筆記）

　ロ、雲上要録（久邇宮家文書）

　ハ、雲上日記（朝彦親王御記）

四、パークス、ロッシュ等ノ外人記録ヲ英米仏蘭書中ニ博捜スルカ

五、第六編ノ編目ノ事

慶応三年十二月九日将軍職辞表聴許（正月十日マデハ内大臣元ノ如シ）以後現今マデヲ概括シテ「退官時代」ト称ス

六、第七編ノ編目ノ事

七、附録ニ収ムベキ文書記録ノ範囲

　イ、公署名ノ文書

　ロ、公ニ宛タル文書

　ハ、公ト間接関係ノ文書

　ニ、貴重ナル談話筆記ノ類

　　朝比奈閑水、浅野諸遺老ノ談話

八、文書記録排列ノ順序

　イ、各章末ニ附スルカ

　ロ、全部別冊トナスカ

一、編年カ
二、類別カ
九、御年譜ノ式
十、重職補任ノ事
十一、巻中姓名譜ノ事
十二、写真ノ範囲
甲、御父母昭徳院等
乙、由緒アル家臣ノ類
十三、由緒アル土地建物
水戸家上屋敷　水戸城　一橋邸　二条城　大坂城
江戸城　水戸弘道館　宝台院　紺屋町　草深　巣鴨
小日向　○開陽艦　○当時ノ京、坂、江戸ノ絵図面

〔付属②〕　徳川慶喜公伝総目　【116-3】

総目
老公御談話
著者男爵緒言
本編七篇四十三章　第七編は此数の外なり
第一編　水戸諸公子時代　三章
第二編　一橋刑部卿時代　十章
第三編　将軍後見職時代　十章
第四編　禁裏御守衛総督時代　七章
第五編　征夷大将軍時代　八章
第六編　退官時代　五章　静岡以後未定
第七編　言行及伝説の正誤　未定
附録
文書記録　巻数未定
年譜
重職補任
巻中姓名譜
写真
老公肖像
老公筆跡
恩賜品
手芸品
由緒ある土地建物

3　大正二年一月五日　【118】

拝啓　益御多祥奉賀候、此度先哲書影と申もの出板仕候間、一部別封にて拝呈仕候、御笑覧可被下候、拝具
大正二年一月五日　萩野由之
坂谷芳郎様侍史
〔封筒表〕　小石川原町　男爵坂谷芳郎様

［封筒裏］㊞「東京市本郷区駒込蓬莱町七番地　萩野由之」

4　（大正二）年一月十四日　【115】

拝啓　先日は御伝記仮印刷御覧被下、御批評辱存上候、御教示の所は改削可仕候、〇第二章訂正中幕府幣制の事ニついて疑義相生候ニ付、左ニ伺出候、即天保中幕府財政の紊乱を叙するニついて、貨幣制度の沿革を記せる所の原稿には、

慶長以後金銀銅の三貨並ひ行ふといへとも、金貨を以て本位とし、銀銅の二貨をは時価ニより金に対する比価を定めて通用せしむ・・・

慶長の金銀ハ十と一との比にて、当時差支なかりしニ、金価ハ漸次騰貴の傾ありしなり、然るに此度（明和度改鋳の時）初めて銀十二枚を以て必す金一両を得ることに定まりしかは、比価一定して実際の通用ニ違ひしのミならす、金貨本位の性質を失ひ金銀両本位の性質となる、

右の如く記し候所、一説には

初より上方は事実金銀両本位なりしやうなり

とありては前説立ちがたく候、全体かゝること不案内のものウカとしたること記して、物笑ニなりても、編者を累すへきニより、初は金貨本位、後両本位か、抑初より地方ニよりて単本位・両本位並行せしものか、概要御垂示可被下候、若又此議論ハ複雑なることならは、必しも本位の事は記さすとも相済へきかとも存候、御多忙中申兼候へとも御一筆奉煩候、頓首

一月十四日　　萩野生

坂谷男爵様

［封筒表］□（小カ）石川原町　男爵坂谷芳郎殿親展
［封筒裏］兜町澁沢邸にて　萩野由之　一月十四日

波多野敬直　書簡

1　（明治四十一）年十一月十五日　【632-1】

市政講究会設立の件（略）

［封筒表］小石川区原町一二六　男爵坂谷芳郎殿親展　市政講究〈阪谷筆〉十一月廿三日午后二時　（不参の答、十九日）
［封筒裏］男爵波多野敬直
［付属］市政講究会入会勧誘者名簿【632-2】

2　大正四年三月一日　【631】

拝覆　時下愈々御清穆奉賀候、陳者今般東京市長御退職

相成、公私之為遺憾之至ニ存候、御在職中ハ種々御懇情ヲ辱シ奉謝候、尚将来不相変御厚誼之程奉希候、右貴答旁早々如此ニ候、敬具

大正四年三月一日

男爵波多野敬直

男爵阪谷芳郎殿

［封筒表］男爵阪谷芳郎殿
［封筒裏］男爵波多野敬直

蜂須賀正韶　書簡

1　（明治四十五）年七月二十五日　【651】

謹啓　過般参堂御話申上置候、来月一日より開催之予定全日本歴史地理学会之江戸時代史講演会之儀、目下聖上陛下御悩に渡らせられ候ニ付、学術上之会合ニハ候へ共、輦轂之下ニて多人数之集会することハ、この際やはり御遠慮申上ぐべきものと存ぜられ候間、もはや準備万端整ひ居申候へ共、当分延期之事ニ決定仕候、自然過般御願申置候初日ニ御臨席を相願申す事ハ、何卒御見合せ被成下度、何れ再度機会を見て開催之筈ニ候間、其節ハ又御願申上ぐべく候へ共、不取敢乍略儀以書中右御通知旁如斯御座候、匆々拝具

七月二十五日

蜂須賀正韶

坂谷男爵殿侍史

［封筒表］□（小カ）石川区原町　坂谷芳郎殿
［封筒裏］芝区三田　蜂須賀正韶

服部宇之吉　書簡

1　（大正十一）年九月七日　【663】

貴示拝承、久敷不得拝芝候処、御清栄奉賀候、小生八月一日磐城海岸に参り候処、持病之喘息を発し、九日病を推して帰京、廿一日まで臥し、それより数日温泉ニ行き、八月末に帰京仕候、

祭典会寄付の事は、帰京後早速会の方取調べ候処、申込総計金一万五千円ばかり内に矢野君の方より来りしものも有り其外矢野君の許に、猶ほ有之筈にて、工藤君ニ引合頼み置候、又他にも見込み有之、結局二万円という予算、乙案には必ず達し候ことと信じ居候、

図書館之件は、当時文部省の方よく話いたし置候、昨日山崎局長に面会候処、文部省構内にて四百坪ほど都合出

来るかと思ふゆえ、今日其の方考慮中の旨話有之候、先は右貴答のみ申上候　匆々

九月七日　服部宇之吉

阪谷男爵殿

［封筒表］小石川区原町　阪谷男爵殿親展
［封筒裏］東京市外戸塚町字諏訪百八十二番地　服部宇之吉
電話番町五一六〇番　大正十一年九月七日

2（大正十一）年十二月十四日　【666】

拝啓　時下御清栄奉賀候、然は先日電話にて御申聞之件、相談いたし候処、先日已に江木君より市村博士に長文の手紙を寄せられ、特別委員の中に加はる様勧誘され、又他の人よりも促されて、特別委員会にも出席され候由に候へば、此れにて問題は解決したることと存候、因て右申上候、匆々不乙

十二月十四日　服部宇之吉

阪谷芳郎殿

［封筒表］小石川区原町　阪谷男爵殿親展
［封筒裏］東京市外戸塚町字諏訪百八十二番地　服部宇之吉
電話番町五一六〇番　大正十一年十二月十四日

3（大正十二）年十月二十四日　【661】

両度之御手紙拝見仕候、御意見之処は、来廿九日開くべき委員会にて十分相談仕り、其上更に可申上候、聖堂敷地ニ関しては、九月廿五日の会議之席にて、至急文部省に保留を申込み置けという御意見に従ひ、理事代表として、小生及宇野・塩谷三人文部省に参り、覚書を以て大臣・次官・局長等に申置候、先は右のみ、匆々不乙

十月廿四日　服部宇之吉

阪谷男爵殿

［封筒表］小石川区原町　阪谷男爵殿親展
［封筒裏］東京市外戸塚町字諏訪百八十二番地　服部宇之吉
電話牛込二三六〇番　大正十二年十月廿四日

4（大正十二）年十二月二十日　【660】
（服部宇之吉・繁子書簡）

拝啓　時下愈御清穆奉賀候、然は令嬢此度御良縁を得られ、已に華燭之典を挙けさせられたる旨拝承、千鶴万亀奉南山候、新しき御家庭之益栄昌ならんことを祈り、乍略儀以書中御祝申上候　敬具

十二月廿日

服部宇之吉
同　繁子

阪谷芳郎殿
同　令夫人

［封筒表］小石川区原町一二六　男爵阪谷芳郎殿
［封筒裏］東京市外戸塚町字諏訪百八十二番地　服部宇之吉
電話牛込二三三六〇番　大正十二年十二月二十日

5　（大正十五）年三月二日　【665】

拝復　然は塚本翰長之回答御知らせ被下敬承仕候、又宮相の事は三宅博士も同様の事申居られ候、先は右御請まで申上候、匆々不乙

三月二日

服部宇之吉

阪谷男爵殿

［封筒表］小石川区原町一二六　阪谷男爵殿親展
［封筒裏］東京市外戸塚町字諏訪百八十二番地　服部宇之吉
電話牛込二三三六〇番　大正十五年三月二日

6　（大正十五）年五月十七日　【659】

貴示拝承、先日願置候書面写御遣し被下、正に拝受仕候、今朝文部省に次官を訪ひ懇談致候処、明夜文部大臣帰京之筈に付、その上相談可致と申す事に有之候、二十日頃返事を聞きに参ることに約束いたし置候、右申上置度、匆々不乙

五月十七日

服部宇之吉

阪谷男爵殿

［封筒表］小石川区原町一二六　阪谷男爵殿親展
［封筒裏］東京市外戸塚町字諏訪百八十二番地　服部宇之吉
電話牛込二三三六〇番　大正十五年五月十七日

7　大正十五年七月（　）日（服部宇之吉・繁子書簡）【662】

拝啓　時下御清穆之段奉賀候、陳者本年は北京籠城より恰も二十七年目と相成り、懐旧の情禁じ難きもの有之、乃ち当年の日記を取り出し、旧稿の侭印刷に付し候に付、一本を進呈仕候間、何卒御笑留被成下度候、先は右得貴意候、敬具

大正十五年七月

服部宇之吉
同　繁子

坂谷芳郎殿

［封筒表］阪谷芳郎様

〔封筒裏〕東京市外戸塚町字諏訪百八十二番地　服部宇之吉・
同繁子　電話牛込二三六〇番

8　（三）年二月九日　【664】

拝啓　然は本月帰一協会例会に於て、何か御講演相願度、御差繰御承諾を得は幸甚、日は十八日、二十五日何れとも御都合ニ従ひ可申候、御承諾の上は演題を御示し被下度、先ハ右御依頼のみ、匆々不乙

二月九日　服部宇之吉

阪谷男爵殿

〔封筒表〕小石川区原町　阪谷男爵殿親展
〔封筒裏〕市外下渋谷一八二五　服部宇之吉

鳩山和夫　書簡

1　（明治二十三）年七月二十九日　【634】

只今は失敬、其砌ハ心附かざりしも、賢兄より呉氏へ御一報願候ハ、稍干渉の形跡アル如く思ハれ候嫌アレども、只今兄より生へ口頭ニテ伝ヘラレ候事を、即チ渋沢君中立云々の事を書面ニて生迄御報被下度奉願候、右を私用する如き場合ハ有之間敷とハ存候へども、次第ニ依候てハ生ノ言を疑フやも斗られす候ニ付、甚乍御手数郵便ニて御一封奉願候、匆々

七月廿九日　鳩山

阪谷賢台侍史

〔封筒表〕麹町区平河町六丁目廿一番地　阪谷芳郎殿　〈阪谷筆〉王子村選挙依頼ノ件
〔封筒裏〕牛込東五軒町　鳩山和夫

2　（　）年四月八日　【635】

拝啓　陳は知人武見と申す者、其友人ノためニ山田方谷の書を売却いたし度由ニ付、御一覧被下度奉願候、右紹介迄、匆々頓首

四月八日　鳩山和夫

阪谷芳郎殿侍史

〔封筒表〕小石川原町一二六　阪谷芳郎殿　武見氏紹介
〔封筒裏〕東京市小石川区音羽町七丁目十番地電話番町三二一四
鳩山和夫

花房太郎　書簡

1　**昭和四年十二月五日**　**【655】**

拝啓　益々御清勝奉賀候、陳は岡山県青年会名誉会員トシテ種々御尽力ヲ願ヒ、一同感佩罷在候処、此度規則ヲ改正シテ名誉会員ヲ廃シ、特別会員・普通会員ノミト致候間、爾後特別会員トシテ、従来ノ通御尽瘁被下度奉願候、先ハ右御挨拶旁御願迄、如此ニ候、拝具

昭和四年十二月五日

岡山県青年会

花房太郎

男爵阪谷芳郎殿

［封筒表］小石川区原町一二六　男爵阪谷芳郎殿

［封筒裏］市外上大崎町二九一　子爵花房太郎

花房直三郎　書簡

1　**（明治三十四）年六月二十日**　**【656】**

貴翰拝読御内示難有奉存候、御承知之通今回之参否ハ、統計上帝国ノ体面ニも相関し、随テ将来帝国之統計行政上影響不尠、此辺之主意ハ兼テ翰長を経テ首相江も充分申出置候へとも、尚此際翰長とも相談、一層首相ニも呑込呉れられ候様致スヘクト存候、乍此上千万御心添相願候　草々頓首

六月廿二日

直三郎

坂谷様

［封筒表］阪谷総務長官殿　必親展　㊞「卅四年六月廿二日　経□文会」

［封筒裏］内閣統計局　花房直三郎

2　**明治四十三年十月二十五日**　**【653-1】**

拝啓益御清祥奉賀候、扨内閣統計局執務之状況、御参考旁御一覧を請ひ度、来廿七日午後一時より、御繰合はせ御来局被下候ハヽ、幸甚之至りニ御座候、右得貴意度、如此御座候、敬具

明治四十三年十月廿五日

内閣統計局長

花房直三郎

国勢調査準備委員会委員

殿

追而書類及機械等成ルヘク御順覧ニ宜敷様取揃候積ニ而、其為前文之通日を期して申上候得共、同日御差支之節ハ、

何時にても御来局被下度候、右御含之為申添候也、

［封筒表］小石川区原町一二六　男爵阪谷副会長殿親展
［封筒裏］内閣統計局長法学博士花房直三郎　㊞「内閣用」

［付属］花房直三郎書簡　（　）年十月二十五日【653-2】

過刻電話ニ而申上候委員ヘ之通知ハ、別紙之通ニ有之、御聞置被下度、其為、匆々敬具

十月廿五日　　直三郎

阪谷男閣下

3　（明治四十四）年一月十二日【657】

尊翰拝読、陳は御母公様御病気御平癒、大磯ヘ御転地之旨御報、千万慶賀此事ニ御座候、尚乍此上厳寒之候、御老体折角御摂養奉祈候、先ハ不取敢御賀申上度、為其、草々頓首

一月十二日　　直三郎

坂谷男閣下

［封筒表］市内小石川原町百廿六　男爵阪谷芳郎殿
［封筒裏］赤坂区青山南町五丁目五四　花房直三郎

4　（大正二）年八月七日【658】

本日公然欧州派遣之命を被り候、来十日午前八時半之汽車にて出発之事ニ決定仕候、明日は拝晤を得度、御都合電話ニ而相伺候処、本日御地ヘ御出向之由、掛違ひ遺憾之至ニ御座候、何分留守中、統計協会之儀、宜敷御配意奉願候、会計之事ハ明日協会ヘ出頭、河合・竹内両人ヘ委細申聞置可申、御帰京之上、同人等より可申上候、先ハ不取敢右要件ノミ、如此御座候、頓首

八月七日夕　　直三郎

阪谷男閣下

［封筒表］神奈川県大磯町　招仙閣　男爵阪谷芳郎殿親展
［封筒裏］東京市赤坂区青山南町五ノ五四　花房直三郎

5　（大正三）年四月二十一日【652】

尊翰拝読、筒井・竹内之件とも、事務員ヘ起案申附置候、但し筒井・河合之交迭ハ定款変更認可之上、又竹内増俸ハ、来月より施行之事ニ起案候様相命置候、

黒田碑文之件、辞退ハ不本意ニ候ヘ共、何分金石ニ鋳シ文字ハ素人ニハ到底出来不申、先年一両度盲蛇ニ試候て、困入候経験も有之、御辞退候次第不悪御諒察可被下候、

尚尊台御名義ニ而誰欤代筆セシメラルヘク旨、御来示至

極ト存候、尤も書家其ノ人ノ名を署して少シモ不都合ハ
無之ト存候ヘ共、尊名ナレハ死者之名誉一層之事と存候、
右拝答、頓首

四月廿一日　　直三郎

阪谷男閣下

尚筒井にも面話、事務員嘱托之義相話、本人快諾致候、
御含迄申添候、以上

〔封筒表〕市内小石川区原町　男爵阪谷芳郎殿
〔封筒裏〕赤坂区青山南町五丁目五四　花房直三郎

花房義質　書簡

1　（明治四十一）年十二月三日（花房義質ほか書簡）【654】

謹啓　寒冷日増相募候処、愈々御健安奉大賀候、偖頃日欧米御視察被為終、途上無恙御帰朝相成候付ては、同県出身有志者等其祝意を表し、且御高話も拝聴仕度、来十一日午後五時浜町常磐家に於て粗餐差上申度、御繰合御貴臨被成下候ハヽ、本懐之至奉存候、右御案内申上度　匆々敬具

十二月三日

岡山県出身有志総代
子爵花房義質
犬養　毅
坂田　實
犬丸銕太郎
野崎廣太

男爵阪谷芳郎殿閣下

〔封筒表〕小石川区原町　男爵阪谷芳郎殿閣下
〔封筒裏〕十二月三日　子爵花房義質外四名

埴原正直　書簡

1　（明治四十二）年一月四日　【1082】

謹賀新年
客歳御来華之節ハ御粗匆申上候処、却ツて再応懇篤なる貴柬に接し恐縮此事に存申候、実ハ当時早速拝酬之礼を致すべき筈之処、客夏官命に依り暫らく南部西部及太平洋岸地方巡遊之途に在り、帰来復た塵事蒼忙、意ならすして今日迄欠礼罷在り候段鳴謝之外なく、御寛容偏へに祈る処に御座候、

客歳拝眉を得候節ハ、彼此高教を仰き度希望致し候処少からさりしも、行途御繁劇の折柄得其意兼ね候段遺憾此事に存申候、何れ来夏頃ハ一度帰朝の機会を得て、重ねて拝芝、親しく高教を仰くの仕合せを得度と、今より希望致居り候、
先ハ不取敢賀正旁々御礼やら御詫やら兼ねて一筆如斯、遥かに閣下并に御一統之健康を祈る、草々不宣

一月四日　埴原正直

阪谷男爵閣下

追而当地に何等御用之向きも有之候ハヽ、御遠慮なく御下命相成、喜んで貴諭に応し可申候、

［封筒表］Baron Y. Sakatani, Tokio, Japan. 東京市小石川区原町一二六　男爵阪谷芳郎閣下〈別筆〉上原

馬場鍈一　書簡

1　（大正二）年十一月二十六日　【812】

拝啓　時下益々御清穆被為在候御事ト奉恭賀候、陳は例ノ百科大辞典続行ノ件、斎藤精輔ヨリ江木衷氏ニ申談シ、同氏ヨリ奥田文相ニ懇談致候処、承知致呉レ候赴、就テハ閣下ヨリモ文相ニ御口添ヘ其ノ他ノ御心配ヲ相仰キ度キ手順ニ相運候事ニ有之候、尚詳細ハ斎藤同道ノ上拝眉御願可申上之処、公務取込居候テ不如意候ニ付、明日又ハ明後日、日本倶楽部ニ斎藤精輔ノミ罷出テ親シク情況具陳ノ上、御配慮相願ヒ度存上候、其ノ節ハ万事宜敷御示教被下候様奉願候、先ハ右願用迄、早々頓首

十一月廿六日　馬場鍈一

阪谷男爵閣下

［封筒表］市内小石川区原町　阪谷芳郎様親展
［封筒裏］内閣法制局　馬場鍈一　十一月廿六日

2　（大正二）年十二月二十三日　【811】

拝啓　時下愈々御清健被為在候段奉恭賀候、年末ニ際シ一層御繁用之御事ト奉愚察候、陳ハ過日拝眉ノ節御示教ノ件、松本博士及斎藤氏ニモ談合〔委曲相話シ〕、御文案ト共ニ、井上・上田・富井ノ三博士ニ御相談仕候処、御一同ノ同意ヲ得、且井上博士御気付ノ点モ有之、御文案ニ多少ノ修正ヲ加ヘ、又別ニ経費予算表及百科大辞典完成会規則ノ摘要等ヲ印刷ニ附シ、併セテ更ニ御教示ヲ相仰クコトニ取運ヒ申候、右ニ付、松本及小生両人ニテ拝眉致度存候処、昨今公務多用ノ為、斎藤精輔義明後日

頃日本倶楽部ニ罷出テ、右文案等一切携帯御示教相仰クコトニ御了承奉願候、
尚大隈伯ハ、従来日本百科大辞典ノ総監督ニナラレ居候ヨリ、今回ノコトニ付同伯側ノ人ニ談シ候由ノ処、高田早苗博士ヲ今回ノ完成会ノ監督ノ一人ニ加ヘラレタキ希望ノ申出有之候赴、右ハ如何取計ラヒ可然哉、此ノ件モ亦斎藤罷出候節、御考ヲ拝承致度、此義ニ付井上・上田ノ両博士ニ於テハ異存無之赴ニ候ヘ共（富井博士ニハ明日御意見伺フ筈ニ相成居候）、監督方皆様ノ御同意ナクハ、先方ヘモ答ヘ難キ事勿論ニ候尽、右伺上候、尚其ノ他先般御教示相受ケ候以後ノ経過ハ、斎藤ニ御聞糺シ被下候様願上候、先ハ当用ノミ申上候、早々頓首

十二月廿三日　　鍈一

阪谷男爵閣下

再白　取急キ乱筆ノ段、平ニ御宥赦被下度候、

［封筒表］東京市役所　阪谷芳郎様至急親展
［封筒裏］内閣法制局　馬場鍈一　十二月廿三日

3　（大正三）年一月十二日　【814】

謹啓　前略御免被下度候、陳ハ昨日午前松本・斎藤両氏ト共ニ渋沢男爵ニ会見ノ栄ヲ得申候処、日本百科大辞典完成会ノ計画及将来三省堂ト同辞典トノ関係等ニ付、種々御尋ネアリ、之ニ対シ丁寧ニ御説明申上候結果、男爵ハ今回ノ挙ニ多大ノ同情ヲ表セラレ、予算其ノ他ヲ調査シタル上、成功疑ナシトノ確信ヲ得ハ、岩崎小弥太男トモ談合シ、成ルヘク事業ノ成立ヲ得シムル様尽力シヤラムトノ御答ヲ得、且事宜ニ依リ、男爵御自身モ一万円位ハ出資スヘシトノ御談モ有之候、右様ノ次第ニテ一同感謝罷在候コトニ有之候、
右不取敢御報告申上候、早々頓首

一月十二日　　法制局ニテ　馬場鍈一

阪谷男爵閣下

再白　別送日本百科大辞典第七巻以下ノ発行予算書改訂ノ分供高覧候」
渋沢男爵ヨリ前陳ノ事ニ関スル御返事ハ、数日内ニ小生迄御申越被下筈ニ有之候」

［封筒表］□（市カ）内□（小カ）石川区原町　阪谷芳郎様親展
［封筒裏］法制局　馬場鍈一　一月十二日

4　（大正　）年八月二十二日　【813】

謹啓　時下益々御清穆被為在候段奉恭賀候、陳は先般拝

眉ノ節、御教示ノ通リ別冊契約書案修正ノ上、斎藤精輔ヨリ三省堂ノ方ニ交渉為致候処、先方ニモ異議無之、尚小生モ同書店整理委員長タル斎藤孝治氏ト会見協議致候処、是又今回ノ計画及右三省堂トノ契約書ニ一々賛成満足致居候、

又井上博士、上田博士ニハ姉崎氏又ハ斎藤精輔ヨリ夫々交渉致候処、両博士ノ御同意ヲ得候赴ニ有之、残ルハ富井博士ノミニシテ、是ハ松本烝治氏ヨリ交渉致スヘキ手筈ニ有之候、同博士ノ御同意ヲ得ハ、早速其旨御報仕ルコトニ相成居候、

右様ノ次第ニ有之候間、富井博士ノ御承諾ヲ得ハ、夫レニテ準備ハ大体完了致スコトニ有之、唯三省堂整理実行ヲ相待ツノミニ候、此方モ前陳斎藤孝治氏ノ談ニ依レハ、此処数日ヲ出テサルコト確実ノ赴ニ御座候、是又確定次第御報可申ハ勿論ニ御座候、

先ハ右大体ノ経過ヲ御報仕り、且改訂契約書案供高覧度、如此御座候、早々頓首

八月廿二日　　　　　　　　　馬場鍈一

阪谷男爵閣下

再白　小生明日ヨリ一週間許山陰道地方旅行致スヘクニ付、帰京ノ上拝眉ノ栄ヲ得度候、

［封筒表］小石川原町　阪谷男爵閣下親展
［封筒裏］本郷丸山福山町三　馬場鍈一　八月廿二日

5 （大正　）年十月六日 【810-1】

謹啓　時下益御清穆被為在候段奉恭賀候、陳は先般拝顔ノ節御指示被下候通り、三菱岩崎副社長ニ会見規約款及計算書等呈示致、其後一二ノ質問相受ケ応答致置候処、去ル土曜日副社長ヨリ懇談ノ次第有之候、其ノ要旨ハ百科大辞典完成会、今回ノ計画ニ在リテハ、岩崎家ヨリノ之ニ対スル出資ノ形ハ、恰モ一ノ企業投資ニ属シ、従テ万一事業半途ニテ資金ニ欠乏スルカ如キコトアレハ、更ニ同家ヨリノ補足投資ノ已ムナキニ至ルヘキモ、右ニテハ岩崎家ニ於テモ事業ノ性質上応諾シ難ク、寧ロ寄附的出資ナレハ、幾千カノ資金ニテ打切リ、以テ其ノ事業ノ成否如何ニ依リ、法律上ノ関係等モ引起ササル方却テ好都合ナルト、且ハ如此出資ハ同家ニ於テモ事例多ク応諾シ得ルナリ、但シ寄附トシテハ岩崎一家ヨリ出スコトナレハ、金額六万五千円ハ多ニ過クルヲ以テ、他家ト合同寄附ノコトニ致度ク、就テハ阪谷男爵ヨリ渋澤男爵ニテモ御談シ被下、相当ノ寄附ヲ為ス様ノ人ヲ御集メナサレシ上ナレハ、其節ハ同家ニテモ勿論応分ノ寄附可致ニ付、斯様ノ方法ニ出テラレムコトヲ希望ストノコトニ有之候、

右様ノ次第ニ付、早速拝眉ノ上御報告申上、且御意見相伺ヒ度期待致居候処、頃日来公私多用手離シ難ク候為、未タ其ノ機ヲ得ス、余リニ日一日ト延引ニ相成候俣、此ニ以書中概要御報申上候、尤モ不日親シク拝眉ノ上御示教相仰キ度、予メ御願申上候、先ハ乱筆要詞ヲ尽サス候へ共、不取敢得貴意度、如此御座候、匆々頓首

十月十六日

法制局ニテ
馬場鍈一

阪谷男爵閣下

［封筒表］東京市役所　阪谷芳郎様親展　㊞「急」
［封筒裏］法制局　馬場鍈一　十月十六日　〈阪谷筆〉十月十七日回答ス

［付属］阪谷芳郎書簡控　（大正　）年十月十七日　【810-2】

十月十七日答書ノ要領

中介起業団ヲ作リテ、元利ハ消却ノ方法ヲ取ルノ外ナカルヘシ、之ニ岩崎男ノ寄付ヲ仰クコトヲ得ハ、行ハレサルニハアラサルヘシ、但右起業団ヲ作ルコトニ小生奔走スヘシトハ、未タ考ヘ居ラス云々、

芳郎

馬場宛

浜尾　新　書簡

1　（明治二十七）年五月六日　【633】

拝読　陳ハ本年ハ御亡父朗廬先生十三回忌ニ被為当候趣、追感之至候、今回御記念のため御遺稿印刷相成候ニ付、一部御贈付被下、寔ニ難有拝覧可仕候、右ハ不取敢御礼迄、匆々頓首

五月六日

新

阪谷学士御下

［封筒表］麹町区平河町六丁目　阪谷芳郎殿
［封筒裏］濱尾新

浜口雄幸　書簡

1　明治四十一年四月四日　【638】

謹啓　益御清穆奉慶賀候、陳ハ四十年度煙草専売事業ハ

閣下ノ御指導ニ依り、別表之通り予期以上増収ノ好成績ヲ得タルハ、国家ノ為御同慶ニ奉存候、右不取敢御報告旁得貴意候、匆々敬具

明治四十一年四月四日　濱口雄幸

阪谷男爵閣下

[封筒表]　□《小カ》石川区原町一二六　阪谷男爵閣下
[封筒裏]　濱口雄幸

2　（明治四十二）年三月二十三日　【636】

謹啓　陳ハ先夜ハ御招待ニあづかり御鄭重なる御饗応を辱し候のみならす、緩々御高話拝聴之機を得候段、難有拝謝之至ニ奉存候、早速拝趨可仕筈之処、多用中乍略儀以書中右御厚礼申述度、如斯御坐候、敬具

三月二十三日　濱口雄幸

阪谷男爵執事御中

[封筒表]　□《小カ》石川区原町一二七《六カ》　阪谷芳郎様
[封筒裏]　牛込区矢来町　濱口雄幸

3　（明治四十三）年八月十一日　【637】

拝啓　残暑不順之候ニ御坐候処、益御清穆大慶之至奉存候、扨其後ハ意外之御不音ニ打過、誠ニ申訳無之次第ニ御坐候、御海容之程願上候、専売局事業も別ニ支障無之、各専売共先々順当ニ進行致居候へ共、煙草之方ハ一般不景気之影響を受け、嗜好下移の大勢未だ挽回の機運に不立至、殊ニ今回之出水之為、関東ニ於ける主要産地之被害夥しかるベク、為ニ来年度之原料ニ至大之支障可有之と痛心致居候事ニ御坐候、一両日中出発、東北、北海道地方旅行視察之積に付、来月上旬帰京之上拝趨残暑御見舞可申上心得ニ御坐候へ共、以書中時候御見舞申上度、如此御座候、頓首

八月十一日　濱口雄幸

阪谷男爵閣下執事

[封筒表]　□《小カ》石川区原町　阪谷芳郎様
[封筒裏]　牛込北山伏町　濱口雄幸

4　（大正二）年二月二十六日　【641】

拝啓　春寒尚料峭之候益御清安大賀之至奉存候、陳ハ小生今回之退官ニ付、御慰問被成下御厚情感佩之至奉存候、今回之退官ハ昨冬就職当時之決心ニ本く予定之行動ニ外ならさる義ニ有之、些之遺憾も無之、向後之方針等ニ関してハ目下考慮中ニ有之、自然御高教ヲ相仰き候場合も

可有之と存居候次第ニ御坐候、不取敢以書中御挨拶申上度、余ハ期拝光候、敬具

二月二十六日　　　濱口雄幸

阪谷男爵閣下

［封筒表］□《（小カ）》石川区原町一二七《（六カ）》　阪谷芳郎様
［封筒裏］市外高田村雑司ヶ谷　濱口雄幸

5　（大正二）年四月十七日　【639】

粛啓　倍御清勝之段慶賀之至奉存候、陳ハ本邦金貨本位制度実施十五週年記念牌御恵贈被成下、難有正ニ拝受仕候、不取敢右御礼迄申述度、如斯御坐候、敬具

四月十七日　　　濱口雄幸

阪谷男爵閣下

［封筒表］小石川区原町　阪谷芳郎殿
［封筒裏］高田村雑司ヶ谷　濱口雄幸

6　（大正五）年一月二十四日　【640】

謹啓　時下御清栄之段大賀之至ニ奉存候、陳ハ本日ハ朗盧先生事歴一部御恵贈被成下、御芳情難有奉拝謝候、右不取敢以書中御礼申述候、早々敬具

一月廿四日　　　濱口雄幸

阪谷芳郎様

［封筒表］小石川区原町一二六　阪谷芳郎様御直
［封筒裏］府下高田雑司ヶ谷　濱口雄幸

7　（　）年十二月十七日　【642】

先日之華墨難有拝誦仕候、其後ハ存外之御不音申上居候処、益御清栄之段大慶此事存上候、扨東洋製紙会社之出来事ハ御来命之通、意外之珍事ニ有之、中村専務より詳細之内話聞取後、去十四日午前丁度上京中之井上周及柳原正彦之両重役ヲ招致し、余事ハ兎も角も当面之裁判沙汰を円満急速ニ解決する為全力を尽すへき旨懇談、両重役も其意を諒し、取急き帰坂仕候ニ付、右事件解決を待て徐ろに重役両派の軋轢を調和し度き考を以而、目下調査中ニ有之、右方法に付而は何れ案を具して御教示相仰き候場合も可有之候得共、不取敢当坐之成行を具して御内報申上度、如此御坐候、右ハ参堂面陳之筈ニ候処、予算問題等にて多忙を極め居候場合、乍失礼以書中得貴意候、匆々敬具

十二月一七日　　　濱口雄幸

阪谷閣下
[封筒表] 小石川区原町一二七（六カ） 阪谷芳郎様親展 〈阪谷筆〉
中村為三郎ノ件
[封筒裏] 市外高田村雑司谷二〇 濱口雄幸

浜田健次郎 書簡

1 （明治四十四）年四月二十一日 【417】

拝啓 春暖之候、益々御清適奉賀候、陳者拙者事業ニ関しては一方ならさる御援助を蒙り奉深謝候、然る処、本年ニ入りては、拙者身上種々不幸打続き、一月早々二男新二（三歳）風気変して急性脳膜炎となり、遂ニ一月九日を以て死亡し、其の同日より十一才、八才、五才の女子三人共同時ニ窒扶提利《ヂフテリア》（馬脾風）ニ罹りて、非常の危険なる病症なりしも、漸く血精注射にて三人共生命は取り留めたるも、一月余も一切離隔的加療を経たり、然るに此等の子供漸く全快したりと安心するや否や、今度は拙者自身亡児の満中陰忌日、即ち二月二十七日より「インフルエンザ」ニ罹り、発熱頭痛甚たしかりしが、思ひきや、三月三四日頃より中耳炎となり、且つは両耳を同時ニ冒来り、加之熱ハ四十度前後ニ往来し、痛激甚にして、約七日間程は殆と人事不省の如き状態にて、遂ニは手術を用ひさるを得さるべしとて、医師達も非常ニ心配致し呉れたる由なり（実ハ家内始め親戚の人々ハ、最早六ヶ敷とまで心配仕候）しが、幸ニ自ら鼓膜を破りて、化膿潰出せしがため、幸に脳膜炎とならずして事済みしも、鼓膜破れたるがため、辛うして生命は取り留めたるも、一時は全く耳聾して聴く能はず、此処十日程以前よりして、幸ニ少々つゝ聴官作用を回復し来りしも、身体の疲労甚敷して、今尚臥床静養罷在候処、不幸重なれは重なるものにて、今回は荊妻ハ一月以来、数児の看護ニ引続きて、拙者の看病ニ打掛り居りしために、心配と疲労と相合して、一種非常の逆上症を発し、是亦本月の始めより遂ニ臥床の止むなきニ至り候様の次第にて、今日の処夫婦共ニ病蓐ニ平臥罷在候様の不幸ニて、実ニ非常の困難を極めつゝあり、而して身辺の状態如斯なるや、雑誌の執筆は勿論、奔走全く中止の姿なるか故ニ、是よりする収入は減するニも拘はらず、事実上の経常支出ハ依然減せさるのみならず、自家の経済ハ非常なる大困難を来し、如何とも為すべきなく、就ては実ニ愧死の至ニハ候へとも、拙者一生中の最大厄運期とも言ふべき今回の苦痛困難事情を御憐察ありて、何卒々々特別の御思召を以て、本月末の支払を済し候助けとして金四五百円御融通の程、切ニ御願申上候、勿論病気恢復の上ハ、如何様とも尽力奔走して、必す御返済の義務は相尽し申候べく候に付、何卒土子氏にも御話被下候て、是非此の際御援助救護の儀、切ニ御願申上候、何卒困却事情御憐察ありて、偏ニ宜敷願申上候、匆々敬具

四月廿一日　　健次郎拝

阪谷老台侍史

二伸　病蓐にて執筆候事とて、諄々しくなり且つ乱筆読み難き段、一々御海恕被下度候、

［封筒表］□《（東カ）》京市小石川区原町一二六　阪谷芳郎様乞必親展

［封筒裏］大阪府下浜寺公園十一号　濱田健次郎　四月二十一日

2　（明治四十四）年五月二日　【416】

拝啓　陳者今回は御迷惑の儀、推して御願申上候処、特別の御厚情を以て金壱百円也御送付被成下難有拝受仕候、御蔭急需の一部を済するを得候段、厚く御礼申上候、他事を後日ニ譲り、先は御礼の一事まで、如斯ニ御座候、何卒土子、添田の両氏へも宜敷御願申上候、匆々敬具

五月二日　　健次郎

阪谷尊台侍史

［封筒表］東京市小石川区原町一二六　阪谷芳郎様乞親展

［封筒裏］大阪府浜寺公園十一　濱田健次郎　五月二日

早川千吉郎　書簡

1　（明治三十二）年九月二十日　【687】

拝啓　小生過日来遂ニ当地ニ引籠り、日々英国ニ於ケル公債ニ関スル事件ノ復命書執筆罷在候、国家学会之講演ニハ必ス出席可申候、日時確定仕候ハヽ、御一報奉願候、扨甚タ乍毎度御手数、老兄へ間接ニ御加勢相願度件有之、実ハ上京拝眉之上、可申述候筈候得共、事少敷急ヲ要スル義ト奉存候間、書中申上候、実ハ本日松尾君より、今度之件ニ付、英国公使館々員等之功労ニ付、鄙見可申出候様御来示ニ付、不取敢別ニ愚見申上候処、序ニ小生身上ニ付而モ、兼々内聞仕居候義有之候間、為念申添候、余之義ニ無御座候、今回ノ件ニ付松井氏ハ表面の責任者ニ相違無之、又中井氏ハ専ハラ駆引之衝ニ当リタル者ニ有之、勿論夫々論功行賞可有之段ト存候、而ルニ小生之立場ハ御承知ノ如ク、単ニ御取次申ニ外ナラス、殆無責任者ノ位地ニ在ルモノナレトも、実際ハ悉皆小生之意

見ヲ以テ、談判ノ順序ヲ定メ、交渉之事項等大抵小生ノ示論ニ従ヒ実行仕候者ナルヲ以テ、実際ノ責任ハ固ヨリ辞スル者ニ無之、英(国カ)行銀行ノ選択、抵当論ヨリ条件論ニ至迄、殆ント皆小生之見込ヲ以テ、夫々処理セシメタル事情ニ有之、目下調整仕候復命書ヲ起草スルニ付テモ、自分ナカラ己レノ責任大ナリシことヲ知リ、窃ニ身ノ毛モヨダツ位ニ相感申候、然ルニ当初より小生ハ今回ノ大事成効セシメ、多年大蔵省の御恩ニ報ユル一端トモ相成候ハヽ、固ヨリ満足ト心得、一身ノ名誉ヲ後ニシ着手御請申上タル次第ニ有之候、然ルニ今回若シ論功等ノ義有之候ハヽ、必ス表面上ノ関係ヲ以テ夫々御行賞相成可申、当然奉存候得共、最早小生モ此上一身ノ名誉ヲ顧ミサル訳ニハ参り不申、サリトテ夫々順序モ可有之、他ニ致方モ有之間敷、既ニ先年戦後行賞ノ際ニモ、非常ナル特典ニ預リタレトとも、他ノ例ニ見レハ、更ニ難有モナキコトニ有之、実ニ閉口仕候間、今回ハ何卒小生ノ為メニハ褒賞抔ノ御沙汰無之様致度、其方却而小生内心大ニ安スル所ニ有之、当初ノ御主意通り徹頭徹尾小生ハ縁ノ下ノ力持タラシメラレ度、小生ハ更ニ不平モ無御座候、若シ然ラスシテ、某ハ甲ナリ、某ハ乙ナリ、早川ハ丙ナリ抔ト銓考セラルヽ時ハ、小生不面目無此上ノミナラス、同等ニセラルヽモ、尚ホ且愧ツル所ナリトス、乍併官庁ノ事、夫々成規モ有之義ニ而、万不得已次第ニ付、寧ロ全然御沙汰無之様致度、又小生モ初ヨリ表面ニ立タサル事ニ付、論功行賞ノ御沙汰無之モ、更ニ世人ノ怪シム所ト相成可不申候、右小生之内願御聞入無之、強テ御賞与等有之候ハヽ、決而御請不申次第ハ、松尾君ヘ申上置候得共、何卒老兄ニハ特ニ御心配被下、小生ニハ此際寸毫モ御賞与無之様、御取計被下度奉希上候、随分唐突之至候得共、松尾君之御書面ニ付、右至急申上候、斯如キ事申上候ハ、或ハ上ニ対シ賞与ノ不足ナルヘキヲ予想スルノ恐モ有之候得共、小生モ多年官吏ノ身分進退ニ関スル事務取扱候経歴有之、這般ノ姑息充分承知仕候間、今ヨリ御願申上候、幸ニ老兄之御尽力ニ依リ、小生ヲシテ大蔵省ノ為メニ万分ノ報恩ヲ為シタルノ思ニ為サシメラレ度、其方却而非常之名誉ト存候、右切ニ御助勢御願申上候、

敬具

九月廿日　千吉郎

阪谷老兄侍史

[封筒表] 東京　大蔵省　阪谷主計局長殿必親展

[封筒裏] 相州鎌倉長谷　三橋方　早川千吉郎

2 (明治四十一) 年三月一日 【673】

華墨拝読仕候、益御清福被為在奉賀候、過日御内話申上候御洋行之件ニ付、御示之趣、委細敬承仕候、早速老侯爵へ御取次可申、同侯ニモ来四日頃出発、九州へ被赴候筈ニ内聞仕候、就而ハ其前ニ一寸御訪相成候而ハ如何、帰京ハ当月之末ニ相成可申被存候、右拝答旁申上候、尚御渡航ニ関シ、御用無御腹蔵御示被下度奉存候、敬具

三月一日　千吉

阪谷男御侍史

［封筒表］小石川区原町百二十六　男阪谷芳郎殿親展
［封筒裏］㊞「東京市麴町区永田町二丁目六十九番地　早川千吉郎」

3　明治四十一年十一月七日【671】

愈々御清適奉大賀候、陳は今般無事御帰朝ニ付、歓迎の微意を表し度、来る十八日午後六時銀行倶楽部ニ於而、晩餐会相催候間、御枉臨の栄を得度、右御案内申上候、敬具

明治四十一年十一月七日

銀行倶楽部委員長
早川千吉郎

男爵阪谷芳郎閣下

［封筒表］男爵阪谷芳郎閣下　〈阪谷筆〉済
［封筒裏］銀行倶楽部委員長　早川千吉郎　十一月七日

4　（明治四十三）年十二月十三日【684】

拝啓　益御清福被為在奉賀候、先日来京阪地方出張致居候ニ付、御無沙汰仕候、二六新報社川島友三卜申ス者、先年神戸又新日報ニ執筆致居候因縁ニヨリ、多少知合ニ有之候処、此頃小生別懇之者ヨリ、更ニ紹介面会仕候、至極穏順之人に認候間、御面会願出候ハヽ、御許可被下度、御紹介方依頼有之候ニ付、為念一書呈上仕候、敬具

十二月十三日　千吉

阪谷老台侍史

［封筒表］小石川原町　阪谷男爵殿侍史
［封筒裏］㊞「東京市麴町区永田町二丁目六十九番地　早川千吉郎」

5　（明治四十四）年一月十六日【683】

拝啓　益御清健被為在奉賀候、過日御案内被下拝謝仕候、遠来之珍客ニ接スルことヲ得而悦入申候、早速御礼之為参上可申処、彼是取込延引致居候段、御海容被下度候、一昨十四日、日本銀行会合之折ハ是非出席可申処、急ニ

金曜会相開候為メ、時間ニ合不申、三時頃電話相伺候得者、既ニ御退出後ニ有之、仍而失礼仕候、尚委細拝晤相尽可申、不取敢御礼旁御詫迄、如此候、敬具

一月十六日

千吉

阪谷老台御侍史

［封筒表］小石川原町　男阪谷芳郎殿親展
［封筒裏］㊞「東京市麹町区永田町二丁目六十九番地　早川千吉郎」

6　（明治四十四）年四月十七日　【677】

拝啓益御清福賀上候、今般令嬢和子殿、高嶺俊夫殿と御結婚相成候趣、慶賀之至ニ存上候、就而は聊祝意を表する為め、粗品呈上仕候間、御笑納被成下度願上候、来廿三日午後三時采女町精養軒ニ於ける御披露之宴へ御寵招を蒙り謝上候、先般来少恙之為め引籠罷在、遺憾なから拝趨仕兼候、従而妻儀も御無礼申上候段、宜敷御承引願上候、先は右御祝詞申上旁御断迄、斯之如く御座候、敬具

四月十七日

早川千吉郎

男爵阪谷芳郎殿
同　令夫人

［封筒表］男爵阪谷芳郎殿
［封筒裏］早川千吉郎

7　（明治四十四）年（十一）月（四）日　【675】

拝啓　益御清祥被為在奉賀候、緩々拝晤、御意見拝承可申心得居候処、于今御無沙汰罷在申候、曽根子爵碑銘中洲翁起草、桂公之御注意も被加味御成文拝見仕候、真以出来上結構奉存候、併気付候点可申上旨御内示ニ付、無遠慮申上候得者

〈中欠〉

御激励之次第も有之、得貴意候、敬具

十一月四日

千吉

阪谷男爵殿

〈端書・別筆〉明治四十四年十一月四日付　早川千吉郎氏　故曽弥子爵碑文ノ件（意見ノ部分切取ラレ見当ラズ）
［封筒表］小石川区原町　阪谷男爵殿　親展
［封筒裏］㊞「東京市麹町区下二番町七十一番地　早川千吉郎」
〈別筆〉明治四十四年十一月四日

8　大正元年八月六日　【674-1】【674-2】

拝啓　昨日甚以遅刻失礼仕候、委曲塩島君御直話敬承仕候、小生ハ先以一ヶ年間位御延期相成可然と被考申候、尚拝顔御示教相仰可申候、

〈中欠〉

尚過日商業会議所ニ於而御内話之件、井上侯ニモ御直談仕候、渋沢男モ種々御奔走相成申候、御墳墓之御事不得已候得共、神宮之事ハ誰人モ真ニ賛成希望ニ有之様奉存候、此上共御尽力奉願候、

大正元年八月六日　千吉

阪谷男爵御侍史

［封筒表］阪谷市長殿必親展
［封筒裏］㊞「東京市日本橋区駿河町一番地　三井銀行　早川千吉郎」
［編者註］【674-1】【674-2】は、同一書簡と推測されるため、まとめて掲載した。

9　（大正二）年三月十七日　【688】

拝復　益御清栄奉賀候、陳来廿日午後五時半、香雪軒へ御案内被下拝謝仕候、同日旧藩主家評議会有之、其方断り可申考ニ而、御相談仕候得共、何分不得許容、誠ニ残念之至ニ奉存候得共、御断申上候、為其御答延引仕候段、御海容被下度候、余拝晤万御礼可申述候、敬具

三月十七日　千吉

阪谷老台御侍史

［封筒表］小石川区原町一二四　阪谷男爵閣下拝答　〈阪谷筆〉欠席
［封筒裏］㊞「東京市麹町区下二番町七十一番地　早川千吉郎」

10　（大正二）年六月二十四日　【678】

益御清福被為在奉賀候、故曽根子爵紀念碑建設ニ付而ハ、昨年来不一方御配意被成下、御蔭ニ依リ今般竣功相成候趣、一同感謝之至ニ御坐候、尚又御成功奉賀候次第ニ候、不取敢御礼申上度、如此御座候、敬具

六月廿四日　千吉

阪谷男爵御侍史

〈端書・別筆〉大正二年六月二十四日付　早川千吉郎氏　故曽禰子爵記念碑竣成ニ付キ感謝状
［封筒表］小石川区原町　男阪谷芳郎殿親展
［封筒裏］㊞「東京市日本橋区駿河町一番地　三井銀行　早川千吉郎」　〈別筆〉大正二年六月二十四日

11 （大正二）年七月四日 【669】

本日付御来状拝見、陳は語学校補助金ノ内五百円保証之義、兼而御内談有之候処、発起人ヘ御回答之趣、詳細御報被下拝承仕候、御来示正ニ了承仕候間、万宜布奉願上候、拝復

七月四日 千吉

阪谷男爵閣下

［封筒表］東京市役所　阪谷男爵閣下拝答
［封筒裏］㊞「東京市麹町区下二番町七十一番地　早川千吉郎」

12 （大正二）年九月二十四日 【667】

益御清健被為在奉賀候、昨夕誠ニ御鄭重之御馳走相成奉深謝候、市有力之御代表者、金融業者ト之会合近来珍敷、当市財政経済之基礎自然穏健相向候兆候歟ト被考申候、先御礼旁如此候、余拝晤万御礼可申上候、敬具

九月廿四日 千吉

阪谷男爵閣下侍史

［封筒表］東京市役所　阪谷男爵閣下親展
［封筒裏］㊞「東京市麹町区下二番町七十一番地　早川千吉郎」

13 （大正三）年六月四日 【676】

拝復　益御清光被為在奉賀候、本日御案内被下奉謝候、兼而御書面も有之、且又態々御招待状御恵投被下、御厚情深謝仕候、然処不取敢電話ニ而申上候通り、無余儀先約致居、何トカ都合致度相考候得共、遂ニ差繰兼候間、乍残念参上不得申候、先般御内示之次第モ有之、勝田君モ御参席有之、旁是非共拝趨仕度候得共、前陳之次第、御賢察被下度候、余拝晤相尽可申候　敬具

六月四日 千吉

阪谷男爵御侍史

［封筒表］小石川原町　阪谷男爵殿親展
［封筒裏］㊞「東京市麹町区下二番町七十一番地　早川千吉郎」

14 （大正五）年一月三十一日 【668-1】

拝啓　春寒料峭之候、益々御清祥奉賀候、陳者中央生命保険相互会社事業ニ付てハ、常々御配慮ニ預り居候趣奉謝候、昨年八月三島子爵及小生共々、社長前田子爵之為、乍不及尽力致居、本年ハ財界の景気回復ニ付、社業も発展之機に相向い、聊か前途ニ光明を認め候ニ付てハ、右事業状況御開陳之為、同社専務取締役菊池綾五郎氏参邸可申上候間、御繁用中御迷惑とハ存候得共、御引見之上、

委細御聞取被下、御差支無き限り御援助を与へられ候様、御依頼申上候、先ハ御依頼迄、草々頓首

一月廿一日

早川千吉

阪谷男爵閣下御侍史

［封筒表］男爵阪谷芳郎閣下御侍曹　〈阪谷筆〉五年二月一日　菊地来訪ニ付詳細ニ談ス

［封筒裏］早川千吉郎

［名刺］中央生命保険相互会社　専務取締役　菊池綾五郎（本社）麹町区有楽町一丁目一番地　電話本局一五四六番（自宅）小石川区丸山町四番地　電話番町四二二一番

15　大正六年三月十五日　【685】

粛啓　弥々御健勝の段奉大賀候、陳者当中央報徳会が昨春青年部を設け、同年秋立太子の御慶典を期として、之を青年団中央部と改称致し、一層全国青年団の指導改善ニ微力を傾注致居候事は、予而御承知の通ニ御座候、然る処、世界の大勢ハ日本青年の一大奮起を要するもの有之候ニ付、之を天下ニ呼号して青年の覚醒を促さむ為め、当青年団中央部主催となりて講演会を開催致し、其第一回を来る五月五日午後一時より、東京府会議事堂ニ開く事ニ内定仕候、就てハ当日閣下に一場の御講演を願上度、御迷惑の儀とハ奉存候へとも、何卒御快諾を賜らむ事を奉希候、先者右御依頼迄、如斯御座候、敬白

大正六年三月十五日

中央報徳会理事長

早川千吉郎

男爵法学博士阪谷芳郎閣下

［封筒表］小石川区原町一二六　阪谷芳郎殿　〈阪谷筆〉五月五日一時

［封筒裏］中央報徳会理事長　早川千吉郎　大正六年三月十五日

16　（　）年二月六日　【686】

拝啓仕候、先刻お話申上候通り、外務省之内田康哉氏、今度英国へ赴任ニ付、来十一日出発之趣、又一木喜徳郎氏モ本日昼無事帰朝相成候ニ付テハ、是非十四会相催度存候、来十日（金曜日、紀元節之前日）午後五時半ヨリ拙寓ニ於テ、同会相開候間、百事御繰合、御来会被下度、此段時日モ確定致候ニ付、更ニ為念得貴意度、如此御座候、以上

二月六日

早川千吉郎

阪谷老兄机下

［封筒表］阪谷芳郎殿侍史
［封筒裏］早川千吉郎

17 （ ）年三月十二日 **【672】**

拝復　益御清祥被為在奉賀候、陳は来二十三日、小石川尊邸ニ於而、晩餐会御催之趣御案内を辱し難有奉存候、仰ニ従ひ御示刻、欣然拝趨可仕候、右御請申上度、如此ニ御座候、敬具

三月十二日　　早川千吉郎

男爵阪谷芳郎殿

［封筒表］男爵阪谷芳郎殿御侍史
［封筒裏］早川千吉郎

18 （ ）年四月十二日 **【670】**

謹啓　益御清福被為在奉賀候、小生今朝八時之急行ニ而京都へ向出発仕候、就而ハ御出立之際御見送申上候事相叶不申、残懐之至奉存候、何卒長途御別条不被為在、御機嫌克御帰朝可有、御待申上候、此品甚タ軽少候得共、聊表御祝意度進上仕候、御笑留被下候ハヽ、本懐之至奉存候、右乍略義書中得御意候、敬具

四月十二日　　千吉

阪谷老博士侍史

［封筒表］小石川原町　阪谷男爵閣下親展
［封筒裏］㊞「東京市麹町区永田町二丁目六十九番地　早川千吉郎」

19 （ ）年六月十一日 **【682】**

拝復　益御清健被為在奉賀候、陳故曽根子建碑之事、種々御手数奉謝候、殊ニ桂公并ニ中洲先生ニ御面会被下、夫々御進行奉謝候、扨小生病気ニ付、先日モ態々御見舞被下拝謝仕候、余程快方ニ相成申候間、御安心被下度候、併当分静養可申心得候間、万事宜布御配意被下度奉願候、先ハ御答旁如此候、敬具

六月十一日　　千吉

阪谷老台侍史

［封筒表］東京市小石川原町一二四《（六カ）》　男阪谷芳郎殿拝復
［封筒裏］千葉県下総国　稲毛海気館　早川千吉郎

20 （ ）年八月八日 **【679】**

拝啓　益御清穆奉賀候、陳ハ市債計画参考書として、東

京市財政現状調査報告外十三点、御寄贈被下難有奉存候、仰越し通、当行に保存可仕候、右御礼申上度、如此御座候、敬具

八月八日　　早川千吉郎

男爵阪谷芳郎殿

［封筒表］男爵阪谷芳郎殿
［封筒裏］㊞「東京市日本橋区駿河町一番地　三井銀行　早川千吉郎」

21（　）年十一月六日【681】

拝啓　御書面之趣ニ候得共、既ニ今夕非職之辞令書ト同封ニ而差出置候、誠ニ今更辞退ハ不都合ニ御座候得共、人々之希望何共トモスル《(行カ)》ヲ得サル義ニ候間、当人ニ於モ可成引受候様、一応御諭示被下度、其上ニテ不承諾ニ候ハヽ、断然タル処分ニ出候外無之存候、右得貴意候、尚明朝拝眉、万可得貴意候、以上

十一月六日夜　　早川千吉郎

阪谷老兄机下

［封筒表］阪谷芳郎殿親展　貴答
［封筒裏］平川町官舎　早川千吉郎

22（　）年十一月二十二日【680】

謹啓　益御多祥奉賀候、陳御洋行御持帰相成候旨ニ而、結構之品、態々為持被差遣候段、難有拝受申候、早速参上御礼可申上之処、余り延引相成可申候間、乍略義書中不取敢御礼申上度、如此候、敬具

十一月廿二日　　千吉

阪谷男御侍史

［封筒表］小石川区原町　男阪谷芳郎殿親展
［封筒裏］㊞「東京市麹町区永田町二丁目六十九番地　早川千吉郎」

林　空水　書簡

1　明治四十三年（六）月（二十二）日【649】

先達御演説を拝聴仕りし日の晩、所感を認めて翌日拙著と共に差上をき候が、御披見被下候や。これからの日本は、閣下方に一生懸命にやつてもらはねばならず。小生等の出る幕は其の次ぎに御坐候。

即ち、竹の子がヒヨロ〳〵と高くなつたやうな今日の日

本、之からしつかり充実して、それから発展して、其上で光明を放つ次第。今は充実の時代に候。澁沢男爵、及閣下方大に責任有之候。小生等は発展光明といふ時代に働くべき人間に候。一寸書いて見れば、立憲…（発芽）、軍備…（保護）、生産…（充実）、教育…（発展）、宗教…（光明）、即ち、今は立憲の発芽から軍備に保護されてニョキ〳〵と世界一等国迄延び上つた竹の子。其実は真の竹に成つて居らず。之から十分充実して、そして発展の枝をのはし、而して光明を放たねばならず。軍備から生産の大切な時代が閣下等の幕。シツカリ御願ひ申上げます。今迄踏みつぶされずに生ひ立つた大事な竹の子。充実を十分に御願申上候。それから先きは小生等大丈夫引受け可申候。先ハ右一筆如此に御坐候、

明治庚戌夏

林中五郎

阪谷男爵閣下硯北

［封筒表］小石川区原町　男爵阪谷芳郎殿御親展
［封筒裏］芝区三田南台寺　林中五郎　明治庚戌六月廿二日

2　明治四十三年（六）月（二十八）日　【643-1】

態々御端書被下まことに難有奉存候。さて閣下には国勢調査会副会長に被為渡候由、且つ調査の範囲に宗教をも御加へ被遊候事新聞紙上にて拝見仕候て、中々に面白き事と存候。就而は、無遠慮序でに世界的大宗教家兼大教育家を以て任ずる小生の立場より見たる現日本の国勢を忌憚なく申上度、無論未だ全く社会の一員として尽し居らざる小生のことなれば、何れ門外漢的批評となり申すべく、然し、批評は却而局外からするが面白かるべく、日本を批評するならば世界的立場から、又世界を批評するならば宇宙的の立場からするが好計と存候。即ち、世界的大宗教家兼大教育家を以て任ずる小生の立場より、現日本の国勢を論ずる又一興と存候。副会長たる閣下が御一読被下候はゞ幸甚此事に奉存候。

さて、国勢と云へば即ち国民の勢力で、此外に国勢は有之間敷、即ち国民の勢力が国勢であれば、国民を論ずれば好い次第で、端的に国民を論じて其勢力を批評す。是れ国勢調査にいくらか参考になることゝ存候。国勢調査会と云ふと大変なことのやうで、又五ヶ年もかゝつて、廿五万人も使つて、五百万円も要すると云へば、大げさなやうなれど、畢竟するに、国民が何人居つて、戸数がいくらあつて、男が何人、女が何人、其内既婚者が幾人、未婚者がいくら、それから職業、そして宗教、とこれだけ分れば目的を達する次第とは調査会の宣する所。云つて見れば何でもないことで、唯だ大きいから面倒と云ふ

だけの事也。そこで、小生は此内からの調査をやる前に、外から一目見て其見た所を述べて見やうといふ訳に御坐候。国民と云つても個人の集まりで、五千万居つても五億居つてもやはり個人の集まり也。即ち、個人的集合なるが故に、其の共通的一般個人の勢力を論ずればそれが取りも直さず国勢を論ずる次第となる也。即ち、小生は一般的共通の個人の勢力を論ずる心に御坐候。而も小生は宗教家兼教育家を以て任ずるもの、従つて此立場より見ることは前述の通りなり。処で、個人は、之を其の五つの要素を以て勢力を論じ得ると存候。即ち、

◎霊性　◎身体　◎智識　◎才能　◎元気

人間一切万事の行動の出発点は霊性で、即ち心で、右へ行くか、左へ行くか、あれをするか、これをするか、のポイント的分れ目は心也。末は何万尺の差を生ずるも、本の分れはポイント的也。（国語問題の如きハ此実例に候はずや。）其の右か、左か、東か、西か、は心次第で分るゝなり。一番大切の所たるは云ふ迄もなし。次に身体、之ハ恰も船の如く、此の船がしつかりして居らぬと、何と心の命令があつても、どうもかうも出来ず。うか〳〵すれば、ずぶ〳〵〳〵と沈んでそれでお仕舞。大切なことは言ふ迄もなし。それから、第三に智識、是れは恰も軍艦の機器の如きもので、何とあセつても、モガイても、文明的武器の水雷も、大砲も、何も乗つて居らねば戦は出来ず。それから方向を示す羅針盤、海図、記録等、一切時間空間の行動区域の明、不明は之に依つて分るゝ次第。之も大切なること云ふ迄もなし。それから才能、是は恰も軍艦の乗組員の如きもので、艦長の命令を受けて働く者也。いくら偉い艦長、立派な機器が積まれてあつても、乗組員が能く働いてくれぬではさつぱりだめ。即ち是も中々大切なること云ふ迄もなし。最后に元気、是は、一寸変つたもので、何事も世の中のことは無常と云へど、此元気と云ふやつは一層時間的のものにして、偉い艦長、丈夫な艦体、立派な機器、能く働く乗組が居ても、肝心の元気が無ければ何事も出来ず。之も中々大切也。

そこで、総括して、霊性、身体、智識、才能、元気、の五要素が個人の勢力を形成するとして、今日の日本国民の実際勢力は如何。と云ふに、先づ調べて見れば、ざつと左の如くなるべきか。

即ち、一時的で、増すでも、減ずるでも、どうでも出来るヘモグロビン的元気は、現日本人にも慥かに有り。然し、真にエネルギッシユと云はるゝ長い時間的即ち精力的元気は、先づ、欧米人と、トテモ〳〵比較の出来ぬ程少し。とは小生のみの見解でも有之まじ。

それから、才能、これは、社交的教育、即ちカルチユアーと云ふことを、全然眼中に置いて居ないやうに見ゆる現今の教育家先生達に教育さるゝ日本人には、一般的に甚だ不積極的で、勢力的才能の欠乏を嘆ずるもの、有識者に非常に多し。

次に、智識、之だけは先づ古今東西に渡つて一寸ウスッペラながら一通りあるが如く見ゆ。

それから身体、此の身体は慥かに矮少で、病的で、顔色憔悴、胃病、脚気等の原因から血の気の乏しき、又栄養不良の神経衰弱的学生、電車の中で血色花々しき生き〳〵したる西洋人と並びて腰掛け居る時其差のあまりに甚しきに驚くものは、小生一人のみでもあるまじきか。

最后に霊性、之が一番大切なるべきに、殆んど日常の行動とは没交渉の観を呈し、万事の命令者たるべき心が、恰もお留守なるが如く、命令者は何者か判然セざる有様にて、従つて万事が其場々々の一時的、時間空間の区域に於て甚だ狭く局部的、一部分的、執着的、到底御話にならぬ事非常に多し。此弊実業界に最も多く。従つて生産的事業の到底欧米と比較にならぬ有様にある事、人のよく知る所也。其の国勢に密接なる関係を有するや言を俟たず。現日本の国勢の積極的方面に於て甚だ振はざる亦た当然の事ならずや。

明治庚戌夏　　　　空水

［封筒表］男爵阪谷芳郎殿御親展
［封筒裏］芝区三田南寺町三十三番地南台寺　林中五郎　明治庚戌六月廿八日
［名刺表］空水　林中五郎
［名刺裏］先達の『演説批評』だけは御返し被下候はゞ幸甚に奉存候、

3　明治四十三年（七）月（十）日　【648】

『演説批評』慥かに落手仕候。さて、『宗教調査』といふことに就て、一言申上をき度事有之候。国勢調査会副会長たる閣下が御一読被下て、尚ほ御一考迄わづらわし候事を得ば実に幸甚此事に奉存候。即ち、一言と申すも別の事では無之、何れ調査会で御調べ被遊候結果は、一目瞭然、日本には現在、仏教徒が何人、耶蘇教徒が何人、天理教徒が何人、無宗教者が何人、といふ表面上の統計と存候。之も中々必要で、調べてをかるゝ必要無論有之候事と存候。然し、之は云はゞ皮想(相カ)的の調べで、実際宗教として、勢力を有し居るや否やの処迄は一寸分り申まじく、且つ、地方官吏等が役目として調べ候事なれば、到底奥深く迄は参らぬ事と存候。

即ち、此の表面上の調査は、表面上の調査として、一通り調べられ。尚ほ此序でに、今一つ、将来の準備として、裏面から奥深く調ぶる生命的調査をやつて見らるゝ御思召は無之候や。無論、裏面からの事であり、且つ生命的といふ活調査に候へば、表面上の如く、唯だ御役目的に頭数だけ紙上に記入するといふ調子では全然だめと存候。『一県に何人居る。其内何人は寺と関係があるから仏教徒だ。何人は教会に籍があるから耶蘇教徒だ。残りは、どこにも関係がないから無宗教者だ。それで、合計の数がキチンと合ふ。』といふのが、先づ表面上の調べと存候。故に先づ之は人を調べるので、国勢調査の一項としては至極御尤の事と存候。然し、小生の申す裏面的調査とは、先づ云つて見れば、宗教の現在的勢力を調べるので、日本国民は現在何教に依つて、如何なる感化を受けつゝあるかを調べるものに御坐候。一方は人を調べ、一方は宗教を調ぶる。といふと丸で別もので、国勢調査会では人だけ調ぶれば好い。宗教の方はどうでも好い。と云はるゝか知らねど、宗教を調ぶるといふも畢竟、人で、寧ろ、極言すれば、一方は体の置き所を調べ、一方は心の住み場所を調ぶる。といふ、即ち、モヌケのカラを調ぶるか、肝心の主の居所を調ぶるか、の問題となり。どちらが、真実国勢調査の意に協ふかは、言を俟たずして明かなる事と存候。之で、裏面調査の必要なる事は十分御了解の御事と存候。それから、調査のやり方に御坐候が、之は中々六かしく、到底完全無欠には参るまじく候。故に出来るだけ調べる。といふ考へで、即ち、主観的に行ける所迄行く。而して調べた結果は、どこ迄分つた。といふ、程度問題に候。故に、表面上の調査の如く一目瞭然の数的結果は到底得られぬ事と存候。然し、いづれ心の調査に候へば形に見にくきは当然の事と存候。

次は、調べに行く人に御坐候が、之が何よりも大切で、調査そのものが主観的であり、又結果も何処迄といふ程度的であり、万事が土台となる其人に依つて定まる次第、故ニ其人を得なければ全部失敗に終る事なしとも保セずと存候。人といふも、今一層深く申セば、其人の心眼に御坐候。即ち之が曇つて居ては到底ものにならずと存候。即ち心眼の十分に開いた、物事の能く見える活眼を持つて居る人でなくては、頭からものにならぬ事と存候。『心を見る』即ち、宗教の真髄的調査に候へば、謂ゆるセクタリアンの何教、何派に執着して居る、固執者では到底真相を見る能はず。即ち、何教にも何派にも属せず、彼の宗教に尻を粘着けて居て、人を引張り込む謂ゆる宗教屋でなく、真に人の為めに、あらゆる宗教の真髄を説明する経世家的人物で、しかも謂ゆる宗教家以上、真に徹底的心眼を有する活人物でなくてはならぬと存候、一宗一派にへバリついて居て、人を引き附けやうとする宗教家は沢山有之候得共、人の側に居て、深きは禅宗より仏教の根本迄突きぬけ居り、且つ、世界的の耶蘇教にも十分通じ、儒教の根底も、先刻承知といふエライ人物が実際自身で調べなくちや到底ものにならぬと存候。宗教の為めに宗教を説くにあらず、真に人の為めに宗教を説く底の真個宗教家に依るにあらずんば目的を達する能はずと存候。かういふ理想的の人物が今日の日本に居り候や、小生の見る処では、即ち、小生の知つて居る範囲内では小生の外にはなしと存候。閣下は、如何御思召され候や、若し成程と御思召され候はゞ、小生を引出して調べさせて見る御思召は無之候や。愈々調べさせて見やうとの御事なれば、小生は全力を尽して調べ申すべく、即ち、主観的に東京出発から『紀行体』にして、小生の心身一切にて調べる行動及び結果全部を報告可仕候。『東京を出でゝ北海道に行き、道庁にて一通り調べ、それから実際に当つて、北海道の重なるものを見、順々に青森、秋田、岩手、と調べ参り、東京迄帰って一段落。それから順々に台湾迄調べ可申。』

無論、前にも申上げし通り、表面上の調査は役人共にさセ、小生は裏面の実際調査に候故、出来るだけの処迄調べる。云はゞ宗教調査の行脚旅行に候。申す迄もなく小生は自ら『空水散士』と号し、僧以下の居士にあらず。禅宗の坊主も、耶蘇教の牧師も、其他の謂ゆる宗教家も一切眼中に無之、即ち宗教にとらはれて居らぬ真個経世的宗教家に候へば、何宗何派に属して居らぬは無論の事、悉くを一切平等視し、決して偏見を持セず、直ちに真相を看破仕るべく候。彼の天理教にさへも十分同情を持つて居り候者、如何なる宗教でも、必ず其宗教的生命を見出し申すべく、而して紀行体の面白き文章にして、知らず識らず全部を読まして仕舞ふ心に御坐候。如何に御坐候や。真に閣下が国勢を調査セんと御思召さるゝならば、小生をして調べさセ給はらんことを御願申上候。右一筆如此に御坐候。『若し御引見被下候はゞ幸甚』、頓首

明治庚戌夏　　　　空水

阪谷男爵閣下玉机下

［封筒表］小石川区原町　男爵阪谷芳郎殿御親展
［封筒裏］芝区三田南寺町三十三、南台寺、林空水　明治庚戌七月十日

4　明治四十三年（十）月（六）日　【647】

時下秋晴、夏の残りの雲雨もあとなく消え去りし昨今、閣下にも益御健勝に被為渡候御事と奉存上候。野に下られし以来は演壇に新聞雑誌に日本と世界との関係を説き、今日のまゝの状態にては前途まことに心配であると衷心より国を思ふ真心を披歴して国民を指導し居らるゝ段、実に此上なき事と奉存候。小生も世界と日本との関係が恰も維新前の日本と鹿児島の如き有様なるを常に思ひ居候故、どうにでもして日本国民の積極的能力をずつと増し度、日夜考へ居候次第に御坐候。極致に達したるものは皆な其の目的は同じにて、政治家は政治の上より、教育家は教育の上より、宗教家は宗教の上より、又実業家は実業の上より、文芸家は文芸の上よりそれ〴〵社会に貢献して、広くは世界総人類、狭くば日本国民の向上発展を期する事と存候。時間空間の限界を超越セる絶対的立場より見れば、現世界の政治家連中の為しつゝある事は悪戯に類するものとしか思はれず候得共、それは理想界の話にて、現実界から理想界に進む階段は必要なる事云ふ迄もなく、今日は其の段階を踏んで進みつゝある次第と存候。論じ来れば中々長くなり候得共、要するに極致に達した人々はそれ〴〵其の方面から社会に貢献して人類の向上発展を期する事全く同じと存候。そこで、先づ今日の日本を如何にすれば最も確実に、而して最も早く向上発展セしめ得るかと云ふに、小生は宗教及び教育の方面から手を付けた方が一番確かで且つ、一番早いと存候。而して謂ゆる自然主義や社会主義に落ちぬやう、真に徹底した大人物を其局に当らしむるが何よりも肝要の事と存候。小生は即ち其大人物と自ら任じ居候。且つ宗教や教育など云ふものは表面から制度などで形を持つて行くべきものにあらず。先づ裏面から人の心の中に入り、ゆる〳〵と指し導く底の方法に依らざるべからずと存候。其の第一番手の仕事としては、既に夏の初め以前より度々閣下に申上げし宗教調査行脚を小生にさせて、唯だ一通だけ国勢調査会副会長たる閣下より小生に宗教調査嘱託の旨を記したる書面を授けられ（此の書面もメツタに人には見セず、万一の用意に過ぎず）且つ手当と旅費とを給セられ、万事は小生に御一任下されて十ヶ月を期し、日本国民の向上発展に資する程度如何を標準として、先づ臨済禅から、曹洞禅、日蓮宗、真宗、真言宗其他基督教も天理教も、実際に宗教的生命あるものは出来るだけ調べて、真に徹底したる活眼に見えた活物を其のまゝ記し、『宗教調査行脚記』を著はし、閣下の序文を掲げて出版する次第に御坐候。実際は、宗教家以上の大宗教家にして、而も宗教を社会の側から見て其貢献如何を常に実際に調べて居る小生、その小生が十ヶ月もかゝつて、日本国中を行脚して実際に調べたら、それこそ真に得がたき好著述が出来る事と存じ候。大抵今迄差上げし手紙や著書で小生の事も略ぼ御承知の御事と存候、此上は直接御面会の上意見開陳、質問応答の上直ちに御承諾被下候事を切に願上候。実は二三ヶ月前より鎌田塾長の紹介の名刺はもらつて持参仕居候、然し機熟セずと見て差扣へ居りし次第に御坐候。且つ七月十一日より九月末迄目黒の不動に日参して、謂ゆる宗教調査の準備を致し申候。其結果小生にならば確実に出来ると信じ申候。随分沢山の金を使つて国勢を調査セらるゝ折柄、十ヶ月間月々知れた金で此の貴重なる活調査が出来る事故、無論閣下御同意の御事と奉存候、今月は準備にかゝり十一月一日より活調査を始め候事如何に御坐候や。真に国民を思はるゝ閣下小生をして十分に活動セしめられんことを切に奉願上候。先ハ右貴意を得度、一筆如此に御坐候。
頓首

明治庚戌秋　　空水

阪谷男爵閣下玉机下

尚ほ〱先達差上げし拙著『宗教の真髄』を真自然主義の解決書として今一度御通読切望の至りに御坐候。

[封筒表] 東京小石川原町　男爵阪谷芳郎殿御直披

[封筒裏] 鎌倉円覚寺続燈庵　林空水　明治庚戌十月六日

5　明治四十三年（十）月（二十一）日　【645】

日本帝国の三大弱点・・・此前、慶応義塾大講堂にて直接拝聴仕り、今又雑誌『活青年』紙上にて再び拝見仕候も、渾々として湧く憂国の至誠は一層新しく感じ申候。然し、説く閣下の見識と、如何にもと同意する小生の見識と此見識は、日本国中での最高の見識かと存候。大声俚耳に入らず、国民全体の見識が、小生及閣下の処迄高まつて来れば、水は自然と流れ申候事、今更いふ迄も無之然れども、低い所を流れて居る水に此処迄流れて来い、と云ふても一寸六かしく。一旦天に昇つて雨と成つて降つて来るやつは、何処から何処へでも流れ申すべきか、呵々・・・それは話として、実際閣下の半分位でもよろしく、痛切に世界の現状及び世界に於ける日本の位地（置カ）を慨するもの、が国民の三分の一位も出来て来れば、あとは、ほんの流れるばかりで、訳のなき事と存候。さうするには、どうしても、健全なる宗教に依つて、時間空間の観念を無限に拡大し、心性を洗ひ清めて、何でも真相を直ちにうつす磨かれたる鏡とし、それに日本の歴史、世界の歴史をうつし成程、これでは、・・・といふ感じを自発的に起こさセなければ到底だめと存候。今迄のやうな姑息な間に合セ主義では、之からの世界的といふ舞台には、とても〳〵と存候。今迄は、ほんの国内だけなりし故どうにか、こうにかゴマカシがきゝ候ひしも、これからは到底ゴマカシではだめに御坐候。

『迷信が科学に依つて破られ、又其の科学の突き当りが
　真信仰に成る。』

といふ第廿世紀の世界で、信仰も思想も経済も何も彼も今迄のやうな鎖国を許さぬ、世の中と成つては、全然開けつ放しで、根本から清めてかゝらねばだめに候。宗教を無視し、教育を政略視する今迄の野蛮政治家では、之からの国民の船頭には覚束なく御坐候。今迄は朝鮮や、支那が相手なりしも、之からは世界が相手に候。

文字、兵器、経済、其他の弱点を痛切に感ずるやうにするには、健全なる方法としては宗教と教育によるが最上と存候。パートを知り、ホールを知り、而してパートとホールの関係を知り、覚悟して共同し、空間的観念広まると共に時間的に歴史を重んじ、イゴイズム的の自然主義や、社会主義を擯斥するやうになつて初めて、国民は益健全に、向上シ、発展し、而して世界的に進歩して理想境に入る。と存候。閣下今や閑地に在り小生を使役して先づ健全に宗教調査を成さしめ、国民の進むべき道を開拓し、而して光明を示し給ふ御心は無之候や。敢て一言を呈す。頓首

明治庚戌秋　　空水

阪谷男爵閣下玉机下

［封筒表］東京市小石川区原町　男爵阪谷芳郎殿御直披
［封筒裏］鎌倉円覚寺続燈庵　林空水　明治庚戌十月廿一日

6　明治四十三年（十一）月（一）日　【646】

閣下には益御健勝に被為渡大慶至極に奉存候、さて先達は早速御引見被下、長時間の談話御許し被下し段、実に難有奉存候、厚く御礼申上候、直ぐ御礼申上ぐる筈に御坐候ひしが、昨日夕方帰山仕り甚だ延引仕りし儀、何卒御海容奉願上候、
先つ右御礼申上度、一筆如此に御坐候、頓首

明治庚戌秋　　空水

阪谷男爵閣下玉机下

［封筒表］東京小石川原町　男爵阪谷芳郎殿御礼状
［封筒裏］鎌倉円覚寺続燈庵　林空水　明治庚戌十一月一日

7　昭和四年（六）月（十六）日　【644】

拝啓、愈々御青祥《ママ》、大慶至極に奉存候。さて、先日は、

御多忙中を、特に御引見被下、誠ニ難有奉存候。厚く御礼申上候。日本倶楽部にて、久シぶりに御目にか丶りし時、廿何年前、慶応義塾大学にて、『大計と小計』と題して、御演説被遊、大に感じて、大字の書面を差上げ、小石川の御本邸にて、御目にか丶りし時と、反対に、若く成られしやう思ひ、如何にも不思議に存居候。学生時代に初めて御目にか丶りし時は、思ひの外に、御老体と相感じ、御応接室の、意外にも立派でなかつた事を、今でも昨日の如く、よく記憶仕居候小生。この度は、定めしく御老体に被為成候はんと心中、貴族院、その他での御活動を、御年と比較して、驚き居候小生、現実に、外の倶楽部員の遊んで居らる丶に、多くの訪問者を引見し居られ、殊に一言一句、小生に与へられ候御ことば、寧ろ廿年前よりも、元気のある御態度、新聞紙上で、拝見仕居候御活動と、全く同一なるに、只管感心仕候。本日の新聞にて、米価調節の愚行を笑殺せられ候御元気。目に見る様にて、如何にも御達者と、感服仕候。

『大計と小計』。今も尚ほ、小生深く思ひ居候。

『根津氏より岡田氏宛の御手紙をいたゞき、例の工場敷地の事、先づ一段落。宅タンポ、借換も、話成立。かけものを売つて、利子や、生活費を造り候事も、目下極力進め居候。

小計には、ホトく閉口罷在候。御笑ひ被下度候。大計の方は愈々これよりやり初めの、五十才の老書生。◎宗教の定義　◎社会倶楽部　◎統一的指導閣下は、表の政治的の御活動。空水は、裏の指導的大活動。紙の表裏は、ドコカラと、申されまじく、政治と指導、表と裏で進み申候。早々

昭和己巳夏　　　空水

阪谷芳郎閣下侍史

［封筒表］東京市小石川区原町　男爵阪谷芳郎殿御直披

［封筒裏］大阪箕面村、板井、(西之端)　林空水　昭和己巳夏

六月十六日

林　権助　書簡

1　**(　)年一月九日**　**【650】**

七日之御尊書昨夜到達拝見仕候、本夕御懇招ニ預り難有奉存候、返書遅延之段ハ恐縮仕候得共、前文之通り貴書延着之タメニ有之候、右御受申上候、早々拝復

一月九日　　　林権助

阪谷芳郎様御坐右

［封筒表］小石川原町一二六　阪谷芳郎様
［封筒裏］林権助

原　嘉道　書簡

1　昭和三年九月二十日【630】

拝啓　新秋の候、高堂愈々御清勝の段奉大賀候、陳者畏くも聖上陛下司法事務御親閲の思召を以て、来る十月一日東京三裁判所へ行幸被為在ことに御内定相成候処、車駕親臨は司法部開設以来、未た曾て有らさる光栄にして職員一同誠に感激措く能はさる次第に御座候、然るに当日は時恰かも我国裁判の画期的変革とも申すへき陪審法実施の第一日に有之、司法史上実に特記すへきことゝ存候、就ては臨幸の翌十月二日を期し、天覧被為在候別紙目録記載の裁判記録并陪審法廷等高覧に供し度と存候間、御繰合の上、同日午後二時より随時東京三裁判所まで御来駕被成下度、此段御案内申上候、敬具

昭和三年九月二十日　　司法大臣原嘉道

男爵阪谷芳郎殿

［封筒表］小石川区原町一二六　男爵阪谷芳郎殿〈阪谷筆〉
二日二時ヨリ随時
［封筒裏］司法大臣原嘉道

原　林之助　書簡

1　（明治三十三）年一月十三日【689】

拝啓　平河町旧御邸宅之件ニ付、御申越ノ件、委細承知仕候、右ニ付一二申込ノ次第も御坐候得は、談話ノ模様今少々進歩致候得は、尾高氏とも御相談ヲ遂ケ、参邸ノ上、可申上心得ニ御坐候、先ハ不取敢御返事迄ニ申上度候、匆々謹言

一月十三日　　原林之助

坂谷様侍史

［封筒表］小石川原町　坂谷芳郎様御親剪
［封筒裏］日本橋区本銀壱　原林之助　十三日

2　（　）年二月五日【1067】

拝啓　時下倍々御清栄奉賀候、陳ハ昨日ハ林君ヲ拙宅へ御遣し相成、何寄之品御贈与ニ預り恐入申候、書添ノ次

第二而は、誠ニ汗顔ノ至りニ御坐候得共、折角ノ御思召ニ付、拝受可仕候、何レ其内拝趨御礼可申上候得共、不取敢御請迄ニ申上置度候、匆々謹言

二月五日

原林之助

坂谷様侍史

［封筒表］坂谷様侍史
［封筒裏］原林之□《(助カ)》　二月五日

原川権平　書簡

1　（明治二十六）年九月五日　【939】

残暑于今甚敷御坐候得共、益御清栄奉大賀候、陳ば御亡父朗廬先生十三回忌御相当為記念詩文遺稿御印刷相成候ニ付、通運便ヲ以テ御恵送被下候処、昨日到達難有拝受仕候、造士館奉職ノ今藤ト申ス者、当地ニテ漢学教候家ニ生レ、現今同館ニテ漢学教授致居候者、其他漢学教員等頻ニ御遺稿拝観希望罷在候、小生一応拝見ノ上ハ、右教授等へ貸与致候積ニ御坐候、

先ハ御礼まで右申上度、如斯御坐候、頓首

九月五日

原川

阪谷学兄机下

［封筒表］東京麹町区平河町六丁目　阪谷芳郎様
［封筒裏］鹿児島市下龍尾町百七十六番戸　原川権平

日置義夫　書簡

1　（　）年十月九日　【771】

拝啓　時下秋高馬肥先以御清適被為渡奉敬賀候、扨平素は打絶御無音仕候段、平ニ御海涵奉祈上候、陳は過日は豚児雅章事大蔵省へ御採用を蒙り、千万難有奉感謝候、何分ニも若年之者ニ御坐候間、可然御督励被成下、将来御引立之程偏ニ奉願上候、小子も先年来安田合名会社之西成紡績所及天満鉄工所之二工場を管理、当地ニ在住罷在候間、不相変御眷顧奉祈上候、先ハ右御無音候断旁御依頼迄、如何ニ御坐候、草々頓首

十月九日

日置義夫拝

坂谷賢台閣下

尚以乍末行御尊母様へよろしく御鶴声奉祈上候、

［封筒表］東京小石川原町一二六　坂谷芳郎様親展

［封筒裏］大阪府西成郡伝法町　日置義夫

土方久徴　書簡

1（　）年一月十五日　【802】

冠省御高免、陳者昨日御懇談の件ニ就而ハ、電話ニ而委細申上候通りの次第ニ有之候間、宜敷御諒承被下度候、別に帰一協会之御計画ニ対シ賛同之微意相表度迄、別封御手許迄差出候間、可然御取計奉希候、此段奉得貴意候、敬具

一月十五日　土方久徴

阪谷男爵閣下

［封筒表］坂谷男爵閣下　別封添御直披
［封筒裏］土方久徴

土方久元　書簡

1（明治二十六）年五月八日　【808】

華墨拝誦、陳ハ尊大人御遺稿御恵投被成下深忝拝謝仕候、御生前文字上辱知候儀ニ付、別而感佩仕候、貴酬旁右御礼迄、匆々頓首

五月八日　土方久元

阪谷芳郎殿

［封筒表］阪谷芳郎殿貴酬
［封筒裏］土方久元

2 大正四年十月（二十一）日　【803-1】
（土方久元・二条基弘書簡）

粛啓　時下秋冷之候愈々御清祥奉賀候、陳は乍唐突今回拙者又関係の財団法人名教学会経営に係る名教中学校のため、御即位大典記念として諸名家の揮毫を収集し、奉祝書画帖を調整して　天覧に奉供し、余ハ一般道志に頒与致度候に就は御多用中恐入候へ共、何卒御賛成の上御染筆奉希上候、尚乍勝手印行の都合も有之候間、本月二中旬［十五六日］頃迄に御筆労奉願候也、拝具

大正四年十月

伯爵土方久元
公爵二條基弘

男爵坂谷芳郎殿

［封筒表］小石川原町一二六　男爵坂谷芳郎殿　揮毫　㊞「親展」
〈阪谷筆〉十月廿二日受
［封筒裏］麻布三軒家町名教学会　伯爵土方久元・公爵二條基弘
［付属］（絹布二枚）皇図日月長、（絹布一枚）鶴有冲霄心

3　大正五年三月五日　**【804】**

拝誦　御令息希一君、三嶋子爵長女寿子嬢ト婚約御整ニテ、来十三日式ヲ被挙、同日午後五時帝国ホテルニ於テ御祝宴御開ニ付、御寵招ヲ蒙リ辱拝承仕候、必参上可仕候、右御請迄、匆々敬具

大正五年三月五日　　土方久元

阪谷芳郎殿

［封筒表］東京小石川原町　男爵阪谷芳郎殿御請
［封筒裏］相州茅ヶ崎　土方久元　三月五日

4　（大正五）年（　）月（　）日　**【807】**

拝啓　寒気難凌候折柄、愈々御健勝之段奉賀上候、陳者過日は阪谷朗廬先生の御事歴及興譲館沿革概要御贈与に預り、誠に難有厚く御礼申上候、先は不取敢御礼まで、如此御座候、敬具

土方久元

阪谷芳朗殿

［封筒表］阪谷芳朗殿御礼状
［封筒裏］土方久元

5　大正六年六月十日　**【806】**

拝啓　愈御多祥奉賀候、然者東京奠都五十年奉祝博覧会の儀開会中は、多大の御同情を忝ふし、種々御配慮を煩はし、感謝之至りニ御座候、御蔭を以て非常之好成績を収め、本日を以て滞り無く会期満了閉場致候ニ付、爰に不取敢書中を以て御礼申述度、如此御座候、敬具

大正六年六月十日

東京奠都五十年奉祝博覧会
総裁伯爵土方久元

男爵阪谷芳郎殿

［封筒表］小石川区原町一二六　男爵阪谷芳郎殿
［封筒裏］東京奠都五十年奉祝博覧会　総裁伯爵土方久元

6　（大正　）年（　）月（　）日　**【805】**

拝啓　益々御清祥奉賀候、陳は今般其筋より特に皇城全図並ニ宮中諸殿宇の結構及明治天皇御霊轜宮中御車寄御発輓の御模様を実地拝写するの栄を得、尚諸賢の監修に就き而、皇居之栞なる一本を加へ、国民教育資料として

出版発行する事と相成申候、伏して惟るに歴世皇室宏く人倫の範を示し給ひ、敦く蒼生を愛恤せさせ給ひ、創々たる御聖徳の程、衆庶臣子の斉しく感泣措く能はさる処に御座候、唯九重の宮裡深くして御模様の伺ひ奉る可からさるは、其敬仰尊崇の上に於て遺憾とする所に被存候、仍て本会は是等の図書をして一般国民に普及せしめ、以て聊か御宸眷に酬ひ奉り度精神に御座候、御繁多の折柄甚だ恐入候へ共、微意御賛同被下成、何卒御便宜御与へ下され度、御依頼申上候、敬具

伯爵土方久元

東京市長男爵阪谷芳郎殿

［封筒表］東京市長阪谷芳朗殿　〈阪谷筆〉断ル
［封筒裏］伯爵土方久元　㊞「大日本皇道会」

土方　寧　書簡

1　大正二年七月十日（土方寧ほか書簡）【801-1】

拝啓　陳者別紙の通り、懇請状旧選手其他のボート関係者に差出し候処、兎角通知漏も可有之、付ては貴下に於て特に御尽力被下、御心当りに御勧誘被下候はゞ幸甚に御座候、右御依頼迄、得貴意候、敬具

大正弐年七月十日

松本烝治
山田三良
松波仁一郎
土方寧

法学博士阪谷芳郎殿

［封筒表］□（小カ）石川区原町　男爵□□□（法学博カ）士阪谷芳郎殿　〈阪谷筆〉
拾円出金ス　ボート寄付　十一月三十日限
［封筒裏］東京帝国大学法科大学緑会長法学博士土方寧
［付属］土方寧書簡（阪谷芳郎宛）大正二年七月（　）日
【801-2】

日比野雷風　書簡

1　（大正七）年九月十五日　【787】

粛啓　愈御清穆ニ被為捗（渉カ）候段、為邦家慶賀此事ニ奉存候、陳は先般ハ御無理を御願致し候処、速に御快諾被下結構なる原稿御作成寄贈ニ預り、御蔭を以て心剣誌上に一層光彩を相添へ申候段難有奉深謝候、何卒将来も宜敷御指導相賜り度奉懇願候、先ハ御礼申上度、如斯ニ御座候、匆々敬具

九月十五日

日比野雷風

坂谷芳郎閣下

［封筒表］小石川区原町百二十六　阪谷芳郎閣下
［封筒裏］小石川区柳町廿四　日比野雷風　九月十五日

平沼騏一郎　書簡

1（**五**）**年一月二十四日**　**【785】**

拝啓　愈御清安奉賀候、陳は此度ハ貴意ニ被懸御先代事歴一部御恵投被下奉深謝候、何レ少閑緩々拝読可仕、先ハ不取敢右御礼迄申上度、如此御座候、敬具

一月廿四日

平沼騏一郎

男爵阪谷芳郎殿

［封筒表］市内小石川区原町百廿六　男爵阪谷芳郎殿
［封筒裏］東京府豊多摩郡大久保町西大久保四百二十番地　平沼騏一郎

2（**昭和十六**）**年五月十七日**　**【786】**

拝啓　時下愈々御清祥の段奉大賀候、陳者過般の各種委員会整理に関する閣議決定に基き、五月十六日勅令第五百九十号を以て、都市計画中央委員会の廃止を見るに至り候に付ては、不取敢此段御通知申上候、顧れば大正九年御就任以来今日の長きに亘り、我が国都市計画の為格別なる御尽力を辱ふし、御蔭を以て斯業も頗る順調なる発展を遂げ来り候段、寔に難有感謝に不堪候、

尚将来も一層の御協力御支援相煩度、偏に御願申上候、先は略儀乍ら書中を以て御礼御挨拶申上度、如斯御座候、敬具

五月十七日

平沼騏一郎

男爵阪谷芳郎閣下

［封筒表］小石川区原町一二六　男爵阪谷芳郎閣下
［封筒裏］平沼騏一郎

平沼淑郎　書簡

1（**明治二十六**）**年八月十三日**　**【1057】**

乍略儀以寸楮申進候、今般先人朗盧先生十三回忌辰ヲトシ御遺稿御編輯、小生へモ一部御寄贈之由ニテ、以通運

便御送致被下、昨日正ニ落掌、御芳志之段奉深謝候、開巻之真影昔日之感慨不尠事ニ御坐候、尚着々拝読可仕候、不取敢落掌御答迄、如斯御坐候也、拝具

八月十三日

追テ難波氏へ御寄贈之分も御封入之処、同氏目下近県旅行中ニ付、小生預り置キ、帰任之上相渡シ可申候間、左様御了知置被下度候、

［葉書表］東京麹町区平河町六丁目廿一番地　阪谷芳郎様
仙台東二番町六十三番地　平沼淑郎

2　明治三十五年五月七日（平沼淑郎・加藤彰廉書簡）【777】

拝啓　別紙為替券金四円、李家氏香典トシテ御送付申上候間、御受取之上、可然御取計被成下度候、草々

明治三十五年五月七日

加藤彰廉
平沼淑郎

坂谷芳郎殿

［封筒表］東京小石川区原町一二六　坂谷芳郎殿
［封筒裏］市立大阪高等商業学校　平沼淑郎・加藤彰廉

3　大正四年六月十六日【776】

拝啓　梅雨之候愈御清康奉大賀候、陳者甚突然之儀ニ有之候得共、大蔵省出版之
一、秩禄処分顛末略
一、家禄賞典禄処分法関係書類集
之二部参照致度件有之候処、図書館ニ見当り不申、若シヤ御所持御坐候や、御所持有之候ハヽ、少時拝借ハ願ハレ申間敷候哉、右両様奉伺申候、拝借相叶候ハヽ、或ハ自身罷出候歟、又ハ使ヲ以テ拝受仕度候、右相伺度迄如此御座候、頓首

大正四年六月十六日　平沼淑郎拝

阪谷老兄侍史

［封筒表］市内小石川原町　男爵阪谷芳郎殿親展
［封筒裏］㊞「東京市牛込区弁天町七番地　平沼淑郎」　大正四年六月五《(ママ)》日

4　（大正八）年六月二十三日【782-1】

拝啓　別紙はかき到達致候、直接御返事被下候様奉願候、右用件迄、草々頓首

六月廿三日　平沼淑郎拝

阪谷老台侍史

［封筒表］小石川原町　男爵阪谷芳郎殿親展
［封筒裏］東京　早稲田大学　電話代表番号番町五、三〇〇番
　平沼淑郎　大正八年六月二三日

［付属］小しま俊吾書簡（平沼淑郎宛）
（大正八）年（六）月（二十）日　【782-2】

拝啓　陳は昨日迂生も上京仕り貴らん、坂谷芳郎氏住居不明ニ付、住居通知被下候様相願仕候也、
［葉書表］小石川区早稲大学校々長　平沼叔《（淑カ）》郎様　本郷追分町25　更科館　小しま俊吾

5　大正十二年五月（　）日　【775】

拝啓　新緑の候いよ〳〵御壮栄大慶に存じます、小生儀客年二月初旬発病以来荏苒歳余におよび、昿職の段、邦家に対して恐縮にたへませぬ、このごろやうやく快方にむかひ、四月十五日ひさ〴〵にて登校、二十四日よりふたゝび教壇にたつにいたりました、なほ全快とはまうしかねますが、時日の経過とともに漸次回春の期に達すること確信いたしをります、余事ながら御安心くだされたくねがひます、　臥病中は御懇切なる御慰問に接し、御礼筆紙につくしがたく、ひたすら御厚情に感泣してをります、自今保摂をおこたらずして、なるべくはやく活動界にいるやうにこゝろがけ、各位の御好意にむくいたいと存じてをります、略儀ながら書中をもつて御挨拶をまうしあげます、敬具
大正十二年五月　平沼淑郎
男爵阪谷芳郎殿
［封筒表］小石川区原町一二六　男爵阪谷芳郎様　㊞「市内特別郵便」
［封筒裏］牛込区早稲田鶴巻町二八六　平沼淑郎

6　（大正十二）年（十二）月（二十）日　【781】
（平沼淑郎・重子書簡）

華墨拝誦仕候、時下益御清祥大慶ニ奉存候、陳者御五女總子様御儀、今般伊藤熊三氏と御婚約相整ヒ、去ル十四日御結婚式御挙行被成候趣、御披露ニ依り拝承仕候、真ニ以て御めて度御悦ひ申上候、両御新夫婦に於かせられても、尊台と御同様御交誼之程切ニ奉懇願候、先ハ御祝詞申述度、旁如此御坐候、敬復
平沼重子
同　淑郎
男爵阪谷芳郎殿
同　令夫人殿

［封筒表］小石川区原町　男爵阪谷芳郎殿・同令夫人殿
［封筒裏］牛込区早稲田鶴巻町二八六　平沼淑郎・同重子

7　昭和二年六月十四日　【780】

拝啓　益御清祥奉賀候、陳者予て岡山県青年会幹事より奉願候、今度県地ニ於て講演開催之件ニ付、幹事拝趨致候ハヽ、御寸暇御割愛被下度奉願候、小生にも是非出演可致候熱誠なる勧告拝受候得共、病余之身三ヶ処ハとても相勤め申し兼候、或ハ津山一ヶ処位ハと存じ居候次第ニ御坐候、既ニ岸本少将ハ津山・倉敷・岡山三所共引受け呉られ候、何卒尊台ニ於ても三ヶ処御六ヶ敷候ハヽせめて二ヶ処、ソレモ難計候ハヽ一ヶ処なりとも御引受被下間敷候哉、実ハ会員ニ於ても頗る熱望致居候折柄、御多用ハ十分承知致居候ニ不拘、右相願候事、心中甚苦しく候得共、出格之御取扱被下候様不恐悃願候、委曲ハ罷出候幹事より御聞取被下度候、先ハ右願用旁如此ニ御坐候、草々頓首

昭和二年六月十四日　平沼淑郎拝

阪谷男爵下執事御中

［封筒表］□（小ヵ）石川原町　男爵阪谷芳郎殿　岡山県青年会幹事持参
［封筒裏］東京府豊多摩郡戸塚町大字下戸塚六百四十七番地
早稲田大学　電話代表番号牛込五一三番　平沼淑郎
昭和二年六月一四日　〈別筆〉7/22-7/30　岡山、津山、倉敷、（平沼・岸本）

8　昭和二年六月二十五日　【783】

拝啓　暑気相加候処益御清康之段奉賀候、陳者財政経済学会に於て国産品調査会設立之計画有之、其第一着手として国産品綜覧刊行致候事ニ相成り、小生も至極賛成致居候次第ニ御坐候、且監修及顧問となることも承諾致候、何卒右主意御賛助之程、偏ニ奉希候、委曲ハ係員参上可申陳候ニ付、御聞取被下候上可然奉願候、先ハ右御紹介旁如此ニ御坐候、敬具

昭和二年六月廿五日　平沼淑郎拝

阪谷男爵下執事御中

尚々岡山県青年会講演者之件ニ付、幹事罷出種々御迷惑奉願候、恐縮此事ニ御坐候、右ハ（不脱ヵ）岸本少将及小生出張之事決定致候間御承知被下度候、取敢右申達置候、

［封筒表］男爵阪谷芳郎様　財政経済学会　原祐道氏持参
［封筒裏］鶴巻町　平沼淑郎

9　昭和四年二月三日　【778-1】

粛啓　時下益御清勝奉大賀候、陳者今年春弊学法学部卒業可致同県人鳥取快太氏ハ、御承知ニも可被為有、多年我が岡山青年会幹事として尽悴致し、小生委員長として其成績之佳良なるを十分認め居候、且在学中之成績も頗る優等ニ有之、平素非常なる勉強家にて誠実業に当る事ハ、小生ニ於ても確認致居候、今般地下鉄道会社ニ入社致度熱望致し居り、既ニ早川徳次氏へも前述之次第通知致し置候得共、猶尊台ニ於て、右御推薦被下候ハヽ、小生ニ於ても最も仕合難有奉存候、同人岡山県青年会ニ於ける好成績ハ、花房子爵に御問合せ被下候テモ十分相分り可申と存居候、先々右折入て奉願度迄、如此御座候、草々頓首

昭和四年二月三日

平沼淑郎拝

阪谷男爵執事御中

［封筒表］男爵阪谷芳郎殿台展　〈阪谷筆〉四年二月四日　二月五日面会　地下鉄早川へ紹介ス
［封筒裏］平沼淑郎
［名刺］鳥取快太

10　昭和四年七月二十日　【772-1】

拝啓　大暑之候御清祥奉大賀候、陳者弊学出版部発行高等女学講義ニ於て、今般母性之愛情、教育之効果等ニ就き、事実を蒐集して、後学之模範ニ供し度計画有之、小生も大いに賛同致し居候次第ニ御坐候、既ニ山川男爵閣下よりも御談話承り原稿も整理致し居候、尊台ニ於かさせられても、何歟後学之為め裨益ニ相成り可申候事実御洩し被下候ハヽ幸之至ニ御坐候、講義録係星野氏さし出候ニ付、御寸暇御割愛被下度、又御都合よろしき時日御選定之上御指示被下候ハヽ好都合ニ奉存候、先ハ御紹介旁御願上候、草々

昭和四年七月廿日

平沼淑郎拝

阪谷男爵侍史

［封筒表］小石川区原町　男爵阪谷芳郎様侍史　早大高等女学講義係星野氏持参
［封筒裏］東京市牛込区早稲田　早稲田大学　電話代表番号牛込五一三番　平沼淑郎拝　昭和四年七月廿日
［名刺］星野憲太郎　早稲田高等女学講義編輯員　早稲田大学出版部　電話牛込三四五・三四六　〈別筆〉Aug.5

11　（五）年十一月十八日　【773】

粛啓　先日ハ拝趨御多用中御邪魔仕候、其砌ハ御迷惑ヲ

モ不顧種々相願、恐縮此事ニ御坐候、尊邸より帰途直ニ添田博士訪問仕候処、生憎不在、十六日朝会見懇談仕候処、幸ニ承諾相成候、乍余事御休神被成下度候、猶今後トモ小生事業ニ関シ御後援奉希度、伏而奉懇願候、先ハ乍略儀以書中御挨拶申上度、如此御坐候、草々拝具

十一月十八日　　平沼淑郎拝

阪谷男爵侍史

〔封筒表〕小石川区原町　男爵阪谷芳郎殿親展
〔封筒裏〕牛込弁天町七　平沼淑郎　十一月十八日

12 （九）年二月二十六日 【779】

拝啓　愈御清康奉賀候、陳者来廿八日亜細亜学生会へ是非臨席仕度心得にて、既ニ今朝演題までも通報致置候処、同日午後一時より弊学ニ於テ取急聯合教授会ヲ開催之事ニ相成候ニ付、甚遺憾千万ニ奉存候得共、当日拝趨仕兼候事ニ相成候段、不悪御諒承被成下度奉願候、先ハ右御談（断カ）迄、草々頓首

二月廿六日　　平沼淑郎

亜細亜学生会
阪谷副会長殿
木下常務理事殿

尚々、既ニ明治大学宛ニテ書面通知致候得共、尚為念右申上候、是非御承知被成下度候、

〔封筒表〕小石川区原町　男爵阪谷芳郎殿御直　〈阪谷筆〉二十八日欠席
〔封筒裏〕牛込弁天町七　平沼淑郎

13 （　）年七月十三日 【784-1】

拝啓　日々為邦家御尽力被成候段奉多謝候、陳者岡山県教友会主催講演之為メ、小生招聘ヲ蒙候処、満鮮校友会へ出張之為メ不得出席、然るニ県地ニ於テハ是非同県出身之名士ヲ聘し、其高話拝聴致度希望熱心ニ有之、尊台へ申出度、就テハ添書被呉候様申出候、小生よりも右可然奉願候、御多用中恐入候得共、御寸暇御割愛之程奉懇願候、先ハ右迄、草々頓首

七月十三日　　淑郎拝

阪谷男爵執事御中

〔封筒表〕□（男カ）爵阪谷芳郎様　岡山県教友会幹事持参
〔封筒裏〕□（七カ）月十三日認　平沼淑郎
〔名刺〕岡山県教友会　幹事長田暁玄　東京千駄ヶ谷町三九八

14　（　）年十月十一日　【774】

謹啓　爾来御疎情打過申候、秋冷之候愈御清康奉大賀候、陳者此書状持参致候者ハ堀正司ト申シ、目下日清生命保険会社ニ従事致候者にて、曽テ早稲田大学在学致候者、貴台へ御紹介申シ呉レ度旨申出候ニ付テ、御多用中甚御迷惑ト奉存候得共、御寸暇御引見被成下候ハヽ、幸之至奉存候、同人ハ成績優秀之者にて決シテ御迷惑相懸候様之者ニハ無之候間、此段御安神被下度奉願候、先ハ右御紹介迄、草々頓首

十月十一日　平沼淑郎

阪谷老台侍史

［封筒表］坂谷芳郎殿侍史

［封筒裏］平沼淑郎　堀正司氏持参

平山成信書簡

1　（明治　）年（　）月一日　【816】

拝呈　陳は本日御来訪可被下旨御厚意奉謝候、然ルニ平田昨夜那須より帰京之約息《（ママ）》ニ候処、未タ帰ラス、本夕之処甚タ不定ニ付、万一御徒労相懸ケ候テハ恐入候間、本日ハ一先ツ御断リ申上、更ニ他日ニ可相願候条、左様御承知奉願候、別て急キ候事ニも無之候、右御断候迄、早々不一

一日　成信

坂谷老兄

［封筒表］大蔵省　坂谷主計局長殿親展

［封筒裏］平山成信

2　大正十三年十二月二十五日　【815-2】
（平山成信・阪谷芳郎書簡）

故松方公墓前献燈ノ件

拝啓　時下益々御清祥奉賀候、陳ハ予テ御相談致シ置キ候、故松方公墓前へ寄進ノ石燈籠ノ儀ハ、形状寸法建設位置トモ大体同家ノ御意嚮ニ一任可致考ヘニテ、其旨申込置キ候処、同家於テハ墓石ノ建設一切ヲ請負ハシタル摂州御影ノ石工石徳ナル者ニ其意ヲ通シ、御同様ノ分ヲ始メ、赤十字社、国葬委員寄付ノ灯籠ト共ニ、場所トノ釣合ヲ斟酌シテ見積ラセタル結果ニ依レハ、普通春日形ト称スル六角形状ニテ、高九尺壱対ノ代価

五百五拾円　運搬より据付マデ一切ヲ含ム、

外ニ文字彫刻　人名一人弐円五十銭ツヽ

奉献ノ文字ハ　別ニ彫刻料若干
右価格ノ当否ハ、素人ニハ一寸分リ兼候ヘ共、形状寸法ハ略同家ノ意向ニ合致セルモノト認メ候ヘハ、石工見込ノ通ニ製作セシムルコト、シ、表向キ注文可致ト存候間、御承知可被下候、猶同盟ハ山口、目賀田、添田、吉井、水町、若槻、荒井、濱口、武井、阪谷、平山ノ十一名ニ有之、又今後本件ニ付、臨時御協議可相願事項ノ生セサル限リハ此ノ侭進行、御一周年祭迄ニハ竣工可致見込ニ候ヘハ、御含ミ置可被下候、一応此段御報申上置候、敬具

大正十三年十二月廿五日

平山成信
阪谷芳郎

男爵阪谷芳郎殿

[封筒表] 小石川区原町百二十六　男爵阪谷芳郎殿御直　〈阪谷筆〉松方公献燈
[封筒裏] 平山成信　小石川区原町三十一

[付属] 林経明書簡（大正十三）年十二月二十五日 【815-1】

口上
先日入貴覧候献燈見積書ハ、平山君御異存無之ニ付、表向キ石工ヘ註(ママ)文致シ、一方賛成諸君ヘ通知スルコト、セリ、又通知ハ両君連署ニ願ヒタク、御承知ヲ乞フ、

十二月廿五日

林経明

阪谷閣下

3 （　）年二月十八日 【822】

拝呈　陳は先日御話シ申上置候グラスゴー博覧会一条ニ付、委員之者共一応御面会願上度申出候間、御繁務中恐入候得共、御引見之上、事情御聞取置被下度、但御繁忙故、屡々参ル様之事ハ不致様申聞ケ置候間、此段モ御承知置奉願候、早々不一

二月十八日

成信

坂谷老兄

[封筒表] 坂谷主計局長殿御直披
[封筒裏] 平山成信

4 （　）年七月十八日 【823】

拝呈　暑気俄然相加り候処、益御清勝奉大賀候、陳はボアソナード贈品、博物館ヘ引渡候件、梅氏より伝承、其内罷越可取計候、右ニ付目録一応拝見仕置度候間、何卒

此者へ御言付奉願候、早々不一

七月十八日

成信

坂谷老兄侍史

［封筒表］男爵坂谷芳郎様閣下

［封筒裏］平山成信

5 （ ）年八月八日 【821】

拝呈　陳は過日ハ勝手之義申上候処、早速御承知奉謝候、平田過日帰京後面会仕節、猶相談致候処、炎熱之際如何ニモ恐入候得共、一度丈御迷惑相願度ニ付、来ル十日頃暫時拝光奉願度、小生共より罷出候テモ、又ハ小生共方へ御枉駕被下候テモ、御都合次第ニテ不苦、時刻ハ夕七時頃可然ト存候条、枉テ御許容被下候ハヽ大幸奉存候、一時間計リ御迷惑相願候ハヽ、十分ト奉存候間、御都合一寸ト御回示被下候様奉願候、右願用、早々不一

八月八日

成信

坂谷老兄侍史

［封筒表］麹町平河町六丁目十二　阪谷芳郎様親展

［封筒裏］麹町富士見町五丁目二十　平山成信

6 （ ）年八月十五日 【818】

拝誦　残暑堪へ難ク候処益御清福奉大賀候、陳は御来諭之趣承知仕候、小生モ先般来赤十字社用ニテ大ニ暇ヲ潰シ閉口罷在候得共、可成御手伝可仕候、右之次第ニテ、未タ鎌倉へモ参ラス候得共、何レ近ク出向打合セ可申候、将又先日ハ佐々木生早速御採用被下候趣、大幸厚ク御礼申上候、先ハ貴復迄、早々如此御座候、他拝光ニ在（ママ）候、不尽

八月十五夜

成信

坂谷老台

［封筒表］坂谷芳郎様貴復

［封筒裏］平山成信

7 （ ）年十二月三十日 【819】

拝呈　大雪驚入候、陳は小生校長トシテ経営罷在候帝国女子専門学校ニ於テ、一月十九日午前十時より少女会ヲ開キ、通俗的ノ講話有益ノ講談等御坐候筈、誠ニ恐入候得共一寸ト御枉駕被下、何ナリトモ御話シ被下候ハヽ、光栄不過之奉存候、右罷出可相願心得之処、風邪ニテ、平臥中不得其義、乍略義書面ニテ願上候、午前十時より相始メ候間、午前ノ内御光臨被下候ハヽ、大幸御座候、

学校ノ所在地ハ大塚町七十ニテ、電車高等師範学校前停留場ノ直ク向フ裏ニ御座候、大谷靖ノ隣家ニ候、校前ノ道狭マク馬車ハ通行六ヶ布候間、為念申添候、早々不一

十二月三十日　　成信

阪谷老台

［封筒表］坂谷芳郎様　平山成信　一月十九日十時
［封筒裏］〈阪谷筆〉先帝御歌・教育解剖図・独逸家庭父兄勢力（日本憲法、自治制、家庭、道徳スヘテ思ヒヤラル）

8 （　）年（　）月二十八日　【820】

拝呈　一昨夜ハ御先キ退席失礼仕候、昨日執行・大塚両氏へ面会仕候処、和田事務局長之出立ヲ機トシ、官民合同一大会相催可然旨御提案之由伝承、誠ニ良案賛成ニ御坐候得共、拙生モ当局者ノ一部分ニ付、自分ヨリ申出候事ハ相避ケ可然ト存候間、誰カ局外者より発議相願度被存候、且実際和田氏ハ廿八日ノ出立ヲ来月八日ニ延ハシタル上、七日ニ出立、京都へ参リ美術品鑑査ヲ了リ、十日神戸ヨリ乗船ノ筈ニテ、迚モ出立延期ハ六ヶ敷、一方伏見宮殿下モ御不在、且大浦総裁モ旅行中、如何トモ役者不相揃致方無之存候、寧ロ緩々相談ヲ遂ケ機会ヲ作リ出シ、実行シタル方宜布ハ有之間布ヤ、松平男モ大ニ快方故、其内外出モ出来可申、旁良案モ可有之存候、御猶宜布御賢考被下度、要用、早々不一

廿八日　　成信

坂谷男閣下

［封筒表］坂谷男爵閣下至急　平山成信

9 （　）年（　）月三十一日　【817】

拝呈　炎熱堪へ兼候処益御清栄奉大賀候、陳は財政上之件ニ付種々御教示ヲ煩シ度、平田氏同行来月一日頃参館仕リ候心得ニ御坐候、同日御差支は、翌二日ニテモ不苦、何時頃罷出候ハヽ、御都合宜布や、御回示奉願候、炎暑之際故夜分又ハ夕刻可然歟と存候得共、小生共ハ何時ニテモ御高示次第拝趨可仕、右願用、早々不一、

卅一日　　成信

阪谷老兄

［封筒表］阪谷芳郎様親展
［封筒裏］麹町富士見町五丁目二十　平山成信

広池千九郎　書簡

1　（大正十五）年四月十二日　【790】

拝啓　益々御清康大慶之至りニ存候、却説今回ハ穂積老先生御薨去、真ニ千万遺憾ニ奉存候、謹て御吊詞申候、実ハ八日直ニ帰京、同夜御棺前へ参拝、重遠様ニハ御目ニかゝり候へ共、生憎閣下ニハ御目ニかゝらず、御葬式当日も御多忙と奉存差扣居候、一寸御邸へ参向、御吊ミ申上度存候へ共、近々小生研究少々謄写版中之もの少々出来上り候間、その節御伺可申上と存じ、再び研究地ニ引き返し失礼仕候、何れ五月末頃ニハ一度御伺可仕考ニ候、先ハ右迄、早々敬具

四月十二日　　　千九郎

阪谷男爵閣下

［封筒表］東京小石川区原町　阪谷男爵閣下
［封筒裏］㊞「東京市牛込区神楽町二丁目廿番地　廣池千九郎」

2　（大正十五）年（六）月二十八日　【796】

拝啓　穂積先生五十日祭参拝之為廿五日夕帰宅仕り、廿六日朝参拝、同夕一寸ホテルニて遥々御拝顔仕候へ共、御来賓御多数之中ニ付、御挨拶差扣申候、右ニ付御宅へ一寸御伺可申上ト存候へ共、信州之方へ四人ものこしおき帰宅之事ニ付、永く滞京六つかしく候間、明廿九日再出信仕候、何れ此次ハ七八月之交ニ帰京、親しく尊邸へ御伺可申上候、先ハ右迄、早々敬具

廿八日　　　千九郎

阪谷男爵閣下

［封筒表］小石川区原町　阪谷男爵閣下御親
［封筒裏］㊞「東京市牛込区神楽町二丁目廿番地　廣池千九郎」

3　（十）年（十二）月二日　【798】

拝啓　先日ハ罷出失礼仕候、其節御願申上候講演会之義、来ル十三日火曜午後六時半より華族会館にて開会仕候事ニ内定仕り、案内状印刷ニ着手仕候、就てハ同日御臨場之義偏ニ御願申上度、案内状も数十枚小包にて六七日比御手許ニ差上候間、可然方々へ御配付御願申上候、先ハ不取敢右御情報申候、敬具

二日　　　千九郎

阪谷男爵閣下

［封筒表］小石川区原町　男爵阪谷芳郎様閣下　〈阪谷筆〉十三日六時半
［封筒裏］㊞「東京市本郷区西片町十番地ほノ三号　廣池千九郎」

4 (十) 年 (十二) 月 (八) 日 【799】

口上

別包御心当り之方へ御送り被下度候、

先日ハ御使御丁寧恐入候、尚当日御臨場御願申候、

千九郎

阪谷男爵閣下

[封筒表] 小石川区原町 阪谷男爵閣下 別包添

[封筒裏] ㊞「東京市本郷区西片町十番地ほノ三号 奈良県丹波市町二百三十七番地 廣池千九郎」

5 (十) 年 (十二) 月 (二十) 日 【797】

拝啓 今回之講演ニ就てハ多大之御配慮を被り千万難有候、御蔭様ニて不徳之講演も相当之好果を収め得たるもようニ御座候、

早速参堂御礼可申上候処、年末ニ付差扣、以書面如斯候、尚研究之方針方法、其他鮮民同化之方法等ニついても御高見伺上度、其内御都合御伺申上、一夕参邸仕度懇望致し居候、先ハ謹て御礼まで、早々敬具

千九郎

阪谷男爵閣下

[封筒表] 小石川原町 阪谷男爵閣下 〈阪谷筆〉十年十二月廿日受

[封筒裏] ㊞「東京市本郷区西片町十番地ほノ三号 廣池千九郎」

6 (十一) 年五月二十二日 【793】

拝啓 其後御無沙汰仕り恐入候、

却説去三月入鮮之途ニ上り、爾来各地ニて講演、京城ニてハ惣督殿大ニ歓迎致しくれ、再之御発起ニて府之官吏ニ聴講致させ、且治鮮之方針ニつきても御熟慮被下居候もようニ有之候、

右之次第ニ付、多分七月初頃迄かゝり可申存候、偏ニ御かげ様と喜居申候、先ハ右近況御報迄、如斯、早々敬具

五月廿二日 千九郎

阪谷男爵閣下

[封筒表] 東京小石川原町 阪谷男爵閣下 〈阪谷筆〉十一年五月二十四日受

[封筒裏] 京城 ㊞「廣池千九郎 東京市牛込区神楽町二丁目(廿カ)□番地 奈良県丹波市町字守目堂［ ］番地

7 (十二) 年八月十九日 【795】

拝啓 久々御無沙汰申上誠ニ恐入候、実ハ初夏〔晩春〕之候より少々神経疲労仕り候間、大事業を前ニ扣へ居候

事とて大事を取り、四国海岸て静養、其後一時軽快ニ付上京、一二ヶ処ニて講話仕候処、どうも快からず候間、又々転地仕候、今回ハ大ニ宜しく候間、何れ九月中頃ニハ帰宅可仕候、余り御無沙汰仕候間、一寸右之旨申上、失礼之御わび仕候、先ハ右迄、早々敬具

八月十九日

千九郎謹上

阪谷男爵閣下

［封筒表］東京小石川区原町　阪谷男爵閣下
［封筒裏］伊豆田方郡函南村畑毛温泉高橋方　㊞「東京牛込区神楽町二丁目廿番地　廣池千九郎」

8 （ ）年四月十六日 【800】

拝啓　久々御無沙汰仕候処、益々御清適大慶之至奉存候、爾来引きつゞき研究ニ努力申し有之、御かげ様ニて大分進捗、日本文丈ハ年内ニハ大凡脱稿可仕予定ニ有之候へ共、何分大事業ニ付、来春ニ相成候哉も難計候、
英訳ハ半年位の予定ニ有之候、
伊豆之生椎茸幸便ニ托して聊か献上仕候、幸ニ御玩味願上候、先ハ御機嫌伺迄、早々敬具

四月十六日認

千九郎

阪谷男爵閣下

［封筒表］東京小石川原町　阪谷男爵閣下
［封筒裏］静岡県田方郡函南村畑毛高橋方　㊞「東京牛込区神楽町二丁目廿番地　廣池千九郎」

9 （ ）年十月二十一日 【791-1】

拝啓　久々御無沙汰之処益々御清康大慶之至奉存候、小生所用にて目下滞阪中ニ有之候間、御見舞之印迄ニ別封灘万牛肉時雨煮御覧ニ供し奉り候、試ニ御玩味御願申上候、これより再伊豆へ参り研究ニ従事仕り、モラルサイエンスも邦文ハ明年夏迄、英文ハ明後年中迄ニ完成之予定ニ有之候、何れ越年之上、明春拝趨可仕候、先ハ右迄、草々敬具

十月廿一日

千九郎

阪谷男爵閣下

［封筒表］阪谷男爵閣下　〈阪谷筆〉十一月七日受　中田中持参
［封筒裏］大阪南区下寺町二丁目飯田方　㊞「東京都牛込区神楽町二丁目廿番地廣池千九郎」
［名刺］中田中　東京市本郷区駒込西片町十番地とノ六号

10 （ ）年十月二十一日 【794】

拝啓　久々御無沙汰仕候処、益々御清康大慶之至奉存候、小生義先日来大阪へ参り居候、今回ハ当春御紹介をいたゞき候池田氏訪問之考ニ候へ共、連日多忙にて未だ之を果さず候、何れ帰京之上万可申上候、
別包松茸壱籠軽少ニ候へ共、本場出荷物ニ付献上仕候、
先ハ右得御意度、如斯、早々敬具

十月廿一日　千九郎

阪谷男爵閣下

［封筒表］東京小石川区原町　阪谷男爵閣下
［封筒裏］大阪南区下寺町二丁目　飯田忠太郎方滞在　㊞「東京牛込区神楽町二丁目廿番地　廣池千九郎」

11（　）年十月二十八日【792】

拝啓　今日御贈呈申上候松茸ハ包装不完全ニて、着京之上ハ多分不都合ニ相成居候事と存候間、改めて壱籠更ニ送り出し候ニ付、乍恐御笑留御願申上度候、余ハ上京拝眉之上ニ可仕、早々敬具

十月廿八日夜　千九郎

阪谷男爵閣下御宅様

［封筒表］東京小石川区原町　阪谷男爵閣下
［封筒裏］㊞「東京牛込区神楽町二丁目廿番地　広池千九郎」
客車便寵壱箇添　大阪滞在先より

広田弘毅　書簡

1（　）年七月十九日【809】

拝啓　本書持参ノチャーレス・メーアツ氏ハ紐育ウォールド紙論説記者ニシテ欧州支那漫遊ノ途被来朝、目下我カ朝野名士ニ接シ、諸般ノ問題ニ就キ研究中ニ有之候間、右御含ミノ上、同人御引見被成下候ハヾ幸甚ニ存候、敬具

七月十九日　大使館一等書記官
広田弘毅

阪谷男爵閣下

［封筒表］男爵阪谷芳郎閣下
［封筒裏］外務省情報部　廣田弘毅

深野英二　書簡

1　（四）年八月三日　【1118】

拝啓　予て御下命の通り、昨日横浜ニ出張、フヰンチ氏を船迄見送り、其節先日御高覧済みの画帳及菓子類ケビンニ持込み置き候処、フヰンチ氏の方小生より遅れて着船、右御贈与の品々一見大に悦び、且つ恐縮致居候、閣下があらゆる機会に与へられたる御親切に対シ、呉れ〴〵も御礼言上致呉れと申居候、尚ほ贈与の菓子代金ハ六円弐拾五銭ニして、三円七拾五銭御預り致居候ニ付、御含み置き願上候、又右の受領書ハ残金を御返納致す折に差上ぐる心組ニて、之又御預り致置候、先ハ不取敢右御報告迄、敬具

八月三日　　深野英二拝

男爵閣下侍史

［封筒表］小石川区原町一二六　男爵阪谷芳郎閣下侍史　㊞
「速達」

［封筒裏］京橋区新肴町五　日本経済調査会　深野英二拝　八月三日

福沢桃介　書簡

1　（　）年二月六日　【767】

拝啓　益々御清祥奉賀候、陳者本書持参ノ小生友人和歌山瓦斯株式会社常務取締役平松義孝氏ヲ御紹介申上候、御多忙中恐縮ノ至りニ候得共、御引見被成下度候、然シ同氏用向ハ、曩ニ市ガ東京鉄道ヲ買収候時ノ手続ヲ承知致度由ニ付、其御係へ更ニ御紹介被下候ハヾ結構ニ御坐候、宜敷御願申上候、早々頓首

二月六日　　福澤桃介

男爵阪谷芳郎様

［封筒表］男爵阪谷芳郎閣下　平松義孝氏持参

［封筒裏］㊞「東京市丸之内　福澤桃介　電話本局三四四三番」

福沢諭吉　書簡

1　明治二十六年五月十一日　【759】

拝啓　陳ハ朗廬翁為御記念御出版ニ相成候詩文遺稿御恵送被下、御厚志難有奉謝候、先ハ右御礼申述度、如此ニ御座候、匆々頓首

明治廿六年五月十一日　　福澤諭吉

阪谷芳郎殿

［封筒表］麹町区平河町六丁目二十一番地　阪谷芳郎殿貴酬

［封筒裏］芝三田弐丁目　福澤諭吉

福羽美静　書簡

1　（明治二十六）年五月十一日【788】

此程ハ御尊父朗盧君之御作編集出来候処、御恵投芳墨夫々拝見し、先以御孝道深ク相感候、一応拝受之事迄、如此候、匆々謹言

五月十一日　　福羽美静

阪谷芳郎君

［封筒表］麹□□(町区平カ)河町六丁目　阪谷芳郎殿　㊞「福羽美静」
㊞「東京府下南豊島郡淀橋町元角筈村新町百八十五番地」

［封筒裏］五月十一日

福原俊丸　書簡

1　（大正十四）年六月三十日【770】

拝啓　過日ハ尊墨難有奉存候、小生等経営の中央労働学院ニ御同情被下御喜捨被下候段厚く御礼申上候、早速親しく拝眉御話も致度存居候へ共、足部を負傷して引籠り居候為恐縮失礼致居候、学院も本夏期休業中ニ再築致し、一層同人と共に我国労働者教育ニ貢献可致、老台の御賛成被下候事ハ本事業の為多大の御後援と相成可申候、茲に乍略義以手紙御挨拶申上候、拝具

六月卅日　　福原俊丸

阪谷男爵殿

［封筒表］小石川区原町　男爵阪谷芳郎殿親展

［封筒裏］六月卅日　㊞「東京市四谷区内藤町一番地　福原俊丸」

藤山雷太　書簡

1　大正五年二月十日【769】

粛啓　春寒料峭の砌益御清祥之段奉大賀候、陳者今度御亡父朗盧先生の御事歴御編輯相成壱部御恵贈を忝ふし難有拝受致候、長夜灯下に拝誦仕、御高風誠に敬慕之至りに堪へず候、何れ拝眉之節万縷御礼可申上候へ共、右不

取敢御挨拶まで、如斯御座候、頓首

大正五年二月十日

藤山雷太

男爵阪谷芳郎閣下

［封筒表］小石川区原町一二六　男爵阪谷芳郎閣下
［封筒裏］藤山雷太

藤原銀次郎　書簡

1　（昭和五）年一月十七日　**【1111】**

拝啓　益御清穆被為渉大慶之至りに奉存候、陳者今回朗廬先生五十回御忌辰に際し「阪谷朗廬先生五十回忌記念」御編纂被遊、一部御恵与ニ預り誠に光栄之至りに奉存候、拝読先生之御高風を偲ひ申候、先ハ右不取敢御受ケ旁御厚礼まて申述度、如此御座候、敬具

一月十七日

藤原銀次郎

男爵阪谷芳郎殿侍史

［封筒表］小石川区原町百二十六番地　男爵阪谷芳郎殿侍史
［封筒裏］東京市麻布区新網町二丁目十六番地　藤原銀次郎
電話青山六三五七番

舟越楫四郎　書簡

1　大正四年五月十四日　**【768】**

謹啓　過般阪神地方へ御出張の際ハ特ニ御来艦の栄を得候も、尚海軍ニ受領前の混雑中にて誠ニ欠礼仕候、爾来全部の工事を終り、予定通り四月十九日海軍ニ受領の上、呉軍港を経て、去五月十日無滞母港横須賀軍港ニ帰投仕候、特ニ御来艦被下候御紀念として神戸港出港の際ニ於ける写真壱葉別便送呈仕候、内地私立造船所ニ於て、内地材料を以て建造せる最初の世界有数巨艦として御一覧の栄を得、更ニ該写真ニ因り、常ニ我海軍を御聯想被下候得バ、独り小生等の光栄ニ止まらざる次第ニ御坐候、敬具

大正四年五月十四日

榛名艦長　舟越楫四郎

男爵坂谷芳郎閣下

［封筒表］東京小石川区原町一二六　男爵阪谷芳郎閣下㊞「親展」
〈阪谷筆〉写真ノ件
［封筒裏］榛名艦長舟越楫四郎

古市公威　書簡

1　（明治二十六）年五月十四日　**【789】**

拝啓　故朗盧先生十三回忌為紀念朗盧全集御編纂相成、其一部御投恵被下、御厚意ノ段奉鳴謝候、御孝養ノ御志感服ノ外無之候、不取敢御礼迄、匆々頓首

五月十四日　　古市公威

阪谷芳郎殿

［封筒表］麹町平河町六丁目廿一番地　阪谷芳郎殿親展

［封筒裏］古市公威

細川亀市　書簡

1　昭和三十一年七月六日（木村学長宛）　**【1071-2】**

粛啓　御下命の高橋梵仙氏著「日本人口史之研究」（第二）につき概略検討致しました結果、別記の通り愚考仕ります。仍って茲に謹んで復命申し上げます。

昭和三十一年七月六日

教授　細川亀市

木村学長先生

［封筒表］木村学長先生

［封筒裏］東京都千代田区神田神保町　専修大学　細川教授

電話九段（33）一四四〇番・一四四一番・一九四〇番

振替口座東京一〇一五五番　昭和　年7月6日

［編者註］本史料は、阪谷芳郎との関連は明らかではないが、「阪谷芳郎関係書簡」の中に含まれているため、そのまま掲載する。

［付属］高橋梵仙氏著「日本人口史之研究」評価　**【1071-1】**

記

（一）日本人口史に関しては、夙に野村・本庄・土屋の諸博士、古島教授、関山直太郎氏その他多数の学者によって論究されて居るが、之を学会全般の見地より見るならば、未だ研究の一過程であるに過ぎない。ただこの間にあって、関山直太郎氏「近世日本人口の研究」（昭和廿三年）は、唯一の総合的・組織的研究をされた貴重の文献である。

（二）この間にあって、高橋梵仙氏の「日本人口史之研究」（第二）を披閲すると、徳川時代の数藩における人口研究それ自体は、著者積年の苦心の跡、見るべきものがある。

（三）乍去、本書を構成する各篇の内容それ自体を独立

的に見るときは、有益なものがあるけれども、本書を全体的に観るならば、各篇の内容は便宜的であって、統一的なものあるを見ず、所詮、論文集の域を出るものではない。

（四）かくの如く、本書は「日本人口史之研究」（第二）となつて居るけれども、その内容たるや「旧藩における人口問題研究論集」であり、個々の研究を独立的に見る場合には、参考とするに足るものであるけれども、個別的事項の無系統的論集を以てしては、学位請求論文としての妥当性あるを知らない。

（五）故に、本書は、参考論文又は副論文として、主論文に添付せらるべきものであると思考する。著者には、別に同名の書（第一）があり、雑誌社会経済史学第十二巻（昭和十七年）第七号所載、関山直太郎氏の右（第一）に対する書評より察すれば、この方ならば如上の難点が少いのではないかと思われる。但し、これも一応内容を概略検討したる上でなければ確言の限りでない。

（六）学位請求論文として切に著者に期待して居る点は、従来の諸学者によって為され来りたる個別研究（著者のそれをも含む）を基礎として、日本人口史の法制史的・社会史的及び経済史的、総合的な研究を展開せられんことである。この点は既に前記の如く、関山氏によって或る程度なされては居るが、学位請求論文としては、此種の内容を有つものが妥当である。

（七）要之、本書を主論文となすことは困難であって、参考論文又は副論文たるに相応しきものである。

以上

細川潤次郎　書簡

1　（十一年）十二月二十九日　【758-1】

各様御申合を以て、小生本年米寿に至り候を御祝し被下候儀拝承罷在処、本月廿九日右雲版出来候趣を以て、加藤鎮之助氏持参被致候土屋風洲翁の辞翰、関義平君の彫刻、何れも妙絶にして、直ちに之を楣間に掲け候処、草堂も光輝を生し候様相覚へ申候、先ハ右拝受之証旁不取合（ママ）御礼申上候也、

十二月廿九日　細川潤次郎

阪谷芳郎殿

〈端裏書・阪谷筆〉十年七月廿八日払込

［封筒表］小石川区原町一二六　阪谷芳郎殿
［封筒裏］駿河台　細川潤次郎
［付属］細川男爵米寿祝賀会事務所書簡（大正十年七月）　【758-2】

穂積歌子　書簡

1 （明治二十一年）年九月四日　【744】

先日ハ御二方とも御出の事と御待申居候処、急ニ御用出来候よしにて御出無之、琴様もわずか一夜どまりにて、まことに残りをしくそんし候、当地ハまことによき所にて、海水浴ハおもしろく候ゆへよき運動に相成り、食事もすゝみ、わずか七・八日間には候へとも、すこしハ丈夫に相成り候様にぞんし候、琴様事、ふきで出来候がくせにて候間、海水浴ハかならずよろしからんとぞんし、せめて四・五日も御とう留成され候やうにとそんし候へとも、来ル五日にハ、よん処なき御用有之候由ゆえ、御留め申事もかなはず、残念ニそんし候、今年ハ皆様御旅行あそバし候事ゆえ、また琴様も出かけ候ハ御不都合ニ被為入候や、はかりかたく候へとも、若シ大して御さしつかへ無之候はゝ、四・五日間か一週間位にても御出ニ相成候はゝ、けつして無益にハ無之とそんし候、私かさひしく候ゆへ我まゝにてか様ニ申上には無之候へとも、御友達もおひ〳〵御帰ニ相成り、さびしく候ゆへ、御宅の御都合御見はからひの上、もし御出ニ相成り候はゝ、此上も無きうれしき事ニそんし候、末なから御母上様御始、皆々様ハ未た御帰り無之候や、もし御帰宅にて候はゝ、何卒よろしく申上被下度候、先ハとりいそき用事のミ、一筆申上まゐらせ候、かしく

九月四日　歌子

芳郎様
琴子様

［封筒表］東京麹町平河町六町目二十一番地　阪谷芳郎様御内へ　鎌倉海浜院にて　穂積歌子
［封筒裏］九月四日

2 （明治二十六）年（八）月十二日　【741】

昨日皆々にて王子へ参候とぞんし仕度致し候処、兄上にハ急に用事出来止めに致し候へ共、王子行ハ長々の約束ゆへ、子供らにあまり失望致さすること如何とぞんし、私のみにて子供連れ参り申候、然るに明十三日ハ権現様祭礼に候間、是非同日阪谷様御同道にて参り候やうにと、

大川様よりくれ〳〵も申され候、私方にてハ、兄上繁忙の為メ明日ハ参りかね候事とぞんし候へ共、御宅様にてハ如何にや、折角照子との の志ゆえ、一寸此段申上まゐらせ候、以上

十二日午後四時　　歌子

琴子様

なを〳〵十三日、阪谷様と共に祭礼見物に出向き候やうにとの事ハ、先日てる子どのより手紙にて申越し候処、御面会の節御話し致すを失念致し候間、今日一寸申上候、

［封筒表］麹町区平川町六丁目廿壱番地　阪谷御奥様御元江

［封筒裏］牛込払方町九番地　穂積内　〈別筆〉十二日午後三時三十五分

3　（明治二十八）年五月十一日　【745-1】

一昨日ハ終日誠に楽しき事ニ有之候、陳は其節御話有之候歌之儀、昨朝中村氏之許へ遣し候処、加様ニ添削いたされ候間、直され候通りニいたし、早速斉藤氏へ頼み遣し申候、先ハ用事のミ一筆申上候、可祝

五月十一日　　歌子

琴子様御許に

［封筒表］麹町区平河町六丁目二十一番地　阪谷御奥様御許に

［封筒裏］五月十一日　牛込払方町九番地　穂積歌子

［付属］穂積歌子書簡　（　）年（　）月（　）日　【745-2】

寄花祝

よろつ代の春をちきりの色こめて
　咲き出てにけり初桜花

〈付箋〉二・三のかけあハせはたらきてハ聞え候へとも、ちきりの色打まかせてハおたやかならすや候へき、春を契りて色ふかく、なとにてハいかゝ

たちそひて千歳をちきれ色も香も
　まさりおとらぬ花の二本

〈付箋〉二の句近体調ニて好ましからすや候へき、「千歳栄えん」ニてハいかゝ、四の句おもしろく候へ共、夫唱婦随の道ニいさゝか悖るこゝちす、「よにたぐひなき」なとニてハいかゝ候へき、

4　（明治四十三）年三月十一日　【742-1】

御示し之御文章、趣意ハ元のまゝにて、詞だけいさゝか和らかに相成候様試ミ申候間、御覧に入候、御取捨ハ御思召之まゝに被遊度、先ハ取急ぎ右のミ申上候、かしこ

三月十一日　　歌子

阪谷男爵様

［封筒表］阪谷様御奥　文章草稿在中
［封筒裏］穂積内

［付属］穂積陳重ほか書簡草案

明治四十四年二月十三日　【742-2】

此円形机は、前田文之助の作に係る、其木材は頗る稀有の玉樟にして、千本に一本も無き程のものなりとて、先年芳郎が友人某、山口県岩国より持帰りて、芳郎に贈られたるものなり、此度、岳父澁澤青淵翁の古希寿を祝さん紀念にとて、義兄穂積博士と相謀りて、博士及同夫人、芳郎及同妻四人にて〔我等四人相謀りて〕各一首の歌を詠じ、之を机の裏面に記し、翁に贈ることゝせり、蓋し翁は、我邦近世稀有の偉人にして、実に稀有の偉業を立てられたること、恰も此玉樟の稀有なるが如し、而して翁の福寿円満無量なること、亦、此玉樟の千歳を経たるか如くならんこと、我等の信して疑はさる所なり、

明治四十四年二月十三日
青淵翁第七十二回の誕生日に於て
法学博士　　穂積陳重
同　歌子
法学博士男爵　阪谷芳郎
同　琴子

5　（明治四十三）年（十一）月（十六）日　【747-1】

青渕先生の七十寿を祝し奉りて

芳郎

道高く民〔国〕豊かにと七十路の
齢わすれて尽す君かな

〈付箋〉二句「民豊かにと」ハ、至尊の御上なとを申奉る様にておほけなく聞え候間、「世も豊かにと」致し度候、

琴子

七十路と人は云へとも吾はなほ
とゝよと呼しむかしとぞ思ふ

〈付箋〉年浪の高さ忘れて浜千鳥
ちゝよと恋ひし昔をそ思ふ
など申さバ調まさるべし、三句「ちゝよとよびし」と申方宜しけれ共、安達三ノ切「よべハふりかへり」などゝの評出でもやせんと気遣ひ候て、

希一

仰きみる富士のたかねのそれよりも
尚ほいや高き君が道かな

ななそぢはなほ若草にして
婦人の出詠ハ只祝賀の心をよみたるものゝ方宜しかるべく候ニ付、第一のを琴子君のとし、次なる三首の中にて、敏子和子二方のゝ御参考となされ、御考へに相成り候てハ如何かと存候、
歌子

〈付箋〉申す旨も候ハず、
敏子
いや高き君が教をしをりにて
人のふむへき道にまよはず

〈付箋〉同上
和子
七十路と聞ひて喜び一つには
またも憂ふる吾こゝろかな

〈付箋〉よろこひつ且懼るゝハ年高き君を思ふのあまりなりけり、など致さバいさゝかまさるべし

［封筒表］小石川区原町百二十六番地　阪谷様御奥御中
［封筒裏］十二月十六日　牛込払方町　穂積内

【747-2】

［付属］穂積歌子書簡　（　）年（　）月（　）日

一、霜をだにまたいたゞかぬおきな草
花のさかりハ千秋ならまし

二、君か行く千とせの坂のしをりにと
よも長月の菊ぞ匂へる

三、千代八千代春もおくあるあすか山
桜ハ君がかざしなるらん

四、千代の春かけてさかへん君なれば

【746】

6（　）年十二月三日

先日ハ御客様方ようこそ御来臨被下候処、何の風情も無之御匆々申上候段、宜しく御取なし願上候、扨予而より略御話申上候表門通り地面之儀、昨日先方より金二千二百円ならば譲渡し可申と申参り候、近辺にハ例なき高価ならんと存じ候へども、何時まで待ち候ても二千円以内にまけ候様子ハ無之候間、今度買入之事と取極め申度候、依而別紙の通り御認可被下候はゞ難有存じ候、先ハ取急ぎ用事のミ、文して願上申候、以上

十二月三日
穂積歌子

阪谷御両所様

［封筒表］阪谷様御奥用事　穂積歌子

穂積重威　書簡

1　大正十二年十二月二十一日　**【755】**

拝啓　時下益々御健勝奉慶賀候、陳者御息女總子様、今般伊藤熊三様と京都に於て芽出度御結婚式を挙げさせられ候趣、御披露に接し、謹んで祝意を表し新御家庭の御幸福を奉祈候、敬具

大正拾弐年拾弐月弐拾壱日

穂積重威

男爵阪谷芳郎閣下

同令夫人

［封筒表］東京市小石川区原町百二十六番地　男爵阪谷芳郎閣下

［封筒裏］㊞「東京市小石川区原町三十四番地　穂積重威」

2　（　）年四月二十二日　**【756】**

（穂積重威・金子虎太郎書簡）

拝啓　時下春暖之候益御清穆奉慶賀候、陳ハ来五月二日午後三時日比谷神宮奉斎会本院に於て結婚式を挙け度、就てハ御多用中甚御迷惑之至ニ候へとも万事御配慮を煩ハし度、同日午後二時半までに御来駕被下度、此段奉願上候、敬具

四月二十二日

金子虎太郎

穂積重威

男爵阪谷芳郎殿

同令夫人殿

［封筒表］男爵阪谷芳郎殿・同令夫人殿　〈阪谷筆〉二日二時半

［封筒裏］金子虎太郎・穂積重威

穂積重遠　書簡

1　（大正二）年八月二十二日　**【752】**

謹啓仕候、大磯より御機嫌宜しく御帰京の趣大慶に存上候、急に冷気相催候処、御障りもあらせられずや、偏に御自愛を祈上候、父も御蔭様にて其後引続き快方に向ひ、不日全然医師の手をも離るゝこと存候間、何卒御休神被下度候、扨て只今は日比谷音楽堂入場券沢山に御送頂き有がたく奉存候、当夜は誘ひ合はせ拝聴に罷出んと楽しみ居り候、公園に於ける公開音楽は西洋に於ける羨ましきものゝ一に候処、我東京市に於ても頻々御挙行の程切望に不堪候、先は不取敢御礼まで、如斯に御座候、敬具

八月二十二日　　　　重遠

御叔父上様御膝下

［封筒表］小石川区原町一二六　阪谷芳郎様御直披
［封筒裏］牛込南町二　穂積重遠　八月二十二日

2　大正十五年一月十一日　【750】

御機嫌うるわしく御越年にて大慶に存上ます。大磯御別邸に於て長閑なる春を御迎え遊ばしました御様子、両度頂戴の御歌に現われ、御羨しき限りに存上ます。私共にては何かと多忙のためと仲子静養中のためとにて、葉山にも参りそこねましたが、併し御蔭様にて一同至極の元気、重行は六つ、和歌子は三つの春を迎えた次第で御座ります。仲子も健康宜しく、二月中旬には又々賑かになりますことゝ楽しみに致して居ります。賑かと申せば、去五日新義州より真六郎夫婦男子四人を引連れて上京致し、十三日までの予定にて滞在致して居りますので、それは〳〵賑かな正月で御座ります。昨夕の如きは律之助・元治・石黒・市河の子供達一同集合、総計十八名にて、おもちや箱を引繰返したる如き騒ぎで御座りました。今春は中村君・伊藤君御夫婦も御帰朝の御事、又御新邸もやがて御落成の御事と御めでたく存上ます。昨今は殊の外暖かなる様では御座りますが、兎も角も寒中のこと、殊に御叔父上様にはこれより別して御多忙の御事と存上ますが、何卒御自愛の程祈上ます。

大正十五年一月十一日　　　　重遠

御叔父上様
御叔母上様

仲子よりも宜しく申上げます。

［封筒表］小石川区原町　阪谷男爵様御直披
［封筒裏］㊞「東京市牛込区南町二番地　穂積重遠」

3　（八）年七月二十九日　【749】

御注意有難く拝承致しました、実は少しも存ぜぬことで御座りました故、何よりの御心添と御礼申上ます、早速問合はせ適当に考慮致します、先は取敢ず御礼のみ、

七月二十九日　　　　重遠

御叔父上様

［封筒表］小石川区原町一二六　阪谷芳郎様拝復
［封筒裏］㊞「東京市牛込区南町二番地　穂積重遠」

4　（十三）年六月八日　【753】

不順な時候で御座りますが、御障りもあらせられぬ御事と存じ上ます。扨て甚だ突然で御座りますが、逓信省簡易保険局長桑山鐵男氏より、近き中御都合宜しき節御目にかゝりて御話申上たき儀がある由の申出がありました故、御取次致します。同氏には既に御会ひ遊ばしたことがあると存じますが、宇和島人にて学生時代に払方町邸に寄寓して居りました私の先輩で御座ります故、何卒宜しく願上ます。いづれ同氏より御都合を伺ひますことゝ存じますが、取敢ず右御願まで。切に御自愛を祈上ます。

六月八日　重遠

御叔父上様

[封筒表] 小石川区原町一二六　阪谷男爵様御直披　〈別筆〉
桑山鉄男紹介

[封筒裏] ㊞「東京市牛込区南町二番地　穂積重遠」

5 （　）年一月十日　【754】

謹啓仕候、一昨夜は御丁重なる御馳走に預り、且種々面白き御話拝聴、愉快なる一夕を過し候事、千万奉拝謝候、扨て其節御示命の法学協会雑誌の儀、山田教授とも相談の上、五十部進呈致事と取極申候、就ては早速御手許へ差出可申の処、協会事務員欠勤の為め遅延申訳無之候が、何卒両三日御猶予被下度奉願上候、先は御寵招御礼旁御報告まで、如斯に御座候、敬具

一月十日　重遠拝

阪谷御叔父上様御膝下

[封筒表] □（小カ）石川原町一二〇（六カ）　阪谷芳郎様御親披

[封筒裏] ㊞「東京市牛込区南町弐番地　穂積重遠」　一月十日

6 （　）年十月十四日　【751】

益々御健勝にて大慶に存上ます、来十六日故大叔母上様御命日につき、御招に預り有難く御承致して居りました処、其後当日午後文部省にて教科書調査会開催のことゝなり、会議夜に入る予定にて、其方に出席致さねばならぬことゝなりましたので、遺憾ながら精養軒の方に参上致兼ます次第、誠に申訳御座りませぬが、公用の儀故悪しからず御宥恕願上ます。先は取敢ず右御断まで、切に御自愛を祈上ます、

十月十四日夜　重遠

阪谷御叔父上様

[封筒表] 小石川区原町一二六　阪谷芳郎様

[封筒裏] ㊞「東京市牛込区南町二番地　穂積重遠」

穂積陳重 書簡

1 （明治二十）年十二月十五日 【691】

当時殊の外御繁忙の由、御自愛奉祈候、結納の義は貴諭の如く、来る廿六日と決定仕度候、就ては同日夕刻より御近付旁、御尊母様并に貴台へ粗酒一献呈し度候間、四時頃より御光臨被下候得は難有候旨、渋沢氏より申上候、定めて御繁多の義とは存候得共、若し御繰合せ出来候得は、一同の大慶に御座候、右は大蔵省にても略申上候得共、尚ほ渋沢氏の依頼により申上候、

結納品物の義は、渋沢家に於て別に所望も無之は勿論之義に御座候、先日御尊母様も単簡をよしとするの御話も有之候間、渡辺君には結納目録を懐中して来車有之、尾高氏に於て取揃へ置き貰ひ候品物を、披露致され候得は事済み候事と存候、尤も結納の式等は主として媒介人の意見による者の由故、不日渋沢氏は渡辺君と面会の上相談可有之と存候、御多用中別段御配慮を要せずと存候、

家屋之義は尚ほ其後申込の分共、尾高幸五郎氏へ御見せ被成候ては如何哉、同氏は渋沢よりの申付も有之候事故、早速其向の者召連れ一見可致候、若し御都合も宜しく候得は、上六番町の家屋其他共、場所并に一見の手順等御通知被下度候、

琴子よりも宜しく申出居候、先日御約束の写真、一人写しの方は至て不出来の由にて恥かしがり差上不申、依て矢張不出来には候得共、同日に写し候他の二枚を差上候由に御座候、

筆末失礼に候得共、御尊母様、貴台へ一同より宜敷申上候、草々不悉

十二月十五日　陳重拝

阪谷盟兄梧右

［封筒表］阪谷芳郎様親展
［封筒裏］穂積陳重

2 （明治二十一）年（一）月十三日 【693】

先日参堂申上置候渋沢岳翁御面談の義、明十四日夜に相願度との事に御座候、若し御繰合せ出来候ハヽ、幸甚之至ニ候、尤同夜は龍門社新年集会も仕候間、若し五時頃より御来車、少年輩の心得に成るべき二三言御演説被下候得は、尚ほ仕合に御座候、

万一明夕御差支にも候得は、無御遠慮御申聞被下度候、先日は御母堂様へ御暇乞も不仕、匆々退去失礼仕候、草々不一

十三日午前

陳重拝

芳盟兄

歌子琴子より宜申上候

［封筒表］市内駒込西片町十番地　阪谷芳郎様親展

［封筒裏］深川福住町九　穂積陳重

3 （明治二十一）年（二）月十七日 【727】

御風邪如何候哉、時下気候殊の外悪しく候間、御厚養奉祈候、扨昨日御母上様よりの御手紙之趣によれは、宴席手狭なるか為め、馬越氏を一人のみ御招きに相成候由、御申越有之候得共、右にては如何にも遺憾に候間、如何様共繰合せ、鈴木氏を本席へ加へ可申候間、何卒馬越氏も御夫婦共御招き奉希望候、多分田舎おば様の中には、一人位は差支出来可申共存候、右申上度、草々拝具

十七日

陳重

芳郎盟兄貴下

［封筒表］本郷西片町十番地　阪谷芳郎様要用

［封筒裏］深川福住町九　穂積陳重

4 （明治二十一）年（二）月二十四日 【690】

拝啓　渡辺洪基様より御贈りに相成候、松に鶴の掛物、式場に御掛け被成度様、芳郎様より御申越に相成候故、一応飛鳥山別荘座敷へかけ見度存候、此者たしかなる者に御座候間、御渡し被下候得は、難有奉存候、草々拝具

廿四日

穂積陳重㊞「穂積」

阪谷様御侍史

［封筒表］坂谷様　穂積陳重

5 （明治二十三）年（六）月十八日 【713-1】

篤二君之義ニ付、至急御相談仕度義有之、失礼之至ニ候得共、御用御手すき次第、拙宅迄御来車相願度、奉伏希候、草々拝頓首

十八日午後

陳重

芳郎様貴下

［封筒表］阪谷芳郎様至急願用

［封筒裏］穂積陳重

［包紙］府下麹町区平河町六丁目廿一番地　阪谷芳郎君

㊞「［　　］区福住町四番地　龍門社」

6 （明治二十五）年五月四日 【726】

臨時評議要件之書状御廻し申上候、御覧済之上は、兜町へ御返事有之度候、篤二君実印出来、私共ニ於テ預り置き申候、其内持参御目ニ掛ケ申へく候、届ケ等之件は近日柴崎参り候節、取計はせ申へく候、先ハ要事まで　匆々

五月四日

穂積

阪谷様

［封筒表］　麹町区平河町六丁目二十一番地　阪谷芳郎様親展要用　牛込払方町九番地　穂積

［封筒裏］　五月四日〈阪谷筆〉六月八日　十円入、渡

7　（明治二十五）年七月二十九日　【715】

本日電報に依り、謙二殿御死去の報に接し、一同驚駭の至ニ御座候、御老母様御始、御一同様嘸御悲傷之事と奉恐察候、私共旅行中、早速御悔ニ罷出、諸事御手助も不仕、遺憾之至ニ存候、何卒御老母様にも御障り無之様、乍遠方奉祈候、琴子様にも定めて御心痛之事と奉恐察候得共、何卒身体御大切ニ被成候様希望仕候、旅中匆々不取敢吊問のみ申入度、呈一翰候、頓首

七月廿九日

芳郎様

琴子様

乍筆末、御老母様へハ別ニ手紙不差上候間、何卒御両所様より可然御申上奉伏希候、

［封筒表］　東京麹町区平河町六丁め廿一　阪谷芳郎様御直披

［封筒裏］　愛媛県宇和島広小路通ニて　穂積陳重

8　（明治二十五）年十月七日　【718】

拝啓　陳は山口氏偕楽園江招待之儀、御申越被下至極御同意ニ御座候間、今朝旅宿江案内申遣候処、本人儀折柄昨日日光地方へ致出向候趣、尤今夜ハ帰京致候様子ニ御座候間、何れ明朝当人差支之有無相尋候上、従是御左右可申上候間、左様御承知被下度候、右御照会迄、如此御座候、頓首

十月七日

穂積陳重

阪谷芳郎様人々中

［封筒表］　麹町区平河町六丁目弐拾壱番地　阪谷芳郎殿尊下

［封筒裏］　牛込払方町九番地　穂積陳重

9　（明治二十五）年十月八日　【714】

拝啓　然は山口荘吉氏偕楽園江招待之事、当人指支も無之由ニ而承知之旨、返事申越候間、午後五時頃より先方

へ御出浮被下度候、此段御照会迄、匆々如此御座候、頓首

十月八日　　穂積陳重

阪谷芳郎様

［封筒表］阪谷芳郎様尊下
［封筒裏］穂積陳重

10（明治二十五）年（十一）月三十日【717】

篤二帰京後処分之義ニ付、御考案之趣、一々御同意に御座候間、今朝大人に申上、御異存も無之候得は、其通りに相定め可申候、但渋沢叔母上出張之義は、歌子より内々可申通と存じ候間、貴兄の御出掛を煩ハすまても無之義と存候、渋沢叔母上御出掛の上は、深川邸又は尾高氏等へ御宿泊に相成候方可然歟と存候、尚ほ大人に於て別に御考も有之候得は、直ちに御通報可申上候、拝復

三十日　　陳重

芳郎様貴下

［封筒表］麹町平河町六町め二十一　阪谷芳郎殿親披
［封筒裏］牛込払方町九　穂積陳重

11（明治二十六）年二月四日【711】

篤二君病気之義、格別の事も無之よし、何卒用心致候様御注意奉祈候、入費之義は本年度の学資は未た小生方へ受取無之候間、尾高氏より御受取奉希候、金曜には既に帰宅いたし候間、同人方へ申通じ置候間、左様御承知被下度候、

先日来姉不幸の節は、重々御御（ママ）厚意を以て度々御見舞に預り感謝に耐へず候、孰れ其中御礼に参上可仕候得共、未た取込中且疲労致居候間、失礼仕居候、草々拝具

二月四日　　陳重

芳郎様
琴子様

［封筒表］麹町区平河町六丁め二十一　阪谷芳郎様親展
［封筒裏］牛込払方町九　穂積陳重

12（明治二十六）年（十一）月十四日【692】

竹内之義ニ付、御書状之趣拝承いたし候、早速同人呼寄せ御厚意之段申聞候所、丁度昨日浅野石炭店之方へ雇ハれ、今日より参る約束に相成居候間、何とも乍残念、不悪御断り申上呉候様申出候、同人に於ても御親切之段重々御礼申上候事ニ御座候、不取敢御礼旁、草々拝具

十四日　　　　　　　　　　　　陳重

芳郎様

［封筒表］麹町平河町六丁め　阪谷芳郎様親展
［封筒裏］牛込払方町九　穂積陳重

13　（明治二十七）年（二）月（九）日　**【728】**

拝誦　例之件御骨折を以て御聞済に相成り候由、右善後策乃所は、御見込の所至極御同意に有之候、別に明案とても無之、只今法典調査会へ出掛候付、不取敢申上置候、今夜若し早く閉会致候得は、十時頃参堂、尚ほ御相談可申上候、匆々拝復

即刻　　　　　　　　　　　　陳重

芳郎様

［封筒表］麹町区平河町六丁め廿一　阪谷芳郎様親展
［封筒裏］牛込区払方町九　穂積陳重

14　（明治二十七）年（八）月十八日　**【696】**

貴書拝見いたし候、律之助義、先日より再起熱の模様ニて、兎角減熱不仕、心配いたし候得共、先日来猿渡氏両度来診、昨日一昨日は三十九度以上ニ有之候所、今朝は三十八度二分迄に低下し、少々気分も宜しくと申候得共、右の次第故、小生の帰京も追々遅れ、加之例の令嬢は来遊無し、万事不都合を極め候、

親族会之義は、本月は兜町ニて相願候ては如何や、若し重要の議事も有之候得は、小生丈けは帰京出席可仕候、

先日は敏子殿御怪我有之候より本日まで承知不致、御見舞も不仕候所、後の御障も無之由、先つは不幸中の幸に御座候、

律之助移動出来る様相成候得は、当地清野別荘借受け、同所ニて養生為致度と存じ候得共、小生は明日は文官試験用ニて帰京、即日引返し可申と存候、御都合も出来候得は日曜日ニても御来遊奉待候、草々拝復

十八日　　　　　　　　　　　　陳重

芳郎様
琴子様

［封筒表］東京麹町平河町六丁め廿一　阪谷芳郎殿親
［封筒裏］相州鎌倉長谷三橋方　穂積陳重　八月十八日

15　（明治三十）年（八）月十一日　**【719】**

一両日は漸く炎暑らしく相成候所、皆々様御清勝被成御座奉賀候、陳は貴宅電話御譲被下候旨留守居より申越し、

誠ニ難有奉存候、御蔭を以て此後便利を得候事と存候、当方両家とも皆々壮健ニて、日々海水浴いたし居、敬三も其後は追々快復いたし、発熱も無之候間、御安心可被成候、貴家ニても御都合之上、雖一両日御出掛ニ相成り、当地ニて例の会合相催し候ては如何や、此後は海上月光も殊によろしく、昼間の熱を洗ひ候ニは至極妙ニ御座候、若し御出掛候得は、可成前以て御知らせ奉希候、先は用事のみ　草々拝具

十一日　　　　　　　　　　　陳重

芳郎様
琴子様

追申　小生は十三四日頃一寸帰京いたし候考ニ御座候、

［封筒表］東京麹町区平河町六丁め廿一　阪谷芳郎殿親
［封筒裏］大磯百足屋別荘　穂積陳□(重カ)

16（明治三十三）年八月十七日　【724】

俊作今日参りうれしく存候、私方には子供色々有之候得共、丁度俊作位の子供品切れに候間、別して面白く存候、希一は不相替健気にて、朝五時、午前十時、午後三時に三回水泳いたし候、尤希一・真六両人は、他の人々よりは通常遊泳時間を短くいたし候、顔・背ともに真黒に成り居、猟師の子供の様に候間、俊作・良之進・和四夫など、今日は殊の外よき〔美〕男に見へ候、俊作も今日早速ぼちや〳〵を始め申候希一は抜手を覚へ、中々達者に成り候、先日より度々珍らしき品御送り被下、水泳にて腹すき候故、別して御厚志を感じ候、芳郎様には暑さ烈しき頃、御休暇も無く御苦労察し入候、土曜日よりにても御寸暇あらば、御一泊にて御出掛如何や、先は子供等様子申上度候、草々

八月十七日　　　　　　　　　　陳重

芳郎様
琴子様

希一は朝五時起、水泳、食後暫時英語をさらい、其他はトランプ、角力の話等に日を暮らし居候、明日好天気ならば元治君を大将とし逗子の重遠方へ遊びに行く筈、たきの来るのを殊の外恐れ居候故、若しヤンチャを申候節は、早速電報を掛け候間、同人御よこし被下度候、

［封筒表］東京小石川原町百二十六　阪谷芳郎殿平信
［封筒裏］相州浦賀町大津　勝男館ニて　穂積陳重

17（明治三十三）年（八）月二十五日　【722】

本日俊作帰郷いたし候ニ付、一筆申上候、同人滞在中は

非常に面白き様子にて、四五日前より面かぶり出来、本日より顔を上げ泳き候事出来る様に相成り候ゆえ、余程残り惜しき様子ニ御座候、昨年よりは余程きつくなり候由の評判に御座候、希一も不相替健気にて、日々愉快に暮し居候間、御安神可被成候、同人義、毎日よく泳ぎ、よくよく遊び、よく食ひ、よく眠り候、はづむものは角力の話、カード等に御座候、希一今年抜手上手に相成り申、明後二十七日には一同帰京可致候、先は様子申上度、草々

二十五日　陳重

芳郎様
琴子様

［封筒表］阪谷芳郎様・同琴子様
［封筒裏］大津勝男館ニて　穂積陳重

18（明治三十四）年八月二十六日【700】

律之助病気度々御見舞被下難有奉存候、御承知の如く一時は余程の大患にて心配致候所、幸に快復に向ひ両三日前よりは一層元気も相増し候間、乍憚御安心奉希候、今日始めて病床にて起立を試み候所、何分足の力体重を支ふる能ハず、看病婦の肩より手を離す事は未だ出来不申、是より毎日少々づゝ起立の稽古致す筈に御座候、食事は目下粥、ソツプ等に御座候、気分は至て宜しく、口丈けは最早達者に相成り居申候、
琴子殿も最早御安産に相成候事と推察申候、暑中の事故、別して御用心奉祈候、重遠には厚き御賞賜被下候趣難有奉存候、当人は勿論非常に感佩致居申候、
先頃御送付の容体書記入為致、御回付致候、御序之節、宅へも御示し奉希候、先は御返事御礼旁、草々不悉

八月廿六日　陳重

芳郎様

琴子殿始御一統様へも宜敷御伝言奉伏希候、

［封筒表］東□□□（京小石カ）川原町百二十六　阪谷芳郎殿親
［封筒裏］伊予宇和島本町居村ニて　穂積陳重

19（明治四十）年四月十九日（穂積陳重・歌子書簡）【720】

倍御清穆奉恭賀候、陳は今般渋沢元治ト長女孝子結婚仕り、且来ル二十五日ハ私共結婚後二十五年の相当日ニ候間、里開きを兼ね、午後四時より小宴を催し尊臨を仰き度、幸ニ御来車の栄を賜り候ハヽ、本懐之至ニ御座候、敬具

四月十九日

穂積陳重

同　歌子

阪谷芳郎殿

同　令夫人

追テ御諾否来ル二十二日迄ニ御下示被下候ハヽ、難有奉存候、

［封筒表］阪谷芳郎殿

［封筒裏］穂積陳重

20（明治四十一）年十二月三日（穂積陳重・歌子書簡）【709】

拝啓　益々御清祥大慶之至に奉存候、陳は次女光子、男爵石黒忠悳長男忠篤と結婚之儀、以御蔭様無滞相調候ニ付、来十二月八日拙宅に於て里開の小宴相催度候間、同日午後四時御来駕之栄を得候ハヾ幸甚に奉存候　敬具

十二月三日

穂積陳重

同　歌子

男爵阪谷芳郎閣下

同　令夫人

追而当日は万端略式に取行申度候間、何卒左様御諒認被下度、御服装等も其御含に奉願上候、

［封筒表］小石川原町　男爵阪谷芳郎閣下・令夫人〈阪谷筆〉八日四時

［封筒裏］牛込払方町　穂積陳重・同歌子　十二月三日

21（明治四十二）年十一月十日【694】

謹啓　陳は来十三日、亡三男貞三の十日祭に相当り候ニ付、粗飯差上度、同日午後五時御来駕被成下候はゞ幸甚ニ奉存候、敬具

十一月十日

穂積陳重

男爵阪谷芳郎殿

同　令夫人

御来否、折返シ電話又ハ端書にて御一報願上候、

［封筒表］□《(小カ)》石川区原町百二十六番地　男爵阪谷芳郎殿・同令夫人

［封筒裏］牛込区払方町九番地　穂積陳重

22　明治四十二年十二月二十三日【702】

拝啓　陳者先般三男貞三儀、東北帝国大学農科大学在学中、札幌に於て病没致候に付ては、深厚なる御同情を以て御吊慰を辱くし、或は御鄭重なる祭祀料供物等の御配

慮に預り候段、御厚志感銘の至に耐へず、謹で御礼申上候、就ては本日五十日祭相営候折柄、慣例に従ひ御礼の儀取行可申処、右に代へて、東北帝国大学奨学資金及び札幌区貧困児童就学補助基金中に、寸志の寄附願出で、一は以て大方の御懇志を記念致し、一は以て母校及び負笈の地に対する故人報恩の遺志に副ひ申度、此儀幸に御諒認に預候はゞ本懐の至に奉存候、先は不取敢右貴意を得旁、拝謝の微意を表し度、如斯に御座候、敬具

明治四十二年十二月二十三日

穂積陳重

男爵阪谷芳郎殿

同　令夫人

［封筒表］小石川区原町一二〇　男爵阪谷芳郎殿
［封筒裏］東京牛込区払方町九番地　穂積陳重

23 （明治四十三）年九月一日 【701】
（穂積陳重・渋沢篤二書簡）

拝啓　澁澤武之助、同秀雄、阪谷希一、同俊作四君入学祝賀の為め、九月四日午後五時より、麹町九段坂上富士見軒に於て会食相催度候間、御来臨被下候ハヽ幸甚に御座候、敬具

九月一日

穂積陳重
澁澤篤二

阪谷芳郎殿

同　令夫人

［封筒表］□《(小カ)》石川原町一二六　阪谷芳郎殿・同令夫人
［封筒裏］穂積陳重・澁澤篤二

24 （明治四十四）年四月二十四日 【729】
（穂積陳重・渋沢篤二書簡）

拝啓　益々御清栄奉賀候、陳ハ昨日ハ和子殿御結婚御披露御都合克相済、大慶ニ奉存候、其節ハ御手厚キ御饗応ニ預り難有奉存候、就テハ其折拝願致候通、堀切家・高嶺家皆々様御同伴ニテ、本日午後四時半、三田澁澤宅へ御光来被下度願上候、堀切様ニテハ幸ニ尊大人御出立ヲ御延し被下、御出頂候様御返事頂戴致仕合ニ存居候、右之段御案内旁得貴意度、如此御座候、匆々拝具

四月二十四日

穂積陳重
澁澤篤二

阪谷男爵

同　令夫人

同　希一殿

同　八重子殿
侍史

［封筒表］阪谷男爵・同令夫人侍史
［封筒裏］穂積陳重・澁澤篤二　四月二十四日

25（明治　）年二月十三日【712】

其後は御無音に打過き不本意之至に御座候、小生義は先頃来疲労いたし候為めか、何分先頃より胸部神経痛相息み難く候間、青山胤通氏の助言に依り憤発いたし、明後日迄大磯へ参り、一旦帰京之上、又々土曜日午后より出掛け候積りニ御座候間、追て帰京之上相伺ひ、尚ほ篤二君の教育上等の事に就き御意見相伺ひ度存候、篤二君も当地へ参り候以来、未た熱は相去り不申候得共、途中相障り候様にハ無之候、山本氏御差添へ被下難有奉存候、御蔭を以て歌子一日の猶予を得候、本日御帰し申候間御礼迄、草々拝頓首

二月十三日
陳重

芳郎様

琴子様少々御不快の由承り候、如何被為在候也、何卒御厚養奉希望候、以上

［封筒表］東京麹町区平河町六町め廿一　阪谷芳郎殿親展
［封筒裏］大磯招仙閣ニ於て　穂積陳重

26（明治　）年二月二十三日【704】

拝承　陳は篤二君病気も追々快方ニ向ひ候得共、体温は未た平熱に復せず、今日迄猿渡常安氏も当地ニ滞在致居候ニ付、同氏の意見を聞候所、来る廿六日に一先づ帰京いたし候上、又々診察を乞ひ候積りニ御座候間、同族会は何卒同日に御開き奉希候、右御返事旁、草々拝具

二月廿三日
陳重

芳郎様
琴子様

［封筒表］東京麹町区平河町六丁め廿一　阪谷芳郎殿親展
［封筒裏］相州大磯招仙閣　穂積陳重

27（明治　）年十一月三十日【698-2】

昨夜は御邪魔仕候、扨其節御相談申上候義、渋沢翁へも相話し候所、同氏も大に悦ひ居申候、来る十二月二日金曜日は渋沢氏も午後より在宅之由に付、若し同時日御差支無之候得は、午後五時頃より渋沢宅迄御出被下候得は、妹にも御引合せ申し且つ緩々御高話をも承り度と存候、御都合如何に有之べきや、若し御不便に候得は他日を御

指示し奉希候、草々不一

十一月廿日

陳重拝

阪谷学兄研北

28 (明治) 年 ( ) 月十三日 【703】

篤二氏之件は大人の御委任に対し、先妣の御霊に対し、小生の罪謝するに辞なく、斯の如き時死して申訳の立つ者ならば、死ぬるハ至極便利なる謝罪法と存候、小生の心中はり裂如く御推察被下度候、右顛末早速大人に伺申して待罪仕度、又た善後策の御指図をも受け度、一昨日よりは度々銀行へ参り候得共、いつも御不在にて未た拝顔を得ず、然而貴兄御書面之趣も有之、洋行の義は小生に於ては御同意仕兼候得共、兎に角大人及ひ貴兄御列席の上にて今回の始末委曲申上、謝罪且つ向後の心得等に高見を煩ハし度候ニ付ては、何卒今日御下省より銀行へ御廻り被下、大人と御打合せの上、可相成は平河町邸にて御列席の上、事情御聞取りの御都合御掎へ被下候得は難有奉存候、依て本日は銀行へ不罷出候間、貴兄にて可然御取計ひ被下度候、右御依頼旁　草々拝頓首

十三日

陳重

芳郎様

［封筒表］大蔵省主計局ニて　阪谷芳郎様御直披　至急要件

［封筒裏］穂積陳重　乞御返事

29 (明治) 年 ( ) 月 ( ) 日 【698-5】

本日大人に例之件詳細申上候所、大人に於ても至極貴君の御意見を御同讃に有之候、其後熊本よりハ未だ書状を得ず候間、事実相分らず候、若し宴会早く済み候得は御廻り被下候ても宜しく、併し別段急用あるにハ無之候間、御都合次第ニ御座候、今夕は、是非参会の積の所、昨夜四時に相成り風を引候や、悪寒甚しく、止を得ず断り候、残念之至ニ御座候、

陳重

阪谷様

30 大正元年九月 ( ) 日 【730】

拝啓　倍御清適奉賀候、扨て拙著英文祖先崇拝と日本法律第二版刊行に付ては、貴台等御設立の穂積奨学財団より出版費御支出下さるべき旨、同財団評議員会の決議を辱くし候段、感激に堪へざる処に御座候、御蔭を以て今般上梓仕候に付き、御芳志拝謝の為め、且は御叱正を仰ぎ度く一本謹呈仕り候間、御一読の栄を賜らば幸甚に御

座候、尚ほ今回の出版に因りて生ずべき収益は、全部法理研究会に寄附致し度く、予め御諒認の程願上候、右諸兄の御援助に対しては、本書序文中にも謝意を表し置き候得共、茲に重て御礼申上度、如斯に御座候、敬具

大正元年九月　日　　穂積陳重

男爵阪谷芳郎殿

［封筒表］小石川区原町一二六　男爵阪谷芳郎殿

［封筒裏］㊞「東京市牛込区払方町九番地　穂積陳重」

31 （大正二）年十一月四日 【705】

昨日は早朝態々御見送被下あり難く御礼申上候、旧天長節の事とて日本晴の好天気にて、途中の眺めも一しほよろしく、あきもせず労れもせず京都に着致し、歌子は近藤政子ともゆる〳〵会談致候、今日も好天気にて船も穏なるへくと存候、昨夜早速に俊作参られ緩々相話し候、倍々しつかり致候様子にて喜バしく存候、御礼まで、草々不悉

十一月四日　　陳重

芳郎様

琴子様

［封筒表］東京小石川原町一二六　男爵阪谷芳郎殿・同令夫人

親

［封筒裏］京都市麩屋町通姉小路上ル　柊家旅館　電話長上三六、上一一三三　穂積陳重

32 （大正三）年十一月十九日（穂積陳重・歌子書簡）【707】

拝啓　倍御清穆奉恭賀候、陳者来る十二月一日午後三時、日比谷神宮奉斎会本院に於て、四男真六郎と芳賀矢一次女敏子との結婚式挙行致候に付、同日午後二時三十分迄に御来駕被成下、式場に御参列の栄を賜り候ハヽ、難有奉存候、右拝願仕度如斯御座候、敬具

十一月十九日

穂積陳重

同　歌子

男爵阪谷芳郎閣下

同　令夫人

［封筒表］□(小カ)石川区原町一二六　男爵阪谷芳郎閣下・同令夫人

〈阪谷筆〉十二月一日二時三十分

［封筒裏］牛込区払方町九番地　穂積陳重・同歌子

33 大正四年二月六日 【699】

拝誦　竟に辞表御提出に相成候由、御就職以来、帝都は始めて品格高尚なる市長を得て、市民は自治の民としても恥かしからずと思ひ居り、又た外国に対しても、国の対面を保つことを得べしと存じ、御在職の一日も長からんことを祈り居候に、竟に此事あるは市政の前途の為め嘆息の至に耐へず候、尚ほ此上、公共事業の為め、学界の為め、尽さるべき事業の貴君を待つもの多々有之、一層御奮励を祈り候、
拙著送呈之義は、丁度是まで宮岡恒次郎氏に預け置候分より同氏送呈致候趣通知有之候間、最早御手数を要せざること相相（衍カ）成候、尚ほ此後適当の人も有之候ハヽ、御紹介奉伏希候、草々拝復

大正四年二月六日　　鎌倉にて
穂積陳重

阪谷芳郎様

［封筒表］東京小石川原町一二六　阪谷芳郎殿親
［封筒裏］㊞「東京市牛込区払方町九番地　穂積陳重」

34　大正七年十月二十二日　【721】

拝啓　陳は来十月二十八日故貞三、十年祭相営み、同日午後五時半拙宅神前に於て御会食願度候間、御来臨に預候ハヽ、幸甚に御座候、右ハ十一月四日を以挙行可仕筈の処、律之助・真六郎両名列席の都合上繰上候次第、御了承願上候、敬具

大正七年十月二十二日
穂積陳重

男爵阪谷芳郎殿
同　令夫人
同　俊作殿

追て御来否の程、折返封入葉書を以て御回答願上候、

［封筒表］小石川区原町百二十六番地　男爵阪谷芳郎殿　〈阪谷筆〉出席　二十八日五時半
［封筒裏］㊞「東京市牛込区払方町九番地　穂積陳重」

35　（　）年一月三十日　【706】

拝啓　陳は重顕妻義、兼々病気ニ有之所、竟に養生不相叶、今午前一時死去致候間、此段小生より御通知申上候、頓首

一月卅日
穂積陳重

阪谷芳郎様侍史

［封筒表］阪谷芳郎様至急
［封筒裏］穂積陳重

36　（　）年七月十三日　【723】

今般卒業いたし候神戸法学士は、在学中優等生の一人に有之、政治科二番の席次を占め居候者に有之、尚ほ大学院に入り、財政学中、特に支出の部を専攻致し度志望に有之候、就ては爾後貴下の知遇を得、万事御示教を煩ハし候様致度候間、何卒御面会被下御心添ニ預り候得は難有存候、右御依頼の為め一書を本人に交付し候、余は御面会之節可申上、草々頓首

七月十三日　　陳重

芳郎様

［封筒表］小石川原町百二十六　阪谷芳郎殿親

［封筒裏］穂積陳重　神戸法学士□（持カ）参

37　（　）年八月八日　【725】

俊作君帰られ候ニ付、一翰を呈し候、同君当地に滞在中は極めて健康にて、日々復習・遊泳等規則正しく行ハれ、申聞候事柄等は極めて正確に守られ、毫も申分無之候、先年に比しては余程書生らしく相成り候、当人は勿論、皆々も惜しがり候得共、初めよりの御約束に付き御かへし申候、珍しき品物沢山御送り被下、不自由勝なる僻地にては別して難有奉存候、右御礼旁、草々不悉

八月八日　　陳重

芳郎様

琴子様

［封筒表］阪谷御二方様

［封筒裏］穂積陳重

38　（　）年（　）月十二日　【710】

一昨夜御相談申上候篤二子之義は、同夜富士見軒の帰途、猿渡氏を訪ひ依頼いたし候所、昨日来宅委曲申聞呉れ、当人も成るべく相慎み可申様約束いたし候由ニ付、先づ一応御安心被下度候、尚ほ此後とても相止まさる様子に候得は、直ちに私より可申聞候、草々御報知、不悉

十二日　　陳重

芳郎様

［封筒表］芳郎様　陳重

39　（　）年（　）月十七日　【698-3】

大人御伝記、一応拝見いたし候、心付の点一二ヶ所書加

へ置申候間、御検閲被下度候、

十七日

陳重

芳郎様

40 （　）年（　）月二十二日 【697】

拝啓　陳は田中氏方へ招待之儀、種々都合有之、二十三日ニ致しもらひ候処、同族会ハ二十四日王子別荘にて開かれ候事ニ定り申候、此方の都合にて加様ニ相成り候へ共、貴方の御都合ハ如何ニ候や、心配致し候、何卒両日共御差支へ無之様祈り申候、委細ハ御宅の方へくわしく申上へく候へ共、とりいそき御都合御伺ひまて、手紙を以而申上候、以上

二十二日

穂積

阪谷様

御差支への有無一寸御報被下候はゝ有かたく候、

［封筒表］大蔵省ニ而　阪谷芳郎殿親展

［封筒裏］穂積陳重

41 （　）年（　）月二十三日 【716】

只今杉山・山口両氏より手紙参り候間、貴覧に供し候、杉山の手紙にても、事情一向不相分、或ハ篤二の発信及杉山の書状ハ一回行違ひ到着せざる事かとも存候得共、杉山は狼バイ致し居候、篤二は山師の為めに書状を押へられ居候やも図られずと存候、和田精一なる者の関係、何分疑ハしく存候、山口ハ配慮残る方なく流石感心之事と存候、

廿三日夜

陳重

芳郎様

琴子様

別紙御一覧の上、此使にて御返し奉希候、

［封筒表］阪谷芳郎様至急親展

［封筒裏］穂積陳重　〈阪谷筆〉十時半

42 （　）年（　）月三十日 【698-4】

杉山より来状、試験之都合も有之候故、書状着次第、直ちに帰熊可致由申参り候所、丁度日光留守中にも有之候間、昨夜篤二君帰宅之上、一応本人の考も聞見候所、休業中六々下読も不出来、試験之義、随分無覚束候得共、或ハ試験日取等により、随分下読の都合出来候やも難図、兎に角熊本へ参り候上にて、杉山氏と相談の上、可相成は受験之都合に致見度由に御座候間、今夕終汽車にて出

発と取定め、只今より高木氏に同道之上、一応診察を請ひ、異議無之候得は直ちに御宅へ罷出、午飯を頂き、一旦帰宅之上、荷物を仕舞ひ、五時頃より兜町へ参り大人御陪食し、同所より直ちに出発の都合に致度御座候、不取敢右申上候、御都合出来候得は午飯頃御帰宅之上、尚ほ御高案御申聞被下度候、高木の考及貴兄の御考により、尚ほ如何様とも致す考に御座候、匆々拝具

廿日　　陳重

阪谷芳郎様

43（　）年（　）月（　）日【695】

又々広島表へ御出張ニ相成候由、御苦労之御事に御座候、十三日前に御都合出来、御帰京ニ相成候事出来候得は、何よりの好都合と存候得共、公務の事故如何相成候とも致方無之候、御申聞之義は委細承知仕候、御留守中は別して万事注意可仕候間、御休慮奉希候、深川普請之義は、兼て御考之通ニ可相成、孰れ明朝篤二より御意見相窺可申と存候、小生義は両三日前より半風邪之気味合ニて、可成外出を謹み居候間、或は参上致兼候やも難図、御容赦奉伏希候、草々拝復

即刻　　陳重

芳郎様

［封筒表］阪谷芳郎様拝呈

［封筒裏］穂積陳重

44（　）年（　）月（　）日【708】

御建議案拝見いたし候、篤二君常務無しより自然朝寝之習慣も有□、時ニより朝餐等も進まさる様伝承致し、健康上且習慣上よろしからず候間、忠告可致歟と存居候所、□に明案を得、大賛成ニ御座候、早速賛同の意見を附し大人□御回付可致候、

□等挙家二週間計大磯へ参り招仙閣ニ滞留可致、御隙の節御□掛奉待候、明後十一日出発の考ニ御座候、草々拝具

陳重

芳郎様

［封筒表］阪谷芳郎様御返事

［封筒裏］穂積陳重

45（　）年（　）月（　）日【731】

篤二君見舞之為め、書生御見舞として御遣し被下候由、

お歌も急用にて呼返し、跡にハ確かなる者付置き候得共、右書生両三日間御遣し置被下候得は、好都合と存候間、何分可然御願申上候、明夕は御友人様とも御待申上、歓談仕度、当方よりは種々取込み候て御無沙汰致し申訳無之候、草々拝具

陳重

即刻

芳郎様

［封筒表］阪谷様御返事　穂積

46（　）年（　）月（　）日【743】

花房氏依頼の件、早速行届き大慶之至ニ御座候、今夕も法典調査会有之候間、九時過ならでは参邸仕兼候得共、閉会次第参集可仕候、予算云々の事は如何様ニても宜しく候得共、嫁入支度等之事ニ関しては、一々兜町へ御相談の上取極候様ニ致候ては、必らず琴子の時の如く一場の風波を生ずる事と存候得共、大人の憂慮致方も無し、且己より進んで歌子に御任せ被下度と申訳にも参る間じくと存候、尚ほ今夕拝趨の上、委曲可申陳候、匆々

陳重

芳郎様坐下

［封筒表］兜町邸ニて　阪谷芳郎様親展

［封筒裏］穂積陳重

穂積松子　書簡

1（明治四十三）年一月一日【748】

新年の御慶いづかたもおなじ御事にめで度申をさめ候、御一統様そろはせられ年迎へあそばされ、幾久しくいはひあげ候、つきにこゝもと無事越年致し候間、ははかりなから御安心被下度候、先は年始の御祝儀申上候、めで度可祝

一月元旦

穂積松

坂谷御奥方様

尚々早々御祝儀かたく参邸仕る筈に候ところ、やむを得ず主人と共に旅行いたす様相成候まゝ、当分欠礼申べく候ニ付、何卒あしからず思召され度、いづれ帰京次第御めもじにてよろづ申述べく候、かしこ

［封筒表］小石川区原町百二十六番地　坂谷御奥方様

［封筒裏］小石川区原町三十四番地　穂積松子　一月元旦

穂積八束 書簡

1 （明治十七）年八月十八日 【737】

拝呈 過日貴書拝受、本日ハ雨天中遠路御光来被置下候旨ノ処、丁度文部省へ参り候不在中拝眉ヲ得ズ失礼奉謝候、貴兄ニハ已ニ大蔵省へ御栄仕ノ旨ハ嘗てより拝承奉大賀、何卒為国家御勉励奉祈候、平素御蓄蔵ノ御学識モ茲ニ於テ光輝ヲ発スルノ機ヲ得、極テ面白キ地位欣羨ノ至ニ奉存候、小生ハ嘗てより留学志願ニ候間、卒業後在学候義ニテ、少し後レハ候へ共、此度派遣ノ命ヲ得タルハ仕合ニ存候間、勉学可仕心得ニ候、尚彼地ニテノ御用向等モ之アリ候ハヽ御下命被下度候、宮内卿よりの内諭も之アリ、会計事務等は特ニ注意調査可仕候間、御省ニテ調査必用ノ件等略伺度、願クハ時々御通信ヲ仰キ度奉願候、丁度副田モ彼地へ越候へバ、何分貴兄ニ御依頼申度存候也、丁度箱根へ御出発ノ趣候間、最早拝顔モ得ルヲ得サルベキか、只多忙ニまかセ今日までニ拝趨セザリシヲ憾ムノミ、多分ハ廿三日出航ト存候、然し或ハ都合ニ因レバ、来月ニモ可相成ヤモ計ラレズ、先略儀ナカラ倉卒御暇乞まで如斯ニ候也、若し彼地御通信等可被下ニ於テハ、公使館宛ニテ願度存置候也、頓首

八月十八日　　穂積八束

坂谷様机下

［封筒表］駒込西片町十番地　坂谷芳郎殿　已ニ御出発後ニ候ハヽ御出先へ御回送願候

［封筒裏］本所小泉町三十五番地　穂積八束　八月十八日

2 （明治二十六）年五月四日 【738】

拝啓　朗廬先生之十三回忌ニ付、先生之御遺稿一部御恵贈被下難有奉存候、御紀念として永く存保可仕候、先は御礼迄、匆々不備

五月四日　　穂積八束

阪谷芳郎殿

［封筒表］麹町区平河町六丁目廿一番地　阪谷芳郎殿

［封筒裏］穂積八束　五月四日

3 （明治四十二）年十月二十八日 【733】

恭啓　愈御健勝奉賀候、陳は過日払方町邸にて小林丑三郎氏ニ関スル件申上、其際御内話申上候も有之候ニ付、昨日平田内務大臣ニ面会致、事情話候処、実ハ当局にても小林氏ハ到底止ラサルモノト期し、既ニ後任者二三話

ニ上り居候へ共、何分大蔵・内務・台湾三方関係ノ事とて未タ決し居ラス、総督も長官も一先ツ帰台、来月十日頃上京ノ筈ニ候、故ニ小林氏自身の方より都合ヲ以テ急キ辞職申出候ハヽ、事急ニ進行致哉トも被存、然し内務大臣ハ受ケ方ニ付、先台湾の方へ小林氏より話し可試云々内談有之候、支那公使の方ニテハ時ヲ急キ候ニ付、或ハ不成立申トハ被存候へ共、如何にて（ママ）適当の人ト存し、小生推挙スルニも安心ニ被存候間、右ノ趣ヲ以テ、今一応小林氏及支那公使の方へ話し試可申ト存候、折角御配念有之候ニ付、右平田男の内談ノ件、事情申上置候也、桂総理大臣へト存候へ共、何分丁度伊藤公の事変ニ際し候間、取止ト存、先ツ心易キ平田男へ面会致置候也、拝具

十月二十八日　穂積八束

坂谷男爵閣下侍史

［封筒表］坂谷男爵閣下親展　上ヶ置　穂積八束
［封筒裏］十月二十八日

4　（明治四十三）年二月六日　【735】

恭啓　寒気尚甚シク候処、閣下愈御清康奉賀候、陳は過日ハワザ〱御来訪ヲ賜ハリ恐入候、其後去ル木曜日ニ法科教授会ニ於て、田尻博士ニ関スル件、御示諭之趣披露致候処、一同全ク御同感にて、且ツ御周施（旋カ）を謝し候旨ニ有之候、同時ニ濱尾総長へも御伝言申述置候、同君も大体賛成にて先ツ教ヲ受ケタル人之主唱セラレ候ハヽ、可然旨話サレ候、

就テハ来ル十日、日本倶楽部にて相談会御催ノ旨にて御通知ヲ辱フし奉拝謝候、御指定ノ時刻参上可致ト奉存候、右御答速ニ可致筈ノ処、疎洩にて大ニ遅遠ニ及恐縮奉存候、御宥恕被下度候也、拝具

二月六日　穂積八束

坂谷男爵閣下

［封筒表］阪谷男爵閣下親展　上ケ置キ
［封筒裏］穂積八束　二月六日

5　（明治四十三）年二月十三日　【740】

拝復　過日ハ失礼奉謝候、諸事御周施（旋カ）恐縮存候也、御蔭にて田尻子も内諾の趣、大学同僚へも近日相伝可申ト存候、大学へ寄付ノ事ハ此類の先例も有之、勿論評議会ハ謝意ヲ表して受諾スル事ト存候、尚諸事漸々承ハリ可申候、小生珍ラシキコト病気ニて、或ハ当分出勤六ヶ敷哉ト存候共、松崎氏又ハ金井氏等尽力呉可申ト存候也、頓首

二月十三日

穂積八束

阪谷男爵閣下侍史

［封筒表］阪谷男爵閣下親展

［封筒裏］穂積八束

6（大正十三）年八月二十一日 【732】

拝啓　只今妻木頼英(黄カ)氏鎌倉拙宅へ来訪、雑話中始て御老母様御病気の趣伝承驚駭之至ニ奉存候、小生一家七月来鎌倉ニ転地、一切引籠り居候為ニ、今日まて一向ニ拝知不致、御見舞も不致失礼致候也、御老年の事ニ付、御心配ト奉存候、何とそ速ニ御回復祈候、小生病気中ハ閣下御来訪被下奉謝候、其後漸々快方ニ候、然し未タ自由ニ遠路往復致兼、従て小生自身参上御見舞致兼候、乍失礼以手紙御伺致候也、拝頓首

八月廿一日

穂積八束

坂谷男爵閣下侍史

［封筒表］東京。小石川。原町百十二番地　阪谷芳郎殿親展

急　穂積八束

［封筒裏］鎌倉光明寺山　穂積　八月廿一日

7（　）年三月十七日（穂積八束・浅野総一郎書簡）【739】

拝啓　閣下愈御壮栄奉賀候、陳は閣下此度遠方御旅行ニ可相成哉ニ伝承致候、就テハ来ル廿五日午後五時、芝田町浅野総一郎宅にて疎末ナル晩餐差上、御高話拝聴致度、甚失礼御迷惑の至ニ奉存候へ共、御枉車被下候へハ光栄之至ニ奉存候也、拝具

三月十七日

浅野総一郎

穂積八束

坂谷男爵閣下

令夫人　殿

追而御諾否ノ御返答ヲ煩し度奉存候

［封筒表］坂谷男爵閣下　穂積八束

8（　）年五月十九日 【736】

拝啓　過日近火の際にハ御見舞状を辱ふし奉謹謝候、扨明二十日ハ汪氏を精養軒に招候筈にて、小生も出席可致旨御返答致置候処、昨日親類に不幸有之候為ニ、明日ハ参上致し難く御断申上候、可然御取計奉希候也、拝具

五月十九日

穂積八束

阪谷男爵殿侍史

［封筒表］阪谷男爵殿　差し上置

［封筒裏］原町　穂積八束

9　（　）年八月五日　**【734】**

拝啓　残暑難去候処、愈御壮剛奉賀候、陳ハ小生先月初旬より関西地方及大磯ニ滞在、漸く一昨日帰京致候、留守中御来訪被下候趣にて、御用ハ電燈柱取設ノ件之様ニ承ハリ候、右ハ当方にて差遣も無之候間、左様御承知被下度候、尚電燈会社より請求可仕ト存候間、其際会社ト取極可申ト奉存候、右御答迄如此御座候、匆々

八月五日　　穂積八束

阪谷芳郎殿

［封筒表］阪谷芳郎殿親展

［封筒裏］小石川原町四十四番地　穂積八束　八月五日

堀切善次郎　書簡

1　（大正十二）年九月十二日　**【764】**

謹啓　今回の大震災ニ際し、御母上様・総子様御危難ニ陥らせられ候趣伝承致し、御心労の程奉拝察候、然し格別の御障りもあらせられす、御帰京被遊候由、先以て神明の御加護を奉感謝候、和子様に就てハ何とも申上様も無之、御無沙汰勝にのみ打過候中、今回の御変、誠ニ遺憾至極ニ奉存候、早速拝趨可仕筈の処、日夜劇務に服し、今尚ほ寸暇を得す候段、悪しからす御思召賜はり度奉願上候、敬具

九月十二日　　堀切善次郎

御両親様

總子様

［封筒表］小石川区原町一二六　阪谷芳郎様

［封筒裏］牛込薬王寺四五　堀切善次郎

2　（十一）年八月二十日　**【763】**

御手紙拝誦仕候、酷暑堪え難く御坐候、皆々様愈御健勝ニ被為渡候段、大慶ニ奉存候、陳は御申聞の治雄名義取得ハ、先ニ当方より所轄四谷税務署へ申告済ニ有之、其旨小生よりも水道橋税務署へ早速申出置候、御配慮を煩はし候段恐縮ニ奉存候、英子儀も最早全快仕り、両三日中ニ飯坂へ遣す心組ニ御坐候、右後れ乍ら申上候、敬具

八月廿日

堀切善次郎

御父上様

［封筒表］神奈川県大磯町台町　阪谷芳郎様
［封筒裏］牛込薬王寺四五　堀切善次郎

3 （　）年二月十一日【765】

乍略儀以手紙申上候、小生の友人鈴木文次(治カ)と申者、此度御父上様の副会長とならせられ候平和協会の幹事と相成候趣にて、明朝頃参堂致す由ニ御坐候へとも、同人ハ小生の同期卒業法学士にて、卒業後東京朝日新聞社ニ入り、先頃同社を辞して日本統一《ユニテリアン》教会の専任幹事を致居候者にて、着実なる人物ニ御坐候、社会政策の方向を研究致居候為め、小生等とも毎々会合致居候者ニ御坐候、此度平和協会の幹事と相成申候ニ付、御父上様の御指導を蒙り候事ニ相成候へハ、小生の近しく致居候者なる旨、予め申上置被下度と本人の希望も有之候ニ付、茲ニ御紹介申上置候、先ハ用事のみ如此ニ御坐候、敬具

二月十一日　善次郎

御父上様

［封筒表］阪谷御父上様
［封筒裏］堀切善次郎

4 （　）年十一月十三日【766】

御手紙拝誦仕候、明十四日午前相違なく参上可仕候、実ハ只今父儀出京致居り、明日頃穂積先生宅へ参上致し、其後御宅へ参上致候様話居候へ共、明日同道にて参上仕候様可致候、御差支無之候べきや伺上候、匆々

十一月十三日　堀切善次郎

阪谷芳郎様

［封筒表］阪谷芳郎様
［封筒裏］堀切善次郎

堀切善兵衛　書簡

1 （　）年六月九日【762】

拝呈　先日は参堂失礼仕候、其後小生儀霜害視察の為め帰国致居り、今日十二時帰京仕り候処、敏子様には前日御光来被下、今朝飯坂に御出発の御都合の由申置き被下候との事承りしに、遂に右の事情の為め御出発前に御面会の機を失し遺憾此事に奉存候、定めし今朝は無事御出立の御事と奉存候へども御様子奉伺上候、飯坂土産粗果

少々持参のまゝ呈上仕候に付、皆々様御笑味被下候ハヾ幸甚の至りに御座候、先は右まで申上度、如此に御座候、謹言

六月九日　　　　　　堀切善兵衛

坂谷様

[封筒表] 小石川　坂谷様　　堀切善兵衛

本庄栄治郎　書簡

1（　）年十月七日（永井亨宛）　【1072-2】

拝啓　爽涼之候、益御清適之条、慶賀の至りに存します。さて高橋氏の人口史の研究についての件、甚だ延引いたし、申訳御座いませぬが、改めて通覧いたしました上、別項のような読後感を認めました。これがお問に合えは結構と存します。然るへく御取計い下され度御願申上けます。若し拝眉の機会に恵まれますならば、詳細御話し申上けたいとも存しますが、とりあえす右一文同封拝送いたします。

平素御無沙汰に打過き申訳御座いません。時節柄御身御大切に祈り上けます。

拾月七日　　　　本庄榮治郎

永井博士座下

[封筒表] 東京都杉並区井荻町三ノ四三　永井亨様親展
[封筒裏] ㊞「京都市左京区浄土寺石橋町二七　本庄榮治郎」　十月七日
[編者註] 本史料は、阪谷芳郎との関連は明らかではないが、「阪谷芳郎関係書簡」の中に含まれているため、そのまま掲載する。

[付属] 高橋梵仙氏著「日本人口史之研究」評価　【1072-1】

高橋梵仙氏「日本人口史の研究」第一、第二

第一冊第一篇には、上古・中古・近古・近世の人口を論し、第二篇には堕胎・間引と近世各地の人口政策を説き、第二冊は、これを三部に分ち、第一・第二部には近世及明治初年の人口と人口政策、第三部には子孫繁盛手引草を収録している。第一冊の篇別は明かであるが、第二冊の第一部・第二部の区別の標準は明かでなく、同一地方に関する論考が両部に亘って掲載されているものもある。此点において論稿の篇次に尚若干の考慮が必要で

ある。また明治以後の人口について論及されていないことは、日本人口史としては、他日の増補を要するものと思う。

本書の内容について見るに、著者は、従来発表された諸家の研究を殆んど漏れなく披見されているようであり、丹念に全国各地に亘って史料を蒐集し、これを整理分類して精緻なる研究を遂け、主として近世における我国の人口、人口の都市集中、人口制限とその対策につき、その全貌を明かにしたものである。従来、我国の人口史に関する著述は二三存するが、本書ほど詳細に各地の事実まで網羅記述したものは未だ存しなかったと思う。一一の論稿についての内容に及ぶ余裕を有しないが、何れも有益な研究であることはいう迄もない。

たゞ若干望蜀の点を述へるならば、全国人口調査に関する関山氏との論争に於ても、尚若干の疑問が残っている。また人口の都市集中・人口政策・人口思想についても、総論的な記述、例えば、その時代及各地に通する一般的な経済状態又は経済思想との関連についての記述に欠けるところがないでもないと思われる。

要するに本書は我国人口史に関する最も精細な研究であって、これだけ多く各地の事実を根本史料によって明確に記述したものは、未だ嘗て存在しなかったということが出来る。昭和初年以来、著者が史料を各地に求めて、倦まず撓ます、克明に研究を続けられた成果が本書と成ったものであり、著者多年の努力に対して敬意を表すると共に、わが国人口史の研究に対する貢献の甚だ大なるものあることを信じて疑わないものである。

本多静六　書簡

1　大正十二年十一月七日　【760】

謹啓　本協会は今回の帝都復興計画中の公園及公園聯絡広路に関し、別紙の如く後藤総裁宛建議仕候間、宜敷御配慮被為下度、此段得貴意候、敬具

大正十二年十一月七日

庭園協会代表

理事長林学博士　本多靜六

帝都復興院評議員会々長男爵阪谷芳郎殿

建議書

庭園協会は今回の帝都復興に際し、其の計画中に都市として十分なる公園及公園聯絡広路を設くる必要を認め、

本協会の意見を具し、茲に之を建議す。
大正十二年十一月六日
庭園協会代表
理事長林学博士　本多静六
帝都復興院総裁子爵　後藤新平殿

根本方針

既設の公園を整理拡張すると同時に、新に適当なる位置に各種の公園を設け、之を系統的に配置聯絡せしめ、以て全市の公園を有機的に活用せしむること。

説明

一、東京市に左の五公園区を置くこと。（別図参照）
（イ）中央公園区　東京市の中央地区
（ロ）城南公園区　中央公園区の南方地区
（ハ）城西公園区　中央公園区の西方地区
（ニ）城北公園区　中央公園区の北方地区
（ホ）江東公園区　隅田川以東の地区
二、東京市に公園局を設け、全市の公園を管理経営せしむること。
三、各公園区に若干名の公園委員を置き、公園の管理経営に参与せしむること。
四、市内公園の種類を左の五種とすること。
（イ）大公園　参拾万平方米（九万坪）内外。
（ロ）中公園　拾万平方米（参万坪）内外。
（ハ）小公園　七千平方米（弐千坪）内外。
（ニ）児童公園　壱千五百平方米（四百五拾坪）内外。
（ホ）特殊公園　寺社境内及娯楽設備を主とするもの。
五、各公園区に左の公園を設け、市内公園の総面積は少なくとも東京市全地積の百分の五以上、成るべく百分の十以上に達せしむること。
大公園　壱個所以上
中公園　参個所以上
小公園　拾個所以上
児童公園　参拾個所以上
特殊公園　若干
六、河海濠池の沿岸及傾斜地は成るべく公園に利用すること。
七、社寺境内並に墓地を整理し、其の適当なるものを選びて公園とすること。
八、児童公園は成るべく小学校に隣接せしむること。
九、中、小公園は密林本位とすること。
一〇、中、小公園には水を利用したる設備をなすこと。
一一、大、中公園の四周は直接建築敷地に接せしめず、道路又は水面を以て区画すること。

一二、公園内の建造物は必要なるものに限り、之を許可し、成るべく耐震耐火構造とすること。
一三、大、中公園は公園聯絡広路により、互に聯絡せしむること。
一四、公園聯絡広路は幅員五十米（弐拾七間三尺）以上とし、其のうち植樹帯を八米（四間二尺四寸）以上とすること。
但し河海に沿へる場合は幅員三拾六米（約弐拾間）以上とすること。
一五、一般幹線道路は公園聯絡広路の様式に準ずること。
一六、自然公園としては既設のものゝ外、日帰り行程の地域内に於ける天然の山水風景地を利用すること。
十七、大運動場は之を市外適当の地に設くること。

〔附〕

私有の庭園にして保存の価値あるもの、及市民の保健上効果あるものは、成るべく之を保存するの方針をとること。

「東京市公園区分布図」（略）

［封筒表］小石川区原町一二六　男爵阪谷芳郎殿
［封筒裏］東京市外下戸塚五九五　庭園協会理事長　本多靜六
大正十二年十一月七日

2　（　）年（二）月（二十八）日　【761-1】

拝啓　春寒料峭之候益々御清穆奉賀候、議会開会中何彼ト御多用之御事ト拝察仕候、扨テ拙生急ニ拝眉ノ上親敷御話申上度儀有之、甚タ恐縮至極ニ存候ヘ共、閣下御都合宜敷日時及場所御指定被下度、同封ハガキ又ハ電話ニテ御一報相煩度願上候、先ハ右御願迄、得貴意候、敬具

本多静六

男爵阪谷芳郎殿

追テ　三月一日二日又ハ四日五日ノ内ナレバ、何時ニテモ差繰り参上可致候、尚同日ナラバ午前十時より午後四時迄テハ左記ニ罷在候、

赤坂区溜池一番地　三会堂内
帝国森林会
電話青山六三三〇番

又午後五時以后ハ自宅ニ罷在候

渋谷町桜丘十七
電話青山四七三番

［封筒表］小石川区原町一二六　男爵阪谷芳郎殿㊞「至急親展」
〈阪谷筆〉一日十二時半日本クラフ
［封筒裏］㊞「東京市赤坂区溜池町一番地　三会堂内　帝国森林会　本多静六　電話青山六三三〇番」

［名刺①］本多靜六　東京府豊多摩郡渋谷町桜丘拾七番地（渋谷停車場南丘上）
［名刺②］社団法人大日本山林会常務理事・財団法人帝国森林会常務理事　林学博士　佐藤鉦五郎　東京市赤坂区溜池町一番地　電話青山六三三〇番
［名刺③］全国山林会連合会　幹事　宮田長次郎　東京市赤坂区溜池町一　大日本山林会内　電話青山六三三〇番

本多日生　書簡

1　（大正十三）年六月四日　**【757-1】**

拝啓　愈御健勝奉大賀候、陳ハ今日の時局に際して人心の作興を期するハ尤も大切かと存候ニ付、時局大講演会第一回ハ、来る八日浅草清島町統一閣に於て開催、講師ハ上杉・井上（哲次郎）両博士と佐藤海軍中将、何れも快諾を得候、第二回を十五日の日曜午後二時より開催致、其講師として　貴下外ニ沢柳・山田（三良）両博士に願上度と存し、猶引続き当分毎周《ママ》大講演会を連続的に開催の所存ニ候、何卒御都合被成下候て御出演御承諾被成下度、御返事ハ統一閣電話（小石川七六六八）へ願上度存候（別紙民衆教化の趣意書ハ御一覧願度）、先ハ乍略儀以書状御願申上候、敬具

六月四日

本多日生

阪谷男爵閣下

［封筒表］小石川原町一二六　男爵阪谷芳郎殿閣下〈阪谷筆〉（八日上杉、井上、佐藤）十五日二時沢柳、山田、阪谷　欠（七日電話ニテ断ル）
［封筒裏］浅草清島町統一閣総裁　本多日生　電話小石川七六六八　六月四日
［付属］統一団民衆教化開始ノ趣意**【757-2】**

前田多門　書簡

1　（大正三）年十月十三日　**【824】**

拝啓　昨日は御光来を辱くし、委員会議事進行の為め特別御尽力の段難有鳴謝仕り候、本日参上可致の処、已むなき用事有之、不取敢御報申上度要件に関し、寸緒を以て啓上の段、御容し願上候、用件は余の儀に候はず、トマ氏歓迎委員会費用に付、内務省より補助金交付の件、過般其の筋に交渉仕り候処、何故か社会局長官は自ら其の衝に当る事を肯ぜず候に付、

已む無く友人なる横山警保局長に右依頼致候処、昨夜横山氏より電話にて「内務大臣に話したる処、出金方快諾あり、但し恐縮乍ら一応阪谷男爵より御電話を内相に願ひ、トマ歓迎方に付き御話を願へまじきや」との事に有之候、甚だ恐縮の至りには御座候へども、右の希望を御容れ被遊、一応内務大臣へ宜敷頼む程度の御言葉願へまじく候哉、出金高は過日委員会にて協議の節、大部分はトマ氏一行のホテル部屋代支出用を包含し、三千円と見積り、其の半金千五百円を内務省に宛てたるものに御座候、而して外務省当局よりは、若し内務省にて右出金と極まらば、之れと同額を支出す可しとの内話有之候、右御参考迄申進候、

右様の事情に付、先は取急ぎ御願旁々申報仕り候、何れ余は拝眉の節、万々復命可致候、敬具

十月十三日

前田多門

阪谷男爵閣下

［封筒表］市内小石川区原町　阪谷男爵閣下必親展　㊞「速達」

〈阪谷筆〉370　内相へ申入ノコト　市会廃止ノ例ノコト　十月十三日受

［封筒裏］市外東中野千百七　前田多門　〈阪谷筆〉十一月三日望月内相ト語ル

2（昭和三ヵ）年九月二十五日　**【940】**

拝啓　甚だ失礼乍ら、書面を以て不取敢得貴意度御宥恕願上候、

本会活動に関し、数日前御高見を仰ぎ候処、極めて適切なる御訓戒を辱く仕り、拝謝の至りに不耐奉存上候、御垂示の次第至極御尤もと存じ、会長とも相談の上、不日朝野有力且有識の各位を煩し小集会を願ひ、過般来本会の発したる質問書回答の結果を報告仕り、各位の隔意なき御意見交換を願ひたる上、今後適当なる活動に関し指針を得度、明日理事会にて相談致す事に相成申候、右決定の上、愈々小集会相催し候節は、何卒御臨席の栄を賜り、御指導の労を御執り被遊度、伏して冀上候、先は其の後の経過御報申上旁御礼迄、如斯御座候、敬具

九月二十五日

前田多門

阪谷男爵閣下

二伸　仍ほ小生義、今月限りを以て当会の専務理事たる事を辞任致す事と相成居候へども、本件に関しては、平理事として応分犬馬の労を続け度存居、右御参考迄申進候、

［封筒表］市内小石川区原町一二六　阪谷男爵閣下御直披　㊞

「三九六」「速達」
［封筒裏］東京市麹町区　東京市政調査会　前田多門

前田利為　書簡

1　大正四年六月三日【954】

拝啓　益御清適奉賀候、陳ハ利為十四世ノ祖、加賀藩主贈正二位権大納言菅原利長ハ、文禄・慶長間干戈搶攘ノ時ニ於テ
皇室ヲ尊崇シ覇府ヲ佐助シ、専ラ国家ノ泰平ヲ致スヲ以テ其志ト為シ、又封国ニ於テハ、心ヲ民事ニ留メ、工業ヲ興シ、物産ヲ殖シ、一ニ藩翰ノ責ヲ尽シ、以テ治績ヲ挙クルヲ以テ己ノ任ト為シ、聊カ微労アリシヲ信シ候、今茲乙卯、利長ノ三百年祭ヲ行フニ当リ、其事略ヲ掇拾編纂シ、其ノ私謚ヲ取リテ書ノ題目ト為シ印刷致候ニ付、一部進呈致候、幸ニ御一読ノ栄ヲ得ハ、欣懌ノ至ニ候、敬具

大正四年六月三日

侯爵前田利為

男爵阪谷芳郎殿

［封筒表］小石川区原町一二六　男爵阪谷芳郎殿
［封筒裏］東京市本郷区本富士町二番地　侯爵前田利為

前田米蔵　書簡

1　昭和十五年十二月四日【1121】

拝啓　時局重大之折柄、愈々御健勝為邦家御活動の段奉慶賀候、陳者大政翼賛会議会局貴族院関係については、貴院の方々の御手許に於て御研究中のところ、今般成案を得られ候、就ては貴下に於かれては、大政翼賛会に御入会の上、議会局部員として御協力を願ひ度く御願ひ申上候、先は右得貴意度く、如斯に御座候、敬具

昭和十五年十二月四日

大政翼賛会議会局長前田米蔵

男爵阪谷芳郎殿

［封筒表］小石川区原町一二六　男爵阪谷芳郎殿〈阪谷筆〉十二月六日受付（十二月四日付）入会ヲ勧誘
［封筒裏］大政翼賛会議会局長　前田米蔵

牧野才次郎　書簡

1　明治三十三年九月二十六日　【945】

拝啓　其後ハ甚ダ御無音ニ打過ギ、実ニ失礼仕居候段、平ニ奉謝候、小生事先生兼テ御承知被下候通り、先年病気ニテ学士会書記ヲ辞任致シ、一度帰国ノ上保養候処、全快致シ出京仕候得共、病後ノ故カ、暑気ノ為メ気分進ミ不申候モ、追々秋風ノ時期ト相成、右気分モ大ニ快ク候間、何卒相応ノ職務有之候ハヽ、御仰付被成下度伏テ奉願上候、敬具

明治卅三年九月廿六日

牧野才次郎再拝

阪谷博士殿玉机下

二白　勝手釜敷御願申候事ナガラ、当時余りノ閑散故、国家学会ノ事務手伝ナリトモ致し申度候、尚ホ加フルニ相応ノ事務可然御仰セ願度候、何卒右御返事懇願仕居候、取急ぎ乱筆不文多罪々々、

［封筒表］小石川区原町百廿六番地　法学博士阪谷芳郎殿親展

［封筒裏］本郷区弓町二丁目三十二番地塩田方　牧野才次郎

牧野伸顕　書簡

1　明治四十五年三月二十四日　【893-1】

拝啓　弥御清勝奉賀候、陳は来ル三十日御高話拝聴旁粗餐差進度候間、同日午後五時麹町区富士見町官邸へ御光来被成下候ハヽ、幸甚ニ奉存候、敬具

明治四十五年三月二十四日

男爵牧野伸顕

男爵阪谷芳郎殿

［封筒表］男爵阪谷芳郎殿〈阪谷筆〉三十日午后五時

［封筒裏］男爵牧野伸顕

［付属］晩餐会招待客名簿　【893-2】

三月三十日　午后五時

日本皮革株式会社常務取締役　伊藤琢磨氏
横浜電線製造株式会社取締役　男爵中島久萬吉氏
大日本製糖株式会社取締役　藤山雷太氏
服部時計店主　服部金太郎氏
東亜製粉株式会社常務取締役　諸井四郎氏
株式会社大倉組　門野重九郎氏
東京瓦斯株式会社専務取締役　高松豊吉氏
東京電気株式会社技師長　新荘吉生氏
化学工業　植村澄三郎氏
三田土護謨製造合名会社担当社員　土谷秀立氏
商工業　村井吉兵衛氏

商工業

大田黒重五郎氏

山本大蔵大臣

〈別筆〉橋本大蔵次官

桜井関税局長

中谷電気局長

渡邊工科大学長

水町日本銀行副総裁

阪谷男爵

大臣

製鉄所長官

商務局長

農務局長

工務局長

高山工業試験所長

蔵川秘書官

山岡秘書官

【894】

2　（大正五）年（三）月（八）日
（牧野伸顕・峯子書簡）

益御揃御繁栄之段奉欣賀候、然ハ来十三日愈々御令息様御結婚之式御挙行被為候由、誠ニ御目出度存上候、右ニ付同日御披露ノ宴御開催可成、我々共御案内被成下難有存候処、同日ハ伸顕事無拠会有之、妻峯子のミ御請拝趨可仕、此段拝復迄、匆々拝具

牧野伸顕
同　峯子

阪谷芳郎殿
同令夫人殿

［封筒表］市内小石川区原町　男爵阪谷芳郎殿
［封筒裏］牧野伸顕　三月八日

3　大正十二年十二月（　）日　【892】

謹啓　時下寒気相加ハリ申候処、御勤務益御清穆奉南山候、陳ハ永々本会之為め評議員として御尽瘁被成下、以御蔭本会事業も益々発展致候段、千万忝く奉銘謝候、然る処、右御任期ハ本年秋季大会終了の日を以て満了之処、引続き御重任相願ふ事とし、此旨去る廿二日会員大会ニ於て発表致し候、就てハ御公務御繁忙恐縮之至りニ御坐候へ共、右御承諾の上、将来益本会之為めニ御尽瘁被成下度奉願上候、
追て右御承諾ニ御坐候ハヾ、御任期ハ本会寄附行為第十

五条ニより大正十四年秋季大会終了の日迄と御承知被成下度候、敬具

大正十二年十二月

財団法人東亜同文会会長
子爵牧野伸顕

法学博士男爵阪谷芳郎殿御侍史

［封筒表］小石川区原町一二六　男爵阪谷芳郎殿　〈阪谷筆〉
評議員

［封筒裏］財団法人東亜同文会々長　子爵牧野伸顕

馬越恭平　書簡

1（明治三十七）年八月四日　【874】

拝啓　益御清栄奉恐賀候、陳は阪門会席上ニ而興譲館維持費寄付金之儀は別紙之通、満二ヶ年間引受可申候、無限之引受ケは子孫へ累ヲ遺シ候事ニ相成、快カラズと奉存候、此段不悪御承諾被成下候上、御序之刻現校長へ御通知置可被下候、先は右之段得尊意度、如此御座候、恐々頓首

八月四日

馬越恭平

阪谷芳郎殿閣下

二白　阪田琢三氏身分は当分之内、目黒より旦夕歩行通勤致候上、貯畜（ママ）金之念ヲ起サセ、多少共ニ恭二君の補助候様致度、食料は先ツ一ヶ月金四円より五円迄ニ而、止宿等は一切費用入ラズ、左スレバ十五円余は月々残余出来候予算ニ御座候間、本人成丈ケ窮屈ニ養成致候段、惨酷之御叱責無之候様、御母堂様へ宜布御披露奉願上候也、

［封筒表］市内小石川区原町　阪谷芳郎殿閣下

［封筒裏］東京市日本橋区兜町五番地　電話浪花三二五〇・二九九九・七二四・一六五　株式会社帝国商業銀行ニ而認ム　馬越恭平　八月四日

2（明治三十七）年八月十日　【875】

貴墨拝誦仕候、陳は帝商之儀ニ付風説申出候もの有之注意云々御書添之趣真ニ難有奉謝候、右は早速ニ実説相伺参館可致之処、不相替多忙消光取紛居延引罷在候、何卒近日御手透之節、電話被下候ハヽ、何時も参上実説御洩可被下候、抑該行去ル三十弐年十二月前会長成川尚義死去の際ニ遺言紛ニ被相頼、関係致候已来、実務之儀は、日本銀行ヨリ来たる三店三名之支配人ニ依頼致シ、内部整理一方ニ尽力仕、漸く昨年末前方稍方向も相立候間、今

春一月取締役改選期ニ相成候間、重任は相断可申積之処、事局之為メ困厄ヲ捨而退却は義ニ於而不愉快と相心得、引続キ継続致候上、此之年期之三ヶ年間ニ方法も相立候積之処へ、不幸ニも百二銀行破綻之為メ生憎大阪支店失策導火線と相成、本支店も陰ニ取付之不幸ヲ醸シ、幸ニ日銀総裁閣下之援助ニ而急場之凌キハ相付ケ候ものゝ、何分内部之統一ヲ欠キ、天降之支配人各店とも失敗而已有之候間、大改革致度決心ニ御座候も、種々事情纏綿致居、甚以当惑罷在候間、何卒一夕御閑暇ヲ得而、内情上申御妙案御授ケ被成下候ハヽ難有、御承知之通老境有終之恥辱ヲ松本重太郎氏の如キ不体裁は恩師祖先へ対而も難致、苦心罷在候、去り迚偸安主義も剛端男子之難致事ニ而、大英断致外無御座候歟と奉存候、御承知置可被下候、書外譲相談、御尊意御礼迄、右得尊意度貴酬迄、頓首

八月十日　　恭平

阪谷賢台閣下

［封筒表］市内小石川区原町　阪谷芳郎殿必親展
［封筒裏］目黒別邸ニ而　馬越恭平　八月十日

3　（明治三十八）年一月十六日　【872】

拝誦仕候、益御清福奉恐賀候、過日ハ御先老様御追福ニ付、御恵物頂戴難有奉深謝候、陳は警軒先生七回忌ニ付遺稿云々は、先般守屋此助君ヨリも御通知御座候、元来小生は同門と申事迄ニ而、山成哲造君などゝは交際も浅き方ニ而、金額之点は尠ニ而汗顔之至ニ御座候、金拾円丈ケ差出申候、実は昨年来は寄付金過分ニ而、収支予算相違困却罷在候折柄ニ御座候間、右ニ而御承引之程相願候積ニ御座候、不悪御仁免可被下候、右得貴意度貴答迄、恐々頓首

一月十六日　　恭平

阪谷尊台梧右

尚々弊行も此度は配当金引下ケ、随分株主も八釜敷、大ニ果断之処置ヲ取り可申積ニ御座候、御含置奉願上候、山成哲造君へ旧臘対談料月々金五百円進呈致候所返却相成当惑仕候、近日拝顔之上、閣下より御配慮願候積、御承知置可被下候、

［封筒表］市内小石川区原町一二六番地　阪谷芳郎殿閣下
〈阪谷筆〉一月十七日再願
［封筒裏］芝区桜川町ニ而　馬越恭平　一月十六日

4 （明治三十八）年一月二十一日　【873】

御細書之趣敬承仕候、最早彼是歎願は不致候、金五拾円丈ケ賢台へ対シ出資仕候、故丈平翁へは友人として相応ニ差出罷在候ニ付、最早余地無御座、百円は少々過分ニ相考候間、五〇ニ而御勘弁可被下候、右之段乍延引貴答迄如此、頓首

一月廿一日

狂兵拝

阪谷賢兄梧右

［封筒表］市内小石川区原町一弐六　阪谷芳郎殿閣下
［封筒裏］馬越恭平　一月廿一日

5 （明治四十一）年十二月九日　【879】

謹啓　寒気相募候処、御揃益御安泰奉敬賀候、陳者欧米漫遊中ハ御懇情難有奉深謝候、就而は御旅行中之御高話拝聴旁、来ル廿五日午後五時浅草区吉野町八百善楼に而粗餐差上度、万障御繰合御光来被成下候ハヽ、幸甚之至ニ奉存候、右御案内迄如此御座候、匆々敬具

十二月九日

馬越恭平

阪谷男爵閣下
同　令夫人

尚々御差支有無御一報之程奉希上候、

［封筒表］小石川区原町百二十六番地　男爵阪谷芳郎殿閣下
〈阪谷筆〉十二月廿五日五時
［封筒裏］芝区桜川町十三番地　馬越恭平

6 （明治四十四）年二月二十日　【871】

拝誦仕候、三月二日之偕行社御集会ニは乍遺憾相伺不申、一日より西京表へ旅行之積ニ御座候、偖二松学舎之一条は迂生引受持勧透《（誘カ）》之分は、左ニ

金五百円服部金太郎氏
同五百円日比谷平左衛門氏
同百円植村澄三郎氏

右之趣キ通知致候積ニ御座候得共、細田氏居所不明ニ付、此段御序ニ賢台より同氏へ御通知可被下候、二松学舎之儀ニ付而ハ、愚存之趣ヲ渋沢男爵へ上申致候所、御同意被成下、御尽力相成候間、此儀出来候上ハ、充分相談可申候、左もナクテハ、御辞儀キライの銭貫イハ漢学儒連ニは色々何歟と申事ニ六ヶ敷奉存候、右貴答旁取交貴酬迄、敬白

二月廿日

恭平

阪谷男閣下貴答

[封筒表] 市内小石川区原町　男爵阪谷芳郎殿貴答　〈阪谷筆〉
二月廿一日細田へ申送ル
[封筒裏] ㊞「東京市芝区桜川町十三番地　馬越恭平」　二月廿
日

7　大正二年四月五日　【870】

粛啓　益御清適奉敬賀候、陳は金貨本位制度御紀念品御
恵送被成下難有拝受仕候、右御答礼迄、恐々敬具
大正弐年四月五日
馬越恭平
金貨本位記念会長男爵阪谷芳郎殿閣下
[封筒表] 市内小石川区原町　男爵阪谷芳郎殿閣下
[封筒裏] 芝区桜川町　馬越恭平　四月五日

8　（大正九）年三月十五日　【877-1】

粛啓　益御安泰奉敬賀候、陳は昨十四日東京発当地方へ
罷出、地方有志と協議致居候、近頃御手数恐縮ニ御座候
得共、山成遠太郎君并ニ興譲館山下先生へ充分心配致呉
られ候様、御親筆御投函奉願候、無論山成君は親切ニ心
配被致呉候趣ニ御座候も、尚閣下より御一書ニ相成候ハ
ヽ好都合ニ奉存候、御気之毒ニ御座候も、池田寅次郎氏
到底見込も無之候哉ニ存候間、断然相頼候様祈処ニ御座
候、万々一御配慮相叶候ハヽ、御忠告可被下、右懇願迄如
此候、敬具
三月十五日
笠岡ニ而
恭平
阪谷男爵閣下御近侍へ
[封筒表] 東京市小石川区原町二十六番地　男爵阪谷芳郎殿乞
御親展
[封筒裏] 岡山県笠岡町中利方ニ而　馬越恭平㊞「馬越」　三月
十五日　〈阪谷筆〉九年三月十八日付山成、山下ニ
申送ル

9　（大正九）年三月二十七日　【876】

粛啓　益御安泰奉敬賀候、陳は後月・小田・浅口之三郡
第五区は、小田又は浅口出身之人ニ無御座而は不宜趣キ
相分候ニ付、小田郡出身之守屋松之助は親類之者ニ而、
目下県会議員ニも有之、若手ニ而将来有為之人物ニ付、
同人ヲ老生代理として候補ニ相立候事ニ取究メ申置候処
好都合ニ相纏候趣、本日確報御座候間、左様御承引被成
下、山成山下両氏へ老生同様御心配相成事ニ奉願上候、
(上脱カ)以参上申可致之処、井上侯老夫人逝去、其他事業上取込
居候ニ付、乍略儀以郵信此段奉申上候、書外拝眉得尊意

度、如此御座候、頓首

三月廿七日　恭平

阪谷男爵閣下御近侍中

［封筒表］市内小石川区原町　男爵阪谷芳郎殿閣下御近侍中
御披露

［封筒裏］東京市芝区西久保桜川町十三番　馬越恭平　三月二十七日

10　（　）年三月十八日　【878】

拝啓　過日御遠方之処、御尊来難有奉謝候、今又病気御見舞被下難有、御蔭ヲ以テ昨今軽快相覚申候間、御安慮奉願候、昨今之熱度三十七度前後ニ降り、暫時静養仕候ハヽ、近日全快可致存申候、呉々御休神奉願上候、草々頓首

三月十八日

馬越恭平代筆

坂谷芳郎様

追而備中学生寄宿舎之儀ニ付ハヽ、全快之上是非御一会相願度、追而時日御打合可被下候、

［封筒表］小石川区原町　阪谷芳郎様御親展

［封筒裏］芝区桜川町　馬越恭平　三月十八日

益田　孝　書簡

1　（明治四十五）年一月（二十）日　【935】

敬啓者、英国医学博士ステンソンホウカル氏著述のHow not to grow old をは翻訳致し、不老長生と名け出版仕候間、茲に一部進呈仕候、幸に御一読の栄を得は、著者も本懐と奉存候、拝具

壬子一月　日　益田孝

男爵阪谷芳郎様閣下

［封筒表］小石川区原町一二六　男爵阪谷芳郎殿閣下

［封筒裏］益田孝

2　（大正二）年四月四日　【936】

拝啓　時下益々御清適奉賀候、陳は兌換開始後二十五年(十五カ)ノ記念牌壱個御送付被下、正ニ落手仕候、先は御礼迄、如此御坐候、草々敬具

四月四日　益田孝

男爵阪谷芳郎殿

［封筒表］小石川区原町一ノ二六　男爵阪谷芳郎殿
［封筒裏］品川御殿山　益田孝

3　（　）年六月六日　【934】

拝啓　昨日ハ台湾貨幣制度改正ニ付、御知越忝候、御懇情奉感謝候、改むるニ吝ならす、一日も速カニ茲ニ到る、為国家慶賀之外無御坐候、謹而御懇情を謝す、頓首

六月六日　孝拝

阪谷芳郎様

尚々渋沢男ニ寸時之拝顔を得度、夫も用は不申、裏情察し呉度旨、高木博士へ申出候処、今少し待而漸次御伝方願い、此処差招（扣カ）へろと申事故、訪問も不仕候、三四分の拝顔を許され候時間、何卒御一報可願申候、何ヤラ禁し難キ処あり、御願申上置候、頓首

［封筒表］□（小カ）石川区原町百弐十六番地　阪谷芳郎様　親展貴答
［封筒裏］益田孝

益田　稔　書簡

1　（昭和十一）年五月十五日　【947-1】

謹啓　新緑之候に御座候処、其後閣下には益々御健勝に渡らせられ候御事と拝察申上候、昨年は御病床の処、御引見賜はり、衷心より感謝罷在候、扨而マオラン繊維事業に関しては、農林省の無認識が非常なる圧迫となり、窮状に迫り候も、内閣資源局より野村技師の実地視察研究を乞ひ、陸軍技術本部より花村大尉の視察、又海軍より畑中佐の視察あり、正解を受け居申候、依って鋭意事業化に邁進致し居候、

十四日元田肇閣下に伺候仕り、色々御意見拝聴仕候、是非此際閣下にも伺候仕、事情具申申上度存し候条、何卒御謁見賜り度、御願申上候、

先は御挨拶旁々御願申上候、謹言

五月十五日　益田稔

坂谷閣下

［封筒表］坂谷芳郎閣下　〈阪谷筆〉十一年五月十五日来訪、面会ス　マオラン一件
［封筒裏］益田稔
［名刺］国益マオラン株式会社　益田稔　佐賀市外高木瀬　電話一一七六番・特長一二一二番　〈阪谷筆〉昭和十一年五月十六日来訪・面会

増田義一　書簡

1　**昭和十三年六月（　）日**　【964】

謹啓　益々御清祥奉慶賀候、
陳は先般長男義彦結婚の節は、御鄭重なる御祝物を賜り、御芳情の段、誠に難有奉感謝候、
就ては聊か内祝の印迄に粗品呈上仕候間、御笑納下され度希上候、
先は乍略儀以書中御礼旁々御挨拶申上度如斯御座候、敬具

昭和十三年六月吉日　増田義一

男爵阪谷芳郎殿

［封筒表］男爵阪谷芳郎殿
［封筒裏］東京市小石川区原町百二十五番地　増田義一

股野琢　書簡

1　**（　）年五月十三日**　【959】

拝読　本年一月御先考十三回御忌御相当に付、為御紀念、御遺稿印刷被成候由にて、壱部御恵贈被成下候段、御厚意難有拝受、緩々敬観可仕候、右御請且表謝意候、草々覆

五月十三日　琢

阪谷芳郎殿

［封筒表］平河町六丁目弐十一番地　阪谷芳郎殿差上置
［封筒裏］臥病中　股野琢

町田忠治　書簡

1　**（明治四十四）年十二月三十一日**　【860】

拝啓　愈々歳末と相成申候処、御揃御清康奉賀候、陳ハ先般拝趨御高教相仰置申候件に付、早速拝察御高見拝承致し御一瞥相煩度存居候処、急に大阪に参り、帰東後電話にて御在否伺候処、御不在にて、今日まで御無沙汰致候、一両日中又々大阪に参り、中旬帰東可致、其節拝芝願上候、東京に於て半額相纏り候得バ、大阪にて半額出来候見込ハ確実に御坐候、適当の中心人物を得候得バ、成立六ヶ敷からずと存候、小生帰東後渋沢男に御面晤致し御意見伺度存居候得共、自然御出会之節、親しく御話

合置被下候得バ幸甚に御坐候、右申上度、如此に御坐候、
敬具

十二月廿一日　　町田忠治

阪谷男侍史

［封筒表］小石川林（原カ）町　男爵阪谷芳郎様親剪
［封筒裏］牛込南榎町七三　町田忠治

2　（明治四十五）年二月二十三日　【859】

拝復　益々御清康奉賀候、御懇書御恵与被下難有拝誦仕候、不日御寸暇相伺、拝趨之上、更らに御高見拝承仕度、不取敢御礼旁々御願申上候、敬具

二月廿三日　　町田忠治

阪谷男爵閣下

［封筒表］市内小石川原町　男爵阪谷芳郎様親剪
［封筒裏］牛込南榎町七三　町田忠治

3　（大正二）年四月二日　【858】

拝復　益々御清康奉賀候、陳ハ金貨本位制及兌換制度実施之紀念品御恵与被下拝受仕候、永く珍重致し御厚志に副可申、不取敢御礼迄、如此に御坐候、敬具

四月二日　　町田忠治

委員長男爵阪谷閣下

［封筒表］市内小石川原町　男爵阪谷芳郎殿
［封筒裏］牛込南榎町七三　町田忠治

松井錦橘　書簡

1　（大正二）年一月七日　【956】

謹啓　本年は諒闇中、特に御年賀御遠慮申上候段、不悪御諒恕被成下度、先以　御満邸様御揃ひ遊し、愈御清康に被為渡候段奉大賀候、陳は旧冬は新渡辺（戸カ）博士御紹介状御郵送を辱ふし、恐縮千万、早速同邸御訪問致候処、湘南地方御旅行、一月六日頃御帰京との事にて、即ち昨日相伺ひ候処、慰安会へは喜んで出席致度きも、如何せん十六日は先約ありて何分にも寸暇を不得、遺憾ながら出席し難く、しかし次回には必ず出席すべしとの御返事、今回其御出演を見るに到らざるも、次回には必ず出席すべしとの御快諾相受け候は、全く閣下の御紹介御蔭と、茲に厚く御礼申上候、就而只今増田義一君に交渉中に有之候、

今回慰安会は、新春のことと申し、十六日は俗に地獄の釜の蓋の明くてふ大安息日たる故、何をかな趣向こらしたくと種々苦慮の結果、大略左の通り決定致候、

午前開会

但し寺内諸処に半額販売の売店を設く、

午前十時

一、開会の辞
一、空也踊り
一、中島勧《と》〔観〕琇僧正の法話
一、名士の講話
一、三遊・柳両連一流の落語
　　　　　　　　　　音曲
　　　　　　　　　　数名
一、一流の浪花節
一、義太夫　　竹本綾之助

午後四時

一、閉会辞

但し休憩時間に会衆に、種々の物品を入れたる福袋一個ヅヽ与ふる筈、

もし御寸暇も被為在候ハヾ、奥様・御令嬢様・御令息様方御同伴御来観被成下度、御案内申上候、

先ずは御礼申述度、如斯ニ候、敬具

〔封筒表〕小石川区原町　男爵阪谷芳郎殿侍史中
〔封筒裏〕上富坂町　松井錦橘　〈阪谷筆〉一月廿五日回答ス、
松木ニ問合ス　一月九日

松井　茂　書簡

1　（　）年（四）月二十日　**【960】**

愈御清康奉大賀、小生儀は八日無異帰朝、早速参堂可致の処、少々不快の為、引籠中ニて、不計欠礼致候、何れ其中、参堂御礼申述度候、草々頓首

二十日　　　　　　　　　　茂拝

坂谷殿閣下

〔封筒表〕□(小)石川区原町二十六番地　坂谷芳郎殿
〔封筒裏〕松井茂

松尾臣善　書簡

1　（明治三十七）年三月十五日　**【877-2】**

昨日尊書拝見仕候、

一、倫敦ニ於ケル我公債ノコトニ付、露筋の事ハ不承候得共、別紙ノ如キ電報ヲ受居候、又右ノ外ニ、仏ハ露ニ助ケヲ与ヘントスル之恐アリト云フコトヲ承候、右等ノ為メと奉存候、又軍事予算の為メ今後公債ヲ数億募ルトノ風聞も又関（聞カ）レ可申候、右等ハ御勘考奉煩候、

一、正貨準備の減少セサルコトハ、正金銀行より何トナク倫敦ニ保有スル政府筋の正貨ヲ受入レタル故ナリト申聞ケ置候事ニ御座候、

一、京釜ノ事ハ、宮内省へ一昨々日願書ヲ差出申候、又添田よりも一策案書有之候得共、之レハ第二トシテ第一ノ方ヲ心配致居申候、之レハ拝光ニ可申上候、

一、残為替の事ハ先日申上候如キ事ニて、尚大阪商業会議処へも申遣置申候、何レニシテモ此の如キ時期ニハ彼是ニ不弁ト苦情ハ発し可申候、深ク心配仕居候、是又拝光可申上候、

右御答迄、恐々

三月十五日　臣善

坂谷次官殿

[付属] ロンドン発電報控　明治三十七年三月十五日

【877-3】

三月十一日倫敦発十二日横浜着、

此ノ件ハ最モ秘密ニ取扱へ、

日本政府外債募集計画風聞益々高ク、ベーアリング兄弟商会、エム、サミュール商会関係有之様思ハレ候、探索電報セヨ、

〈欄外〉明治三十七年三月十五日　日本銀行

2 （明治三十九ヵ四十）年三月二十二日 【901】

拝啓　大連民政長官より三月二十日発若槻次官宛官銀行中止ノ件抗議ノ結果云々ノ電信文、早速高橋正金銀行頭取へ電話通知ニ及候処、兼而同人ヨリ差出し候覚書ノ廉々相定り不申候テハ、甚タ差支候間、何分ニモ右至急御詮議相成候様致し度、切々企望仕候旨申出候間、此辺御高諒相願度候、右要旨迄、如此御座候、

三月二十二日午前　松尾臣善

坂谷大蔵大臣閣下侍史

[封筒表] 特使　坂谷大蔵大臣閣下親展　至急

[封筒裏] 日本銀行総裁松尾臣□（善カ）　三月二十二日午前

3 明治四十年十月一日 【902】

謹啓　閣下今般授爵ノ栄命ヲ拝セラレ候段大慶之至奉存候、聊カ為表祝意別紙目録之通献呈仕度、幸ニ御受納被下候ハヽ本懐之至ニ奉存候、敬具

明治四十年十月一日

日本銀行総裁　男爵松尾臣善

阪谷男爵閣下

［封筒表］阪谷男爵閣下

［封筒裏］日本銀行総裁男爵松尾臣善

4　明治四十一年十月二十九日（松尾臣善・高橋是清書簡）【904】

拝啓　秋冷之候益々御清適被為渉奉慶賀候、陳ハ来ル十一月九日、日本橋区北新堀町廿一番地日本銀行舎宅ニ於テ、御高話拝聴旁々粗餐差上度存候間、御繁用中乍恐縮、同日午後六時御貴臨之栄ヲ賜り度、希望之至ニ御坐候、右御案内申上候、敬具

明治四十一年十月廿九日

正金銀行　高橋是清

日本銀行　松尾臣善

阪谷男爵閣下

一、当日ハ西洋料理ニ御坐候、

一、御服装ハ御随意ニ願上候、

［封筒表］阪谷男爵閣下　〈阪谷筆〉参上

［封筒裏］日本銀行松尾臣善・正金銀行高橋是清

5　明治四十一年十一月五日（松尾臣善・高橋是清書簡）【512-1】【512-2】

拝啓　時下益御清適被為渉奉慶賀候、陳ハ来ル十六日日本橋区北新堀町二十一番地日本銀行舎宅ニ於テ、御高話拝聴旁粗餐差上度存候間、御繁用中乍恐縮、同日午後六時御貴臨被成下度、幸ニ御繰合被下候ハヽ本懐之至ニ御座候、右御案内申上候、敬具

明治四十一年十一月五日

横浜正金銀行　高橋是清

日本銀行　松尾臣善

阪谷男爵閣下

追テ乍御手数御諾否之程、御一報奉煩候、近々渡欧セラルベキ水町財務官御来会之筈ニ付、御含迄ニ申上候、

一、当日ハ西洋料理ニ御坐候、

一、御服装ハ御随意ニ願上候、

［封筒表］阪谷男爵閣下

［封筒裏］日本銀行松尾臣善・横浜正金銀行高橋是清

6（明治　）年（　）月（　）日（松尾臣善書簡封筒）【906】

［封筒表］坂谷大蔵次官殿　拝□　受第八二六号
［封筒裏］松尾臣善

7（　）年三月二十五日（松尾臣善・高橋是清書簡）【905】

拝啓　時下益々御清康奉恭賀候、陳ハ四月八日日本橋区北新堀町二十一番地日本銀行舎宅ニ於テ晩餐差上度候間、御繁用中御迷惑ニハ可有之ト存候得共、何卒御繰合ノ上、午後五時半御光臨被成下候ハヽ、本懐ノ至ニ御坐候、敬具

三月二十五日

高橋是清
松尾臣善

男爵阪谷芳郎殿

［封筒表］□(男カ)爵阪谷芳郎殿　〈阪谷筆〉八日五時半
［封筒裏］松尾臣善・高橋是清

8（　）年四月七日（松尾臣善・高橋是清書簡）【903】

拝啓　愈御清祥奉賀候、陳ハ明八日日本銀行舎宅へ御光臨被成下度旨御案内申上置候処、難止差障有之、当日ハ延引仕り、更ニ日時ヲ期シ御光臨可願上候間、此段宜敷御承諒被成下度奉願上候、敬具

四月七日

高橋是清
松尾臣善

男爵阪谷芳郎殿

［封筒表］男爵阪谷芳郎殿
［封筒裏］松尾臣善・高橋是清

松岡　辨　書簡

1（明治四十一）年（十）月二十八日【978】

謹粛　昨朝は御伺候致し御無礼仕候、本朝は愚弟罷出、早速御引見を賜はり奉謝候、本件に就而は小生より木村理事迄懇願致置候次第も有之候得共、此際之事情として閣下より木村氏外、松尾総裁へも御一声を賜はり候事、必要之様聞及居候、右は御身分柄をも弁へず甚た勝手か間敷御願に候得共、後進誘掖之為め、一臂之御尽力切望之至りに不堪、御迷惑且御煩累をも不顧、重ねて茲に御依頼迄、如此に御坐候、匆々

廿八日

松岡辨

阪谷男爵閣下

[封筒表] 市内小石川区原町一二六　男爵阪谷芳郎様閣下
[封筒裏] 青山　松岡辨　二十八日

松方　巌　書簡

1 （大正二）年四月五日 【831】

拝啓　陳は金貨本位制度実施十五周年并ニ不換紙幣兌換開始後廿五年紀念として、美事なる紀念牌御贈り被下、御芳志難有感鳴仕候、就而は紀念として永く保存可仕候、先ハ右御挨拶申上度、如斯御座候、敬具

四月五日

松方巌

男爵阪谷芳郎殿

[封筒表] 小石川区原町百弐拾六番地　金貨本位制度紀念会委員長法学博士男爵阪谷芳郎殿
[封筒裏] 松方巌

2 （大正四）年三月二日 【832】

拝復　時下益御清栄奉賀候、陳ハ東京市長御在職中ハ不一方御懇情を蒙り居候処、今般御退職ニ付御鄭重なる御挨拶を忝し奉拝謝候、今後不相変尚一層の御厚誼願上度、先ハ御礼旁御挨拶迄、如此ニ御坐候、敬具

三月二日

松方巌

男爵阪谷芳郎殿

[封筒表] 小石川区原町一二六　男爵阪谷芳郎殿
[封筒裏] 松方巌

松方乙彦　書簡

1 （　）年十一月（　）日 【955】

拝啓　益御清穆奉賀候、陳は過日旅行の帰途持参致候品、乍軽少入御覧候、御笑留被下候へは本懐の至りに御座候、敬具

十一月　日

松方乙彦

阪谷芳郎様

[封筒表] 阪谷芳郎様侍史
[封筒裏] 麻布区広尾町　松方乙彦

松方幸次郎　書簡

1　（　）年（　）月二日　【965】

拝啓　其後益御清適可被渡、大賀之至ニ奉存候、陳は今日突然彼ノ書籍二部御恵与御依頼願上候処、直チニ御持セ被下、万謝之至ニ奉存候、何レ拝眉之上御礼可申上候得共、不取敢書中ヲ以テ御礼申上候、早々頓首

二日　　幸次郎

坂谷学兄貴下

［封筒表］大蔵省　坂谷芳郎殿拝復　松方幸次郎
［封筒裏］二日　㊞「外務省用」

松方正義　書簡

1　（明治四十一）年三月三十一日　【885】

拝啓　益御清穆之段大慶ニ存候、陳者来四月七日午餐差上度候間、同日午後十二時三十分御来臨被下度、此段御案内申上候、敬具

三月三十一日　　侯爵松方正義

男爵坂谷芳郎殿

［封筒表］小石川区原町一二六　男爵坂谷芳郎殿
［封筒裏］侯爵松方正義

2　（明治四十一）年四月六日　【886】

拝啓　陳者来ル七日午餐へ御案内致置候処、無拠差支御座候ニ付一応御断申上候、此段不悪御了知被成度候、敬具

四月六日　　侯爵松方正義

男爵坂谷芳郎殿

［封筒表］小石川原町二十九（ママ）　男爵坂谷芳郎殿　急
［封筒裏］侯爵松方正義

3　大正六年五月（二十四）日　【888】

拝啓　時下愈御清穆大慶ニ奉存候、陳は拙者今回内大臣拝命致候ニ付、御丁重なる御祝詞を辱し、御厚情之段奉深謝候、右御挨拶迄得貴意候、敬具

大正六年五月

侯爵松方正義

男爵坂谷芳郎殿

［封筒表］小石川区原町　男爵坂谷芳郎殿

［封筒裏］侯爵松方正義

4　大正九年十月（　）日　【887】

拝啓　妻満佐子死去の節は、霊前へ御鄭重なる御供物を賜り、御芳志の段難有深謝仕候、茲に五十日祭執行致候に付、聊か粗品進呈仕候間、御受納被下度候、右御礼申上度、如此に御座候、敬具

大正九年十月　日

侯爵松方正義

男爵阪谷芳郎殿

［封筒表］小石川原町一二六　男爵阪谷芳郎殿

［封筒裏］侯爵松方正義

松木幹一郎　書簡

1　（大正三）年七月二十九日　【948-1】

拝啓　本日ハ御目に懸り不申候、朝来動力補充計画ニ協議有之、右詳細ハ別ニ可申上候、先達ての御内訓中、事業発展と有之候は、近々実行さるへき緊縮方針と抵捂致スノ虞有之候に付、「事業ノ堅実ト収入ノ増加ヲ計り」ト御改タメ被下候てハ如何ニ可有之候や奉伺候、

日付ハ廿七日付頂戴にても、亦明日当りにても宜敷御坐候、可然願上候、小生明日ハ祭日に付一日休養仕度、此間より少々過労致居候間、ヤガテ来るへき戦闘準備に（？）備へ置き申度存候、拝具

廿九日

松木幹一郎

阪谷男爵閣下

［封筒表］小石川原町百二十六　阪谷芳郎様（秘）親展　〈阪谷筆〉改革ノ件　㊞「速達」

［封筒裏］赤阪新阪町50　松木幹一郎　三年七月廿九日夜

【948-2】

［付属］阪谷芳郎内訓案（松木幹一郎宛）

大正三年八月一日

内訓案　松木電気局長

電気事業ニ関スル収支、并〔就〕中電燈料金ノ件ニ就テハ、本職就職以来、最モ苦心スル処ニシテ数々訓諭ニ及ヒ候儀モ有之、尚又市会よりモ数々質問建議ノ次第モ有之候ニ就テハ、此際貴〔其〕局事業全般ニ渉り、熟慮ヲ

加へ、改革刷新ノ案ヲ定テ一面ニ於テ定〔充〕分経費節約ノ方法ヲ講シ、他ノ一面ニ於テハ、力メテ事業ノ発展〔堅実ト〕収入ノ増加ヲ計リ、先以テ電気事業公債計画予定ノ結果ヲ挙ケ次ニ料金軽減ノ目的ヲ達ヘシ候様、断然タル改革刷新ノ見込ヲ定メ、速ニ具申実行可有之、此段及内訓候也、

大正三年七月卅一日〔八月一日〕　市長

右ハ松木局長ニ手交スルこと

内記課長へ　　市長

〈欄外〉秘、試案、本案ニテハ如何　七月廿七日　市長、松木局長殿、

松崎蔵之助　書簡

1 （ ）年四月二十九日 【829】

拝啓　益御清祥奉大賀候、然は小生儀近頃色々用事相殖へ、乍遺憾国家学会之役員も相勤まり兼候間辞任申度、幸ニ大会前之事故、万事都合宜しかるべきと奉存候、右御報旁、草々敬具

四月廿九日　　松崎蔵之助

坂谷博士閣下

〔封筒表〕小石川白山御殿町　坂谷芳郎殿㊞「親展」
〔封筒裏〕小石川水道町五十六　松崎蔵之助

2 （ ）年五月五日 【830】

拝啓　晩春之候益御清祥奉大賀候、然は過日は御懇書頂戴致し難有拝見仕候、小生之国家学会役員辞任之儀は、別段之理由も無御座、唯大分長く相勤め、且用務も相殖候事ニて、此際円満辞職致し度考耳他意無御坐候、何れ明日は委員会に御来会被下候御事と存候間、其節万縷可申上候、草々敬具

五月五日　　蔵之助

坂谷賢台侍曹

〔封筒表〕小石川区原町　坂谷芳郎殿親展
〔封筒裏〕小石川水道町五六　松崎蔵之助

松平俊子　書簡

1　（昭和十五）年（九）月（二十）日　**【943】**

婦人団体統制案概略意見書（略）

［封筒表］小石川区原町一二六　阪谷芳郎殿親展　〈阪谷筆〉

九月廿一日

［封筒裏］麹町区九段二ノ三　大日本航空婦人会・荒鷲母の会

会長　松平俊子

松平正直　書簡

1　（　）年四月一日　**【941】**

拝啓　春暖之候、閣下益々御清勝之段慶賀之至りニ不堪候、陳ハ先般本会第七回総会開催致候節ハ、御繁用中ニも拘らず、御臨場之上、特ニ有益なる御講演成被下候ハ、独り本本会之光栄ニ止らず、会員之裨益亦尠からざる次第と深く奉感謝候、右御答礼申上度、如此ニ御座候、敬具

四月一日

大日本蚕糸会頭

男爵松平正直

男爵阪谷芳郎殿

［封筒表］男爵阪谷芳郎殿

［封筒裏］大日本蚕糸会会頭　男爵松平正直（東京市神田区錦町三丁目十八番地）

松平康荘　書簡

1　大正六年十月十五日　**【950】**

拝啓　時下秋冷之候愈々御清穆奉慶賀候、陳者今回本会第八回通常総会ニ於テ、農業教育ニ関シ別紙ノ通リ決議ノ上、政府ニ建議仕候間、御参考ニ供シ度、此段御送付申上候、敬具

大正六年十月十五日

帝国農会々長　松平康荘

男爵阪谷芳郎殿

市町村義務教育費ニ関スル建議（略）

農業教育機関増設ニ関スル建議（略）

農村補習教育ニ関スル建議（略）

［封筒表］東京市小石川区原町　男爵阪谷芳郎殿

［封筒裏］㊞「帝国農会々長侯爵松平康荘」

松平康民 書簡

1 明治四十二年十二月一日 【961】

拝啓　益御多祥奉賀候、陳ハ御高配之岡山県出身従軍死歿者誠忠録御送本被下、正ニ落手候、厚意奉謝候、右御請迄、早々拝具

四十二年十二月一日　　松平康民

阪谷芳郎殿

［封筒表］小石川区小石川原町　阪谷芳郎殿
［封筒裏］本郷区龍岡町　松平康民

松平頼賢 書簡

1 （一三）年十月二十八日 【951】

檄文（略）

［封筒表］小石川区原町一二六　阪谷芳郎殿㊞「親展」〈阪谷筆〉十月廿八日受　郵船問題　狂人ノ類？

［封筒裏］市外千駄ヶ谷五〇　松平頼賢

松波仁一郎 書簡

1 （昭和十六年）年五月十八日 【1116】

謹啓　昨日ハ御静養中ノ処、特ニ御引見ヲ給ハリ御厚情ノ程奉深謝候、御厚情ニ甘ヘ長々ト自分勝手ノ事ノミ申上ゲ失礼仕リ候段、何卒御海容被下度候、帰宅後御身体ニ御サハリ無カリシカト心配致居リ候、何分ノ御取計申上候様ノ次第、其事情御汲取被下候テ、何分ノ御取計宜敷奉仰候、

先ハ御礼旁願用如斯御座候、敬具

五月十八日　　松波仁一郎

男爵閣下

［封筒表］小石川区原町一二六　阪谷男爵閣下　〈別筆〉②
［封筒裏］牛込中町十七　松波仁一郎

馬渕鋭太郎 書簡

1 （　三）年八月三十日 【937】

雲翰拝読、昨朝ハ長坐御邪魔申上候、其節御願申上置候

件ニ付、早速河田局長ニ御正談被成下候趣、御多用中恐縮之至、為本念厚ク御礼申上候、不取敢右御挨拶迄、如此御座候、頓首

八月三十日　　鋭太郎

阪谷男爵閣下

追啓　乍此上御高配千万奉祷候、

［封筒表］東京市小石川区原町一二六　阪谷男爵閣下親展
［封筒裏］芝赤羽恩賜財団済生会　馬渕鋭太郎　八月三十日

丸山鶴吉　書簡

1　（大正　）年（　）月十六日　【946】

拝啓　市長宛御手紙拝誦致候、清野長官逝去之為め只今不在ニて、都合伺兼ね申候、十八日ハ長官葬儀之当日ニて、如何やと存居候も、市長登庁之上、御都合を伺ひ御電話申上け度候、右ハ返事迄申上度、如此ニ御座候、頓首

十六日　　丸山生

阪谷男爵閣下

［封筒表］男爵阪谷芳郎閣下貴酬〈阪谷筆〉十八日十時市役所、電話ありて返事十八日午前十時差支無之御待申上候、
［封筒裏］東京市役所　丸山鶴吉

三上参次　書簡

1　明治二十六年八月九日　【900】

拝啓　この頃の暑さ何の御障りもなう入らせられ候哉、さてこの度故郎盧先生の御遺稿全彙御恵投くだされ、有りかたく頂戴致し候、巻頭の御肖像を拝し奉りて、まづ親しく温容ニ接し忝教を受くる想ひをいたし候、尚ゆるく拝読可仕候、不取敢御礼まで一筆如此ニ御座候、かしこ

廿六年八月九日　　三上参次

阪谷芳郎様研北

［封筒表］麹町区平河町六丁目廿一　阪谷芳郎殿侍史
［封筒裏］駒込千だ木はやし町　三上参次　八月九日

2　大正二年八月二十七日　【897】

敬啓　残暑尚去り兼候折柄、益御健勝ニ渡らせられ候御事恭賀し奉り候、さて此書面持参之津幡一脩氏は、教育ニ関する勅語之普及ニ就いて一案を立て候ニより、御賛成を仰きたしとの事ニて御坐候間、御多用中申上兼候へ共、何卒御引見被下候様願上候、先ハ右願用のミ一筆、如此ニ御坐候、敬具

大正二年八月廿七日　　三上参次

男爵阪谷芳郎閣下

［封筒表］□《小カ》石川区原町一二六　男爵阪谷芳郎閣下　津幡一脩氏持参

［封筒裏］㊞「東京駒込千駄木林町一六九　三上參次」

3　大正四年十月三日　【895】

敬啓　村上直次郎君の渡米ニ就き先方之挨拶状御回附被下拝見いたし候、まづ〳〵十分之成功にて折角御尽力之効果有之大慶之至りニ存じ上候、事の始末を史学雑誌に記載致させ度存じ候間、書類ハ暫時拝借致し置度候、左やう御承知願上候、

論語年譜之件、萩野博士へ御電話ニてなりとも、謙遜勝なる林泰輔博士へ承諾を促し候やう御通じ被下候はゞ、早く埒明き申すべき歟と存じ候、右両件得貴意度、一筆如此ニ御坐候、敬具

大正四年十月三日　　三上参次

男爵博士阪谷芳郎閣下

［封筒表］□《小カ》石川区原町一二六　男爵博士阪谷芳郎閣下

［封筒裏］㊞「東京駒込林町一六九　三上参次」

4　大正五年二月十五日　【896-1】

謹啓　益御清適之御事大慶之至りニ存じ奉り候、さて二本榎保存碑文の草案別紙之通り認め申候間、不取敢貴覧ニ供へ申候、十分御叱正被下度候、事実の間違ひなど無《と》之候哉と心配致し候、若し大なる御修正無之候場合は〔に〕は、便宜澁澤男爵閣下へ御回付被下候様願上候、まづハ右のミ申上候、敬具

大正五年二月十五日　　三上参次

博士男爵阪谷芳郎閣下

［封筒表］小石川区原町　博士男爵阪谷芳郎閣下親展　一里塚

［封筒裏］三上参次

【896-2】

［付属］二本榎保存碑文草案修正文

云々「二本榎は実に其一なりとて」以下ヲ左ノ如ク修正

ヲ加へ度、
先年東京市は人口家屋の増加に伴ひ、交通の便を計り、道路を改修し、市内電車を王子駅に延長せんとの議を決す、其結果二本榎の内一本は撤去の筈なりしが、学者及ひ故老の意見に依り、市の当路者は道路を二岐に作り故跡を保存することゝなれり、其後チ東京市長男爵阪谷芳郎君は、土地の繁栄と共に人煙稠密車馬往来頻繁を加へ、二本榎の老木漸く枯損せんことを嘆き、郡長・村長并に土地の有力者澁澤・古河・浅野等の諸家と謀り、就中澁沢男爵の熱心なる尽力に依り、篤志家の寄付金を以て、二本榎付近〔周辺〕の民有地を買入れ、家屋を移転し、飛鳥山公園附属の小公園として、二本榎を保存するの方法を講じ、今や工事落成を告け頗る風致を加へたり、顧ふに慶長二年徳川氏一里塚の制を設けて以来、星霜を閲すること三百二十〔十余〕年、其間幾変遷二本榎の老樹果して霊あらば感慨如何ぞや人煙稀なりし旧日光街道の清風と〔は〕邸宅相接し、車馬織るか如き、今日も〔街街と変じたり、〕老樹果して何れを愛するや霊あらば感慨如何ぞや、今や碑を建て老樹〔故跡〕の由来を伝へんとの計画あり、（以下、文を予に嘱セラレ云々ニツヽク）

5　大正五年二月二十六日　【899】

敬啓　益御健勝之御事大慶之至りニ存じ奉り候、二本榎碑文案御送り申上候間、今一応御覧被下度候、字数大分多くなり候が、これニてよろしく候や、次ニ明治神宮御外苑絵画館の件ハ、今少しく熟考之時日を御与へ被下候やう願上候、敬具

大正五年二月廿六日　　三上参次

博士男爵阪谷芳郎閣下

〔封筒表〕小石川区原町一二六　博士男爵阪谷芳郎閣下親展　〈阪谷筆〉二月二十九日　原稿渋沢男ニ渡ス　（二十八日）

〔封筒裏〕㊞「東京駒込林町一六九　三上參次」

6　大正五年三月二十八日　【898】

敬啓　一昨日は御佳儀に御招き被下候事、厚く御礼申上候、さて二本榎保存之碑文の件、青渕先生の御批評をも承り候故、別紙の如く定め申度候、不出来千万汗顔之至りニ存じ候、尚御覧被下候て御注意を賜はり候はゞ幸甚ニ御坐候、敬具

大正五年三月念八　　三上参次

男爵阪谷博士閣下
［封筒表］小石川区原町　男爵博士阪谷芳郎閣下親展
［封筒裏］㊞「東京駒込林町一六九　三上参次」

三島　毅　書簡

1　（明治二十）年十二月二十五日【912】

歳尾御匆忙奉察候、過日ハ御祝義トシテ不相替結構之品早々御贈被下難有拝受仕候、随而粗末之鴨ニ候へ共進上仕候間、御料理被下候へば難有奉存候、全体一寸可罷出之処、小児病後養生之為ニ医師に被勧、明日頃より、熱海へ遊浴仕候ニ付、御無沙汰申上候、右ニ付年始も失敬仕候、何れ中旬ニハ帰宅之心組ニ御坐候、其節参上万々御断り可申上候、御老母様始皆様へ可然被仰上置可被下候也、

十二月廿五日　三島毅

坂谷賢兄梧下

2　（明治二十一）年十二月二十八日【921】

歳末御多忙奉察候、然ハ先般山成君ヨリ御談示御座候姉様一件、南摩へ相移り候ヨリ、同氏両親種々説諭之末、姉様ニも再嫁ト御決心ニ付、其段御移り旁、過日以来御留守中へ両度罷出、御老母様へ申上置候儀ハ定テ御承知ト奉存候、右之通り決心ニ相成候上ハ、此時ヲ機会ニ年内引取度南摩氏被申出候へ共、御老母様御願も有之、明春短夜ニも相成候迄、是迄之通り被差置度、種々申聞候へ共、南摩家之考ハ、母子ノ愛情ヲ割クこと故ニ、両家トモニ不忍ヲ忍テ断然セザル可ラス、甚御気之毒千万ニ候へ共、一月廿日限りニ御返し被下度ト達テ被申出候、右廿日ト申も姉様御年廻り旧ノ春ニ相成而は不宜義も有之よし、母氏呉々被申候事ニ御座候間、此段御承諾被下候様御老母様へ御申上可被下候、僕も明後廿日より近県旅行候間、モシ御異存も御座候へば今明日中ニ御申越可被下候也、

十二月廿八日　三島毅

坂谷芳郎様

［封筒表］麹町区平川町□（六カ）丁目二十一番地　坂谷芳郎殿　東京麹町区壱番町四拾五番地　三島毅
［封筒裏］十二月廿八日

3　（明治二十二）年九月十五日（阪谷良之進宛）

七月九日

毅

坂谷賢台侍史

再啓　桂義御老母様より警軒君此節御在京之由承り候、直桂義先年之御礼旁為伺度、宿所御為聞可被下奉願候也、尚々御老人様へ宜敷被仰上可被下候也、

毅

[封筒表] 阪谷芳郎殿　　東京麹町区壱番町四拾五番地　三島

[付属] 坂田丈平宿所控

【918-2】

麻布区山元町十六番地　善福寺境内善通寺　坂田丈平

5　（明治二十四）年十二月三日

【919】

愈御安祥奉賀候、然ハ忰結婚御聞及ニ付、鄭重之品御祝ひ被下、又御来賀も被下候処、他出中失敬仕候、右御礼早々参上可仕候処、彼此多忙取紛延引之段御海恕可被下候、却説明後々六日即日曜午後三時、新婦御披露と申ニも無之候へ共、久振少集高話承度候間、御繰合せ御来駕奉希望候、坂田君ニも申上置候、唯三五人之少集ニ御座候、万一御差支ニも候へば御一報奉煩候也、

十二月三日

毅

【911】

拝啓　明日ハ御亡父様七回忌辰ニ付、御盛物二品、昨日ハ御贈被下難有奉謝候、随而此二品乍薄微御霊前へ御供へ可被下候、今日ハ谷中へ参候ニ付、乍便義御墓参可仕候、却説拙老義久々帰国仕居候、一両日前帰京仕り、彼此多忙ニ而御無沙汰仕候、芳郎様ニも留守中御出も被下奉謝候、宜敷被仰上可被下候、匆々頓首

九月十五日

三島毅

阪谷良之進様

[封筒表] 平川町六丁目二十一番地　坂谷良之進様

[封筒裏] 東京麹町区壱番町四拾五番地　三島毅

4　（明治二十四）年七月九日

【918-1】

梅陰未晴御同悩之至奉存候、此品粗末之至ニ候へ共、為中元御祝義進上仕候、御笑留可被下候、却説悴桂義御承知之懶惰生ニ付、多年遠遊も徒事ニ属シ不申哉と懸念罷在候処、今般華盛頓法律大学卒業し、学士号ヲ得テ、去ル三日帰朝仕り、可也老爺之面目ヲ繕ひ申候、併シ名義ノミニテ学術未熟ニ相違無之、何卒此後勉強為致度、御誘導之程偏ニ奉願候、今朝為伺候処、御留守中拝顔不致候、其内召連拝趨、何分宜敷御含置可被下候、匆々不二

坂谷賢兄

［封筒表］□（麹カ）町平川町□□（六丁カ）目二十一番地　□（阪カ）谷芳郎殿　東京
麹町区壱番町四拾五番地　三島毅
［封筒裏］十一（二カ）月三日

6（明治二十五）年八月二十日　【920】

先刻ハ御苦労ニ奉存候、其節被嘱候銘詞四言六句ト申上候へ共、跡ニ而考候ニ、何分其功労大ニシテ僚属景仰之意深シ、今二句御増加不被下而ハ大意ニも難言尽様被存候間、四言八句（三十二字）ニ被成下度、乍去花瓶之大小ニ依り御都合も有之候事故、御六ヶ敷候へば、前約之通りニ六句ニ而申述可申候、右御承知否御答奉願候也、

八月廿日　毅

坂谷賢兄

［封筒表］大蔵省ニテ　坂谷芳郎殿急用
［封筒裏］東京麹町区壱番町四拾五番地　三島毅　八月廿日午前

7（明治二十五）年九月十六日　【922】

少々覚秋涼候、愈御安祥奉賀候、陳ハ過日之拙文最早日下部氏揮毫出来候哉御尋申候、出来候へば、小生姓名之側ニ押印差出可申ニ付、鳥渡御見せ可被下候、却説右文稿、其後朋友間へ回示シ批評相集り候故、御笑覧ニ入レ申候、就而は朋友之説ヲ取捨、字句間少々改正之処有之候間、日下部氏未タ清書出来居不申候へハ、此稿ニテ揮毫御願可被下候、乍去真ニ字句間少々之改正ニ而、意味ニ少も変り無之候間、已ニ清書済ナレハ決シテ此稿御用ひニ不及候、為念申上置候也、

九月十六日　毅

阪谷賢台坐下

尚々過日ハ潤筆御持参御丁寧之至奉謝候、
一、此頃ハ御亡姪三十五日御重之品頂戴奉謝候、御老人様へ宜敷御礼被仰上可被下候也、
一、明後十八日ハ定テ御盛会ト想像仕候也、

［封筒表］平川町六丁目　阪谷芳郎殿　差上置不及御答候
［封筒裏］東京麹町区壱番町四拾五番地　三島毅

8（明治二十五）年（十）月二十一日　【923-1】

別紙之通り、日下部より申越候、御考之上、貴家より直々御答可被下候也、

廿一日　三島

阪谷様

［封筒表］平川町六丁目　阪谷芳郎殿急用

［封筒裏］東京麹町区壱番町四拾五番地　三島毅　十月廿一日

［付属］日下部東作書簡（三島毅宛）

（明治二十五）年十月二十日　【923-2】

過朝は尊翰拝読、御清健奉賀候、陳ハ大蔵省銀瓶記御改正之儀拝承仕候、右ニ付昨夕阪谷芳郎来訪、委曲承り候処、用紙ノ金罫紙不足ニ付、至急調整之事申談置候、然ルニ拙者本月廿五六日より山梨へ参り候約有之、可成其以前ニ書キ度考ニ御坐候処、其事を申落シ候ニ付、甚恐入候得共、一応御申遣し被下度、実ハ阪谷氏住所不承、夫故相願候次第ニ御坐候、頓首

十月廿日

日下部東作

中洲先生

尚々山梨ハ廿日斗ハ相掛り候積りニ候、其後ニテモ不妨候事ナレハ、別ニ御申遣し被下候ニ不及候、

［封筒表］麹町区壱番町四拾五番地　三島毅様願用　十月廿日

［封筒裏］下二番町七十番地　日下部東作

9（明治二十六）年五月六日　【1058】

其後ハ御無音御海恕可被下候、過日ハ銀花瓶写真御贈被下、其後ハ朗廬翁全集御贈被下奉鳴謝候、其内御礼参上可仕候へ共、不取敢御礼迄、如此ニ御坐候也、

五月六日

御老人様へ宜敷被仰上可被下候也

［葉書表］麹町区平川町六丁目二十一番地　阪谷芳郎殿　壱番町　三島毅

10（明治三十五）年五月十八日　【930】

拝啓　不順之気候ニ候へ共、御老母様始皆様御安祥奉賀候、拙老も近来大ニ健全ニ相成申候、御同安可被下候、先日は久振拝訪之処、御不在ニ而失礼候へ共、御老母様ト旧事ヲ話シ、大ニ慰老懐申候、却説悴義大ニ御役介《ママ》ニ相成、松本氏早々采用被致呉、其後日々出勤大ニ老人之愁眉ヲ展へ申候、其儀難有奉謝候、何卒松本氏へ御面会之節、可然御謝置可被下候、尚此上モ辛抱勉強シ、兼テ之我侭出不申候様御注意奉願候、右は参上御礼可申上之処、老人毎々之遠行ヲ憚り、乍失敬書中御礼申上度、如此ニ御坐候、艸々頓首

五月十八日　毅

阪谷賢兄侍史

［封筒表］小石川原町百廿六番　阪谷芳郎殿親展
［封筒裏］東京麹町区壱番町四拾五番地　三嶋毅　五月十八日

11 （明治三十五）年七月三日【929】

薄暑之候、愈御清穆奉賀候、老生頑健、当地ニ供奉罷在申候、御安慮可被下候、然ハ突如之至ニ候へ共、老生国元之実家、同時戸主ハ姪ニテ三島竹太郎ト申候、男子無之一人之娘ニ養子致度之処、近世出来之宜敷モノハ皆々上京シテ官吏又ハ会社役人ヲ望ミ、田舎之養子甚タ少ナク困居候処、此節或人ヨリ、備中後月郡吉水村大字与井山成遠太郎分家、山成桂園之第四男鷲雄ト《ママ》男有之、桂園ハ、ヨキ養子先有之ハ東京ヨリ呼返シ遣可申様申居候ニ付、世話可致と申勧候由、然ルニ右当人ハ貴宅之御世話ニテ東京遊学致居候由、定テ御承知之御事と奉察候、右は親父之命ニ従ひ田舎へ帰り養子ニ参り候哉、心底不相分候間、御承知ニ候へは、御呼寄御聞被下候様奉願候、老生実家は代々村長致居候へ共、近来ハ世襲ヲ止メ唯田産ノミニテ活計致候、然シ主人自ラ耕作ハ不致候故、二季ニ小作年貢ヲ取立、又ハ検見等致候丈之仕事ニ而、其余ハ読書又ハ遊芸等楽ミ、節約サヘ致候は活計ニ心配無之家ニ御坐候、然し少年ハ斗角立身出世ヲ望ミ、田舎活計ヲ好不申故、愈親父之命ニ応候哉否之心底承度事ニ御坐候、愈父命ニも応候心底ニ候へは、其人柄如何ニ候哉、御承知ニ候へば為御聞可被下奉願候、右は御多用中甚御面倒之至、恐縮千万候へ共、御懇意ニ任せ御依頼申上候間宜敷奉願候、却説悴桂義も御高配ニ而日々出勤、仕事出来大ニ安心仕候、何分小人閑居為不善ニハ大ニ老懐相悩居候処、其苦ヲ逃れ申候、唯長持致候事ノミ祈り申候、乍此上宜敷御注意奉願候、先は右御依頼申上度、艸々頓首

七月三日　毅

坂谷賢兄玉下

再啓　御老母様始皆様へ宜敷御伝声可被下候也、

［封筒表］東京小石川区原町植物園之裏　坂谷芳郎殿親展
〈阪谷筆〉七月六日返答
［封筒裏］相州葉山長者園寄　東京麹町区壱番町四拾五番地
三嶋毅　七月三日

12 （明治三十六）年十二月六日【967】

拝啓　追々窮陰ニ向ひ御匆忙奉察候、老生も先月中旬俄ニ沼津へ供奉致候へ共、此節ハ帰京、来歳首迄ハ在宅仕候間、其内拝趨と心掛居候へ共、寒気を怯れ、出勤之外ハ炉畔ニ畏縮勝ニ而、御無沙汰仕候、却説悴義も御蔭ニ

而、近来ハ遊惰も不致、大ニ老懐ヲ安シ居候処、今般之改制ニ而如何と心配罷在、已ニ今朝も忰義御依頼ニ罷出候由、折角是迄正路ニ向居候処、又々方向ヲ失ヒ邪路ニ陥候而は、一層之老懐ヲ痛メ候間、何卒御尽力被下、此際技手ニテモ転候様奉願候、古市長官、小林課長等、小生一面無之候へ共、互ニ姓名丈ハ承知と存候間、小生直訪依頼候而宜敷候へは不厭労候間、一寸御差図可被下候、先ハ右御依頼、如此ニ御座候、頓首

十二月六日　毅

坂谷賢兄

[封筒表] 小石川原町百二十六　坂谷良(ママ)郎殿親展
[封筒裏] 東京麹町区壱番町四拾五番地　三嶋毅　十二月六日

13　明治三十八年一月十四日　【927-2】

茫ノ二十五回春
夙謝人間志未伸
継述有児君不死
奉将遺訓済斯民

亡友朗廬坂谷先生二十五回忌辰依此寄奠先生季子芳郎君今任大蔵次官、述先生平昔経世之志故及明治三十八年一月十五日、

旧友三島毅拝草時歳七十六

拝啓　歳首ニハ早々御来車被下奉謝候、老生は七日ニ当地へ供奉候ニ付御無沙汰仕候、御寛恕可被下候、然ハ明日は朗廬先生二十五回御忌辰ニ付、留守中ニ御供物被下候由、季男より報知有之、実ニ光陰如矢と洪歎仕候、乍去賢兄今日之御顕達、亡霊地下之御満悦如何と想像シ一旨賦候間、卒作悪詩ニハ候へ共、御霊前へ御奠事可被下候、御老母様御長寿御祭典之御世話モ被成、別テ御満足と奉存候、先ハ客中展墓モ不仕候代リニ奉呈一書御断可申上候、匆々不悉

一月十四日　沼津寄客　三島毅

坂谷芳郎賢兄

尚々御老母様始皆様へ御供物之御礼宜敷被仰上可被下候也、

[封筒表] 東京小石川区原町百廿六　阪谷芳郎殿親展
[封筒裏] 沼津御用邸　東京麹町区壱番町四拾五番地　三嶋毅
一月十四日

14　（明治三十八）年一月十六日　【927-1】

昨日は突然之依頼ニテ孝橋東両人へ添書仕置候、毎々御

多用中へ御面倒相掛ケ、恐縮之至ニ奉存候、御許否は官之御都合、敢テ私願スル訳ニハ無御坐候、御心得之為ニ次男之来状差出候間、内々御覧置可被下候、匆々不一

一月十六日　　毅

阪谷賢兄

［付属］三島毅書簡別啓　【927-3】

別啓

過日は奥田義人、大学ニ而御同級之義承り、ソレデハ親敷間柄ニ付、直筆之書ニて、次男廣一件頼遣置候、猶議院ニテ御面会之節ハ宜敷奉願候、却説此頃同県人植村徳太郎と申もの御面謁願度ニ付、名刺所望ニ付、其親ヲ承知仕候故、断りも不出来遣置申候、自然罷出候も難計候、併シ其人物は如何と承知不仕ニ付保証ハ不仕候、此段内々御含ミ、御閑モアレバ御逢可被下、何ヲ申出ルカ小生も承知不仕事ニ御坐候也、

15（明治三十八）年一月十七日　【928】

妙ニ此節は俗談申上候事集り甚恐縮、申上兼候へ共、途中ニ而握ツブシモ不親切ニ付無拠申上候、他事ニ非ス、拙老妹ノ子ニテ即姪日笠哲夫ト申モノ、元来五六十万円ノ家産ハ有之、児島郡中に而ハ、野崎武吉郎ニ次グモノニ有之、先年ヨリ日笠銀行ト申モノ独立ニテ設立せシカ、今般合資会社ニ変更致度ニ付、岡山県吏ヨリ大蔵省へ問合中トカ申事ニテ、拙老ガ貴家ト縁故アル処ヨリ、御依頼申上呉トノ義ニ御坐候、乍去官ニハ自ラ成規アリ、縁故ヲ以テ成規ヲ枉ル訳之モノニハ無之、田舎人ハ縁故デ事ガ出来ル様ニ思ヒ困入候、甚ウルサク被思召候へ共、同人来状ヲ添テ差出候間、御閑ニ御内覧可被下候、自然県吏ヨリ伺出候へは正当之御差図可被下候、決シテ私願ハ不仕候、匆々不一

一月十七日　　毅

阪谷賢兄

［封筒表］□（東カ）京小石川区原町百廿六　阪谷芳郎殿親展
［封筒裏］沼津保養館　東京麹町区壱番町四拾五番地　三嶋毅
一月十七日　㊞「三島」

16（明治三十九）年一月十六日　【908-1】

拝啓　其後愈御清穆奉賀候、却説過日は御栄遷誠ニ深喜大賀之至ニ不堪候、早々御歓ニ参上可致候処、毎々拝顔候故、態ト差控へ申候、御海恕可被下候、御老母様御欣慰ハ勿論、泉下朗廬先生之御満悦如何ト友人たる老生ハ

一番ニ思出候事ニ御坐候、所謂立身行道顕父母孝之終也ニ不違、御大孝と奉存候、何卒更ニ御奮発戦後之財政ヲ御整理被成下候へは、万民之幸福ハ勿論、御孝道ヲ全スルモノト可謂也、老生モ御講書始相済、今日より当地ニ供奉罷在候、胸中少シ閑ニ相成、寿賀之為ニ拙詩数首出来候ニ付、御笑覧ニ入レ申候、中ニハ失敬之言モ有之候へ共、視友人之子ハ、猶善好感喜之情より発候事御海恕可被下候、何分ニモ御家厳之学術公正忠直之遺風御守り奉願候、匆々頓首

　一月十六日夕　　　毅

阪谷蔵相執事

尚々御老母様へ呉々御歓御申上可被下候、且又御多用中、右閑言語ニ対シ決シテ御返書ニ不及候也、

［封筒表］東京小石川区原町百廿六番地　阪谷芳郎殿親展

［封筒裏］相州葉山長者園寄　東京麹町区壱番町四拾五番地

　三島毅　一月十六日夕

【908-2】

［付属①］漢詩

一朝抜擢立槐庁
不衰家庭旧典型
生子応如李鴉子
羨他泉下乃翁霊

　賀阪谷博士栄遷蔵相

　　三島毅拝艸

【908-3】

［付属②］漢詩

台閣喬遷与歳新
戦余善政済斯民
天恩感泣誰如我
旧学生登三大臣

　丙午新春聞内閣新任記喜、山縣逓相曽在二松学舎、牧野文相・阪谷蔵相皆教之大学故及

　三島毅

【908-4】

［付属③］漢詩

懇々当年戒幼童
今登台閣輔天工
老来刮目発驚歎
非是依然異下蒙

　其二

　　毅拝艸

【908-5】

［付属④］漢詩

廟堂大任輔経綸
継述家厳学正淳
回首自知老将至
後生可畏聖言真
　其三
　　毅拝艸

17（明治三十九）年六月四日　**【975】**

拝啓　愈御安静奉賀候、過日は門人企之寿筵御聞及ニ付、鄭重之御祝被下、恐縮之至ニ候へ共、難有受納仕候、随テ此二品自祝之印迄ニ拝呈仕候、御笑留可被下候、却説久々御無沙汰仕候ニ付、此節参上を心組居候処、数日来瘻麻質斯ニ而腰痛致居候ニ付、又暫く御無沙汰仕候、御海恕可被下候、艸々頓首

　六月四日　　毅

阪谷哲兄侍史

［封筒表］小石川原町　阪谷芳郎殿不及御答
［封筒裏］東京麹町区壱番町四拾五番地　三島毅　六月四日

18（明治三十九）年九月二十三日　**【971-1】**

拝啓　毎々之雨天に候へ共、愈御安健奉賀候、新聞上見受候へば、過日は遠方御旅行之処、無事御帰京之趣奉賀候、却説先般被仰越候誠忠録序文、乍延引出来、別紙差出申候、近来如此之求沢山陳腐と相成候故、甚不出来且簡短ニ候へ共、御勘弁可被下候、併シ不都合之処御坐候へは可被仰下候、相改可申候、右申上度、艸々頓首

　九月念三　　毅

阪谷蔵相閣下

［封筒表］小石川区原町百二十六　阪谷芳郎殿親展
［封筒裏］東京麹町区壱番町四拾五番地　三島毅　九月廿三日

［付属］三島毅書簡（　）年（　）月（　）日　**【971-2】**

一翰内啓　数日前、桂義山口俊太郎トカ申者ニ被勧、台湾彩票売弘之件ニ従事致度、高給モ呉候ニ付、許可致呉候様申出候へ共、拙者近来仙人界ニ居り、世間之財政ハ知ラズ、唯大意ヲ聞クトキハ、大博奕之世話人之様ニ被思、極正敷ことトモ不被存、且其方之身分ハ、阪谷蔵相ニ託シ置タルこと故ニ、蔵相ニ相談シ、御同意ノことナレハ、拙老モ異存せス（ズトカ）ド申別レ候処、其後、野崎ト申仁より御相談申上候処、御不同意之由ニテ、終ニ山口之方モ断り候哉ニ手紙ニテ申越候、大ニ安心仕候、右モ逓信

省之方、望通りニ上進モ出来不申処より、高給ニ迷ヒ参り掛候モノカト被察候、何分前途之方向被案候間、御注意被下、邪路踏迷ヒ不申様、御眷責奉願候也、

19 （明治四十二）年十一月八日 **【1061】**

昨日は誠忠録一部御贈被下奉謝候、美事ニ出来、忠魂義魂モ地下満足可仕候、頓首

十一月八日

［葉書表］小石川原町　男爵阪谷芳郎殿　壱番町　三島毅

20 （明治四十三）年二月十七日 **【972-1】**

拝啓　春寒猶料峭之処、愈御清健奉賀候、陳ハ先般は早川氏之義被仰聞、其後理事尾崎嘉太郎へ添書シテ遣候処、早速快諾ニテ、五百円寄附被致置候、猶三井氏周旋之義、嘉太郎より頼入候処、承諾之趣承り、御申聞之通師弟之情愈篤ニは感佩仕候、然ルニ周旋之末嘉太郎へ返答有之、又老拙ヘモ返書有之、別紙二通ニテ御承知可被下候、全ク益田氏之不承諾ヨリ成立せザルこと、始メテ知り申候、因テ渋澤翁より今一応勧誘ノ心添有之候へ共、翁モ一度蹴ラレタルニ、再応ト申テハ、翁之顔ニモ拘り可申カト懸念仕候、又如此拒絶アルモノヲ、乞食ノ如クニ再応三応強請モ、老生心底ニモ慙チ申候、右ハ如何御考被下候哉、尊兄へ御任せ申候間、可然御熟考可被下候、渋澤翁へ御相談之義モ、尊兄思召ニ任せ申候、右御相談致度、如此ニ御坐候、頓首

二月十七日　毅

阪谷賢台侍史

［封筒表］東京小石川区原町　男爵阪谷芳郎殿親展　〈阪谷筆〉
二月十一日回答　時機ノ来ルヲ待ツ云々

［封筒裏］相州葉山長者園寄　東京麹町区壱番町四拾五番地
三島毅　二月十七日

［付属①］早川千吉郎書簡（三島毅宛）
（明治四十三）年二月十四日 **【972-2】**

益御清健被為在奉頌賀候、御来示逐一諒承、三井家独御寄付不申上候而ハ、如何ニモ御残念之思召、御尤ニ奉存候、三井家ニ於而モ、斯学之為メ相当出金可申筈相考、主任へ申聞候処、昨年澁澤男ヨリ申込有之折、益田孝ヨリ個人トシテ出金スルモ、同家之方ハ御断申上候旨、御返辞致候由、小生病中、其辺之消息存知不申候、今更遣憾奉存候得共致方モ無之、就而ハ澁澤男へ直接御相談被下候ハヽ、何トカ工夫モ無之哉、幸ニ局面転換之工夫モ有之候ハヽ、誠ニ仕合奉存候、折角之御懇示ニ付、愚見

中洲先生座右

〈端裏書・阪谷筆〉尾崎手紙

21 （明治四十三）年三月二十四日 【926-1】

貴簡留守宅より相廻り拝見仕候、春意少敷催候処、愈御健康奉賀候、然ハ当冬岡山県下ニテ大演習有之、陛下御臨幸も有之候ニ付、備中古今之人物調査云々、過日偕行社集会、老生も申参候へ共、供奉中ニ付不参仕候、右は全体岡山県知事より取調べ可上進モノニ付、已ニ二日比ニ知事より高梁郡長へ

板倉勝重　板倉重宗
山田安五郎　熊田恰

右四人事跡取調べ早々可申上トノ沙汰ニテ、高梁郡長ニテ取調べ、拙老へ調書差向添削致呉トノ儀ニ付、加筆シテ遣置申候、已ニ県庁へ差出可有之被察申候、右四人之内、藩初二代、京都政蹟ハ世間ニ流布之雑書ニ沢山見へ候へ共、藩ニ家譜有之、ソレヨリ大略抜出サセ置申候、山田之事ハ拙選ノ碑文又年譜モ出来居候故、是より抜出せ置申候、熊田恰は一箇ノ武人ニテ、藩ノ門閥家ニ付、彼御一新ノ節、玉島ニテ切腹シテ官軍ニ謝罪シタト云一事有之ノミ、是ハ川田ガ選ヒタル碑文アリ、是より選出

為御参考申上候、謹復

二月十四日　　千吉

三島老先生御侍史

〈端裏書・阪谷筆〉早川手紙

[付属②] 尾崎嘉太郎書簡（三島毅宛）

（明治四十三）年二月十三日 【972-3】

拝啓　愈御清栄之段奉拝賀候、陳ハ去ル十日附書面を以テ御通報申上候三井家寄附ニ関し、本日書類携帯、早川氏を訪問、有賀氏へ紹介之労相願度旨依頼候処、右ハ過日有賀氏へ紹介、三井家寄附之義、可取計旨御受合申候処、本件ハ昨年、渋澤男爵より益田孝氏へ依頼有之候節、同人より三井家寄附之義ハ謝絶致候趣ニ付、今更自分より主任ニ申談候時ハ、主任ニ於テも取扱ニ苦ミ候ハ勿論、益田氏と之関係上、面白からさる次第ニ付、老先生より更ニ渋澤男爵へ御話相成、同男爵より再応益田氏へ依頼有之候方、可然歟と存候間、其旨先生へ不悪可申上様、相託され申候、右之次第ニ付、三井家之件ハ不悪御了知相成度候、此義ハ他理事諸君へ協議之上、阪谷男爵へ相話し可然取計候積りニ候、不取敢右御通知迄、早々

二月十三日　　尾崎生

候様申遣置、然シ贈位ノ価直アリヤ否は保証難出来候、其他岡山人ニテ被選候人物被仰越候処、老生ハ多分承知之人ニテ多ハ学者ナリ、餅ヤ餅屋ニテ学問ノ高下大小ハ伝居申候、此選ヒ方、実ニ玉石混淆ニ御坐候、此位ノ人ヲ選ブナラ、マダ数人可有之、乍去余リ価直ナキ人ヲ多ク選出も、申立人ガ眼目ナキことヲ世間ニ被笑可申カト存候、其内西山拙斎ハ、柴栗山ノ碑文鴨方ニ立チ有之候、是ハ贈位可然人カト存候、川田ハ生前御寵用ニ相成、従三位迄ニ上居候故、如何ノモノカ、朗廬先生ハ生前下位ニ沈淪、贈位可然カト存候、緒方郁三ハ緒方洪庵之養子ニテ、洋書ノ力洪庵ニ勝リ、洋学創開ノ功アリ、贈位モノカト存候、其余ハ不足数様ニ存候、森田節斎及弟月瀬ハ大和人ナリ、故ニ一昨年比カ大和より申立、已ニ贈位アリタリ、月瀬ハ元医師ナリ、医術流行せで晩年ニ詩ヲ作リ居候小儒者ニ御坐候、贈位ノ価直有之間敷候、ソレハとモ角備中人ニハ無之候、大藤幽叟ハ吉備津宮ノ大宮司ニ而、歌人ニテ才子ナリキ、御一新前ニ京都ニ而暗殺サレタリ、勤王家ニモ非ス、佐幕家ニモ非ス、其死因承知せで、或ハ私怨カ才ヲ妬レタガ、此時分暗殺流行ニテ、国事ニ関せズ、私怨或ハ悪マレテ奇禍ヲ招キシモノ甚多シ、大橋敬之介は倉敷人ニテ読書人ニモ非ス、何カ私怨アリ、出奔シテ長州ノ奇兵隊ヘ入リ、征長ノ再役始マリ、未タ接戦ニモ至ラザル前ニ奇兵隊ヲ脱シ、倉敷陣屋及ヒ浅尾藩ヲ襲ヒ、乱暴ヲ極メタリ、サスガノ奇兵隊モ其暴挙ヲ罪シテ自刃ヲ命シタリト伝承ス、凡ソ御申越ノ人物ニテハ老生所見如此ニ御坐候、併シ私見ノこと故賢兄迄御漏シ申候間、内々御聞取置可被下候、老生も今月末ニハ多聞〔分〕帰京候間、万御面話ニ付シ可申候、先ハ右御答迄、艸々不備

三月廿四日　　毅

阪谷賢兄

尚々前文ニ書漏し候宮大龍ナルモノハ、老生耳ニせシ事無之、間違ニハ無之候哉、或ハ宮原ノことカトモ存候、万拝眉之上可申上候也、

〈端裏書・阪谷筆〉丸川松陰（方谷師匠）佐藤一斉碑文を撰ス、竹山門人　鴨井熊山、茶山門人　関藤藤陰、木山三助、不知也、三備人儒アリ、

［封筒表］東京小石川区原町百廿六番地　阪谷芳郎殿拝復
［封筒裏］相州葉山長者園寄　東京麹町区壱番町四拾五番地
三島毅　三月廿四日

［付属］三島毅書簡別啓　**【926-2】**

別啓

吉備公ノことハ、吉備郡人数年前より請願せシ事ニテ、定テ今時モ県知事より上進候事と相察申候也、

22 （明治四十三）年十二月十五日 【910】

過日は御邪魔申上候、其節之御話ニ従ヒ、翌日品川へ参り候処、岩崎主人不在ニ付、委細山成へ参り頼置候処、同氏其後主人へ依頼候処、必ズ文相ノ招飲ニ出席可致との返事有之、御同安可被下候、又同日増田へモ相尋候処、是亦不在ニ付、悴太郎へ手紙ニテ頼置候、定テ承諾ト被察候、岩崎久弥へは尊兄より御頼被下候処、如何ニ御坐候哉、定テ承諾ト相察申候、先ハ右様子申上度、如此ニ御坐候、頓首

十二月十五日　毅

阪谷賢兄

尚々御話之松尾モ文相相招候由ニ承り候、御序モ御坐候へば、必ス出席御頼置可被下、馬越モ御逢御坐候へば御勧置可被下奉願候也、

［封筒表］口（小カ）石川原町　男爵阪谷芳郎殿親展
［封筒裏］東京麹町区壱番町四拾五番地　三島毅　十二月十五日

23 （明治四十四）年四月二十一日 【913】

拝啓　来廿三日御次女様御新婚御披露宴へ御招被下難有奉存候、随而

真綿　壱函
松魚節　壱箱

右御歓之印迄ニ進呈仕候、御寿納可被下候、却説老生儀先日以来之小恙于今全快致兼候ニ付、右御宴席へは不参仕候間、不悪御海恕可被下候、先は御歓旁右御断申上度、如此ニ御坐候、頓首

四月廿一日　毅

阪谷芳郎殿

［封筒表］小石川原町百二十六番地　男爵阪谷芳郎殿　不及御答〈阪谷筆〉粗品附呈
［封筒裏］東京麹町区壱番町四拾五番地　三島毅　四月廿一日

24 （明治四十四）年七月二日 【970】

一昨日は御手紙被下、俄ニ御渡欧之内命被為蒙候由、遠方御苦労ニ奉存候、就テハ曽根氏碑文之事被仰下承知仕、若起草ニ（之カ）節不審有之ハ、御指図之両氏へ相尋可申候、併シ九月末ニハ御帰朝ト申候事、多分其比迄ニ出来候カト存候、今朝拝趨致度、電話ニテ承候処、御取込中之由ニ

テ差控ヘ申候、右ハ何も用向有之ニハ無之、御出立之日時モ不分、自然御見送り失敬モ難計ニ付、拝眉御送別申上度迄之事ニ御坐候、随分時気御厭御機嫌克御渡欧可被成候、以書中相別、如此ニ御座候、頓首

七月二日　　毅

阪谷男閣下

〈端書・別筆〉明治四十四年七月二日付　三島毅氏　曽根氏碑文及男爵ノ渡欧ノ件

［封筒表］小石川区原町百二十六番地　阪谷芳郎殿拝復

［封筒裏］東京麹町区壱番町四拾五番地　三島毅　七月二日

〈別筆〉明治四十四年

25（明治四十四）年十月三十一日　【914】

今朝は御苦労ニ奉存候、曽祢氏碑文モ流石ニ賢兄之御紹介ニテ大結構之御異存無之、少々字句間ノ訂正ニテ相済、大ニ安心仕候、跡ニテ熟考候処、諮詢ノ字ハカリハカルノ訓ニテ相談スルことナレハ、上下ヘ通用スル義ニ候ヘ共、近来俗間ニ下ヘ諮詢ト慣用シ来レハ、元老モ皆漢文ヲ解せズ、如何ニ被思テモ宜シカラス、因テ

諮詢諸元老ヲ　問諸元老ト改ム

問ハ師ニ質問スルナド丶用ヒ、上ニ問フこと多シ、故ニ下ニ尋ネルことヲ下問ト申ス熟語モアル位ナリ、又

君聞之莞爾竊喜其志之成

ト訂正致候共、被喜タル形容ヲ用ヰタシ、因テ朱字ノ通莞爾トニツコリシタト入度候、

右御異存無之ハ御訂正ノ上諸元老ヘ御廻シ可被下候、併シ此上モ俗論起ルモ難計、成丈御説明之上、六ヶ敷ハ御申聞可被下候、何トカ致可申候、艸々頓首

十月卅一日　　毅

阪谷賢兄

〈端書・別筆〉明治四十四年十月三十一日付　三島毅氏　曽祢氏碑文修正ノ件

［封筒表］小石川原町　男爵阪谷芳郎殿親展

［封筒裏］東京麹町区壱番町四拾五番地　三島毅　十月卅一日夜

26（明治四十四）年十一月三十日　【907】

過日は毎々客来ニテ失敬仕候、却説碑文之異見附紙ニテ御示シ被下、拝見候所、随分妙ナル意見モ有之、夫々愚見モ朱筆ニテ申上候ヘ共、実は衆人醵金ニテ出来候碑之事故、成丈不平之ナキガ宜敷ト存ジ、皆々改正致度候、高見如何、是ニテ可然ト被思召候ヘは、別段御来話被下

ニ不及ト考へ、碑文返上候間、朱改之通ニ御清書御命シ可被下候、併シ尚如何ニ被思処有之は無御遠慮可被仰越、何トカ考へ可申候、艸々頓首

十一月卅日

毅

阪谷賢兄

尚々朱筆ノ弁解ハ御笑覧之上御破り、他人ニハ御示シ被下間敷候也、

〈奥書・別筆〉明治四十四年十一月卅日付　三島毅氏　曽祢氏
碑文修正ノ件

［封筒表］小石川区原町百廿六番地　男爵阪谷芳郎殿拝復
碑文在中

［封筒裏］東京麹町区壱番町四拾五番地　三島毅　十一月卅日
〈別筆〉明治四十四年

27 （明治四十五）年一月二十三日【973】

貴札拝見、厳寒中愈御清健奉賀候、陳ハ過日は為義金参集被成下、種々御打合被成下候由、御厚意奉多謝候、因テ早川氏へ御勧誘被下候由奉謝候、就テハ老生直接訪問可致候様被仰下候処、此節当地供奉申ニ付不能其義、春末帰京之節迄相延置可申候、ソレ迄ハ老生手紙ニテモ附ケ、理事ニテモ遣し、同氏丈之寄附丈ニテモ確メ置、三井之方ハ老生直談ニ可致ト相考居申候、其他被仰付候義委細承知仕候、尚機会御見附被下候へは、有力者へ御勧誘宜敷奉願候、先ハ拝答迄、艸々頓首

一月廿三日

毅

阪谷賢兄侍史

［封筒表］東京小石川区原町百廿六番地　男爵阪谷芳郎殿拝復

［封筒裏］相州葉山長者園寄　東京麹町区壱番町四拾五番地
三島毅　一月廿三日

28 （明治　）年一月二十二日【966】

拝見仕候、御姉様一件も結局ニ相成候よし、御報告被下安心仕候、南摩よりも別紙之通り申越候、入御内覧申候、然し御双方トモ御断腸之義御察申候、人情不得不然、然し御双方因循姑息シテ後悔アルニ勝ル、万々余付拝晤候也、

一月廿二日

毅

坂谷賢兄

乍末行御老母様へ宜敷被仰上可被下候也、

［封筒表］麹町平河町□（六カ）丁目二十一番地　阪谷芳郎殿拝復
東京麹町区壱番町四拾五番地　三島毅

［封筒裏］一月廿二日

29（明治　）年五月八日【916】

昨日ハ失敬仕り候、久振拝話面白キ御事に御坐候、却説此塩蒸鯛国元親類ヨリ唯今送来り候ニ付、壱尾配呈仕り候、時節柄早ク召上り被下度奉願候也、

五月八日　毅

阪谷賢兄侍史

［封筒表］平川町六丁目二十一番地　坂谷芳郎殿　塩蒸鯛一苞付ス

［封筒裏］東京麹町区壱番町四拾五番地　三島毅

30（明治　）年八月十五日【969】

貴簡拝見仕候、残暑中ニ候へ共、御勉職奉感佩候、老生山中閑適御安慮可被下候、然は財政史箱記之御文御示被下、一二失敬返上仕候、右は過日東宮ニテ拝見、誠ニ立派ニ御出来感服仕候、伯モ定テ満悦ト奉察候、艸々拝答、頓首

八月十五日夜　毅

坂谷賢兄

再啓　出立前一日春日氏相尋委細相頼置候処、翌日直ニ手元煩劇之処へ用ヒ呉候由、何分遊惰生は煩劇之場所ニテ困苦サせ、他へ心ヲ馳せシメザル様致スガ良薬ト存候、春日氏へ御逢之節宜敷御頼置可被下候也、

［封筒表］東京市麹町□《（大カ）》蔵省内　阪谷芳郎殿拝復親展

［封筒裏］相州箱根芦之湯　川辺儀三郎方　三島毅　八月十六日

31（明治　）年八月三十一日【931】

残暑不相替猖狂ニ候へ共、愈御多祥奉賀候、陳ハ兼而被嘱候銘并序文、今日カ御約定日ニ付、勉強脱稿一応入高覧申候、事実之間違ひ又ハ不都合ト被思召候事御坐候へば、無御遠慮御申越可被下候、幾回も改正可仕候、巻ハ誰ニ揮毫御嘱被成候哉、長・巌谷・金井諸氏皆旅行中、日下部一人在京ニ御坐候、御承知無之ハ紹介可仕候、

一、松方伯履歴ハ返上仕候、余之書類は頂戴仕置、得ト拝見可仕候、

一、今般の拙稿モ、一二朋友ニ為見申候間、批評等御覧被成度候へば、追テ加筆差出可申候、

右申上度、匆々不尽

八月卅一日　三島毅

阪谷哲兄御侍史

32 （明治　）年九月三日 【915】

昨晩ハ御苦労ニ奉存候、其節申上候賛同者カ雅ト存候へ共、若シ如何ニ思ひ候人有之ハ同志者ニ而も宜敷考へ申候、同志者ハ世間ニ流行致候故ニ俗ナル様ニ候へ共、漢語ニ有之候事故構ひ無之候、且賛同者トカ同志者トカ肩へ書キ、姓名如左ノ四字ハ無クテ宜様相考へ申候、此段申上置候也、

九月三日　毅

阪谷哲兄梧下

［封筒表］平川町六丁目　阪谷芳郎様差上置
［封筒裏］東京麹町区壱番町四拾五番地　三島毅

33 （明治　）年十月二十日 【924】

昨晩御約束申候序文中、因借云々八字ノ一句ヲ左ノ通りニ

因発整理証券者。借低息之債漸償之。

ト改メ、今朝直ニ日下部氏へ申遣置候、万一如何ニ被思召候へは、急々御申越被下度候也、

十月廿日　毅

阪谷賢兄

［封筒表］□（麹カ）町平川町六丁目□（二カ）十一番地　阪谷芳郎殿差上置
［封筒裏］東京麹町区壱番町四拾五番地　三島毅

34 （大正五）年一月十三日 【968】

拝啓　喪中他事ハ後日ニ譲り、当用ノミ左ニ、
来ル十五日故朗廬先生御祭典ニ付御招被下、久振之事、必ス陪祭可仕之心底之処、御承知之喪中御遠慮申、乍遺憾不参仕候、因テ

拙詩　一首
菓価　壱円

差出候間、御霊壇へ御供可被下候、草々頓首

一月十三日　毅

阪谷賢兄捂右

［封筒表］男爵阪谷芳郎殿不及御答候
［封筒裏］東京麹町区壱番町四拾五番地　三島毅

35 （　）年一月三日 【909】

今朝は失敬仕候、其節御案内申上候通、来ル七日午後四時富士見軒へ御参会奉願候、右は親類会ニ付、乍失敬准

親類之思召ニ奉願候、ソレ故極粗末之事ニ御坐候、且昨
年モ御鄭重之御祝品被下候御答礼旁ニ付、決テ御心配等
被下間敷候、此段申上置候、頓首

一月三日　毅

阪谷哲兄

〔封筒表〕□《小カ》石川原町　男爵阪谷芳郎殿親展
〔封筒裏〕東京麹町区壱番町四拾五番地　三島毅　一月三日夜

36（　）年一月二十二日【925-1】

拝啓仕候、過日は毎々俗事御心配相掛、夫々御返書被下
奉多謝候、然ルニ又々俗事御依頼申上候義出来、甚以恐
縮之至ニ候へ共、不得已執筆仕候、他事ニ無之兼而御承
知被下候

小野静雄

右は拙老親族之ものニて、少々志願之義有之、賢兄へ拝
謁願出ニ付、添書致呉とて突然参り、遠方参候事故、相
断り差返ス訳ニも参兼候故添書仕候、且又同人義は、少
々資産有之、決シテ糊口之為之志願ニ無之義ハ保証仕候
間、志願御聞取之上宜敷奉願候、匆々不一

一月廿二日　毅

阪谷賢兄

〔封筒表〕□《小カ》石川区原町百二十六　阪谷芳郎殿　小野静雄持参
〔封筒裏〕沼津ニテ　東京麹町区壱番町四拾五番地　三嶋毅
〔名刺〕小野靜雄

37（　）年四月十八日【974-1】

拝啓　開花好時節愈御安健奉賀候、却説先般来同国人之
義ニ付、毎々御面倒相掛恐縮之至ニ候処、又々高梁藩友
人之忰横山昌次郎と申ものへ、門人同地郡長石川良道よ
り添書ニ而、尊兄へ紹介致呉候様、別紙之通頼来候へ共、
拙老も余り頻煩之事故相断り候処、御承知之桜井熊太郎
同道御願申ニ付、添書丈差出呉との義ニ付、一書認メ申
候、学問人物は良道添書中ニ有之候通、前途有望と被存
候間、若し何れかへ御差向被下候へ《はカ》共大幸之至、尤当人
も官途よりハ会社を望居候間、御聞取之上御周旋奉願候、
先ハ右御依頼迄、如此ニ御坐候、頓首

四月十八日　毅

阪谷賢兄

〔封筒表〕□《小カ》石川区原町　阪谷芳郎殿　〈阪谷筆〉横山昌次郎
持参
〔封筒裏〕東京麹町区壱番町四拾五番地　三島毅

［付属］石川良道書簡（三島毅宛）（　）年三月十九日　【974-2】

拝啓　逐日春暄相催候、
御起居愈御清祥奉大賀候、偖先日は潤筆彼是之儀ニ付御面倒御煩申上候処、早速御教示ニ預り鳴謝仕候、近日鳳洲翁揮毫序文到着可致ニ付、其上都而之分取纏、夫々始末相付可申方御了知置被下度、偖又茲ニ御配慮相供度儀御坐候、旧藩人横山昌次郎《故横屋幸斎氏ノ姪》なる者罷出、東京ニ於而方向相定度趣を以而上京致候ニ付てハ、本人推参拝芝高教可相仰、尚ホ乍御面倒、坂谷芳郎氏へ御紹介希度旨申出候間、是亦宜布御手数相願候、本人ハ京都同志社卒業、亜米加エール大学卒業後、二三年所学専修致候而、マスター并ニドクトル《理財経済学》之学位を有し居、頗前途有望ニ存候間、為郷国大ニ発展為致度愚見ニ御坐候間、宜布御了知被下度、学資之供給不充分中ニ、苦学目的を達し候者ニ付、意思も鞏固、将来有為之才を抱き居候様認め候間、右御依頼旁御紹介申上候、
先は願用迄、早々敬白

三月十九日認　良道

中洲先生虎皮下

〈端裏書・別筆〉郡長石川良道手紙

38　（　）年四月三十日　【933】

拝啓　暖和好時節ニ相成候処、愈御清健奉賀候、其以来大ニ御無音仕候、御海恕可被下候、却説彼備中館寄附金四拾円は、集金人御差向被下候様御申聞有之、日々相待居候へ共、于今無其義、甚延引ニ相成候ニ付、今日執事ニ為持差出候間、備中館へ御渡被下、受領書執事へ御渡し可被下候様御命可被下候、別ニ御返書被下ニハ及不申候、何れ其内拝趨拝顔可致候、艸々頓首

四月廿日　毅

阪谷賢兄

［封筒表］小石川区原町百二十番地　阪谷芳郎殿　金四拾円在中

［封筒裏］東京麹町区壱番町四拾五番地　三島毅

39　（　）年七月十七日　【917】

過日ハ御邪魔申上候、御令閨様其後追々御全快と奉察候、却説此旧同藩人奥元太郎、右ハ専門学校経済課卒業致候ものに御座候処、大兄ニ拝謁致被下度と願出候ニ付、御用も御坐候へば、御面会被下度奉依頼候、幼年より学才

有之候評判之人物ニ候へ共、老生等と異派之事故分リ不申候、宜敷御鑑定置被下、何角相当之処も御坐候へは御周施奉煩候、頓首

七月十七日　毅

坂谷賢兄

［封筒表］□(阪)谷芳郎殿　奥元太郎持参　東京麹町区壱番町四拾五番地　三島毅

40　（　）年八月二十一日　【932】

口上

昨日御帰り後、幸ニ閑アリ、相考候処、何分御話之通りハ、六句ニ而難尽、八句ニ致度、其段大蔵省へ向テ書中申上置候へ共、跡ニ而考候へば、昨日ハ半ドン、午後ハ御退省と奉察候、右書状今日ニも御宅へ廻り候へば、御取消し可被下候、其訳八句ト申考ハ、凡ソ左之如シ

軽重有制　（軽重ハ貨幣ノこと）
出納有紀
中興財政
至君整理
一朝掛冠
僚属眷恋
爰贈銀瓶
聊擬鉄券　（功労ヲ鉄券ニ刻シテ賜ヒタル故事）

然ルニ昨夜又考ルニ、小花瓶ニハ余り長カスギテ、碑銘ノ如シ、極々正味ヲ銘ニ述テ、其詳細ハ序文ニテ分ル様ニスル方、体ヲ得タリトテ

積レ財如山　（積財通貨ハ管仲伝中ノ熟語）
通レ貨似水
頌以花瓶
流芳千祀　（流芳モ故事、祀ハ歳ノこと）

右ノ通りニも考見申候、是ナレハ御望ノ通り四句ニ而相済候故、大書深刻出来可申候、又銘ハ含蓄之方宜敷、序文ニ而講訳可仕候、此段御相談申上候、御異存無御遠慮御申越可被下候、今少問合モ御坐候故、何度ニ而も考へ改作可致候、実ハ花瓶ノ銘故ニ、花瓶ノことノミヲ述テ、暗ニ大臣ノ功労ニ比スル方可然、大学湯之盤之銘ノ如クスルガ極々体ヲ得レとも、是ハ甚タ六ヶ敷、又余り含蓄スギテ鳥渡見テハ分ラズ、如何之ものト考中ニ御坐候、右内々御相談申上候也、

八月廿一日　老毅

阪谷賢隷台御侍史

三島通陽　書簡

1　（八）年十二月六日　【952】

拝啓　時下隆冬之候、愈御清康に被為渉候段、慶賀之至りに奉存上候、

陳は来る十四日午後五時拙宅に於、粗餐差上度候間、御多忙之処恐入候得共、万障御繰合御光臨被成下候はゞ、御光栄之至に奉存上候、

先は不取敢以書中御案内迄申上度、如此御座候、敬具

十二月六日　三島通陽

男爵阪谷芳郎殿

同　令夫人

追て乍御手数様御来否御一報被下度願上候、

［封筒表］□（小カ）石川区原町一二六　男爵阪谷芳郎殿要回答　〈阪谷筆〉（問題ノ件牧野男へ）十四日五時

［封筒裏］東京府豊多摩郡千駄ヶ谷町七百六十二番地　三島通陽

三島弥太郎　書簡

1　（大正二）年四月四日　【867】

拝啓　益御清祥奉慶賀候、陳は金貨本位制度実施十五周年紀念会之儀、御大喪ノ為メ延期相成候ニ就而は、右紀念ノ為メ紀念牌御調製之趣ヲ以テ、同紀念牌壱個御配与ヲ辱フシ、難有拝受仕候、不取敢御請旁御礼辞迄、如此御坐候、敬具

四月四日　三島彌太郎

男爵阪谷芳郎殿

［封筒表］小石川区原町百二十六番地　金貨本位制度実施十五周年記念会委員長　阪谷芳郎殿

［封筒裏］東京府豊多摩郡千駄ヶ谷町千駄ヶ谷七百六十二番地　三嶋彌太郎

2　（大正四）年十月七日　【868】

拝啓　時下益御清康被為渉奉大賀候、陳者御近著最近東京市一部御恵贈被成下御芳情難有奉拝受候、不取敢右御礼申上度、如斯御座候、敬具

十月七日　三島彌太郎

男爵阪谷芳郎殿御侍史

[封筒表] 小石川区原町一二六　男爵阪谷芳郎殿御侍史
[封筒裏] 府下千駄ヶ谷町　三島彌太郎

3　大正五年四月十八日　**【869】**

拝啓　時下益御清祥被為渉奉恭賀候、陳ハ不日御渡欧相成候ニ付テハ御懇話相願、今回来ル廿四日日本銀行舎宅ニ於テ晩餐会相催候間、御繁用中恐縮ニ候得共、同日午後三時ヨリ御来臨被成下候ハヽ光栄之至りニ奉存候、右御案内申上候、敬具

大正五年四月十八日　　三島彌太郎

男爵阪谷芳郎殿

追テ当日ハ午後三時ヨリ御懇談相伺、同六時半頃晩餐差上度存居候、

[封筒表] 男爵阪谷芳郎殿　〈阪谷筆〉二十四日三時
[封筒裏] 三島彌太郎

水野幸吉　書簡

1　（　）年（九）月（二十六）日　**【865】**

拝啓　今回ハドガチヤガ騒ぎが多クして、思ふ丈けの御待遇も不致得、加之御出発の砌も不在にて、御見送も不致、不本意千万ニ候、不悪御諒承被下度候、

本書を相托する相羽副領事ハ久敷南米ニ駐在、今度公用を以て帰朝致さるゝ義ニ有之、該方面の模様御聞取相成候も面白かるべしと存候、御同船致候ニ付、本人の御希望も有之、旁々爰ニ紹介申上候、

終ニ閣下及梅沢先生の一路平安を祷り候、匆々頓首

九月念六　　於紐育
水野幸吉

坂谷男爵閣下

[封筒表] 西伯利亜号ニて　坂谷男爵閣下　相羽副領事進呈
[封筒裏] 紐約　水野幸吉　〈別筆〉11-12 243

水野錬太郎　書簡

1　（大正九）年九月十八日　**【864】**

拝啓　秋冷之候、益御清福奉賀候、陳は過般ハ日曜学校大会之儀ニ付御申越之趣拝承仕候、同会出席者ニ就てハ相当配慮可致と存候、頃日承り候へハ、例之排日思想より、朝鮮人中よりハ出席不致との事申居候者も有之由ニ

候か、果して如何ニ御座候哉、詳細之儀ハ未た十分相分り不申候、兎ニ角御申越之御趣旨ハ拝承仕候、当地之状況ニ就てハ、近日上京申之赤池事務局長より御聴取被下度候、多分御訪問致事と存候へハ、御引見之上、詳細御聞取之程切望仕候、先ハ御挨拶迄、如此ニ御座候、頓首

九月十八日

鍊太郎

阪谷男爵閣下

［封筒表］東京小石川区原町　男爵阪谷芳郎様親展
［封筒裏］朝鮮京城　水野鍊太郎

2 （大正十二）年十二月十九日（水野鍊太郎・万寿子書簡）【863】

拝啓　向寒之候、益御清祥奉賀候、陳は御令嬢様ニハ伊藤長次郎氏令息と御結婚被遊候趣御芽出度大慶之至ニ奉存候、御祝詞申上候、御祝之品何か差出候筈ニ候得とも、時節柄ニ付御遠慮仕候間、可然御諒承被成下度候、先ハ不取敢右御悦申述度、如此ニ御座候、拝具

十二月十九日

水野鍊太郎
同　万寿子

男爵阪谷芳郎様
同　令夫人

［封筒表］小石川区原町　男爵阪谷芳郎様侍史
［封筒裏］東京市芝区白金猿町六十一番地　水野鍊太郎

3 大正十四年七月六日【866-1】

拝啓　弥々御清適奉賀候、陳者御承知の通り今回衆議院議員選挙法改正の結果、選挙権の拡張を見たる次第に有之候処、政府に於ても目下公民教育の充実に付き考慮中の由に候へ共、之と相俟つて挙国応分の努力を払ふは、此際最も緊要の事と存候まゝ、別紙趣意書に基き、政治教育協会を設立し、政治教育の普及発展に努力致度候に就ては、貴下に於かれても趣旨御賛成の上、賛助員として御援助被下候はゞ仕合に奉存候、先は右得貴意度、如此御座候、敬具

大正十四年七月六日

政治教育協会発起人総代
水野鍊太郎

阪谷芳郎殿

追て御賛否の程、別紙端書にて御回答被下度願上候、

［封筒表］小石川区原町一二六　阪谷芳郎殿　〈阪谷筆〉十四年七月九日断ル
［封筒裏］東京市芝公園協調会館内　政治教育協会　水野鍊太

郎　大正十四年七月　日

［付属①］政治教育協会設立の趣旨【866-2】
［付属②］政治教育協会関係者書上【866-3】

水町袈裟六　書簡

1　（明治四十）年八月十四日　【962-2】

拝啓仕候、陳者小栗一件ニ関スル尊諭正ニ拝承仕り候、初メ野生ハ、第一、整理委員の成立、第二、整理案ノ確定、第三、之ヲ具シテ知事ヨリ上申、次デ塩販売復旧ノ認可ト云フ順序ニテ、整理一件進行スヘキモノト了解罷在候処、数日前ノ桂伯邸相談会ノ模様ヲ伝聞スレハ、整理案ヲ立テスシテ、総支配人ノ撰定ヲ先ニシ、殊ニ頭取ヲ以テ総支配人ニ擬セラレタルヤニ有之、斯ノ如キハ、兼テ承知致居候順序ニ相違スルノミナラス、閣下ノ根本ノ御趣意ト、頗ル相遠ザカルノ感有之、依テ理財局長并ニ長島書記官ニ、右ノ如キ相談ノ結果ヲ生スベキ事情ニ付キ、思ヒ当ルことナキヤヲ相尋ネ候得共、何分分明不致、此上ハ閣下ノ御垂示ヲ仰ク外無之ト相考へ、松尾総裁へ其等ノ御話ヲモ託シ候積りニテ、電信御伺申上タル次第ニ有之候処、昨日ノ御書面ヲ拝見仕ルニ及デ、果シテ既定ノ順序ハ変更セラレタル所ナク、而テ右相談会ノ協議ハ、此順序ニ違フモノナルこと分明致候、思フニ此順序ノ変更ハ、寧ロ相違ハ単ニ手続ノ相違ト云フニ止マラスシテ、相談ノ未成熟ヲ証スルニテハナキヤトモ考へラレ候、即チ第一ハ整理委員ニ於テ、資産負債ノ精査并ニ整理案ノ立案ヲ為スヘキヲ、之ヲ総支配人ノ責任トナシ、而テ整理委員ハ単ニ評議員ノ如キ地位ニ立チ、第二、閣下カ馬越ニ擬セラルヽ事ヲ須藤ニ担当セシメ、須藤ヲ整理ノ本尊ニ立テ、融通ノ責任ヲモ須藤ノ担当トナシ、而テ之ヲ総支配人ト称スルト云フカ如キ考ガ根本トナリテ、前記相談ノ結果ヲ生シタルニテハナキカ、果シテ然リトスレバ、此レハ整理ト云フ事ニ付キ、馬越・神野諸氏ノ考、未タ熟セサルモノト認メサルヲ得サル次第ニテ、更ニ一応ノ熟談ヲ遂ケサスルニアラサレバ、本件ノ進行無覚束ト相考申候、依テ今朝松尾総裁ト談合致シ候上、総裁ハ愈々明朝出発参上致候ことニ相成申候、委細ハ総裁ヨリ御聴取り被下度、尚ホ総裁ハ日本銀行ノ関係ニ付、深ク顧念セラルヽ所有之、至極尤モニ思ハレ候、此レ亦可然御聴取り被下度候、序ニ申上候、本日岡村輝彦氏来省、小栗ハ唯今塩ノ輸送仗《ママ》ケヲ命セラレアルモ最早販売命令ヲモ受ケンことヲ希望スル旨申述ヘラレ候故、野生ハ整理事件ノ順序ハ、未タ斯ル請求ヲ為シ得ル程度マテニ達シアラスト考フル旨ヲ、委ハシク説明致候処、同氏ハ善ク之ヲ了解シテ退省致候、此レモ相談会ニ於ケル相談ノ未熟ノ一証ト存候、何レ松尾総裁へ御下命アルヲ待テ、如何様トモ相働キ可申候、

専売局組織変更ノ案ハ、其後少シク修正ヲ要スルト考フル点ヲ発見致候、即チ廃合ノ見込ノ支局ノ中、一二ヶ所復活スルモ、経費ニ増加ヲ来サスシテ、弁シ得ヘキ計算相立チ候ニ付、此点ニ付、今一応精査ヲ遂クルことニ致シヲキ候、法制局ノ主任者トハ明日、若クハ明後日ヨリ内相談ヲ開キ候積りニ御座候、千六百余万円ノ事業公債引受価格ニ関シ、松尾・高橋両総裁ヨリ注意ノ次第モ有之候故、更ニ熟考ヲ遂ケ候ことニ致ヲキ候、或ハ行賞賜金ノ方ノ価格ヲ多少改ムルことヲ得ルニテハナキやト相考、此点モ調査中ニ候、

不取敢右仕(ママ)ケ上申仕候、早々謹言

八月十四日　袈裟六

大臣閣下

追テ省中不相変無事ニ候間、御休神被下度候、

[封筒表] 阪谷大蔵大臣殿親展　〈阪谷筆〉小栗ノ件　十五日回答　松尾氏持参

[封筒裏] 水町袈裟六

[付属] 水町袈裟六書簡　明治四十年八月十九日　【962-1】

拝啓　陳は昨十八日、長島書記官私用ニテ葉山ニ桂伯ヲ訪問候処、小栗整理ノ件ニ関シ松尾総裁来訪中ニテ、総裁御帰りノ処、総裁トノ用談ニ関シ、左ノ趣大蔵省ニ報告被致旨、桂伯ヨリ長島ニ申付有之候由ニテ、今朝同人ヨリ理財局長へ申出有之候趣、前刻聞及ヒ申候、

松尾総裁ヨリノ談示ハ、日本銀行理事ノ資格アル首藤氏ヲ以テ、小栗ノ整理委員トスルコトハ条例ノ許サヽル処ニシテ、現ニ田尻氏カ大蔵次官ニシテ松尾氏カ理財局長タリシ当時ニ於テ、川上左七郎氏カ他ノ会社ノ相談役タリシヲ、相談役ナル役名ハ定款ニモ現ハレサルモノナルニ拘ラス、日本銀行ニ命シテ罷メシメタル例モ有之、此際先例並法規ニ反シテ、首藤氏ニ小栗整理委員タルコトヲ許スコトヲ得サルニ付、同氏ヲ整理委員ニ加ヘス、整理委員トシテノ同氏ノ立場ハ馬越氏ヲシテ代ラシメラレ度、此儀ハ大蔵大臣トモ協議ノ上申上ケ候云々トノコトニ有之、右ニ対シ桂伯ヨリハ、整理方順序カ首藤氏ヲ整理委員ノ一人トスルコトニ出来居リ、其趣旨ヲ以テ、馬越・奥田・神野諸氏ヘモ依頼シタル事故、首藤氏ヲ加ヘスシテハ整理順序カ根底ヨリ覆サルヽモノニテ、馬越其

他ノ諸氏モ、右ニテハ整理委員ヲ引受ケスト信スルモ、法規ニ反シテ首藤氏ヲ整理委員ニ加フルコトハ依頼難致ニ付、従前ノ話ハ見込ナキ故、一切取消ス事ニ可致ト答ヘ、尚此儀大蔵大臣ヘ伝達方、総裁ニ依頼致候、右ノ次第ニ付キ、本十九日帰京、明二十日馬越其他ノ諸氏ニ事情ヲ明カニシ、整理委員ノ依頼ヲ取消シ、且小栗ニモ整理委員成立セサルヲ理由トシ、依頼ニ応スルノ由ナキ旨通知可致、従前ノ関係モ有之ニ付、此儀予メ大蔵省ニ報告ス云々、

右急速ニ伯ヨリ整理委員ノ取消ヲ宣告サルヽカ如キハ、是迄閣下ノ御配意ニ対シ如何トカ被存候ニ付、長島書記官ヲ通シテ、兎ニ角大臣ノ御帰京迄、取消云々ノ事ハ延期シ置カレ度旨申入置候積リニ候間、御含置被下度候、匆々敬具

明治四十年八月十九日　　水町次官

阪谷大臣閣下

2 (明治四十四) 年十一月九日
(水町袈裟六・高橋是清書簡) 【510】

拝啓　陳者本月八日付故曽禰子爵建碑ニ関スル御書面之趣、委細敬承仕候、乃チ小生共両人ニテ金壱千円出金可仕候間、左様御承知被下度、尚又夕種々之御配慮奉万謝候、早々不一

十一月九日　　水町袈裟六
　　　　　　　高橋是清

男爵阪谷芳郎殿

追テ昨夜豊川氏ヨリモ右ニ関スル相談有之候節、同様相答ヘ申置候間、為念此段申添候、

〈端書・別筆〉明治四十四年十一月九日付　水町袈裟六氏筆
高橋是清氏トノ連名　故曽弥子爵建碑寄附金ノ件
［封筒表］市内小石川区原町　男爵阪谷芳郎殿親展
［封筒裏］高橋是清・水町袈裟六　〈阪谷筆〉（三号報告　累計壱万三百円）、〈別筆〉明治四十四年十一月九日付

箕作元八　書簡

1 (明治二十六) 年五月二十九日 【881】

拝啓仕候、陳者今般御先考朗廬先生文集御出版相成一本を御恵送被下難有奉拝謝候、書中之文字は漸次拝読大に益を可得と楽居候、余は拝顔之節を期し、先は御受取迄に、草々不一

五月廿九日

箕作元八

坂谷芳郎様

［封筒表］麹町区平河町六丁目廿一番地　阪谷芳郎殿
［封筒裏］本郷西片町十番地　箕作元八　五月廿九日

2（明治三十五）年六月十七日　【880】

拝啓仕候、先日者態御招被下、丁重なる御馳走ニ預、久振ニ而旧事など談、近来之愉快仕候段深奉感謝候、其節御談話中ニ御地面内一部御借相成候哉に承候処、其後親友ニ而借地探居候者有之ルニ付、右之話致候処、同氏大ニ嘱望シ、早速左之二件御問合可致様依頼致候ニ付、甚以乍手数一応御報知被下度、此段奉稀望候、

一、御地面之中、原町通往来に接する方、凡三四百坪拝借出来候哉、

一、借地料者一坪何程候半哉、

右親友之身元性行共極テ確実有之、決而御迷惑相掛候様之人には無之事、小生保証仕候、先者用事耳已、草々不備

六月十七日　箕作元八拝

坂谷賢台侍史

［封筒表］小石川区原町　阪谷芳郎様親展
［封筒裏］本郷区竜岡町十四番地　箕作元八

3（明治四十四）年十月二十二日　【882】

拝啓　兼而御洋行中之処、一昨日御無事御帰朝被遊候由承、慶賀之至奉存候、定而彼地御滞在中者、我国之為御弁明之事モ不少、彼方之進歩等ニ付キテ鋭利御観察多々有之候儀ト存、他日御話モ承度楽居候、御出発之際、御見送申筈之処、無拠所差支ニテ遅刻失礼欠礼仕候間、御帰朝之際ハ御出迎候覚悟ニ有之候処、過日来レウマチニテ、去十九日当地へ罷越始末ニテ、復々不果志失礼仕候、先者御安着之御祝ヲ兼御託（詑カ）仕候、余ハ拝眉之節ニ期申候、

十月廿二日　豆州修繕寺養気館新井方

箕作元八

坂谷芳郎様侍史

追白　尚々御母堂昨今御状態如何候半哉、御序之節御伝声被下候、

［封筒表］東京市小石川区原町廿六　坂谷芳郎殿親展
［封筒裏］伊豆国修善寺養気館　箕作元八

4（　）年二月十三日　【884】

拝啓　御来状之趣拝承難有御受仕候、依而明日ハ時刻迄ニ参上仕候、余ハ拝眉ノ節ヲ期申候、先者御返事迄ニ、草々

　二月十三日　　箕作元八拝

　阪谷芳郎様

〔封筒表〕阪谷芳郎様御返事
〔封筒裏〕箕作元八

水上浩躬　書簡

1　（明治四十一）年四月十一日　**【963】**

謹啓　陳者過日は拝趨御寛話之機会ヲ得、大慶之到奉存候、昨日松田蔵相ニ面話仕候処、蔵相所説之要領は『阪谷男之洋行ヲ幸、神戸築港之利益及神戸市之財政ニ付、披露ヲ願フベキハ勿論、尚ホ都合好キ相談出来ル様ナレバ、大体之談合ヲ願ヒタル上、興業銀行ニ移シテ起債之手続ヲ運ブベク、場合ニ依り而は、次期之議会ニ補《ヽ》〔保〕証之事ヲ持出シ而モ可然欤、但シ手元ニ於而モ詮議スル』ト之言ニ有之、而シテ内外債之可否ニ付而は、未タ確信ナキ欤ニも想察候、只今貴邸へ電話申上候得共、已ニ御外出、御帰邸モ遅カルベキ旨、御返電ニ接シ候而巳ナラズ、格別御繁忙之際、可成御邪魔ヲ避ケ度、且ツハ十五日横浜迄御見送り之事ヲモ期シ居候故、兎モ角以書面右要領ノミ申上候、然シ幸ニ其前御面晤ヲ賜ハリ候様ナレバ、御電話次第参邸可仕候（宛所ハ末《ヽ》尾《ヽ》〔表書〕ニ記ス）、尚ホ過日申上置候神戸港写真十葉ハ、本日郵送仕候間、御落掌被下度候、敬具

　四月十一日　　水上浩躬

　阪谷男爵閣下

〔封筒表〕市内小石川区原町一二六　男爵阪谷芳郎殿急親披
〔封筒裏〕㊞「東京市日本橋区スキヤ町二番地　本局八五四・二九四〇　島屋平野カ子方」水上浩躬

美濃部俊吉　書簡

1　（明治四十三）年八月二十四日　**【850】**

粛啓　今朝ハ久々拝光甚長坐仕恐縮奉存候、御台堂御病気如何と其のミ関心仕候、一日も速ニ祈御平癒候、扨御下命之記事大体曽祢子之性行を叙述したるもの一応懸御目候、草稿の侭ニ而、甚乍失礼倉忽之際と御宥恕被

下度候、又事業を秩序立てゝ叙述候事ハ、余程之材料を要候のミならす、中ニハ事情之錯雑せしものも多々可有之、倉卒筆を下して却而誤を伝ふるを恐れ、不得已ハ他日を期すとし而、兎ニ角今日片瀬を訪問することゝ致候、右御諒承之程奉願候、早々頓首

八月廿四日　俊吉拝

阪谷男爵閣下

［封筒表］小石川区原町　阪谷芳郎殿御直
［封筒裏］下谷中根岸百三番地　美濃部俊吉　八月二十四日
〈阪谷筆〉同二四日返答ス

2（明治四十四）年六月七日　**【857-1】**

拝啓仕候、然ハ過日ハ参館種々御懇話を拝し難有奉存候、扨別紙小池靖一氏より送り呉候ニ付、不取敢御手許迄差上置候、早々頓首

六月七日　美濃部俊吉

阪谷男爵閣下

〈端書・別筆〉明治四十四年六月七日付　美濃部俊吉氏　小池靖一（小カ）氏書状ノ件
［封筒表］□石川区原町　阪谷男爵殿
［封筒裏］東京市日本橋区元四日市町一番地　株式会社北海道拓殖銀行東京支店　電話本局（長八八七・二二〇七・三〇六九）番　美濃部俊吉　六月七日〈別筆〉明治四四年

［付属］小池靖一書簡（美濃部俊吉宛）
（明治四十四）年六月五日　**【857-2】**

拝啓　過日ハ御来訪被下候処、失敬而已御海涵被下度候、御垂嘱之故曽禰子爵伝記資料拝見仕候処、誠ニ簡潔ニ御叙述ニて至極結構と奉存候、殊ニ貴下御執筆之一段ハ故子爵之平生を表したるものと被存候、唯瑣末之事ニ候へとも、一二記憶ニ浮ひ候所、左ニ相記し入御覧候、可然御取舎被下度候、右得貴意度、如此御坐候、草々頓首

六月五日　小池靖一

美濃部賢台侍曹

〈端書・別筆〉明治四十四年六月五日付　小池靖一氏　故曽祢氏伝記資料ノ件（美濃部氏宛）

3（明治四十四）年六月十七日　**【842】**

粛啓　小生儀去る十二日東京出発、当地へ帰任致候、扨別紙秋月新太郎氏加筆之曽祢子爵事蹟草稿御手許迄差上

候、尚小生不在中此事ニ関し御用之節ハ、何事ニ依らす、小生同様ニ関氏ニ御下命被下度、小生ニ代し万事奔走方同君へ依頼致置候、

取急き右而已、早々頓首

六月十七日

美濃部俊吉

阪谷男爵閣下

〈端裏書・別筆〉明治四十四年六月十七日付　美濃部俊吉氏北海道へ帰任、故曽祢氏事蹟原稿送付及不在中代人ノ件

[封筒表] 東京市小石川区原町　阪谷男爵殿親展

[封筒裏] 北海道札幌大通西三丁目七番地　株式会社北海道拓殖銀行　美濃部俊吉　六月十七日　〈別筆〉明治四十四年

4 （明治四十四）年十二月十六日 【844】

拝啓仕候、然ハ御名を以て払込方法通知致候より、追々払込有之、目下別紙之通り之計算ニ相成候間、一応供劉覧置候、尚右資金ハ小生名義を以て、不取敢当支店へ当特別当座預金とし而預け置候ニ付、合て御諒承被下度候、

早々頓首

十二月十六日

俊吉拝

阪谷男爵閣下

〈端裏書・別筆〉明治四十四年十二月十六日付　美濃部俊吉氏寄付金払込計算報告ノ件（曽祢氏建碑ノ件）

[封筒表] 小石川区原町　阪谷男爵殿御親展　〈阪谷筆〉払込一回

[封筒裏] 東京市日本橋区元四日市町一番地　株式会社北海道拓殖銀行東京支店　電話本局（長八八七・二二〇七・三〇六九）番　発電略号（トタ）　美濃部俊吉　十二月十六日　〈別筆〉明治四十四年

5 （明治四十四）年十二月二十一日 【841】

拝啓仕候、小生儀、本日出発、一応帰任仕候、出発前是非拝趨可致存候処、遂ニ出発当日ニ迫り、折悪御不在之趣電話にて拝承、無已書面大要申上候、不悪御諒承之程奉願候、

扨、先般態々御回被下候回議案ハ万々拝見仕候上、昨日小生名義を以て立案、関氏を経て、妻木氏へ回送致置候、其内各項御高示之通にて、大体至極結構と存候、唯一二主任分担を改候と、絵はがきの数印刷物表装等ニ付、多少御協議を乞ひ度考も有之、一二字句を修正致候、絵はかきの数を三葉ニ致度ハ、二葉にてハ稍物たらぬ感有之候と、一ハ故子爵の得意の詩にても写してハ如何との感

ありたる為ニ候、併し別段熟慮致たる訳ニも無之、其辺尚可然御高案相願度趣旨ニ止り候、

建碑意匠之件、妻木氏ニ於て尚研究せられ候事と存候得ハ、是上主張すへき愚案も無之候得共、先般此事を以て、河瀬秀治氏ニ相謀り候処、其後同氏ハ在る老僧と相談之結果として五輪塔形ハ面白からさるへし、但し他ニ適当之考案とてハ無之も、誠ニ一案として印度阿育王塔ニ基ける考案如何とて、態々材料を以て示さるゝ所あり、依て兎も角其材料と共ニ、参考迄ニ妻木氏迄申出置候、阿育王事蹟之伝記ニ依レハ、王ハ釈迦の後二三百年頃の印度之王ニして、頗る国威を振ひしと同時ニ、仏教之拡張《と》ニ力ありし人ニして、其所謂阿育王塔なるものハ、在世〔位〕中各地ニ塔を建て、之ニ国民ニ対する訓戒的話文を訓し、広く人民ニ示したるものゝ如くニ御座候、其塔之意匠ハ（実物ハモツト非常ニ高シ）

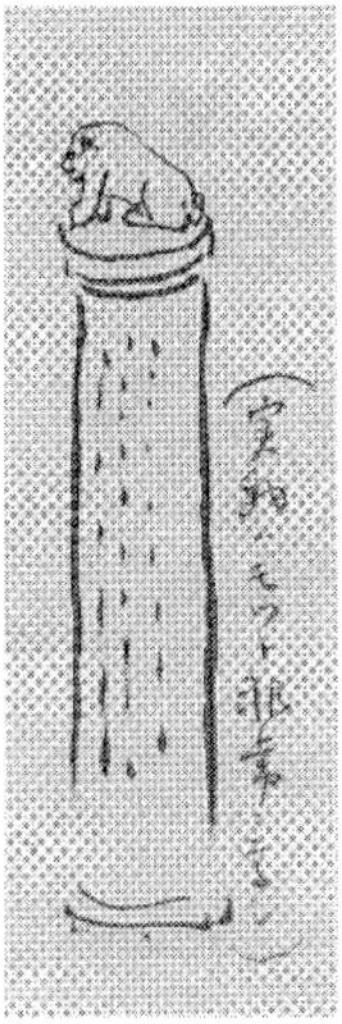

の如く、非常ニ高き円柱（石）ニ文字を刻したるものニて、其上ニ獅子・象・馬等を載せたるものニ候、河瀬氏之考案ハ之を参酌して、大形の角石を本体とし、其正面ニ碑文を刻し、其上ニ唐獅子之類を載すること、恰も印材を大くしたる様之意匠ハ如何といふニあり（出来れハ大理石ニし度しとの意見もあり）、此ならハ別ニ供養之意味を含すの虞なく、且一種の新意匠ニして、其由来ニ於て差さはりなかるへしといふ趣意ニ御座候、右を最も適当とするや否やニ付而ハ、小生等ニ於て定まりたる意見無之候も、兎も角一案として供御参考置候次第ニ御座候、

次ニ江の島山林之件ハ、堀事務官よりの電話ニ農商務省と打合之結果、法文之解釈としてハ開墾之名義を以て建碑を許し得ることに内定したるも、愈確定之方針を立つる前ニ、一応実地検分を必要とし、其為近々山林技師を派遣すへしとの事ニて、即ち其案内方小生より予め神官へ通知致置、而て実地検分之上、方針内定次第、小生若ハ関氏へ内報致くれ候筈ニ依頼致置候間、御諒承被下度候、

申込ハ其後小口之分割合ニ集りよろしからす候得共、目下申込高《と》約別紙之通、約壱万六千円ニ達候、尚稍まとまりたる寄附者の見込も幾分有之、壱万七千円余ニハ達すへき見込ニ御座候、尚追々御報告可申上候、

先ハ要旨而已、如此御座候、早々頓首

十二月廿一日

美濃部俊吉拝

阪谷男爵閣下

〈端裏書・別筆〉明治四十四年十二月二十一日付　美濃部俊吉氏　帰任、男爵ノ回議案、事務分担、記念絵葉書、建碑意匠、建碑敷地、会計ノ件、

［封筒表］□《小カ》石川区原町　阪谷男爵殿御親展

［封筒裏］中根岸　美濃部俊吉　十二月廿一日　〈別筆〉明治四十四年

6　（明治四十五）年二月三日　【853】

拝啓仕候、然ハ先般御会合被下候結果ニ基き、廿六日長岡氏同道三名にて片瀬江之島現状調査之上帰途、神奈川県庁ニ立寄り、知事不在ニ付、堀事務官ニ詳細申出置候処、其後県庁より同庁技師と当方設計者と立合、現状視察し度とのことにて、即ち来る六日を以て更ニ長岡氏ニ出張を煩事と致し、県庁と打合済ニ御座候、而て大体設計ハ樹木ハ一本たりとも切らさる条件に而、広く柴庭を造る設計ニ有之、面積ハ測量を経されハ詳ならす候得共、二千坪ニ近きかと存候、県庁之意嚮未た判明不致候得共、当方考之ある所ハ充分ニ諒しくれ、先ハ気受よろしき様ニ相見候、大体ニ於て相纏候事と予想致居候、又妻木君より新図案落手致候、早速可供御高覧之処、右ハ来る六日長岡氏出張之折携へ行き、県庁技師ニも示し候ハヽ、便宜と存候ニ付、長岡氏へ一時相渡候、何れ右立合調査相済、県庁意嚮も略相別り候上、併せて御協議を願候ことゝ致度考ニ御座候、

先ハ大体御報告申上置度、如此御座候、早々頓首

二月三日

美濃部俊吉拝

阪谷男爵閣下

〈端書・別筆〉明治四十五年二月三日付　美濃部俊吉氏、建碑敷地、建碑意匠ノ件

［封筒表］小石川区原町　阪谷男爵殿御直

［封筒裏］下谷中根岸　美濃部俊吉　二月三日　〈別筆〉明治四十五年

7　（明治　）年四月二十六日　【847】

粛啓　過般ハ態々片瀬迄御出駕被下、毎々恐縮奉存候、扨其節図取り致候スケツチを基礎ニし、佐久間鐵園翁より別冊揮毫小生迄差越候、図柄ニ於て稍疑問之点も有之候得共、亦以て故子爵之一面を表現するに足るものと存候、他二巻ハ何日出来候哉不明ニ候得共、可成ハ取揃へ一様ニ表装を施こし度、御一覧済之上ハ御手許ニ御留置

被下候とも、又ハ小生迄御戻被下候共、御都合ニ御任致し候、親敷拝光可申上之処、取急き乍略儀書面如此御座候、早々頓首

四月廿六日　俊吉拝

阪谷男爵閣下侍曹

［封筒表］阪谷男爵殿親拆

［封筒裏］東京市日本橋区元四日市町一番地　株式会社北海道拓殖銀行東京支店　電話本局（長八八七・二二〇七・三〇六九）番　発電略号（トタ）　美濃部俊吉

明治　年四月二六日

8（大正二）年五月十一日【852】

粛啓　絵巻物ニ対する謝状、御言ニ従ひ御検閲を経す、御尊名にて一書差出置候間、御承知置被下度候、林経明氏へ依頼致置候諸事、弊行員若田を以て奔走為致候事ニ打合置候間、併て御諒（恕カ）知被下度候、臨出発乱筆省詞御宥如被下度候、早々頓首

五月十一日　美濃部俊吉拝

阪谷男爵閣下

〈端裏・別筆〉大正二年五月十一日付　美濃部俊吉氏　絵巻物ニ対スル謝状発送、其他ノ件

［封筒表］小石川区原町　男爵阪谷芳郎殿親拆

［封筒裏］美濃部俊吉　五月十一日

9（大正二）年七月二十二日【856】

拝誦仕候、愈御清祥慶賀此事ニ奉存候、扨建碑除幕式ニ付御下命之趣拝承仕候、小生事ハ両三日中当地出発之積りに候へハ、御転地前東京ニ於て拝光を得へく、其内関氏も帰京可致と存候得共、自然妻木氏転地前御協議之必要御座候節ハ、何卒小生を待たすして可然御協議被下候て、更ニ異存無之、宜敷御高究奉願置候、御返事迄、早々頓首

七月廿二日　俊吉拝

阪谷男爵閣下

［封筒表］東京市小石川区原町　阪谷男爵殿御親拆

［封筒裏］札幌　美濃部俊吉拝　七月廿二日

10（大正二）年十一月四日【843】

粛啓仕候、故曽祢子爵記念碑除幕式招待状拝受仕候、恰も当地多用之為不在勝ニて、万端怠慢申訳無之候、本日愈出発東上仕候ニ付、其内拝光万謝可仕、不取敢右得貴意候、早々頓首

十一月四日

俊吉拝

阪谷男爵閣下御侍曹

［封筒表］東京市小石川区原町　男爵阪谷芳郎殿御親拆
［封筒裏］札幌　美濃部俊吉拝　十一月四日

11 （昭和三）年十二月五日 【855】

拝啓仕候、然ハ本日ゾルフ大使歓迎会にハ是非席末を瀆し、同大使之風房ニ接すると同時ニ、久々尊台ニも緩々得拝光度楽居候処、丁度折悪く今夕拓殖局諸員より満州之問題ニ付会見申込あり、其方へ是非出席を要することゝ相成、乍遺憾大使歓迎会之方一旦御受しながら、更ニ又御断致候事ニ相成候段、不悪御諒承被下度、既ニ会場へハ断済ニ候得共、尚右事情大様尊台迄申上度、如此御座候、早々頓首

十二月五日

美濃部俊吉拝

阪谷男爵閣下

［封筒表］小石川原町　阪谷男爵閣下親展
［封筒裏］美濃部俊吉

12 （三）年（十）月（十九）日 【848】

粛啓　昨日江の島紀念碑一覧仕候処、何等異状無之、厳ニして直立致居候、傾斜之感を起さしめたるハ、正しく斜面地ニ立ちて仰望したる場合のイリュージョンと覚え候、

図の如き地点より望候ときハ確かニ傾斜の感を起候得共、正面ニ至れハ忽ち其誤なることを知り得へく候、

不取敢申上度、如此御座候、早々頓首

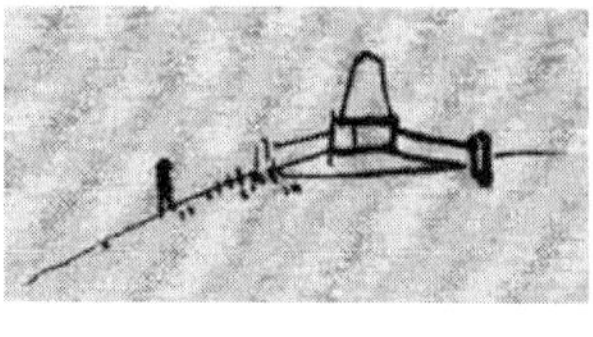

俊吉拝

阪谷男爵殿閣下

［封筒表］□（小カ）石川区原町　男爵阪谷芳郎殿親展
［封筒裏］美濃部俊吉

13 （十三）年七月十九日 【854】

芳翰拝誦仕候、早速御返書被下誠ニ難有、取調候処、全く小生之記憶違ニ有之、粗忽之段申訳無之、即ち図面ハ早速中野方へ送付いたし、見積書ハ当方ニ保存、廿一日携帯可供御高覧、其迄御預り申置候、先ハ御詫旁、如此御座候、早々頓首

七月十九日

美濃部俊吉

阪谷男爵閣下

［封筒表］小石川区原町　男爵阪谷芳郎殿親展
［封筒裏］美濃部俊吉

14（　）年八月十一日【846】

粛啓　炎暑之候益御清適慶賀此事ニ奉存候、扨御避暑前懸違ひ不得拝光遺憾奉存候、然処此程例之巻物之内峻南翁之分出来、これハ名花十友之図ニして、蓋一花之欠けたるを悲むの意ニ御座候、頗る名出来と見受候、此外望月金鳳氏も出来へき筈ニ御坐候、就而ハ最早期日も大体予定之上ハ、そろ〳〵表装方取計候方可然と存候、これも序ニ好古堂ニ取扱はせ、同店ニ関係深き阿部と申す表具屋ハ当地にても有名之もの故、これニ命し候様、好古堂へ万事取計はせ候方便宜と存候、右ハ一応実物御高覧之上表装ニ差回度と存候得共、表装ハ割合ニ日数を要候もの故、万一期日ニ後るゝ様之事ありてハ遺憾ニ付、乍残念是侭表装ニ付度、尚鐵園及北海両氏之分尊邸ニ御座候ハヽ、其内弊方使之者ニ御渡被下候様、御留守邸ニ御一声置被下候、好都合と奉存候、
右御伺迄、如此御坐候、早々頓首

八月十一日

美濃部俊吉拝

阪谷男爵閣下

［封筒表］大磯□（招カ）仙閣　男爵阪谷芳郎殿御親拆
［封筒裏］東京下谷中根岸　美濃部俊吉　八月十一日

15（　）年八月十九日【845】

粛啓　本日四五日来上京致居候、両三日中ニハ又々帰任之考にて、其内得拝光度と存し、市庁へ御伺致候得共、折悪御外出中のミにて不果其儀遺憾奉存候、乍略儀書面申上候次第不悪御諒承被下度、其儀ハ北海氏画巻物出来、誠ニ出色之出来ニて満悦無是上候、右ハ依例御尊名を以て、不取敢謝意申述置度と存候処、同君ニハ此事ニ関し未た一回も親敷依頼又ハ相談致候機会を得す、全く鐵園氏之取次のミに委ね居候次第、就而ハ此際書面でなく御名刺を頂戴して、小生御代理とし而親敷訪問之上謝意申述度様存候、幸ニ御同意被下候ハヽ、御名刺一葉御下付被下候様奉願候、
次ニ紀念碑入口目標ニ刻すへき文字ハ御予定之文句至極尊ニして且通俗ニ有之、最も適当と存候処、唯西湖と申号ハ他ニも随分同号多きものニて、単ニ西湖先生丈ニてハ聊物たらぬ感有之、矢張通俗的ニ「曽祢西湖先生」云々としてハ如何哉と存候、御高見如何ニ可有之哉、併て

御高示奉相煩候、
右二件要旨而已、早々頓首
八月十九日
美濃部俊吉拝
阪谷男爵閣下
［封筒表］阪谷男爵閣下御親拆　〈阪谷筆〉名刺（北海）曽祢西湖
［封筒裏］美濃部俊吉　八月十九日　〈阪谷筆〉二十日回答

16（　）年九月五日　【851】

拝啓仕候、然者態々御枉駕を煩候処、生憎出行前ニて不得拝光、欠礼多罪御宥免被下度、扨本日市庁迄御訪問申上けんとせしに、既ニ御退庁後ニて不果之儀、無已乍略儀書面申上候、
望月金鳳画伯巻物出来有之、これニて全部相揃ひ候、金鳳氏巻物画題聊俗ニ候得共、同氏得意之本色を発揮さるにハ、適当之題材ニ有之、何れも出来よろしく、大ニ喜居候、一応御高閲之上御返付被下候ハヽ、直ニ装潢ニ付し可申候、
絵はかき下絵未た会心とハ申兼候得共、再三再四改作、漸くこれ迄ニ至り候次第、先ハ此辺ニて取極度と存候、御高見奉伺候、
次ニ最早期日も大分近付候ニ付、愈当日迄、並当日之準備ニ付、巨細御打合を願度、就而ハ十日より十二三日の間ニ於て、一回何れニか御会合を願はれ候ハヽ、好都合ニ御座候、左すれハ夫迄ニ関氏と共ニ各般之事項取り纏め置、御高見を仰度と奉存候、御都合乍御面倒御垂示奉相煩候、早々頓首
九月五日
美濃部俊吉拝
阪谷男爵閣下
追而学士会事務所建築之儀ニ付御尽力奉拝謝候、右ハ弊銀行ニ於て東京大学出身之者約十名有之（内三名重役）、之ニ対し平均二十円乃至廿五円位ニ当る程度位ニて如何ニ候哉、他之振合追々相定り候上ニて、更ニ御差図相願度候、
〈端書〉記念碑道しをり出来ニ付、石摺一葉懸御目候、
［封筒表］小石川区原町　阪谷男爵殿親拆
［封筒裏］美濃部俊吉　九月五日

17（　）年十月五日　【849】

御尊書薫読仕候、故曽祢子爵紀念碑一部陥落之趣、関氏より承知驚愕仕、兎も角同氏帰京之上技師之実地検分を経て、善後策相定度趣ニ相談致置候処、引続き第二回之

御書面ニて、全く無事なることを承り、大ニ安堵仕候、色々御高配を煩候段深く奉拝謝候、不取敢御礼旁如此御座候、早々頓首

十月五日　　俊吉拝

阪谷男爵殿閣下

［封筒表］東京市小石川区原町　男爵阪谷芳郎殿煩親拆
［封筒裏］札幌　美濃部俊吉　十月五日

美濃部達吉　書簡

1　（明治四十一）年三月二十七日　【839】

拝啓仕候、先日ハ失礼仕候、其節御内示の趣により、来る四月三日（神武天皇祭日）午後五時より、上野精養軒に於て、閣下御送別会を兼ね総会相開き候事に致し候に付、何れ別に御案内状差上候得共、何卒御承知之上、同日ハ御明け置き被下度、
不取敢得貴意置候、草々拝具

三月廿七日　　美濃部達吉拝

阪谷男爵閣下

［封筒表］小石川区原町　阪谷芳郎様侍史
［封筒裏］小石川竹早町　美濃部達吉

2　（明治四十三）年十月六日　【840】

拝復仕候、益御清祥大慶この事に奉存候、陳ハ国家学会雑誌第二百七十四号所載御講演大意の義に付、御下命の趣謹承仕候、実は新聞紙に掲載の侭御許諾をも不経転載仕候為め、此の如き誤謬を来たし、何とも恐縮ノ至に奉存候、次号にハ必す東京経済雑誌所載の御論文に拠り正誤可仕、失体の段不悪御海容被下度候、
御詫旁御受迄、奉得貴意候、拝具

十月六日　　美濃部達吉

阪谷男爵侍史

［封筒表］小石川区原町　男爵阪谷芳郎先生侍史
［封筒裏］小石川竹早町一二四　美濃部達吉

三宅　秀　書簡

1　（明治二十六）年五月八日　【938】

謹啓仕候、時下不順之気候之処、益御清寧之由奉抃賀候、

扨過日は不存寄、御先考御追福之為御発刊相成候趣ニテ、御遺章態々御贈与被成下、御厚情千万忝奉拝謝候、緩々拝読之期ヲ相楽居候、先は不取肯右御礼申上度如斯参上拝芝節万可申述候、匆々拝具

五月八日　　　三宅秀

坂谷先生玉机下

［封筒表］［　　］二十□（六カ）　坂谷芳郎□侍史　㊞「□京［　　］町［　　］地　三宅秀」

［封筒裏］五月八日夜

宮沢喜作　書簡

1　（大正七）年（二）月（十一）日　【145】

拝啓　余寒料峭ノ候、益御清栄奉恭賀候、偖故忍峡稜威兄、生前ハ多大ノ御交情ヲ辱フシ候趣、同人生前ハ御承知通り家計頗ル究状ヲ極メ、死後差当ノ葬儀ニモ差支候有様、従テ遺族（妻偉志）ノ究困其極ニ達シ、日々ノ生計ニモ差支候有様、生等見ルニ忍ヒズ、同人ニ代り閣下ニ御歎願申上候、何卒遺族ニ対シ多少ナリトモ御補助被成下候ハヾ、故人モ定メテ地下ニ瞑目スヘキ事ト奉存候、何卒事情御憐察、情意御採納奉願上度候、拝具

故忍峡友人総代

松本市蔵

宮澤喜作

阪谷芳郎殿執事御中

追テ遺族ハ矢張今ニ当町大和町ニ仮寓致居候、

［封筒表］東京市小石川区　阪谷芳郎殿　㊞「親展」

［封筒裏］静岡県吉原町　宮澤喜作　〈阪谷筆〉七年二月十二日受　金拾円未亡人ニ送付ス

三輪田元道　書簡

1　大正四年三月二日　【958】

拝啓　先日は御招待を蒙り深く奉謝候、

扨て閣下ニは、今回愈御辞任遊はされる由、信ニ我等市民は、暗夜ニ燈火を失ひたる心地仕候、

併し将来とも、直接間接ニ万事御指導仰き度、先は御挨拶まて、草々敬具

大正四年三月二日　　　三輪田元道

男爵阪谷芳郎殿侍史

［封筒表］小石川区原町　男爵阪谷芳郎殿親展
［封筒裏］東京市麹町区四番町十四番地　三輪田元道　電話番号一五三六　（婦人画報・少女画報）　大正四年三月二日

向山黄邨　書簡

1　（明治二十六）年五月十三日　【1055】

拝啓　欠違未得拝晤候処、不料先考朗廬先生大著全冊御贈投被下忝拝収、長く珍蔵仕候事ニ御坐候、何れ拝趨万謝之心得ニ候得共、先不取敢御礼如此候也、
　五月十三日
［葉書表］麹町平河町六丁目廿一番地　阪谷芳郎殿　三田綱町壱番地　向山黄邨

武藤山治　書簡

1　大正十二年五月十二日　【942】

拝啓　愈御清穆奉賀候、
陳者御承知の如く近時政治と経済とは其関係愈密接を加へ来り、経済上の諸問題にして政治的解決に待つ可きもの多々有之、吾々実業家は従来の如く之を邈視すへからさる情況と相成り候、特に営業税全廃問題に関しては、尚一層努力を要するものと愚考仕り候に付きては、右に関し親しく御高見御伺申上度存候間、御繁忙中御迷惑ながら、来る十八日（金曜日）午後五時半築地精養軒へ御来駕被下度、此段御案内旁得貴意度奉存候、敬具
追て当日は粗餐の用意致置候間、左様御承知被下度、尚ほ御手数ながら別紙はがきにて御出席の有無御返事相煩し度願上候、
　大正十二年五月十二日
　　　　　大日本実業組合連合会
　　　　　委員長　武藤山治
東京商業会議所特別議員
男爵阪谷芳郎殿
［封筒表］小石川区原町一二六　男爵阪谷芳郎殿　〈阪谷筆〉要答　十八日五時半　欠
［封筒裏］東京市丸ノ内ビルヂング四四三区　大日本実業組合連合会　委員長　武藤山治

村井吉兵衛　書簡

1 （大正二）年四月二日 【836】

拝啓　時下春陽之候、益々御清適奉賀候、陳は金貨本位制度実施紀念牌態々御送付被成下、御厚志之段難有奉存候、先は右御請旁々御礼迄申上度、如此ニ御座候、敬具

四月二日　村井吉兵衛

男爵阪谷芳郎殿

［封筒表］小石川区原町一二六　男爵阪谷芳郎殿

［封筒裏］村井吉兵衛

2 大正四年十一月二十九日 【838】

拝啓　時下晩秋之候ニ御座候処、益々御清穆ニ被為渉奉慶賀候、陳者平素は不一方御高誼を忝ふし難有奉拝謝候、就てハ甚だ粗末なる品ニ候得共、蘇山製砧青磁華鏝并ニ金襴手菓子鉢御目ニ懸け申度候間、幸に御笑納被成下候ハヾ光栄之至ニ奉存候、先は右申上度、如此ニ御座候、敬具

大正四年十一月廿九日　村井吉兵衛

男爵阪谷芳郎殿

［封筒表］男爵阪谷芳郎殿

［封筒裏］村井吉兵衛

3 （大正五）年三月七日（村井吉兵衛・孝子書簡） 【837】

粛啓　益々御多祥奉慶賀候、陳者来る十三日御挙行之御結婚式ニ御寵招を忝ふし難有奉拝謝候、御当日にわ両名共席末ニ列するの光栄ニ浴し可申、此段謹而御請申上度、如此ニ御座候、敬具

三月七日　村井吉兵衛

同　孝子

男爵阪谷芳郎殿

同　令夫人

［封筒表］小石川区原町一二六　男爵阪谷芳郎殿

［封筒裏］麹町区永田町壱丁目　村井吉兵衛　三月七日

4 大正十二年十二月（二十二）日（村井吉兵衛・薫子書簡） 【835】

拝複　時下愈々御清福之段奉大賀候、陳者御令嬢総子様ニハ、今般伊藤熊三様と御婚約相整ひ、本月十四日京都ニ於て芽出度華燭之典を挙けられ候趣、慶賀至極ニ奉存候、何卒幾久敷御交誼の程願上候、

先は乍略儀以書中御祝詞申上度、如此御座候、敬具
　　大正十二年十二月吉日
　　　　　　　　　　村井吉兵衛
　　　　　　　　　　同　薫子
　男爵阪谷芳郎様
　　同　令夫人

［封筒表］小石川区原町一二九（ママ）　男爵阪谷芳郎様
［封筒裏］東京市麹町区永田町二丁目　村井吉兵衛

村田俊彦　書簡

1　（大正二）年七月十六日　【891】

謹啓　今朝拝趨の様御約束申上候処、偲行の為相くるい候と、遠路暑中の為予定の速力出てす為に遅延仕奉謝候、市役所の方へ参上可仕かとも存候得共、時節柄注目致されし、現ニ先日拝趨の節も、或記者ハ本社ニ、小生ら貴市御借入金の為、先生ニ拝顔の為、登庁仕りたる様報告仕り、本社記者の好意を以て没書と致呉候由のことも聞及ひ候まゝ、此際御役所の方へハ差控申候、孰れ不日御伺可申上、不取敢今朝の御詫まで、如此ニ御坐候、敬具
　七月十六日
　　　　　　　　　　村田俊彦
　坂谷先生玉案下

［封筒表］市内小石川原町　男爵坂谷芳郎殿乞御親展
［封筒裏］東京市麹町区銭瓶町　日本興業銀行　村田俊彦　七月十六日

2　（　二）年七月十八日　【890-1】

謹啓　芳書拝誦仕候、添田博士のことニ関し御懇情を辱致候趣不堪感謝、孰れ其内昇堂ハ可仕候得共、不取敢以書中御礼申上候、

　函嶺偶成
一浴洗塵又洗愁
夢平函嶺白雲楼
無端早起開窓牖
暁月近人天似秋

楼聳白雲物外天
隔林処々聴清泉
懶眠漸覚南窓下
月上峡間照枕辺

月上青林風色静
幽聞駅路轎歌人
函山八里鴛能越
難越大江奈此身

憶妣

二十霜前遊此地
数封書信寄阿嬢
故園今日無人待
却羨当年空笈嚢

宮城野村偶成

雲起峡間百戸村
渓流屈曲似桃源
岸頭小屋沽蕎麦
三四籃輿待客門

平仄も相忘れ、推敲も相足らす候へ共、奉供高覧候、御斧正奉願候、頓首

七月十八日　村田俊彦

坂谷先生玉案下

［封筒表］市内小石川原町　□《男カ》爵坂谷芳郎殿玉案下　乞御親展

［封筒裏］東京市麹町区銭瓶町　日本興業銀行　村田俊彦　七月十八日

［付属］村田俊彦書簡（二）年七月十八日【890-2】

別紙書き終り候節、総裁より両三日内ニ辞表聴許可有之旨内諭有之候、孰れ昇堂可仕候得共、将来別して宜敷奉願候、

七月十八日　村田俊彦

3（　）年八月二十九日【889】

拝啓　今日クラブにて失礼致候、陳ハ監査制度のことニ関し、嘗て演説仕候処、今月の大坂銀行通信録ニ登載被致候まゝ一部御送申上御高覧奉願候、尚其内之に関し御高見伺度奉存候、又英文の方ハ英国滞留中の執筆ニかゝり、辞国の節朋友ニ相分ち候ものニ有之候、是亦御清覧奉願候、頓首

八月二十九日　村田俊彦

坂谷先生侍史

［封筒表］坂谷先生侍史

〔封筒裏〕村田俊彦　八月二十九日

目賀田種太郎　書簡

1　大正二年四月三日　【862】

拝覆　愈御多祥奉賀候、陳者金貨本位制度実施十五年又不換紙幣之兌換開始後廿五年記念ノ為メ之貴牌御送付被下候処、私之如キ何等竭力之効ナキモノニ於テハ、甚タ恐縮奉存候得共、爰ニ国家ノ慶賀ヲ表スルニ当タリ拝受仕候、右御受如斯候、敬具

大正二年四月三日　男爵目賀田種太郎

金貨本位制度実施十五年記念会委員長

法学博士男爵坂谷芳郎殿

〔封筒表〕□（金カ）貨本位制度実施十五週年記念会委員長　男爵坂谷芳郎殿

〔封筒裏〕目賀田種太郎

2　（　）年十一月十六日　【861】

拝覆　愈御祥盛欣賀仕候、陳者御持帰へり之貴品御恵与被下、誠ニ恐謝仕候、態々貴意ニ掛ラレ恐縮之至りニ奉存候、右御礼迄如斯候、敬具

十一月十六日　目賀田

阪谷男閣下

〔封筒表〕阪谷男閣下御受

〔封筒裏〕目賀田種太郎

物集高見　書簡

1　（大正四）年三月二十六日　【953-1】

春寒料峭之処愈御安静拝賀仕候、さて老生事、多年苦作にとりかゝり居候処、辛じて一段落もつき候故、別紙の如き事思立候、未だ何日といふ事もわからぬ事にて候へども、何分にも御助力願上候、先は右願用まで、艸々不尽

三月廿六日　物集高見

男爵阪谷様記室

〔封筒表〕小石川区原町　男爵阪谷芳郎様　〈阪谷筆〉刊行物
四年三月廿七日受

〔封筒裏〕本郷駒込林町　物集高見

［付属］好学の人士に告ぐ【953-2】

本野一郎 書簡

1 明治四十三年三月三十一日【944-1】

粛啓　余寒未退候処、弥御清健之段奉賀候、陳ハ亡父の経営に係る読売新聞社ハ、卅六年前之創設に御座候処、今般小生に於而、其遺業を継承致候ニ付てハ、平生聊か信する所も有之、此際紙面を刷新して操觚者の本分を尽し、以て奎運を扶翼し度ハ山々に御坐候へ共、身官職に在りて其意を得ず、不日露国へ赴任可致候ニ付、留守中の業務ハ親戚高柳豊三郎を社長として本社之経営を総理せしめ、足立荒人を副社長として、特に編輯全部を主幹せしめ、且つ富井、梅、高田の三法学博士に乞ひ、評議員として助力せらるゝ事と相成候、尚又別紙社告之通、将来教育及家庭に関する記事に対し、特に主力を傾倒致し度考に御坐候に就てハ、前文部次官澤柳政太郎君に教育顧問、巌谷小波君に家庭顧問を委嘱致候のみならす、法、理、文、医、工、農等の諸博士を初として、各種専門大家数十氏に請ふて各方面の賛助を得候事ニ相成、又編輯上の機敏精確を期する為にハ、新に法学士笹川潔を主筆として之を担任せしめ候間、向後社員参邸候節ハ、御同情を以而御引見被成下度奉希上候、先ハ右御披露旁御依頼迄、如斯ニ御座候、敬具

明治四十三年三月卅一日

男爵本野一郎

男爵阪谷芳郎殿

［封筒表］男爵阪谷芳郎殿親展

［封筒裏］麻布区東鳥居坂町二番地　男爵本野一郎　〈阪谷筆〉

高原昌隆持参　四十三年六月八日受

［名刺］高原昌隆　読売新聞記者

［付属］社告　今後の読売新聞【944-2】

森 書簡

1 （　）年十一月二十一日【833】

日ニまし御寒きびしく相成候処、皆々様ニは御障りも入らせられず、何より御悦しく存申上候、

扨て只今はまた御美事なる御土産物わざ〳〵御恵与ニあづかり誠ニありがたく深く御礼申上候、いづれ御目通りの上にて、万々御礼申上候、

十一月廿一日　　　森

阪谷様

［封筒表］阪谷様

［封筒裏］森

森　俊六郎　書簡

1　（　）年六月四日　【834-1】

拝復　ダイバース先生之件御申付之段拝承仕候、大蔵省内聞合セ候処ニ依レハ、ダイバース氏トハ別ニ交渉無之様考ヘラル、男爵ニ於テ特ニ御交渉有之候モノニヤ、或ハダイヤー氏トノ御取違ニハアラズヤトモ考ヘラレ候、尤モ小生ハ倫敦ニ滞在、逐ヒグラスゴーヘハ御供致サス候ヒし為メ、一寸記臆ニ存シ居ラズ候、再応為念御伺申上候、

妻木氏ノ話ニハ、ダイヤー氏モ、ダーバース氏モ、同時ニ工部大学ニ参りし人ノ由ニ御座候、

ダイヤー氏ヨリハ今ニ時々報告参り居候、

六月四日　　俊六郎

阪谷男爵閣下

［封筒表］小石川区原町　阪谷男爵閣下　〈別筆〉西一〇

［封筒裏］森俊六郎　㊞「大蔵省用」

［付属］（新聞記事）我化学界の恩人ダイヴアース教授逝去

【834-2】

守屋此助　書簡

1　（明治三十七）年十月五日　【825-1】

拝啓　今日ハ御多用中ヘ罷出御邪魔恐縮ノ至リニ御座候、陳ハ御約束ノ馬越君之書状差上ケ申候間、御一読奉願上候、

○煙草葉ノ茎《クキ》ノ件御取調ノ結果、御面倒ナカラ御報知奉願上候、敬具

十月五夕　　此助

坂谷老兄侍史

［封筒表］□《(小カ)》石川区原町　坂谷芳郎様

［封筒裏］㊞「東京市京橋区南佐柄木町五番地（電話特新橋七百三十番）守屋此助」　十月五夕

〔付属〕馬越恭平書簡（守屋此助ほか宛）

（明治三十七）年九月九日 【825-2】

拝誦仕候、御細書之趣敬承仕候、速ニ御受奉申上筈ニ御座候得ども、迂生は山本哲兄も阪田丈平君も同様ニ而、諸君之如キ関係も無之、且ツ多少故人へ対而は、随分不応分之香料も相備有之、旁以此度は金拾円ニ而御勘弁相願度、本年は寄附金沢山ニ而困却罷在候段御賢察之上御仁恕被下候、右御答迄、頓首

九月九日　恭平

守屋此助様
外山世話掛長様
貴答

〔封筒表〕市内京橋区南佐柄木町五番地　守屋此助様親展
〔封筒裏〕㊞「東京市日本橋区兜町五番地（電話浪花二二五〇・二九九九・七二四・一六五）株式会社帝国商業銀行」ニ而認ム　馬越恭平　九月九日

2 （明治三十八）年八月二十二日 【826】

拝啓　過日来両度ノ尊翰拝見、
耐二君ノ御辞退ハ一応御尤ノ様ナレとも、此レハ余り遠慮過キタル義ト存申候、就テハ今日本人耐二君ノ光来ヲ煩ワシ、是非共受納相成候様御談致置キ申候間、老兄ヨリ彼ノ金員ハ耐二君へ御届ケ被下度奉願上候、

八月廿二日　守屋此助

坂谷老兄侍史

〔封筒表〕□《（小カ）》石川区原町　阪谷芳郎様
〔封筒裏〕㊞「東京市京橋区南佐柄木町五番地（電話特新橋七百三十番）守屋此助」八月廿二日

3 （大正十二）年十二月二十一日 【827】

（守屋此助・千代子書簡）

拝啓　時下愈御清栄奉慶賀の至に存候、陳は御令嬢様ニは今回御良縁ならせられ、御大礼御挙式の由、御目出度幾万々年もと深く御悦申上候、早々参邸親しく拝顔の上万々御悦申上候本意の処、乍失礼拙筆御喜ひ申上、折柄御寒時候折角御自愛専一にいのり上候、早々不備

十二月二十一日　守屋此助
同千代子

阪谷男爵殿
同令夫人殿

〔封筒表〕東京市小石川区原町一二六　阪谷芳郎様

［封筒裏］東京府大森山王二六六五　守屋此助

4　（　）年十一月二日　【828-1】

拝啓　御帰朝後万事御繁忙ノ段奉察上候、陳ハ八日会々長雨宮敬次郎君ヨリ、来ル八日ノ例会ニ於テ、老兄欧米御視察談御願ヒ致し呉レトノ依頼有之申候間、何卒御承諾被下度奉願上候、尚詳細ノ事ハ此書状持参ノ人ヨリ御聞取奉願上候、匆々

十一月二日　守屋此助

坂谷老兄侍史

［封筒表］□（小カ）石川区原町　坂谷芳郎様

［封筒裏］㊞「東京市京橋区南佐柄木町五番地（電話特新橋七百三十番）守屋此助」

［名刺］櫻内幸雄　東京市四谷区南伊賀町四十九番地、電話番町千四百三十五番

諸井恒平　書簡

1　（大正二）年六月二十八日　【957】

拝啓　時下愈御清安奉頌賀候、陳ハ過日ハ吾邦金貨本位制実施十五周年の記念として、記念牌壱個御恵贈被成下候段、難有拝受仕候、右乍略儀以書中謝意申上度、如斯御坐候、敬白

六月廿八日　諸井恒平

男爵阪谷芳郎殿閣下

［封筒表］小石川区原町　男爵阪谷芳郎殿閣下

［封筒裏］諸井恒平

柳生一義　書簡

1　（明治三十五）年九月十八日　【1017】

拝啓　愈御壮栄奉敬賀候、此度出京中も不相変御高教御賢慮相煩シ、御蔭さまニて台湾銀行ニ係る金要之諸問題も確定仕り、御懇情御厚配之段、一同恐謝仕候所ニ御坐候、尚乍不及駑力可仕存念御坐候間、此上とも御指教御叱責被下度奉切望候、先ハ不取敢御厚配之御礼申上度、如斯御坐候、草々不尽

九月十八日　義拝

坂谷賢台閣下

曽根大臣へハ別ニ呈書不仕、乍憚よろしく御伝声願入候、御申付之大軍筵色当り良品無之候へ共、不取敢五種丈郵便小包ニテ見本として進呈仕度候間、御受納被下度、品質及形状ハ多少の時日御聴許ニ候ハヽ、御注文通り調製出来候ニ付、何時ニても御申遣し被下度候、

［封筒表］東京小石川原町　坂谷芳郎様御直
［封筒裏］台湾台北　柳生一義　〈別筆〉11.40 + 17.55 = 28.95

2　（明治三十五）年十月四日　【1007】

拝啓　愈御清福奉敬賀候、此度ハ公債売却の儀、興銀の手ニより万事好都合之約定出来候趣、敬賀之至ニ奉存候、コレ全く御配慮之然らしむる所ニテ興銀及添田ニ取りても此上無き面目之事と遥ニ慶賀仕候事ニ御坐候、不取敢祝賀申上度存候、草々不尽

十月四日　義

坂谷賢台閣下

御来示之大軍筵価格之儀六畳、若しくハ八畳丈のものハ甚た稀有ニ有之、売価判明不致、目下取調中ニ御座候間、分り次第早速御報可申上候、
昨日厦門ニ大火有之、支店之儀も半焼之不幸ニ罹り候由ニ候へ共、尤於金銀等ハ別状無之、随て損失も多大ニハ無之事と存候間、乍慮外御休心被下度候、

［封筒表］東京小石川原町　坂谷芳郎様御直
［封筒裏］台湾台北　柳生一義

3　（明治三十八）年四月二十五日　【1011】

粛啓　十六日は御懇篤之御状拝見敬承仕候、軍国御多端之際、色々御心労之段遥察之至ニ御坐候、
ボ艦隊追々東航し来り候も、本嶋民目下の処動揺之模様更ニ無之、誠ニ仕合ニ御坐候、ボ艦全力を挙げて本嶋ニ襲来候様の事ハ万々無之事と存候得共、一二度試し撃ニても有之候ハヽ、人心ニ多少之異動を免れざるべくかと懸念仕居候、
本嶋孤立之場合ニ際する心掛け御垂示被下拝承仕候、臨機督府之指示ニより、乍不及変ニ処して遺憾なきよう注意可仕候、
先般万一之準備もして金貨廻送致置度旨願出候処、此際回送ハ或ハ民心ニ害なき哉との御懸念も有之候趣、右ハ準備の豊富を示すニ足りて安心せしむる事を得候とも、決して危惧之念を懐かしむるか如き事ハなき事と愚考仕候（祝氏も同意見）、就てハ交通杜絶以前廻送し得るか時ニ於て用意し置、若し交戦停止之已むなき様相成候と

も、其実行ハ少時なりとも延し、他日銀行券之信用ニ異変なきよう仕度所存ニ御坐候、御高慮被下度願上候、当地大租公債ニつきてハ、一方ならぬ御配慮相掛恐縮千万ニ御坐候、中村氏との御内約ハ卅万円之由ニ候処、実際之状況ハソレニてハ足り不申（目下買入高額面八十二万七千円、貸付二十六万円）、誠ニ困り入申候、サリトテ当行の微力到底之れニ当るニ足らず、已むなくんバ買収中止ニ候得共、右ニてハ公債之暴落を来たし、人民之不幸のミならず、遂ニハ嶋外ニ流出候ハ免れざる事ニ相成、今日まで督府折角之苦心も水泡ニ帰し遺憾無此上候、決極御明断特別之御詮議を煩ハし候より外無之かと愚考仕候、事情御洞察御明案偏ニ奉願候、第一銀行所要の如きハ其目的明ニ市場ニ放資候ものニ無之儀ニ付、直接間接何れニ相成候とも、当地公債を以て其所要ニ応し、一時之救済を得度、何卒御聞済之程懇願之至ニ御坐候、時下折角御身体御大切ニ奉存候、草々不尽

四月廿五日　　義

坂谷尊台坐右

［封筒表］東京小石川原町　坂谷芳郎様御直
［封筒裏］台湾台北　柳生一義　□（四カ）月廿五日

4　（明治四十三）年十月二十九日　【1015】

拝啓　来る十一月六日貴邸ニて先年の外遊談話会御催しの趣ニて、小生ニも御寵招を蒙り万々難有奉存候、是非ニ参上両氏ニも拝晤仕度存候得共、一両日中より少々旅行相試ミ度存居、ソレまでニハ或ハ帰京を不得と存候間、甚た残念なから拝趨仕兼候間、不悪御了承願入候、
先夜分（ハカ）を御責臨を辱ふし、御蔭さまニて諸事好都合ニ参り御厚情万謝之至ニ御坐候、書外拝芝ニ期し申候、草々不尽

十月廿九日　　義

坂谷男閣下

［封筒表］市内小石川区原町　坂谷芳郎様御直
［封筒裏］牛込若松丁　柳生一義　□（十カ）月廿九日

5　（明治四十四）年二月十九日　【1012】

拝啓　愈々御清穆奉賀候、小生今ニマゴ〳〵致居拝趨之礼を欠き居候段、不悪御了承御海容奉願上候、
別便之品甚た軽少ニて御恥しく候得共、持参仕候ニ付、台湾の木、台湾製之廉を以て御笑留被成下候ハヽ、幸甚之至ニ御坐候、其内参上万縷申述度、書外拝光ニ期し申候、草々不一

二月十九日

坂谷男閣下

義

［封筒表］市内小石川区原町　坂谷男爵閣下
［封筒裏］牛込若松丁　柳生一義　二月十九日

6　（明治四十四）年十月二十五日　【1014】

粛啓　愈々御健勝目出度御帰朝被為遊大慶之至ニ御坐候、此度の御視察ハ一層深く興味を被感候事と奉存候、御留守中ニ内閣之交迭山本蔵相之異例等、誠ニ結構ニ奉存候、しかし財政問題ハ新内閣運命之繋る所新蔵相之御苦心察するニ余あり候由、外より応援首尾よく其成功を祈り候事ニ御坐候、

中清之動乱中々容易ならざる様ニ御坐候、現下支店ニハ、サシタル悪影響無之候得共、今少しく拡大せバ各地多少之異変ハ生ずべく、夫々戒心罷在候、清朝も何となく影薄き哉ニ被感申候、結果ハ如何ニ落着すべきか、本邦も余程之深慮を要する事と奉存候、夫是親しく御高説も承り度存候得共、其意ニ任せす、甚た残念ニ御坐候、例の日本円銀流布案、今少し早く着手致置候ハヽ好都合なりしニ、少々手遅れ致、誠ニ残念至極ニ御坐候、尤も現下ニありても我造幣局ニ於て彼我公益の為め、ドシ〳〵円銀を鋳造せられ候事肝要の様被存候、御高見如何ニ被為在候哉、

此際台行として為すべく、又注意すべき事項山成ヘ御垂示被下候ハヽ、幸甚ニ御坐候、

時下御身体御大切ニ祈上候、草々不尽

十月廿五日

義

坂谷男閣下

小生病気も御蔭にて、其後病勢進行候様之模様無之、病名も慢性腹膜炎とかニなりソーニ御坐候、兎ニ角近くゴネソーにも無之候間、乍憚御安心被下度候、

「マカヂーン」の山下氏も帰朝、同誌も発刊の事と祝着ニ奉存候、大坂浜田氏の方ハ如何ニ御坐候哉、

［封筒表］東京市小石川区原町　男爵坂谷芳郎閣下
［封筒裏］台湾台北　柳生一義　十月廿五日

7　（明治四十四）年十一月十一日　【1018】

拝啓　愈々御健勝奉賀上候、

清国之動乱も一層拡大し来り、漸次北進全国ニ溢り候事と奉存候、此際本邦の処置充分の考慮を要すべく、色々御考案之次第も有之候事と奉存候ニ付、親しく御高説をも拝聴し、本行も一廉之働致度候も其意を果せす、誠ニ

残念千万ニ御坐候、爾来各地形勢不安之為め、本行清国支店ハ追々官民の信頼を増し頗る好況ニて、此際一奮発せバ、将来有益之効果を収められ候様ニ御坐候、唯々遺憾と致候ハ、英国ハ已ニ既ニ各地ニ海陸兵を派遣し、治安保持の重きを為し、コレか為めニ市民之信頼一層重きを為すニ拘ハらず、本邦ハ泰然として自若たり、コレが措置之当然なるべき哉、少々疑ハしき哉ニ奉存候事ニ御坐候、御高見如何ニあらせられ候哉、勿論これニハ各種之事情可有之事ニハ候ハんも、余り自重も過きてハ及バざるか如しニハ無之候哉、

日本円銀を清国ニ流布候ハ、従来の宿志ニ候処、此度の事変ハ実ニ逸すべからざる好機会と存、円銀鋳造方大蔵省ニ願出候も、従来の行掛りやらとの事情の下ニ今ニ決行を得ず、誠ニ心外千万ニ御坐候、ドーカ大体之主旨御賛成被成下、御良考御垂教之程切ニ願入候、尚委曲之儀ハ山成氏より御聞取願入候、

時下御身体御大切ニ奉祈上候、草々不尽

十一月十一日

義

坂谷男閣下

[封筒表] 東京市小石川原町　男爵坂谷芳郎閣下御親展

[封筒裏] 台湾台北　柳生一義　十一月十一日

8 （明治四十四）年十一月十八日 【1009】

拝啓　御帰朝後、何の御障も無之愈々御壮安之段奉遥賀候、清国革命ハ愈々本物と相成、此際本邦の措置致も考慮を要すべく、種々御考案の御事と拝察候、当方ニハ別ニ相談相手もなく、先々別封の如く心得居り差支なきかと存候（友人への書稟写ニて甚た体裁を備へす候も）、又先日来南清本行各店所在地も各独立を宣言し、一時ハ騒擾候も、幸ニして何等被害を被らず、返ツて好況を呈し候得共、小生ハドーシテモ再度の騒乱有之候様ニ考候ニ付、旁々本日封中別紙之注意書、夫々各店へ差出置申候、現時之当局ハ、南清ニハ御構ひなく、濫りニ北京々々と称し居られ候由、誠ニ不可解の至ニ御坐候、

日本円銀流布之儀ニ付、円銀鋳造方先般来大蔵省へ申請致居候得共、若し之れを許可せバ、正金占領区域を侵すべしとかの一部の議論ニて煮へ切り不申、甚た残念ニ御坐候、然るニ北清にてハ軍隊の行動ニ伴ひ、円銀仕払適[手形使]用流通の筈にて、正金ニ御新紙幣製造夫々手配中の趣、左すれバ円銀流布の主旨ハ認められたる次第にて、此点ハ頗る結構ニて、正金と提携、南、北、相呼応し、広く其流通を計れバ当方の所思ハ首尾よく行ハれ、誠ニ邦家の為め目出度存候処、台銀へハ許さすとありて

ハ、実ニ偏頗の御処置にて、元来台銀ハ其存在を認められず、是れ全く小生の不能の致す所、其罪軽からず候ニ付、相当の場合ニ於て其責を引き候ハ、敢て辞せさる所ニ候へ共、南清其物を眼中ニ置かざる当局之体度ハ、現今及将来の通商上よりするも一大怪事と云ハざるべからずと存候、此度の円銀問題ハ何処までも正理を主張し断乎たる裁定を仰き候所存ニ御坐候、彼是一度御高見も拝聴致度候も、其意を果せす、誠ニ残念千万ニ御坐候、時下御身体御大切ニ奉祈候、草々不尽

十一月十八日

義

坂谷男爵閣下

［封筒表］東京　坂谷男爵閣下御直
［封筒裏］台北　柳生一義　十一月十八日

9（明治四十四）年十一月二十五日　**【1013】**

粛啓　愈々御清穆奉賀候、此度の予算ハ随分六ヶ敷哉ニ拝承致居候処、新蔵相摯実之態度にて総て無事平穏ニ決定仕候趣、邦家多事之際誠ニ目出度奉存候、
円銀流布一件今ニ埒明き不申、当局一部之反対之事由ハ悉く承服致兼、誠ニ残念之至ニ御坐候、加ふるニ中央政府の対清政策更ニ相分り不申、弊行南清各店往々所謂軍政府なるものより交渉を受け、之れか処弁ニ究し居申候、彼是本日を以て各店長へ夫々通知致置申候、誤見之廉々御指教を得バ幸甚ニ御坐候、毎々書状を呈し御煩累相掛け恐縮ニ御坐候得共、実際清国の事業の衝ニ当り、此の事変ニ会し依るべきの規矩なく、唯々齷齪致し已むなく、弊行創立以来御指導の先覚ニ訴ふるより外なき苦衷御憐察之程、偏ニ奉願上候、頃日来の躍起サ加減は山成氏より御聞取被下度、多少之批評は顧るニ遑なく邁進致居候、御笑察被下度候、
時下御身体御大切ニ奉祈上候、草々不尽

十一日廿五日

義

坂谷男閣下

小村侯の薨去此の際別して哀悼痛惜ニ堪へさる次第ニ御坐候、
自分本日重任の命ありし報ニ接し申候、永続き出来候哉と懸念仕候、

［封筒表］坂谷男爵閣下
［封筒裏］台北　柳生一義　十一月廿五日

10（明治四十四）年十二月十五日　**【1008】**

拝啓　七日付御芳状拝誦愈々御健安奉賀候、

隣国事変ニ関し段々の御高見御垂示を蒙り万謝之至ニ御坐候、モー大概の処ニテ国論を定め進むべき所へ進まざれバ、或ハ岐路ニ入りて彷徨、意外之失態を来し候事無之哉ニ懸念仕候、何ニか御賢慮御工風之程奉祈上候、小生も不日出京可仕候間、尚色々御指導相仰き度、書外ハ拝光ニ期し申候、草々不尽

十二月十五日　義

坂谷男閣下

［封筒表］東京市小石川原町　男爵坂谷芳郎閣下
［封筒裏］台北　柳生一義　十二月十五日

11（明治四十五）年七月二十三日【1016】

拝啓　愈々御清穆奉賀候、此度ハ市長御受任之御事と相成候由、東京市民之幸福不過之と奉存候、尤従来色々情弊も受ケ候哉ニ聞及候ニ付、何とか御辛労も多からん事と拝察仕候、将来往々にして異様ニ御感も被為在候ハんか、御身体大切ニ奉祈上候、草々不尽

七月廿三日　義

坂谷男爵閣下

［封筒表］東京市小石川原町　男爵坂谷芳郎様
［封筒裏］台北　柳生一義　七月廿三日

12（　）年一月二十五日【1010】

拝啓　先日ハ御枉賀段々の御高示拝謝之至ニ御坐候、其後ハ如何御進行ニ候哉、何れ拝芝之上御伺申上度奉存候、此品余り十分ニハ無之候得共、御馬車中防寒ニ御使用被成下候ハヽ幸甚ニ御坐候、書外拝光ニ期し申候、草々不尽

一月廿五日　義

坂谷男閣下

［封筒表］小石川原町　坂谷男爵殿御内　紙包添
［封筒裏］牛込若松丁　柳生一義　一月廿五日

安田善三郎　書簡

1（明治四十四）年十一月九日【984】

貴墨拝読仕候、一昨日御教示有之候故曽禰子爵建碑之件ニ関シ、該碑銘態々御送被成下、且之ニ関シ御懇示ノ次第拝承仕候、尚ホ一昨日大体御取極相願候出金額ニ対スル内訳氏名ハ、

一、金五百円也　安田善次郎
一、金五百円也　安田善三郎
　計金壱千円也
ト致度、要スルニ凡テ他ノ御振合ニ準シ候次第ニ有之候間、自然右ニテ差支モ無之候ハヽ、此様御取極願上度候、早々敬具

十一月九日

安田善三郎

阪谷男爵閣下侍史

〈端書・別筆〉明治四十四年十一月九日付　安田善三郎氏　故曽祢子爵碑銘受取及寄付金ノ件
［封筒表］小石川区原町　男爵阪谷芳郎様侍史
［封筒裏］本所横アミ町　安田善三郎　十一月九日　〈別筆〉明治四十四年

安田善次郎　書簡

1　（明治四十）年七月二十六日　【983】

謹啓　盛暑之時節ニ御座候処、愈御清穆ニ被為渉奉恭賀候、
偖先年熊本第九銀行悲境ニ陥リ候際、閣下要路之局ニ被為立、種々御高慮奉煩、其際老生無余義整理ヲ負担シ、爾来経営六ヶ年ノ久シキニ渉リ、茲ニ始メテ予期之如ク円満ナル整理ヲ結了致シ、幾百ノ取引先、幾千ノ預金者ニ対シ、毫末ノ損害ヲモ不相懸、芽出度肥後銀行ニ合併致候事ニ相成候ハヽ、拙者之欣喜措ク能ハサル所ニテ、閣下ニ被為於候テモ、定メテ御同感ニ被思召候御事ト奉拝察候、此有終ノ美ヲ告ケ候ハヽ、畢竟閣下ノ国家経済上ニ対スル厚キ思召ト御高庇ニ因リ候次第ニテ、株主ハ勿論、拙者ノ幸福不過之、深ク肝銘致候処ニ御座候、依而右記念之為メ軽微之至ニ候得とも、別封之粗品献呈仕候間、何卒御受納被成下度奉希望候、敬具

七月廿六日

安田善次郎

阪谷大蔵大臣殿閣下

［封筒表］阪谷大蔵大臣殿親展
［封筒裏］東京本所区横網町弐丁目七番地　安田善次郎　七月廿六日

2　大正四年三月一日　【985】

拝復　時下愈御健安欣賀之至ニ奉存候、今般東京市長御退職之趣ヲ以テ、御懇篤之御挨拶ニ接シ忝ク存候、御在任中は種々御懇情ヲ辱ウシ、鳴謝此事ニ御座候、猶今後

不相渝御高誼之程仰上候、茲ニ不取敢拝答申上度、如此ニ御座候、敬具
大正四年三月一日
安田善次郎
男爵阪谷芳郎殿閣下
［封筒表］小石川区原町一二九（ママ）　男爵阪谷芳郎殿閣下
［封筒裏］本所区横網町二丁目　安田善次郎　㊞「大正四年参月壱日」

安延高次郎　書簡

1　（明治三十五）年五月九日　【1035】

謹啓　時下新緑払眉之好時候、益々以玉堂被為揃御多祥之段奉欣賀候、降テ迂生無事消光乍憚御抛念可被給候、陳爾来ハ兎角御無音ニ打過キ、怠慢之罪恐縮ニ不堪候、陳者右平素怠慢無礼ナルニモ拘ハラス、唐突御依頼申上候儀、鉄面皮之至ニ奉存候へ共、左ニ事実ヲ掲ケ御依頼奉申上候間、御海容之程願上候、兼テ御承知被為下候通リ、迂生壮年中ノ隋（随カ）落行為ニ就キテハ朋友ノ面目ヲ汚シ、且亡父兄ニ対シ申訳無之事ヲ後悔シ、爾来専心此不始末ヲ回復仕度ト勉強仕居候、就中既ニ煙ヲ絶ント致候旧里安延家ヲ維持仕候事、亡父兄ニ対スル申訳ト相考へ、夫レニハ亡兄ノ相続人迂生ノ姪郁太郎ヲ教育シ、世ニ立タシムル外ナシト決心シ、同人ヲシテ就学セシメ候処、幸ニ来七月大学校ヲ卒業可仕時機ニ迄押寄セ申候、果シテ無事卒業仕候ときハ、同人其後ノ方針ヲ定ムルヲ緊要ト致候場合ニ御座候、然ルニ其方針上ニ関シテハ、同人ハ勿論、小生ニ於ケルモ、他ニ依頼可仕程ノ知人無之ニ付、如何様ニカ閣下ノ御世話ヲ相願度奉存候、内外御多務ニ被為渉、甚タ申上兼候へ共、前陳小生ノ胸次御憐察ノ上、願意御採納被為降度合掌歎願仕候、同人ハ工科器械部ヲ講窮仕居候趣ニハ候へ共、性質温良ニ過キ、剛毅活溌ノ気性ニ乏シキ様ニ被存候へハ、何レノ就職口ヲ相当ト可致哉ノ点モ閣下ノ御英断ヲ煩ハシ度ト奉存候、右願意御採納被為降候ハヽ、同人御呼寄、同人ノ意見〔素性〕ヲモ御確カメ、可然御世話被成下候様奉願上候、実ハ小生出京親シク御依頼申上度山々ニ御座候処、暑中休暇ノ時ニ到ラサレハ出京仕難ク、夫レニテハ亦タ時機ヲ失スルノ気遣モ可有之ト存シ、乍失敬一応書面ヲ以テ御依頼申上候段、宜敷御了承可被給候、書外後報ニ譲リ、前顕乙夜ノ清覧ヲ奉煩度、如斯ニ御座候、恐惶拝具
五月九日
安延高次郎

阪谷芳朗（ママ）様閣下

再伸　乍末行御母上様始メ皆々様へ宜敷御鶴声奉願上候也、

［封筒表］東京小石川区原町□（百カ）廿六番地　阪谷芳郎殿親展
［封筒裏］陸前国気仙沼区裁判所　安延高次郎

八十島親徳　書簡

1　（明治四十二）年十一月二十二日　【1004】

奉啓　秋冷之候益御清泰奉賀候、陳ハ兼而御同族の御庇護に依り、白金ニ新営致し候小生住宅出来致し、昨日を以而転居仕候ニ付、乍略儀執事迄御報申上候処、早速御歓之御手書を忝ふし難有奉謝候、右竣工移転ニ就てハ直ニ参上御披露且御厚礼可申陳心得ニ罷在候処、今朝より聊又感冒之気味ニ而外出差控候様之次第ニ有之、欠礼之段奉恐縮候、先ハ右御詫旁得貴意度、如此御坐候、敬具

十一月二十二日　八十島親徳

阪谷男爵閣下侍史

［封筒表］□（小カ）石川区原町百弐十六番地　男爵阪谷芳郎殿侍史
［封筒裏］芝区白金台町一丁目七十一番地　八十島親徳

2　（大正五）年三月三日　【1003】

拝啓　益御清栄奉賀候、陳ハ三本木農場事務員辞任補充ノ為一名採用の件、別紙御廻議書封入仕候、先例ニ依り原博士ニ於推薦されたるものニ御坐候処、小生も一両回面会致し候ニ、至極適任之人物と認候間、何卒御同意被成下度候、

次ニ龍門社評議員会之義久しく相開き申さず打過候ニ付、今月ハ是非開会（夕刻ヨリ、場処ハ築地精養軒又ハ東京ステーションホテル）致度と存候間、先以て閣下御都合之日取（中旬又ハ其以後ニテ宜敷ト存候）御垂示ニ預り度奉願候、青渕先生ハ一昨日ヨリ又々少シ御風気ニテ御引籠ノ処、日ナラズ御快復可有之ト期シ申候、

右奉得貴意候、艸々不宜

三月三日　八十島親徳

阪谷男爵様侍史

尚々農場定員ハ如左ニ候、場長一名、事務員一名、アトハ定雇人夫ノミ、

［封筒表］小石川区原町　男爵阪谷芳郎殿親展
［封筒裏］㊞「東京市日本橋区兜町二番地　渋沢事務所　電話浪花長一五八番・一〇一三番」　八十島親徳　三月三

日

3（大正五）年三月二十八日 【1002-1】

拝啓　過日ハ御披露之盛宴ニ陪スルノ栄ヲ得難有奉謝候、偖本日製綱会社ノ山田昌邦氏兜町ニ来訪、別紙記載ノ植原悦二郎と申人、閣下今般仏国へ御出張ニ付てハ随員中ニ御加へ相願度熱望の由ニて、小生より一応願試呉候様ニとの依頼ニ有之候、右ハ山田氏の女婿の由ニて、人格、学殖及英語の堪能なる点等を綜合考慮して、必ずや随員として一廉の御役ニ立ち申すべきニ付、願くバ御詮考を願上度と、山田氏達ての依頼ニ有之候、仍而此段唐突失礼乍ら不取敢書中を以て御耳に達し申候、宜敷御承引被成下度候、敬具

三月二十八日

八十島親徳

阪谷男爵閣下侍史

［封筒表］小石川区原町　阪谷男爵閣下御直展　〈阪谷筆〉上（ママ）原悦二郎

［封筒裏］㊞「東京市芝区白金台町一丁目七十一番地　八十島親徳　電話芝九一八番」　三月二十八日

［付属］植原悦二郎履歴 【1002-2】

東京製綱会社専務山田昌邦氏ノ女婿

英国法学博士植原悦二郎氏

一、年齢凡ソ四十才、

一、英国ヨリ帰朝後ハ手島精一氏等ノ斡旋ニ依リ高等工業学校其他数校ニ法律学ノ講師トシテ教鞭ヲ執レリ、

一、桑港博覧会事務局ニ採用セラレ（役名不詳）、桑港へ出張、近頃帰朝、

一、頭脳明晰、学問該博、英語堪能、性格温和ノ紳士ナリト、

一、尚其人物ハ田川大吉郎、山脇春樹ノ両氏、最ヨク熟知セラルベシト、

柳原前光　書簡

1（明治）二十六年七月三十日 【1028】

拝啓　然は過日ハ御亡父朗盧君十三回忌御相当為紀念詩文御遺稿印刷ニ被附候ニ付、壱部拙者へも御恵与ニ預り、御芳志之程拝謝致候、其砌御礼可申入之処、不快殊ニ不出来之折柄ニ而、遂延引恐縮致候、乍延引御礼申入候、扨尊霊前へ乍略香奠拝具致候、御備被下候ハヽ本懐之至

ニ候、匆々頓首
廿六年七月三十日
柳原前光
阪谷芳郎殿
［封筒表］阪谷芳郎殿　柳原前光

柳谷卯三郎　書簡

1　明治四十二年一月一日　【1077】

謹賀新年
明治四十二年正月元旦
於英国龍動　柳谷卯三郎
阪谷男爵閣下
御滞英中ハ充分御伺候モ致サズ、終始御無礼而已申上候段、平ニ御海容相願度、先日ハ目出度御帰朝ニ付、早速御鄭重ナル御書状ニ接シ、却而恐縮ニ存申候、当方ヨリ早速御礼旁御伺可申上筈之処、先般来勤務相次キ、興業社債、南満社債ノ発行等之為メ彼是取紛レ、乍不本意御無礼ニ打過申候、茲ニ此機ヲ以而、平素御無音ヲ謝シ、併セ而高堂ノ御万福ヲ祈リ申候、何レ来六七月頃ニ出発帰朝ノ予定ニ付、又々万事御指教相仰度存候、敬具
［封筒表］Baron Sakatani, Tokyo, Japan. Via Siberia. 大日本東京市小石川町原町百二十六番地　男爵阪谷芳郎殿

山尾庸三　書簡

1　（明治二十六）年五月十二日　【1022】

拝啓　陳者尊父君十三回忌為御紀念、詩文御遺稿御印刷相成候趣ヲ以テ、壱部御恵贈被下奉鳴謝候、匆々敬具
五月十二日
山尾庸三
阪谷芳郎殿
［封筒表］阪谷芳郎殿親展
［封筒裏］山尾庸三

山県伊三郎　書簡

1　大正十二年二月一日　【1025】

拝啓　時下愈御清適奉賀候、陳者亡父遺詠和歌椿山集刷成に付、別便を以て一部差進候間、御恵存を得度、如此

ニ御座候、敬具

大正十二年二月一日

公爵山縣伊三郎

男爵阪谷芳郎殿

［封筒表］男爵阪谷芳郎殿

［封筒裏］東京麹町区五番町一四　公爵山縣伊三郎

山県英橋　書簡

1（明治四十三）年一月二十五日【1006】

謹啓　御揃愈御清祥被為御坐在奉欣賀上候、過般参館久々御壮顔を拝するを得欣喜光栄不過之、且御繁忙之御中にも不拘、御懇切なる御眷遇を辱し、不相変御厚情之程は言辞ニ難尽、千万奉感佩鳴謝上候、尚御奥様より結構之御品御恵被下難有拝戴仕候、其後太廟へ参拝及倉敷岡田様外数ヶ所へ立寄、途上無事此地迄帰着仕候間、乍余事御放意被成下度、別封奥様へ申上候通り、御地之御近況詳細御噺申上候処、岡田様にも大層御悦にて、御尊家各位之御厚意別而嬉敷種々御物語有之候、末筆乍恐縮御後室様并ニ御惣容様へ宜敷御伝被成下度、先ハ右御礼迄申上度、時下折角御自重被為在候様奉祈上候、敬具

一月廿五日

英橋拝

阪谷様閣下

［封筒表］東京市小石川区原町　男爵阪谷芳郎殿

［封筒裏］広島県双三郡三次町ニ而　山縣英橋

2（　）年一月二十五日【1005】

拝啓　時下寒中とは乍申兎角暖気勝不順ニ候得共、無御障御清福被為在、寔に大慶之至奉存上候、扨先日は参館御皆々様の御壮顔を奉拝、小老身ニ余るの面目ニ有之候而已ならす、御多用之御中御優遇を被為垂、何共御礼之言辞さへ無之、剰へ御隔なき御親情ニあまへ、無作法失礼計致候得共、河海之御宏量幸ニ御仁恕を蒙度存候、殊に紀念として佳品御恵投辱頂戴、終生大切ニ着用可致存居候、此段厚く御礼申上候、早速阪田様方客人中山氏ニ仕立貰ひ、帰途伊勢太神宮へ着用参拝致候、却説其後倉敷岡田様へ伺ひお績さまへ御地之模様委細御噺申上候処、殊之外御悦相成、予而阪田家一同之者、阪谷御内之容易ならさる御配意を蒙り居候半にも、別而おあき事ハ一方ならぬ御引立ニ預り居候事ハ、乍蔭恒ニ感謝致居候義ニ有之、就而は無是迄精布御挨拶申上度とハ山々乍存、終ニ其機を失ひ、兎角御無沙汰而已致居候次第ニ付、そこ

は不悪我謝意之存る処、お前より発書之砌、宜書加へて伝呉度旨御申出ニ付、右様御賢諒被遊度、此段私より厚く御伝申上候、末筆乍憚御皆々様へ宜敷御伝被成下度、尚時分柄折角御愛護之程奉祈上候、先ハ右御礼迄申上度、如此御座候、拝具

一月廿五日　英橘

阪谷御令室様

[封筒表] 阪谷御令室様
[封筒裏] 山縣英橘

山上八郎　書簡

1　昭和二年三月十三日　【1026】

拝啓　小生ハ早稲田大学在学中ヨリ甲冑武器ノ研究ニ志シ、卒業後安田家ノ事業ニ勤務ノ傍、引継ギ研究ニ従事シ、目下「日本甲冑史」延ヒテハ「日本兵事史」ノ編纂ニ着手致居候ヘバ、該研究資料蒐集ニ対シ御援助相願度、御手数甚ダ恐縮ノ次第ニ御座候得共、左ノ件御回答被下度、此段乍突然御願申上候、敬具

昭和二年三月十三日

東京市外代々幡町幡ヶ谷七三三

鎧迺舎主人　山上八郎

一、御宝物中甲冑（就中古甲冑ノ残片）・武器ノ品目、伝来（スベテ時代ノ新古、製作ノ精粗ヲ問ハズ）

一、御宝物（目録・エハガキ）御発行ノ有無并ニ代価

一、其外御見聞ノ該研究資料（他社寺并ニ個人ノ蔵品、甲冑、武器関係ノ伝説并ニ社寺名地名等）

阪谷芳郎殿

[封筒表] 小石川区原町一二七（一二六カ）　男爵阪谷芳郎様直披
[封筒裏] ㊞「東京市外代々幡町幡ヶ谷七三三　山上八郎」〈阪谷筆〉拝啓　甲冑ノ件ニ付、御来書ノ趣了承、拙宅ニハ御尋ノ如キ資料無之候、此段御答申上候、敬具、

三月十五日　阪谷芳郎　（印紙ハ在中）

山口察常　書簡

1　（昭和十）年九月四日　【1021】

謹復　時下兎角不順ニ御座候処、閣下愈御安泰ニ御座被遊大慶之至リニ存上奉リ候、此程ハ尊翰を拝し、恐縮ニ存じ上候、一両日不在ニ致居失礼仕候、

御下命之聖堂復興建碑之件ハ、既に一両度理事会に於而

も相談有之候も、未だ具体的の決定を見ず罷在候、唯選文ハ安井朴堂先生を煩はし度意見一致仕居候、尚本月の理事会に於而詳細協議仕、更めて高裁を仰き決定可仕候間、今暫く御猶予被遊度願上奉り候、先ハ不取敢拝答迄、如此ニ御坐候、頓首

九月四日　　察常

阪谷閣下侍史

［封筒表］小石川区原町二（百脱カ）十六　阪谷芳郎閣下執事御中
［封筒裏］㊞「東京市中野区東郷町十　山口察常　電話中野四七五〇」　九月四日

山崎覚次郎　書簡

1　（大正十）年十月二十七日　**【996-1】**

拝啓　一昨日は早朝参て失礼申上候、其節の御高諭に依り、国家学会評議員会は十一月八日に開会致度旨、本日編輯主任小野塚博士に申伝へ置き申候、
又プライス氏紀念資金へ御寄付を辱うし、誠ニ難有拝受、別紙領収証御手許に差上け度、同封致置候、敬具

十月廿七日　　山崎覺次郎

阪谷賢台侍史

［封筒表］阪谷男爵殿御侍史〈阪谷筆〉十一月八日
［封筒裏］㊞「東京市小石川区原町百二十六番地　山崎覺次郎」
十月二十七日

［付属］領収証　大正十年十月二十六日　**【996-2】**

第049号　領収証
一、金弐拾円也
但、故プライス氏追悼会寄附〔紀念資〕金
大正十年拾月廿六日
東京帝国大学経済学部
㊞「東京帝国大学経済学部」

男爵坂谷芳郎殿

2　（大正　）年一月二十一日　**【997】**

拝啓　御書面併に付属書類拝見仕候、ヒルシユ氏への御返事、御来示の通にてよろしきことゝ存候へ共、是迄の慣例其他、一応大学にも聞合せ候てに致度と存候、就ては明日大学に参候て右の次第相運び、夜分拝趨仕度と存候、右御諒承奉願上候、敬具

一月二十一日

阪谷男爵殿侍史　　山嵜覚次郎

［封筒表］阪谷男爵殿侍史
［封筒裏］㊞「東京市小石川区原町百二十六番地　山崎覺次郎」
一月二十一日

山崎四男六　書簡

1　（大正二）年（十一）月（十二）日　**【1031】**

拝啓　愈々御清穆之段奉大賀候、陳は上水道事業ニ関する件も本日大蔵省議相済申候間、御承知被下度、右上水道工事費二千万円中、外国品購入費ハ先般小生へ御手渡相成御調ニテハ、四百五十二万六千九百二十八円即二割二分強ニ上り居候処、過日宮川助役之説明にてハ水道事業ニハ殆ント外国品使用ハ無き位の予定の由明言され、余程の相違と被存申候、右ハ鉄管等ニ於て技術者方面之考ト、行政方面之考ト相違ノ点有之為かと推測せられ、将来の事にも有之、右相違の追究ハ不要ト存候も、考様次第にて斯る多大之外国品使用を廃止する事出来候ハヽ好都合ニ有之、御承知之通水道鉄管ハ我邦にて全部供給し得る唯一工業にも有之候間、右点ニ御配慮置相成度希望を有し候、右得貴意度、敬具

山崎四男六

阪谷男爵閣下

［封筒表］□（小カ）石川区原町　男爵阪谷芳郎殿親展　〈阪谷筆〉弁明ヲ要ス　宮川君　市長
［封筒裏］大蔵省　山崎四男六

山下亀三郎　書簡

1　（五）年二月二十五日　**【1029】**

謹啓　今夕之御賁臨ハ全く後進を御誘導被遊御思召も深く、感激ニ不堪候、不取敢御礼申上候、早々敬具

二月廿五日夜　　亀三郎

阪谷男爵閣下

［封筒表］小石川区原町　阪谷男爵閣下　㊞「住宅　東京市［　］町四十七番地　山下亀三郎　芝一、二二一四番」
［封筒裏］山下亀　二月廿五日

山下弥七郎　書簡

1　（　）年十月十日　**【1030】**

拝啓仕候、時下益々御清栄為邦家奉賀候、然所小生来る十五日出帆の鹿島丸より渡米致事ニ相成候ニ付てハ、是非其内参伺御暇乞ひ可申上考ヘニ候へ共、もし相伺ひ不申候節ハ何卒時節柄御自愛為邦家折入て相願候、頓首

十月十日　　山下彌七郎

阪谷御老台玉下

［封筒表］小石川区原町一二〇（六カ）　男爵阪谷芳郎殿親展
［封筒裏］麻布区新網町一ノ十二　山下彌七郎　□（十カ）月十日

山田三良　書簡

1　（明治四十四）年十一月十九日　**【1033】**

拝啓　昨日ハ御多忙中御来臨を辱ふし非常に有益且御懇切なる御講演を賜り、満堂之学生をは感奮措く能はさらしめられ候段、誠に深謝之至ニ奉存候、早速参邸御礼可申述之処、少しく風邪の気味にて引籠り居候侭、乍略儀不取敢書中を以て感謝之微衷を表し度、如斯御坐候、書余不日拝眉之上、万謝可申述候、敬具

十一月十九日　　山田三良

阪谷男爵閣下

［封筒表］□石川区小石川原町一二五（ママ）　阪谷男爵閣下
［封筒裏］牛込区弁天町一七二　山田三良　十一月十九日

2　（　）年（　）月（二十三）日　**【1115】**

穂積博士
履歴
貢進生
留学
東洋学会
シントルイ派遣
法典編纂
大学
文部省
貴族院
法理学研究会
博士会
宮内省
司法省
海軍省　千島艦

外務省
憲法義解
公私法律顧問
家法
仲裁
［封筒表］阪谷芳郎殿御直披
［封筒裏］山田三良　午前六時　〈阪谷筆〉二十三日

山成喬六　書簡

1　（明治三十五）年四月十二日　【1020】

拝啓　非常ナル不順之候ニ候処、御変りも不被為在候哉御伺申上候、弊家おけん、子供ハヤナセ行仕居り、一同共無事ニ候間、何卒御安心奉願上候、
先日ハ長々御厄介ニ相成申ナガラ、久々ニテノ拝顔ニ付、参り残シ申上残シ抔、汽車中ニテ思ヒ出シ、結局逗留ノ短カヽリシヲ遺憾ニ存申居候処、帰神後矢張り逗留ノ長カリシニ気付キ申候、
　赤ン坊ハ小子出京前ニハ僅カニ二尺歩キ、又ハ歩キ得ヌことモ有之候処、帰ツテ見レハ、八畳間ノ隅カラ隅マテ容易ニ歩ユミ申候、

金融ハ甚シク引締リ、日歩弐参厘上り、同業者間ニテノ融通ハ思ヒモ寄ラヌ形勢ニ候、
三月末引締リノ原因ハ、税金取立テ及国庫金ノ定期検査ニ候、就中国庫金検査ハ当地方ニテ大影響ニ候、之レカ為メニ僅ニ数日間ノ融通ニ日歩参銭以上ニ上リ申候、本月ニ入リテヨリ、本金庫ニ於テ、各支金庫ヨリ資金吸集ヲ為スガ為メニ、地方ヘノ出金続ニ有之、不相変需要有之候、即ハチ平素国庫金ヲ流用セルモノヽ多キニ依ル義ト存申候、
目下同業者間預金日歩弐銭乃至弐銭弐参厘、商業手形ニ対シテハ、各行区々ニ候得共、弐銭壱弐厘（最上ノ分）ニ候、余力アル銀行ハ此機ニ乗シテ得意先取込策トシテ弐銭ニテ出スモノモ有之状況ニ候、
但シ、同業者間ノ融通ハ実際余リ行ハレス、若シ借入ヲ申込メバ、大阪銀行家ハ弐銭四厘以上ヲ称ヘ候（拒絶ノ意）、
台銀神戸支店ハ、近日本店ヘノ貸百万円ニ上ルヘキ形勢ニ候、是レハ銀貨下落ニテ出合悪シキ元因ニヨリ候、
実ニ対清貿易ハ全ク片輪ト相成リ、当地貿易ノ七分ヲ占ムル支那貿易カ、買為替ノミ流行シ、輸出品ハ銀行ノ担保トナルことト相成候ニ付、金融ノ前途ハ尚引締ルヘキ形勢ニ候、

先ハ一寸御伺旁御報告申上度、何卒時候御用心祈上候、拝具

四月十二日　　喬六拝

坂谷様侍史

乍末御一同様へ厚ク御礼申上候、明日奈良ニ於ケル関西同盟銀行会へ出席ノ心組ニ有之申候、此会ハ一ノ懇親会ニ過キス、関東会ノ如キ勢力アルモノニ無之、田舎銀行家カ旅費ヲ取リテ都見物ニ出ル慰労会トモ見ルへク候、

［封筒表］東京市小石川区原町　阪谷芳郎様平信

［封筒裏］神戸市中山手通六丁目六十番屋敷　山成喬六

2（明治四十二）年一月二十日　【1100】

拝啓　小子共本日大連へ安着仕候、大阪来信ニ八重子様先日中御不快ニ被為入候趣御心配之御義ニ奉存候、一日モ早ク御全快被遊候事ヲ祈候、或ハ已ニ御全快被遊候事ニ存申候、

満州ハ奉天以北ハ零度以下十度乃至三十度（摂氏）位ヒ、耳ヲ保護セスシテ十分間モ外ニ立ツト、必ス凍傷ニ罹リ可申候、大連ハ本日アタリ非常ニ暖ク零度以上ニ候、奉天以北ハ十五度内外、大連付近ハ零度内外ヲ通常トセル如クニ候、日々天気ハ宜シク、併カシ至ルトコロ余リ天気佳キニテ水ニ困リ居候、目下大豆ノ輸出季節ニテ奉天以北ノ各停車場ハ大豆見事ニ積重ねラレ居候、貨物ハ輸送力不足停滞ノ方ニテ苦情ノ声漸ク高ク候、

大連ハ今三十隻余ノ汽船常ニ絶ヘス、一般ノ日本人ハ不景気ヲ嘆シ居候モ、此輸送ノ繁昌ノ為メニ僅カニ維持致居候由、

小子共ノ旅程ハ一応本店へ打合ノ上、予定ノ通リ北京へ参リ可申ヤ、又ハ直チニ朝鮮ヲ経テ帰朝可仕ヤ未定ニ候、幸ニ満州ノ寒サモ無事経過致シ益壮健ニ有之候、今後モ用心仕リ無事帰朝シタクト存居申候、時候御用心祈上候、草々敬具

一月廿日　　喬六

阪谷男爵閣下

皆々様へ宜敷奉願上候、

水川《みつカ》正月以来病気ニテ一層ノ御配慮相掛ケ申居候事ト恐縮ニ奉存候、何卒宜敷奉願上候、

［封筒表］東京市小石川区原町百廿六　阪谷男爵閣下　SOUTH MANCHURIA RAILWAY, YAMATO HOTEL. DAIREN(Dalny). TELEGRAPHIC ADDRESS "YAMATO" TELEPHONE:No.370.

［封筒裏］大連ヤマトホテル　山成喬六　一月廿日

山成和四夫　書簡

1　（十三）年七月三十一日　【1036】

拝啓　其后は御無沙汰ニ打過き失礼仕候、時下酷暑之砌ニ候へ共、皆々様始終御機嫌宜く被為在候趣き、大慶此事ニ奉存候、降而当方ニても一同無事罷在候間、乍憚御安心被下度候、扨て今回当地騒乱ニ付てハ、早速御見舞状賜り難有奉存候、早速御返事可申上筈之処、実ハ此騒動ニ付き、小子担当之運河営業ハ俄カニ影(景カ)気付きて多忙ニ取まぎれ、遂々延引仕候段、不悪御承知被下度候、御承知之通り、今次之革命乱ハ、始めより商人側ニハ甚た人気悪しく、一時江西、江蘇等ノ風ヲ望みて革命側ニ左担致候如きも、要スルニ真意ハ南北何れニ付くも其時ノ形勢次第ニて、戦争ノなき工夫をめぐらし居るニ不過候へは、目下ノ如く最早革命側ニ軍資金之欠乏を来すニ至り候てハ此乱も余り長くハあるまじくと存申候、然し支那人が被れる経済上之打撃ハ真ニ甚大なるもの有之べくと存申候、何分金融機関ハ全く停止シ信用制度ハ破かい致され候為メ、凡ての取引ニ現金を用いざるべからず、されハ蘇・杭之地方ニ於てハ、少しく大なる貨物ハ第一輸出入之海関税ニ支ㇾ差、沢山之荷物を抱へながら、又上海迄て出づれば、直チニ商談は成立するの状体を目前ニ見なから空しく倉庫ニ滞積せしめ居るの有様ニ御座候、当地機器局之南北交戦之模様ハ、已ニ日々の新聞ニて御承知之御事と存候、戦争と申せバ頗る殺気惨憺たるかの如きニ思ハれ候へ共、土台が呑気な支那人ノ戦争ニ候へば、日本之演習程ニも気か乗らず、頗る児戯ニ類し候ものニ御座候、されは危険と迷惑之度ハ、戦へる者それ自身よりも交戦地付近之住民ニ御座候、居留地へも時々それ弾之御見舞を受けて物議ノ種をまき候へ共、小子住宅之辺ハ極めて安全ニ有之候、然し夏之夜之ねむり難く夢うつゝニ、ドン〳〵ポロ〳〵カタ〳〵と、大砲・小銃・機関銃之絶間なき音を聞きつゝ呑気ニかまへ居り候も、己ニ余り利害関係を感せざるガ故の人間横着心之発現ニも候ハんか、時ニ時候柄折角御自愛専一ニ祈上奉り候、先ハ御礼旁々御返事迄ニ草々、如此御座候、頓首

七月卅一日　　　　和四夫

阪谷様侍史

［封筒表］東京市小石川区原町一二六　阪谷芳郎殿侍史
［封筒裏］上海ハスケル路五四号　山成和四夫　七月卅一日

山室軍平　書簡

1　明治四十一年一月十四日　【999】

粛啓　益々御清健奉恭賀候、此度「日本に於るブース大将」の一書発行仕候に付、壱部坐下に献じ申候、大将来朝の節、閣下か率先、之が歓迎の意を表し被下候事は、私共の感銘に堪へざる所に御座候、御祝福閣下の上に在らんことを奉祈候、

四十一年一月十四日　　　　山室軍平

阪谷男爵閣下

［封筒表］小石川区原町一二六　坂谷男爵閣下
［封筒裏］東京市京橋区銀座二丁目十一番地　救世軍本営　山室軍平　一月十四日

2　大正九年（　）月（　）日（阪谷良之進宛）　【1122-1】

粛啓　春暖之候益御清穆に被為渉大賀之至に奉存候、陳は救世軍之事業に対しては兼々御同情を賜はり感謝に堪へ不申候、御蔭様にて伝道及慈善救済之両方面とも年と共に発展致し、殊に最近一年に於てハ、多年之希望たりし中央会館及び新本営之開館式を挙げたる外、従来経営致し来り候十数種之慈善救済事業の上、更に細民地区改善事業社会殖民部を東京本所に、又主として女性之微罪不起訴者を引取る為めの女子希望館を大阪に開き、全国十数箇所の小隊及分隊と相俟て、今後益々多端なるべき社会の需要を充足したきものと期待罷在候、然も斯く活動之範囲の拡大せらるゝ事は、又他之一面に於て経費の膨脹を伴ふべき事申迄もなき次第に御座候折柄、本年度之克己週間に際し、誠に毎度乍ら是非共倍旧之御同情を以て、此度の催しを御助け頂き度、御依頼申上候、何れ救世軍本営発行の請取書持参の者御伺可申上候に付、其節は御含みの上何分宜敷奉願上候、御祝福貴家之上に豊かならんことを、敬具

大正九年　月　日　　　　救世軍日本書記長官
大佐　山室軍平

再白　尚甚だ勝手がましく候へども、御不在之節御伺申上候ても相分り候様、御計らひ置被下候はゝ、誠に難有奉存候、

［封筒表］本郷区西片町十　阪谷良之進様
［封筒裏］救世軍書記長官　大佐山室軍平

［付属］救世軍の克己週間　日本の救世軍は何を為せしや【1122-2】
［付属］克己寄附金袋【1122-3】

3　昭和三年八月二十三日　【1001-1】

謹啓　酷暑之候、益御健勝奉賀候、陳者予而救世軍士官学校新築開校式に御臨席候上、一場之御演説を賜り候様御願申上居候処、同封別紙の如き印刷物作製仕候に就ては、校正刷にて誠に失礼には御座候へども、御参考までに一葉差出申候、何分宜敷御願申上候、御祝福を奉祈上候、敬具

昭和三年八月二十三日　　山室軍平

阪谷男爵閣下御侍史

［封筒表］小石川区原町一二六　阪谷男爵閣下御侍史　〈阪谷筆〉
四日九時
［封筒裏］東京市神田区一ツ橋通町五番地　救世軍日本本営
電話九段四七九番・二三四四番　山室軍平　八月二十三日
［付属］救世軍士官学校新築開校式順序【1001-2】

4　（昭和三）年八月三十一日　【998】

粛啓　益御健勝奉賀候、陳者来九月四日新築救世軍士官学校開校式へ、御尊来を仰居候儀に就いては、御繁忙中殊に剰暑酷しき折柄にて恐縮之至に候得共、何分宜敷奉願上候、其の後封入の印刷物出来仕候故、御参考にもと存じ一部電覧に供し候処、御査収被下度候、
不取敢右而已、御祝福を奉祈上候、敬具

八月三十一日　　山室軍平

阪谷男爵閣下御侍史

［封筒表］小石川区原町一二六　阪谷男爵閣下御侍史　〈阪谷筆〉
九月四日九時
［封筒裏］東京市神田区一ツ橋通町五番地　救世軍日本本営
電話九段四七九番・二三四四番　山室軍平　八月三十一日

5　昭和三年九月五日　【1000】

拝啓　益御健勝奉賀候、陳者昨日ハ酷暑の際御多用等を御繰合之上、救世軍士官学校開校式へ御列席被下、殊に難有御奨励之御辞を賜り一同感佩罷在候段、心から御礼申上候、
謹而右御礼申上候、御祝福を奉祈上候、敬具

昭和三年九月五日　　山室軍平

阪谷男爵閣下御侍史

[封筒表] 小石川区原町　阪谷男爵閣下御侍史
[封筒裏] 東京市神田区一ツ橋通町五番地　救世軍日本本営
電話九段四七九番・二三四四番　山室軍平　九月五日

山本権兵衛　書簡

1　明治三十九年二月七日　【982-1】

拝啓　故西郷、川村、仁禮三将銅像建設之件発起仕候ニ付、別紙旨趣書供貴覧候、幸ニ御賛助被下候ハヽ、本懐不過之候、此段得貴意度、如斯御坐候、敬具

明治三十九年二月七日

男爵山本権兵衛
外発起人一同

阪谷芳郎閣下

[封筒表] 阪谷芳郎閣下　右直御宅へ　第六二九号
[封筒裏] 男爵山本権兵衛　㊞「海軍公用文筒」
[付属] 故西郷元帥川村海軍大将仁禮海軍中将銅像建設旨趣書【982-2】

2　大正二年四月（二十一）日　【981】

拝啓　益御清祥奉大賀候、陳は今回金貨本位制度実施十五年記念ノ為メ御調製相成候記念牌御恵贈ニ預り難有拝受致候、不取敢右御礼申上度、如此ニ御坐候、敬具

大正二年四月

伯爵山本権兵衛

金貨本位制度実施十五週年記念会委員長
男爵阪谷芳郎閣下

[封筒表] 小石川区原町一二六　男爵阪谷芳郎閣下
[封筒裏] 伯爵山本権兵衛

山本達太郎　書簡

1　明治三十七年九月二十三日　【1037】

拝呈　外山老人義、長ノ御病気故御快方被遊候事ニ存居候処、衰弱日ニ増し、終今午後六時ヲ大期にし御逝去相成、御同情愁傷仕候、実ハ御危篤ノ打電嚢ニ可致ノ処、今日右之次第ト八誰も案外、誠ニ平然ノ御他界ニ御座候、葬送廿五日午前第十時相営申候、先ハ右御報申上候、匆々

三十七年九月二十三日

達太郎拝

阪谷芳郎様閣下

尚、御隠居へ可然御伝可被下候、

〔封筒表〕東京市小石川区原町一二六番地　阪谷芳郎様　凶報

〔封筒裏〕備中芳井村　山本達太郎

山脇春樹　書簡

1　（大正二）年三月三十一日　【1027】

拝啓　陳ハ今般金貨本位十五年紀念メダル壱個御恵贈被成下難有御礼申上候、紀念として保存、御芳志相伝可申候、先ハ右御礼申置度、如此御坐候、拝具

三月卅一日

山脇春樹

阪谷男爵閣下

〔封筒表〕小石川区原町　男爵阪谷芳郎様

〔封筒裏〕山脇春樹　㊞「農商務省用」　四月一日

横溝光暉　書簡

1　（昭和十一）年二月十八日　【1019】

拝復　「祭典祝典計画に関する収支概算大綱」難有拝掌、右ハ特別委員会に付議相成るに先ち《ママ》、一応来る二十日の幹事会に於て協議可致、此儀御諒承相煩度候、先ハ御礼旁得貴意候、敬具

二月十八日

横溝幹事

阪谷男爵閣下

〔封筒表〕小石川区原町一二六　男爵阪谷芳郎殿親展

〔封筒裏〕㊞「内閣書記官　横溝光暉」　二月十八日

横山泰造　書簡

1　（十）年十一月三日　【1034】

拝啓　寒気日々増進之折柄ニ候処、愈御清適之段慶賀此事ニ不過候、却説先月来上京之際御多忙中推参、銀行新設認可ノ件ニ関シ、多大ノ御高配ヲ蒙リ、誠ニ感謝ノ至リニ不堪候、帰来発起者へ経過報告致候処、一同ノモノ閣下ノ御厚志ニ対シ深ク謝意ヲ表スルト同時ニ、閣下ノ御尽力ヲ得テ、尚不認可ヲ受クル場合ハ、此上遺感ナキ事ヲ表明致居申候、茲ニ発起者並ニ町民ヲ代表シ、乍略

儀以寸楮御礼申述度候、草々敬具

第十一月廿三日

日生町長　横山泰造
発起者　金谷大介

阪谷男爵閣下

[封筒表] 東京市小石川区原町　男爵阪谷芳郎殿
[封筒裏] 岡山県和気郡　日生町長横山泰造

横山達三　書簡

1 (明治四十二) 年九月二十四日 【1024】

拝復仕候、先般は恐縮至極の事御願申上候処、種々御配慮被下難有奉感謝候、随貴命来廿六日午前十時前に第六天町徳川公爵邸まで参上、閣下の御来車を御待合可申上候、先ハ右御返事迄、如此ニ候、謹言

九月廿四日　横山達三

阪谷男爵閣下

尚々当日はフロツクコート著用可仕候、

[封筒表] □(小カ)石川区原町一二六　阪谷男爵閣下
[封筒裏] 本郷区駒込神明町三四三　横山達三

横山徳次郎　書簡

1 大正二年九月十六日 【989】

恭啓　高堂御揃倍々御清祥奉慶賀候、

偖平素御無沙汰仕居り、其上八月上旬より九月上旬ニ亙り帰国、家事上之用向相弁居候為め、遂ニ千万々々御疎音ニ打過ぎ、何とも申訳無之恐縮ニ存居候間、唯々御機嫌相伺方々御詫びに参邸仕候間、却て御邪魔と存じ、御目通を願ひ得ず引取り候処、誠ニ御鄭寧なる御手書を拝受致し、驚喜感謝之至りに奉存候、殊ニ瑞龍山御参拝御記念之御絵葉書を賜り候事、御厚情之程御礼ハ筆紙ニ尽しがたく存候、今夕帰宅繰返して拝誦、難有事限りなく感激之情ニ不堪候侭、禿筆ながら謹而満腔拝謝之意相表申候、乍併天性魯鈍不文謝意之万分の一だも発表得不致、実ニ遺憾の極みに有之候へ共、何卒十分ニ御諒察被成下度候、加之如仰内外多事之折柄、上下其責務ハ益々重且大ニ相成り候事故ニ、愈々奉公之微忠相尽申度、一身の健康第一ニ存候間、積日之神圣(経カ)衰弱も一日も早く快復相計り度、日夕加餐静養罷在候間、乍慮外御放念を賜り度、

乍末御奥様始御子様方へ宜敷御鳳声被成下度、乍恐御願
申上候、恐々謹言

大正二年九月十六日夜　　徳次郎拝

阪谷男爵閣下御侍史

［封筒表］阪谷男爵閣下御侍史　御差上置
［封筒裏］東京市小石川区白山御殿町百拾番地　横山徳次郎拝
電話番町二七一八番　大正二年九月十六日夜認之

2　大正五年四月十九日　【986】

謹啓　益々御清栄奉拝賀候、偖閣下此度御渡欧被遊候に付、龍門社御開催之御送別会には是非席末ニ列し度、予て申込置候処、不徳之為か、遂ニ御通知を蒙り得ず残念、且又閣下に対して失礼此の上もなき事と頗遺憾、且又不面目に感じ、昨日も事務所に増田君を訪問、其事情を訊問仕候上、御参会者之御氏名も一覧致し、私共は無力無資格とは存候へ共、平素格別之御愛顧を蒙り居候閣下の御送別会の御手伝さへも出来ざりしは、終生不可忘恨事と存じ候侭、敢て一書拝呈、失礼の御詫方々私之衷情披攊《ママ》、一に御諒察を願上候、恐々謹言

四月十九日　　徳次郎拝

阪谷男爵閣下御侍史

乍恐御令夫人様及御令息様へも宜敷御鳳声被成下度御願
申上候、以上

［封筒表］阪谷男爵閣下　御多忙中乍恐御親展願上候
［封筒裏］東京市小石川区白山御殿町百拾番地　横山徳次郎拝
電話番町二七一八番　大正五年四月十九日朝認之

3　（　）年一月二十九日　【991】

恭啓　益々御清祥之条奉恭賀候、偖廿四日には一身上之件ニ付、種々御教誨を蒙り、御親切に御指示被成下、誠ニ過分之幸福と奉存上候、其後澁澤男爵閣下に拝眉を願出候処、漸くにて廿六日夜分ニ親しく御願ひ申出で、御判断を煩はし候処、漸くにして御同意を蒙り、入社内約之取消を致す事に取極め申候、夫より粟津博士に拝顔仕度存居候処、昨日午後幸に拝眉、同様辞任申出候間、右御承引被下度候、尤も同博士の御言葉には、尚一応御自身澁澤男爵と御談合可致旨申居られ候間、是又御ふくみ置被下度候、先ハ乍略儀以書中此頃中之御厚礼方々右拝報仕候、何卒此の上とも御垂教御引立を蒙り度、併せて御願申上候、余期拝姿之時候、恐々謹言

一月廿九日　　徳次郎拝

阪谷男爵閣下御侍曹

乍末御令夫人様及御令息様へ宜敷御高声被成下度願上候、早々

［封筒表］阪谷男爵閣下御親展
［封筒裏］東京市小石川区白山御殿町百拾番地　横山徳次□（郎カ）
電話番町二七一□□（八番カ）　一月廿九日

4（　）年十一月八日【987-1】

拝啓　連日の雨天も漸く快晴致し、先以御目出度奉存候、偖昨日一書拝呈御礼方々、種々御願申上候処、昨夜十時正雄様私宅へ御帰りに相成候ニ付、本日御礼方々御願のため貴宅へ御参上相成り可申様御話被成下候間、乍序又々以書中右御礼方々御願申上候、私も御同道可仕候処、銀行の方も長々欠勤致し、且又昨日も以書中御礼申述候間、本日は失礼可致候、何卒御許被下度候、就ハ托幸便昨日御願申上候御揮毫之事、何卒偏ニ御願申上候、別紙托（共カ）正雄様ニ托して差出候まゝ、宜敷御聴届被成下度、伏て拝願仕候、恐々謹言

十一月八日　徳次郎拝

坂谷様
同御令夫人様　御両位

［封筒表］坂谷様御侍史　〈阪谷筆〉横山参依頼
［封筒裏］横山徳次郎拝　十一月八日
［名刺］横山徳次郎　東京市赤坂区青山南町五丁目六拾八番地
株式会社東京貯蓄銀行青山支店　電話新橋四四四九番

口上
昨夜ハ深更マデ御苦労様ニ奉存候、幸に御話モ好都合ニ相まとまり忝く存上候、就ハ今朝御礼ニ伺上候、謹言

十一月十日午前十時

5（　）年十二月五日【990】

謹啓　時下末月諸事御匆忙、殊ニ御多端之御身の上にも不拘、屡々御手書を賜り、誠ニ恐懼感激之極みに存居候、先晩御来客中、強ひて拝眉之光栄を得、其際大略陳述仕候件々、翌日穂積先生ニ、又其翌日篤二様に委細拝陳種々御教示を蒙り置候、

然処月末御同族会之砌ニハ、皆様より武之助殿へ夫々御懇諭被成下候趣敬承、洵ニ難有奉謝上候、必ず御本人之御意中ニハ多大之御刺激と相成候事と楽み居候、

尚々此間ハ川田男爵家ニ関する新聞記事御同封、同時ニ御熱誠なる御訓諭を賜り、再三拝読、昨朝武之助殿ニ御思召之貫徹可致様、私より申上置候間、是又御本人御反省之好教訓と深く御礼申上候、御本人よりも御礼可申上

様申し居られ候間、多分参邸御挨拶可有之存候へ共、私より乍略儀以書中右御礼方々御報申上候、早速可申上之処、昨今両日余儀なき用事にて遂ひ〳〵延引候段、御許被下度候、何れ拝眉の上、万々御礼可申上候、乍末御令夫人様へも宜敷御高声被成下度候、恐々謹言

十二月五日　　徳次郎拝

阪谷男爵閣下御侍史

［封筒表］阪谷男爵閣下御親展
［封筒裏］横山徳次郎拝　十二月五日

6 （　）年十二月二十六日【988】

恭啓　年内も余日無之嘸々御匆忙の御事と拝察仕居候処、益々御清祥奉拝賀候、年内は格別ニ御世話様ニ相成り、誠ニ忝く奉存候、然ニ唯今は御見事なる御歳暮御恵贈被下、恐懼ニ不堪候、折角之御思召故ニ御遠慮なく難有拝戴仕置候、何れ拝眉の上、万々御礼可申上候へ共、不取敢御使に托して、右御請方々御厚礼申上候、恐々謹言

十二月廿六日　　徳次郎拝

男爵閣下
御令夫人様　御前ニ

二伸　一昨日秀雄様之物理化学不成績ニ付、中学校へ呼び出され注意を受け申候、其砌主任の御話には俊作様も数学と物理化学とが少々不良ニ有之候間、保護者の出校を煩はさんと存候も、私に伝言せんとの考にて、別ニ通知可致候へ共、便宜私より御両親様へ右御注意有之候様にとの事ニ有之候、其後取込居り、未だ参邸不仕居候処、唯今乍略儀以書中右予め申上置候、何れ是も拝眉の上御話可仕候間、御承引被下度候、
御借家之儀、先日一寸申上候後、西片町一〇、誠之校の裏に一家有之候間、俊作様へ申上置候が、其方は如何に候や、尚御思召に叶はず候へハ、精々心懸け可申候へ共、右御尋ね方々申上候、
武之助様之事は過日御教示を蒙り候後、穂積先生及び篤二様へ御協議願上候処、御両所の御考へは、とも角此際ハ監督辞退之旨申出候方、武之助様之御為めと可相成様御考へに相成り居候間、私も自己之迷ひも晴れ、決心の上、去廿二日の夜は断然御辞退の旨、王子邸にて申出置候間、是又乍序御礼方々申上候、草々

［封筒表］阪谷男爵閣下御親展
［封筒裏］横山徳次郎拝　□（十）二月廿六日

吉野作造 書簡

1 （大正十一）年十月十四日 【993】

謹啓仕候、甚突然ニて失礼ニ奉存候へども、旧広島藩士にして、明治の初年英国に留学せし村田文夫といふ人の事蹟御承知ニ候はゞ、承度奉存候、同氏の著西洋聞見録には、尊大人朗盧先生の序并ニ跋有之、御門人中の特ニ御親交ある方らしくも想像被致候まゝ、多分御承知かと推し御尋ね申上候、小生近頃日本新文明の発達ニ貢献せる先輩の事蹟を研究罷在り、村田氏の如きも埋れたるを起して大ニ伝ふべきものあるを信し候ニ付、御多忙をも顧みず御伺申上候次第ニ御座候、御指図の時日ニ御話伺ひに参りてもよろしく、恐縮千万ながら何卒御願申上候、匆々頓首

十月十四日　吉野作造

阪谷先生侍史

［封筒表］小石川区原町　阪谷芳郎殿　〈阪谷筆〉村田文夫ノ件　十一年十月十五日回答ス

［封筒裏］東京帝国大学法学部研究室　吉野作造　十月十四日

2 （大正十二）年五月二十九日 【992】

謹啓申上候、明日午後三時より国家学会総会相開候様申上置候処、今回は時日決定が遅れ申候為め、予め雑誌に広告を載せかね、為に会員に普ねく通知するの手続に大欠点を生じ候、形式上総会の成立を見兼候ニ付てハ、重ねく〳〵の失態、恐縮の至ニ御座候、尤も多数学生を集めて懇談を重ね候実質上の目的は、十分達し得らるべき見込ニ有之、此方面は盛大ニやる考ニ御座候へは、此辺の事情御ふくみ置被成下度、偏ニ御願申上候、御わび旁右御報申上度、如斯ニ御座候、草々

五月二十九日　吉野作造

阪谷男爵閣下

［封筒表］小石川、原町百廿六　阪谷芳郎殿

［封筒裏］㊞「東京市本郷区駒込神明町三二七　吉野作造　電話小石川二〇四八」　五月二十九日

吉村銀次郎 書簡

1 （ ）年三月十二日 【1023】

謹啓　為邦家謹謝、閣下の御奮闘、併祈御健康、

三月十二日

坂谷男爵閣下
吉村銀次郎

［封筒表］小石川区原町　坂谷芳郎殿御親展
［封筒裏］四谷南町十　吉村銀次郎　三月十二日朝

米山梅吉　書簡

1　（　）年三月二日　【995】

拝啓　政界の昨今御多忙此事ニ奉存上候、陳ハ信託業者か多年の希望たる法律改正案、幸ニ本年ハ衆議院を通過仕り、只今貴院ニ相廻り申居候次第、此改正ニより信託会社が財産ニ関する遺言執行者たるを得候也、会計の検査を営業となし得る等ニより、信託業務本来の意義ニ基き発展を庶幾致事と相成り、議会の要求ニも副ヒ得る次第、是非此宿志貫徹仕度、委員一同熱心奔走罷在り、明日は御引見の栄を得候趣ニ付深く相喜申居候、以書中乍勝手御高配の段、偏ニ御依頼申上候、御明鑑願上候、敬具

三月二日
米山梅吉

阪谷男爵殿侍史

［封筒表］市内小石川区原町一二六　男爵阪谷芳郎殿御直
［封筒裏］㊞「東京市麹町区有楽町三丁目　三井信託株式会社
米山梅吉」

2　（　）年五月十八日　【994】

拝啓仕候、益御多祥被為渉奉慶賀候、陳ハ来朝中之マクリユア氏近著ニ付キ、添田博士より御談有之候歟ト奉存候、右ハ小生拝見済ニ付、別封台下へ差出シ申候、御落手可被成下候、マ氏滞留中の実験、殊ニ独逸第一流の人士との会見面白ク相感シ申候、邦家多事の際御自愛祈上候、敬具

五月十八日
米山梅吉

坂谷男爵殿台下

［封筒表］男爵阪谷芳郎殿御直
［封筒裏］米山梅吉

李家隆介　書簡

1　大正元年十二月二十一日　【588】

拝啓　時下寒冷之候愈御健勝之段、邦家之為慶賀至極ニ

存候、扨テ今般本県立図書館ノ依頼ニ応シ、貴著日本経済論一部御寄附被成下難有拝受致候、此書ニ依り読者ノ裨益スル所、実ニ至大ナル義ト、只管奉感謝候、右不取敢御礼申上度、如斯御坐候、敬具

大正元年十二月二十一日

石川県知事李家隆介

法学博士男爵阪谷芳郎殿

［封筒表］□(東カ)京市小石川区原町一二六　□(法カ)学博士男爵阪谷芳郎殿

［封筒裏］石川県知事李家隆介

若尾幾造　書簡

1　（大正二）年三月三十一日　**【1049】**

拝啓　益々御清福奉賀候、陳は金貨本位制度実施十五年記念章御贈与被成下難有拝受仕候、右御礼迄申上候、拝具

三月三十一日

若尾幾造

委員長男爵阪谷芳郎殿

［封筒表］東京市小石川区原町一二六　男爵阪谷芳郎殿　〈阪谷筆〉金貨本位礼

［封筒裏］横浜市本町四丁目　若尾幾造　三月三十一日

若槻礼次郎　書簡

1　（明治二十八）年十一月十二日　**【1048】**

謹啓　秋冷之時節益御清安被為在候段大慶此事ニ奉存候、陳は此度朗廬先生御遺稿御恵与ヲ辱フシ、難有仕合奉万謝候、清宵燈下謹而拝読、案ヲ打ツノ快ヲ得可申、先ハ謝礼申上候迄、如斯御座候、草々頓首

十一月十二日

禮次郎拝

坂谷芳郎様虎皮下

［封筒表］東京麹町区平河町六丁目廿一番地　坂谷芳郎様玉披

［封筒裏］松山市三番町　若槻禮次郎

2　（明治四十）年十一月二十九日　**【1102】**

拝啓　益々御清穆被為入奉慶賀候、伯林出発後大急行ニテ「ウヰンナ」「ヴェニス」「フロレンス」羅馬「ゼノア」ヲ経過シ、昨夜当地ニ到着致候、伊太利ノ古跡ニ富ムコト、瑞西ノ勝景多キコトハ申上候マテモ無之候得共、

実見ニ依リ益々其感ヲ深クスル次第ニ有之、遊覧人ノ多キコト怪ムニ足ラスト存候、羅馬見物ノ紀念トシテ大理石ノ小彫刻物贈呈仕度、横浜山崎四男六氏宛ニテ送出サセ置キ、尚山崎氏ニ向テ御邸ニ相届ケラレ度旨申送リ置候間、到達致候ハヽ御笑納被下候様切望致候、彫刻物ハ希臘詩人（女）Soffo ノ像ニテ「ネープルス」ニ在ル名作ノ模造ナリトノコトニ有之、送出後二ヶ月ノ後ナラデハ到達セストノコトニ候得者、来年二月頃相届候コトト存候、公務ニ属スル報告ハ孰レ巴黎到着後、米国便ヲ以テ発送可致存候、匆々敬具

十一月二十九日

瑞西「ヘルヌ」ニテ
若槻禮次郎

阪谷男爵閣下

〈便箋〉帝国日本政府特派財政委員庁

[封筒表] Son Excellence Monsieur le Baron Sakatani, Tokio, Japon, Via Sibérie　日本東京小石川区原町　男爵阪谷芳郎閣下　〈別筆〉若槻

[封筒裏]〈スタンプ〉「THE FINANCIAL COMMISSION, IMPERIAL JAPANESE GOVERNMENT. 120, BISHOPSGATE STREET WITHIN, LONDON, E.C.」

3　（明治四十四）年一月七日　【1039】

拝啓　陳は来十日午后十二時半御寵招ニ預り難有奉存候、同日御指定之時刻ニ拝趨可仕、此段御請迄、如斯ニ御座候、匆々敬具

一月七日

若槻禮次郎

阪谷男爵閣下

[封筒表] □《(小カ)》石川区原町百廿六　阪谷男爵閣下侍史

[封筒裏] 麹町区中六番町　若槻禮次郎

4　（明治四十五）年四月二十五日　【1043】

拝啓　益々御清穆被為入奉慶賀候、陳は来月六日午後六時築地精養軒へ御案内被下難有仕合ニ存候、同日御指定之時刻ニ拝趨可仕此段御請迄、如斯ニ御座候、敬具

四月廿五日

若槻禮次郎

阪谷男爵閣下

[封筒表] 小石川区原町　男爵阪谷芳郎閣下侍史

[封筒裏] 麹町中六番町　若槻禮次郎

5　（明治　）年三月二十日　【1041】

拝啓　陳者第二種砂糖税金政府案百斤二円二十五銭八四

割ニ相当候処、過刻ノ交渉も有之、譲歩し得ヘキ程度ヲ考居候、四割五分相当ノ税金ヲ求メ候ニ、百斤二円五十銭ト相成候、依而按スルニ第二種糖税金ヲ百斤二円五十銭トスルトキハ、其割合ハ左之通ニ有之候、

第一種　税金　四割
第二種　同　四割五分
第三種　同　五割
第四種　同　五割

相当之理由モ見ヘシト存候、元田・山本両氏ニ対し、百斤二円五十銭迄ノ修正ナラハ同意スヘシトノコト申入候、之ニ対し是非三円トシタキモ、已ムヲ得ズンバ二円八十銭（税金五割ニ相当）トセラレタシトノ要求有之候得シモ、断然拒絶致置候、就而ハ本件ニ付直接嘆願ニ罷出候トモ百斤二円五十銭以上ニハ御同意無之様致度、此段申上置候也、敬具

三月廿日　　若槻禮次郎

阪谷大蔵大臣閣下

［封筒表］□□（大蔵カ）大臣官舎　□（阪カ）谷大蔵大臣閣下親展
［封筒裏］衆議院ニ而　若槻禮次郎　㊞「大蔵省用」

6　（大正元）年十月三十一日　【1044-1】

拝啓　陳は元大蔵属ニシテ其後台湾及朝鮮ニ於而高等官相勤メ居リタル竹内巻太郎氏（高等文官試験及第者）御紹介申上候間、御繁用中御迷惑ニ可被為在候得共、御引見被下度、同氏ハ大蔵省ニ於而ハ内国税課ニ在勤致居候故、小生ハ此ノ事務ヲ執リタルコト有之、自然閣下ニ情願申上候仕合ニ於而ハ宜敷御聴取被下度、紹介旁々此段懇願申上候、敬具

十月卅一日　　若槻禮次郎

阪谷男爵閣下

［封筒表］阪谷男爵閣下親展　〈阪谷筆〉C.37
［封筒裏］若槻禮次郎　竹内巻大郎氏持参
［名刺］竹内巻太郎

［付属］竹内巻太郎履歴書　【1044-2】

位勲　従六位勲五等
氏名　竹内巻太郎
族籍　長野県平民
生年月日　明治三年三月十五日生
本籍　長野県南佐久郡臼田町百拾壱番地
現住所　東京市牛込区市谷薬王寺町七拾四番地

年号	月日	任免賞罰事項	官公署

明治廿二年	九月	東京専修学校々外生トナリテ経済学ヲ研究ス	東京専修学校
同廿八年	一月	東京法学院ニ入リ法学ヲ研究ス	
同三十年	七月	東京法学院ヲ卒業ス	東京法学院
同三十一年	十月	文官高等試験ノ本試験ノ筆記試験ニ及第ス	
同三十二年	十一月	文官高等試験ニ及第シ合格証書ヲ受ク	文官高等試験委員長
同三十三年	三月廿七日	任大蔵属給七級俸理財勤務ヲ命ス	大蔵省
同	十二月十三日	任臨時秩禄処分調査局属兼大蔵属	同
同	同	主税局勤務ヲ命ス	同
同三十四年	六月十七日	任宜蘭庁警部長叙高等官六等	内閣
同	同	五級俸下賜	台湾総督府
同	七月十五日	文官普通試験委員ヲ命ス	宜蘭庁

同	同	文官普通懲戒委員ヲ命ス	同
同	八月廿二日	通訳兼掌者詮衡委員ヲ命ス	同
同	九月十三日	四級俸下賜	台湾総督府
同	九月卅日	叙従七位	宮内省
同	十一月十一日	台湾地方官々制改正ニ付廃官	
同	十二月四日	事務ヲ嘱托ス、月手当九拾円	台湾総督府
同	同	民政部財務局勤務ヲ命ス	同
同三十五年	六月七日	総務局兼務ヲ命ス	同
同	十一月廿八日	任桃仔園庁長叙高等官七等	内閣
同	同	九級俸下賜	台湾総督府
同	十二月六日	日本赤十字社台湾支部桃仔園委員長ヲ嘱托ス	日本赤十字社
同	同廿二日	大日本武徳会台湾桃仔	大日本武

		園庁地方委員長ヲ嘱托ス	徳会
同三十六年	一月十六日	兼任臨時台湾土地調査局事務官	内閣
同	六月十日	東京京都大坂及沖縄鹿児島熊本広島長野ノ三都五県へ出張ヲ命ス	台湾総督府
同三十七年	三月卅一日	陞叙高等官六等免兼官	内閣
同	同	八級俸下賜	台湾総督府
同	同	叙正七位	宮内省
同	六月廿七日	事務ヲ嘱托ス	台湾総督府専売局
同三十八年	六月廿八日	帝国義勇艦隊建設台湾地方委員ヲ嘱托ス	帝国海事協会
同	七月五日	極秘地図管理者ニ指定ス	台湾総督府
同	八月十四日	御用済ニ付嘱托ヲ解ク	台湾総督府専売局
同三十九年	六月廿八日	上京ヲ命ス	台湾総督府
同	九月四日	文官分限令第十一条第	内閣

		一項第四号ニヨリ休職ヲ命ス	
		事務勉励ニ付賞与ヲ受クルこと十回	
		文官懲戒令ニ依リ譴責ヲ受クルこと二回	
同	十一月一日	任京城理事庁副理事官叙高等官六等	内閣
同	同	一級俸下賜	統監府
同	十一月十六日	明治三十七八年戦役本社救護事業ノ実施ニ際シ尽力セラルヽ所少カラズ、仍テ銀盃一個ヲ贈与シ其篤志ヲ謝ス	日本赤十字社
同	十二月廿二日	在嘱中事務格別勉励ニ付慰労金百円贈与	帝国義勇艦隊建設台湾委員部
同	同廿六日	元桃園委員長嘱托中御尽力少カラザルニ依リ銀盃一個ヲ贈シ、茲ニ多年功労ヲ謝ス	日本赤十字社台湾支部
同四十年	一月廿三日	韓国皇太子嘉礼式紀念章下賜セラル	韓国政府賞勲局

同	五月廿四日	東洋協会京城委員ヲ嘱託ス	東洋協会
同	七月十二日	京城理事庁水原支庁在勤ヲ命ス	統監府
同	八月十三日	日本赤十字社韓国委員部京城委員副長ヲ嘱托ス	日本赤十字社
同	八月十六日	京畿観察道事務官ニ任ス	韓国政府
同三十九年	四月一日	明治三十七八年事件ノ功ニヨリ勲六等ニ叙シ単光旭日章及金参百五十円ヲ賜フ	賞勲局
同四十年	九月廿日	韓国政府傭聘中在職者ニ関スル規定ヲ適用ス	統監伊藤博文
同	十二月廿四日	事務格別勉励ニ付金参百五拾円賞与ス	統監府
同	同廿六日	事務格別勉励ニ付金百円賞与ス	韓国政府
同四十一年	一月一日	任道書記官奏任官三等	同
同	同	給五級俸年手当金二千円	内部大臣
同	三月卅日	臨時台湾戸口調査ニ関	台湾総督

		シ勤労少カラズ、依テ弐百円ヲ賜フ	府
同	同	臨時台湾戸口調査局廃止ニ付、紀念トシテ銀盃一個贈与セラル	同
隆熙二年	七月六日	命慶尚北道観察道在勤	内部大臣
明治四十一年	九月十二日	日本赤十字社大邱委員副長ヲ嘱托ス	日本赤十字社
同	十二月廿五日	陞叙高等官五等	内閣総理大臣
同	同	二級俸下賜	統監府
隆熙二年	十二月廿五日	事務格別勉励ニ付金参百五拾円賞与	内部大臣
隆熙三年	一月廿四日	陞叙奏任官二等	内閣総理大臣
同	同	四級俸ヲ給ス、年手当金千九百円	内部大臣
明治四十二年	三月一日	叙従六位	宮内大臣
同	三月卅一日	給年手当金千八百弐拾円	内部大臣
同	八月二日	日本赤十字社韓国本部	日本赤十

		大邱支部副長嘱托	字社
隆熙三年	十二月廿日	事務格別勉励ニ付金参百円賞与	内部大臣
明治四十三年	四月廿二日	韓国皇帝陛下ヨリ贈与シタル韓国皇帝陛下南西紀念章ヲ受領シ佩用スルヲ免許セラル	賞勲局
同	八月廿二日	一級俸下賜（副理事官ニ対シ）	統監府
同	同廿九日	韓国ヲ日本ニ併合セラレタル結果、朝鮮総督府所属官署勤務ト見做サレ、奏任官ノ待遇ヲ受クルコトヽナレリ	
同四十三年	九月卅日	事務格別勉励ニ付金参百四十円賞与	朝鮮総督府
同	十月一日	官制改正ノ為廃官	同
同四十四年	七月	勲五等ニ叙シ瑞宝章ヲ賜ハル	賞勲局
同	十一月	朝鮮大邱市民ヨリ金盃一個贈与セラル	

右之通相違無之候也、

〈欄外・阪谷筆〉元、十、三一日受

7　（大正二）年四月二日　【1040】

拝啓　益々御清勝奉慶賀候、陳は本邦金貨本位制度実施十五周年ニ当り御調製相成候記念牌御恵贈ヲ辱フシ、難有仕合ニ存候、茲ニ御厚意ヲ拝謝スルト共ニ、当時ニ於ケル閣下ノ御尽瘁ヲ顧想シ、今更御勲功ノ甚大ナリシコトヲ敬羡申上候、右御挨拶申上度、如斯御座候、敬具

四月二日

若槻禮次郎

金貨本位制度実施十五週年記念会委員長

法学博士男爵阪谷芳郎閣下

［封筒表］□《（小カ）》石川区原町　阪谷男爵殿侍史

［封筒裏］麹町中六番町　若槻禮次郎

8　（大正二）年四月二十三日　【1038】

拝啓　益々御清安奉慶賀候、陳は仏国大蔵省財政監督官「テオドール・プラフェン」氏ニ金貨本位制実施記念牌御贈与相成候由ニテ、同氏ハ御厚意ニ対シ甚感激有之候得共、御住所ヲ承知セサル為メ、直様謝状差上候コト出来兼候故、別封小生より閣下へ取次呉レ度旨申来候間、御領知被下度、此段得貴意候、匆々敬具

四月廿三日

若槻禮次郎

阪谷男爵閣下

［封筒表］□（小カ）石川区原町　阪谷男爵殿侍史
［封筒裏］麹町中六番町　若槻禮次郎

9　（大正五）年一月二十四日　【1042】

拝啓　益々御清健被為入慶賀之至奉存候、久敷御機嫌伺ニモ不罷出欠礼之段何共申訳無之、例之疎慵之罪、偏ニ御寛恕相仰候、先般ハ先大人様ニハ御贈位ノ御沙汰ヲ蒙ラセラレ、御名誉ノ次第ハ不及申、御一同之御光栄不堪慶祝候、此度御事歴御編纂御恵贈被下難有仕合、追々清読可仕候、右謹而御礼申上度、如斯御座候、匆々敬具

一月廿四日

禮次郎

阪谷男爵閣下

［封筒表］小石川区原町　男爵阪谷芳郎閣下親展
［封筒裏］麹町区中六番町　若槻禮次郎

10　（　二）年三月十五日　【1046】

拝啓　益々御清祥奉慶賀候、陳は来廿日午後五時半香雪軒へ御案内被下、光栄之至存候、同日御指定之時刻ニ拝趨可致、右御請迄、如斯ニ御座候、敬具

三月十五日

若槻禮次郎

阪谷男爵閣下

［封筒表］小石川区原町　阪谷男爵閣下
［封筒裏］麹町中六番町　若槻禮次郎

11　（　）年十月十一日　【1045-1】

拝啓　益々御清祥被為入奉慶賀候、陳は元大蔵属久保三友、此度東京市内毎筆ノ地図ヲ版行スルノ計画ヲ企テ不日完成致候筈ニ有之、閣下ニ序文御願致度希望ヲ以而紹介方申出候処、御迷惑ニ有之候得共、本人御引見被下、希望御聴取被下度、此段奉懇願候、敬具

十月十一日

若槻禮次郎

阪谷男爵閣下

［封筒表］阪谷男爵閣下親展　〈阪谷筆〉久保三友ノ地図序文
［封筒裏］麹町区中六番町　若槻禮次郎
［名刺］久保三友　麹町区土手三番町　電話番町三五〇九番

12　（　）年十一月二日　【1047】

拝啓　益々御清健被為入奉慶賀候、陳は来六日ニハ御曽

遊之記念トモ可相成晩餐会御催相成、小生も席末ニ列スヘキ旨之御案内ヲ辱フシ、難有仕合感謝仕候、然ル処同日ハ首相邸ニ而新聞記者ヲ招待セラルヽコトニ相成居リ、小生ハ稍接伴的意味ヲ以而同会ニ出席スヘキノ命ヲ受ケ居候為メニ拝承候、御催ニ対シ甚タ残念ニハ候得共、拝趨之栄ヲ得兼候間、不悪御思召被下度、右御返事申上度、如斯ニ御座候、匆々敬具

十一月二日

若槻禮次郎

阪谷男爵閣下

［封筒表］阪谷男爵閣下侍史
［封筒裏］若槻禮次郎

鷲尾光遍　書簡

1　（大正十四）年六月十二日　【1052】

拝啓　初夏の候に候処、閣下愈々御清適の条奉大賀候、陳ハ甚突然の申出に候へ共、最近各新聞紙の報ずる処に依ハヽ、協同会男爵議員候補者の顔触も最早や御決定相成候由、然るに該候補者中にハヽ、京都在住者としてハ一人も見受不申候、何分新聞紙報の事なれハヽ、全々信を置に足ずとするも、果して御決定ガ所報の如くとせば、当方の事情を具陳して、閣下に御懇願申上度儀有之申候、御承知の通り、本春組織したる近畿男爵会ハ京都を中心として本部を華族分館に置くものに御座候、其本部所在地より同爵議員の選出なきハ、地方連絡上に於ても、又東京方へ交渉上に於ても、将又同会の発展上に於ても不便極る事と存候、殊に京都在住の同爵者ハ現在十一名の多数に有之候へば、貴方御詮衡上種々複雑なる御事情ハ多々有之候とは存候へ共、この際京都在住者より是非一人候補を御選定被下度、特に奉懇願候、万々一不成立の場合ハ折角組織されたる近畿男爵会にも引てかなり大なるひゞの入る事と推考仕候条、賢明なる閣下にハ当会の事情御考慮の上、何とか御工風の上、京都在住者より一人の候補を御選出被下度、猶更に補欠選挙に際してハ、京都在住者中より第一の候補に御選入被成下度、今より重て御依頼ニ及候、早々敬具

六月十二日

鷲尾光遍

阪谷男爵閣下

何分の御回答被下度願上候、本文と同様の書面日時に船越男爵へも差出候、

［封筒表］東京小石川区原町一二六　阪谷男爵閣下　㊞「至急」
「親展」
［封筒裏］滋賀県石山寺貫主　男爵鷲尾光遍　六月十二日
〈阪谷筆〉十六日付回答　今更変更出来ズ　従来ノ藤
田、北河原両男ノ外ニ今度紀男ヲ加ヘタク云々、

和田豊治　書簡

1　大正十二年八月（三十一）日　**【1053-1】**

粛啓　時下愈御清康奉恭賀候、陳ハ実母幸子事、明年ヲ以テ八十八歳之高齢ニ達シ候ニ就テハ祝意相表度、平生御交誼ヲ蒙り候各位ノ御染筆ヲ御願申上、之ヲ冊子ニ調製シテ、子孫ニ伝ヘ候ハヽ、本人ノ光栄不過之、且小生孝養ノ一端トモ相成、本懐ノ至ニ御座候、公私御多端ノ折柄恐縮ノ義ニ候得共、微衷御賢察ノ上、御聞済ノ程、偏ニ奉懇願候、敬具

大正十二年八月吉日　　和田豊治

男爵阪谷芳郎殿

追テ小絹二枚別封ニテ御送り申上候、来十月末日迄ニ頂戴ニ参上可仕候間、御出来ノ節ハ別紙ニテ御一報願上候、

［封筒表］小石川区原町一二六　男爵阪谷芳郎殿〈阪谷筆〉
十二年八月三十一日受　八十八才母堂　十月末限染
筆
［封筒裏］麻布区飯倉片町二九　和田豊治
［付属］返信はがき**【1053-3】**

［付属］和田豊治母幸子経歴　**【1053-2】**

実母幸子ハ、天保八年三月十二日旧中津藩士族間田家ニ生レ、嘉永六年十七歳ヲ以テ和田薫六ニ嫁シ、三男（豊治、文二、好一）三女（照子、つる子、福子）ヲ産ミ（文二、つる子ハ夭折ス）、明治十二年四十三歳ニテ夫ニ別レ、爾来独力遺児ノ教養ニ勗メ候者ニ有之、平生深ク神仏ヲ信シ居申候、

豊治拝識

和田長史　書簡

1　明治四十三年一月十一日　**【1054】**

粛啓　閣下益々御健勝の御条、誠以テ奉慶賀候、
玉章忝頂戴致候御訓示被成下候、逐一家の守とし而、身の宝トシテ先生に親シク座右ニ培従スルト思ひ、朝夕にも寝寐にだも拝し、永久に奉蔵可致候、茲ニ欠敬にわ御

座候得共、右御礼申上置候、
願くば益々閣下の御健勝ニ為被《ママ》存ん事を奉遥願居候と共ニ永久に御訓示御愛憐被成下度奉願候、敬具

戊壱月拾壱日拝復申上候、

生　和田長史㊞「和田」
（浪花の里安治川の畔に而）

男爵阪谷芳郎先生殿閣下奉呈

〈欄外〉明治四十三年一月十一日
［封筒表］東京市小石川区原町　阪谷芳郎殿御直披
［封筒裏］大阪北区安治川通東壱丁め　和田長史

渡辺国武　書簡

1　明治四十二年十一月三日　**【1050】**

拝啓　弥御安康至慶奉存候、陳者過般病気の節は御懇切之御見舞を辱し、御高庇を以て爾后逐日軽快、目今略々全癒致候、就ては此際拝趨陳謝可致之処、病後静養中医戒も有之、乍略儀書中を以て右御礼申上候、敬具

明治四十二年十一月三日

子爵渡邊國武

男爵坂谷芳郎殿

［封筒表］小石川区原町一二六　男爵坂谷芳郎殿〈別筆〉市内特別
［封筒裏］子爵渡邊國武

渡辺義郎　書簡

1　（六）年十月七日　**【1051】**

拝啓　陳は過日は錦地非常之暴風雨にて、所々損害も不少候由之処、御尊邸には格別之御障りも不被為在候や、乍遅延御見舞申上候、須磨辺は比較的損害も尠少ニ而取立申上候程之義も無之候、叉手過般松方侯招待会之節は細大御配慮被成下奉万謝候、其節御礼旁参上可仕候所、其翌日頃より違和を覚へ、神田連雀町阿久津病院へ入院し、間もなく膀胱切開手術を受け、鳩卵大之結石を剔出仕り候様之次第にて、遂に御無礼之侭帰宅仕候段、幾重にも御詫申上候、
先は右申上度、草々不罄

十月七日

渡邊義郎

阪谷男爵閣下

右結石剔出後は頑健旧ニ復し候、頚部癌腫のラヂウム治

療跡も土肥博士より残毒絶無と診断被致候、
［封筒表］東京小石川区原町一二六　法学博士男爵阪谷芳郎殿
親展
［封筒裏］須磨一谷荘　渡邊義郎

鰐部朝之助　書簡

1　明治四十二年一月一日　【1099】

恭賀新年
先頃当地御寄港の節は、匆卒の際、万事失礼の段、平に御海容可被下候、欧米御巡遊無滞御帰朝の段奉慶賀候、先頃は御丁寧なる御書束被下奉感謝候、早速有志の者共へ伝達致候、敬具
四十二年元旦　鰐部朝之助
男爵坂谷芳郎閣下執事御中
［封筒表］Baron Y. Sakatani, Tokio Japan.〈別筆〉大日本東京　男爵坂谷芳郎殿　九段
［封筒裏］A. WANIBE, JAPANESE STORE, P.O. Box 532. 152 Government St. VICTORIA, B.C.

株式会社第一銀行　書簡

1　明治三十三年七月五日　【208-2】

拝啓　当銀行新株第四回払込金の義は、昨年七月廿三日、臨時総会決議之通、来る七月三十一日迄に壱株に付、金拾弐円五拾銭宛の割合を以て、当銀行本店へ御払込被下度、同日迄に御払込無之節は百円に付、金四銭の割合を以て、延滞日歩可申受候、此段御通知申上候也、
明治三十三年七月五日　株式会社第一銀行
追て当銀行各支店所在地に御住居の株主方は、御都合に依り同地支店へ御払込相成差支無之候、
［編者註］本史料は、同封されていた黒田綱彦書簡【208-1】とは別件の内容ではあるが、黒田綱彦書簡［付属］阪谷芳郎控【208-3】より、阪谷が一括して保存したものと推測される。

黒船協会　書簡

1　（十四）年三月二十七日　【204】

黒船協会会則（略）

［封筒表］東京市小石川区原町一二六　阪谷芳郎殿　〈阪谷筆〉十四年三月廿七日受付　会則

［封筒裏］静岡県賀茂郡下田町（役場内）黒船協会　電下田二番、三七五番

対外同志会　書簡

1　大正七年八月十五日　【1120】

米問題に対する檄（略）

［封筒表］小石川区原町一二六　男爵坂谷芳郎閣下

［封筒裏］東京市芝兼房町十四番地　對外同志會　電話新橋二一〇六番・一七四六番

東京商工会議所　書簡

1　昭和十三年八月二十五日　【1117】

情発第九七六号

昭和十三年八月二十五日

東京商工会議所㊞

男爵　阪谷芳郎殿

拝啓　残暑之候愈々御清祥之段奉大賀候、陳者予而本所ニ於テ「東京商工会議所六十年史」執筆中ノ処、今回、同草稿略々完了仕リ、一応謄写刷ニ依リ、仮製本致候ニ付、本日別便ヲ以テ一部御高覧ニ供シ候、本年史ノ草稿ハ森田草平氏ニ委嘱執筆ノモノニ有之、過去ノ事実ニ照シ、多少ノ訂正、又ハ必要ノ箇所アルヤモ計リ難ク被存候間、更ニ一層ノ完璧《ママ》ヲ期スル為メ、御高閲ニ供シタル次第ニ有之候、就テハ時局柄、公私御多端ノ折、誠ニ恐縮ノ至リニ存候得共、御高覧ノ上ハ、忌憚無キ御批判又ハ御訂正相賜リ度奉懇願候、右草稿中御訂正ノ必要御気付ノ点有之候ハゞ、早速係ニ申聞カセ被下度、甚ダ乍勝手此段御依頼旁々得貴意候、敬具

［封筒表］小石川区原町一二六　男爵阪谷芳郎殿　〈阪谷筆〉昭和十三年八月二十七日受付　六十年史ノ訂正ヲ求ム　1938-1868=70

［封筒裏］東京市麹町区丸之内三丁目十四番地　東京商工会議所　電話丸之内（23）三五番・宿直三六番・三七番・三八番・六五番・一〇七九番・五四六〇番・五四六一番

Clemenceau 名刺

一　（明治四十二）年（一）月（十）日　【1085】

Le Président du Conseil

Ministre de l'Intérieur.

［封筒表］Montieur le Baron Y. Sakatani, Ancien Ministre des Finances, Tokio, Japon.
Présidence du Conseil, Ministère de l'Iintérieur, Cabinet du Ministre.
〈別筆〉クレマンソー

Finaly 名刺

一　（明治四十二）年（一）月（三十一）日　【1070】

HORACE FINALY

Directeur de la Banque de Paris et des Pays-Bas. 3 rue d'Antin

Avec les remercements, les meilleurs voeux et les respectueux hommages.

［封筒表］Son Excellence Le Baron Sakatani, Tokio, Japon.
〈別筆〉阪谷男　フィナリー　Finaly, H.

Gielen 書簡

一　明治四十一年十二月十七日　【1094】

Cologne, $17^{\underline{e}}$ December 1908

Dear Baron.

I was highly pleased to receive your esteemed favor of $5^{\underline{e}}$ November last, and I am greatly touched by the cordial terms you use towards Mrs Gielen and myself.

We consider it a great honor to have spent with you such pleasant hours, and we trust that a repetition of them may not be too far away.

I shall always devote my full leisure to the cares of your friends, whom your excellency may introduce to me, and I trust that I may be able to render true services to the glorious nation I have the honor to represent here, which has become my second fatherland.

On the occasion of the New Year Mrs Gielen and myself beg to express to your Excellency our sincerest wishes, and remain, dear Baron,

Yours very respectfully

Gielen

［封筒表］His Excellency Monsieur le Baron Y. Sakatani,
Nagata Cho, Tokio Japan. Via Moskaw
〈別筆〉永田町　坂谷男爵

［封筒表］〈シール〉KAISERLICH JAPANISCHES
CONSULAT, CÖLN. 在コローン日本帝国領事館

Harriman (Cornelia) 書簡

1　（明治三十八）年十二月（十八）日　【1086-1】

Dec.
Arden
Orange co. N.Y.

My dear Mr. Sacatani.

I do want to write and thank you so much for the photographs both of Prince Yoshinobu Tokugawa and yourself, which you so kindly sent my sister and myself. We are so delighted to have them, and we appreciate very much your kindness in asking the Prince on our behalf. If you will sometime when you see him again, express our great appreciation and thanks to him, and say how delighted we are to have his photograph.

We had quite pleasant voyage home and arrived here in very quick time. Of course we were very glad to see home once more, but I think we were much more regretful at leaving Japan.

I shall always remember our visit to your country with a great deal of pleasure and also all your kindnesses to us. But I sincerely hope that I shall be able to return sometime again, and in this wish I know all our party joins me.

I hope all is well with you and with very many renewed thanks for the photographs.

I remain

Yours very sincerely

Cornelia Harriman

［封筒表］Mr. Sacatani, Finance Department, Tokyo, Japan.
〈別筆〉Hariman, C.　ハリマン　大蔵省

［名刺］Miss Cornelia Harriman. Arden, Orange County,
New York, U.S.A.

Harriman (Edward Henry) 書簡

1　明治四十一年一月四日　【1087】

120 Broadway
New York
Jan. 4, 1908.

Baron Y. Sakatani,
Tokyo, Japan.

Dear Sir:

Mr. Harriman directs me to acknowledge, with thanks, the receipt of calendars for nineteen hundred and nine. He also directs me to express his wish for a happy and prosperous New Year.

Very truly yours,
C. C. Tegethoff
Secty. for E.H.Harriman.

［封筒表］ Baron Y. Sakatani, Tokyo, Japan.
C. C. TEGETHOFF, Secretary, Room 49, 120 Broadway NEW YORK,
〈別筆〉 Harriman, E. H. 阪谷　ハリマン

Koch 書簡

1　明治四十一年十二月三日　【1095】

Hatton Court.
Threadneedle Street
and Stock Exchange,
London Dec. 3rd. 1908

My dear Baron Sakatani,

I have to thank you for your very kind letter.

It has been a great pleasure for me to make your acquaintance, and I hope it will not be very long before we all here, have again the privilege of seeing you.

The financial policy of the new Cabinet has, as you doubtless know, created a most excellent impression here, and popular favour is quite coming back to Japanese securities.

Believe me, my dear Baron, with every good wish.

Yours very sincerely,

W. Koch

Baron Sakatani,

〈便箋〉 PANMURE GORDON & Cº
Address for Telegrams PANMURE, LONDON.
Telephone Nºˢ 2920 LONDON WALL (4 Lines)
4232 CENTRAL.

［封筒表］ His Excellency Baron Sakatani, Finance Department, Tokyo Japan. 〈別筆〉 坂谷 大蔵大臣

Kokovtzoff 書簡

一 明治四十一年十一月十二日 【1097】

Ministére des Finances
Cabinet du Ministre.

St. Petersburg,
Nov. 12/25, 1908.

Dear Sir,

Please accept my best thanks for your kind note. I am very pleased to hear that you have returned safely home after your long voyage and also that you have carried away a pleasant recollection of your stay in Russia.

I beg to assure you that it was a great pleasure for me to make your acquaintance and that I have kept the best memory of the agreeable and interesting conversation I had the privilege of having with you. I sincerely hope that next time you visit this country – and trust this will be soon – I will have the opportunity and the advantage of meeting and conversing with you again.

With best regards,

I remain, Dear Sir, very truly yours,
V. Kokovtzoff

His Excellency
Baron G. Sakatani,
Tokyo.

［封筒表］ Sir Excellence M. le Baron Sakatani, Tokio Japon.
Recommandée RИ394 St. Pétersbourg
Repess cudeifr. 〈別筆〉 坂谷男爵

O'Brien 書簡

一 （明治四十二）年（一）月（十五）日 【1088-1】

The American Ambassador requests the honor of His Excellency Baron Sakatani's company at dinner on January 27 at 7½ o'clock. R.S.V.P.

［封筒表］His Excellency Baron Sakatani etc. etc. etc.
〈別筆〉America Ambassador.　小石川区原町　男爵
阪谷閣下　一月廿七日七時半　米国大使

［付属］阪谷芳郎書簡控　【1088-2】

Baron Sakatani accepts with pleasure the invitation of His excellency the American ambassador to dinner on January 27th. at 7½ o'clock.

Revelstoke 名刺

一　（明治四十二）年（一）月（九）日　【40】

Lord Revelstoke,
3, Carlton House Terrace.
With all good wishes for 1909 and always.

［封筒表］Monsieur Le Baron Sakatani, Tokio Japon
〈別筆〉Revelstoke, レベルストック　阪谷男

Root 書簡

一　明治四十一年十二月九日　【1084】

Department of State
Washington.
December 9, 1908.

My dear Baron:

I was much pleased to receive your cordial and courteous note of the fifth of November, and am glad to learn that you have safely reached Japan after your extensive travels.

It affords me great pleasure to learn that your experience in this country was so satisfactory, and I trust that we may have the pleasure of seeing you again.

With kind regards,
Very truly yours,
Elihu Root

Baron Y. Sakatani,
Care Japanese Foreign Office,

Tokyo, Japan

［封筒表］Baron Y. Sakatani, Care Japanese Foreign Office,
Tokyo, Japan.
DEPARTMENT OF STATE

Shipof 書簡

1　明治四十一年十一月十八日　【1074】

Minister
du Commerce et de l'industrie.

St. Petersburg, November 18th, 1908.

Dear Baron

Many thanks for your kind letter. I was very glad to hear that you returned safely home after your long journey and hope you found all right there.

I regret that your visit to St. Petersburg was so short and the season not favorable while you were in our capital. My most sincere wish is to see you again for a longer time.

With best regards, I remain, Dear Baron, very truly yours.

J. Shipof

N.14682.
His Excellency
Baron Sakatani

［封筒表］His Excellency Baron Sakatani. Японія. Tokio. Nippon. Tokyo. RИ771 St. Pétersbourg.
〈別筆〉N.14682 阪谷男爵 Shpof.

2（明治四十一）年（十二）月（二十三）日　【1104】

I. Shipof
Ministre du Commerce et de l'Industrie.

Thanks and best wishes for a happy New year.

［封筒表］His Excellency, Baron Sakatani, Tokio. Tokio. de la part du Ministre du Commerce et de l'Industrie. RP934 St. Pétersbourg. Sakasиol
〈別筆〉坂谷男爵、⑩　シポフ Thpof

Stead 書簡

1　明治三十八年十一月十一日　【1068】

The Review of Reviews,

Edited by W. T. STEAD.
Mowbray House,
Norfolk Street. Strand,
London, W.C.
November. 11. 1905

Dear Mr. Sakatani:-

The mission to Japan for the Sartei[sic] is settled and the Australian question is well on the way towards settlement. Really there seems to be little that I can do more for Japan here. Please let me know if there are any special objects which you wish dealt with. At the present moment I think that it would be well to deal with the question of the foundation of an information bureau here and in the interesting[sic] of British capitalists in Japan. I do hope that you will be able to come to England in the future and give your friends a chance of seeing you again. Mrs. Stead sends kind regards.

I am, yours very sincerely,
Alfred Stead

［封筒表］ Mr. Sakatani Vice Minister of Finance, Tokyo
Japan.

REVIEW OF REVIEWS. EDITED BY W. T. STEAD. SIXPENNV MONTHLY.
LONDON OFFICE : MOWBRAY HOUSE, NORFOLK STREET. STRAND, W.C.
Via America
〈別筆〉ステッド　Stead, A. 次官　第六〇一八七号

Stolypine 書簡

1　明治四十一年十一月十八日　【1090】

Président du Conseil des Ministres
St. Petersburg. November 18 1908
Décembre　1

Sir.

Having received your letter of the 5 November I am very thankfull for your friendly feelings.

With best compliments
P. Stolypine

To the Baron Sakatani.
Tokio.

［封筒表］ Monsieur le Baron Sacatani, Tokio. Japon.-
Японія.

Président du Conseil des Ministres RИ400 St. Pétersbourg.
〈別筆〉サカタニ氏、ストニー Stoly?in

Ticharykov 書簡

1 明治四十一年十一月十六日 【1096】

St. Petersbourg, November 16 1908

ADJOINT DU MINISTRE
DES AFFAIRES ETRANGÈRES

Dear Baron Sacatani,

I was very much pleased at receiving Your obliging letter and the news that You have happily finished Your long and interesting journey. The short time You spent with us has left me and all our friends a most agreable recollection and we are glad to know that You also keep a pleasant memory of Your stay and acquaintance with us.

Let me hope to see You some day again and wish You many more useful achievements for Your country and for our mutual friendship.

Yours very sincerely
Ticharykov

[封筒表] SON EXCELLENCE, LE BARON SACATANI, TOKYO. 〈別筆〉264/8 ? Ticharykov

Timasheff 書簡

1 明治四十一年十一月十三日 【1103】

GOUVERNEUR
DE LA BANQUE DE L'ÉTAT.
St. Pétersbourg.
the 13 November 1908.
2 December
№ 379

Dear Sir.

I thank you very much for your letter of the 5-th of November in which you kindly mention your visit to the Bank of State, and am very glad to have been of any service to you.

Please accept my best regards and believe me sincerely yours.

S. Timasheff

His Excellence

G. SAICATANI.

Tokyo.

［封筒表］ HIS EXCELLENCE, G. SAICATANI. TOKYO.
Японія. Tokio.
〈別筆〉小石川　坂谷男ˊ № 379.

Townsend 書簡

一　明治四十一年十二月二日　【1089】

Hongkong & Shanghai Bank

31. Lombard Street,

London.

2nd December 1908.

Dear Baron Sakatani,

I thank you for your letter of the 5th November, and am very glad to hear that you have safely arrived back in your country.

I am very glad that you have enjoyed your trip to Europe: here we shall always remember you with the pleasantest recollection.

I am pleased to say that there is quite an improved feeling in the financial world in regard to Japanese securities, and I have no doubt that your visit and influence has contributed a share in this direction.

I am, Yours very truly,

A. M. Townsend

Baron Y. Sakatani,

TOKIO.

［封筒表］ Baron Y. Sakatani, TOKIO.
〈別筆〉東京市　男爵坂谷殿
［封筒裏］ HONGKONG & SHANGHAI BANKING CORPN,
LONDON.

Vanderlip 書簡

一　（明治四十一）年十二月三十一日　【1073】

55 Wall Street

New York

Mr. Vanderlip acknowledges with cordial

appreciation the receipt of the most attractive calendar for Nineteen Hundred and Nine, sent by Baron Sakatani.

Mr. Vanderlip begs leave to present his compliments to Baron Sakatani and his best wishes for a Prosperous and Happy New Year.

December thiety-first.

［封筒表］Baron Sakatani, Minister of Finance, Tokio, Japan.
55 Wall Street, New York
〈別筆〉Vanderlip，バンダーリップ ヲヲクラセウ
阪谷

Verneuil 名刺

1　（明治四十二）年（一）月（五）日　【1091】

MAURICE DE VERNEUIL,
Syndic de la Cie des Agents de Change
129, rue Montmartre
Meilleur Souvenir et Souhaits sincères pour 1909.

［封筒表］Baron Sakatani, Anc. Ministre des Finances, Tokio, Japon
〈別筆〉Verneuil, M. 阪谷男　大蔵省

Wilson 書簡

1　明治三十九年一月十六日　【1075】

S. S. "Siberia"
June 16th. 1906

Dear Mrs Sakatani

Thank you so much for the beautiful flowers which you & Mr. Sakatani so kindly sent us; they are giving us the greatest pleasure. Evidently the sea air agrees with them, for they are always before us on the table and at each meal appear fresh as at the last; it is delightful.

It was indeed kind of you to remember us in this charming fashion & we appreciate it very much as we do all of your many kindnesses to us during our life in Japan.

My husband asks me to present to you his compliments & to send his regards to Mr. Sakatani,

in which I heartily join, & with the hope that we
may have the pleasure of meeting you soon again,

I am,

Very sincerely yrs

Laly Wilson

［封筒表］ To Mrs Y. Sakatani, Official Residence of the Minister of Finance, Tokio, Japan.
〈別筆〉大蔵大臣官舎　阪谷夫人　Wilson,　ウイルソン

差出人不明　書簡

1　大正十二年三月（　）日　【977】

一、賢所
二、皇霊殿
三、神殿

右神殿ノ八神殿ニ関シ、神武天皇平定ノ後、橿原ニ帝居ヲ定メ、皇天二祖ノ詔命ニ従ヒ、又天孫降臨後、日向ノ都ニテ祭リ来タリ給ひシ例ニ依リ、神境ヲ設ケテ、

○高皇産霊ノ神　天孫皇親
○神皇産霊ノ神
○魂留産霊ノ神
○生産霊ノ神
○足産霊ノ神
○大宮ノ売ノ神
○事代主ノ神
○御膳ノ神

ノ八神ヲ祭レリ、後チ皆神祇官ニ在リ、応仁中神祇官荒レ、白川神祇伯之ヲ管理シ、明治二年之ヲ奉還セリ、維新ノ始メ神祇官再置八神殿ヲ置ク、明治四年神祇省ニ八神天神地祇ノミヲ祭リシガ、同十二月正院布告ヲ以テ、八神殿ヲ神殿ト称シ、天神地祇ヲ合併セリ、但八神ヲ天神地祇ノ内ト視シナル可シ、

五ヶ条御誓式ニハ、

八神ヲ中央、東ニ天神地祇、西ニ歴代皇霊ヲ奉セリ、右明治四年正院布告合併ノ件ニ付、祭祀制度トシテ論アリ、即チ天神ハ、伊勢・鴨・山城・住吉・出雲国造ノ斎ク神、地祇ハ、三輪・大倭・葛城等、即チ在来神ヲモ包容シ、汎キニ過グト言フ事ナル可シ、

〈端書〉大正十二年三月
［封筒表］阪谷閣下　御参考迄

2　（　）年（　）月（　）日（封筒）　【1093】

［封筒表］Baron Yoshiro Sakatani, Tokyo, Japan. Via America.
〈別筆〉東京市小石川区　男爵阪谷芳郎殿、書簡なし

阪谷芳郎　書簡

1　明治三十五年六月二十日（金森通倫宛）【1105】

拝啓　六月十二日付貴書拝誦仕候、不相変益御健勝熱心ニ貯蓄ノ奨励ニ御従事ノ由大慶至極ニ奉存候、扨大塚事務官ニ御託シノ勤険貯蓄ノ御演説筆記、此程同事務官御持参被下拝見仕候、右ハ極テ通俗ニ且丁寧反復勤険貯蓄ノ利益ヲ説示セラレ候ニ付、之ヲ印刷ニ付シ、広ク世間ニ配付セラルヽトキハ、一般多数人民ノ目ニ触レ頗ル有益ナル結果ヲ生スヘクト存候間、何卒至急御印刷相成候様冀望仕候、先般地方官会議ノ節、大蔵逓信両大臣ヨリ貯蓄奨励之義ニ付懇ニ訓示有之、其後大蔵省ヨリ種々ノ参考書ヲ各地方官ニ送付シ、全国ヲ通シテ大ニ貯蓄ノ奨励ニ力メ候様相成候、是レ一ニハ北海道ニ於ル貴君等御尽力ノ結果ヲ見テ、大ニ鼓舞セラレタル次第ニ有之、此気運ヲ以テ進ムトキハ、数年ナラスシテ本邦貯蓄高ニ巨大ノ増進ヲ示シ、国民経済ノ基礎ヲ鞏固ニシ、富強ノ実ヲ全フスルニ至ルヘクト懽喜ノ至ニ堪ヘス候、先は御答旁一書拝呈仕度、如此ニ御座候、匆々頓首

明治三十五年六月廿日　　阪谷芳郎

金森通倫殿

追テ別冊中九丁、十二丁及二十一丁裏ノ表中少シ訂正ヲ加ヘ置候、
別冊ハ小包郵便ニテ差立候間、御承知可被下候、

〈端裏書・別筆〉坂谷大蔵総務長官書面
［封筒表］元専修大学総長阪谷芳郎氏書簡（大蔵総務長官時代金森通倫氏宛のもの）寄贈　昭和三十九年二月二十一日　福島県立田村高校佐藤武弘先生より
［封筒裏］東京都千代田区神田神保町三ノ八　専修大学長相馬勝夫

2　（明治三十七）年八月二十六日（北村励次郎宛）【317】

拝啓　八月十一日貴書着、益々御勇壮奉賀候、当方老母初メ一同無事、過日美沢君来リ、貴君ハ今如何ナル状ヲ為スヤナド物語アリ、軍事ノ進行ハ真ニ好都合、財政并経済モ至極平穏、過日或ル外国人来リ、頗ル驚キテ話申候、匆不一

八月廿六日　　阪谷芳郎

北村勵次郎殿

［封筒表］出征　在満州後備第十旅団後備歩兵第十連隊第一中隊小隊長　北村勵次郎殿親展　〈別筆〉軍事郵便
〈付箋〉宛名之者戦死ニ付返戻ス　後備十ノ一
［封筒裏］東京小石川原町　阪谷芳郎

3（明治）三十八年十月三日（守屋此助ほか宛）【320】

拝啓　過日供回覧候、警軒文鈔出版顛末報告案中、守屋君御注意ノ委員人名ハ修正ヲ加ヘヲキ候、而シテ一応備中山下政吉氏ニ送リ意見ヲ徴シ候処、別紙ノ通リ回答有之候、其第二項ノ意見ニ従ヘハ、過日報告案中収支残金ノ処分ハ「興譲館維持会ノ資金ニ寄付シ処分ヲ結了セントス」トアルヲ、「悉皆備中建碑委員ニ引継処分ヲ結了セントス」ト修正ヲ要シ候、右ニテ小生ハ別ニ異存無之候、御考ハ如何相伺度候、匆々不一

三十八年十月三日　　阪谷芳郎

守屋此助殿
池田寅治郎殿
阪田耐二殿

追テ回尾ヨリ返戻ヲ乞フ

4　明治四十三年二月（　）日（阪谷芳郎原稿控）【323-1】

土耳古画観序

友人山田寅次郎君、多年土京「コンスタンチノープル」府に在り、同地中村商店の経営を担任す、業務の余暇視察する所を集録し、名けて土耳古画観と云ふ、近日刊行世に公にせんとす、来て余に序文を徴す、余明治四十一年八月土京に遊ふ、当時山田君不在なり、其店員中村榮一氏、余が為めに東道の主人たり、頗る旅情を慰す、序文の嘱辞す可からざるなり、

夫れ土耳古は欧亜両大洲に跨り、而して土京は其咽喉に位す、所謂ゆる天下必争の地にして、先つ之に拠る者以て四方を制するに足る、故に希臘羅馬の古代以降来数次主を変へ、或時は欧洲人之を領し、或時は亜洲人之を有したり、而して最後の主人公は土耳古人にして、纔かに亜細亜人種の勢力を欧洲の一隅に保持するものなり、

蓋し近世文明及学術の進歩は欧羅巴人種の殆特得たり、其冨強世界に卓絶す、極東を除き、亜細亜諸国の大部分は其勢力の為めに圧伏せられ、終に併呑の運命に遭遇するを免れさるに至れり、而して土耳古が其国政の腐敗衰

微せるにも拘はらす、善く危機一髪の間に其独立を維持し来りたるは、真に偶然と云ふへし、
余の土京に到るや、当時青年土耳古党勢力を得、土耳古皇帝は憲法の実施と議会の召集とを公約せられ、民心大に活気を帯ひたり、余留る数日民情を察し景勝を探る、其民情は我邦近時国運の進歩に深く刺激せられ、日本及日本人を大に敬慕するの念あり、其景勝は風光と歴史とを兼有し、人をして無限の感慨を生せしむ、而して余の土京を去らんとするや、日本人は宜く満腔の同情を、将さに覚醒せんとするの土耳古人に土耳古人に寄すへしとの感念を深く脳裏に印象せり、
噫余の土京に在るや、僅々数日、其見る所一小部分に過きす、而かも尚此所感あり、況んや山田君多年其地に在り、刻苦して日土の貿易を開き、朝夕広く其士民に接するをや、其感慨の多大なる知るへきなり、今此書は所謂ゆる画観に止ると雖とも、感慨の存する所、自ら紙背に在り、独り君か事業の好記念たる而已にあらす、実に日土交通来歴の紀念と謂ふ可し矣、

明治四十三年二月下浣

芳水漁夫　阪谷芳郎識

［付属］土耳古陶器模様ノ一【323-2】
［編者註］包紙あり。

5　大正二年九月九日（クルツル宛書簡控）【318】

拝啓　陳者昨夏貴会社創立百年紀祝典御挙行ノ処、今般右紀念出版物一部カール、イリス君ニ託シ、御贈与被下、正ニ受領仕候、小生ハ千九百八年貴会社ヲ訪問シ、エツセンニ於ル工場御案内被下候時ノ御懽待ヲ今尚記臆仕候、従テ今般御送付ノ記念物ハ貴社カ小生ノ訪問ヲ記念記臆ニ存セラレタルモノトシテ深ク感謝致候、小生ハ既往百年間ニ於ル貴社ノ驚クヘキ発達ト同時ニ世界工業ノ進歩ノ為メ貢献セラレヌル偉大ナル功績ヲ深ク感嘆致シ、又将来ニ於ル貴社ノ隆盛ヲ祝福致候、敬具

千九百十三年九月九日

阪谷芳郎

フリードリッヒ、クルツル殿

（宛名尊称注意ノコト）

6　（大正三）年十月廿七日（穂積歌子宛）【319-3】

拝啓　別紙ノ通り河村氏ヨリ回答有之、先方ニテハ文官試験落第ニ付、当分縁談見合トノコトニ候、尚河村氏ニハ昨日面会、同様ノ意味ヲ話サレ候、右御承知可被下候、書物ヲ市ノ図書館へ御寄付ノコトハ、其手ツヽキヲ速ニ申上候様主任ノ者へ命シヲキ候、匆々不一

十月廿七日

芳郎

穂積様御奥

［封筒表］牛込区払方町九　穂積陳重様御奥へ親展
［封筒裏］㊞「東京市小石川区原町百廿六番地　阪谷芳郎」　御覧之上御序之節、御返し願上候、

［付属①］河村金五郎書簡　（大正三）年十月一日　【319-1】

拝啓　過日御来談有之候穂積令嬢御縁談の義ニ付、荊妻を以て平田夫人へ内話為致度、先方御都合電話にて問合せ候処、目下那須別荘ニ滞在中にて、一週間程の後帰京の由ニ有之候、御帰京後御話可為致候間、右御含給り度、不取敢右申上置候、敬具

十月一日

金五郎

阪谷男爵閣下

〈端書・阪谷筆〉本書供貴覧候、十月二日　芳郎　穂積様

［付属②］河村金五郎書簡　（大正三）年十月廿五日　【319-2】

華翰拝誦、過日御委嘱の件ニ付、拝趨御話可申上の処、此一両日ハ其機を得難と存候間、以書中概様申進候、本月十六日頃平田夫人帰京せられ候ニ付、早速荊妻を遣し為相話候処、主人及当人とも篤と相談の上、何分の返事可致との事にて、其後両三日を経て同夫人拙宅へ参られ候て、当人の意見をも尋ね候に、乍残念今年の文官試験に失敗致したれハ、来年まてハ学生として十分勉強致し度、妻帯などハ思も寄らすとの事ニ有之、大学ハ卒業致したれとも、文官試験ニ失敗し、前途の方針も不相定、今日従前の通り学生の生活を為したしとの本人の希望尤の次第なれハ、先方へハよろしく御断り呉れよとの依頼ニ有之候、右の次第にて、乍遺憾此上の御話も相成り兼候間、穂積様へハ老閣より此趣御申通し被下度概様申述度、寸楮如此に御座候、書余拝芝を期し候、敬具

十月廿五日夜

金五郎

阪谷男爵閣下

7　（大正八）年八年七月廿二日（阪谷芳郎原稿控）　【321-1】

世界ハ改造セラレサルヘカラス

男爵阪谷芳郎

世界ハ改造セラレサルヘカラストハ、是多年識者間ノ問

題ナリ、而シテ其ノ目的トスル所ハ、左ノ二ツナリ、

第一　国家間ノ安定ヲ改善スルコト、

第二　国内ニ於ケル資本労働ノ安定ヲ改善スルコト、

人類三千年ノ歴史ハ、近年ニ至リ頗ル政治及経済学ノ進歩ヲ促カシ、人間ハ次第ニ大ナル国土人口ヲ包含スル大国ノ経営ニ堪ユルノ能力ヲ発揮シ来リ、著シク国家ノ繁栄安定ヲ鞏固ナラシメタリ、

今回ノ大戦前ニ於テハ、内乱状態ハ二流三流ノ国家、若クハ未開ノ土地ニ限ラレタルカ如キ観アリキ、又近年世界人口ノ増加ハ経済上ノ交換ニヨル相互的従属関係ヲ密着ナラシメ、何レノ国家モ自足自給ノ方法ニヨル鎖国的存在ヲ、頗ル不利且困難ナラシメタリ、而シテ近世学術ノ進歩ハ、交通運輸ノ機関ニ大革新ヲ来シ、地球上ノ距離ヲ頗ル短縮シタルト同様ノ結果ヲ生セシメタリ、

現在ニ於ケル各国家ノ組織ハ、人類三千年ノ歴史ノ産物ニシテ、多クノ場合ニ於テ、数多民族ノ、或ハ合シ、或ハ離レテ現状ニ定着シタルモノニシテ、其ノ形成ノ力ハ主トシテ競争ト排他トニアルヲ免レス、語ヲ更ヘテ云ヘハ、国家ト国家トノ間ニハ、常ニ武備ヲ整ヘテ油断セス、或ハ常自衛主義ト唱ヘ、或ハ侵略主義と称スレトモ、何レモ力ヲ養フテ、他人ノ隙ニ乗セント欲スルニ至リテハ、殆同一ナリキ、

大小数多ノ国家カ形成セラルヽニ及テ、茲ニ同盟、協約、交戦条規、万国公法ナド称スルモノ、追々成立スルニ至レリ、然レトモ、其ノ目的ハ武力競争ニ基因セリ、要スルニ甲乙両国交戦ノ場合ニ於テ、丙丁等ノ援助、若クハ利益保護ノ為ニ外ナラス、右ノ如キ国家間ニ於ル競争、排他ノ状況ヲ改メテ、協同、信頼ノ状況ニ変更セントスルカ、近世識者間ニ於ル世界改造ノ目的ナリ、

競争、排他ノ現状ヲ持続スルヲ利益トスルヤ、協同、信頼ノ状態ニ移ルヲ利益トスルヤ、是レ各国民ノ今日ニ於テ宜敷覚醒決定スヘキ問題ナリ、

従来各国ノ議論ヲ見ルニ、英米仏三国ノ如キ大国ハ、国土広ク、人口モ相当ニアリ、識者ノ説ハ協同、信頼ヲ主義トスル世界改造ヲ実現セントスルコトニ傾キ居リタルモ、独逸ヲ首トシ、伊多利、日本ノ如キハ、人口ハ相当有スルモ、殖民地広カラス、富ノ程度モ未タ充分ナラサルヲ以テ、識者ノ議論ハ動モスレハ、之カ実現ヲ悦ハサル傾向ヲ有シタルハ、争フヘカラス、

日本ニ於テハ、独逸思想ノ影響ヲ蒙ムリ、就中軍人階級ニ於テハ旧思想ニ囚ハレ、固ク敵国外患主義ヲ信スル者多シトス、敵国外患主義トハ、国ハ敵国外患ナケレハ亡ト云フ古諺ニ基キ、常ニ仮想ノ敵国ヲ目標トシ、国内ノ士気ヲ鼓舞スルモノニシテ、此ノ主義ニヨレハ、国家間

ニハ信義ナク、武力是レ権利ノ謬想ニ陥ルモノナリ、独リ日本ノミナラス、英米仏ト雖モ、国家間ノ関係ハ競争排他ノ主義ニ依ルヲ当然ナリトシ、若クハ今日ノ人類進歩ノ程度ニ於テハ、之ニ依ルヲ止ムヲ得スト信スル者少ナカラス、

然シナカラ今回世界大戦争ノ結果ハ、人類共同ノ必要ヲ実際ニ促カシ、人心上ニ大変化ヲ来シ、国家間ニ協同、信頼ヲ理想トスル世界改造ノ機運ヲ大ニ促進シタリ、則チ戦時中ヨリ協商国、就中英米識者間ニハ国際連盟説大ニ唱道セラレ、巴里講和会議ノ開カルヽヤ、国際連盟ノ規約ハ平和条約中ノ最大要件トシテ、議定セラルヽニ至レリ、

今巴里講和会議ニ於テ議定セル国際連盟規約ヲ見ルニ、必スシモ完全ナリトハ云フヲ得ス、然レトモ二十余ヶ国ノ全権委員カ熟議論定セルモノナリト云フ一事ハ、以テ此以上ノ完全ハ今日ニ於テ望ムヘカラスシテ、充分価値アルモノナルコトヲ証明シテ余リアリト云フヘシ、少クトモ世界改造ノ大機運ハ、茲ニ開始セラレタルモノナルコトヲ覚ラサルヘカラス、

日本及日本民族今後ノ方針ハ、当ニ此ノ世界改造ノ新機運ニ乗シテ、奮励怒《(ママ)》力其完成ヲ期スルコトヲ忘ルヘカラス、遅疑姑息ハ世界列国ノ信用ヲ博スル所以ニアラス、進テハ新機運ニ順行スルコト能ハス、退テハ落後ノ民族ニ嘲笑ヲ蒙ムリ、其群ニモ入ルコト能ハス、自ラ四苦八苦ノ境遇ニ陥ルハ愚人ノ為ス所ナリ、

次ニ資本労働ノ関係ヲ改善シ、其安定ヲ一層鞏固ナラシムルハ、社会上、経済上、最モ大切ノ問題ニシテ、世界人口ノ増加ハ移住ノ余地ヲ縮減シ、民度ノ向上ハ一般人類ノ欲望ヲ増大シ来リタル結果、終ニ資本労働両者ノ間ニ軋轢ヲ激甚ナラシムルニ至リタルモノナリ、此ノ問題ヲ解決スルニ付テモ、従来ハ主トシテ競争、排他ノ主義ニ依リタルモノナルガ、斯クテハ年々歳々同一事ヲ繰リ返シ、両者ノ軋轢ヲ激甚ナラシムルニ止リ、最終ノ解決ト云フヲ得ス、而シテ此ノ軋轢ノ結果、資本労働両者共ニ損失スル所ノモノハ、甚タ大ナルモノアリ、此ニ於テ近来競争排他ノ主義ニ更フルニ、協同、信頼ノ主義ヲ以テセントスルノ説ヲ生スルニ至レリ、此新主義ニ依ル方針ハ資本労働問題ニ対スル世界改造ノ大目的ヲ達スヘキ最良ノ途ナリ、我日本ニ於テハ資本労働ノ問題ハ未タ初歩ニシテ、欧米ノ如ク激甚ノ弊ニ陥ラス、故ニ早キニ及ンデ、識者カ其解決ニ奮励努力ヲ惜マスンバ、或ハ範ヲ欧米ニ示スノ結果ヲ得ルニ至ランコト、決シテ期シ難キニアラザルヘシ、

［封筒表］ 実業公論中村杏堂依頼　世界改造号　八年十月　南

洋支那〔支、南洋、及〕印度号　九年

［封筒裏］㊞「東京市小石川区原町百廿六番地　阪谷芳郎」

［付属①］世界改造号―『実業公論』第五週年紀念―（大正八年夏、中村杏堂）【321-2】

［付属②］南支南洋及印度号（大正八年夏、中村杏堂）【321-3】

［名刺表］政治・経済・実業　実業公論　社長　中村安得（杏堂）本社　東京市牛込区弁天町四番地　電話番町四六二四番・振替東京三二六〇五番　〈阪谷筆〉八年七月廿二日　羽生某ヲ記者トシテ出スヘシ云々、世界改造号　八年十月発行　南支、南洋、及印度号　九年発行

8（大正十五）年五月二十八日（川名博夫宛）

【316-1】

五月二十日付貴書落掌、故坪野平太郎君ノ墓石建設ニ付テハ、去ル四月廿二日付竹内徳三郎君ヨリ一寸来状有之候ノミニテ、何事モ承知不仕、何レ詳シキ御話アルコトヽ其侭ニ相待居候処、モハヤ今月限締切リノ由、就テハ乍些少金五十円寄付送金可仕候、匆々不一

五月廿八日

芳郎

川名博夫殿

［封筒表］千葉県安房郡舘山町　故坪野先生墓石建設発起人総代川名博夫殿　50yen 川村貫治渡

［封筒裏］東京市小石川区原町一二六　阪谷芳郎　五月二十八日

［編者註］［封筒表］の「50yen 川村貫治渡」の記述は、後から阪谷芳郎によって鉛筆で書き加えられたものと推測される。

［付属］川名博夫書簡　大正十五年五月二十日

【316-2-1】

謹啓　先般房州に故坪野先生の墓石を建設し、且つ先生の高徳を永へに伝へる為、県立安房中学校に奨学資金を寄贈致す事について御賛同を仰ぎ出でましたが、其払込期日は既に経過しましたけれど、締切を五月末日まで延期致しましたから、御思召もおありでしたら、何卒御賛助を御願致します、

醵金取扱先　千葉県安房郡北條町

株式会社安房合同銀行

振替口座　東京一一八八番

大正十五年五月廿日

千葉県安房郡館山町

故坪野先生墓石建設発起人

総代　川名博夫

［葉書表］東京市小石川原町一二六　男爵阪谷芳郎閣下

〈付箋〉本書ハ相違無之候ヤ。別封ニテヨロシキヤ、実ハ金額

ノ程度不相分、内々相伺候、ヨロシケレハ発送アリ度。
送金ハ坪野先生墓石寄付金トシテ振替ロニ振込テヨロ
シキヤ、

五月廿八日

阪谷芳郎

竹内徳三郎殿

本書ハ御戻ヲ乞、

阪谷芳郎　略歴

文久三（一八六三）年一月、岡山県井原市に父阪谷朗廬と母恭の四男として生まれる。明治一七（一八八四）年に東京大学文学部政治学理財学科を卒業、同年七月、大蔵省に入る。大蔵省主計官、主計局調査課長、同予算決算課長などを経て、三〇（一八九七）年四月主計局長、三四（一九〇一）年六月大蔵総務長官、三六年一二月大蔵次官となり、三九年一月から四一年一月まで西園寺内閣の大蔵大臣を務める。四〇年九月、男爵を授爵。四五年七月から大正四（一九一五）年六月まで東京市長、六年一月から昭和一六（一九四一）年一一月まで男爵議員として貴族院議員であった。なお大正五（一九一六）年連合国政府経済会議特派委員長となりパリ会議に出席、七年中国政府から幣制改革について招聘を受け、中国各地を巡察した。大蔵省在職中は財政運営の中枢にあって予算編制にあたり、日清・日露戦争の戦費調達と戦後経営に尽力した。専修大学との関わりとしては、明治一九（一八八六）年、経済科講師になり、大正一三（一九二四）年には相馬永胤の後を受けて、二代目学長に就任。その後、昭和九（一九三四）年に学長を辞し、初代総長となった。震災などによって経営難に陥った本学の立て直しなど、長年にわたり多大な功績を残している。妻琴子は渋沢栄一の次女。昭和一六（一九四一）年一一月一四日死去。死去直前の一一日に子爵に昇爵。

阪谷芳郎関係書簡　人物録

青木節一（一八九四～　？　）長野県出身。官僚。国際連盟事務局東京支局長、国際文化振興会主事など。

浅田信興（一八五一～一九二七）埼玉県出身。陸軍軍人。近衛師団長、教育総監、軍事参議官など。

浅野総一郎（一八四八～一九三〇）富山県出身。実業家。浅野セメントを設立し、浅野財閥を築く。

安達憲忠（一八九七～一九三〇）岡山県出身。社会事業開拓者。養育院幹事、上宮教会専務理事など。

足立栗園（生没年不詳）教育家。通俗徳育会を組織。雑誌「話の世界」主幹。『台湾志』『心学史要』『日本文明叢話』などの著書あり。

姉崎正治（一八七三～一九四九）京都府出身。宗教学者。日本宗教学の祖。東京大学教授、日本宗教学会会長など。

阿倍正桓（一八五一～一九一四）広島県出身。大名、華族。福島藩主、福島藩知事など。

有松英義（一八六三～一九二七）岡山県出身。官僚、政治家。内務省警保局長、三重県知事、貴族院議員、法制局長官、拓殖局長官、枢密顧問官など。

有賀長文（一八六五～一九三八）大阪府出身。財界人。法制局、貴族院書記官、農商務省工務局長、井上馨秘書、三井合名常務理事など。

有賀光豊（一八七三～一九四九）長野県出身。官僚、実業家。朝鮮総督府内務部長、朝鮮殖産銀行頭取、京城商業会議所特別議員など。

安藤彪雄（一八七八～　？　）長野県出身。官僚、実業家。東京市秘書課長、東京市内記課長、日本電通株式会社取締役など。

池田有親（生没年不詳）実業家。カナダにおいて活躍し、カナダ鉱業会社設立のきっかけを作る。

池田成彬（一八六七～一九五〇）山形県出身。銀行家、財政家。三井銀行営業部常務、蔵相、商相、中央物価委員会会長、枢密顧問官など。

池田寅治郎（生没年不詳）司法官、実業家、政治家。大審院長、中大総長、立憲国民党幹事、衆議院議員など。

伊沢修二（一八五一～一九一七）長野県出身。官僚、教育家。日本における近代教育の開拓者。東京高等師範学校長、文部省編輯局長、台湾民政局学務部長など。

石井菊次郎（一八六六～一九四五）千葉県出身。外交官。韓国仁川領事、清国北京公使、駐仏大使、駐米大使、外相など。

石黒五十二（一八五五～一九二二）石川県出身。水道技師。渡

英して給水工事と衛生工事を学び、エドワード・イーストン社に勤務。帰国後、東京大学講師、海軍技師、貴族院議員など。

石黒忠篤（一八八四〜一九六〇）東京都出身。官僚、政治家。農本主義をすすめ、「農政の神様」と呼ばれる。農林次官、農相、参議院議員など。

石黒忠悳（一八四五〜一九四一）青森県出身。医師。軍医総監、陸軍医務局長、貴族院議員、日本赤十字社長など。

石津三次郎（一八八五〜　？　）技術者。セルロイド研究者。蔵前工務所長、工政会復興委員など。著書に『石津セルロイド』『解説市街地建築法』などがある。

石橋重朝（一八四五〜一九一九）佐賀県出身。官僚。大蔵少権書記官、内閣統計局長など。明治初期には佐賀藩と英国の高島炭鉱共同事業に尽力。

石光真臣（一八七〇〜一九三七）熊本県出身。陸軍軍人。支那駐屯軍司令官、憲兵司令官、第一師団長など。

伊集院彦吉（一八六四〜一九二四）鹿児島県出身。外交官、政治家。清国公使、イタリア大使、外務省情報部長、外相など。

磯部鉄吉（一八七七〜一九五七）石川県出身。海軍軍人、実業家。日露戦争に海軍軍人として従軍。帝国飛行協会などを創立し、日本の航空に尽力した。

市来乙彦（一八七二〜一九五四）鹿児島県出身。官僚、政治家。蔵相、日本銀行総裁、東京市長、貴族院議員、参議院議員など。

一木喜徳郎（一八六七〜一九四四）静岡県出身。法科大学教授、貴族院議員、法学者、政治家。法制局長官、内相、枢密院議長など。

一条実孝（一八八〇〜一九五九）東京都出身。軍人、政治家。一条実輝の養子。軍令部参謀、貴族院議員など。大日本経国連盟を創立。

一条実輝（一八六六〜一九二四）京都府出身。華族、海軍軍人。東宮侍従長、宮中顧問官、貴族院議員など。明治神宮宮司も務めた。

一条実基（一九一〇〜一九七二）東京都出身。華族。

伊藤次郎左衛門（一八七八〜一九四〇）愛知県出身。豪商。十三代目。現在の百貨店松坂屋の基礎を固める。名古屋商工会議所会頭なども務める。

伊東祐忠（一八七〇〜一九二七）官僚、実業家。逓信省高等海員審判所理事官、東洋汽船取締役、沖電気取締役など。

伊東祐穀（一八六一〜一九二一）佐賀県出身。統計学者、官僚。統計院に出仕。ハンガリーの万国統計会議日本代表。佐賀図書館長なども務めた。

伊東巳代治（一八五七〜一九三四）長崎県出身。官僚、政治家。貴族院議員、内閣書記官長、農商務大臣、臨時外交調査委員など。

稲葉正縄（一八六七〜一九一九）長崎県出身。華族。英国に留学後、東宮侍従、式部官など。

犬養　毅（一八五五〜一九三二）岡山県出身。政治家。衆議院議員、文相、立憲国民党総理、逓相、立憲政友会総裁、首相など。

井上円了（一八五八～一九一九）新潟県出身。仏教哲学者。西洋哲学の原理をもとに東洋哲学の体系化、民間の迷信打破に務めた。妖怪学の祖。現在の東洋大学である哲学館を設立した。

井上　馨（一八三五～一九一五）山口県出身。政治家。元老院議官、外相、宮中顧問官、農商務相、内相、蔵相など。

井上勝之助（一八六一～一九二九）山口県出身。官僚。渡欧後、大蔵省、日本銀行に勤める。ドイツ大使、イギリス大使、宮内省式部長官、枢密顧問官、貴族院議員など。

井上清純（一八八〇～一九六二）米国出身。海軍軍人。台湾総督府副官、元帥副官、最上艦長、貴族院議員など。

井上公二（一八六三～一九二五）実業家。古川鉱業会社理事、古川合名会社総理事、帝国生命保険会社社長など。

井上　毅（一八四三～一八九五）熊本県出身。官僚、政治家。明治憲法や教育勅語などの起草者。枢密院書記官長、文相など。

井上準之助（一八六九～一九三二）財政家、政治家。横浜正金銀行頭取、日本銀行総裁、蔵相など。

井上辰九郎（一八六八～一九四三）実業家。日本興亜銀行理事、若尾銀行副頭取など。妻は子爵岡部長景の姉鍾子。

井上哲次郎（一八五五～一九四四）福岡県出身。哲学者。東京大学教授、大東文化学院総長、貴族院議員など。

井上　勝（一八四三～一九一〇）山口県出身。鉄道官僚。鉄道庁長官、汽車製造合資会社社長、帝国鉄道協会会長など。蒸気機関車の国産化に尽力する。

今泉雄作（一八五〇～一九三一）東京都出身。美術史家。岡倉天心らと東京美術学校の創立に参画。文部省学務局、京都美術工芸学校長、帝室博物館美術部長、大倉集古館長など。

今西兼二（生没年不詳）銀行家。正金銀行ハワイ出張所主任・支店長など。

今村力三郎（一八六六～一九五四）長野県出身。弁護士、教育家。足尾銅山鉱毒事件、大逆事件の弁護を担当。専修大学総長なども務めた。

岩倉具定（一八五一～一九一〇）京都府出身。華族、官僚。岩倉具視の次男。貴族院議員、学習院院長、枢密顧問官、宮相など。

岩崎奇一（生没年不詳）官僚。和歌山県収税長、税務管理局長（名古屋、金沢）、税務監督局長（広島、京都）など。

岩崎小弥太（一八七九～一九四五）東京都出身。実業家。岩崎弥之助の長男。三菱合資会社社長、成蹊学園理事長など。

岩崎久弥（一八六五～一九五五）高知県出身。実業家。岩崎弥太郎の長男。三菱合資会社社長など。

巌谷　修（一八三四～一九〇五）滋賀県出身。政治家、書家。内閣書記官。元老院議官、貴族院議員など。明治の三筆としても知られる。

牛塚虎太郎（一八七九～一九六六）富山県出身。内務官僚。国勢院部長、東京市長、中央大学講師、翼賛政治会総務など。

内ヶ崎作三郎（一八七七～一九四七）宮城県出身。政治家。早稲田大学理事、内務参与官、民政党総務、文部政務次官、衆議院副議長など。

内田信也（一八八〇～一九七一）茨城県出身。実業家、政治家。衆議院議員、鉄道相、農商務相、農林相、明治海運会社会長など。

内田康哉（一八六五～一九三六）熊本県出身。外交官。駐米大使、満鉄総裁、外相など。

梅謙次郎（一八六〇～一九一〇）島根県出身。民・商法学者。東京大学教授、法制局長官、文部省総務長官、法政大学総理、韓国法律顧問など。

梅里好文（生没年不詳）茨城県出身。医師・地方政治家。岩間町の町長を務め、町医、校医として町の保健医療の向上にも貢献。

榎本武揚（一八三六～一九〇八）東京都出身。幕臣、政治家。幕末は海軍副総裁、維新後は逓相、文相、農商務相など

江原素六（一八四二～一九二二）東京都出身。政治家、教育家。静岡県師範学校校長、静岡県会議員、駿東郡長、東洋英和学校長、衆議院議員など。

遠藤謹助（一八三六～一八九三）山口県出身。官僚。通商権正、造幣権頭、関税局長、造幣局長などを務め、日本貨幣制度を整備した。

遠藤知足（生没年不詳）稲荷神社の禰宜。

大内兵衛（一八八八～一九八〇）兵庫県出身。経済・財政・統計学者。東京大学教授、法政大学総長など。

大川平三郎（一八六〇～一九三六）埼玉県出身。実業家。製紙王と呼ばる。九州製紙などを設立し、四日市製紙・富士製紙の社長を務め、経営を立て直した。ほかに貴族院議員など。

大木遠吉（一八七一～一九二六）東京都出身。政治家。大木喬任の嗣子。貴族院議員、法相、鉄道相など。

大隈重信（一八三八～一九二二）佐賀県出身。政治家。早稲田大学創設者。立憲改進党総裁、外相、農商務相、内相、首相など。

大隈信常（一八七一～一九四七）長崎県出身。教育家、政治家。大隈重信の養子。早稲田大学教授、衆議院議員など。

大倉喜七郎（一八八二～一九六三）東京都出身。実業家。大倉喜八郎の長男。合名会社大倉組頭取、大倉財閥第二代当主となり、関係会社の各重役を歴任。

大倉喜八郎（一八三七～一九二八）新潟県出身。実業家。株式会社大倉組や大倉高等商業学校（現東京経済大学）を設立。

大蔵公望（一八八二～一九六八）東京都出身。運輸官僚。運輸局貨物課長、満鉄理事、東亜研究所理事長、満州移住協会理事長、貴族院議員など。

大島健一（一八五八～一九四七）岐阜県出身。陸軍軍人。陸軍中将大島浩の父。参謀次長、陸軍次官、陸相、貴族院議員など。

太田保一郎（生没年不詳）正金銀行青島支店長。

大谷嘉兵衛（一八四四～一九三三）三重県出身。実業家。茶業組合中央会議長、横浜貿易商総代、横浜市会議長、横浜商業会議所会頭、貴族院議員など。

大槻龍治（　？　～一九二七）宮城県出身。昭和期の官僚、政治家。京都市助役、大阪税関長、近鉄社長など。

大橋新太郎（一八六三～一九四四）新潟県出身。実業家。出版

社「博文館」を経営。東京商業会議所議員、衆議院議員なども務めた。

大山斐瑳麿（一八七七〜一九五〇）岡山県出身。実業家。東京商工会議所副会頭、衆議院議員など。

岡　実（一八七三〜一九三九）奈良県出身。官僚、新聞経営者。工務局、商工局長、東京日日新聞会長など。

小笠原長生（一八六七〜一九五八）東京都出身。海軍軍人。東宮御学問所幹事、宮中顧問官、学習院御用係など。

岡田忠彦（一八七八〜一九五八）岡山県出身。内務官僚、政治家。埼玉・長野・熊本県知事、内務省警保局長、衆議院議長、厚相など。

岡田良一郎（一八三九〜一九一五）静岡県出身。農政家。遠江国報徳社（のち大日本報徳社）社長、衆議院議員など。私塾冀北学舎をひらき人材を育てる。

岡田良平（一八六八〜一九三四）静岡県出身。教育行政家。一木喜徳郎の兄。文相、京大総長、大日本報徳社社長など。

緒方正規（一八五三〜一九一九）熊本県出身。細菌学者・衛生学者。東京帝大医科大学長など。

岡部長職（一八五四〜一九二五）岐阜県出身。外交官、政治家。外務次官、貴族院議員、東京府知事、法相、枢密顧問官など。

岡本監輔（一八三九〜一九〇四）徳島県出身。探検家、官僚。開拓判官、徳島中学校長、台湾総督府国語学校教授など。

小川郷太郎（一八七六〜一九四五）岡山県出身。経済学者、政治家。京大経済学部長、衆議院議員、商工相、鉄道相、ビルマ政府最高顧問など。

小川平吉（一八七〇〜一九四二）長野県出身。政治家。衆議院議員、政友会幹事長、法相、鉄道相など。

大給　恒（一八三九〜一九一〇）愛知県出身。大名、華族。日本赤十字社の基礎となる博愛社を設立。賞勲局総裁、元老院議官、枢密顧問官など。

奥田義人（一八六〇〜一九一七）鳥取県出身。官僚、政治家。文部次官、衆議院議員、文相、法相、東京市長など。英吉利法律学校（中央大学の前身）の創設に関わる。

尾崎行雄（一八五八〜一九五四）神奈川県出身。政党政治家。「憲政の神様」と呼ばれる。衆議院議員、文相、東京市長、法相など。

小野英二郎（一八六四〜一九二七）福岡県出身。実業家。日本興業銀行総裁、日仏銀行副総裁、共立鉱業会社社長、東亜興業会社取締役など。

小原重哉（一八三六〜一九〇二）岡山県出身。官僚。司法省判事として監獄規則を制定。内務省監獄局次長、元老院議官、貴族院議員など。

筧　克彦（一八七一〜一九六一）長野県出身。法学者。東大教授を務め、古神道をもとに天皇中心の国家主義を唱えた。

柏木秀茂（一八八一〜一九五二）三重県出身。大蔵官僚、銀行家。大蔵省為替局参与、横浜正金銀行頭取、日仏銀行取締役など。

春日秀朗（　？　〜一九〇九）官僚。帝国鉄道庁理事・神戸営業所事務所長、逓信省鉄道事務官など。

粕谷義三（一八六六〜一九三〇）埼玉県出身。政治家。自由新聞主筆、埼玉県会副議長、衆議院議長、武蔵野銀行重役など。

片岡直温（一八五九〜一九三四）高知県出身。政治家、実業家。日本生命保険会社社長、衆議院議員、内務政務次官、商工相、蔵相など。

片山広斗（生没年不詳）落合村議会議員、落合村愛隣園経営者。

桂　太郎（一八四七〜一九一三）山口県出身。軍人、政治家。陸軍次官、第三師団長、台湾総督、陸相、首相など。

加藤彰廉（一八六二〜一九三三）東京都出身。教育家。広島中学校長、衆議院議員、五十二銀行取締役など。

加藤高明（一八六〇〜一九二六）愛知県出身。外交官、政党政治家。駐英大使、衆議院議員、東京日日新聞社社長、憲政会総裁、外相、首相など。

加藤弘之（一八三六〜一九一六）兵庫県出身。政治学者。東大総長、貴族院議員、帝国学士院長、枢密顧問官など。

河東田経清（一八六八〜一九四四）宮城県出身。実業家。北海道拓殖銀行取締役、秋田鉄道会社社長、マスラ鉄工株式会社社長、富士製紙会社取締役など。

金杉英五郎（一八六五〜一九四二）千葉県出身。医学者。東京慈恵医大初代学長。衆議院議員なども務める。

金子堅太郎（一八五三〜一九四二）福岡県出身。官僚、政治家。貴族院議員、農商務相、法相、枢密顧問官など。

嘉納治五郎（一八六〇〜一九三八）兵庫県出身。教育家。講道館柔道の創始者。東京高等師範学校長、国際オリンピック委員など。

亀井忠一（一八五六〜一九三六）東京都出身。出版業者。東京神田に古本屋三省堂を創立。のちに株式会社化した。

河井弥八（一八七七〜一九六〇）静岡県出身。官僚、政治家。貴族院書記官長、内大臣秘書官長、貴族院議員、大日本報徳社社長など。

川崎　克（一八八〇〜一九四九）三重県出身。政治家。衆議院議員。憲政会、立憲民政党などに所属。逓信参与官など。

河田　烈（一八八三〜一九六三）東京都出身。官僚、政治家。大蔵次官、拓務次官、内閣書記官長、貴族院議員、蔵相など。

河津　暹（一八七五〜一九四三）東京都出身。経済学者。東大法科大学教授、東大経済学部長、専修大学教授など。

上林敬次郎（生没年不詳）官僚。咸鏡北道知事、李王職次官、秋田県・松江税務管理局長、松江・金沢税務監督局長、醸造試験所事務官、大蔵省臨時建築事務官など。

木内重四郎（一八六五〜一九二五）千葉県出身。官僚、政治家。内務次官、農商務省特許局長、朝鮮総督府農商工部長官、貴族院議員、京都府知事など。

菊池大麓（一八五五〜一九一七）岡山県出身。数学者。東大総長、文相、枢密顧問官、財団法人理化学研究所初代所長など。

岸本辰雄（一八五二〜一九一二）鳥取県出身。法律家。明治大学創設者の一人。大審院判事、明治大学総長など。

木村清四郎（一八六一〜一九三四）岡山県出身。新聞人、実業家。「中外物価新報」（『日本経済新聞』の前身）社長、日銀副総裁、貴族院議員など。

肝付兼行（一八五三〜一九二二）鹿児島県出身。海軍軍人、政治家。海軍水路部長、海軍大学校長、貴族院議員、大阪市長など。

京極高徳（一八五八～一九二八）香川県出身。華族。旧丸亀藩主。青山御所勤務、東宮祇候、貴族院議員。

清浦圭吾（一八五〇～一九四二）熊本県。官僚、政治家。内務省警保局長、法相、農商務相、貴族院議員、首相など。

清野長太郎（一八六九～一九二六）香川県出身。内務官僚。秋田県知事、南満州鉄道理事、兵庫県知事、神奈川県知事、復興局長官など。

清原徳次郎（一八八〇～　？　）福岡県出身。官僚。会計検査院部長、第二部主管懲戒裁判所予備裁判官など。

日下部東作（一八三八～一九二二）滋賀県出身。書家。号は鳴鶴。

黒板勝美（一八七四～一九四六）長崎出身。歴史学者。東京帝国大学史料編纂官、東京帝国大学文学部教授。

黒川真頼（一八二九～一九〇六）群馬県出身。国学者。東大教授などを務め、『古事類苑』の編纂に従事。

黒田綱彦（一八五〇～一九一三）岡山県出身。官僚、政治家。内務省参事官、内務省図書局長、衆議院議員、第十七銀行頭取など。

河野広中（一八四九～一九二三）福島県出身。政党政治家。自由民権運動家。福島県会議長、衆議院議長、農商務相など。

河野通久郎（一八七六～一九五一）石川県出身。実業家。妻は新劇俳優の東山千栄子。南和公司株式会社取締など。

鴻池善右衛門（一八六五～一九三一）大阪府出身。実業家。関西の金融の重要人物。第十三国立銀行頭取、日本生命保険会社社長など。

小藤文次郎（一八五六～一九三五）島根県出身。地質学者。東大教授を務め、東京地質学会（現日本地質学会）を創設した。

後藤新平（一八五七～一九二九）岩手県出身。官僚、政治家。台湾総督府民政長官、満鉄総裁、逓信相、鉄道院総裁、拓務局総裁、内相、東京市長など。

小中村清矩（一八二一～一八九五）東京都出身。学者。東大教授、帝室制度取調掛、貴族院議員、法典調査会査定委員など。

近衛文麿（一八九一～一九四五）東京都出身。政治家。貴族院議長、東亜同文会会長、首相、枢密院議長など。

小橋一太（一八七〇～一九三九）熊本県出身。官僚、政治家。内務次官、衆議院議員、文相、東京市長など。

小林丑三郎（一八六六～一九三〇）群馬県出身。経済学者。法制局参事官、台湾総督府財政局長、専修大学経済学部長、衆議院議員など。

近藤達児（一八七五～一九三一）福島県出身。政治家。東京市会の重鎮として東京市の発展に寄与。日本橋区会議員、東京市会議員、衆議院議員など。

近藤廉平（一八四八～一九二一）徳島県出身。実業家。海運業界で活躍。日本郵船会社社長、貴族院議員、パリ講和会議全権随員など。

西園寺公望（一八四九～一九四〇）京都府出身。政治家。最後の元老。東洋自由新聞社長、貴族院議員、文相、外相、枢密院議長、首相など。

斎藤知三（生没年不詳）京都府出身。印刷局技師、彫刻課長、

第五回内国勧業博覧会審査官など。

阪井重季（一八四六〜一九二二）高知県出身。陸軍軍人。名古屋鎮台司令官、富士生命保険の社長など。

桜井錠二（一八五八〜一九三九）石川県出身。化学者。東大教授、貴族院議員、枢密顧問官などを務め、理化学研究所創立に協力。

指田義雄（一八六七〜一九二六）埼玉県出身。弁護士、実業家。西武鉄道社長、東京商業会議所会頭、衆議院議員など。日糖事件の処理に携わる。

鮫島武之助（一八四八〜一九三一）鹿児島県出身。官僚。東京外国語学校教諭、外務省参事官、首相秘書官、第三次伊藤内閣書記官長、貴族院議員など。

沢柳政太郎（一八六五〜一九二七）長野県。文部官僚、教育学者。東北大学初代総長など。私立成城小学校を創設し、大正新教育運動の中心に育て上げる。

寺家村和介（一八六四〜　？　）陸軍軍人。帝国飛行協会参事、国際航空連盟総会・万国航空会議大会代表など。著書に『航空みちしるべ』がある。

四条隆英（一八七六〜一九三六）京都府出身。官僚、実業家。農商務省工務局長、安田生命保険会社社長、東京火災保険・九州電力・浅野セメント・第一火災海上保険の各会社取締役など。

信夫　粲（一八三五〜一九一〇）鳥取県出身。漢学者。号は恕軒。東大講師など。赤穂義士の顕彰者としても知られる。

柴田家門（一八六二〜一九一九）山口県出身。官僚、政治家。内閣書記官、法制局参事官、行政裁判所評定官、内務省地方局長、文相、拓殖局総裁、貴族院議員など。

渋沢栄一（一八四〇〜一九三一）埼玉県出身。明治・大正期の指導的大実業家。第一国立銀行をはじめ、五百余の会社創設に関与。多くの社会公共事業に関与し、育成発展に務める。

渋沢篤二（一八七二〜一九三二）東京都出身。実業家。渋沢栄一の長男。渋沢倉庫会社取締役会長など。

嶋　芳蔵（一八七六〜　？　）大阪府出身。銀行家。横浜正金銀行蘭貢出張所主任・副支配人・総務課次長、第百銀行監査役など。

島田三郎（一八五二〜一九二三）東京都出身。新聞人、政治家。元老院書記官、毎日新聞社長、神奈川県会議員、衆議院議長など。

島津　巌（生没年不詳）全国司法学生同盟会実行委員長など。

下岡忠治（一八七〇〜一九二五）兵庫県出身。官僚、政治家。秋田県知事、衆議院議員、朝鮮総督府政務総督など。

下条正雄（一八四三〜一九二〇）山形県出身。軍人。海軍主計大監、貴族院議員、帝室博物館評議員など。

下条康麿（一八八五〜一九六六）東京都出身。官僚、政治家。内務省統計局長、貴族院議員、参議院議員、日大教授など。

下村　宏（一八七五〜一九五七）和歌山県出身。言論人、政治家。号は海南。台湾総督府総務長官、大阪朝日新聞社副社長、貴族院議員、日本放送協会会長、国務相兼情報局総裁など。

十文字大元（一八六八〜一九二四）宮城県出身。実業家。金門商会を創立し、ガス・水道メーターを製造・販売する。映画の活弁も行う。

宿利英治（一八六九～一九三二）官僚、法律家。特許法の権威として知られる。農商務省特許局参事官、行政裁判所評定官、帝国発明協会専務理事など。

勝田主計（一八六九～一九四八）愛媛県出身。大蔵官僚、政治家。大蔵次官、朝鮮銀行総裁、蔵相、文相など。

末松謙澄（一八五五～一九二〇）福岡県出身。政治家、文学者。伊藤博文の娘婿。衆議院議員、逓相、内相、枢密顧問官など。

菅原通敬（一八六九～一九四六）宮城県出身。官僚。大蔵次官、貴族院議員、東洋拓殖総裁、枢密顧問官など。信託法の制定に尽力。

杉浦重剛（一八五五～一九二四）滋賀県出身。号は梅窓、天台道士。教育者、思想家。東大予備門校長、國學院学監、東亜同文書院院長、東宮御学問所御用掛など。

杉江輔人（一八六二～一九〇五）広島県出身。教育者。宮城師範兼中学講師などを務め、東京英語学校を設立。政教社の設立者の一人で雑誌『日本人』を創刊。

鈴木梅四郎（一八六二～一九四〇）長野県出身。実業家、政治家。医療の社会化に尽力した。衆議院議員、実費診療所理事長など。

鈴木喜三郎（一八六七～一九四〇）神奈川県出身。司法官、政治家。司法次官、検事総長、法相、内相、国本社理事、衆議院議員など。

鈴木　穆（一八七四～一九三三）京都府出身。官僚。大蔵省書記官、朝鮮総督府度支部局長、朝鮮銀行副総裁、京都電気株式会社取締役会長など。

住友吉左衛門（一八六四～一九二六）京都府出身。実業家。西園寺公望の弟。名は友純。一五代目。住友銀行の創設のほか、各種産業の新興に務める。

関　新吾（一八五四～一九一五）岡山県出身。新聞人。内務書記官、福井県知事、山陽新報（現山陽新聞）社長など。岡山の教育慈善事業に尽力。

関　宗喜（一八五四～一九一八）東京都出身。官僚、実業家。逓信省経理局長、満鉄幹事、北海道拓殖銀行理事など。

仙石良平（一八六八～一九四〇）岡山県出身。実業家。大日本麦酒会社九州支店長・監査役など。

相馬永胤（一八五〇～一九二四）滋賀県出身。実業家、教育家。専修大学の創立者の一人。横浜正金銀行頭取、日本興業銀行監査役など。

副島道正（一八七一～一九四八）東京都。実業家、政治家。東宮侍従、日本製鋼所常務、貴族院議員など。ＩＯＣ委員として五輪誘致に尽力。

添田寿一（一八六四～一九二九）福岡県出身。経済官僚、銀行家。台湾銀行初代頭取、日本興業銀行初代総裁、鉄道院総裁、貴族院議員など。

曽祢荒助（一八四九～一九一〇）山口県出身。官僚、政治家。法相、蔵相、農商務相、外相、逓相、韓国統監など。

曽根静夫（一八四五～一九〇三）千葉県出身。官僚。大蔵省国債局長、台湾総督府民政局長、山形県知事、北海道拓殖銀行頭取など。

高木兼寛（一八四九〜一九二〇）宮崎県出身。医師。東京慈恵会医科大学の創設者。東京海軍病院長、海軍医総監、成医会講習所所長など。

高島嘉右衛門（一八三二〜一九一四）東京都出身。実業家、易学家。北海道岩礦鉄道会社社長、東京市街電気鉄道会社社長など。

高田早苗（一八六〇〜一九三八）東京都出身。政治家、教育家。早大創設の功労者。衆議院議員、文相、早大総長など。

高野岩三郎（一八七一〜一九四九）長崎県出身。統計学者。月島調査など、日本最初の組織的な家計調査、社会調査を実施。東大教授、大原社研所長など。

高橋是清（一八五四〜一九三六）東京都出身。財政家、政治家。日銀総裁、衆議院議員、蔵相、首相など。

高平小五郎（一八五四〜一九二六）青森県出身。外交官。外務次官、駐伊公使、駐米大使、貴族院議員など。日露戦争の講和会議全権委員、高平・ルート協定の締結などの活躍を見せる。

高峰譲吉（一八五四〜一九二二）富山県出身。化学者。タカジアスターゼやアドレナリンを発見。三共製薬の創設者。理化学研究所設立のきっかけを作る。

田川大吉郎（一八六九〜一九四七）長崎県出身。政治家、新聞人。衆議院議員、明治学院総理、東京市助役など。都市問題に関心が深く、東京市政調査会に関与。

田口卯吉（一八五五〜一九〇五）東京都出身。経済学者、歴史家、政治家。『東京経済雑誌』刊行者。東京市会議員、衆議院議員、両毛鉄道株式会社社長など。

竹越与三郎（一八六五〜一九五〇）埼玉県出身。新聞記者、史論家、政治家。枢密顧問官など。『二千五百年史』など多くの著作を残す。

田尻稲次郎（一八五〇〜一九二三）鹿児島県出身。財政官僚・学者。専修大学創立者の一人。大蔵次官、貴族院議員、東京市長など。

伊達宗陳（一八六〇〜一九二三）愛媛県出身。華族。貴族院議員、宮内省式部官・主猟官、宮中顧問官など。

田中義一（一八六四〜一九二九）山口県出身。陸軍軍人、政治家。全国青年団中央部理事長、陸相、首相、外相など。

田中不二麿（一八四五〜一九〇九）愛知県出身。官僚、政治家。学制、教育令を制定した。枢密顧問官、法相など。

棚橋一郎（一八六三〜一九四二）岐阜県出身。教育家。東京高等女学校の創立者。東京市会議員なども務めた。

田辺為三郎（一八六四〜一九三一）岡山県出身。実業家。金町製瓦・日本煉瓦会社の重役、大東汽船社長、衆議院議員、大東文化学院・二松学舎教授など。

田辺　浩（一八八八〜一九六八）東京都出身。病理学者。岡山医科大学教授、大阪医科大学教授、日本病理学会会長など。

谷　干城（一八三七〜一九一一）高知県出身。陸軍軍人、政治家。陸軍士官学校長、農商務相、貴族院議員など。

田丸卓郎（一八七二〜一九三二）岩手県出身。物理学者。日本ローマ字社設立。東大教授、東大航空研究所長など。

団　琢磨（一八五八〜一九三二）福岡県出身。実業家。三井財

閥のトップ経営者。三池岩礦社事務長、三井鉱山合名会社理事長、日本工業倶楽部理事長、日本経済連盟会会長など。

津荷　輔（一八九三〜一九四三）京都府出身。大正・昭和期の宗教家。牧師。トルストイの『倫理と宗教』などの翻訳もした。

塚田達二郎（一八六八〜一九一二）長野県出身。官僚。大蔵省国債局長・参事官など。

辻　新次（一八四二〜一九一五）長野県出身。教育官僚。文部次官、帝国教育会会長、貴族院議員など。

津島寿一（一八八八〜一九六七）香川県出身。財政官僚、政治家。大蔵次官、日銀副総裁、北支那開発総裁、蔵相、貴族院議員、国務相、防衛庁長官など。

土子金四郎（一八六四〜一九一七）東京都出身。経済学者、実業家。東京高等商業学校教授、専修大学でも教鞭をとる。日銀、横浜正金銀行ロンドン副支店長。横浜火災海上運送・横浜信用保険会社を創設。

土屋　弘（一八四〇〜一九二六）儒学者。号は鳳洲。華族女学校、東洋大学教授、宮中御講書始御進講など。

角田真平（一八五七〜一九一九）静岡県出身。弁護士、政治家、俳人。東京市会議員、衆議院議員など。

坪谷善四郎（一八六二〜一九四九）新潟県出身。出版人、政治家。博文館取締役、東京市会議員など。市立図書館（現日比谷図書館）の建設に尽力。

妻木頼黄（一八五九〜一九一三）東京都出身。建築家。内務省技師、大蔵省技師などを務める。東京裁判所、日本興業銀行、横浜正金銀行本店（現神奈川県立博物館）、日本橋、臨時帝室広島仮議事堂などを建築。

鶴見左吉雄（一八七三〜一九四六）富山県出身。官僚、実業家。農商務次官、東京モリスン紡績会社社長、東京商工会議所議員、太平洋生命保険会社取締役など。

鶴見祐輔（一八八五〜一九七三）岡山県出身。政治家、著述家。鶴見和子・俊輔の父。鉄道省官僚、衆議院議員、内務政務次官、翼賛政治会顧問、戦後は参議院議員、厚相など。

寺内正毅（一八五二〜一九一九）山口県出身。陸軍軍人、政治家。陸相、初代朝鮮総督、首相など。

田健治郎（一八五五〜一九三〇）兵庫県出身。官僚、政治家。関西鉄道社長、衆議院議員、逓相、台湾総督、農商務相など。

東郷平八郎（一八四七〜一九三四）鹿児島県出身。海軍軍人。連合艦隊司令長官となり、日露戦争の日本海海戦の指揮を執る。元帥、東宮御学問所総裁など。

東郷　安（一八八二〜一九四六）東京都出身。政治家、実業家。貴族院議員、日本無線社長、横浜電機製作所取締役など。

戸川安宅（一八五六〜一九二四）東京都出身。詩人、評論家。号は残花。麹町教会牧師、南葵文庫主任、日本女子大学教授など。

徳川家達（一八六三〜一九四〇）東京都出身。華族、政治家。貴族院議長、日本赤十字社社長、日米協会会長など。ワシントン会議全権委員。

徳川義親（一八八六〜一九七六）東京都出身。政治家。徳川植物学研究所設立。「財団法人徳川黎明会」を組織し、徳川美

術館を開設。三月事件に資金面で関与する。

徳川慶光（一九一三～一九九三）東京都出身。華族。徳川慶喜の孫。宮内省図書寮嘱託、諸寮御用係、美術協会会長など。

徳川頼倫（一八七二～一九二五）東京都出身。華族、政治家。貴族院議員、東京地学協会・図書館協会会長など。東京帝国大学に南葵文庫を寄付。

徳富猪一郎（一八六三～一九五七）熊本県出身。言論人、歴史家、評論家。徳富蘇峰。民友社を設立し、『国民之友』を発刊するなど言論界を主導。貴族院議員、大日本言論報国会会長。

得能通昌（一八五二～一九一三）鹿児島県出身。官僚。陸軍省、内務省をへて大蔵省印刷局長、貴族院議員など。

床次竹二郎（一八六六～一九三五）鹿児島県出身。官僚、政治家。内務次官、鉄道院総裁、衆議院議員、内相、逓相など。

戸田氏秀（一八八二～一九二四）東京都出身。華族。東宮職主事・庶務課長、宮内事務官兼式部官など。

外山篤太郎（一八五八～一九一三）岡山県出身。実業家、地主。後月銀行の設立に参画。

内藤鋠策（一八八八～一九五七）新潟県出身。歌人、詩人。詩誌「抒情詩」、童謡誌「かなりや」を創刊。歌集に『旅愁』がある。

長岡護美（一八四三～一九〇六）熊本県出身。外交官。オランダ・ベルギー・デンマーク公使、元老院議官、貴族院議員など。東亜同文会を創立。

長坂雲在（一八四八～一九〇六）和歌山県出身。画家。紀伊和歌山藩士。中西耕石の門にまなび、山水画をよくした。

長崎竹十郎（一八七七～一九二六）鹿児島県出身。実業家。川崎造船所所員、帝国商業銀行取締役など。

中島知久平（一八八四～一九四九）群馬県出身。実業家、政治家。衆議院議員、商工政務次官、鉄道相など。中島飛行機創立者。

長島隆二（一八七八～一九四〇）埼玉県出身。官僚、政治家。大蔵省に入省後、ヨーロッパへ派遣され、日露戦争中の海外財務事務に従事。国庫課長兼造幣支局長、首相秘書官、衆議院議員など。

中野武営（一八四八～一九一八）香川県出身。政治家、実業家。愛媛県会議長、関西鉄道会社社長、衆議院議員、東京商業会議所会頭など。

中橋徳五郎（一八六一～一九三四）石川県出身。実業家、政治家。関西財界の重鎮。大阪商船会社社長、大阪市会議長、文相、商工相など。

永浜盛三（生没年不詳）官僚。大蔵省銀行課長、日銀国庫局長、統監府財政監査官、朝鮮統監府税関部長、北海道拓殖銀行取締役などを歴任。

中村進午（一八七〇～一九三九）新潟県出身。法学者。対露強硬論七博士の一人。学習院教授、早大教授など

中山成太郎（　？　～一九二八）官僚。朝鮮総督府参事官、製鉄所事務官、文部省参事官、大蔵書記官、煙草専売局事務官、経済調査会主事など。

奈良原繁（一八三四～一九一八）鹿児島県出身。政治家、官僚。

日本鉄道会社初代社長、貴族院議員、静岡県知事、沖縄県知事など。沖縄の本土化・近代化をすすめた。

成瀬正恭（一八六八〜一九三〇）香川県出身。実業家。第十五銀行頭取、東京銀行集会所会長、国際信託会社長、神戸貿易銀行支配人など。

南部甕男（一八四五〜一九二三）高知県出身。司法官。司法省民事局長、大審院長、枢密顧問官など。

南摩綱紀（一八二三〜一九〇九）福島県出身。教育家。東大教授、高等師範学校教授、女子高等師範学校教授、斯文学会講師など。

南摩紀麻呂（　？　〜一九三六）柔道家。背負投の創始者。独特の技法は「南摩落」と呼ばれた。講道館の発展期に活躍。

西村捨三（一八四三〜一九〇八）滋賀県出身。政治家。沖縄県令、大阪府知事、内務省警保局長など。

二条厚基（一八八三〜一九二七）東京都出身。華族、教育家。貴族院議員、財団法人済生会理事長など。

二条正麿（一八七二〜一九二九）東京都出身。華族。貴族院議員。

新渡戸稲造（一八六二〜一九三三）岩手県出身。教育者。札幌農学校教授、台湾総督府殖産課長、京大教授、第一高等学校教授、東大教授、東京女子大初代学長、国際連盟事務次官など。

仁保亀松（一八六八〜一九四三）三重県出身。法学者、教育者。京大法科大学長、関西大学長など。

根本　正（一八五一〜一九三三）茨城県出身。政治家。東京禁酒会を組織。衆議院議員も務め、未成年飲酒防止法などの成立に尽力。

野沢竹朝（一八八一〜一九三一）島根県出身。囲碁の棋士。「常勝将軍」「鬼将軍」の異名を持つ。「囲碁同志会」を結成。

野依秀一（一八八五〜一九六八）大分県出身。ジャーナリスト。実業之世界社長、帝都日日新聞社長・主筆、世界仏教協会会長、衆議院議員など。

野呂邦之助（生没年不詳）兵庫県出身。住友家重役。著書に『書道汎論：一読精通』がある。

芳賀矢一（一八六七〜一九二七）福井県出身。国文学者。近代国文学研究の基礎を築く。東大教授、国学院大学長など。

萩野由之（一八六〇〜一九二四）新潟県出身。国文学者、歴史学者。学習院大学教授、東大教授、維新史料編纂会委員など。

波多野敬直（一八五〇〜一九二二）佐賀県出身。官僚。大審院判事、司法省総務長官・官房長、法相、貴族院議員、宮相など。

蜂須賀正韶（一八七一〜一九三二）東京都出身。華族。皇后宮職主事、貴族院副議長など。

服部宇之吉（一八六七〜一九三九）福島県出身。中国哲学者。東大教授、京城帝大総長、国学院大学長、北京大学師範館総教習、ハーバード大教授など。

鳩山和夫（一八五六〜一九一一）岡山県出身。法律家、政治家。東京府会議員、東大教授、衆議院議長、早大総長など。

花房太郎（一八七三〜一九三二）岡山県出身。海軍軍人。皇族付武官兼軍事参議官副官、貴族院議員、帝国水難救済会副会長など。

花房直三郎（一八五七～一九二一）岡山県出身。官僚、統計学者。外務省参事官、枢密院書記官、首相秘書官、内務省初代統計局長、国政院参与など。

花房義質（一八四二～一九一七）岡山県出身。外交官。外務大丞、駐露公使、農商務次官、宮内次官、枢密顧問官、日本赤十字社社長など。

埴原正直（一八七六～一九三四）山梨県出身。外交官。外務次官、ワシントン会議全権委員、駐米大使など。第一次大戦後の国際協調・平和主義外交の推進に携わる。

馬場鍈一（一八七九～一九三七）東京都出身。官僚、政治家。韓国財政監査官、法制局長官、貴族院議員、日本勧業銀行総裁、蔵相、内相など。

浜尾　新（一八四九～一九二五）兵庫県出身。教育行政官。東大総長、東宮御学問所副総裁、文相、枢密院議長など。

浜口雄幸（一八七〇～一九三一）兵庫県出身。政治家。衆議院議員、蔵相、内相、立憲民政党総裁、首相など。金解禁政策、英米親善外交をすすめ、ライオン宰相と呼ばれる。

浜田健次郎（一八六〇～一九一八）官僚、実業家。内閣官報局勤務期に送り仮名法制定に尽力。大阪商業会議所書記長など。

早川千吉郎（一八六三～一九二二）石川県出身。大蔵官僚、実業家。蔵相秘書官、日銀管理官、三井合名会社副理事長、満鉄社長など。

林　権助（一八六〇～一九三九）福島県出身。外交官。外務省通商局長、韓国・中国・イタリア・イギリス大使、式部長官、枢密顧問官など。第一次、第二次日韓協約締結に関与。

原　嘉道（一八六七～一九四四）長野県出身。弁護士、政治家。中央大学学長、法相、枢密院議長など。

原林之助（一八五七～一九一二）東京都出身。建設業者。清水建設の創始者である清水喜助の外孫。清水建設の前身、清水屋の支配人となり、近代的請負業の基礎を築く。

原川権平（生没年不詳）官僚・教育者。東京商業学校講師、愛知県参事官、鹿児島高等中学造士館教授、大蔵省主計局試補など。

土方久徴（一八七〇～一九四二）三重県出身。銀行家。日本興業銀行総裁、日銀総裁、貴族院議員など。

土方久元（一八三三～一九一八）高知県出身。政治家。農商務相、宮相、枢密顧問官、国学院大学長、東京女学館長など。

土方　寧（一八五九～一九三九）高知県出身。法学者。中大創立者の一人。東大法科大学長、貴族院議員など。

日比野雷風（一八六四～一九二八）鹿児島県出身。武道家。日本近代剣舞の神刀流開祖。大日本武術講習神刀館長。

平沼騏一郎（一八六七～一九五二）岡山県出身。司法官、政治家。大審院長、国本社社長、法相、日大総長、枢密院議長、首相、内相など。

平沼淑郎（一八六四～一九三八）岡山県出身。経済史学者。市立大阪高等商業学校長、大阪市助役、早大学長など。社会経済史学会の創立に参画した。

平山成信（一八五四～一九二九）東京都出身。官僚、政治家。内閣書記官長、貴族院議員、枢密顧問官、日本赤十字社社長、

帝国女性専門学校（現相模女子大）校長など。

広池千九郎（一八六六〜一九三八）大分県出身。法学者、歴史家、教育家。神宮皇学館教授など。モラロジーを提唱し、道徳科学専攻塾（現麗沢大）を創設。

広田弘毅（一八七八〜一九四八）福岡県出身。外交官、政治家。オランダ公使、ソ連大使、外相、首相、貴族院議員など。

深野英二（生没年不詳）官僚。農商務省文書課、経済調査連合会理事など。

福沢桃介（一八六八〜一九三八）埼玉県出身。実業家。福沢諭吉の娘婿。福博電気軌道会社社長、大同電力会社社長、関西電気会社社長など。

福沢諭吉（一八三四〜一九〇一）大分県出身。啓蒙思想家。慶応義塾の創設者。著書に『西洋事情』『学問のすすめ』などがある。

福羽美静（一八三一〜一九〇七）島根県出身。国学者、官僚。神祇事務局権判事、神祇少副、文部省御用掛、元老院議官、貴族院議員など。

福原俊丸（一八七六〜一九五九）山口県出身。華族、実業家。横浜共立倉庫社長、貴族院議員など。

藤山雷太（一八六三〜一九三八）佐賀県出身。実業家。大日本製糖社長、東京商業会議所会頭など。

藤原銀次郎（一八六九〜一九六〇）長野県出身。実業家、政治家。王子製紙会長、商工相、国務相、軍需相など。慶大工学部の創立者。

舟越楫四郎（一八七〇〜一九六二）兵庫県出身。海軍軍人、実業家。横須賀海軍工廠長、三菱航空機会社取締役会長、三菱石油社長など。

古市公威（一八五四〜一九三四）東京都出身。土木工学者。内務省土木局長、貴族院議員、朝鮮総督府鉄道管理局長、枢密顧問官、土木学会会長など。

細川亀市（一九〇五〜一九六二）香川県出身。法制史学者。法大教授、専大教授、図書館長など。

細川潤次郎（一八三四〜一九二三）高知県出身。法制学者、教育家。貴族院議員、枢密顧問官、女子高等師範学校長など。

穂積歌子（一八六三〜一九三二）東京都出身。渋沢栄一の長女、法学者穂積陳重の妻。良妻賢母の見本として知られる。

穂積重威（一八九三〜一九五九）東京都出身。弁護士、法学者。穂積八束の長男。中大教授、第一東京弁護士会常議員など。東京裁判では木戸幸一の弁護人。

穂積重遠（一八八三〜一九五一）東京都出身。法学者。穂積陳重・歌子の長男。東大教授、貴族院議員、東宮大夫兼東宮侍従長、最高裁判事など。

穂積陳重（一八五六〜一九二六）愛媛県出身。法学者。妻は渋沢栄一の長女歌子。東大法学部長、貴族院議員、枢密院議長など。

穂積松子（一八七五〜一九四六）穂積八束の妻。浅野総一郎の長女。

穂積八束（一八六〇〜一九一二）愛媛県出身。法学者。穂積陳重の弟。東大法科大学長、法制局参事官、貴族院議員など。

堀切善次郎（一八八四〜一九七九）福島県出身。官僚、政治家。

神奈川県知事、東京市長、法制局長官、貴族院議員、内相など。

堀切善兵衛（一八八二〜一九四六）福島県出身。政治家。衆議院議員、大蔵次官、イタリア大使、貴族院議員など。

本庄栄治郎（一八八八〜一九七三）京都府出身。日本経済史学者。京大・大阪商大・上智大・大阪府立大教授、日本経済史研究所代表理事など。

本多静六（一八六六〜一九五二）埼玉県出身。林学者。東大助教授。日比谷公園や明治神宮などを設計。

本多日生（一八六七〜一九三一）兵庫県出身。顕本法華宗の僧。妙満寺派教務部長、顕本法華宗管長など。近代日蓮教団の国家主義的傾向を体現。

前田多門（一八八四〜一九六二）官僚、ジャーナリスト。東京市助役、東京朝日新聞社論説委員、新潟県知事、貴族院議員、日本育英会会長、日本 ILO 協会会長、東京市政調査会会長、日本ユネスコ国内委員会会長など。

前田利為（一八八五〜一九四二）石川県出身。陸軍軍人。英国大使館付武官、近衛歩兵第二旅団長、第八師団長など。

前田米蔵（一八八二〜一九五四）和歌山県出身。政治家。立憲政友会の中心的人物。衆議院議員、商工相、鉄道相、運輸逓信相など。

牧野伸顕（一八六一〜一九四九）鹿児島県出身。政治家。大久保利通の次男。文相、枢密顧問官、農商務相、外相、宮相、内大臣など。

馬越恭平（一八四四〜一九三三）岡山県出身。実業家。ビール王と呼ばれる。三井物産会社専務委員、大日本麦酒社長、衆議院議員など。

益田　孝（一八四八〜一九三八）新潟県出身。実業家。三井財閥の最も中心的な人物で、三井物産会社社長など。

益田　稔（一九〇〇〜　？　）福岡県出身。実業家。国益マラオン株式会社専務など。

増田義一（一八六九〜一九四九）新潟県出身。出版人、政治家。実業之日本社社長、衆議院議員、日本雑誌協会会長、日本印刷文化協会会長など。大日本印刷を創立。

股野　琢（一八三八〜一九二一）兵庫県出身。儒者、官僚。内閣記録局長、帝室博物館総長、内大臣書記長、臨時帝室編集長、宮中顧問官など。

町田忠治（一八六三〜一九四六）秋田県出身。政治家。東洋経済新報社創立者。山口銀行総理事、報知新聞社社長、衆議院議員、農相、商工相、蔵相、国務相など。

松井錦橘（生没年不詳）社会事業家、政治家。小石川区会議員、東京市会議員、東京府会議員、大日本労働者慰安会会長など。

松井　茂（一八六六〜一九四五）広島県出身。官僚。警視庁消防部長、官房主事、韓国内部警務局長、静岡・愛知県知事、警察講習所長など。日本赤十字社、聖徳太子奉賛会も務める。

松尾臣善（一八四三〜一九一六）兵庫県出身。官僚、銀行家。大蔵省出納局長、日銀理財局長・総裁、貴族院議員など。

松岡　辨（　？　〜一九三八）官僚、弁護士。東京府参事官、農商務省会社課長、東京株式取引所理事、台北仁済院長、台湾総督府地方課長など。

松方　巌（一八六二～一九四二）鹿児島県出身。銀行家。松方正義の長男。十五銀行頭取、貴族院議員など。

松方乙彦（一八八〇～一九五二）東京都出身。実業家。松方正義の八男。日本石油会社常務取締役、東京瓦斯会社常務取締役、於菟商会代表取締役、日活社長など。

松方幸次郎（一八六五～一九五〇）鹿児島県出身。実業家。松方正義の三男。川崎造船所社長、衆議院議員など。美術品収集家でもあり、彼の集めた美術品は「松方コレクション」と呼ばれる。

松方正義（一八三五～一九二四）鹿児島県出身。政治家。蔵相、首相、内大臣、日本赤十字社社長など。紙幣整理・増税の松方財政を推進し、日銀を創設して金本位制を実施した。

松木幹一郎（一八七二～一九三九）愛媛県出身。官僚、実業家。東京市初代電気局長、山下総本店総理事、山下汽船副社長、台湾電力社長など。

松崎蔵之助（一八六五～一九一九）千葉県出身。経済学者。東大教授、東京高等商業学校長、日銀設立委員など。

松平俊子（一八九〇～一九八四）東京都出身。教育家。日本女子高等学院長・昭和高等女学校長（共に現昭和女子大学）、日本婦人海外協会会長など。

松平正直（一八四四～一九一五）福井県出身。官僚。宮城・熊本県知事、内務次官、貴族院議員、日本教育生命保険会社社長、枢密顧問官など。

松平康荘（一八六七～一九三〇）東京都出身。華族、農学家。松平慶永の孫。貴族院議員、大日本農会会頭など。福井に農事試験場（松平農場）を設立し、研究を進めた。

松平康民（一八六一～一九二一）東京都出身。政治家。美作津山藩主松平斉民の子。貴族院議員など。

松波仁一郎（一八六八～一九四五）大阪府出身。海事法学者。陸軍・海軍省戦時国際法顧問、海軍大学校教官、東大教授、日大商学部長・法文学部長など。

馬渕鋭太郎（一八六七～一九四三）岐阜県出身。官僚。正しくは馬淵。山形・山口・三重・広島県知事、京都府知事、京都市長など。

丸山鶴吉（一八八三～一九五六）東京都出身。官僚。警視総監、内務省特高課長、警視庁保安部長、朝鮮総督府警務局長、戦後は武蔵野美術学校長など。

三上参次（一八六五～一九三九）兵庫県出身。歴史学者。東大文学部長、史料編纂掛事務主任、貴族院議員など。国学や漢学の一分野だった国史を、独立した学問として確立。

三島　毅（一八三〇～一九一九）岡山県出身。漢学者。号は中洲。二松学舎創立者。大審院判事、東大教授、東宮侍講、宮中顧問官など。

三島通陽（一八九七～一九六五）東京都出身。官僚。ボーイスカウトを組織する。少年団日本連盟副理事長、貴族院議員など。

三島弥太郎（一八六七～一九一九）鹿児島県出身。銀行家。三島通庸の長男。横浜正金銀行頭取、日銀総裁、貴族院議員など。

水野幸吉（一八七三～一九一四）兵庫県出身。外交官。ドイツ、中国、アメリカなどに赴任。ニューヨーク総領事。

水野錬太郎（一八六八～一九四九）東京都出身。官僚、政治家。貴族院議員、内務次官、内相、朝鮮総督府政務総監、文相、協調会会長など。

水町袈裟六（一八六四～一九三四）佐賀県出身。官僚。大蔵次官、日銀副総裁、横浜正金銀行頭取、会計検査院長、枢密顧問官、法大総長など。

箕作元八（一八六二～一九一九）岡山県出身。歴史学者。西洋史研究の先駆者。高等師範学校教授、東大教授など。

水上浩躬（一八六一～一九三二）熊本県出身。官僚。神戸・横浜税関長、神戸市長、日本酒造会長、明治神宮奉賛会会長など。

美濃部俊吉（一八六九～一九四五）兵庫県出身。官僚、実業家。農商務相・蔵相秘書官、北海道拓殖銀行頭取、朝鮮銀行頭取、北海道水力電気会社社長、大日本自動車保険会社社長など。

美濃部達吉（一八七三～一九四八）兵庫県出身。法学者。東大・東京商科大・九大教授、法制審議会委員、貴族院議員など。「天皇機関説事件」で排撃された。

三宅　秀（一八四八～一九三八）東京都出身。医学者。日本初の医学博士の一人。東京医学校長心得、東大医学部長、東大医科大教授兼大学長、貴族院議員など。

三輪田元道（一八七二～一九六五）香川県出身。教育者。三輪田高等女学校長、三輪田学園理事長など。私学恩給財団（共済組合）を設立して私学振興に尽力。東京都議会議員も務める。

向山黄邨（一八二六～一八九七）東京都出身。官僚、漢詩人。向山黄村。箱館奉行支配組頭、外国奉行支配組頭、目付、外国奉行、駐仏公使など。幕末期にパリ万国使節団に随行。

武藤山治（一八六七～一九三四）愛知県出身。実業家。鐘紡社長、衆議院議員、時事新報社長など。

村井吉兵衛（一八六四～一九二六）京都府出身。実業家。村井銀行頭取、東京商業会議所特別議員など。国産初の紙巻き両切りたばこを製造・販売。煙草王と呼ばれる。

村田俊彦（一八七一～？）広島県出身。官僚、実業家。日本興業銀行副主任、東洋拓殖会社理事、英国ロンドン駐在員・理事など。専大講師も務める。

目賀田種太郎（一八五三～一九二六）滋賀県出身。官僚。専大創設者の一人。横浜主税局長、韓国統監府財政監査長官、貴族院議員、枢密顧問官など。

物集高見（一八四七～一九二八）大分県出身。国文学者。東大・学習院・国学院大教授など。国語辞典『日本大辞林』などを刊行。

本野一郎（一八六二～一九一八）佐賀県出身。外交官。ベルギー・フランス公使、ロシア大使、外相など。

森俊六郎（一八八〇～一九五七）福島県出身。官僚、実業家。大蔵省参事官、台湾銀行副頭取、満鉄理事、十五銀行常務取締役など。

守屋此助（一八六一～一九三一）岡山県出身。政治家、実業家。衆議院議員、神戸鉄道・京浜電鉄・神中鉄道取締役、横浜市会議長、法大理事など。

諸井恒平（一八六二～一九四一）埼玉県出身。実業家。東京毛織物会社・武蔵水電会社・秩父鉄道会社・秩父セメント会社社長など。

柳生一義（一八六四～一九二〇）愛知県出身。実業家。大蔵省書記官、横浜郵便電信局長、台湾銀行頭取など。

安田善三郎（一八七〇～一九三〇）東京都出身。実業家。安田善次郎の養子。金融界の重鎮で、貴族院議員も務める。

安田善次郎（一八三八～一九二一）富山県出身。実業家。安田銀行・生命保険・損害保険会社を創立し、安田財閥を築いた。

安延高次郎（生没年不詳）登米区裁判所判事、気仙沼区裁判所判事。

八十島親徳（一八七三～一九二〇）愛媛県出身。実業家。渋沢栄一の秘書役、渋沢同族株式会社専務などを務め、関連会社の財産の管理と庶務に当たる。

柳原前光（一八五〇～一八九四）京都府出身。華族。清国・ロシア公使、元老院議官、賞勲局総裁、枢密顧問官、宮中顧問官など。

柳谷卯三郎（一八六七～一九三九）長崎県出身。官僚、実業家。日銀国債局長・ニューヨーク代理店監査役・ロンドン代理店監査役、日本勧業銀行副総裁など。

山尾庸三（一八三七～一九一七）山口県出身。官僚。工部卿、宮中顧問官、法制局長官など。楽善会訓盲院（現筑波大付属盲学校）の創立に尽力。

山県伊三郎（一八五七～一九二七）山口県出身。官僚、政治家。内務次官、逓相、貴族院議員、韓国副統監、朝鮮総督府政務総監、関東長官、枢密顧問官など。

山上八郎（一九〇二～一九八〇）東京都出身。甲冑研究者。安田生命に勤務する傍ら、日本甲冑の研究に携わる。国史研究所長も務める。

山口察常（一八八二～一九四八）愛知県出身。中国哲学者。「仁」の研究で知られる。文部省図書館監修官、東京高等学校・大正大学教授、東大講師など。

山崎覚次郎（一八六八～一九四五）静岡県出身。経済学者。貨幣論の先駆的研究者。東大経済学部長、中大経済学部長、日銀顧問など。

山崎四男六（一八六八～一九二八）佐賀県出身。官僚。横浜税関長、大蔵省理財局長、蔵相秘書官、内務省内蔵頭、日銀監事など。

山下亀三郎（一八六七～一九四四）愛媛県出身。実業家。大正・昭和期の代表的政商。山下汽船株式会社を設立。

山下弥七郎（一八七一～一九四〇）米国国務長官ウィリアム・ジェニングス・ブライアンの養子。日米親善に尽力する。カーネギー平和財団員、満鉄理事など。日米親善に努めた。

山田三良（一八六九～一九六五）奈良県出身。法学者。国際私法研究の基礎を築く。東大教授、京城帝大総長、貴族院議員、日仏会館理事長など。

山成喬六（一八七二～一九六〇）岡山県出身。阪谷芳郎の従兄弟。大蔵省主計局長、台湾銀行副総裁、満州中央銀行副総裁など。

山室軍平（一八七二～一九四〇）岡山県出身。宗教家。日本救

世軍の創立者。廃娼運動、児童虐待防止運動、貧民救済などの社会事業に尽力。
山本権兵衛（一八五二〜一九三三）鹿児島県出身。海軍軍人、政治家。日本海軍建設の功労者。海相、首相など。
山脇春樹（一八七一〜一九四八）京都府出身。官僚、政治家。山梨・三重・愛知県知事、農商務相秘書官、貴族院議員など。
横溝光暉（一八九七〜一九八五）神奈川県出身。官僚。広島県警視、福岡県特高課長、復興局事務官、内閣書記官、内閣官房総務課長、小田急電鉄監査役など。
横山泰造（一八七〇〜一九四七）岡山県出身。実業家、政治家。岡山練乳株式会社取締役、日生町長、岡山県議会議員、衆議院議員など。
横山達三（一八七一〜一九四三）教育者。東京大学大学院の講師など。『日本近世教育史』などの著書あり。
横山徳次郎（一八六九〜一九四四）岐阜県出身。教育家、実業家。渋沢家の家庭教師。岐阜市高等小学校長、東京貯蓄銀行青山支店長、石川島造船所取締役、浅野造船所常務取締役など。
吉野作造（一八七八〜一九三三）宮城県出身。政治学者。大正デモクラシー運動の理論的指導者。東大教授、東京朝日新聞論説委員など。
吉村銀次郎（生没年不詳）官僚、教育者、政治家。宮崎尋常中学校校長、逓相秘書官、商船学校教授、東京市会議員など。
米山梅吉（一八六八〜一九四六）東京都出身。銀行家。三井銀行常務取締役、三井信託社長、信託協会初代会長、金融制度調査会委員、貴族院議員など。
李家隆介（一八六六〜一九三三）山口県出身。官僚。大分・富山県参事官、岡山・神奈川県書記官、富山・石川・静岡・長崎県知事、下関市長など。
若尾幾造（一八五七〜一九二八）山梨県出身。実業家。横浜生糸貿易商人。合名会社横浜若尾銀行を設立。製糸場、生繭乾燥場を経営する。
若槻礼次郎（一八六六〜一九四九）島根県出身。官僚、政治家。阪谷芳郎が蔵相時の大蔵次官。貴族院議員、蔵相、内相、首相など。
鷲尾光遍（一八七九〜一九六七）滋賀県出身。真言宗の僧侶。山階派管長、大本山石山寺座主。
和田豊治（一八六一〜一九二四）大分県出身。実業家。富士瓦斯紡績社長、日本経済連盟会常務理事、貴族院議員など。
渡辺国武（一八四六〜一九一九）長野県出身。官僚、政治家。高知・福岡県令、大蔵次官、蔵相など。
渡辺義郎（一八七二〜一九五五）山梨県出身。銀行家。中京財界の重鎮。東海銀行を設立し、社長。
鰐部朝之助

¶

¶

株式会社第一銀行　日本最初の銀行で一八七三年に第一国立銀行として設立。一九七一年に日本興業銀行と合併して第一勧銀となる。

黒船協会　一九三九年三月三十一日に下田で結成。開国に関する調査、刊行、史蹟保存、日米国交の増進を目的とする。

対外同志会　一九一七年に副島義一、福本日南らによって結成された国家主義的団体。挙国一致の総力戦体制を意識し、対米、露、中に関する国論の統一を目指す。

東京商工会議所　一八七八年、渋沢栄一を会頭に東京商法会議所として設立。民間の総合経済団体。

¶

¶

Clemenceau, Georege（一八四一～一九二九）フランスのジャーナリスト、政治家。日刊紙「オーロール」主幹、モンマルトル区長、下院議員、上院議員、内相、首相など。

Harriman, Edward Henry（一八四八～一九〇九）アメリカの実業家。ユニオン・パシフィック鉄道及びサザン・パシフィック鉄道の経営者。満鉄の日米共同管理を提唱したが、外相小村寿太郎の反対で挫折。

Koch, William（一八五二～一九一九）パンミュール・ゴードン商会

Kokovtsov, Vlodimir（一八五三～一九四三）ロシアの政治家。日露開戦直後に蔵相。ストルイピン暗殺後は首相。

O'Brien, Thomas James（一八四二～一九三三）アメリカの外交官。政治家。一九〇七から一九一一年の間、駐日特命全権大使を務める。

Root, Elihu（一八四五～一九三七）アメリカの官僚、弁護士。陸軍長官、国務長官など。国際連盟創設に参画。

Shipof, Ivan（一八六五～一九一九）ロシアの政治家。上院議員、商工大臣。

Stead, Alfred（一八七七～一九三三）英国のジャーナリスト。「レビュー・オブ・レビュー」の記者。

Steolypin, Pyotr 一八六二～一九一一）ロシアの政治家。サマラ県の貴族大地主。サラトフ県知事、内相、首相など。

Timasheff, Sergey（生没年不詳）ロシアの政治家。商工大臣。ハーバード大学教授で社会学者のニコライ・ティマシェフの父。

Vanderlip, Frank Arthur（一八六四～一九三七）アメリカの財政家。財政次官、ナショナル・シティー銀行頭取など。

Verneuil, Maurice Pillard（一八六九～一九四二）フランスの芸術家。アール・ヌーヴォーやアール・デコ期に壁紙やテキスタイル・デザイン、陶器の意匠で活躍。

あとがき

専修大学図書館長　大庭　健

本書簡集は、専修大学図書館が所蔵している第二代学長、初代総長である阪谷芳郎の書簡群を整理し翻刻したものである。専修大学図書館は、折にふれ大学創立者はじめ大学の沿革にかかわる文書類をも収集してはきたのだが、登録・整理の作業が追いつかずにいた。というのも、「ミシェル・ベルンシュタイン文庫」という文字通り国際級のコレクションをはじめ、学内外の多くの研究者によって注目されている第一級の学術的コレクションの整理に忙殺され、そこまではなかなか手が回らなかったからである。

しかし、二〇〇九年に大学創立一三〇年を迎えるにあたって、専修大学は、系統的な大学史の編纂事業に着手し、その一環として本学図書館が所蔵する阪谷書簡をも整理・公開するための環境を整えるにいたった。それをうけて本学図書館は、青木美智男元文学部教授をチーフとし、加納弘子主任を編集事務責任者としてアドバイザー会議を図書館内に設置し、整理・公開の仕方を検討した。その後本学大学院文学研究科のＰＤの方々を軸に図書館の臨時雇員にお迎えして整理と書簡の解読の作業を担当していただいて、ようやく未発表の一次史料を活字のかたちで公開するところにまで漕ぎつけることができた。これは、ひとえに法人の配慮と、青木元教授をはじめとするアドバイザーの諸先生のご尽力の賜物であり、図書館としても感謝にたえない。

この翻刻の学術的な意義については専門家の解説に譲るけれども、本書簡集が、専修大学の大学史にとって第一級の史料であるのみならず、近代日本の高等教育の歴史はもとより日本の近代化の諸過程にかかわる重要な意義を有していることは想像に難くない。周知のように専修大学は、本郷と霞ケ関の中間に居を構え、創立者たちが自ら中枢官僚として業務をこなしつつ、日本語で近代法を教える日本最初の高等教育機関として出発し、のちに「神田五大学」

とも称される法律・経済系を軸とする私立大学のひな型を提供した。阪谷は、この専修大学の第二代学長であり、また官僚出身の初の大蔵大臣である。すなわち彼は、専修大学の歴史でいえば「大学令」のもとで多くの私大が誕生したときの第二世代の学長であり、また近代日本の行政の歴史でいえば、藩閥の志士あがりに代わって国家試験を経て登用された近代的官吏の第一世代である。こうした阪谷の多彩な人的交流の跡をたどることは、日本の近代化の過程を掘り起こしていくうえで多大の示唆を与えてくれよう。

図書館としては、この翻刻がひろく研究者によって活用されることを願うとともに、これを機に改めて使命を全うすべく決意を新たにしているので、今後ともこれまでにもましてご指導・ご忠告くださるようお願い申し上げる次第である。

最後に、本書刊行の陣頭指揮を執られた青木美智男先生が、本年七月十一日、金沢の地において急逝されました。あまりにも突然のことで、一時は私たちもただ茫然とするばかりでしたが、日が経つにつれて先生の存在がいかに大きく、また温かいものであったかということがしみじみと実感されるようになってまいりました。

この書を青木先生のご霊前に捧げ、謹んでご冥福をお祈りいたします。

編集委員
大庭　健（専修大学図書館長・文学部教授）
青木美智男（専修大学史編集主幹）
新井　勝紘（専修大学文学部教授）
大谷　　正（専修大学文学部教授）
永江　雅和（専修大学経済学部教授）
櫻井　良樹（麗澤大学外国語学部教授）
平野　光男（専修大学図書館　図書部長代理）
齋藤　雅彦（専修大学図書館　図書部次長）
瀬戸口龍一（専修大学大学史資料課長）

編集・翻刻
専修大学図書館（○印は翻刻担当）
加納　弘子（図書課主任）
○小林　　風（図書課／専修大学文学部非常勤講師）
鈴木　京子（図書課）
○中村芙美子（図書課）
○西澤美穂子（図書課／専修大学文学部非常勤講師）
布施　達志（図書課）

阪谷芳郎関係書簡集《さかたによしろうかんけいしょかんしゅう》

2013年11月21日　第１刷発行

編　者

専修大学

発行所

㈱芙蓉書房出版

（代表 平澤公裕）

〒113-0033東京都文京区本郷3-3-13

TEL 03-3813-4466　FAX 03-3813-4615

http://www.fuyoshobo.co.jp

印刷・製本／モリモト印刷

ISBN978-4-8295-0606-6